刘泽华全集

刘泽华◎著

南开大学历史学院◎编

政治社会史论

天津出版传媒集团

天津人民出版社

图书在版编目(CIP)数据

刘泽华全集.政治社会史论 / 刘泽华著；南开大学
历史学院编. —— 天津：天津人民出版社，2019.10
ISBN 978-7-201-15221-9

Ⅰ.①刘… Ⅱ.①刘… ②南… Ⅲ.①刘泽华-文集
②政治制度史-研究-中国③社会史-研究-中国 Ⅳ.
①C53②D69③K207

中国版本图书馆 CIP 数据核字(2019)第 201675 号

刘泽华全集·政治社会史论

LIU ZEHUA QUANJI · ZHENGZHI SHEHUI SHI LUN

出　　版　天津人民出版社
出 版 人　刘　庆
地　　址　天津市和平区西康路 35 号康岳大厦
邮政编码　300051
邮购电话　(022)23332469
网　　址　http://www.tjrmcbs.com
电子信箱　reader@tjrmcbs.com

总 策 划　任　洁
责任编辑　霍小青
装帧设计　明轩文化·王　烨
　　　　　TEL:23674746

印　　刷　河北鹏润印刷有限公司
经　　销　新华书店
开　　本　710 毫米×1000 毫米　1/16
印　　张　30.75
字　　数　508 千字
版次印次　2019 年 10 月第 1 版　2019 年 10 月第 1 次印刷
定　　价　198.00 元

前　言

　　由天津人民出版社编辑出版的《刘泽华全集（全十二卷）》，在众多南开师友、刘门弟子、家属及出版社领导、各位编辑的共同努力下，终于可以问世了。此套全集由南开大学历史学院主持编选，一些事项需要在此说明：

　　一、刘泽华，享誉海内外的著名史学家、南开大学荣誉教授，1935 年 2 月出生，2018 年 5 月 8 日病逝于美国西雅图，享年 83 岁。自 1960 年大学三年级破格留校任教后，刘先生在南开大学历史系、历史学院执教四十余载，直至 2003 年退休。刘先生曾任南开大学历史系主任、校学术委员会委员、教育部人文社科重点基地中国社会史中心主任等校内外多种重要学术职务，受聘于多家高校及科研单位并担任客座教授，退休后被授予"南开大学荣誉教授"称号。刘先生著作较多，理论观点自成一体，所提出的"王权支配社会""王权主义是传统思想文化的主脉""中国传统政治思想是一种'阴阳组合结构'"等命题和论断，准确而深刻地把握住了中国传统政治文化与政治实践的特点，具有重要的理论创新性，学术影响极大。

　　二、在几十年的教学与科研进程中，刘先生带起了一支专业素质较强的学术团队，以他的学术观点为灵魂，系统梳理中国传统政治思想的脉络，找寻传统与现代政治理念间的异同，致力于剖析中国现代化进程中的诸多症结，具有鲜明的学术个性、敏锐的问题意识和强烈的现实关怀，被誉为"王权主义学派"或"刘泽华学派"。先生可谓是中国政治思想史领域的代表性人物之一。

　　三、鉴于刘泽华先生崇高的学术地位及其论著的重要理论价值，《刘泽华全集（全十二卷）》得以入选天津市重点出版项目。为保证文集的学术水平和编纂质量，天津人民出版社与南开大学历史学院密切合作，联手打造学术精品。经刘泽华先生生前授权，由南开大学历史学院主持全集编选工作，成立了由李宪堂、张荣明、张分田教授为主的编选工作组，带领部分研究生收集初稿进行编选，之后又多次协调召开京津地区刘门弟子研讨会，对全集十二卷的顺序、各卷目录及学术年谱进行了反复讨论。天津人民出版社副总编辑任洁带领团队全力投入，负责各卷编辑工作。

四、时值南开大学百年华诞，作为献礼之作的《刘泽华全集（全十二卷）》的出版引起广泛关注。全集编选工作得到各方支持，进展顺利。多位师友提供刘泽华先生文章手稿及照片。阎师母及先生的女儿刘琰、刘璐对全集的出版十分关心，就全集的编撰、封面设计提出不少建设性的意见。葛荃教授代表刘门弟子撰写了全集的序。葛荃、张荣明、李宪堂、孙晓春、季乃礼、林存阳等教授审读了各卷。何平、杨阳、林存光、邓丽兰等诸多刘门弟子，以及诸多南开史学的毕业生纷纷表达期待之情，翘首以待。

五、由于刘泽华先生的写作时间始自 20 世纪 50 年代初，直至 2018 年 5 月逝世前夕，跨度长达半个多世纪，各个时期的学术规范、报刊发表要求不尽相同，给收集整理和编辑工作带来相当大的困难。此次出版，除对个别字句的误植进行订正外，基本保持发表时的原生样态，以充分体现论著的时代性，便于后人理解当代中国史学演变的路径及意义。刘泽华先生的回忆录《八十自述：走在思考的路上》于 2017 年由生活·读书·新知三联书店出版后，引起广泛关注，被誉为"当代中国学人的心灵史"，此次全集出版时也将其收录进来，以体现全集的完整性，并于文末附由林存阳教授与李文昌博士所梳理的"刘泽华先生著述目录"。

六、由于印刷模糊、议题存疑等原因，刘泽华先生的个别文章未能收入。希望以后有机会再增补出版，以补缺憾。

七、天津人民出版社《刘泽华全集（全十二卷）》编辑小组的全体编辑，对全集编辑出版工作倾情投入，付出了艰巨的劳动，他们是责任编辑金晓芸、张璐、赵子源、霍小青、孙瑛、王小凤、康嘉瑄、韩伟，二审赵艺编审和三审任洁编审。在此向天津出版传媒集团和天津人民出版社表示衷心的感谢。

刘泽华先生长达半个多世纪的学术生涯是在南开度过的，他对南开大学、南开史学拥有一份真诚、朴素的情感,曾带头汇捐四十万元用于设立"中国思想史奖学金",希望中国思想史学科能后继有人。这套全集也是按照刘先生生前愿望,由南开大学历史学院主持编选,这也是刘泽华先生向南开百年奉献的一份真挚祝福。

唯愿刘泽华先生在天之灵安宁!引导我们永远走在思考的路上!

南开大学历史学科学术委员会

2019 年 10 月 17 日

序:刘泽华先生的学术贡献

葛　荃①

刘泽华先生(1935—2018),河北石家庄人,中国当代著名史学家,中国政治思想史研究著名学者。研究领域包括先秦史、政治史、知识分子史、历史认识论和中国古代政治思想史。先生成果丰硕,为当代中国学术研究贡献良多,主要体现在以下三个方面。

一、著述等身

中国政治思想史研究自 1952 年全国院系调整以后基本处于停滞状态。间或也有些研究成果,刘泽华先生此时即有论文面世,大都是先秦诸子及后世思想家方面的学术论文,鲜有专著问世。20 世纪 80 年代改革开放后,中国政治思想史研究得以复苏。1984 年《先秦政治思想史》出版,这是继 1924 年梁启超《先秦政治思想史》②之后唯一的一部同名学术专著,其翔实和厚重的程度,体现了中国学术界六十年来的知识积累和理性认知的进步。其后,1987年《中国传统政治思想反思》出版,这两部著作在学术界形成了重要影响,奠定了刘泽华先生的学术地位。

关于《先秦政治思想史》,据先生自述,这是一部"迄今为止最系统、最全面(包括'人'和'书')、资料最翔实的一部先秦政治思想史"。诚哉斯言!从体例来看,这部著作有三个特点。一是脱出中国哲学史研究的套路,真正形成了

---

① 葛荃(1953—　),安徽巢湖人,系刘泽华先生首徒。曾在南开大学、山东大学任教。现为中国政治学会常务理事,中国政治思想史研究会常务理事兼会长。术业专攻:中国政治思想与政治文化。

② 该书一名《中国圣哲之人生观及其政治哲学》。

中国政治思想史的知识体系。二是立论允当,均有翔实的史料依据。所谓"言必有据",这正是先生"让史料说话"治学理念的验证。三是在理论突破方面有所尝试。《先秦政治思想史》的写作时间大约是从1979至1983年。那个时段的中国刚刚改革开放,曾经的教条主义思想束缚还没有完全破除,在理论方面有所突破是需要胆识和超前意识的。刘泽华先生说:"在研究方法上我突破了用阶级理论定义政治的'铁则'。我认为政治有阶级性,也有社会性。""1949年以后到本书出版之前所有的思想史著作,在论述人物及其思想时几乎都被戴上'这个'阶级或'那个'阶级的帽子,而我在本书中实行了'脱帽礼'。把帽子统统摘掉了。这在当时也可以说是绝无仅有的,谓余不信,不妨翻翻那时的著作。"刘泽华先生延续了"马克思主义"流派的论说方式,破除了教条思维的束缚,摒弃了几十年来桎梏人们头脑甚而轻车熟路的"阶级代入法",形成了夹叙夹议、史论结合、突显学术个性的叙事方式。刘泽华先生以传统中国的政治思维与当下的家国情怀相观照,充分展现了政治思想史研究的理论深度与学术感染力,具有明显的开创性,从而在学术界形成了广泛影响。

《中国传统政治思想反思》更是一部力作。刘泽华先生以鲜明的问题意识"反思"传统,论题包括人性、民论、天人合一、法制、礼论、谏议思想、清官问题,等等。书中提出了中国传统政治思想的研究对象和研究方法问题,论述了传统人文思想与王权主义问题。这些论题的视角和形成的学术判断展现出作者自由思维的敏锐与犀利,引起学界极大的关注。《先秦政治思想史》和《中国传统政治思想反思》开启并奠定了刘泽华先生的研究路向,提升了先生在学术界的知名度和影响力。其中王权主义理念的提出,预示着先生学术思想体系的核心部分已经形成,为其以后的研究及王权主义理论体系的构建开通了道路。

嗣后几十年,刘泽华先生在中国古代政治思想史研究领域用功尤勤,出版了一卷本《中国古代政治思想史》(1992)、三卷本《中国政治思想史》(1996)和九卷本《中国政治思想通史》(2014)。这三部著作跨越二十余年,反映出先生在中国政治思想史领域的超越性进路。其中,1992年初版的《中国古代政治思想史》于2001年出版修订本,被国家教育部研究生工作办公室推荐为全国研究生教学用书。2014年出版的《中国政治思想通史》是这一学科发展近百年来唯一的一部通史类著作。如果从 1923 年出版的谢无量的《古代政治思想研究》和 1924 年梁启超的《先秦政治思想史》算起，近百年来，有关中国政治思想史类的个人著述并不少。除了梁、谢之作，还有萧公权、萨孟武等人的二十余种，但是冠以"政治思想通史"者，唯先生一人耳。

此外，刘泽华先生还出版了《中国政治思想史集（全三册）》《中国的王权主义》《专制主义与中国社会》（合著）《士人与社会（先秦卷）》《士人与社会（秦汉魏晋南北朝卷）》《中国传统政治哲学与社会整合》（合著）《洗耳斋文稿》《中华文化集粹丛书·风云篇》《中国传统政治思维》《竞争、改革、进步：战国历史反思》（合著）《王权思想论》《中国古代王朝兴衰史论》（合著）等三十多种书，并主编《中华文化通志·制度文化典》。晚年出版个人回忆录《八十自述：走在思考的路上》，这部著作登上了《南方周末》《新京报》等各大书榜，又被《中华读书报》评为 2017 年 5 月月度好书。

刘泽华先生在《历史研究》《哲学研究》《历史教学》《红旗》《文史哲》《南开学报》《天津社会科学》《学术月刊》等刊物，以及《人民日报》《光明日报》《文汇报》《今晚报》等先后发表学术论文、学术短文合计两百四十多篇。

另外，先生还有多部论文和著作在外文期刊或外国出版社出版。其中《中国传统政治思想反思》由卢承贤译成韩文，首尔艺文书苑 1994 年出版；三卷本《中国政治思想史》由韩国著名学者、韩国荀子学会会长、韩国政治思想学会会长张铉根教授用功二十年（1997—2017），译成韩文，合计二百六十万字，已经于 2019 年 2 月面世。

20 世纪 80—90 年代，中国政治思想史研究形成热潮，计有几方重镇。中国古代政治思想史有南开大学、吉林大学，中国近现代政治思想史以中国人民大学为首。进入 21 世纪，重镇相继衰落。唯 2014 年泽华师主编的九卷本"通史"问世，彰显了他数十年的学术积累和巨大的学术影响力，即以皇皇巨著表明其学术追寻的孜孜以求和笔耕不辍的坚守，誉为"著作等身"，实至名归。

二、开创学派

学者的成功不仅在于著述，更在于培养新人、接续文化与学术传承。刘泽华先生于 1982 年初指导硕士研究生,1994 年始招博士研究生, 几十年培养弟子众多。其中一些弟子选择在高校或科研单位任职,在学术观点上与先生相承相通,逐渐形成了一个相对松散却志同道合的学术群体。刘泽华先生的学术旨趣在于反思中国历史与传统文化,以批判中国君主专制政治为要点,形成了一套学术理念,具有鲜明的启蒙性。在先生的感召和引领下,学术群体虽然分散在各地,但仍能坚守学术志向,传承先生衣钵,形成了李振宏先生命名的"中国政治思想史研究中的王权主义学派"①。

这里需要说明的一点是,这一"学派"的形成,并非有意为之,更非刻意求之,而是在长期的指导、引领与合作中自然形成的,正所谓"无心插柳柳成荫"。一方面,先生指导研究生的重点是精读原典和研习理论方法,主要通过讨论的方式,激发学生思考,学会做研究。另一方面,先生以指导学生习作的方式来培养和提高学生的研究能力,旨在通过实际操作,激活学生的思维能力。特别是对于某些年龄偏大、入门较晚的学生更是如此。正是在这样的过程中,在先生耳提面命、逐字逐句的谆谆教诲中,师生得以思想交流、情感交融。老师的学术旨趣、价值理念感染和浸润着受教者,许多学术判断和创见性论断在学生的著述中得到接续和不断阐发。兹可谓聚似一团火,散则满天星,历经有年,以刘泽华先生为中心的学术群体逐渐形成。

关于学派的名称,李振宏认为"是考虑到这个学派内部成员的学术个性、差异性问题,而'王权主义学派'较之'刘泽华学派',可能具有更大的包容性"②。这一判断当然是有道理的。不过据我所知,先生本人却没有完全认同。他认为,应该是"王权主义批判学派"或"王权主义反思学派",否则容易令人产生误解,以为我们是赞同王权主义的,其实恰恰相反。

我与师门中诸位好友倒是倾向于最初的提法,以为"刘泽华学派"更为恰当。李教授关注的重点是"王权主义学派"的提法有更大的包容性。不过我以为,孔子以后儒分为八,墨子之后墨分为三,无论怎样分化,其学派的基本理念和宗旨是一脉相承的。中国传统政治文化的价值系统抑制人的个体主体性,长期以来的集体主义教育也使得我们的文化基因对突显个人有着天然的

①② 李振宏:《中国政治思想史研究中的王权主义学派》,《文史哲》,2013 年第 4 期。

恐惧和抵制。事实上,以刘泽华先生为创始人的学术群体,其成员主要是硕士生或博士生,以及部分优秀私淑弟子及学道同人。正是基于价值观的认同与长期的学术合作而相互呼应,形成了学术传承,以礼敬先生、光大师门的共识凝结了认同基础,具备了"师承性学派"的典型特征。故而冠以老师之名讳而称学派,或可开当代中国学界风气之先。

开创或形成学派,并非自家的一厢情愿,而是成就于学界共识。其规定至少有三:一是创始人创建出相对完备的理论体系及相应的知识与话语体系,具备特色鲜明的方法论;二是学术群体成员基本沿顺着相同的学术立场和价值观而接续传承;三是学术群体不仅合作,更有学术创新,而且多有建树,发扬光大。借此而言,刘泽华先生能身体力行,堪为典范。学术群体成员长期合作,建立了全国性学术组织①,并在各自的研究领域各有擅长与学术特色。李振宏对此论述详尽,这里不赘言。

三、知识创新

坊间探讨何为大学,谓之须有大师。能称为大师者,必然能在人类社会的知识传承方面有所创新。刘泽华先生正是这样,主要体现在三个方面。

一是中国政治思想史理论架构和知识体系的创新。梁启超早在20世纪20年代就已经提出了政治思想史研究对象问题,不过他仅仅从类型的视角解读了中国政治思想史的研究对象。一是从"所表现的对象"来划分,分为"纯理"和"应用"两类;二是从"能表现之主格"来区分,分为"个人的思想"和"时代的思想"。这样的概括显然过于笼统,学理性略有不足。此后,大凡涉猎中国政治思想者,纷纷做出解读。

近一个世纪以来,比较具有说服力的是徐大同在20世纪80年代初的认识。他提出:"政治思想史的研究对象是:历史上各个阶级和政治集团对社会

---

① 2014年,以刘门弟子为主,发起成立中国政治学会之中国政治思想史专业委员会,即中国政治思想史研究会,迄今已经召开七届年会暨"中国政治思想史论坛"。该论坛始于2012年,即筹备成立研究会,在学术界形成了广泛的影响。

政治制度、国家政权组织,以及各阶级相互关系所形成的观点和理论体系;各种不同政治思想流派之间的斗争、演变和更替的具体历史过程;各种不同政治思想对现实社会政治发展的影响和作用。"①进入 21 世纪,徐大同的认识进一步凝练,提出"一切政治思想无不是反映一定的社会阶级、阶层或集团的政治理想、政治要求,设计夺取、维护政治统治方案或为政治统治'出谋献策'。古今中外概莫能外"②。这一认识较之 80 年代有所扩展,不过其核心仍然可以概括为"关于国家与法的认识"。

刘泽华先生认为,徐大同等人的说法相当深刻,抓住了政治思想史研究的主要内容,可是尚有不足。"问题主要是把政治思想史的对象规定得过于狭窄,有碍于视线的展开。"他提出政治思想史除了研究国家和法的理论外,还有一些内容也应列入研究范围。计有政治哲学、社会模式理论、治国方略和政策、伦理道德、政治实施理论及政治权术理论等。③三十年后,先生在 2014 年出版的《中国政治思想通史》中进一步概括说:"中国古代的政治学说包罗万象,有时还与其他领域的学说理论交织在一起,而中国古代政治思想史的研究对象应包纳无遗,故在确定研究的内容和范围时,宁失之于宽,勿失之于狭。即除了关于国家、政体、法制的理论以外,还要根据中国古代政治学说自身的特点,充分注意政治哲学、社会模式理论、关于治国方略与政策的理论、政治实施理论、政治权术与政治艺术理论、政治道德理论,以及中国古代政治学说所关注的其他各种理论和其他各种门类学术理论中所包含的政治理论内容。"④

刘泽华先生在前人研究的基础上,重新审视中国古代政治思想史的研究对象,提出了政治哲学等五个方面也须作为中国政治思想史的研究对象。这一学术判断符合中国历史和文化生态,拓宽了中国政治思想史的研究视域,

---

① 徐大同、陈哲夫、谢庆奎、朱一涛编著:《中国古代政治思想史》,吉林人民出版社,1981 年,第 2—3 页。

② 徐大同:《势尊道,又尊道》,载于赵宝煦主编:《知识分子与社会发展》,华夏出版社,2003 年,第 51 页。

③ 刘泽华:《先秦政治思想史》,南开大学出版社,1984 年,第 2—7 页。

④ 刘泽华主编:《中国政治思想通史(综论卷)》,中国人民大学出版社,2014 年,第 6 页。

具有原创性,为构建中国政治思想史知识体系奠定了基础。

对中国政治思想史进行整体性的概括是基于学科的发展逐渐展现出来的。自从 20 世纪初叶梁启超"常作断片的发表"①,随着学科发展,有诸多研究者想对中国政治思想史做整体性的把握。不过,研究者往往是通过历史分期或概括特点进行整体性的描述。如陶希圣《中国政治思想史》、吕思勉《中国政治思想史十讲》等,莫不如此。被誉为以政治学理论研究中国政治思想史第一人的萧公权也是这样。②相较而言,萧公权的整体性认识是有一定的创新性的,但是基本格局没能走出前人的思路。

刘泽华先生的认识在一定程度上超越了前人,他以"王权主义"概括中国古代社会、政治与思想,对中国政治思想史做出了整体性判断。在《中国政治思想史(先秦卷)》序言中,他将中国政治思想史的主题归纳为三点:君主专制主义、臣民意识、崇圣观念。随后,他将这三点归结为一点——王权主义。在他看来,所谓王权主义"既不是指社会形态,也不限于通常所说的权力系统,而是指社会的一种控制和运行机制。大致说来又可分为三个层次:一是以王权为中心的权力系统;二是以这种权力系统为骨架形成的社会结构;三是与上述状况相应的观念体系"③。他认为,"在观念上,王权主义是整个思想文化的核心"。作为现代人的研究,当然要借助现代学科的分类来审视传统思想,"但不能忽视当时的思想是一个整体,它有自己的特定的逻辑和结构,而政治思想则是其核心或主流部分,忽视这个基本事实,就很难贴近历史"④。借此断言,"在中国的历史上,除为数不多的人主张无君论以外,都是有君论者,在维护王权和王制这一点上大体是共同的,而政治理想几乎都是王道与圣王之治"⑤。显然,王权主义不是一个简单的政治意识形态化的陈述,而是对中国传统社会的政治、社会与思想文化的结构性认知。在这一结构中,君主政治权力系统是中心。与中心相关联的,一方是与之相应的社会结构,另一方则是与权

---

① 梁启超:《先秦政治思想史》,中华书局,1936 年,第 1 页。

② 萧公权按照思想演变的趋势,划分为四个时期:草创时期、因袭时期、转变时期、成熟时期。又以思想的历史背景归纳为三段:封建天下之思想、专制天下之思想、近代国家之思想。

③ 刘泽华:《中国的王权主义》,上海人民出版社,2000 年,第 2 页。

④⑤ 刘泽华:《中国的王权主义》,上海人民出版社,2000 年,第 4 页。

力中心及社会结构相应的思想观念。这里的逻辑关系很清楚,政治思想与政治权力系统及社会结构相关联,三者之间存在着相互影响与作用的互动关系。

这就是说,刘泽华先生突破了以往就思想而谈思想,以分期的方式概括政治思想全局的思路。他从历史学家横亘历史长河的认知高度审视中国古代社会、政治与文化,用王权主义的体系性框架对中国传统社会政治、经济、思想文化做总体性把握,梳理出思想与社会、思想与政治、思想与制度之间互动和相互影响的认知路径,形成了独具学术个性的学理逻辑,实则构成了一种认知范式。

正是在王权主义总体把握的认知基础上,先生对中国政治思想史的命题和范畴做了梳理。诸如传统人文思想与君主专制主义、宗教与政治、王权与"学"及士人、王权与圣人崇拜、革命与正统、政治理想与政治批判,以及道与王、礼与法,等等。又提出中国传统政治思维的"阴阳组合结构",这一判断极具首创性。刘泽华先生在几十年的探索、思考中,渐渐形成了自成体系的学理逻辑,构建了充分展现其学术创新性的知识体系,终成一家之言。

二是学术观点的创新。刘泽华先生的研究新见迭出,多有首创性学术判断,这里仅举两例。

1.关于"王权支配社会"。这一观点是在传统的"权力支配经济"基础上提出的。先生坦言他受到了前人的启发:"王亚南先生的见解可谓前导。"不过他指出,王亚南是从经济入手解读政治权力与社会的关系。而"王权支配社会"与前人所论有着相当的差别。他说:"第一,我不是从经济(地主制)入手,而是直接从政治权力入手来解析历史。君主专制体制主要不是地主制为主导的经济关系的集中,而恰恰相反,社会主要是权力由上而下的支配和控制;第二,我不用'官僚政治'这一术语,君主要实现其统治固然要使用和依靠大批官僚,但官僚不是政治的主体,而只是君主的臣子、奴仆,因此不可能有独立的'官僚政治'及其他学者提出的'学人政治''士人政治'等。君主可以有各式各样的变态,如母后、权臣、宦官,等等,但其体制基本是一样的。"①

---

① 刘泽华:《王权支配社会的几个基本理论》,《历史教学(上半月刊)》,2018 年第 2 期。

"王权支配社会"的提出具有首创性,用先生自己的话说:"我提出这一看法不是出于灵机一动,而是多年来学术积累的概括。"正是在这一看法的基础上,总结出了"王权主义"理论体系。这一学术判断为深入解读和诠释中国政治思想提供了政治学视角,使诸多传统论题的研究,诸如天人合一、圣人观、重民思潮等,得以走出前人的框架与格局。

2."政治文化化与文化政治化"。刘泽华先生沿顺着思想与社会互动的思路提出,"政治关系就不仅仅是单纯的权力关系,它还是一种文化关系"。他把制度、法律、军队、警察、监狱等称为政治关系中的"硬件",将信仰、情感、态度、价值观等称为政治关系中的"软件",认为"政治文化指的就是这些'软件'"。在这里,先生借鉴了现代政治文化理论,指出"政治文化是政治实体中一个有效的组成部分,在某些情况下,对政治行为起着指导作用"。他把这种状况称为"文化政治化"。其中"包括两层政治含义:其一,一定政治体制的形成有赖于一定的文化背景;其二,一定政治体制的存在和运行,受到文化因素的制约和改造。仅仅从制度、法律、规定、强制等范畴来谈政治是远远不够的,还必须结合一定的文化背景才能真正理解政治的运行和发展"①。

政治文化化是说,一定的政治制度与法律体系可以通过不断的政治社会化过程逐渐内化成为政治共同体内成员所奉行的行为准则与政治观念。刘泽华先生从政治与文化互动关系的视角切入,借鉴现代政治学的政治社会化理论,深刻剖析中国传统政治思想的内在结构与关联。"政治文化化与文化政治化"不仅具有学术创新性,而且作为政治学立论本土化的案例,充实了中国政治思想史研究领域的中国话语。

三是研究方法的创新。严格而论,人文社会科学的研究方法和方法论是有区别的。一般而言,研究方法指的是研究的技术手段,如计量方法,包括田野调查、质性研究,等等。方法论是指运用某种理论作为认知、分析、论证和形成学术判断的手段。刘泽华先生是彻底的唯物主义者,自喻"马克思主义在我心中"。他的方法论基础是历史唯物论和辩证唯物论,学界称为"历史与逻辑相结合"的研究方法。从 20 世纪 70 年代中期起,先生坚定而决然地摒弃了僵

---

① 刘泽华:《政治文化化与文化政治化》,《天津社会科学》,1991 年第 3 期。

化教条思维,扩展视野,提出并践行中国政治思想史研究的"互动"方法与价值研究方法。

关于"互动"方法。刘泽华先生提出的"思想与社会互动研究方法"是其辩证思维的体现。他认为,"在以往的研究中,大致说来,占主流的是'二分法'。先是阶级的二分法,强调两者的对立。近年来,讲阶级性的大大减少,取而代之的是'精英'与'大众'的二分法"①,在他看来,"思想与社会本是一个有机的整体。然而,由于学科的分化,人类社会的主要领域被分割"。"为了提高研究的专门化程度,人们可以将本来浑然一体的历史现象分割给不同的学科。"为此他提出"必须以综合性的研究来还原并解读事物的整体",概括出"互动"方法论。就是要"综合思想史与社会史的资源、对象、思路、方法",运用"互动"方法进行研究,"撰写更全面的思想史和社会史"。②

为了进一步说明,泽华师举出统治思想与民间社会意识关系问题作为案例。他认为,正是学科分工细化导致的"二分法"将思想分为统治思想和民间社会意识,研究者将上层与下层、官方与民间、经典与民俗、精英与大众、政治思想与社会思想分隔开来。为此就需要运用互动方法论,"依照历史现象之间固有的内在联系,确定研究对象,拓展研究视角,设计研究思路,对各种社会政治观念进行综合性解读"。"在对统治思想、经典思想、精英思想、社会思潮、民间信仰和大众心态分别进行系统研究的基础上,考察它们之间的相互关系,对全社会普遍意识发展史做出深度分析和系统描写。"③互动研究方法关注事物之间的联系与逻辑,可以视为辩证唯物论在政治思想史研究领域的具体运用。这种研究方法能够突破主流思想和政治意识形态对于政治思想史研究的局限,对中国社会的思想与文化做出更为深刻与合理的阐释。

关于价值研究方法。刘泽华先生说:"一方面要注意学科自身的认识规律,循序渐进;另一方面还要借鉴思想史和哲学史研究的经验与教训。"于是提出要把价值研究作为中国政治思想史研究的重要视角,这显然是一种方法论的提炼。

---

①②③ 刘泽华等:《开展统治思想与民间社会意识互动研究》,《天津社会科学》,2004 年第 3 期。

先生认为,研究中国政治思想史不能只限于描述思想内容和思想发展的历史过程,同时要考察思想的价值,价值性认识在政治思想史研究中是具有特别重要意义的。他说:"为了判明一种思想的价值,首先要明确价值标准……这就是历史唯物主义。""价值问题不只是个阶级定性问题,还有许多其他方面的内容。不做价值分析,政治思想史就会变成一笔糊涂账。为了更好地判明各种思想的价值,应该探讨一些价值标准问题。在这个问题上,既要借助历史学中已获得的成果,又要结合政治思想史的具体情况,理出一些自身特有的标准。"①

在他看来,在历史上,一些代表剥削阶级的政治思想付诸实践,是可行的,有效的,"甚至起了促进历史的作用"。那么,"在这种情况下,真理与谬误该如何分辨,代表剥削阶级利益的政治思想中有否科学和真理?实践证明是可行的,起了积极作用的思想是否就是实践检验证明了的真理?"②这些认识是在《先秦政治思想史》中提出的,时值20世纪80年代初期,"思想解放"几近热潮,这些认识代表着中国政治思想史研究的新思维趋向。

总的来看,刘泽华先生密切关注中国思想、社会和历史相关的宏观性问题,从批判和破除教条主义的思想禁锢出发,彰显和倡导史家自由思考和独立认识的主体意识,形成了成熟的方法论理念,并用于研究实践。互动研究方法和价值研究方法的提出,对推动中国政治思想史研究的深入与拓展,构建创新性知识体系具有重要意义。

四、学术人格

刘泽华先生的学术人格主要是通过其治学理念体现出来的。他说:"研究中国的政治思想与政治精神是了解中国历史与现实的重要门径之一。"为了从传统的封建主义体制和心态中走出来,"首先要正视历史,确定历史转变的起点。我们经常说要了解和熟悉国情,而历史就是国情最重要的组成部分。我的研究目的之一就是为解析中国的'国情',并说明我们现实中封建主义的由

---

① 刘泽华:《先秦政治思想史》,南开大学出版社,1984年,第11页。

② 刘泽华:《先秦政治思想史》,南开大学出版社,1984年,第12页。

来"①。可知先生作为历史学家有着强烈的家国情怀和现实关怀，并凝聚为特色独具的治学理念，形成了极富主体精神的学术人格。

其一，反思之学。反思（turn over to think）的概念在近代西方哲学已有使用，可以界定为认知主体以当下的立场和认知方式审视、回溯传统，即以往的事物与知识。刘泽华先生最早使用这一概念就是在前文提到的《中国传统政治思想反思》一书中。"反思"作为书名，实则体现了他的治学理念。作为历史学家，他认同这样的理念：历史是个不断地再认识的过程，需要当下的认识主体不断地予以反思。历史本来就是人类过往的记述，历史研究就是要为当下的现实生活做出解释，给出学术判断。"学科学理与反思国情就是我研究政治思想史的两个主要依据，也是我三十年来循而不改的一个原因。"这是他致力于"反思"中国历史与传统政治思想的"愿力"②所在。

刘泽华先生曾明确表示："我觉得我们这一代人经历的曲曲折折很值得反思，其中我认为政治思想的反思尤为重要。""我是强调分析，强调反思……我自己也认为我是反思派，是分析派，而不是一个弘扬派，我主张在分析当中，在反思当中，来区分问题。"③先生的反思之学有两个突出的特点。一是坚持马克思主义基本方法，"把马克思主义作为一种认识论来看待"。他坚持"马克思是伟大的思想家，是人类的精神财富"，并且"仍然认为马克思讲的一些基本的道理，具有很强的解释力，比如经济是基础这一点，我到现在仍然认为是正确的"。但马克思主义不是教条，因而对于某些观点需要"修正"。"作为一种学派，它的发展一定要有修正，没有修正就没有发展。其实不只是我在修正，整个社会从上到下都在修正，历史在变，不能不修正，有修正才能发展。"④这里说的修正，指的是学理层面的反思、批判和发展。

二是延续"五四"批判精神。刘泽华先生认为："'五四'在中国思想文化史上都是划时代的，不管别人怎么批评，我个人还是要沿着'五四'的批判道路接着往下走的。""我自认为我是一个分析的、批判的态度。""五四"精神体现

① 刘泽华：《中国政治思想史集（第一卷）》，人民出版社，2008 年，第 1 页。

② 佛教用语，指心愿的造业力。在这里指意愿之力。

③④ 王申等：《独立思考，突出学术个性——刘泽华先生访谈》，《中国研究生》，2011 年第 4 期。

着一种鲜明的批判精神,正如李振宏所指出的,王权主义学派有着鲜明的学术个性和强烈的现实关怀,"与现代新儒家有明显对立的学术立场,对中国古代政治思想文化抱持历史批判的科学态度"①。这里说的批判当然不是对传统思想与文化的全盘否定,而是哲学意义上的"扬弃",有否定,有拣择,有传续。泽华师延续"五四"批判精神的初衷是"关切民族与人类的命运"。他认为"历史学的重要功能之一,应该是通古今之变,关切民族与人类的命运"。"如果史学要以研究社会规律为己任,那么就必须关注人间烟火。所谓规律,应该程度不同地伸向现实生活。"②

"反思"的治学理念彰显着刘泽华先生的学术个性。正是基于数十年的坚守,先生及其研究群体才能在中国政治思想史领域不断推出成果,为当代中国的文化精神提供理性与新知。

其二,学术主体性与自由思维。刘泽华先生的治学理念体现了作为历史学家理应具有的学术主体性和自由思维。他明确表示"我一直主张独立思考,强调学术个性"③。20世纪80年代后期,先生发表了两篇文章,一为《除对象,争鸣不应有前提》,一为《史家面前无定论》,④集中体现了先生的学术人格。

刘泽华先生提出:"在认识对象面前,一切学派都应该是平等的,谁先认识了对象,谁就在科学领域处于领先地位。"他反对在"百家争鸣"面前设置前提和人为的规定,"百家争鸣是为了发展科学。科学这种东西是为了探索和说明对象,因此科学只对对象负责"⑤。他明确表示:"我认为在历史学家的面前,没有任何必须接受的和必须遵循的并作为当然出发点的'结论'与'定论'。""从认识规律上看,众说纷纭,莫衷一是,是认识的常态;反之,舆论一律,认识一致,则是变态。前者是认识的自然表现,后者则是权力支配与强制的结果。"⑥

基于这样的认识,刘泽华先生力主研究者理应具有认知主体的个性,即

① 李振宏:《中国政治思想史研究中的王权主义学派》,《文史哲》,2013年第4期。

② 刘泽华:《历史研究应关注现实》,《人民日报》,1998年6月6日第5版。

③ 王申等:《独立思考,突出学术个性——刘泽华先生访谈》,《中国研究生》,2011年第4期。

④ 分别载于《书林》,1986年第8期、1989年第2期。

⑤ 刘泽华:《除对象,争鸣不应有前提》,《书林》,1986年第8期。

⑥ 刘泽华:《史家面前无定论》,《书林》,1989年第2期。

主体精神,认为研究者要从历史中走出来,以造就当下的主体精神。为此,他不赞成把"国学"说成是中华文化的本体,不赞成"到传统那里寻根、找自己,等等"。他说:"我认为传统的东西是资源不是主体或本体,我不认为孔子能包含'我',孔子他就是一个历史的资源,我就是我! 中国文化的主体应该是一个活的过程,应该首先生活在我们的现实之中,至于说作为资源,那没问题。"①

此外,涉及中西文化的"体用"问题,先生断言:"如果讲到体和用,我就讲先进为体,发展为用。只要是属于先进的东西,不管来自何方,都应该学习,拿来为我们现在的全方位发展服务。"②

刘泽华先生的主体性也体现在他有意识地对教条化阶级理论进行批判。1978 年与王连升合写《关于历史发展的动力问题》一文,"依据马克思、恩格斯有关生产是历史发展的'根本动力'说,来修正当时神圣的阶级斗争说"。这篇文章是他从教条主义束缚中走出来的标志,也是其学术主体性得以彰显并确立的标志。这篇文章与戴逸、王戎笙先生的文章成为 20 世纪 70 年代末、80 年代初史学界和理论界关于"历史动力问题"大讨论的由头文章。

总的来看,刘泽华先生的学术主体性贯穿着深刻的反思精神,坚持站在当下看传统。在研究对象面前,没有前提,没有定论,也不存在任何不可逾越的权威。他要求自己也教导后学要在前人画句号的地方画上一个问号。他的自由思维是学理认知的自由和学理逻辑的自由,内含着深刻的怀疑和批判精神,确认在学术研究的场域,研究者必须持有独立人格。他用自己数十年的学术生涯践行了这样的治学理念,形成其作为历史学家的学术人格,展现了学者的良知和现代知识分子的天职:质疑、颠覆和构建。

其三,笃实学风。刘泽华先生秉承了南开史学的学风——"平实"。他的创新性论断和首创性学术判断,无不具有翔实的理论依据和史料依据。这种治学理念的基础是"一万张卡片理论"。

在南开大学做青年助教时,南开大学历史系泰斗郑天挺先生的一句话他牢记在心——没有两万张卡片的积累,不能写书。嗣后先生自称为"文抄工"。他说:"我属于平庸之才,脑子也不好,所以我就拼命抄。""我这个人不聪明,

---

①② 王申等:《独立思考,突出学术个性——刘泽华先生访谈》,《中国研究生》,2011 年第 4 期。

底子又差，记忆力也不好，所以首先做的是文抄工(不是'公')，每读书必抄，算下来总共抄了几万张卡片。批评者没有人从资料上把我推翻。我的一些考证文章到现在仍经得起考验。"[①] 这里说的"文抄工"指的是从历史典籍、文献或研究著述中抄录资料，在没有电脑等现代录入手段的时代，这是文史研究的基本功，也是学术积累的重要方式。所谓"读书破万卷"，由此方能锻铸扎实、厚重的学术功底。

刘泽华先生的勤奋给他带来巨大收获。1978 年湖北云梦睡虎地出土的"秦简"公开发表，他根据秦简考证出战国时期各国普遍实行"授田制"这一事实。这项发现印证了"权力地产化"是实际存在的，从而为"王权主义"理论的建构提供了史实支持。[②] 这是他学术生涯中感到最得意也是津津乐道的一件事。

刘泽华先生倡导"让史料说话"的治学理念，对他的研究结论充满自信，因为所有的结论都是从史料中得来的。他曾说过三卷本一百二十万字的《中国政治思想史集》"不是每一个字都恰当准确，却没有一个字是空洞的、轻飘的"。

笃实学风体现的是治学理念，展现的是其学术人格。作为历史学家必须构筑坚实的史学功底和理论功底，先生的"王权主义"理论就是在长期的研究和思考中形成的，结构严谨，逻辑通透，从而感召学界同人与弟子，形成了被李振宏誉为"使人真切地感受到了学术的进步"的王权主义学派。

五、全集编序

编辑出版全集是刘泽华先生的遗愿，感谢天津人民出版社和南开大学历史学院为此做了详细规划，多次召开研讨会议，最终确定了全集编序。

全集共计十二卷，我们将《先秦政治思想史(上下)》作为第一卷和第二

---

① 刘泽华述、陈菁霞访：《反思我们这代人的政治思想尤为重要》，《中华读书报》，2015 年 3 月 4 日第 7 版。

② 参见刘泽华：《论战国时期"授田"制下的"公民"》，《南开学报》，1978 年第 2 期。

卷。之所以做这样的安排,主要是考虑到这部专著在泽华师的学术生涯中具有重大意义。如前所述,中国政治思想史研究开端于 20 世纪初叶。1923 年,谢无量著《古代政治思想研究》由商务印书馆出版。翌年,梁启超著《先秦政治思想史》由中华书局出版。时隔半个多世纪,刘泽华先生的《先秦政治思想史》于 1984 年问世。这部著述多有创新,在研究对象、研究方法和理论深度方面超越了前贤,奠定了刘泽华先生的学术地位。

全集以《中国传统政治思想反思》作为第三卷。这部力作于 1987 年出版,汇集了这一阶段刘泽华先生关于中国古代政治思想的深刻反思,突破了传统的教条主义思维,明确提出了王权主义理念,用于概括传统中国的政治与思想。事实上,正是《先秦政治思想史》与《中国传统政治思想反思》这两部著作在研究视域上和认识深度上走出了前人研究的窠臼,独辟蹊径,初步形成了王权主义理论的核心内涵体系,将发展了半个多世纪的中国政治思想史研究提升到了一个新高度,同时也形成了独具特色的学术风格。

第四卷收录的《中国的王权主义》是 2000 年由上海人民出版社出版的专著,这是刘泽华先生关于王权主义理论的一部专论。"王权主义"是先生对中国古代社会、政治与文化的总体概括。从最初思路的提出到理论体系的凝聚成形,历经十多年。其间先生有诸多论文问世,观点一经提出,便遭遇太多视儒学为圭臬为神圣为信仰者的攻讦。刘泽华先生秉承先贤"直书"理念,辅之以历史学家的独立人格与学术个性,在不断的反思与深思中将这一理论体系构建完成。这部著作是先生关于中国传统政治思想创新之论的集大成,为 21世纪的中国学术增添了最为浓重的一笔。

第五卷和第六卷收录的是先生关于中国政治思想史研究的论著。其中,第五卷主要是对先秦、秦汉政治思想的论著,曾经结集作为《中国政治思想史集(第二卷)》出版(人民出版社,2007 年)。第六卷则是未曾结集的学术论文,包括先生对于中国传统政治文化的一些研究成果。

第七卷收录的是刘泽华先生关于中国社会政治史研究的论著。如前所述,先生的学术视域比较宽阔,除了政治思想史研究,还涉猎先秦史、秦汉史、社会史、政治史,等等。本卷即收录了这一方面的研究,包括《士人与社会(先秦卷)》和学术论文。刘先生的王权主义理论不仅仅是对于中国古代政治思想的概括,而是将君主政治时代的中国视为一个制度与思想相互作用的社会政治整体,因而先生并不是孤零零地只谈思想,而是十分关注思想与社会的互动。认为从思想与社会相互作用的视角才能更深入地剖析传统政治思想的真谛,把握其真质,从而对于中国传统社会政治本身才会形成更为贴近历史真实的解读。本卷收录的正是刘泽华先生践行这一治学理念的学术成果。

刘泽华先生的历史研究主要放在战国秦汉史和历史认识论及方法论方面。前者编为第八卷,即关于战国秦汉史及中国古代史的有关著述。后者即历史认识论与方法论,编为第九卷,内容相对比较丰富。包括先生的治学心得、历史认识论与方法论的研究成果等。诚如前述,其中《除对象,争鸣不应有前提》(《书林》,1986 年第 8 期)、《史家面前无定论》(《书林》,1989 年第 2 期)两篇文章集中展现了先生的治学理念和学术自由精神,对于冲破教条主义束缚,培育科学精神和独立人格极具催动性,在学术界影响巨大。今天读来,依然感受到其中浓烈的启蒙意蕴。

全集最后三卷分别是第十卷《随笔与评论》、第十一卷《序跋与回忆》、第十二卷《八十自述》。这三卷的文字相对轻松些,主要是发表在报刊上的学术短文、采访、笔谈,以及为南开大学师长、学界同人、好友及后学晚辈撰写的序跋等。其中最后一卷收录的《八十自述》是刘泽华先生对自己一生治学与思考的总结,从中可以深切感受到先生"走在思考的路上"之心路历程。

全集最后附有刘泽华先生的著述目录,以方便读者检索。

全集是刘泽华先生毕生治学精粹的汇聚,展现了先生这一代学人的认知与境界。经南开大学历史学院与天津人民出版社着力促成,对于当代学界及后世学术,意义匪浅。

"哲人其萎",薪火永续。

是为序。

葛荃于巢社

2019 年 7 月 21 日

目　录

先秦士人与社会

战国时期士的类分与知识层

战国时期的士，是一个令人眼花缭乱的阶层，从王廷到社会底层，从文到武，从高雅的思想理论界到挥汗如雨的劳动场所，从隐秘的外交到公开对垒厮杀的战场，从豪杰到流氓，到处都可见到士的身影。他们有的一步登天，又忽而落地，命运变幻莫测；有的贱如仆隶；有的能使骄傲的君主低下高贵的头。士的成分如此繁杂，我们有必要对士的类分进行一下辨析。

战国文献中，以"士"为中心组成的称谓和专用名词，据粗略统计有百余种。这么多的称谓，不仅说明士阶层的复杂，也说明他们的行迹遍及社会各个角落。为了区分不同的士，当时的人便开始对士进行分类。《墨子·杂守》把士分为"谋士""勇士""巧士""伎士"。《商君书·算地》把士分为"谈说之士""处士""勇士""技艺之士""商贾之士"。《庄子·徐无鬼》把士分为"知士""辩士""察士""招进之士""中民之士""筋力之士""勇敢之士""兵举之士""枯槁之士""法律之士""礼教之士""仁义之士"等。根据士的特点、社会地位等，士大体可分成七大类：

一、武　士

西周、春秋时期，士的组成已很复杂，其主要部分是武士。到了战国，仍然如此。武士是相对于文士而讲的，其中又分几种类别。

第一类是国家的武装力量，泛称为"士""士卒""武士""兵士""士兵""军士""农战之士""三军之士""列阵之士"等。由于技能、职掌、兵种以及国别等不同，又有各式各样的称谓：

"选士"①"练士"②"锐士"③"精士"④"良士"⑤　　他们是按一定标准和要求挑选和训练的兵士。《荀子·议兵》中记述了魏选士的条件:"魏氏之武卒,以度取之,衣三属之甲,操十二石之弩,负服矢五十个,置戈其上,冠轴带剑,赢三日之粮,日中而趋百里。"

"持戟之士"⑥　　戟是一种兵器,这里泛指持武器的战士。《战国策·秦策》记载:"楚地持戟百万。"

"射御之士"⑦　　指射箭和驾御车马的兵士。

"材士"⑧"材伎之士"⑨　　指武艺过人或有特殊技能者,如水兵则称材士。《墨子·备水》:"二十船为一队,选材士有力者三十人共船。"

"贲士"⑩"虎贲之士"⑪　　"贲"通"奔",虎贲犹如猛虎,既勇猛又善于疾走。

"剑士"　　专门从事击剑的武士。如《庄子·说剑》记载赵惠文王爱看击剑,"剑士夹门而客三千人,日夜相击于前,死伤者岁百余人"。

"死士"⑫　　敢死之士,即今天所谓的敢死队。除了国家训练死士之外,有些贵族也有养死士的,如楚李园"阴养死士"⑬,准备刺春申君。

"甲士""介胄之士"⑭"战介之士"⑮"介士"⑯　　介,甲也;胄,兜鍪也,即头盔。这些不同称呼指的是身穿盔甲的战士。

"爪牙之士"⑰　　一般指亲兵,有时也泛指兵士。

----

① 《管子·七法》《吕兵春秋·音律》等。
② 《管子·七法》《战国策·楚策一》《六韬·练士》。
③ 《荀子·议兵》《汉书·刑法志》卷二十三。
④ 《吕氏春秋·简选》。
⑤ 《战国策·齐策一》。
⑥ 《孟子·公孙丑下》。
⑦ 《墨子·尚贤上》《墨子·尚贤下》。
⑧ 《墨子·备水》《战国策·秦策一》《战国策·东周策》。
⑨ 《荀子·王制》。
⑩ 《墨子·备蛾传》。
⑪ 《吴子·料敌》《战国策·楚策一》。
⑫ 《墨子·备梯·旗帜》《孙膑兵法·十问》《战国策·秦策一》《战国策·赵策一》。
⑬ 《战国策·楚策四》。
⑭ 《史记·老子韩非列传》。
⑮ 《韩非子·诡使》。
⑯ 《韩非子·五蠹》。
⑰ 《荀子·王制》《荀子·臣道》《墨子·天志下》《墨子·非攻中》。

"教士" 受过训练的士兵。《管子·小匡》："君有此教士三万人，以横行于天下。"《荀子·大略》："诸侯相见，卿为介，以其教士毕行。"

"庶士" 即军士。《荀子·正论》："庶士介而夹道。"其注："庶士，军士也。"

"吏士" 即士卒。《墨子·备城门》："一什长，属一(孙诒让：疑一当为十)吏士。"

第二类是侠士。典籍中称之为"侠"①"节侠士"②"游侠"③。这些人的特点是见义勇为，为知己者死。在先秦法家看来，侠客的行为与国家法禁多相抵触，"侠以武犯禁"④。《史记·游侠列传》云："自秦以前，匹夫之侠，湮灭不见，余甚恨之。"其实，散记于史籍的仍不少，如田光、荆轲、高渐离、聂政等都属于侠士。另外"烈士"有时也指侠士。《韩非子·诡使》说："好名义，不求仕进者，世谓烈士。"《庄子·至乐》说："烈士为天下见善矣，未足以活身。"这些烈士即侠士。有时"勇士"也指侠士，《战国策·韩策二》说："聂政，勇敢士也。"聂政是典型的侠士。

第三类是"力士"，指力气大而勇悍之士。《韩非子·外储说左下》记载如下两个故事：有一位叫少室周者，因力气大而为赵襄主的"骖乘"(即御车人)。一次少室周与一个叫徐子的人"角力"，结果自己败了，于是请求赵襄主启用徐子以代替自己。另一说，是少室周与力士牛子耕角力，不胜，而请求以牛子耕代己。战国时期的大力士多半被权贵聘为近身随从和卫士，甚至为高官。秦武王时期，"力士任鄙、乌获、孟说皆至大官"⑤。

二、文　士

《韩诗外传》七说："君子避三端：避文士之笔端，避武士之锋端，避辩士之舌端。"这里把操笔杆的人称为文士，其实文化人，包括辩士，皆可称为文士。苏秦说的"文士并䜩"⑥，便是指各式各样的文化人。战国以前就有了文士，至战国，文士的数量骤然大增。有关文士的特点与文士的不同类型，墨子曾做过

---

①④《韩非子·五蠹》。
②《战国策·燕策三》。
③《六韬·文韬》。
⑤《史记·秦本纪》。
⑥《战国策·秦策一》。

划分,他说贤良之士"厚乎德行,辩乎言谈,博乎道术"①。德行、言谈、道术应该说是对文士的类分。战国史籍中有关文士的各种称谓不下三四十种,大体可归入如下几类:

第一类可称之为道德型。这一类的士把道德修养作为奋斗目标。因此当时有不少人从道德品质意义上给士下定义或概括士的特点和本质。如孔子说:"士志于道。"②《吕氏春秋·正名》记载尹文与齐王的对话:"尹文曰:'今有人于此,事亲则孝,事君则忠,交友则信,居乡则悌。有此四行者,可谓士乎!'齐王曰:'此真所谓士已。'"对道德之士的称呼计有:

"通士" 《荀子·不苟》说:"上则能尊君,下则能爱民,物至而应,事起而辨,若是者则可谓通士矣。"

"公士" 《荀子·不苟》说:"不下比以暗上,不上同以疾下,分争于中,不以私害之,若是则可谓公士矣。"

"直士" 《荀子·不苟》说:"身之所长,上虽不知,不以取赏;长短不饰,以情自竭,若是则可谓直士矣。"

"悫士" 《荀子·不苟》说:"庸言必信之,庸行必慎之,畏法流俗,而不敢以其所独甚,若是则可谓悫士矣。"

"志士" 有远大志向和坚守己志之士。《孟子·滕文公下》:"志士不忘在沟壑。"《荀子·大略》记载子夏的话,正是志士特点:"子夏家贫,衣若悬鹑。人曰:'子何不仕?'曰:'诸侯之骄我者,吾不为臣;大夫之贱我者,吾不复见。'"

"修士" 操行纯洁之士。《荀子·君道》:"使修士行之,则与汙邪之人疑之。"《韩非子·孤愤》:"人臣之欲得官者,其修士且以精洁固身。"

"善士" 品行高尚之士。《孟子·万章下》:"一乡之善士,斯友一乡之善士。"孟子称薛居州为"善士"。③

"信士" 诚实之士。《荀子·王霸》:"援夫千岁之信法以持之也,安与夫千岁之信士为之也。"信士又称"端诚信全之士"。

"廉士" 重名节、不苟取之士。《庄子·刻意》:"众人重利,廉士重名。"匡章称陈仲子为"廉士",赵岐《孟子注》:"陈仲子,齐一介之士,穷不苟求者。"孟

①《墨子·尚贤上》。
②《论语·里仁》。
③《孟子·滕文公下》。

6

子从另一标准出发则认为陈仲子算不上廉士。①

"劲士""正士" 正直之士。《荀子·儒效》说："行法至坚,不以私欲乱所闻,如是,则可谓劲士矣。"《管子·桓公问》说："人有非上之所过,谓之正士。"

第二类可谓之为智能型。这些人重在知识和学以致用,他们不是完全不讲道德,但不以此为主。有的为了达到某种目的置道德于不顾。这一类的士有如下几种称谓:

"文学之士" "文学"二字最早见于《论语》,孔子说："文学子游、子夏。"②这里的文学指文献典籍,主要指诗书等。墨子也讲过"文学",他说："今天下之君子之为文学出言谈也。"③墨子所说的"文学"与孔子相近。后来出现了"文学之士"。在法家看来,文学之士指的是儒家,《商君书》的作者和韩非子都主张打击文学之士。④《吕氏春秋·去宥》所载："不闻先王之术,文学之士不得进",指的也是儒家。

"学士"⑤ 又称"居学之士"⑥"游学者"⑦"游学之人"⑧。这些指在学的学生、门人、弟子或有学问的人。《周礼·春官·乐师》："诏及彻,帅学士而歌彻。"这里的学士指在学的学生。《仪礼·丧服》："大夫及学士则知尊祖矣。"孔颖达疏："此学士谓乡庠、序及国之大学、小学之学士。"《庄子·盗跖》批评儒家"使天下学士不反其本",指的是一般文人。《韩非子·显学》载："夫吏之所税,耕者也;而上之所养,学士也。"这里指的是学者和文化人。有的学士在王左右,对政治起重要作用。⑨

"法士" 又称"能法之士""法术之士""智术之士""有方之士""法律之士"等。他们以崇尚礼、法为特点。这些概念多指法家,在法家著述中,如《商君书》《管子》《韩非子》诸书中大量出现。法家常常把这些"士"同其他士人对立起来,认为是不可两存之仇。《庄子》称这些为"法律之士",其特点是"广

---

① 《孟子·滕文公下》。
② 《论语·先进》。
③ 《墨子·非命下》。
④ 《商君书·外内》《韩非子·五蠹》。
⑤ 《韩非子·孤愤》《吕氏春秋·用众》《庄子·盗跖》等。
⑥ 《韩非子·外储说左上》。
⑦ 《韩非子·五蠹》。
⑧ 《韩非子·人主》。
⑨ 《韩非子·孤愤》。

治"①。除法家外,儒家荀卿也讲"法士"。他所谓的法士指尊崇礼仪者:"故降礼,虽未明,法士也。"②又称"有方之士":"法礼,足礼,谓之有方之士。"③

"**辩士**" 又称"弘辩之士""辩说之士""辩知之士"等。这些人以口才好、善辩为特点。他们口若悬河,爱辩论、多计谋,如《庄子·徐无鬼》所言:"辩士无谈说之序则不乐",又如《管子·禁藏》所说:"阴纳辩士,使图其计"。《战国策》记录了这些人的活动。

"**游士**" 又称"游说之士""谈说之士""言谈游士""游谈之士"等。这些人与前边说的"辩士"无大区分,《商君书·算地》:"谈说之士,资在于口。"许多人既可称辩士,又可称游士。这些人以从事游说、外交、侦探见长。关于游说、外交,人所共知。下边引两条材料说明游士充任间谍之例。《管子·小匡》记述齐桓公"游士八十人,奉之以车马衣裘,多其资粮,财币足之,使出周游于四方,以号召收求天下之贤士;饰玩好,使周游于四方,鬻之诸侯,以观上下之所贵好,择其忧乱者以先政(正)之"。《六韬·龙韬·五翼》载:"游士八人,主伺奸候变,开阖人情,观敌之意,以为间谍。"

"**游宦之士**" 又称"游宦者""游宦"。这些称呼与游士相近,指到处流动谋求官位的士人。

"**察士**" 机警明察之士。《庄子·徐无鬼》说:"察士无凌谇之事则不乐。"

"**巧士**" 机智而善于保护自己之士。《战国策·秦策三》载楚王之话:"寡人闻韩侈,巧士也,习诸侯事,殆能自免也。"

"**博士**" 《战国策·赵策三》:"郑同北见赵王。赵王曰:'子南方之博士也,何以教之?'"黄丕烈注:"博士,辩博之士。"从上下文看,是辩士的又一称呼。

表示智能之士的称谓,还有"智士""贤能之士""策士""有能之士""任举之士""倾危之士"等。

第三类是隐士。这类士因种种原因不为官。不出仕并不是都不关心国计民生、社会政治大事。相反,有些隐士发表了许多评论时政得失的言论,甚至提出系统的理论,成为一家之言。有些隐士在社会上具有很高的声望,君主贵人派使臣再三延聘,拒不受命。也有些隐士是一时的,隐居只不过是静观待机

---

①《庄子·徐无鬼》。
②《荀子·劝学》。
③《荀子·礼论》。

之术。与"隐士"相同或相近的,还有如下称呼:

"居士" 指未做官的士人。居士又分两种:一种人根本就不想出仕。如齐之陈(田)仲,《孟子·滕文公下》记载其事迹:他本是贵胄子弟,但他不仰人而食,不食兄禄,辞富贵,为人灌园。这些人的特点是"无上之名,无君之禄,不事仕而事力"①。另一种居士是暂时不做官,而心中却时时想出仕,甚至不顾道德以求仕。《韩非子·外储说左下》记载这样一个故事:"钜者,齐之居士。屐者,魏之居士。齐、魏之君不明,不能亲照境内,而听左右之言,故二子费金璧而入求仕也。"

"处士" 暂时闲居未仕或不出仕的士人。处士有各种不同情况,一种是暂时的居闲,等待时机出仕。如楚的孙叔敖,原为处士,后屡迁升,参与朝政。②另一种是拒绝出仕,如赵国的毛公、薛公。③再一种情况,借不出仕以邀名。如《荀子·非十二子》所说:"今之所谓处士者,无能而云能者也,无知而云知者也,利心无足而伴无欲者也,行伪险秽而强高言谨悫者也,以不俗为俗,离纵而跂訾者也。"还有些处士虽不出仕,但有很高威望,关心乡里之治,如齐国的钟离子、叶阳子,被称为"助王息其民者也"④。秦国处士寒泉子与秦惠王讨论国政,颇受秦王尊崇。⑤

另外,"山谷之士"⑥"江海之士"⑦"岩穴之士"⑧"贵生之士"⑨"高士"⑩"闲居之士"⑪,等等,均属隐士之列。这些人并非绝对远离尘世,不问世态炎凉,其中有些人还颇为关心社会、时政,不断发出"高论怨诽"⑫,或心中蕴藏着老谋深算,等待当权者的造访。⑬

---

① 《韩非子·外储说右上》。
② 《史记·循吏列传》。
③ 《史记·信陵君列传》。
④ 《战国策·齐策一》。
⑤ 《战国策·秦策一》。
⑥⑦⑫ 《庄子·刻意》。
⑧ 《韩非子·内储说左上》。
⑨ 《韩非子·六反》。
⑩ 《战国策·赵策三》。
⑪ 《韩非子·诡使》。
⑬ 《吕氏春秋·谨听》。

三、吏　士

有些低级官吏称之为"士"。具体有以下几种情况：

一种是司法官的属吏称"士"。《孟子·告子下》："管夷吾举于士。"赵注："士，狱官。"《梁惠王下》载："士师不能治士，则如之何？""士师"为高级司法官，"士"则为较低级的属官。《周礼》有"士师"，其下有"乡士""遂士"等，孟子所说的"不能治士"之士可能指的是"乡士""遂士"。

第二种是指基层临民的官吏。这种士有其治所，如《非攻下》有"士"。《墨子·天志中》载："庶人竭力从事，未得次(恣)己而为政，有士政之"，"不暇治其官府"云云。《管子·八观》把"里尉"称之为"士"。《睡虎地秦墓竹简》中有"士吏"①，也属于较低级的官吏。

第三种泛指各种属吏。《礼记·祭法》："庶士、庶人无庙。"注："庶士，府吏之属。"

四、技艺之士

指有一技之长和专门技能的人，即手工业者。《商君书·算地》说："技艺之士，资在于手。"《韩非子·显学》说："今商官、技艺之士，亦不垦而食。""商官"指商人用钱买官爵者，如《五蠹》所说："官爵可买则商工不卑也矣"。

五、商贾之士

指经营工商业之士。如管仲、鲍叔早年就曾经商。范蠡是士人经商致富的典型。子贡既是士，又是大商人。战国时期的白圭也是著名的士兼商人。到战国有了"商贾之士"的说法，《商君书·算地》说："商贾之士，资在于身。"

---

① 《秦律杂抄》。

六、方术之士

指卜、巫、相面、看风水、求仙药之类的士人。如"梁有唐举,相人之形状颜色,而知其吉凶、妖祥"①。战国时期这一类的士人颇为活跃,有的参与国政。"荆有善相人者,所言无遗策,闻于国,庄王见而问焉。"②秦始皇统一全国之后,"悉召文学方术士甚众,欲以兴太平。方士欲练以求奇药"③。

七、其 他

还有一些难以归类的称呼,如:

"勇士" 又称"勇敢士""勇力之士""礛勇之士"等。这些人以勇敢有力为特点:"勇士,资在于气。"④勇士有时指士卒,有时指刺客、侠士,有的则为私人的打手。在法家看来,勇士与国家的法禁是对立的,主张禁绝。

"国士" 国中著名的士人。有的因勇力过人而称国士。《荀子·子道》说:"虽有国士之力,不能自举其身,非无力也,势不可也。"有时指战士,《吕氏春秋·士容》说:"富贵弗就而贫贱弗朅(去),德行尊理而羞用巧卫,宽裕不訾而中心甚厉,难动以物而必不妄折。此国士之容也。"有的以勇敢不怕死而被称为国士,如《吕氏春秋·忠廉》记载的要离,《战国策·赵策一》记载的豫让,均称之为"国士"。

"秀士""俊士" 德才优异之士。《荀子·大略》:"天下国有俊士,世有贤人。"《吕氏春秋·怀宠》:"举其秀士而封侯之。"《礼记·王制》:"命乡论秀士,升之司徒,曰选士。"注:"秀士,乡大夫所考,有德行道艺者。"有时又指在任者。《吕氏春秋·听言》云:"故贤王秀士之欲忧黔首者"云云,把贤王与秀士并列,指在位贤臣。

"烈士" 尚志而又贤贞勇敢之士。《韩非子·诡使》说:"好名义,不求仕进

---

①《荀子·非相》。
②《吕氏春秋·贵当》。
③《史记·秦始皇本纪》。
④《商君书·算地》。

11

者,世谓之烈士。"《忠孝》说:"世之所谓烈士者,虽众独行,取异于人,为恬淡之学而理恍惚之言。"《庄子·至乐》:"烈士为天下见善,未足以活身。"《秋水》又说:"白刃交于前,视死若生者,烈士之勇也。"

"豪士""豪杰之士""豪杰" 豪放任侠,才能出众之士。其中既有武士,又有文士,或文武兼备。《韩非子·说林下》载:"夫越破吴,豪士死,锐卒尽。"这里的豪士为武士。《商君书·农战》载:"是故豪杰皆可变业,务学诗、书。"这些豪杰以文为主。《战国策·赵策三》:"赵国豪杰之士,多在君(平原君)之右。"其中文武均有。还有些豪杰以藐视权贵为其特点,《韩非子·诡使》说:"贱爵禄,不挠上者,谓之杰。"有的人非常重视豪杰之士的作用,《孟子·尽心上》说:"豪杰之士,虽无文王犹兴。"

"厮养士" 砍柴养马从事杂务之士,这种士的社会地位是很低下的。

"车士" 以力挽车之人。《战国策·燕策二》:"车士之引车也,三人不能行,索二人,五人而车因行矣。"

"都士" 居住在国都之士。《战国策·中山策》:"中山君飨都士。"

通过以上的类分,可知士成分之复杂和社会分布面之广,士是社会中最活跃的一个阶层。

由于士的成分过于繁杂,还不能把士同"文人"和"知识分子"等同起来,只有一部分人属于文人或知识分子,前边讲到的"文士""方术士"两大类基本上属于知识分子阶层。因为他们主要靠精神产品和智力与社会进行交换。对其他类士则应具体分析,有的属于知识分子,有的则不属于知识分子。笼统地把士都视为知识分子是不妥当的。但士的核心部分是文士、方术士。正是在这个意义上,士可称之为知识分子。

士人人格相对独立与自由思考

作为知识层的士,在战国有相对独立的人格。所谓相对,只是说在一定意义和范围内存在,同时又是为了与近代以来知识分子的独立人格相区分。人格独立是指他们没有固定的人身依赖关系,在社会上有流动的自由,有选择职业的自由,有独立思想的自由。这三项自由并未获得政治上的承认和保护,而是由当时的特殊历史环境造成的。到秦汉封建一统国家形成后,君主专制进一步强化,士的相对独立人格几乎丧失殆尽,自然,思想自由也无从谈起。

一、人格相对独立

战国时期士相对人格独立的出现,应从当时历史条件去分析,这里仅摘其要者,略作论述。

1.暂时从等级中游离出来

春秋时期,士基本上是等级制中的一个层次。到了战国,等级制发生了重大变化。秦朝在旧等级制基础上制定了二十等军功爵,使等级更加繁杂周密。山东六国的情况不甚清楚,但大体上也是向繁杂周密方向发展。战国时期等级制的另一个特点是把民纳入其中,出现了民爵。在战国的等级制中,士不全然是等级概念,但又与等级有关。

在政府的法规命令中,除秦二十等爵把"公士"作为第一级之外,在山东各国,还未见到把士作为一个等级的明文规定。不过在当时的许多著述中,常常把士作为一个特定的等级来看待,如:

> 庶人不得次(恣)已而为正(政),有士正之;士不得次(恣)已而为正(政),有大夫正之;大夫不得次(恣)已而为正(政),有诸侯正之;诸侯不得次(恣)已而为正(政),有三公正之;三公不得次(恣)已而为正(政),有

天子正之。①

这里叙述的庶人–士–大夫–诸侯–三公–天子序列，既可视为行政体系，又可视为等级体系。士是庶人之上的一个等次。

　　"古之丧礼，贵贱有仪，上下有等，天子棺椁七重，诸侯五重，大夫三重，士再重。"②
　　"天子棺椁七重，诸侯五重，大夫三重，士再重。"③
　　"天子袾裷衣冕，诸侯玄裷衣冕，大夫裨冕，士皮弁服，德必称位，位必称禄，禄必称用。"④
　　"君于大夫，三问其疾，三临其丧。于士，一问一临。"⑤

这些未必是战国的制度，不过从中也可知士是等级序列中的一个层次。《墨子·七患》谈到灾年时，"君彻鼎食五分之五(孙诒让云：五当为三之误)，大夫彻县，士不入学"。这也是讲等级规定。

"父为大夫，子为士，葬以大夫，祭以士；父为士，子为大夫，祭以大夫……"⑥这里大夫与士的等级差别是分明的。

孟子葬其母与其父不一样，为母亲办丧事以三鼎，为父亲办丧事以五鼎，其原因就在"前以士，后以大夫"⑦。此例说明士与大夫有明确的分界。

"由士以上则必以礼乐节之，众庶百姓则必以法数制之。"⑧在行政上，治士与治民的手段有原则之分。

在社会生活习惯中，人们也把士作为一个特定的阶层来看待。如：

"农农，士士，工工，商商。"⑨这是战国普遍的概念，说明士有独特的社会地位。

---

① 《墨子·天志下》。
② 《庄子·天下》。
③ 《荀子·礼论》。
④⑧ 《荀子·富国》。
⑤ 《荀子·大略》。
⑥ 《中庸·第十八章》。
⑦ 《孟子·梁惠王下》。
⑨ 《荀子·王制》。

"无罪而杀士,则大夫可以去;无罪而戮民,则士可以徙。"①说明士高于民而低于大夫。

"王者富民,霸者富士,仅存之国富大夫。"②这里把民、士、大夫分为三个不同层次。

"从士以上皆羞利而不与民争业,乐分施而耻积藏。"③士与民是社会人群的分界线。

"匹夫问学,不及为士,则不教也。"④这是荀子教弟子的原则,从中可知由匹夫上升为士还需要有一定条件。

"国都皆有掌孤。士人死,子孤幼,无父母所养,不能自生者,属之其乡党、知识、故人。养一孤者,一子无征。""士人有病者,掌病以上令问之。"⑤这说明士人具有特殊的社会保险规定,有特定的社会地位。

另外,在诸子书中,也有士中再分等次的记录。《墨子·节葬下》载:"上士之操葬也。"所谓"上士",显然是别于下士而讲的。《荀子·正论》中把士分为元士与庶士两等。春秋以前,士中又分等次,战国有关分等次的记载恐怕只是历史的孑遗,实际上已不复存在。

从战国的历史发展看,士是出现在由等级向社会阶层转变的时期。等级是由政府明令或由习惯法约定俗成的。社会阶层不同于等级,它是由多种因素形成的,其中最主要的因素是社会活动方式。所谓活动方式,主要指他们靠智能参与社会活动。这种智能可与社会上不同阶级、不同集团、不同势力结合,从而形成各式各样的知识分子。战国时期的士主要从事智能活动,这一点就决定了他们不能再成为一个单独的等级。另外,士的成员的复杂化,也促使士等级的解体。然而在等级社会中,阶层又不能不受到等级的影响或制约。所以在习惯上,人们还是把士视为高于民的一个等次,这是在转变时期产生的现象。

士脱离了等级,又保持了虽然不及贵族但又优于庶民的地位,这是士阶层人格相对独立的重要历史条件。

---

① 《孟子·离娄下》。

② 《荀子·王制》。

③ 《荀子·大略》。

④ 《荀子·儒效》。

⑤ 《管子·入国》。

2.从氏族血缘的桎梏中解脱出来

春秋以前,士作为贵族的支庶,对宗族长有很强的依附性。直到春秋,还可以到处看到氏族宗法制与政治隶属和政治区划是三位一体的特点。宗族长既是行政长官,又占地称主。这种三位一体的体制到春秋后期明显被削弱。随着封建贵族兼并斗争的发展,出现了"高岸为谷、深谷为陵"的剧烈社会变动,不少在兼并斗争中失败的强宗大族,丧失了原有的爵禄和封土臣民,或"降在皂隶",或逃亡他国,其氏族组织随之崩散,从而把大批原来隶属于他们的宗法之士抛向民间,沦为无所归依、只得自谋出路的"游士"。这种"游士",在春秋前期已经出现。《管子·小匡》载春秋第一霸主齐桓公曾根据管仲建议,招纳游士。《韩诗外传》卷三亦说齐桓公曾"设庭燎以待士","四方之士相导而至矣"。《左传》文公十四年载,齐"公子商人骤施于国,而多聚士,尽其家,贷于公,有司以继之"。又襄公二十年载齐"怀子(栾盈)好施,士多归之"。这里所说"天下贤士""四方之士",都是那些脱离了原有世族组织的士人。他们最初在投靠新主人时,大抵要履行一种叫作"策名委质"的手续①,表示至死效忠、不臣二主之意。春秋末叶,随着宗法制的进一步动摇,一些游士逐渐抛弃了不臣二主的信条,开始自由地辗转投奔于能施展抱负和才能的诸侯国,择君而仕,于是形成了"士无定主"的局面。随着氏族制的衰落,士从氏族血缘羁绊中解脱出来,成为社会上一种独立的细胞。他们有独立的家庭,也有一部分财产。在战国典籍中经常可以见到"士爱其家"的记载,而这种说法又是与"大夫爱其职"②相对而言的。说明士有家,但没有固定的社会职位。苏秦未出名以前的家庭情况,很可以说明氏族、宗族之类的观念在士这个阶层中是很淡的。苏秦与父母、兄嫂合居。当他到秦游说失败回家之后,"妻不下纴,嫂不为炊,父母不与言"。苏秦叹曰:"妻不以我为夫,嫂不以我为叔,父母不以我为子。"③这段记载反映了苏秦的家庭关系是相当松散的。苏秦在家中还有自主性,父母兄弟均不干涉。血缘关系对角色选择自由不再成为障碍,是士人格独立的又一社会条件。

---

① 《史记·仲尼弟子列传》。
② 《韩非子·外储说左上》。
③ 《战国策·秦策一》。

3.士的流动自由、职业选择自由和思想自由

士的流动自由、职业选择自由和思想自由是由于社会大变动出现了许多空隙才得以实现的。

当时的农民是不准自由迁徙的,在职者不得自由流动。士上无职,下无劳,可以自由流动。不仅在国内可以从一个地区到另外一个地区,在国与国之间也没有什么明显的限制,"朝秦暮楚"很能说明这一点。许多名士周游列国,几乎无禁戒。说客们在各国窜来窜去,任其自由。农家许行与其弟子听说滕文公行仁政,便自楚国来到滕国;儒家陈良、陈相自宋来滕。从《孟子》记载看,这些人没有办理任何手续,说来就来,说走就走。由于士走南串北,因此出现"游士"这个名词。游士到处流动,给统治者的行政和户籍管理带来困难。于是一些统治者的代言人,主要是法家,对游士进行猛烈的攻击。从《商君书》的作者们到韩非子反复发出禁游士的呼吁,在他们看来,游士带来知识和信息,又开辟了一条生活之路,这与农战是对立的。《商君书·垦令》说:"民不贵学则愚,愚则无外交。无外交则勉农而不偷。"法家常把游士比作破坏耕战的蠹虫、虱子之类的秽物,主张用政治与经济手段严加禁绝。这种主张也部分地落实于政治规定。《韩非子·和氏》说:"商君教秦孝公……禁游宦之民。"《云梦秦简》有《游士律》片断文字,证明秦国确有具体法律规定。外来游士必须办理通行证,即取得"符",否则要进行处罚。本国的士则禁止外流。不过从战国的实际情况看,游士一直广泛存在。

士对职业的选择也是相当自由的。他们可以经营农业,又可以投笔从戎,还可以经商。孔子的弟子子贡就是名士兼大商人。白圭也是名士兼大商人。当时士人经商的相当多,以致有"商贾之士"的称呼。战国时期流行养士,这些士人被称之为"客""宾客""门客""门人""舍人"等,充任门客也成了士人的一种职业。他们与主人的关系基本上没有隶属性,来去自由。

关于思想自由,另有专题论述。

以上三方面的自由是士人人格独立的标志。不过这些自由都不是人们有目的追求的结果,也没有相应的制度给以保证。这些自由是在社会大变动造成的空隙中才得以存在。所谓空隙,主要有如下两个含义:其一,没有统一的政治中心,诸侯林立,互相竞争,给士人活动提供了自由选择的机会。"朝秦暮楚",正表现了士人的自由度。其二,在激烈的竞争中,春秋以前的社会制度受

到了冲击,或遭到破坏,或被削弱,而新的制度又未健全,所以也有许多空隙供士人自由活动。到秦、汉帝国建立之后,情况就大不一样了。统一的皇权控制了整个社会,知识分子也被控制起来。关于这种情况,以后再论。

二、独立自主地思维

认识主体人格的相对独立与自主是进行思考的前提;思想自由的程度又是认识主体人格独立自主的重要标志。战国时期,绝不是社会上所有的人都能独立自主地去进行自由思考,只是在特定的阶层——士中,有一批人确实是可以自由地思想,甚至"上穷碧落下黄泉",可以任意驰骋。

1.一切客体可以作为认识对象

认识主体与认识客体之间的关系,在历史的进程中并不是两不相妨的自由反映与被反映的关系。在许多时候,认识主体是被限制的,不准去自由进行认识的;认识客体因种种原因被分割,某些领域和对象不准去认识。这种情况使人们的认识陷入很困难的境地。如果把战国时期的认识开放程度与商周和秦汉相比,战国时期几乎是全方位的开放,一切客体都可以置于认识对象之中。在此以前和以后就有许多禁区。这些禁区既有行政上人为的规定,又有一些是社会成俗的禁忌。春秋战国以前,认识的禁区最主要的有二:一是上帝、上天和诸神,二是天子、诸侯。商和西周时期,上帝、诸神、天子是人们信仰和崇拜的对象,而不是认识的对象。如果企图揭开这层面纱,就必须冒着绞首的危险。商末纣王剖比干之心就是人所熟知的因批评和冒犯了君主而发生的一次流血事件。

商代晚期的社会矛盾日益激化,商纣王的胡作非为把王朝推到了崩溃的边缘。比干出身名门贵族,是一位王子。他对纣王的倒行逆施进行了忠劝。纣王大怒道:"吾闻圣人有七窍",你比干到底安着什么心,于是"剖比干,视其心"[1]。在这样的暴君面前,人臣随时有可能身首异处,在高压之下,绝大多数人都关闭了智囊,缄口不语,甚至装疯、卖傻。例如箕子本是一位十分清醒的重臣,面对着纣王,也只能如此。纣王整日与群嬖众妾作长夜饮,醉醺醺,不知

---

[1]《史记·殷本纪》。

时辰与当天为何日。纣王问左右,皆答不知;问箕子,箕子心想,身为国王不知今天为何日,左右大臣皆曰不知,我独清醒,大难必将临身,于是"亦辞以醉而不知"①。在这种情况下,连日常的政务都不能陈述,谁还敢去认识君主呢?上帝的情况比君主更神秘,"殷王率民以事神"。从卜辞中可以知道,商王本人事事都要向上帝卜问。所以上帝、上天也只能是崇拜的对象,不可能把它作为认识对象去思考。

思想自由并不是绝对的自由,要看是否对统治者有利,子产不毁乡校与杀邓析子很能说明事情的复杂。

《左传》襄公三十一年记载了这样一件事:

> 郑人游于乡校,以论执政。然明谓子产曰:"毁乡校何如?"子产曰:"何为?""夫人朝夕而游焉,以议执政之善否。其所善者吾则从之,其所恶者吾则改之,是吾师也。若之何毁?我闻忠善以损怨,不闻作威以防怨。岂不遽止,然犹防川,大决所犯,伤人必多,吾不克救也。不如小决使道(导),不如吾闻而药之也。"

子产在对待乡校问题上相当开明,他明白这样的道理:不让批评、议论,积怨就越来越重,蓄之既久,其发必速,犹如大河决开,不可收拾;如果让人议论,虚心而听,择善而从,就会上下顺通,他人的批评就会转化为自己的高明。

同是这位子产却又干出了一件十分野蛮的事,这就是杀邓析。邓析与子产同时,也是郑国人。邓析是位勇敢的探索者,又身体力行当讼师(类似今天的律师),参与政事。他的政治思想与子产相反:"子产治郑,邓析务难之。与民有讼者约:大狱一衣,小狱襦裤。民之献衣襦裤而学讼者,不可胜数。"邓析帮助人打官司,收一点微薄的佣金,所以请他充当律师的人多得不可胜数。邓析的刑法观念与子产以及当时郑国现行的刑法规定大不相同,是非迥异,"以非为是,以是为非,是非无度,而可与不可日变。所欲胜因胜,以欲罪因罪。郑国大乱,民口欢哗。子产患之,于是杀邓析而戮之"②。

子产允许乡校的议论,却不准邓析议论,而且要将他杀死(关于子产杀邓

---

① 《韩非子·说林下》。
② 《吕氏春秋·离谓》。

19

析事,史家有分歧,这里不论)。何以如此?其原因大约是,参加乡校议论的都是贵族,议论的问题在原则上可能无多大分歧。邓析的情况就不同了。他思考问题的方向与子产发生了冲突,他的言论和行动又引起了民众的响应,即所谓"郑国大乱,民口欢哗"。子产为了维持政治局面,不惜动用屠刀。

与子产杀邓析相似的,还有孔子杀少正卯之事。孔子是否杀少正卯古来争讼不决,一些人认为,像孔子这样的人怎么会杀人?这是杜撰,是丑化孔子;另一些人则认为确有其事,其实这些人也不是诚心给孔子栽赃,这件事是由自称孔子真传弟子的荀子首先载之于文的。荀子认为,圣人杀反对圣人的人是应该的。孔子到底杀没杀少正卯留给后人去争论吧。就荀子的记载而论,孔子杀少正卯的依据有五,即"心达而隐","引辟而坚","言伪而辩","记丑而博","顺非而泽"。这五点的训诂很麻烦,此处不论。要之,即言论罪,或者说是思想罪。

从道理上讲,言论自由不能以统治者允许的范围为范围,而应以对认识对象可以进行自由认识为标志。到了战国,认识终于获得了自由。人们可以把许多带刺的对象置于理性面前进行考察和思维。上天是怎么回事?是神吗?天子、君主是怎样产生的?什么样的君主才是理想的?总之,似乎没有什么不可以去认识的。

在各种认识对象中,最难认识的要属君主了,因为认识君主容易招灾。然而历史提供了对君主重新认识的机会。

各家各派对君主在政治中的地位进行了热烈的讨论。他们从不同角度出发,得出大致相同的看法,即君主在国家兴败中有决定的意义。"君贤者其国治,君不贤者其国乱。"① "君者,治之原也……原清则流清,原浊则流浊。"② 正因为如此,所以有"观国者,观君"③之说。各家各派提出的治国之道,能不能实行,全赖君主选择了。"文武之政,布在方策。其人存,则其政举;其人亡,则其政息。"④ 儒家主张人治,把希望寄于君主。法家主张法治,但是法家之法并不是超越君主之上的。法是君主手中的工具,"人主之大物,非法则术也"⑤。因此

---

① 《荀子·议兵》。
② 《荀子·君道》。
③ 《管子·霸言》。
④ 《中庸·第二十章》。
⑤ 《韩非子·难三》。

法的兴废也随君主之好恶而定。《管子·任法》中指出,今天下"皆有善法而不能守也",其原因就在于没有明主。可见,法不能超越君主而独立存在,法家的法治,归根结底仍然是人治。

君主既然在国家治乱中具有决定性的作用,于是所有的思想家都希望君主成为圣明之主。但实际上远非如此,众多的君主是残暴之徒。针对这种情况,每个思想家按照自己的理论标准把君主分为圣主、明主、昏主、暗主、残主、亡主等。例如,《管子·七臣七主》根据对法的态度、立场和实行情况,把君主分为"申(当为'信')主""惠主""侵主""芒(当为'亡')主""劳主""振主"。对君主进行品分在认识上具有重大意义,即把君主列为认识对象,是可以分析的,从而打破了对君主的盲目崇拜。当孟子对梁惠王进行观察分析之后,就毫无顾忌地评论道:"不仁哉,梁惠王也。"[1]对君主进行品分还表明,政治理论原则高于君主个人,君主再不是天生的人类楷模、道德的化身、真理的体现。君主都必须站在理论标准面前接受检验和衡量。如,荀子把当时所有的君主进行衡量之后,结果,没有一个合格的,今世之君主皆为"乱其教,繁其刑"[2]之辈。"今君人者,急逐乐而缓治国,岂不过甚矣哉。"[3]法家是君主专制制度的讴歌者,处处强调尊君。然而在他们的理论面前,当时的君主也是不合格的,"今乱世之君臣,区区然皆欲擅一国之利而管(掌握)一官之重,以便其私,此国之所以危也"[4]。

先秦诸子一方面把君主视为治乱之本,另一方面对君主进行了无情的分析,其结果,君主很少有合乎他们的要求的。这样一来,理想的要求与实际的君主发生了矛盾。从认识上考察,应特别珍视这种矛盾,因为这种矛盾正说明了认识的深刻性和认识不畏权威的性格。认识越深刻就越不畏权威,从而这种认识的理论和舆论的制约性就越明显。理论与舆论制约是必要的,但没有制度的制约,理论的制约很容易变质或流为空论。先秦诸子恰恰没有或很少探讨对君主的制度制约问题,在认识上是有很大缺陷的!

---

① 《孟子·尽心下》。

② 《荀子·宥坐》。

③ 《荀子·王霸》。

④ 《商君书·修权》。

2.在认识对象面前认识主体平等

一切可以作为认识对象,是认识深化的不可缺少的前提。但它仍被局限在少数人范围内,多数人仍不准问津。不要说上帝、君主这种圣物一般人无权认识,就是国家政务也只有权贵才能发表意见。出身比较贫贱的曹刿向鲁公进言兵事时,有人劝阻说:"肉食者谋之,又何间焉?"①肉食者指贵族,只有贵族才能参与国事,下层人是无资格发表意见的。《论语·八佾》记载这样一件事,有人问孔子有关禘祭的道理。禘祭是天子祭祖的一种大典,孔子一面指着手掌一面说:"不知也,知其说者之于天下也,其如示诸斯乎?"大意是,不知道,如果有懂的人,他对于治理天下好比把东西放在手掌上一样的容易。孔子或许不知道,症结点不在于此。在孔子看来,禘是天子祭祖的礼典,神圣而不可问,超出了他的身份。提问题的人敢于把禘礼这样的大事视为认识对象,企图加以解说,而保守的孔子却战战兢兢,认为这种圣物一般人是不可以讨论的,把自己从认识对象面前排除出去。又一次鲁哀公问宰我(孔子的弟子)做神主用什么木,宰我回答:"夏后氏以松,殷人以柏,周人以栗。"②周人之所以用栗木,目的是"使民战栗"。(古代"栗""慄"通)孔子听说后责备宰我说:"成事不说,遂事不谏,既往不咎。"即是说,已经做了的事不要再解释,已完成的事不必再谏议,已过去的事不必再追究。宰我颇具探索精神,连神主用什么木料的原因都要给予说明;孔子则认为像神主这类的事不是凡人应当追问的,在这个认识对象面前他也取消了认识主体的平等。孔子是一位学深勤思的哲人,由于种种原因,他反对在认识对象面前认识主体平等,他说的"非礼勿视、非礼勿言、非礼勿听、非礼勿动",就是用礼限制人们的认识自由,而他讲的"民可使由之,不可使知之",则更加明确地宣布要取消民的认识权。从人的本性上,孔子曾把人分为"上圣""中人""下愚"。"中人以上,可以语上;中人以下,不可以语上也。"③这里虽主要是讲教育,实际上把"中人"以下的人都排斥在认识主体之外,在认识对象面前自然也谈不上权利平等。

在认识对象面前,人们是否都有平等的权利和能力,对此,看法颇不一

---

① 《左传》庄公十年。

② 《论语·八佾》。

③ 《论语·雍也》。

致。有的人在谈到认识时，认为人人都有认识客观事物的功能。如荀子讲："凡以知，人之性也；可以知，物之理也。"①韩非子讲："聪明睿智，天也；动静思虑，人也。人也者，乘于天明以视，寄于天聪以听，托于天智以思虑。"②上述认识仅限于纯理论的范围，一与认识过程相结合，几乎都与孔子差不多，又都把人分为圣人、贤人、智者与凡人、愚者、贱者两大层次，后者既谈不上认识的权利，也没有认识的能力。墨子认为一切道理只能从贵者、贤者、慧者出；贫者、贱者只能扮演听从者的角色。孟子把人分为劳心者与劳力者，劳力者是谈不上什么认识的。荀子同样夸大了圣人、君子在认识中的地位与作用。他说，就对某些具体事物的认识而言，譬如种地、经商、做木工等，君子可能不如农夫、商人、工人。农夫、工人"精于物"，君子"精于道"，即"谲德而定次，量能而授官，使贤不肖皆得其位，能不能皆得其官，万物得其宜，事变得其应"之类的高深认识是属于君子的事。把认识分为"君子之知""役夫之知"和"小人之知"。③

不过在谈到士时，不少思想家都提出，士应该无所顾忌地去认识一切。事实上许多士人也放开胆量去谈天、说地、论人。孟子形容当时的情况是："圣王不作，诸侯放恣，处士横议，杨朱、墨翟之言盈天下。"④"横议"说明士人在讨论问题时是无所顾忌的。《庄子·天下》说，宋钘、尹文之辈"不忘天下，日夜不休"。也就是说，这帮人不在其位，而要谋其政，孤身只影却要关心天下事。《天下》的作者于是结论道，这帮人是"图傲乎救世之士哉"！《吕氏春秋·博志》载："孔、墨、宁越，皆布衣之士也，虑于天下，以为无若先王之术者，故日夜学之。"这也就是说，不在其位，而谋其道。《淮南子·俶真训》说："周室衰而王道废，儒、墨乃始列道而议，分徒而讼。于是博高以疑(按王引之云：疑，读为拟)圣，华诬以胁众，弦歌鼓舞、缘饰诗书，以贾名誉于天下。"《俶真训》的作者是站在道家立场攻击儒墨。抛开这种价值判断，就他们所描述的场面看是何等壮观啊！儒墨之徒以道自持，藐视成说，博学广议，招收生徒。圣人在哪里？圣人就在我的笔下！"横议"，"横议"，只有"横议"，才能开拓认识的新领域！才能把认

---

① 《荀子·解蔽》。
② 《韩非子·解老》。
③ 《荀子·儒效》。
④ 《孟子·滕文公下》。

23

识推向高峰!

从战国百家争鸣实际情况看,士在认识对象面前可以自由认识和自由选择某一种观点。这里仅以人性问题为例略作说明。人们对人性的看法不下十余种。计有:

(1)孔子的"性相近,习相远"说。

(2)道家的性自然说。

(3)孟子的性善说。

(4)墨子的性自利自爱说。

(5)荀子的性恶说。

(6)法家的性好利说。

(7)《管子·水地篇》的人性随水性说。

(8)告子的"性无善无不善"说。

(9)世硕的人性善恶兼有说。

(10)"性可以为善,可以为不善"说。此说认为人性随社会环境与经济条件的变化而变化。《墨子·七患》篇也有类似的主张,其文曰:"时年岁善,则民仁且良;时年岁凶,则民吝且恶。夫民何常此之有?"《管子·牧民》篇说的"衣食足知荣辱"也是这个意思。

(11)性品说,即"有性善,有性不善"说。

(12)性为天命说,即人性是由神决定的。

众说纷纭的人性说,从一个侧面反映了当时知识分子可以在认识对象面前自由地去进行探索。

3.权与理相对二元化与士的活跃

权力与认识的关系问题是人类历史上一个十分麻烦的问题,近代以前尤甚。权力的中心是处理利害关系,认识则是讨论是非问题。利害与是非经常交融在一起,出现权力干预认识或认识评论权力得失等现象。这样,权力与认识之间就会发生矛盾、冲突。权力膨胀和强化多半要设法对认识加以控制和干预,甚至把认识禁锢在一定范围之内,不得越雷池一步;如果认识一旦触犯权力的规定,掌权者就会施以淫威。这一点从周厉王利用卫巫监谤可以得到很好的说明。

周厉王是西周末年一位十分残暴的君主。当时的老百姓无法生活下去,出现"民不堪命"的局势。人们议论纷纷，矛头指向周厉王。这里既有利害的冲突，又有是非的争论。面对着人们的批评，周厉王应冷静想想。由于他有至高无上的权力，便失去了理智。指令"卫巫"(卫国的巫人)"监谤"。巫本来是沟通神人关系的圣职，现在却充当起特务来，进行告密，使许多人被杀。在这种高压气氛下，人们都惶恐不安，"国人莫敢言，道路以目"。周厉王的大臣召公在万民沉默中看到了危机。他向周厉王讲："防民之口，甚于防川。川壅而溃，伤人必多，民亦必之。是故为川者决之使导，为民者宣之使言。"嘴的一项重要功能就是讲话，"口之宣言者也"①。他建议要让人讲话，要倾听民之呼声，如果堵住人们的嘴，势必有一天像大川决口，一泻千里，不可收拾。周厉王迷信自己的权力是万能的，怙恶不悛，结果被国人赶跑，死于他乡。君主专制主义最基本的一个表现就是不让人讲话，此例也可作为证据之一。

春秋以降，随着周天子的衰落，诸侯林立，互相争夺和竞争。要竞争，必须有智谋，智谋只有在相互比较中体现。尽管当时仍然是君主专制体制，但各国竞争的环境促进了舆论的开放。舆论与知识阶层的发展互为表里，互相促进，逐渐形成了一种独立的力量。人们普遍把权力与认识、道德等分为二元。这集中表现在道与王关系二元论上。

道最初是一个具体名词，本义为道路，也可用作动词，有开通疏导之义。随着人们的认识日渐宽展深入和抽象化，道逐渐引申为某种事物的法则、规律和道理。至迟到西周末年，道已从一个实体性名词衍变成广泛使用的抽象概念，就其内容而言，主要有如下两方面的含义。其一是把宇宙天地之本源和规律概括为道："道生一，一生二，二生三，三生万物。"②"道者，万物之奥。"③"夫道，覆载万物者也。"④"万物以生，万物以成，命之曰道。"⑤持这一说法的不只限于道家学派，其他诸家在不同程度上也接受了这种观念，如韩非就认为："道者，万物之所以成也。"⑥荀子说："天有常道矣，地有常数矣。"⑦《管子·形势

---

① 《国语·周语上》。
② 《老子·第四十二章》。
③ 《老子·第六十二章》。
④ 《庄子·天地》。
⑤ 《管子·内业》。
⑥ 《韩非子·解老》。
⑦ 《韩非子·天论》。

解》：“天，覆万物，制寒暑，行日月，次星辰，天之常也。”《经法·四度》：“极而反，盛而衰，天地之道也。”《吕氏春秋·大乐》：“太一出两仪，两仪出阴阳……离则复合，合则复离，是谓天常。”春秋战国是中国古代文明的理性突破时期，人们对于宇宙本源与自然规律的冥思探索，标志着人们理性认识水准的不断提高。其二，把社会领域人们应共同遵守的原则与规范，人与人之间的关系准则，人的情性与本能等称之为“人道”。子产把自然与社会的规律分别称为“天道”与“人道”。

具体到意识形态领域，人们用道概括政治法规、原则或最佳政策。西周的礼乐法规被称作“王道”。西周末年，“周室衰而王道废”①，出现了所谓“王纲解纽，礼崩乐坏”的现象，“道术将为天下裂”②。继之而来的是思想巨人竞相崛起的百家争鸣时代。先秦诸子从不同的立场和角度，对传统的道术作了不同层次的选择和发展，各家都崇尚“道”，宣扬“道”，但各家之道有各自的内涵。统而观之，百家所谓的政治之道虽殊，但又有共性。在政治领域，他们崇尚的道，都是从具体的政策或统治方式中抽象出来的一般政治理性原则。正如韩非所说：“道也者，生于所以有国之术。”③荀子说：“道也者，治之经理也。”④这些政治理性原则的形成，增强了统治阶级的政治主动性与自觉性，促进了政治运行的秩序化和规范化。亦如荀子体会的那样：“水行者表深，表不明则陷；治民者表道，表不明则乱。”⑤

当人们用道概括自然规律的时候，道本身体现着一种必然性权威，它辖制着世间万物的生成衰死，“道者，扶持众物，使得生育而终其性命者也”⑥。思想家们用道来概括政治理性原则，它也就成为人们必须遵行的社会必然法则。

在理论上，“道”最尊；在实际上，君主的权力又至高无上，“天子无妻（齐），告人无匹也”。这样一来，道与王的关系就成为一个微妙而复杂的问题。

“道”与王权二元的思想，孔子已有议论。孔子之后的儒学中又有进一步

---

① 《淮南子·俶真论》。
② 《庄子·天下》。
③ 《韩非子·解老》。
④ 《荀子·正名》。
⑤ 《荀子·天论》。
⑥ 《管子·形势解》。

发展。曾子说:"晋楚之富,不可及也;彼以其富,我以吾仁;彼以其爵,我以吾义;吾何慊乎哉!"①其后,孟子把问题讲得更透彻。他说:"天下有达尊三:爵一,齿一,德一。"孟子说的爵是权位,齿指血缘辈分,德代表着儒家的礼制仁义原则。他认为爵、齿和德作为不同类型的价值标准,适用于不同的领域:"朝廷莫如爵",在政权系统里,以权力高低为标准,爵位越大越高贵;"乡里莫如齿",在社会生活中,以辈分年纪论尊;"辅世导民莫如德",作为理国治民的政治原则,当以德为本。在现实生活中,此三者缺一不可,"恶得有其一而慢其二哉?"②孟子还认为,德与爵相比,德更重要。他把权势地位称作"人爵",仁义道德称为"天爵",说:"古之人修其天爵,而人爵从之。今之人修其天爵,以要人爵,既得人爵,而弃其天爵,则惑之甚者也,终亦必亡而已矣。"③显而易见,假如需要在道和权势财利之间作选择,理论上只能先道而后势。所以他又说:"古之贤王好善而忘势,古之贤士何独不然?乐其道而忘人之势。故王公不致敬尽礼,则不得亟见之。"④孟子的认识是有代表性的,先秦儒学宗师大抵如是。荀子就在这些认识基础上提出"道高于君""从道不从君"的命题。

先秦儒学宗师的认识为后世儒家探讨道王关系定下了基调,明儒吕坤总结前人的认识,进一步明确了道与王的内在联系,说:"天地间惟理与势为最尊。虽然,理又尊之尊也。庙堂之上容理,则天子不得以势相夺。即夺焉,而理常伸于天下万世。故势者,帝王之权也;理者,圣人之权也。帝王无圣人之理,则其权有时而屈;然而理也者,又势之所恃以存亡者也。"⑤总之,作为理论家的儒者,在道与王关系上的共同认识大致有三点:其一,君主享有权力的合法性需由道来验证。如孟子说:"非其道,则一箪食不可以受于人;如其道,则舜受尧之天下,不以为泰。"⑥其二,君主运用权力必须遵循道的准则。荀子说:"治之要在于知道。"⑦其三,君主须拜贤人君子为师友,因为他们掌握道,是最好的政治顾问。"君子之事君也,务引其君以当道,志于仁而已。"⑧孟子称其中

---

①②《孟子·公孙丑下》。

③⑧《孟子·告子上》。

④《孟子·尽心上》。

⑤《呻吟语·谈道》。

⑥《孟子·滕文公下》。

⑦《荀子·解蔽》。

最优秀者为"不召之臣","将大有为之君,必有所不召之臣,欲有谋焉,则就之"①。君主能否觅及贤人君子为师友,是成就大业的重要条件。成汤的左相仲虺曾说过:"诸侯自为得师者王,得友者霸……自为谋而莫己若者亡。"②这个认识成为"道高于君"的重要理论依据之一。

道家崇尚自然之"道",帝王则是等而下之者。在道家,特别是老、庄著作中,他们的理论不仅高于帝王,而且帝王多半成为批判和奚落的对象。虽然把王视为宇宙四大之一,同时又提出:"王法地,地法天,天法道,道法自然。"③王是被道、自然制约的。《老子》以"道"为根本,王只有从道才能安位。这样在认识上就把君主与道分为二元,并且道高于君。《庄子》一书出自众手,对帝王的看法不尽一致,但多数篇的作者对帝王都嗤之以鼻。当时的思想界有许多人歌颂、向往黄帝、神农、伏羲,不仅把他们视为华夏族的祖先、人类的救星、帝王的楷模,同时又在他们身上寄托着希望和理想,用他们作为尺度去衡裁当时之君主。《庄子》的作者却与此相反,他们认为黄帝、神农等圣王,正是破坏"道"的原则、扰乱人性的罪魁祸首。这些所谓的圣王,手上都沾满了鲜血,他们的王冠都是"争""盗"而来。君主是最大的骗子和盗贼。被人们所歌颂的圣王尚且如此,现实的君主更是一批不齿的败类。

法家在倡导君主专制上可谓诸子之冠。即使如此,他们也依照法家的理论原则对君主进行了品评和认识。《管子·形势解》说:"明主之务,务在行道,不顾小物。"所谓道,即治国方略。法家人物对治国方略进行广泛讨论。从理论出发,一些人对现实的君主进行了批评。

墨子的重要主张之一是"尚同"。何谓尚同?用墨子的话,即"天子之所是,必亦是之。天子之所非,必亦非之"④。即使如此,天子与道理仍属二元结构。在墨子看来,君主、天子都必须实行墨家的主张,否则便属暴主。墨子用他的理论对君主也进行了品分。

权力与道理二元化的理论并不是所有君主都愿意接受的,更不愿在实践上付诸实现。但是在当时智能竞争中,为了招揽人才,有些君主或主动或被动

---

① 《孟子·公孙丑下》。

② 《荀子·尧问》。

③ 《老子·第二十五章》。

④ 《墨子·尚同中》。

地在一定程度上接受了这种事实。他们把君主与道理分为二。战国初年，魏文侯是位图大业、求改革和善于招纳人才的君主。当时有位名士叫段干木。魏文侯登门求教，段干木拒不相见，越墙而走。魏文侯再三延聘，委以高位，均遭段干木拒绝。魏文侯每次从段干木门前过，均"轼之"。轼，伏轼，装在车前面的横木。"轼之"是一种礼节，扶住车轼，目视马尾，表示敬意。魏文侯的驾车者问："君胡为轼？"魏文侯答道："段干木不趋势利，怀君子之道……段干木光（广）于德，寡人光于势；段干木富于义，寡人富于财。势不若德尊，财不若义高。"①我们可以看到，魏文侯把权势、财富与道义、认识分为二元。前者掌握在君主之手，后者可能为士人之长。掌握权势的君主如果没有这种认识，他就不可能启用贤人，也不会虚心听取臣下意见。

　　孔子之孙子思是当时的著名知识分子之一。鲁缪公经常派人问候和馈赠食物，表面看去是很尊重子思，可是子思很不高兴。有一次，子思把送东西来的人赶出大门，愤怒地说："今而后知君之犬马畜伋（伋，子思名）。"②大意是，今天才知道君主把我当犬马一样蓄养。在子思看来，不重用，不请教，不就访，仅派人送东西是侮辱了自己的人格。子思以自己的道德人格而藐视鲁缪公。在《万章下》还有这样一段记载，鲁缪公多次去访问子思，有一次问子思："古千乘之国以友士，何如？"大意是古代具有千乘兵车的国君同士人交朋友是怎样的呢？子思听后很不高兴地说："古之人有言曰事之云乎，岂曰友之云乎？"大意是：古代人的话是说国君以士为师吧，怎么能说与士交朋友呢？孟子借此事发挥道："以位，则子君也，我臣也，何敢与君友也？以德，则子事我者也，奚可以与我友？"大意是，论地位，你是君主，我是臣下，我哪敢同你交朋友？论道德，你应该向我学习，以我为师，怎么可以同我交朋友？子思、孟子在这里都强调了道义与权力的二元关系。

　　《战国策·齐策四》记载齐宣王与颜斶的一次辩论，可作为权势与道义二元化的又一例证。齐宣王与颜斶相见。齐宣王说："斶前！"（你过来！）斶说："王前！"齐宣王很不高兴。左右大臣说："王，人君也；斶，人臣也。"颜斶与王对呼，是无礼的。颜斶答道："夫斶前为慕势，王前为趋士。与其使斶为趋势，不如使王为趋士。"齐宣王忿然作色曰："王者贵乎？士贵乎？"于是围绕王贵与

① 《淮南子·修务训》。关于这条材料，《吕氏春秋·期贤》也有相近的记载。

② 《孟子·万章下》。

士贵,齐宣王和颜斶展开了一场面对面的争论。颜斶纵论古今,阐述了王固然拥有权势,但如果没有士人的辅佐和谋略的指导,多半要归于失败。齐宣王最后折服,说道:"嗟呼,君子焉可侮哉,寡人自取病耳!"当即表示拜颜斶为师。在《齐策四》中记载齐宣王与王斗之间的一桩趣事,也涉及王与士的关系问题。王斗欲见齐宣王,齐宣王便派人去迎接王斗。王斗很不高兴,要求齐宣王亲自来迎。王斗说:"斗趋见王为好势,王趋见斗为好士。"于是齐宣王只得亲自去迎接。

关于王与士谁尊贵的争论,实质上是关于权势与道义、认识何者为贵的争论。从战国历史上看,许多君主并不接受权与认识二元理论和认识重于权势的见解,但也有一部分君主接受了这种看法,在行动上则表现为尊士、尊师、尊理。

权力与认识的二元化,对君主的权威和政治的运行可能带来麻烦,甚至困难;如果统治者对两类关系处理得好,对实际政治是绝对有益无害的。战国时期那些有作为、图改革的君主,大抵都敞开言路,尊重知识分子,不敢放肆恣行,不敢以权势骄人。

权力与认识二元化,对认识向深广方面发展是绝对不可缺少的。正因为如此,它为百家争鸣的发展与深入提供了比较好的环境,也为智能和士的竞争制造了活动条件。秦汉以后,专制君主经常用强权干预认识,限制认识,甚至打击和摧残持有不同政见者,屡屡制造文字狱,使士人不敢伸出智慧之角,严重地阻碍了认识的发展。

三、学派林立

1.百家争鸣与智能开发

思想的自由,势必带来百家争鸣。如果我们把历史的扉页翻到两千多年前的战国时代,一种极为奇伟的景象便会展现在面前:思想理论界犹如峰峦竞相争高,随着一个大师的出现,一种思想便被推向高峰。战国究竟有多少思想家?据班固《汉书·艺文志》著录的书目看,诸子之作约近百种。用"百家"形容诸说林立,早在战国已经流行。《庄子·秋水》说公孙龙"困百家之知";荀子称诸子为"百家之说";至西汉,司马迁称诸子为"百家之术"。此后遂成习惯,一提到诸子百家,人们自然就想到战国的学海。

"百家"是指思想流派之多。由于阶级、阶层、政治倾向以及思维方式的影响,思想家理所当然要分为不同的流派,因之人们把流派称之为"家"。早在战国,便开始了这种分野和分类。墨子著《非儒》,形成儒墨对立;孟子力排杨(朱)、墨、神农之学以及兵家等,使各派的分歧更加明朗化;荀子作《非十二子》,则把十二子分成六派;《庄子·天下》也把十几位著名思想家分为六大派别;韩非的《显学》更把儒、墨视为两个最显赫的派别。在上述划分派别的基础上,西汉司马谈写《论六家要旨》,进一步从理论上明确了区分派别的标准。司马谈划分的六家为:阴阳、儒、墨、法、名、道德。班固在司马谈划分的六家之外,又分出纵横、杂、农、小说四家。司马谈、班固的分法为历代学者所接受,一直沿用到今天。

司马谈、班固对诸派的特点、源流、长短、得失作了简要论述,兹扼要介绍如下。

阴阳家 "敬顺昊天,历象日月星辰,敬授民时,此其所长也。及拘者为之,则牵于禁忌,泥于小数,舍人事而任鬼神。"

儒家 "游文于六经之中,留意于仁义之际,祖述尧舜,宪章文武,宗师仲尼";"列君臣父子之礼,序夫妇长幼之别"。

墨家 "尚尧舜道","茅屋采椽,是以贵俭;养三老五更,是以兼爱;选士大射,是以尚贤;宗祀严父,是以右鬼;顺四时而行,是以非命;以孝视天下,是以尚同。此其所长也。及蔽者为之,见俭之利,因以非礼,推兼爱之意,而不知别亲疏"。

法家 "不别亲疏,不殊贵贱,一断于法","尊王卑臣,明分职不得相逾越","信赏必罚","专任刑法而欲以致治"。

名家 "控名责实,参伍不失","名位不同,礼亦异数"。

道家 "无为,又曰无不为。""其术以虚无为本,以因循为用。""历记成败存亡祸福古今之道,然后知秉要执本,清虚以自守,卑弱以自持,此君人南面之术也。""及放者为之,则欲绝去礼学,兼弃仁义,曰独任清虚可以为治。"

纵横家 "言其当权事制宜,受命而不受辞,此其所长也。及邪人为之,则上诈谖而弃其信。"

杂家 "兼儒、墨,合名、法,知国体之有此,见王治之无不贯,此其所长也。及荡者为之,则漫羡而无所归心。"

农家 "播百谷,劝耕桑,以足衣食……此其所长也。及鄙者为之,以为无所事圣王,欲使君臣并耕,悖上下之序。"

小说家 "街谈巷语,道听途说者之所造也。"

司马谈、班固把诸子划分为流派是对的。但他们没有看到各派并非铁板一块,而是派中有派。韩非就曾指出,孔子死后儒分为八,墨子死后墨分为三。各派之间的争论固然激烈,但派中之派间的争论有时也不亚于大派之间的争论。例如,荀子便把儒家分成"大儒""雅儒""小儒""俗儒""散儒""贱儒""沟瞀儒"等。他认为"俗儒"貌似儒而实际"无异于墨子",还指斥子思、孟轲为孔门之罪人。

流派之争和派内之争,把无数问题提到了思想家的面前,迫使他们把思维的触角伸到各个领域,上论天,下论地,中论万物、人事,纵论古今。因此,他们的著作大都具有百科全书的性质。以《荀子》为例,全书不过十余万字,但涉及的问题却相当广泛,讨论哲学的有《天论》《解蔽》《正名》《性恶》《非相》等篇;讨论政治学的有《王制》《王霸》《君道》《臣道》《强国》《礼论》《乐论》等篇;讨论经济的有《富国》等篇;讨论教育的有《劝学》《修身》《不苟》等篇;讨论军事的有《议兵》等篇。另外,全书讨论了伦理道德,有些篇还论及了自然科学、史学诸问题。荀子为了论战,是有计划、有目的地进行写作的。每篇有一个主旨,篇名与内容一致。从某种意义说,荀子是中国古代划分社会学问为不同学科的开创人之一。

战国的百家争鸣促进了人们的智能开发,把人们的认识向某一方面或某一领域的重点推进,每个人掌握知识的百科性又促进了对事物的综合考察与深入分析。百家与百科相激,于是对每一个问题都能少者数种,多者十余种,从不同的角度提出看法。

2.相激、偏激与认识深化

认识发展的动力之一,是不同观点与见解之间的相激,即挑战和应战。认识的天性之一就是"进攻性"。进攻而后才能有新见。进攻,不可避免地要有"破"。"破"与"立"是一个相反而相成的过程。先秦诸子之间既有公开的对阵、指斥、无限上纲,又有娓娓细语的辨析;有的针对整个学派,有的则仅针对个别论点。在争鸣中并不都是壁垒分明,常常是你中有我,我中有你。因人废言者有之,弃取并行者亦有之。在争鸣中没有裁判员,而参加争鸣者几乎人人都要充当裁判员。有的学派意识很强,有的则全然把学派抛到一边。总之,在争鸣中,认识主体自身就是自己的"上帝"。

战国诸子相激到什么程度,可以从如下两方面考察:

第一,没有任何一个论题是神圣不可批判的。先秦诸子究竟提出了多少论题,谁也没有做过统计,但有一点是清楚的,即,不管哪种理论都没有获得人人共尊的地位。任何理论都是可以讨论的;信仰者有之,但却不是必须的和规定的。儒家对仁和礼尽管有不同的解释,但都又把它们作为自己的旗帜。可是在道家看来,仁与礼却是造成人世祸害的根源。《老子》说:"失道而后德,失德而后仁。失仁而后义,失义而后礼。夫礼者忠信之薄而乱之首。"①仁、礼与"道"是对立的,是破坏"道"的恶果。《庄子》认为仁礼这类东西不属于人的自然本性,是那些好事的圣人(非道家所称的圣人)制造出来的。"毁道德以为仁义,圣人之过也。"②仁礼之兴造成了一系列的恶果,它既是人的桎梏,又引起了人的互相猜忌;既可怜,又可悲,更可恶。以至作者发出这样的谴责:"虎狼,仁也。"③"夫兼爱不亦迂乎?无私焉,乃私也。"④法家中的某些人是有限地主张仁、礼的,不过也有人如《商君书》的某些作者把仁、礼比作虱子、蠹虫,主张加以灭绝。总之,在战国,找不到任何一种理论是不可以再认识、不可以再讨论和不可以批判的。

第二,没有不受到批判的权威。在争鸣中形成了流派,也出现了权威。孔子之于儒家、老子之于道家、墨子之于墨家、李悝之于法家,几乎均处于权威的地位,孔子与老子甚至还有点神味。孔子就自称:"天生德于予。"子贡称颂孔子:"仲尼,日月也,无得而逾焉。人虽欲自绝,其何伤于日月乎?"⑤他认为孔子如日月,谁要说孔子的不足,只表明自不量力。又说:"夫子之不可及也,犹天之不可阶而升也。"⑥"自生民以来,未有(及)夫子也。"⑦然而,由于当时许多派别存在,这些人完全是可以讨论和批评的对象。一个看门人批评孔子是"知

---

① 《老子·第二十八章》。

② 《庄子·马蹄》。

③ 《庄子·天运》。

④ 《庄子·天道》。

⑤⑥ 《论语·子张》。

⑦ 《孟子·公孙丑上》。

其不可为而为之"式的理想主义者。这还是客气的,《庄子·盗跖》的作者把孔子视为"伪巧人",对孔子进行了全盘否定和批判。孟子除对杨朱和墨子的理论进行批判外,还斥之为"禽兽"理论家。

诸子互相激烈的争论中把认识推向一个又一个高峰。在理论上互相批驳、点名道姓,争鸣的深入,促进了认识的深化。

争鸣中也出现"偏激"现象,什么是偏激?很难为它下一个确切的定义。"偏激"是与"中正"相对而言。在对社会的认识中,既找不到一个统一的"中正",也就无法判断何为"偏激"。大致说来,把一种理论观点推向极端的做法可算之为"偏激"。"偏激"是争论中不可避免的产物,也是为了彻底阐述某种理论难免出现的现象。另外,论战双方批判对方时,常常攻其一点,不及其余,经过对方之手,也会把某种论点推向极端。还有,在同一个学派内部,为了争正统,也常常把不同于自己的观点视之为异端,异端也多半与偏激现象有一定的关系。

关于偏激现象,早在战国就开始进行分辨。荀子的《非十二子》是分辨这种现象的较早的一篇著作。文中既论述了儒家内部的"中正"与"偏激"问题,又对其他流派某些偏激人物进行了批判。

在儒家内部,荀子以正统自居,由他而上,只推崇两个人,即孔子和子弓。他认为孔子和子弓是前后相继的两位圣人。两位圣人为治国提出了方针谋略,为民立极,为天下指明方向,实施他们的理论,天下就会成为太平盛世。照理,孔子、子弓应得到权位以行高见,可惜生不逢时,"是圣人之不得势者也"。除了孔子和子弓外,他对其他儒家,如子思孟轲氏之儒、子张氏之儒、子夏氏之儒、子游氏之儒都进行了批判,认为他们偏离了孔子、子弓的正道。子思孟轲氏之儒效法先王而不得要领,只按古代的观念炮制学说,造作"五行",荒唐而无条理,神秘而不可通晓,晦涩而不可理解。子张氏之儒高戴儒帽,语言无味,模仿舜禹走路,让人不可理解。子夏氏之儒道貌岸然、衣冠楚楚,整日默然不作声,让人讨厌。子游氏之儒苟且怕事,没有廉耻又贪图吃喝,声称君子本来就不劳力,让人恶心。荀子对子思、孟子的批评与现存的思、孟著作相比不见得吻合。但是思、孟的唯心主义思想确实有点神秘而不可知。对其他儒者的批评也未必中肯。不过有一点似乎可以相信,子思孟轲氏之儒、子张氏之儒、子夏氏之儒、子游氏之儒,确确实实把孔学中的某一方面推向了极端,也就是说,走向了偏激。

荀子对于其他学派的批判是有选择的，他重在批判那些过于偏激的学说。例如，他对道家并没有一概的批判，而是选择了它嚣和魏牟。它嚣、魏牟是道家中由崇尚自然而走向纵欲的一派。在他们看来，人的本性有情欲，那就应为情欲打开大门，任其自由。荀子批判的正是这点，即"纵情性、安恣睢、禽兽行，不足以合文通治"。大意是，放纵情性，任其发作，行为如同禽兽，同礼义法规相背而驰。

《庄子·天下》篇也分析了各家的正与偏。与荀子《非十二子》不同的是，作者没有按人分类，而是分析了各种学说的正与偏。例如，在分析墨家时，作者的结论是："墨翟、禽滑厘之意则是，其行则非也。"意思是说：墨家主张不侈靡的本意是好的，是可取的，但是他们的行为走到了极端，要求人们以自苦为乐，"腓无肢、胫无毛"，废除礼义，取消音乐，实在太偏激了。"墨子虽独能任，奈天下何！离于天下，其去王也远矣。"

司马谈《论六家要旨》站在黄老的立场，对各派的正与偏也进行了分析。如对阴阳家的分析："阴阳之术，大祥而众忌讳，使人拘而多所畏；然其序四时之大顺，不可失也。"①这里肯定了阴阳家法自然的道理，同时又批评了事事卜吉凶而造成的忌讳太多、畏畏缩缩使人自我束缚之弊。

班固在《汉书·艺文志》中对九派十家的正与偏一一作了分辨。他把偏激称之为"惑者""辟者""放者""拘者""刻者""謷者""蔽者""邪人""荡者""鄙者""小知者"。这些偏激者把各自的学说推向了极端。例如道家："历记成败存亡祸福古今之道，然后知秉要执本，清虚以自守，卑弱以自持，此君人南面之术也。合于尧之克攘、《易》之嗛嗛，一嗛而四益，此其所长也。及放者为之，则欲绝去礼学，兼弃仁义，曰独任清虚可以为治。"这里所说的放者即是放荡不拘者，主张纯任自然，自然的生，自然的死，取消一切行政和道德规范。"放者"无疑是偏激者。

时人分辨正统与偏激，其目的在于取消偏激。笔者在这里谈偏激不是简单地要提倡偏激，而是要谈谈偏激在深化认识中的意义。

认识最好沿着直线深化，但事实上这是不可能的，也从来不存在这种认识。人类的认识从来都是在曲折和多样化中向前推进。从认识过程看，偏激不仅是不可避免的，而且是深化认识所不可缺的形式。因为只有偏激才能把一

---

① 《史记·太史公自序》。

种思想和理论以极端的形式彻底地表现出来。偏激是冲破认识上平稳局面的一种做法。偏激本身或许有缺，但它又是人们选择中正认识的坐标之一。没有这种坐标，也就显示不出中正的意义。中正与偏激是互为参照物的。偏激并不只是一种情感，它可以是一种深化的理论，正像荀子在《非十二子》中所言："其持之有故，其言之成理。"也就是说，它是有一定根据的，也是有一定道理的。如果为了批驳这种有一定根据和道理的偏激之论，那就应提出更多的根据和道理，所以偏激之论成为认识发展的动力之一。

区分中正和偏激，如果是为了进行选择，是完全必要的，对认识也是有益的；如果区分的目的是想取消偏激之论，如我们的先人那样，其后果并不会太好。秦汉以后历代封建统治者都设法把某一学说定为一尊，其结果不仅桎梏了思想，也使自己失去了选择和应变能力。

如果战国百家争鸣没有偏激之论，那么争鸣也不可能那样深化，也不可能那样多姿，具有聪明才智的士也不可能获得迅猛发展。

知识官僚与社会结构的活化

一、学校的发展与学人集团

1.学校与思想中心

战国时期,学校有了迅速的发展。在私学的影响下还出现了国家出资而教育独立的齐国稷下学宫。

战国私学之设立未见有任何限制,只要具有一定的知识和声望,就可以设帐招收生徒。见于记载的一些名士招收的学生从数十人到上千人。如曾子的学生有七十多人[1],从孟子而学的有数百人[2],学无所主的博学家淳于髡的弟子多达三千人[3],田骈在齐招收的弟子过百人以上[4],农家许行也有门徒数十人[5],宋钘、尹文也有不少学生[6],荀子的学生也不在少数。像庄子这样的隐者也有门生。

私学大都是由思想家创办的,因此,私学又具有思想中心的性质。它有几个特点:

一是办学各有特点。

各位老师如何办学,完全由自己选择:内容由老师决定,教学方法由老师创造。当时私学的具体情况因材料阙如不能详述,但从轮廓上看,私学多半有其个性和特点。墨子及其弟子兴办的私学有很强的组织性和纪律性,甚至有"墨者之法",对违法者可以给予制裁,直至处死。墨家的首领也有很大的权

---

[1]《孟子·离娄下》。
[2]《孟子·滕文公下》。
[3]《太平寰宇记》卷十九引《史记》。
[4]《战国策·齐策四》。
[5]《孟子·滕文公上》。
[6]《荀子·正论》。

力,墨家的私学带点社党或宗教的性质。其他私学似乎没有墨家那么严。

二是私学成为学术流派的基地。

战国时期的思想家几乎无一例外是与办私学、收门生联系在一起的。思想理论上的创造与办私学互为条件,互相促进。一般地说,理论越具有特色,社会名望就越大,生徒就越多;生徒越多,越能扩大思想影响。不要说别的,单是为了办学,老师们也必须深化自己的思想与理论。教育大师与思想大师合为一体,是这个时期教育的主要特征之一,也是人才辈出的一个重要原因。这种结合又是推动百家争鸣走向深化的一个动力。

三是私学成为社会上思想最活跃的地方。

战国时代,君主专制不断地强化。但社会上仍有一股清新的自由空气在回荡,这主要是在私学里。师生们毫无顾忌地议论一切。他们各自构筑自己的理论大厦,不管当时是什么样的现实,仍津津有味地描绘理想社会的蓝图。对理想与现实之间的差距,他们希望通过批判使现实获得改变,也可获得心理上的满足和平衡。老师们的社会地位并不都显赫,经济生活有的还相当窘迫,而他们都以自己的思想、理论和见解为高尚;把认识、知识、道德视为权威,以此为据评论时弊、品评君主,并设计治国治民方略。

有这样一批富于主体意识的人,再加上当时诸侯竞争等社会环境,这批人还是为社会带来了自由气氛。

四是私学引起了全社会的瞩目。

当时社会各阶层对私学十分关心。许多下层人弃田卖宅"随文学"[1],许多权贵尊师重学,解囊资助。前者想通过学而入仕,后者想得到士人的支持。

私学的发展也影响到官学的改造,齐国稷下学宫就是国家出资而办学独立的一所特殊的学校。

稷下学宫初建于田齐桓公时(前 375 年—前 357 年),因学宫设于齐国都城稷门(西门)而称"稷下学宫"。稷下学宫昌盛于齐威王和齐宣王时期。校舍是由国家出资兴建的。稷下先生受到尊崇,有优厚的待遇。一些著名的先生"皆赐列第,为上大夫"[2],"为开第康壮之衢,高门大屋"[3],享受数千乃至上万

---

① 《韩非子·外储说左上》。
② 《史记·田敬仲完世家》。
③ 《史记·孟轲荀卿列传》。

钟的俸禄。学生也由国家供给,学生最多时高达"数百千人"。

学宫是一个总称。实际则是私人办学,一位名师即形成一个书院。诸子百家中许多名人在稷下充任过先生招收生徒。见于记载的儒家有孟子、荀子、鲁仲连,道家有宋钘、尹文、环渊、接予、季真、彭蒙、田骈;阴阳家有邹衍、邹奭;法家有慎到(受道家影响较重,自古以来,不少人把他列入道家)以及一些不知姓名但留下大量法家著作的学者;著名的淳于髡也在稷下活动过很长时间,淳于髡"学无所主",似乎是位杂家。

稷下学宫官资私办是一个创举。学人无后顾之忧,可以充分展示才干,创立新思想、新学说。他们的著作一部分保留在《管子》中。《管子》这部书是我国历史上一个伟大的文化宝藏,这应该归功于稷下学宫。

2.师生关系

这个时期老师一般称之为"师""教授""先生"。学生称之为"弟子""门人""徒""徒属""生"等。弟子、门人、徒、徒属这类称谓不是学生的专称,也不是专指学生,而是表示社会上主人与从属者的一般关系的称谓。用于师生其关系不只是传业,在一定意义上还有主属关系。考察战国时期的师生关系大致有以下几个特点。

第一,授业关系。韩愈在《师说》中概括老师的职责是"传道、授业、解惑"。战国时期的师生关系大体也以此为纽带。荀子在《修身》中说:"师者,所以正礼也。"《吕氏春秋·劝学》说:"师尽智竭道以教。"《吕氏春秋·诬徒》说:"达师之教也,使弟子安焉、乐焉、休焉、游焉、肃焉、严焉。此六者得于学,则邪辟之道塞矣,理义之术胜矣。"一般地说,老师在智识、道德与认识上是胜人一等的。《吕氏春秋·审己》说:"先王、名师、达士之所以过俗者,以其知也。"《吕氏春秋·劝学》说:"师达而有材。""师达"指通达事理者,当然与师达相对也会有不合格的老师。

在学问上,学生并不是被动的接受者。当时师生之间的讨论问答与交流非常盛行。《论语》《墨子》《孟子》等书有很多篇幅是师生问答与讨论的记录。孔子这位老先生在教学上与弟子共同切磋。如子贡问:"贫而无谄,富而无骄,何如?"子曰:"可也,未若贫而乐,富而好礼者也。"[①]他喜欢学生提问和辩难,

---

① 《论语·学而》。

对于"学而不思"的学生不太满意。他们采用问答方式交流学问。《管子·弟子职》记载,老师讲授时,学生可以随时举手提问。

第二,自主性与附属性。从一些材料看,师生之间存在一定的选择关系。老师不满意学生,可以开除学门,学生也可以中途易师。王充《论衡》中记载少正卯与孔子对垒讲学,弄得孔门三盈三虚。此事是否可信,另当别论。但就学生可以自主选师、改换门庭而论,当是战国时期的事实。

还有一些材料表明,师生之间也存在着一定的主仆关系或主从关系。学生在学期间要尽一定的义务,形同仆隶。

确定师生关系要通过一定形式。《吕氏春秋·遇合》载:在孔子之门,"委质为弟子者三千人"。《史记·仲尼弟子列传》载:"孔子设礼,稍诱子路,子路后儒服委质,因门人请为弟子。"这里说的"委质"在当时是一种礼仪。在确立主臣关系时,必须实行这种礼,所以叫"委质为臣"。师生之间也使用这种"委质"礼,说明师生关系近似于主臣关系,而臣对主具有一定的依附性。实行委质礼之后,还要进行登记、注册,称之为"弟子籍"。

《管子·弟子职》《吕氏春秋·尊师》等篇记述了弟子应尽的义务。大约有如下诸项:

生活侍奉:弟子对老师每天的起居、饮食、休息要进行周到的服务。老师起床前,弟子必先早起,将盥漱用具准备停当。吃饭时,弟子依照程序,先请老师洗手,然后将调料、菜、主食和汤一一送上。老师进餐,弟子要侍立两旁,进行服务。完毕,弟子立即送上漱水,并将残羹剩饭收拾干净。这也就是孔子所谓"有食先生馔"之义吧!晚上,弟子要为先生执烛。睡觉时,将枕头、被褥一一铺好,待老师就寝后方可退出。然后再复习一天的学业,互相切磋。

家庭服务:老师家内有事"弟子服其劳"。穿衣戴帽,弟子要服务。出门,弟子要驾车。家内有丧事,弟子也需照料。孟子丧母,就指派弟子充虞监管木匠制造棺材之事。

参加生产:《墨子·备梯》记载,墨子的弟子禽滑厘事墨子三年,"手足胼胝(磨出老茧),面目黧黑,役身给使,不敢问欲"。可见做弟子之苦。《吕氏春秋·尊师》篇开了一个生产项目单子,其中有:"治塘圃、疾灌浸、务种树、织萉屦、结罝网、捆蒲苇;之田野、力耕耘、事五谷,如山林,入川泽,取鱼鳖,求鸟兽。"一句话,农、林、牧、副、渔一应俱全。

学生对老师的侍奉与服务在某种意义上具有交学费的性质。有些老师则以此为生。《庄子·列御寇》记载这样一个故事,郑国有一个人名字叫缓,他苦读三年而为儒,后来发家致富,"河润九里,泽及三族"。儒,一般地说,总与教师有关系,缓大约即以招收弟子而发家。

老师对学生还具有长辈性质,一些人在论尊师时,提出要把师视如父,《吕氏春秋·劝学》说:"事师之犹事父也。"

综上所述,师生间,除知识传授外,还有长辈与晚辈以及主人与从属关系。学生接受的不仅是知识,还有社会上各种角色的熏陶与训练。

3.学人集团

随着私学的发展与师生关系的密切,出现了许多学人集团。这种集团以宗师为核心,有一批弟子在其左右,以共同的利益互相支持,甚至还有一定的纪律约束等。因其以学术为基本纽带,所以可称之为学人集团。

孔子与他的弟子就是一个庞大的学人集团。孔子死后,弟子们曾有过推举继位首领的举动。"孔子既没,弟子思慕,有若状似孔子,弟子相与共立为师,师之如夫子时也"①,不久又作罢。之后,孔子的弟子发生了明显的分化,一些人另立门户,有所谓子夏氏之儒、子张氏之儒、子游氏之儒等,曾子在武城也另立门户。这些都可视为新的学人集团。儒家再传、三传以后的新集团更多。孟子"后车数十乘,从者数百人",就是一个庞大的学人集团。被荀子称赞的子弓氏之儒也是一个学人集团。荀子本人当然也组成了一个学人集团,他的弟子甚至认为荀子应该为帝王。墨子与其弟子的集团性更强,由"钜子"为核心组成的集团近似后来的"结社",但其后也分化了。农家许行,"其徒数十人,皆衣褐"②,共同行动,显然也是一个学人集团。道家田骈在齐国稷下为先生,"訾(资)养千钟,徒百人"③,无疑也是一个学人集团。宋钘、尹文"聚生徒,立师学"④,成为先秦一个著名派别。惠施是名家最著名的代表人物之一,能说善辩,"天下之辩者相与乐之"⑤。《庄子·德充符》讲了这样一个寓言:鲁有兀者王骀,"从之游者与夫子(孔子)中分鲁"。这虽是位子虚先生,但说明战国私学互相争夺弟子,形成了不同集团的事实。张仪、苏秦"俱事鬼谷先生,学

---

① 《史记·仲尼弟子列传》。
② 《孟子·滕文公上》。
③ 《战国策·齐策四》。
④ 《荀子·正论》。
⑤ 《庄子·天下》。

41

术"①,说明鬼谷先生也是一个学人集团。"学无所主"的淳于髡死后,"诸弟子三千为缞绖"②,也形成一个学人集团。

这些学人集团在社会上有相当影响。学生投到门下多半是想学成而入仕,介绍学生入仕似乎也成为老师的职责之一。《论语》中记载孔子"使漆雕开仕"。子路是大弟子,也可充任推荐人,"子路使子羔为费宰"。墨子以介绍学生出仕鼓励他们努力学习,他对弟子说:"姑学乎,吾将仕子。"③见于记载的,曾仕滕绰于齐,仕公尚过于越,仕曹公子于宋④,仕高石子于卫⑤。被仕的还有耕柱、魏越等。学生也可以请求先生介绍出仕。墨子的弟子就有"责仕于墨子"⑥者。被仕弟子对先生仍保持师生关系,要将俸禄的一部分奉献给先生,这在墨家有明确规定。如果出仕弟子表现不好,先生不仅要批评,如孔子批评冉有为季氏聚敛,号召其弟子"鸣鼓攻之可也";有的还要召回来以示警告,在墨家中有此规定。介绍弟子出仕,并对出仕表现进行监督,反映了集团内部有一定约束关系。

学人集团似乎还有经济利益共享的成分。这在墨家是十分明显的,其他集团似乎也有。孔子曾资助过学生。孟子、田骈等在稷下学宫为先生,齐国君主给他们的俸禄和馈赠的资财,便由师生共同享用。

这些集团在行动上也有一致性。老师到哪里,弟子大体上也跟随到哪里,至少有一部分弟子相从。

学人集团在社会上有很高的地位,影响很大,成为社会上一支具有独立意义的力量,有时敢同君主发生争执和进行理论上的对抗。

二、入仕与产业

1.入仕之路

士子求学主要目的是为了入仕,即"学而优则仕"。《墨子·尚贤上》说:"士

---

① 《史记·张仪列传》。
② 《太平寰宇记》卷十九引《史记》。
③⑥ 《墨子·公孟》。
④ 《墨子·鲁问》。
⑤ 《墨子·耕柱》。

者所以为辅相承嗣也。"孟子说:"士之失位也,犹诸侯之失国家也。""士之仕也,犹农夫之耕也。"①所以士中的多数是"仰禄"而生。士出仕虽然未必都是为了谋生,但确实是谋生的基本手段,正如孟子所说:"仕非为贫也,而有时乎为贫。"②战国时期官僚制的推行,也为士人入仕开辟了道路。士人为入仕展开了激烈的竞争。入仕之路有如下几种:

第一,选举:孔子讲过"举贤才"③,墨子说:"诸侯又以其知力为未足独治其四境之内也,是以选择其次,立为卿之宰。"④又说:"虽在农与工肆之人","有能则举之"。⑤孔、墨所说的"举""选"都不是自下而上的民主选举,而是由上而下的挑选。如齐宣王"举士五人任官"⑥。齐颜斶说:"士生乎鄙野,推选则禄焉。"⑦

第二,立功仕进:孟子讲,士"食功"⑧,即按功绩给以俸禄官爵。当时各国都有一套爵位制度,例如秦有二十等军功爵,又有官爵,爵位的晋升一般按立功之大小而定。

第三,对策或献策:楚悼王、秦孝公、燕昭王等的求贤令,便是发出策问征询对策的一种方式。吴起、商鞅等人就是由于对策适应了当权者的需要,一跃而居要职。另外,有些人为了博取功名,主动向君主献策。这种风气极为盛行,《战国策》一书绝大部分内容就是记载这方面的活动。这些献策者,一旦被赏识,立刻会平步青云。如苏秦、张仪、范雎、蔡泽等皆是。这些士被称为"策士""辩士",在官场十分活跃。

第四,推荐:魏文侯的名臣吴起、西门豹、乐羊等士,由翟璜推荐;卜子夏、田子方、段干木等则由魏成子推荐。著名的军事家孙膑是通过田忌的推荐而被齐威王拜为军师。淳于髡在齐,"一日而见七人(士)于宣王"⑨。

在推荐中,广招生徒的名师也具有重要作用,前已简述。

---

① 《孟子·滕文公下》。
② 《孟子·万章下》。
③ 《论语·子路》。
④ 《墨子·尚同下》。
⑤ 《墨子·尚贤上》。
⑥⑦ 《战国策·齐策四》。
⑧ 《孟子·滕文公下》。
⑨ 《战国策·齐策三》。

第五，招聘：有些名士、诸侯常派使臣登门造访，延聘为官，例如名儒、孔子的七世孙子顺，就被魏王"遣使者奉黄金束帛"[1]聘以为相。庄子是当时的名士，楚王曾派使臣聘请出仕。因见解不同，遭到庄子的拒绝。召聘之例多有记载。

第六，由舍人而入仕：士人先充当官宦之家的舍人，而后再步入正式的仕途，是当时许多士人选择的道路。"舍人"，泛指王公贵族的宾客、侍从；有时则指属吏之类。著名的蔺相如即先为赵宦者令缪贤舍人，而后成为赵国的相。李斯先为吕不韦的舍人，而后任以为郎，得到秦王的赏识，遂升为长吏、客卿，最后升为丞相。

第七，行贿入仕：如齐国的居士钜者行贿"以求入仕"[2]。

士入仕的途径有多条，士子想方设法要跻身于官僚之列。入仕虽不是士人的唯一出路，但是最主要的出路；士人是官僚的后备军。庞大的官僚队伍需要有更多的士人作为候选者，而士人的增加又加剧了入仕的竞争。这种竞争为官场带来了高智能、新谋略，也带来了许多肮脏的现象，又为统治者提供了人才，增强了统治能力。

2.士人日常的经济状况

士人入仕前的生活状况与入仕之后，特别是充任高级官吏之后，有着天壤之别。入仕前虽然也有一部分士人相当富足，但多数是清贫的。士人分布在社会各个角落，因此他们没有统一的或大体相近的经济生活条件。相反，他们的经济生活条件悬殊甚大。这里只论述未入仕之前的情况。

富士　有一部分士的经济条件是比较优裕的，拥有一定数量的田邑、仆隶和其他资财。《管子·问》篇有几处讲到"士之有田宅"。《礼记·王制》载："大夫士宗庙之祭，有田则祭。"证明士有田邑。至于田宅的数量，未见明文记载。有些材料表明，一部分士拥有较多的田邑，像齐国的处士钟离子和叶阳子，《战国策·齐策四》的一段记载，足以证明这一点。齐国派使臣到赵国慰问赵威后。赵威后问齐使者："齐有处士曰钟离子，无恙耶？是其为人也，有粮者亦食，无粮者亦食；有衣者亦衣，无衣者亦衣。是助王养其民者也，何以至今不业也？

---

①《孔丛子·陈士仪》。

②《韩非子·外储说左下》。

叶阳子无恙乎？是其为人，哀鳏寡，恤孤独，振困穷，补不足。是助王息其民者也，何以至今不业也？"不业，即不在位。从文中可知，钟离子、叶阳子有那么多粮食、衣物赈济贫孤，遐迩闻名，如果没有相当数量的田邑，资财从哪里来？我们有理由推论，二人拥有相当数量的田邑。《韩非子·外储说左下》有段记载："钜者，齐之居士；孱者，魏之居士。齐、魏之君不明，不能亲照境内，而听左右之言，故二子费金璧而求入仕也。"文中虽没有说二位居士有田宅，但二人相当富有。《管子·霸形》载："楚国之贤士，皆抱其重宝币帛以事齐。"说明这些士也富有。《庄子·则阳》记载这样一个故事："孔子之楚，舍于蚁丘之浆。其邻有夫妻臣妾登极者，子路曰：'是稷稷何为者邪？'仲尼曰：'是圣人仆也。是自埋于民，自藏于畔。其声销，其志无穷；其口虽言，其心未尝言；方且与世违而心不屑与之俱。是陆沉者也。是其市南宜僚耶？'"《疏》云："言臣妾登极聚众多者，是市南宜僚之仆隶也。"苏秦的家境如何，史载有矛盾。一方面说"苏秦特穷巷掘（同窟）门、桑户棬枢之士耳"；另一方面又载，他去秦游说时身穿"黑貂之裘"，携"黄金百斤"①。至少在游秦之前，家境还比较富足，否则从哪里来"黄金百斤"？

自耕之士　有些士亲身耕耘。《管子·问》篇载："士之身耕者几何家？"《战国策·齐策四》载颜斶的话："今夫士之高者，乃称匹夫，徒步而处农亩。"《管子·大匡》讲，士"不仕与耕者近门"。《吕氏春秋·爱类》说："士有当年而不耕者，则天下或受其饥矣。"《礼记·少仪》载："问士之长幼，长，则曰能耕矣；幼，则曰能负薪、未能负薪。"《墨子·鲁问》记载：鲁国城南有一隐者名叫吴虑，"冬陶夏耕"。苏代对燕王哙说："臣东周之鄙人也……鄙人不敏，窃释锄耨而干大王。"又对燕昭王说："归耕乎周之上埊，耕而食之，织而衣之。"②《荀子·大略》记载子贡曾向孔子提出，自己"愿息耕"。息，停止学习；耕，耕耘。意思是，停止学习，回去耕种。《庄子·让王》托古，说舜把天下让给善卷，善卷拒不接受，宁愿"春耕耘"，"秋收敛"，自食其力。这种托古之论，恐怕是以现实隐者自耕为模型的。即《论语·微子》中记载的长沮、桀溺、接舆、荷蓧丈人之辈。《吕氏春秋·赞能》载：楚孙叔敖也曾以耕为业。

这些自耕之士有否土地？从一些史料看，有的有一小块土地，《庄子·让

---

① 《战国策·秦策一》。
② 《战国策·燕策一》。

王》载,颜回"有郭外之田五十亩,足以给饘粥;郭内之田十亩,足以为丝麻"。文中所言颜回,未必可信,大抵说明当时有这样的士。《管子·问》中讲的"士之有田"者,其中也会有自耕之士。苏秦称,如果他家有负郭之田二顷,就不会有日后功名。①苏秦之无,反证明他人之有。总之,有一部分自耕之士有自己的田宅。还有一部分自耕之士的土地是从国家那里领取的。《孟子·滕文公上》记载农者许行等人,到滕国领受一块土地,自耕自食。

无田无业之士 有一部分士无田无业,《孟子·滕文公下》载:"惟士无田,则亦不祭。"《礼记·王制》:"大夫士宗庙之祭,有田则祭,无田则荐。"《孟子·梁惠王上》:"无恒产而有恒心者,惟士为能。"曾子、孟子年幼时的家境也很困陋,均以母亲纺织为生。颜回家也很穷,似也是无业之士。有些人常常靠借债过日子,《管子·问》中就提出:"贫士之受债于大夫者几何人?"

工商之士 有些人以从事手工业和工商业为生。《吕氏春秋·士节》载,早在春秋时期即有这类的士。"齐有北郭骚者,结罘罔,捆蒲苇,织萉屦。"北郭骚者是当时的名士。《孟子·滕文公下》记载,名士陈仲子"身织屦,妻辟垆"。自作自卖为生。《史记·魏公子列传》记载勇士朱亥"乃市井鼓刀屠者"。前文讲的工商之士的例证,这里不再重复。

官府杂吏之士 这些人在官府充任一些低级的办事人员或充当杂役。颜斶说:士之下者"则鄙野、监门、闾里。士之贱也亦甚矣"②。在政治上活跃一时的史举曾为"上蔡之监门也"③。魏国的隐士侯嬴,"年七十,家贫,为大梁夷门监者"④。在秦国政治上颇有影响的姚贾,曾是"梁监门子"⑤。

贫士 当时社会上有一批士人相当贫困,说不清他们以什么为业,典籍中泛称之为"贫士""穷士"。《荀子·大略》说:"子夏贫,衣若悬鹑。"《史记·范雎蔡泽列传》载:"范雎者,魏人也,字叔。游说诸侯,欲事魏王,家贫无以自资,得乃事魏中大夫须贾。"《战国策·秦策三》载范雎语:"臣东鄙之贱人也。"庄子是著名的穷士,身着补丁的粗布衣服。冯谖对孟尝君说:"闻君好士,以贫身归于君。"⑥惠施

① 《史记·苏秦列传》。
② 《战国策·齐策四》。
③ 《战国策·楚策一》。
④ 《史记·魏公子列传》。
⑤ 《战国策·秦策五》。
⑥ 《史记·孟尝君列传》。

也是"穷人"出身①,说客汗明对春申君说:"今仆之不肖,阨于州部,堀穴穷巷,沉洿鄙俗之日久矣……"②虞卿也是一介穷士,"蹑𫏋担簦",游说诸侯。③苏秦对自己的家境穷困的窘状做过绘声绘色的描述:"家贫亲老,无罢车驽马,桑轮蓬箧羸幐,负书担橐,触尘埃,蒙霜露,越漳、河,足重茧,日百而舍。"④张仪到了"贫无行"的地步。⑤陈仲子穷困到"为人灌园"⑥。

3.升官致富——一条重要的产业之路

关于求富之路,太史公曾引过如下一句谚语做了比较:"用贫求富,农不如工,工不如商,刺绣文不如倚市门。"⑦其实还应加上如下一句话:倚市门不如走仕途。如下几段材料很能说明问题。吕不韦问他父亲:"耕田之利几倍?"曰:"十倍。"又问珠玉之赢几倍?"曰:"百倍。"又问:"立主定国之赢几倍?"曰:"无数。"吕不韦由此得出结论:"今力田疾作,不定暖衣余食;今建国立君,泽可以遗世。"⑧魏公子牟对穰侯说:"君知夫官不与势期而势自至乎?势不与富期而富自至乎?富不与贵期而贵自至乎?"⑨苏秦说:"夫权藉者,万物之率也。"⑩第一条材料说明,从政治中得到的利益是不能用经济方式计算的。第二条材料说明:有了权,财富便不期而至。第三条材料说明,权是统帅,有权自然就会有财富。这都说明一个共同的问题,即仕途是获得资财的最主要途径。

战国时期财富的分配与官爵紧密相关。爵位越高,得到的土地、资财和奴役的人数越多。《管子·立政》说:"度爵而制服,量禄而用财。饮食有量,衣服有制,宫室有度,六畜人徒有数,舟车陈器有禁。修生则有轩冕服位谷禄田宅之分,死则有棺椁绞衾圹垄之度。"《管子·明法解》说:"其所任官者大,则爵尊而禄厚;其所任官者小,则爵卑而禄薄。"商鞅变法有一项就是按等级分配财产:

---

① 《战国策·楚策三》。
② 《战国策·楚策四》。
③ 《史记·平原君虞卿列传》。
④ 《战国策·赵策一》。
⑤ 《史记·鲁仲连邹阳列传》。
⑥ 《史记·张仪列传》。
⑦ 《史记·货殖列传》。
⑧ 《战国策·秦策五》。
⑨ 《说苑·敬慎》。
⑩ 《战国策·齐策五》。

"明尊卑爵秩等级,各以差次名田宅,臣妾、衣服以家次。有功者显荣,无功者虽富无所芬华。"①爵制不仅能规定人们的社会地位,还能控制人民的经济生活,所以许多人把爵禄权视为君主的主要权力之一和权威之所在,是君主治国的三大宝物之一,这三大宝物为"号令也,斧钺也,禄赏也"②。把"生之、杀之、富之、贫之、贵之、贱之"视为君主的"六柄",而六柄的中心就是爵禄的予夺之权。③爵禄之权只能由君主独操,"爵禄赏庆以申重之"④。"仕人则与分其禄者,圣王之禁也","爵禄毋假,则下不乱其上"。⑤爵禄之权一旦丧失或用之不当,就可能导致身败国亡。韩非子把田氏代齐归之于田氏窃取了爵禄之权,"田常上请爵禄而行之群臣",于是夺民而盗国。⑥《商君书·画策》认为"取爵禄者多途",则国削。由于爵禄至关重要,又被视为政权的代称,孔子形容鲁公失权时说:"禄之去公室,五世矣。"⑦

爵禄又是君主用臣、纳士、使民的基本凭借。臣与君主是什么关系?众多的人指出:爵禄是联系君主与臣下的基本纽带。《韩非子·八奸》说:"明主之为官职爵禄也,所以进贤材,劝有功也。"《管子·明法解》说:"爵禄者,人主之所以使吏治官也。"又说:"百官之奉法无奸者,非以爱主也,欲以爱爵禄而避罚也。"一些人还指出,君主只有用爵禄才能换取臣下尽忠效力。《管子·问》说:"爵授有德,则大臣兴义。"《韩非子·六反》说:"厚其爵禄,以尽贤能。"《慎子·因循》说:"先王见不受禄者不臣,禄不厚者不与入难。"

春秋战国争取士人是许多当政者的基本政策之一,而争取士人的主要手段是爵禄。墨子是鼓吹尚贤最激烈的人物之一。他提"必为置三本",何谓三本?曰:"爵位不高,则民不敬也;蓄禄不厚,则民不信也;政令不断,则民不畏也。"⑧战国时的君主普遍把高爵厚禄作为招贤纳士的基本手段。燕昭王筑黄金台即是典型一例。

战国时期有许多士人因仕而成为巨富,有的还成为封君,富贵程度达

---

① 《史记·商君列传》。
② 《管子·重令》。
③ 《管子·任法》。
④ 《荀子·王霸》。
⑤ 《管子·法禁》
⑥ 《韩非子·二柄》
⑦ 《论语·季氏》。
⑧ 《墨子·尚贤中》。

到人臣之极。贫困只能穿草鞋的穷士虞卿游说而得赵王欢心,平步青云,拜为上卿,封万户侯。出身低微的姚贾在秦出谋有功,"秦王大悦,贾封万户,以为上卿"。苏秦曾穷困潦倒到"羸縢履跻,负书担囊,形容枯槁,面目黧黑",父母兄嫂不理睬。待到游说成功,衣锦还乡,父母张乐设饮,远迎三十里。嫂子匍匐在地,跪而不起。苏秦问其嫂曰:"嫂何前倨而后卑也?"嫂曰:"以季子位尊而金多也。"苏秦感叹道:"贫穷则父母不子,富贵则亲戚畏惧。人生世上,势位富贵,何可忽乎哉!"①入仕,官运亨通,穷困的士子一夜之间就可成为巨富。

所以,入仕而求产业,便成为众多士子竞相追逐的道路。

当时还有一批名士,多半是思想家,以其著述和特殊的见解与行为闻名于世。这些人有的步入仕途,靠俸禄为生,另当别论;有的未仕,但与统治者有千丝万缕的联系。君主和权贵的馈赠成为他们重要的经济来源。《吕氏春秋·观世》载,列子穷困,郑国贵族郑子阳"令官遗之粟数十秉"。列子虽辞而不受,但说明了权贵重士的历史现象。孟子是当时著名的士人,周游列国,诸侯馈赠之物甚为厚重。《孟子·公孙丑下》载:于齐,"王馈兼金一百而不受;于宋,馈七十镒而受;于薛,馈五十镒而受"。孟子到处受赠,于是彭更说:"后车数十乘,从者数百人,以传食于诸侯,不以泰乎?"《战国策·齐策四》记载田骈以士人身份在齐受到厚遇:"訾食千钟"。《史记·平原君虞卿列传》载,虞卿说赵孝成王,"赐黄金百镒,白璧一双"。《史记·孟子荀卿列传》记载,齐惠王赠淳于髡"安车驾驷,束帛加璧,黄金百镒,终身不仕"。战国时期国家养学士的现象比较普遍,所以《韩非子·显学》说:"吏之所税,耕者也。而上之所养,学士也。"

三、知识官僚与政治风貌

大量的以知识为资本的人加入官僚队伍,给政治带来了巨大的影响,表现在君主政治体制的变革,政治机构的健全与完善,政治社会功能的强化与改进,官僚队伍知识构成的提高,官僚队伍的不断增长,官场竞争的加剧等。士的官僚化和官僚队伍知识化,是中国历史发展中一个具有全局性的问题,应进行整体研究,这里仅就其对政治风貌的影响加以论述。

---

① 《战国策·秦策一》。

1.政治理性的提高

政治是最能表现人的能动因素的场所之一。在这里,情感、理性、信仰、宗教、心理诸因素都会给政治带来巨大影响,其中政治理性的提高无疑是政治进步的最重要的标志。知识官僚队伍的增大,是政治理性的最重要的因素之一。

政治理性是一个历史范畴。在当时主要表现在政治哲学、政治路线和政治决策如何才能准确合理等认识与实践上。对此可分如下几点论述:

第一,政治哲学的发展。

政治哲学指有关政治宏观体系和一般规律的认识。战国时期的诸子百家对这方面的认识相当深入,把认识推到一个新的阶段,即由崇信神明转向注重历史社会与现实。

殷周时期占统治地位的是崇神政治,一切政治活动都要从神那里获得说明和支持,像周公这样杰出的人物也不例外。天主宰一切,"命哲,命吉凶,命历年"①。崇神政治在春秋战国虽然仍有广泛的影响,但多数人把思维的触角从天国转向了社会现实。这样一来,政治思想发生了巨变,现实主义的思考方式取代或压倒了崇神主义。先秦诸子在开列具体的政治处方的同时,更深入探究了政治原理,力图从哲学上阐明问题,从而把政治认识推向高峰。在探究政治原理时,他们不囿于政治本身,而是从各种事物对政治的制约关系和客观事物的运动规律中寻求政治原则。具体而论,主要是从天人关系、人性、历史与现实关系以及事物的矛盾规律等方面来寻求政治指导原则。

关于天人关系与政治:天在殷周是至上神。春秋以降,它逐渐变为一个具有多种含义的模糊观念,在不同情况下和不同意识中,或指神,或指客观自然,或指两者的混合,或指人类的生理机能,有时又指超乎人们意志的必然性。在同一个人的著述中,天的含义也多随论而异。先秦诸子几乎没有哪一个人只从一种意义上严格使用天这个概念。比如孔子,他说"获罪于天,无所祷也"②,"畏天命"③,这里的天,无疑属于神秘主义;他又说:"天何言哉?四时行

---

① 《周书·召诰》。
② 《论语·八佾》。
③ 《论语·季氏》。

焉,百物生焉。天何言哉？"①这里的天显然指客观的自然过程,又毫无神秘主义。老子是从理论上把天自然化的大师,然而就在这位大师笔下仍留有神秘主义的尾巴,如"天将救之,以慈卫之"②,"天之所恶,孰知其故？"③就有神秘主义色彩。荀子被公认为是先秦彻底的唯物主义者,然而在某些论述中,"天"仍有神秘主义的味道,如"人有此三行(指老老,不穷穷等),虽有大过,天其不遂(坠)乎"④即其例。尽管天是一个含糊容量很大的概念,但对天的认识又形成了一个共同意识,即凡属超乎个人意识之外的东西,都可称之为天;或者可以这样说:与人的主观意识相对立的东西均可称之为天。列宁说:"本能的人,即野蛮人没有把自己同自然界区分开来,自觉的人则区分开来了。"⑤"天"的观念则是当时人把自己与自然区分开来的一个最基本的范畴。人把自己同自然区分开来是认识上的划时代的飞跃,但是只沿着这一方向走,同样会走进死胡同;只有当人们不仅认识到自己与自然相区分,同时又认识到人和自然的统一,这才算进入了辩证的认识领域。先秦诸子广泛讨论了天人关系,既认识到了两者的区别,也深入地探讨了两者之间的联系,特别是着重论证了自然对人类生活的制约关系。他们提出,人是天地自然的产物,天地自然又为人类提供了生存条件和环境,"天地者,生之本也"⑥。由于诸子对天人关系持有不同的认识,从中引出的政治原则也不尽相同。归纳起来主要有三种不同的思路。一种是政治法自然思想。法自然的思想表现为各式各样:(1)遵循自然规律;(2)政治举动与天地运转相配合,用行政手段监督和保证人与自然保持生态平衡;(3)一些人还提出,人类社会的结构是从自然结构中引申出来的,或摹拟自然而成;(4)政治的基本手段脱胎于自然;(5)天道自然对万物都是平等的,无亲无近,无偏无私;(6)先秦不少思想家主张无为政治。无为政治的理论基础是法自然。

以上讲的政治法自然,其中要点是强调人与自然相契合,一切政治行为要建立在顺从自然基础之上。

---

① 《论语·阳货》。
② 《老子·第六十七章》。
③ 《老子·第七十三章》。
④ 《荀子·修身》。
⑤ 《列宁全集》(第38卷),人民出版社,1959年,第7页。
⑥ 《荀子·礼论》。

51

与上述法自然不同的另一种思想,是绝对的自然主义。从思路上看,这些人也是法自然,但他们所谓的法自然与前边的思想有本质的不同。他们把事情推向极端,主张"天而不人",完全回到自然中去。这种思想发端于老子,完成于庄子及其后学。

再一种看法是既主张法自然,又要有所分,这种思想以荀子为代表。

天人关系是一个哲学问题,又是一个实际的政治问题。自然界是人赖以生存的条件和活动的前提。人们通常只把政治理解为解决社会关系方面的事,在阶级社会则又说成是处理阶级关系方面的事,这种说法有它的道理,然而是不完全的。人类与自然的关系不是靠自发的方式来处理的,也不是个人的私事。这一点荀子早就指出过,人是靠"群"在自然中生活的。人和自然的交往,必须通过政治手段加以规范,才能保证人与自然之间取得平衡,才能维护人类生存的条件,才能更好地利用自然。如何处理人与自然的关系,也会直接影响到人与人之间的关系。人类历史上的社会组织,包括后来的国家,从来不是只管处理人与人之间关系,历来都把处理人与自然的关系作为自己的重要活动内容之一。在阶级社会,政治的阶级性是明显的事实,但又不全然是阶级的,处理天人关系问题就不能全部进入阶级的范畴。在中国古代以农业为主的经济条件下,天人关系问题在政治中更有突出的地位。农业依赖于自然是人所共知的,破坏了天人之间的正常关系,必然导致社会经济灾难,必然会引起社会问题。当时的思想家从天人关系着眼探讨政治的指导原则,应该说是高瞻远瞩之论。

关于人性与政治:春秋以前的政治面对着神,凡事都要从神那里获得说明。春秋以降发生了重大变化,人成为政治议题中的中心内容,政治的成败蕴藏在人自身。正如史嚚所说:"国将兴,听于民;将亡,听于神。"①寥寥几字,点明了两种不同的政治认识。当时头脑稍为清醒的政治家都程度不同地认识到,民之向背是政治成败的关键。楚灭亡六、蓼之后,鲁臧文仲评论道:六、蓼"德之不建,民之无援,哀哉!"②梁被秦灭,楚沈尹戍在总结梁亡教训时说:"民弃其上,不亡何待?"③陈国的逢滑对政治兴败的基本原因作了如下的概述:

---

① 《左传》庄公三十二年。
② 《左传》文公五年。
③ 《左传》昭公二十三年。

"臣闻国之兴也,视民如伤,是其福也;其亡也,以民为土芥,是其祸也。"①宋国的乐祁,把问题点得更清楚:"无民而能逞其志者,未之有也。"②到了战国,这一类的论述不仅充塞了思想家著作,而且更深刻了,民为政本是这种思想的最高概括。"夫霸王之所始也,以人为本。本治则国固,本乱则国危。"③"卑而不失尊,曲而不失正者,以民为本也。"④问题点得很透。但是事情的内在联系是什么呢?芸芸众生千姿百态的举动是以什么为动向?作为一个政治家怎样才能把握住民众的动向?为了回答这些问题,敏锐的思想家提出了民性、民情、人性等一系列问题,企图找到事情的奥秘。综观先秦诸子有关人性问题的讨论,不下十余种说法。有的说人性恶,有的说性本善,有的说无善无不善,有的说好利,有的说有恶有善,等等。根据考察,先秦诸子有关人性问题的讨论绝不是什么先验的命题,也不是什么纯抽象问题。有关人性问题的讨论是把人的自然性与社会性的关系作为自己的研究对象,并由此探讨了人的价值、人们关系的本质以及人生观等问题。许多政治家和政治思想家以一定的人性理论为基础论述了自己的政治理论和政策。法家认为人的本性好利,这种本性改不了,也无须改,政治要以人性好利为出发点,利用人的好利本性去推动各项政策的实施。政策的基本原则是:利用、利诱、利导、利禁。道家认为人的本性是自然,人应该自然的生,自然的死,社会干预越少越有利于人性的发挥。由此出发,他们提出的政治原则是无为而治,甚至认为,任何政治都是多余的。取消政治然后才能返璞归真。孟子认为人性善,善表现为仁、义、礼、智。从人性善引出的政治原则是教化和行仁政。荀子认为人性恶,但恶的本性是可以改造的,政治的出发点就是改造人的恶性。改造的基本手段是礼,这就是荀子"礼治"的由来。

在先秦,人性问题是探讨人的本质最深刻的命题,是有关对人的认识与理论的核心。今天看来,这个命题有很大的局限性,然而在当时,它却是认识的高峰。尽管诸子对人性认识多有差异,引出来的政治观点泾渭分明,但围绕人性的争鸣,形成了一种综合性的政治文化观念,这就是,政治应把人作为中

---

① 《左传》哀公元年。

② 《左传》昭公二十五年。

③ 《管子·霸言》。

④ 《晏子春秋·内问下》。

心对象,一切政治思想应该从对人的认识中产生,而不应从神灵那里求得指示。中国的中世纪没有走向神权政治的原因是多方面的,从认识上考察,先秦诸子对人性的充分讨论应该说起了重大作用。

关于历史观与政治:政治思想家与有作为的政治家比任何人都更加注重历史。认识历史与认识现实和未来,是认识社会的三个环节,并构成一个循环圈。正如《吕氏春秋》所言:"今之于古也,犹古之于后世也;今之于后世,亦犹今之于古也。故审知今则可知古,知古则可知后。古今前后一也。故圣人上知千岁,下知千岁也。"[①]这一段就方法论来说是极有价值的。只知古而不知今,必陷于昧;只知今而不知古,必陷于陋;不知古今而言未来,必陷于妄。这三者是政治思想家和政治家的大忌。先秦的政治思想家都十分重视研究历史,把历史观作为自己思想的支柱之一。比如一种观点认为,历史是进化的和不断变动的。法家、轻重家、《易经》以及《吕氏春秋》中的一部分著作,从不同角度论述了历史进化和不断向前演进的思想。他们以历史进化为依据,主张政治要随时而变。在他们看来,历史上的一切成法、传统、习俗、价值观念等,都应在现实面前经受检验,当留则留,当弃则弃,决不为历史传统所囿。

政治虽然面对的是现实,但是现实是历史的产儿和继承者,对历史进程持怎样的认识,直接会影响到现实的政治认识与政治活动,所以历史观便成为政治思想的基础理论之一。

关于矛盾观与政治:社会生活充满矛盾,如何看待和处理矛盾,是政治的基本出发点。先秦诸子认识到事物的矛盾性,一些人还从不同方面揭示了矛盾规律及其运动形式和作用等。由于各派对矛盾和处理矛盾的方式持不同的认识,所以在政治上便引出了各异的结论。

一种意见认为在保持矛盾主次方面不变的情况下,尽量去调和矛盾双方,力求双方不要走向破裂。儒家倡导的中庸之道是这种认识的集中代表。与上述思想针锋相对的另一种主张,认为矛盾双方的斗争是绝对的,主张一方压倒另一方。法家,特别是韩非充分阐述了这种观点,并用之于政治。还有一种观点与法家用强的思想相反,在矛盾双方中,主张用弱。这种主张在《老子》一书中阐发得最为充分。在矛盾观上,还有一种相对主义的理论,庄子及其后学是突出的代表。他们虽然承认事物的矛盾,但那不过是一种现象,转眼即

---

① 《吕氏春秋·长见》。

逝,矛盾的双方没有任何质的稳定性。

把矛盾观与政治思想紧密联系起来,这是政治观念上升为理性的基本标志,也是政治思想认识深化的标志。

以上,我们从天人关系、人性论、历史观、矛盾观几个方面分别讨论了与政治思想的关系。由于各家各派在这些问题上有不同的认识,因而引申出了不同的指导思想。在这里,我们没有篇幅也没有必要去具体讨论各种不同的政治思想的历史价值、是非和得失。这里只说一点,即这种认识方式的意义。从神学解脱出来之后,向何处寻求政治的指导原则?这些思想家把认识的触角伸向了现实,他们力图从人类生存的条件及其对人类生活的制约关系中,从人类自身生活的规律特点及其相互关系中,来寻求政治活动的基本原则。这种认识方向的转变具有划时代的意义。在长达两千多年的封建社会里,神学虽然从来没有退出过政治舞台,但只能充当配角的作用,从认识上看,应该归功于先秦知识分子开拓了一条新的认识路线。

第二,政治基本路线的理性探讨与实践。

政治路线是政治理性的重要内容之一。战国时期一些著名的政治思想家同时又是政治实践家,有些人虽未直接参与政治高层决策,但他们提出的基本路线被一些政治家所采纳。所以有关政治基本路线的认识并不仅仅是个理论问题,有一些同时又是实际政治的指导。

在社会巨变和诸侯竞争的形势下,各国统治者竞相寻求富国强兵安民胜敌之道。富国强兵之策来自于人们的智能。许多人从不同角度出发,探讨出了一个大体相同的结论:政治斗争的成败,不取决于既有的物质力量,而取决于政治路线。孟子在总结历史成败经验教训时指出:文王所以能以百里之地发迹,关键在于他的政策对头;纣王虽有亿兆人,由于政策悖谬,仍不免垮台。韩非在总结各国兴衰的原因时,都归诸政治路线。韩非在总结秦变强、山东六国变弱的历史经验时说:"慕仁义而弱乱者,三晋也;不慕而治强者秦也。"①又说:"国无常强,无常弱。奉法者强则国强,奉法者弱则国弱。"②不管儒家、法家还是其他家,大抵都把政治上的兴败归之于政策和路线。

治国之道从认识上可分为两种:一种是经验主义;另一种则是理论性的

———————————

① 《韩非子·外储说左上》。
② 《韩非子·有度》。

认识。在春秋以前经验主义还居主要地位。其后随着社会生活复杂化和诸侯大夫竞争，单靠经验已远远不能驾驭政治之舟，这时需要理论的认识。先秦诸子在自己研究和思考的基础上，提出了各自的政治路线。

儒家的政治路线，可用礼治仁爱四字概括。礼讲的是社会制度以及其对人的社会地位和行动的规定。殷周以来，统治者一直都很重视礼，许多人把礼视为治国之纲："礼，经国家、定社稷、序民人、利后嗣者也。"[1]儒家继承和发扬了这种传统和主张。孔子讲："为国以礼。"[2]"上好礼，则民莫敢不敬。"礼的中心是区别君臣贵贱上下等级。但是孔子没有到此为止，他又提出，行礼要辅之以仁。孔子的礼旨在从制度上把人区分为贵贱上下，而仁则着眼于用主观的努力去调整这种关系，避免走向公开的破裂，在意识上设法掩盖其间的对立。孟子和荀子是孔子之后儒家中的两大巨擘。孟子从理论上发展了孔子的仁说，荀子发展了孔子的礼。但礼与仁始终是儒家思想的两大支柱，也是儒家具体政策的基本出发点。

法家的政治路线可概括为利导和法治。法家认为人的本性以及人与人相互关系的本质联系，可以用一个"利"字来说明。赏罚是处理和解决利害关系的基本手段。君主行赏罚不能凭个人好恶，而应依法行事。在法家看来，利害关系又是制定法的基本依据之一，反之，法又是处理和解决利害关系的基本方式和手段。法虽然是由君主制定出来的，但一经制定出来，它就成为一种普遍的规定，君主本人也应遵守。因此法家认为：人治不足以治国，治国之道在于实行法治（也叫"法制"）。处理政事"惟法所在"[3]，"事断于法，是国之大道也"[4]。《管子》中法家派著作对法的定义作了如下规定："法者，天下之程式也，万事之仪表也。"[5]"法者，天下之仪也，所以决疑而明是非也，百姓所悬命也。"[6]由此可见，法家的法是有关社会关系的一般的和普遍的规定。在内容上主要是鼓励耕战，让所有的人在耕战面前重新组合，在当时具有鲜明的社会改革性质。但法家的法是一种等级法。他们又认为法是君主手中的工具，"人

---

① 《左传》隐公十一年。

② 《论语·先进》。

③ 《慎子·君臣》。

④ 《慎子·佚文》。

⑤ 《管子·明法解》。

⑥ 《管子·禁藏》。

主之大物,非法则术也"①。君主仍然是高居法上的圣物。

墨子提出的政治路线可称之为"兼相爱""交相利"。墨子认为天下大乱,人人相残的根本原因是"自爱"和"自利"。因此主张爱他国如爱本国,爱他家如爱本家,爱他人如爱自己。这样就会消除一切灾难。墨子的"兼"具有特定的含义,是针对"别"而提出的。"别"指等级,为儒家所倡导。"兼"指平等相待。所以孟子骂墨子不分君臣父子。其实,孟子错怪了墨子。墨子从来没有想过废除君臣贵贱等级制度,他只不过倡导一种博爱精神而已。把这种精神用于政治,墨子提出了"节用""节葬""非乐""非攻"等主张。如何实现兼爱呢?墨子认为除了用说教方式外,还必须诉诸强力,用行政手段,迫使人与人必须相爱。于是爱表现为行政的服从:"上之所是,必亦是之;上之所非,必亦非之。"②爱一转脸变成了绝对服从,转化为服务于君主专制的工具,这是理论上的一场悲剧,又是当时不可逃脱的历史命运!

道家的政治路线可称之为自然无为。从政治上看,道家的自然,主要有两种含义:其一是从人的自然性与社会性的关系上看,强调人的自然性。在道家诸派中,除了《经法》等古佚书为代表的黄老派之外,其他各派程度不同地都认为人的自然性与社会性是对立的,社会性程度不同地表现为对人的自然性的破坏,特别是庄学,认为两者水火不容。他们主张应该尽量减少人的社会性,以恢复和保存人的自然质朴本性。自然的另一个含义,指人类的生活及其生存条件是一个不依人的主观意志为转移的客观过程。对这个过程,只能遵循,不能违反。因此他们提出了"顺天""从人""循理""用当""静因"等主张。它要求当政者对待任何事物不要先有主观成见:"因也者,舍己而以物为法者也。感而后应,非所设也;缘理而动,非所取也。"③意思是说,主观应是客观的反映,主观见解应在接触客观之后产生。因循之道还强调不要干涉事物的自然发展过程,如果强加损益,必然招祸。要善于利用事物之能,即所谓"因者,因其能者(李明哲云:者字衍,当删)言所用也"④。

道家倡导的法自然,也就是无为的核心。"无为"包括尽量减少政治干涉的内容,任民自然。但作为一种政策原则,有时又表现为强烈的干涉主义。且

---

①《韩非子·难三》。

②《墨子·尚同中》。

③④《管子·心术上》。

看《老子》中的如下两段话,便一目了然:"圣人之治,虚其心,实其腹,弱其志,强其骨。常使民无知无欲。使夫智者不敢为也。为无为,则无不治。"①"若使民常畏死,而为奇者,吾得执而杀之,孰敢?"②可见,使人民失去有为的条件和志气,是无为政治的基本内容之一。为达到这一目的,令人可掬的无为变成了严酷的专制主义,这真可谓相反而相成!

阴阳五行家在战国中后期有广泛的影响,他们的政治路线是以时行教令。阴阳五行家把天、地、人等整个宇宙视为一个统一体,他们一方面根据客观事实,另一方面又凭借主观臆造,绘制了一个多层次的结构图。在这种结构中,天制约地,地制约人,上制约下,大制约小。追求天、地、人的统一与和谐是阴阳家的政治战略思想。这种思想的具体化则表现为"时政"。由于四时运转周而复始,因此与四时相配合的时政便表现为一种程式化的规定,同样是周而复始。

《管子》中的轻重篇,应该说是一个独特的派别。他们的政治路线与众迥异,我们可以称之为以商治国。轻重诸篇中"轻重"一词有多种含义,主要的指有关市场、商品流通、货币、财政、物价等方面的理论以及相应的政策和措施。以轻重治国,就是国家通过掌握市场和物价,把社会财富集中到国家和君主手中。有了丰厚的资财,就有了通理天下之资本。儒、法等派别程度不同地主张强本抑末,乃至除末。轻重家虽然也主张发展农业,但认为强本并不是治国之本。《轻重乙》明确地指出:"强本节用"不足以治国,只有善施轻重之术,即:"天下下,我高;天下轻,我重;天下多,我寡。然后可以朝天下。"轻重家所讲的商业并不完全是建立在生产基础上的自由的市场交换,而是通过国家暴力垄断主要商品,并利用行政手段人为地制造物价起伏,乘机吞吐,从中获利。所以这是一种以商业为掩护、变明夺为暗取的克剥方式。作者对此曾坦白做过交代:"民予则喜,夺则怒,民情皆然。先王知其然,故见予之形,不见夺之理。"③

以《吕氏春秋》为代表的杂家不同于上述诸派,在政治上采取了实用主义的方针。吕不韦主张的"杂"有三个特点:杂存、杂选、杂通。杂存是指儒、法、

①《老子·第三章》。

②《老子·第七十四章》。

③《管子·国蓄》。

道、墨、阴阳五行等,在他的杂存中各有一席之地。所谓杂选,指吕不韦对各家各派采取了分析的方法,选择其较为切合适用的部分。比如,对儒家的君臣父子伦理道德之论选取了,但对迂腐和繁缛之礼节却弃而不选;对法家的通变、赏罚分明、依法行事的思想选取了,但遗弃了轻罪重罚苛刻那一套;对道家的法自然的思想选取颇多,但对以自然排斥社会的思想基本上弃而不取。吕不韦对诸家进行筛选是很有见地的。所谓杂通,是指杂存、杂选的内容,以王者之需要通百家。吕不韦不囿于一家一派之成见,而是居高临下,凡利于君主统治者尽可能采而用之。在门户之见对垒的情况下,可谓高瞻远瞩。

以上诸种不同的政治路线,孰是孰非,在当时历史条件下各扮演了什么角色,这里不进行讨论。不过有一点是肯定的,即这些不同路线在不同程度上,对当时的政治都产生了直接或间接影响。一些君主在实践上曾选用过这些路线,对历史产生了巨大作用。

从认识上看,不同政治路线的提出和争论,为实际的政治家提供了选择的余地,并促使他们进行深思熟虑。

第三,进谏、纳谏与政治决断的优选。

在君主专制条件下,政治决断的特点是:君主个人独断。其特殊表现为母后、权臣、太监掌权等。独断与理性并不是截然对立或互相排斥。个别独断的君主深谙事务的道理,表现出很高的理性。然而,独断更多的是与理性发生冲突,导致反理性。不要说一些君主的昏暴无道会导致许多违犯理性的举动,仅就认识上的偏执也会使决断背离客观事实,造成荒谬的后果。由君主专断和昏庸所造成的政治上不稳定的事实常常出现在统治阶级面前,甚至造成某个王朝的覆灭。这种不断重复出现的历史事实,迫使统治阶级不得不去寻求一些补救的办法。于是,作为君主专制制度补充手段的进谏与纳谏便应运而生了。从文献上考察,最初论述这个问题的是周初的政治文告。周公等人在总结夏、商、周盛衰的历史经验与教训时,虽然主要着眼于天命与君主的“德行”,但同时也涉及了纳谏问题。这在《牧誓》《酒诰》《召诰》诸篇中均有一定反映。例如周公在《酒诰》中告诫康叔说:“古人有言曰:‘人无于水监(鉴),当于民监。’今惟殷坠厥命,我其(岂)可不大监?”具有明显的倡导听谏的性质。西周末年的讥讽诗及记述这个时期的历史文献,明确阐述了能否纳谏是关系到国家兴亡的大问题。《诗经·民劳》篇最早提出了“谏”这个概念:“王欲玉女,是用大谏。”

春秋之世，许多人也认为国之兴衰，关键在于能否任用谏臣，如晋大夫范文子说："兴王赏谏臣，逸王罚之。"①战国时代，诸子对进谏与纳谏问题进行了更深入的讨论，几乎一致认为君主纳谏与否关系到国家兴败存亡，并用这个观点去解释历史上王朝的盛衰。在这种舆论下，连极力鼓吹君主绝对专制的法家也主张君主要纳谏，如《管子·形势解》说："谏者，所以安主也……主恶谏则不安。"

由于先秦时代人们普遍地把进谏与纳谏看作国家兴亡的主要原因，所以政治家与思想家都十分重视谏议问题，相当多的人从理论上进行了阐述。综观先秦政治家与思想家的言论，他们的理论主要有如下几种：

扬"和"弃"同"论　"和"是讲各种不同的事物需要互相补充和有机配合的关系；"同"是指事物的单一性。最早提出"和同论"的是西周末年的周太史伯。当时任周司徒的郑桓公问史伯周的命运如何，史伯认为周王室的末运已到，其原因就是周幽王"去和而取同"，即听不进不同意见，只喜欢阿谀逢迎。史伯认为，百物是由土与金、木、水、火相杂而生的，所以人也是"和五味以调口，刚四肢以卫体，和六律以聪耳，正七体(韦昭注：七窍也)以役心"。表现在政治上，就是君主能力之不足要靠设百官、选择臣僚、采纳谏议来补充。如果万物一色、一声、一味、一貌，事事相同，事物就不能存在下去。如果"以同裨同"，就会"同则不继"。"同"在政治上的表现就是爱听顺耳之言，重用谗谄巧佞之人。史伯认为，周幽王不是扬"和"弃"同"，而是弃"和"取"同"，所以必然要衰败下去。②

事隔一百多年，齐大夫晏婴劝齐景公纳谏讲的也是史伯的"和同论"。晏婴比史伯前进的地方在于，他指出君绝不是事事皆当，臣对于君也不能一味顺从，而应有所补正。这就是晏婴所说的"君所谓可而有否焉，臣献其否以成其可；君所谓否而有可焉，臣献其可以去其否"③。

继晏婴之后，孔子赋予"和"与"同"更加广泛的意义，明确提出"君子和而不同，小人同而不和"④。

---

① 《国语·晋语六》。
② 见《国语·郑语》。
③ 《左传》昭公二十年。
④ 《论语·子路》。

"和同论"为君臣关系的相对性提供了理论基础,认为君的言论与行动既可能是可,也可能是否,或可否兼有,绝非绝对正确。臣对君不应一味苟合取容,而应虑其可否,献其可,替其否。"和""同"论从哲学的角度论证了进谏与纳谏的必要与合理。

为社稷论 在殷与西周时期,君主与社稷即国家政权是合二而一的。这种观念直到春秋时期仍为相当多的人所坚持,但是随着历史的不断发展变化,特别是一些君主胡作非为所引起的政治动荡不安的事实,人们开始怀疑君主即社稷的观念,一些人提出了君主不能等同社稷的主张,并付诸行动。如晏婴就曾对两者进行过区分。公元前635年,齐大夫崔杼专权,他借故杀死了齐庄公。齐庄公的宠臣、嬖幸纷纷自愿殉死,而晏子只是大哭一场了事。当时有人问他为什么不殉主,晏婴讲了一番君、臣与社稷之间关系的道理。他说:"君民者,岂以陵民?社稷是主。臣君者,岂为其口实,社稷是养。故君为社稷死,则死之;为社稷亡,则亡之。若为己死,而为己亡,非其私暱,谁敢任之?"①晏婴把君主与社稷区分开来,在政治上具有重大意义。孟子有一句名言:"民为贵,社稷次之,君为轻。"②人们对这句话的理解虽然颇多歧义,但有一点可以肯定,孟子是把社稷看得高于君主的。荀子把君与国区分得更明确,认为国比君更重要。他认为,为了安社稷,治国家,应该勇于进谏,要明君之过,禁君之非,昧死以争,直至"抗君之命,窃君之重,反君之事,以安国之危"。这样的臣才是"社稷之臣也,国君之宝也"。③

在许多思想家那里,为社稷的另一种提法就是为"公"、为天下。

春秋时期"公"与君主还是基本上一体,为"公"就是为君主。到战国,"公"与君主就逐渐分为二了(有些著述仍持"公"与君主同体说)。"公"代表着国、社稷与统治者的共同利益和一般原则,如规章、法律、礼仪等。而君主的个人行为、喜好等,属于"私"。许多思想家提出贵公而去私,先公而后私,尊公而抑私等主张。

《吕氏春秋》中有一篇《贵公》,把这种理论发展到了一个新的高度。文中说:"昔先圣王之治天下也,必先公,公则天下平矣,平得于公……有得天下者

---

① 《左传》襄公二十五年。
② 《孟子·尽心下》。
③ 《荀子·臣道》。

众矣,其得之以公,其失之必以偏。"其中最著名的一句话是:"天下,非一人之天下也,天下之天下也。"既然天下是天下人的天下,为臣的当然也就不是为君主一人而生活了,进谏、议政就是理所当然的事。

以上我们列举的这些为社稷、为公而谏的理论,虽有高下之分,优劣之别,从总体上讲,这种理论把国家与君主作了区分,把社会整体与君主个人作了区分,这就为进谏提供了较高的理论依据。

为道论 统治阶级的政治家与思想家在总结历史经验教训的过程中,逐渐从具体的政策、措施和手段中抽象出一些反映统治阶级利益的一般概念,这些概念称之为"道""德""礼""义""仁""性""则""法""常""训"等。虽然这些范畴具有历史性,而且在不同的政治流派中各有不同的内容,但都是讨论一般原则的。这类政治思想范畴在殷代已有发端,见于卜辞与《盘庚》篇的有"德""礼""重民""正法度"等。西周初年,周公曾经提出了相当完整的"德"的理论。到了春秋时期,这种理论又有进一步的发展。战国诸子崛起,他们以制造理论以干帝王为业,各色的道义理论纷纷登上政治舞台。除了那些为利禄求官爵的说客之外,思想家中的多数都把自己所阐发的"道""义"放在第一位,当道义与利禄相矛盾时,许多人持道义而弃君禄。稍稍靠前些的孔子曾说过:"不义而富且贵,于我如浮云。"[1]不管人们对孔子的评价如何,这一点他大体上是实践了的。

墨子为了他的"兼爱""尚贤"等主张,奔波了一生。他用这些理论解释了历史,又用来衡量现实。他把王公大人士君子们统统放在他的理论面前进行检验。孟子为道而谏的劲头更足。他说:"居天下之广居,立天下之正位,行天下之大道,得志与民由之,不得志独行其道。富贵不能淫,贫贱不能移,威武不能屈,此之谓大丈夫!"[2]庄子的表现特殊,他不积极干政,但也把自己的理论看得高于一切,为了信守自己的理论,他决不折腰事权贵。荀子说过一句很有分量的话,即"从道不从君"[3]。所以荀子为道而谏的态度也是相当积极的,不过方式不同而已。

政治家与思想家所讲的这些"道""义""德"等,都是他们自己的理想国。

---

① 《论语·述而》。
② 《孟子·滕文公下》。
③ 《荀子·臣道》。

所不同的是,有的打着他们自己的印记,有的则打着先王圣主的印记。他们苦心孤诣制造出这些理论来,都不是个人的私事,而是为了干预政治,为向君主进谏提供理论武器。历史上许多思想家批评君主正是以此为依据的。

疏导论 在阶级社会中,有君臣、上下、尊卑、贵贱等森严的等级差别。由于君主高高在上,深居简出,所以常常出现君主不了解下情,上下不能沟通的情况。黎民的处境已是痛苦不堪,君主还以为人间遍地是天堂。待到民众已经举起了造反的火把,则只有进行镇压一途。由这种原因所造成的王朝覆灭的事实,就成了疏导论的依据。这种理论的主要用意在于要君主听取臣下之言和人民的心声,以便了解社会的实际情况,进而采取相应的维护统治阶级统治的措施,不能一味压制。疏导论最早是由周厉王时的召公提出来。周厉王"弭谤",召公虎对他讲了听言纳谏的道理,其中最著名的话如"为川者决之使导,为民者宣之使言"。"夫民虑之于心而宣之于口,成而行之,胡可壅也?若壅其口,其与能几何?"①召公的疏导论在《左传》中也每每有人谈到,最著名的如郑子产的"小决使道"的主张等。②

《吕氏春秋》有几篇对这种理论进行了专门的论述,明确指出疏导的目的在于达郁、开塞以知实。国亦有郁,就是"主德不通,民欲不达"。"国郁处久,则百恶并起,而万灾丛至矣。上下之相忍也,由此出矣。故圣王之贵豪士与忠臣也,为其敢直言而决郁塞也。"

补短论 这种理论的出发点是"物固莫不有长,莫不有短,人亦然"③。《吕氏春秋·用众》篇把能否"假人之长以补其短",视为能否取天下和统治天下的基本条件。

《吕氏春秋》在许多篇中反复论述过,即使明君也不能遍见万物,遍知万事,必有不及臣者。《自知》篇说:"人主欲自知,则必直士。故天子立辅弼,设师保,所以举过也……尧有欲谏之鼓,舜有诽谤之木,汤有司过之士,武王有戒慎之鞀,犹恐不能自知。今贤非尧舜汤武也,而有掩蔽之道,奚繇自知哉!"历史上是否真有其事,我们且不去管它,这里所讲的道理却是相当深刻的。

在先秦诸子中,类似以上的论述颇多。思想家们反复指出,君主无论在能

---

① 《国语·周语上》。

② 《左传》襄公三十一年。

③ 《吕氏春秋·用众》。

力上,还是对事物的认识方面,都有局限性,都有所短。君主要巩固自己的统治,就应该用贤纳谏,用君子的智慧来补自己的不足。

尊师听教说　君主虽有无上的权力,但不一定都圣明。只有为数不多的君主被人们称为"圣王""明君"。对君主进行品分早在周代已见诸文献,春秋时期把君主分为圣、明、昏、暗已相当普遍。谥法起于何时,史学界看法不一致,但至晚不会下于春秋。谥法就是对君主进行品分的方式之一。战国时期,诸子以他们的理论为标准,对君主进行了各式各样的品级分类。这种分类不只是为了说明历史,而是为了寻求现实君主的标准,找到君主学习的楷模。

思想家不仅在君主的队伍中寻找当政者的老师,而且还在臣中为君主树立榜样。如他们所讲的"圣臣""辅臣""谏臣"等,其位虽低于君主,但才能却高于君主,君主应尊他们为师。《墨子·所染》篇是阐发这种理论的重要著作。作者认为,君主的成败在于他所沾染的人物,染于圣则胜,染于小人则败。孟子十分强调有道之士的责任在于教育君主,他说:"君子之事君也,务引其君以当道,志于仁而已。"①《吕氏春秋·劝学》则突出了君主尊师听教的问题,曰:"古之圣王,未有不尊师者也。尊师,则不论其贵贱贫富矣。"《吕氏春秋·尊师》篇还叙述了历代圣王尊师听教而治国的先例。

与尊师听教说相近的,还有以臣为镜说。《吕氏春秋·达郁》篇说:"万乘之主,人之阿之亦甚矣,而无所镜,其残亡无日矣。孰当可而镜,其惟士乎!人皆知说镜之明己也,而恶士之明己也。镜之明己也功细,士之明己也功大。"

宣传臣比君更有才智,君主应尊臣为师,这就为进谏与纳谏提供了又一个理论根据。

拒谏易位说　这一说是由孟子提出的,他说:同姓卿臣,"君有大过则谏,反复之而不听,则易位"②。所谓易位,就是取而代之。孟子之论的可贵处在于指出了君主有过不改,就没有再做君主的资格,从而剥夺了君主不可侵犯的神圣性。

有关进谏与纳谏的理论不仅仅是知识分子的议论,它已转化为社会的共同认识和价值标准,或者说已成为一种政治文化观念。不管实际上是怎样的背离这些谏议理论,在观念上具有至上性:为臣的,当谏而不谏是失职;为君

---

①《孟子·告子下》。

②《孟子·万章下》。

的,当纳而不纳是无道。

从战国政治实际看,一些重大的变法决策,都是经过反复争论后优选的。在君臣关系中,确实出现了一些从谏如流的豁达君王,魏文侯就是其中最为豁达的人物之一。魏文侯的改革取得了明显的成效,国势大增,随之骄傲起来。一次在宫廷宴舞,兴致很高,开口言道:"使我言而无见违!"大意是,我的话不得违抗!一位琴师听后,"援琴而撞文侯"。文侯顿时大怒,要处斩琴师,琴师请求进一言而后死。随后言道:"昔尧之为君也,惟恐言而人不违;桀纣之为君也,惟恐言而人违之。臣撞桀纣,非撞吾君也。"文侯听后顿时醒悟,当即表示自己错了,并向琴师致歉!这件事未必是真,它说明理性压住了个人的情欲。战国时期国君从谏而行的事例十分多。

第四,以民为本的思想。

面对现实,解决实际问题,是政治理性的又一重要标志。富有理性的人不仅敢于面对现实,而且敢于揭露现实生活的弊端,并力求变革。

现实诸种问题中,如何对待民是第一要义。一些有远见的统治者及其思想家反复论述了对民的态度与政策是关乎安危的一个根本性问题。商周的更迭引起了对民认识的第一次巨变,周公发现,在周代商的背后起决定作用的是民心的背向。民众在政治中的作用虽然被一些人觉察到了,但又被藏在了神的背后。春秋以后,神秘的帷幕慢慢被拉开,以直接的形式向人们揭示了民在政治中的作用。战国诸子把问题阐述得更为清楚。孟子说:"桀纣之失天下也,失其民也;失其民者,失其心也。得天下有道,得其民,斯得天下矣。"①荀子说:"用国者,得百姓之力者富,得百姓之死者强,得百姓之誉者荣。三得者具而天下归之,三得者亡而天下去之。"②法家把法视为治国之本,但法也必须以合民心为基础,"人主之所以令则行,禁则止者,必合于民之所好,而禁于民之所恶也"③。黄老派的看法也大体相同。在上述认识基础上,明确地把民视为国之本。《管子·霸形》说:"齐国百姓,公(指齐桓公)之本也。"《吕氏春秋·务本》说:"宗庙之本在于民。"《文子·上仁》说:"民者,国之基也。"关于如何得民问题,各家有各式各样的理论,主要点不外轻徭薄赋,顺民自然,行教化等。

---

① 《孟子·离娄上》。
② 《荀子·王霸》。
③ 《管子·形势解》。

在当时的君主中确实出现了某些君主以治民的优劣为准评判官吏的事例。大家所熟知的齐威王对阿大夫和即墨大夫的处理即是一例。阿大夫对民克剥无限，贿赂王之左右，在齐威王耳里是一片赞扬声。即墨大夫相反，治民有方，家给人足，但为人鲠直，不向王左右行贿，这帮人整日在齐威王面前诽谤他。齐威王没有唯左右是听，派人到两个地方进行了实际调查，真相大白。齐威王果断地处死阿大夫，表彰了即墨大夫。这类事见诸史籍的还有不少。

2.争宠与官场上的污秽

知识官僚的竞争增强了政治中的理性，同时也带来了残酷的尔虞我诈。在一般情况下，官场污秽的中心问题是争宠。

争宠指争取顶头上司的欢心、信赖和器重。其终端是争取君主的青睐。这里只谈争君宠。争君宠不是人性善恶问题，而是制度决定的。

中国很早就建立了君主专制制度，到了战国发展为君主专制与官僚制的结合。这种政治体系有两个显著的特点：

其一是君主拥有最高的权力。君主只能有一个，即所谓"天无二日，民无二王"。君主拥有对土地和臣民的最高支配权与占有权。"普天之下，莫非王土；率土之滨，莫非王臣。"这种名分的最高所有权比一切实际占有、支配权更有权威，因为它在观念上将所有人都剥夺了。在实际的政治运行中，君主拥有最高和最后的决断权。这就是"独断"。

其二是全部官僚机器与人员都是君主的办事机构和工具。虽有司法、监察机构和官吏，不过，他们的权力并不是独立的，只不过是君主的耳目和爪牙。一切官僚机构都是君主的办事机构。

以上两个特点决定了官僚化的士对君主的关系不仅是领导与被领导关系，还有主仆、臣属关系，而且前者是从属后者的。在这样的关系中，知识官僚的升降黜陟、荣辱存亡最终取决于君主的喜恶。不管你的见解高明与否，人品如何，只要得到君主的信任，就可安然无恙。这里不是说所有的知识官僚都是低劣之辈，不过在他们的宦海生涯中，争取君宠比事业、政绩、才智、人品都更重要。因为即使政绩突出，如得不到君主的欢心与信任，最后也只能落个身败的结局。众所周知，乐毅是一位军、政才能十分出众的人物，他帮助燕昭王图治、改革，取得了显著成绩；他率领燕军大破世敌齐国，几乎将齐国灭掉。正当他的功业走向顶峰时，信任他的燕昭王猝然而逝。继位的燕惠王素与乐毅有矛盾,惠王即位伊始,就下令免除了乐毅的一切职权,结果功垂成而败。类似这样的事,不胜枚举。

韩非在《说难》中有一个比喻,非常生动和说明问题。他说,龙这种东西是个既可玩又可怕的大虫。顺着它可以同它玩戏,可以骑在它身上。但它脖子下面长着一个一尺长的逆鳞,这个逆鳞是不可触犯的,一触犯必死。人主像龙一样,他也有一个逆鳞,一触犯它也必死。人主的逆鳞就是权势。这也就是伴君如伴虎之意。

为了取得君宠,必须要善于摸到君主的心思,摸到心思并不一定能说出来,如果他不愿让别人揭破内心秘密,说出来反而遭殃。韩非子在《说难》中讲了如下一个故事。郑武公想攻打胡国,就先把自己的女儿嫁给胡君,以麻痹对方。郑武公问群臣:"吾欲用兵,谁可伐者?"不知深浅的关其思说:"胡可伐。"武公说道:"胡,兄弟之国也,子言伐之何也?"于是佯怒而杀关其思。胡君闻之,视郑为至亲,遂不防备。此时,郑武公突然袭胡,把胡灭亡了。可怜的关其思太天真了,他的忠言泄露了君主的机密,结果落得了身首异处的悲惨境地!

韩非子在《难言》中一口气列出的几十种进言不当会立即招致灭顶之灾的情况,很耐人寻味。因原文较涩,这里不妨翻译一部分如下。文中讲道:言之洋洋会被认为华而不实,言之敦厚又会被认为拙而不伦。话多了倒被斥为虚而无用,话少了又会被认为刿而不辩。言之深切则被认为僭而不让,言之宏大则又被认为夸而无用,言之琐碎则又被认为是鄙陋。言而近世,辞不悖逆,则被认为是贪生而谀上;言而远俗,花言巧语,又会被认为荒诞不经。言能健谈,富于文采,会被说成是史;语言质朴,又被说成是鄙。口称诗书,道法往古,又会被认为是陈述旧事。凡此种种,只要君主抓其一点,即可遭殃。

君主虽是这样可怕,但他手中有财、有权,臣子们要想分一杯羹,只有去争宠。

为能争宠,就要揣摩君主之好。苏秦就是一位揣摩大师。他发奋读书,悉察形势:"读书欲睡,引锥自刺其股,血流至足。曰:'安有说人主不能出其金玉锦绣,取卿相之尊者乎?'期年,揣摩成,曰:'此真可以说当世之君矣!'"①以合纵取悦六国之君,佩六国相印,显赫一时。孟尝君有其显赫势力与地位,也必须揣摩君主的心意。齐王夫人死,齐王有七位近妾。他为投君王欢心,乃献七

_____

① 《战国策·秦策一》。

珥,其中有一只最美的。第二天观察君主把这只送给了哪位,于是"劝王立为夫人"①。

讨好、进贡也是臣子争宠的常用方式。

为了争宠,又引起了互相倾轧。臣子争宠,君主信宠是君主专制体制中的痼疾,两者互相为用,但又形成恶性循环,有时会使君臣都丧失理智。臣下一味争宠,干尽阿谀奉承之事;君主信宠,给恶人当政开辟了道路。

政治之事关系国计民生,宠信在处理政治事务中不应该有它的地位。宠信如果起重要作用,势必把政治搞坏。君主专制制度无法解决这个问题。

四、社会关系的活化

中国古代社会的等级有两个显著特点:一是多元性,二是成员的流动性。这两个特点发端于战国。

所谓多元,指等级体系不止一个,而是两个以上。战国的等级制度于史有阙。不过从一些片断的记载看,爵制仍普遍实行于各国。秦有"官爵"和"军爵"。②官爵情况不清楚,待考;军爵即人所共知的二十等爵。由于全民皆兵,爵又普及于民,如长平之战增兵时,秦"赐民爵一级"③。当然,社会上也还有一部分人未进入爵制,这些人不是更自由,而是更卑下、低贱,更不自由。从一些零星材料看,等级也是相当复杂的。比如卿,又分"上卿"和"亚卿"。大夫区分更多,据《荀子》《吕氏春秋》《韩非子》《战国策》《管子》《孙膑兵法》等书记载,有"上大夫""中大夫""下大夫""长大夫""国大夫""公大夫""五大夫""属大夫""州大夫""都大夫""五校大夫""偏卒大夫""五属大夫""列大夫""散大夫"等,这些"大夫"之称,有的指爵,有的指职,可见其繁杂。有关山东各国的爵制材料更为零散,但可以肯定,各国都有系统的爵制。例如楚国一位廷理(掌司法的官)立功,楚王"乃益爵二级"④。《墨子·号令》谈到战争期间,某国令、丞、尉的下属有十人逃亡,"令、丞、尉夺爵各二级"。韩上党守冯亭降赵,赵除重赏冯

---

① 《战国策·齐策三》。
② 《商君书·境内》。
③ 《史记·白起列传》。
④ 《韩非子·外储说右上》。

68

亭外,"诸吏皆益爵三级,民能相集者,赐家六金"①。《史记·赵世家》记载略有不同,其文为"吏民皆益爵三级"。《战国策》所言"益爵"仅限于"诸吏",《赵世家》则包括民。从史源上看,《赵世家》抄于《战国策》。但是,并不能因此而否定爵制未曾实行于黎民。《墨子·号令》谈到,男子守城有功,"爵人二级",战争期间肯于贡献粮食者,战争结束后,"欲为吏者许之,其不欲为吏,而欲以受赐,赏爵禄"。这虽不足证赵国有民爵,但可证山东之国有民爵。另外,山东之国有关"爵禄可以货得者,可亡也";"官爵可买则商工不卑也矣"②;"金玉货财商贾之人,不论志行而有爵禄";"上卖官爵"③等记载,说明爵位可以买卖,也是有民爵的证据之一。

战国等级制的一个重大发展是实行民爵。《盐铁论·险固》引《传》曰:"庶人之有爵禄,非升平之兴,盖自战国始也。"此说大体是不错的。

所谓流动性,是指获得各种爵位的人不是永久享受,可因种种原因上下浮动。

在多元的等级制和成员的流动中,士是最活跃的一部分。

1.士——上下交汇处

春秋以前,士作为一个等级,具有相对的稳定性,"士之子恒为士"④。到了战国,士虽然仍有等级的含义,但逐渐转变为社会上的一个阶层。这个阶层成为上(统治者、官吏和剥削者)与下(被统治者、民、被剥削者)交流、转换的中间地带。

贵族的庶孽无疑仍是士的一个重要源头。纵横捭阖的张仪出身于"魏氏余子"⑤。余子即支庶。范雎原也是"梁余子"⑥。商鞅原是"卫之诸庶孽公子也"⑦。韩非出自"韩之诸公子"⑧。于陵子仲也是贵族庶孽而为士。⑨乐毅

①《战国策·赵策一》。
②《韩非子·亡征》《韩非子·五蠹》。
③《管子·八观》。
④《国语·齐语》。
⑤《史记·张仪列传》集解。
⑥《战国策·秦策三》。
⑦《史记·商君列传》。
⑧《史记·老子韩非列传》。
⑨《史记·鲁仲连邹阳列传》。

为乐羊之后。①这一类的例子比比皆是。总之,贵族、官宦的庶孽、后裔大部分落入了士这个阶层。目前我们虽无法作出具体统计,但这类人的数目是不会很少的,例如齐靖郭君田婴有四十余子,其庶孽之多是可想而知的。这些庶孽沦落的第一站就是士。

下层人可以上升为士。这种情况早在春秋时已出现,到了战国更为普遍。《墨子·尚贤上》说:"虽在农与工肆之人,有能则举之。"所谓"举之",首先指选拔为士。有些从学的人第一步是通过学而为士。宁越是由学而士、由士而为公侯师的典型。《吕氏春秋·博志》载:"宁越,中牟之鄙人也。苦耕稼之劳,谓其友曰:'何为而可以免此苦也?'其友曰:'莫如学,学三十岁则可以达矣。'宁越曰:'请以十五岁。人将休,吾将不敢休;人将卧,吾将不敢卧。'十五岁而周威公师之。"《荀子·王制》说:"虽庶人之子孙也,积文学,正身行,能属于礼义,则归之卿相士大夫。"《管子·小匡》载:"朴野而不慝,其秀才之能为士者,则足赖也。"朴野指农人。另外还有其他各式各样的下层人通过学进入士的行列。《荀子·大略》载:"子赣(子贡)、季路,故鄙人也;被文学,服礼义,为天下列士。"《吕氏春秋·尊师》载:"子张,鲁之鄙家也;颜涿聚,梁父之大盗也,学于孔子。段干木,晋国之大驵也,学于子夏。"这些人通过学而成为士人。《史记·老子韩非列传》载:"申不害者,京人也,故郑之贱臣。学术以干韩昭侯,昭侯用为相。"《史记·甘茂列传》:"甘茂起下蔡间阎。"秦王政的谋臣姚贾为"梁监门之子"②,政治上活跃一时的史举,"上蔡之监门也"③。从春秋后期,特别是孔子之后,私人办学之风大盛,那些老师广招生徒,数以十计、百计,甚至有上千生徒。他们都是士的后备军或即是士。

士是上与下的交汇处。上下的对流量越大,士的队伍就越大。战国时期,士的队伍发展迅速,原因就在于此。另外,士的发展与官僚队伍的发展也成正比。士是官僚队伍的后补者,官僚队伍的扩大,势必引起士队伍的扩大。战国时期官僚制度普遍推行,它是士队伍发展的一个主要原因。

---

① 《史记·乐毅列传》。
② 《战国策·秦策五》。
③ 《战国策·楚策一》。

2.“士大夫”和“士庶民”

“士大夫”和“士庶民”这两个概念很可以作为士上下的幅度和范围。因此,应作一考察。

“士大夫”是战国出现的一个新概念。在此之前,士均排在大夫之后。战国典籍中表示等级序列的仍用“大夫士”。《荀子·礼论》载:“大夫士有常宗。”《吕氏春秋·上农》载:“是故天子亲率诸侯耕帝籍田,大夫士皆有功业。”大夫士与士大夫表面看去只是前后颠倒了一下,实际上反映了一个重大变化:大夫士强调的是等级;士大夫指的是阶层,它的特点是知识分子和官僚的混合体。分而言之,无论在春秋以前或战国,大夫都指有一定的官职和爵位的人,社会地位比士高。为什么从战国开始士常常冠在大夫之前呢?这是随着官僚制度的兴起,士大显身手的结果。一些出身士的人,不必像过去那样,按照台阶一层一层向上爬,他们常常靠着自己的才能,平步青云。战国时期出现了一批布衣卿相。另一方面,战国时期的大夫与春秋时期也不大一样。春秋时期的大夫,大部分是靠宗亲分封而来的,并且是世袭的。战国时期的大夫正演变为官僚体系中的一个职位和爵位,大夫中多数不再是靠宗亲分封,一般的也不再世袭,它们中的多数是由士升上来的。“士大夫”的称呼是上述情况在观念上的反映,从时代看,这一概念在战国中叶以后才流行开来。从内涵上考察,士大夫主要包含如下两方面内容:

其一,指居官与有职位的人。《周礼·考工记》云:“坐而论道谓之王公,作而行之谓之士大夫。”用现代话说,士大夫是职能官。《墨子·三辩》批评“士大夫倦于听治”。这里泛指一切官吏。《战国策·秦策二》载:“诸士大夫皆贺。”这里的士大夫指楚朝廷之臣与王之左右。《荀子·王霸》云:“农分田而耕,贾分货而贩,百工分事而劝,士大夫分职而听。”这里指一切居官在职之人。《荀子·强国》记载秦国官吏情况:士大夫“出于其门,入于公门,出于公门,归于其家,无有私事也”。泛指所有官吏。《荀子·君道》又讲:“论德而定次,量能而授官,皆使人载其事而各得其所宜。上贤使之为三公,次贤使之为诸侯,下贤使之为大夫,是所以显设之也。”士大夫指诸侯以下的官吏。文官称士大夫,武官也称士大夫,《荀子·议兵》载:“将死鼓,御死辔,百吏死职,士大夫死行列。”《吴子·励士》:“于是(魏)武侯设座庙廷,为三行,飨士大夫。”

哪一层官吏称士大夫,无明确规定,从一些材料看,大抵为中上层官僚。

71

《荀子·君子》讲:"圣王在上,分义行乎下,则士大夫无流淫之行,百吏官人无怠慢之事,众庶百姓无奸怪之俗。"这里把士大夫置于百吏官人之上。《君道》把士大夫列于"官师"之前。官师,百吏之长。《强国》篇讲:"大功已立,则君享其成,群臣享其功,士大夫益爵,官人益秩,庶人益禄。"《正论》讲:"爵列尊,贡禄厚,形势胜,上为天子、诸侯,下为卿相、士大夫。"以上材料都说明士大夫在官僚层次中是比较高的。

因士大夫是比较高级的官吏,所以享有不同的田邑。《荀子·荣辱》说:"志行修,临官治,上则能顺上,下则能保其职,是士大夫之所以取田邑也。"《礼论》中记载士大夫占有的田邑多寡不同,"有五乘之地者","有三乘之地者"。有些士大夫似乎还有私兵。《战国策·齐策五》:"甲兵之具,官之所私出也,士大夫之所匿……"

其二,指有一定社会地位的文人。齐孟尝君失势之后,门客纷纷离去,这些门客在《史记·孟尝君列传》中称为"士",在《战国策·齐策四》记述同一事件时则称之为"士大夫"。《韩非子·诡使》载:"今士大夫不羞污泥丑辱而宦。"意思是士大夫无德行而任官。在这里,士大夫与官宦是两个含义,士大夫指的是文化人。《荀子·富国》载:"上好功则国贫,上好利则国贫,士大夫众则国贫,工商众则国贫。"这里的士大夫不排除包括官吏的内容,但主要指文人。

士大夫可以指在位的官僚,也可以指不在位的知识分子,也可兼指。士大夫从此时起在中国历史上形成一个特殊的集团。他们是知识分子与官僚相结合的产物,是两者的胶着体。

关于"士民""士庶人":《国语·齐语》记载管仲治齐,实行四民分居定业,四民即士、农、工、商,把士作为四民之一。《榖梁传》成公元年也有四民之说:"古者有四民:有士民,有商民,有农民,有工民。"但分而言之,士与民是有差别的,属于不同等次。士与民的分野在战国的记载中仍不乏其例,如《荀子·臣道》云:"民亲之,士信之。"《荀子·尧问》中有一段文字,先分别讲士与民,总结时则称"士民"。《管子·五辅》讲:"善为政者……其士民贵武勇而贱得利,其庶人好耕农而恶饮食,于是财用足。"这里把士民与庶人分为两组人,前者指战士,尚武勇;后者则以耕耘为业。不过在战国,"士民"和"士庶人"又成为两个普遍流行的概念。在一些旧注中,常把士民、士庶人分为士与民,士与庶人。这种分法不无道理,但从大量记载看,士民、士庶人已成为固定词组。社会上存在着一部分人既是士,又是民(庶人)。《孟子·离娄上》讲:"天子不仁,不保四海;

诸侯不仁,不保社稷;卿大夫不仁,不保宗庙;士庶人不仁,不保四体。"这里所说的士庶人指一般平民。《孟子·梁惠王上》所排的序列也把士庶人视为一体。《管子·大匡》载:"君有过大夫不谏,士庶人有善,而大夫不进,可罚也;士庶人闻之吏,贤孝悌,可赏也。"士庶人被视为同一层次。

士民的主要事业是耕与战。《吕氏春秋·孝行》载:"士民孝,则耕芸疾,守战固。"《韩非子·初见秦》记述秦、赵长平之战,秦"悉其士民,军于长平之下"。《墨子·辞过》云:"兵革不顿,士民不劳,足以征不服。"《战国策·秦策一》载张仪语曰:"今天下之府库不盈,囷仓空虚,悉其士民,张军数千百万……"又说:"甲兵顿,士民病,蓄积索,田畴荒,囷仓虚。"文中士民与百姓实为一指,皆从事耕战。

士民是国家居民中的大多数,故荀子概括:"国家者,士民之居也……国家失政,则士民去之。"①

士民、士庶人两个概念的流行,反映了士与民的交融。在社会的变动中,有相当一部分士下降到与民地位无异的境况,即所谓的"布衣之士""匹夫之士"。"布衣"原指用布做的衣服,当时为庶民之服,所以一般庶民又称为"布衣"。《战国策·魏策四》有如下一段描述:"布衣之怒,亦免冠徒跣,以头抢地尔。"说明布衣衣着之简陋。《韩非子·五蠹》说:"布衣相与交,无富厚以相利,无威势以相惧也。"说明布衣无财无势。布衣之士与布衣地位大体相同。当时有不少士以务农为业,自谋生计。这一点下边再论。当然有些布衣之士,由于他们富有智谋、才识、德行、勇武而闻名于世。齐国的布衣之士盆成适以孝闻。②《吕氏春秋·博志》载:"孔、墨、宁越,皆布衣之士也。"著名的勇士专诸、聂政、要离也被称之为"布衣之士"③。还有些布衣之士平步青云,一跃而为将相,"适当世明主之意,则有直任布衣之士,立为卿相之处"④。

不过在某些记载中,士民似乎又比一般庶人地位略高一些。《吕氏春秋·怀宠》载:"士民黔首益行义矣。"黔首指庶人、民,这里把士民与黔首并提,说明士民与黔首地位虽相近,但仍有细微的差别,高诱注:"一命为士民,士民之

---

① 《荀子·致士》。
② 《晏子春秋·外篇第七》。
③ 《战国策·魏策四》。
④ 《韩非子·奸劫弑臣》。

说为士者也。"把士民说成是士，或许有一定道理，但从战国众多史料看，士民决不仅仅指士。

士民、士庶人构成一个独立的词组，反映了士与民的混合。这种混合又说明了士与民可以相互转化。

3.社会关系的活化

士在社会各阶级、各等级关系中处于交汇处。这一点又可从两方面考察：一方面，上下交流一般地都要通过士这个阶层。权贵下降、沉沦的第一步是掉到士的行列中，下层上升首先需要步入士的行列；另一方面，士本身又可与社会各阶级、各阶层交流，上者可以为王侯将相的座上客，下者又可与仆隶为伍。士在社会各个角落都留下了足迹，所以，士的存在以及活动，使社会各阶级、各等级之间的距离缩短了，并在不同阶级、不同等级之间架设了一个对流渠道。士的社会地位与职业千差万别，在差别中又有统一性，即知识、道德和勇力。这些东西是无形的，但在社会生活中又无所不在、无所不需。士正凭借这些无形的东西才能游于社会各个角落。由于士可上可下，显贵者下降为士，庶民又可上升为士，这样一来，在社会的等级与阶级之间便增加了一层润滑剂，其主要凭借的是知识、道德和勇力，而不是经济。这就使中国社会的等级、阶级运动别有特色。由于士的流动性又促使各阶级、各阶层等级的软化。软化不是消失，也不是其间差别的消失，相反，这种软化恰恰又增强了阶级、阶层、等级的韧性和顽固性。一般地说，僵化的事物难以使自己长久存在；反之，具有灵活性和自我调节能力的事物，是自己得以长存的重要的内在能力。中国古代的士本身不是阶级、等级划分之外的另一种力量，他们中的多数所追求的是步入比自己的现实更高的等级，一句话，向上爬！士的现实生活状况，使他们常常发出尖锐的批判之声，甚至怒吼，猛烈地抨击高贵者的腐朽、没落和无能。由于历史条件的限制，他们并不代表一条新的道路，他们批评的对象常常又正是他们所追求的目标。

智能竞争与争士、养士

一、智能在竞争中的意义

人所共知,战国时期战争频繁,各国内政、外交、军事上的矛盾重重。在应付这种复杂的矛盾斗争中,实力固然有着举足轻重的作用,然而实力必须依赖于人的智慧,于是,人的智能和才干才受到特殊的重视。《管子·霸言》说:"夫使国常无患,而名利并至者,神圣也;国在危亡,而能寿者,明圣也。是故先王之所师者,神圣也;其所赏者,明圣也。夫一言而寿国,不听而国亡,若此者,大圣之言也。"这里的"神圣""明圣""大圣"是对聪明才智的最高级称谓,属于认识范畴,与神秘主义无关。在作者看来,国家的兴衰关键在于谋略是否得当。文中在讲到战争时又说:"正四海者,不可以兵独攻而取也。必先定谋虑,便地形,利权称。""夫争强之国,必先争谋。"《管子·制分》说:"强未必胜也,必知胜之理,然后能胜。"作者指出,实力强未必胜,只有深知胜之理才能必胜。智谋把胜利的可能转化为必然。《管子·参患》说:"计先必定而兵出于竟(境)。计未定而兵出于竟,则战之自败,攻之自毁者也。"《战国策·秦策一》在讲苏秦合纵之策得用之时,不费一兵一卒,使秦不敢出关东向,由此作者论道:"夫贤人在而天下服,一人用而天下从。"这里所谈的不是个人的权力,而是讲这些人的智谋会转化为巨大的力量。秦惠王对寒泉子曰:"苏秦欺寡人,欲以一人之智,反覆东山(当为"山东")之君,从以欺秦。"①秦王忧心忡忡的不是山东诸国的实力,而是苏秦的智谋。《战国策·秦策三》又载:"天下之士,合纵相聚于赵,而欲攻秦",秦王忧。由此足见智谋的威力。景春曾这样估计苏秦、张仪这类人物的作用:"公孙衍、张仪岂不诚大丈夫哉?一怒而诸侯惧,安居而天下熄。"②这里所论不是士人的权力和手中的物质力量,而是讲这些士人的智谋

---

① 《战国策·秦策一》。
② 《孟子·滕文公下》。

足以使拥有实力的君主们胆战心惊。《韩非子·难二》记载赵简子一句话："与吾得革车千乘，不如闻行人烛过之一言也。"烛过是赵简子贴身谋士。在赵简子看来，烛过的计谋比千军万马还有力量。《吕氏春秋·赞能》云："得地千里，不若得一圣人……汤得伊尹而有夏民，文王得吕望而服殷商。"《战国策·东周策》载："石行秦，谓大梁造曰：'欲决霸王之名，不如备两周辩知之士。'"《论衡·效力》篇载："六国之时，贤才之臣，入楚楚重，出齐齐轻，为赵赵完，畔魏魏伤。"说明智能计谋在竞争中具有决定性的作用。智能在事态的发展中不仅起着指挥作用，而且常常会使事情发生奇特变化，一计得当，比千军万马还要有力！

智能的竞争为士的活跃与发展提供了推动力和活动场所。从认识论的一般道理来讲，社会实践无疑是智能的基础，但是智能的发展还必须有如下两个条件：一是教育；二是要有一批专门从事智能劳动的人。士正是这样的角色。社会智能的发展与专门从事智能活动的人之多少与竞争程度成正比。一般地说，只要不是白痴，大凡具有一定体力，就能从事简单劳动。但是，从事复杂的脑力劳动所需要的条件就不同了。出类拔萃之辈不是人人皆是，而是十中挑一，百中挑一，千中挑一，乃至万中挑一。战国时期的君主们，未必都不想成为智能超群的人。而这些人中的多数所以是庸人，除了其他因素外，我认为由于实行世袭制造成的可供选择的基数太小是一个重要原因。可是身为平庸之辈的君主，在生死存亡面前，又不得不借助他人之智，许多君主下求贤令，不惜重金，乃至分土，正说明了智能的重要。秦孝公曾下令："宾客群臣有能出奇计强秦者，吾且尊官，与之分土。"[1]君主们需要超群的智囊，而孕育这种智囊，就需要有众多的士人作为养基。当然，还需要士人的竞争。基数大，再加上竞争，就必然会出现高智能的人物。对智能人物的需求，促进了士队伍的扩大。

二、争士、养士

由于政治、军事上的斗争，迫切需求智能，而智能主要蕴藏在士这个阶层。正如《墨子·亲士》说："入国而不存其士，则亡国矣……非士无与虑国，缓

---

① 《史记·秦本纪》。

贤忘士,而能以其国存者,未曾有也。"于是尊士、争士、养士遂成上层人物的一种社会风尚。

尊士主要是能够清楚地看待和处理权势与知识、智能的关系。在战国,有些有眼光的君主和权贵,他们不以权势骄人,不敢恃权藐视知识,主动或自觉地与士人交朋友,拜士人为师,待以上宾,甚至求士人佐助。不管这些人的动机和目的如何,他们的行动造成了尊士的空气。具体而言,尊士的方式主要有如下几种:

第一,礼贤下士。魏文侯是礼贤下士的典范,他礼下段干木便是典型一例。《吕氏春秋·期贤》载:"魏文侯过段干木之闾而轼之,其仆曰:'君胡为轼?'曰:'此段干木之闾欤?段干木盖贤者也,吾安敢不轼?且吾闻段干木未尝肯以己易寡人也,吾安敢骄之?段干木光乎德,寡人光乎地;段干木富乎义,寡人富乎财。'其仆曰:'然则君何不相之?'于是君请相之,段干木不肯受。"魏文侯在这里提出了如何处理权势、财富与道德、知识之间的关系问题。魏文侯不但不恃权、恃富鄙视一个穷知识分子,相反,路过段干木的家门,都要扶轼,施以注目礼,以示敬重,这一举动在整个魏国引起了强烈的反响。还有些君主为了获得智谋,对士人免去君臣之礼而行宾主之礼。如秦王对范雎"敬执宾主之礼"①。邹衍"适梁,惠王郊迎,执宾主之礼"②。魏公子信陵君无忌屈身拜请侯嬴、毛公、薛公是人所熟知的礼贤下士的典型。虽然当时能得到免去君臣之礼待遇的只是少数有名望的士人,但这种行动却产生了广泛的社会影响。

第二,以师相待。每个君主都有启蒙之师,这一点不足深论。要说的是有些君主拜名士为师,屈执弟子之礼。如魏文侯"师子夏、田子方"③。费惠公说:"吾于子思,则师之焉。"④齐宣王拜颜斶为师。⑤孟子说:"将大有为之君,必有所不召之臣;欲有谋焉,则就之。"⑥在谋略、道德面前,君臣的关系降到次要地位,君主应该到臣子门上讨教。马王堆《老子》乙本卷前古佚书中《称》篇讲:"帝者臣,名臣,其实师也。"《吕氏春秋·劝学》讲:"圣人之所在,则天下理焉。

①《战国策·秦策三》。
②《史记·孟轲荀卿列传》。
③《吕氏春秋·举难》。
④《孟子·万章下》。
⑤《战国策·齐策四》。
⑥《孟子·公孙丑下》。

在右则右重，在左则左重。是故古之圣王，未有不尊师者也。"君主尊士为师的举动和以士为师的理论，反映了一部分士的社会地位是很高的。

第三，平等以待。齐孟尝君是一位典型人物，"食客数千人，无贵贱一与文等"。有一次，"孟尝君曾待客夜食，有一人蔽火光。客怒，以饭不等，辍食辞去。孟尝君起，自持其饭比之，客惭，自刭。士以此多归孟尝君。孟尝君客无所择，皆善遇之。人人各自以为孟尝君亲己"。①《战国策·齐策四》载：一位主人好士，"饮食、衣裘与之同之"。

由于社会上形成了尊士之风，一些士常常高傲自处，甚至不把君主放在眼里。《荀子·儒效》说："彼大儒者，虽隐于穷阎漏屋，无置锥之地，而王公不能与之争名。"在荀子看来，像孔子、子弓就是这样的人物。《吕氏春秋·不侵》说："孔、墨布衣之士也。万乘之主、千乘之君不能与之争士也。"在这种气氛下，有些名士凭借其知识、道德敢于公开藐视君主。曾子说："晋、楚之富，不可及也。彼以其富，我以吾仁；彼以其爵，我以吾义。吾何慊乎哉？"②孟子还公开批评梁惠王："不仁哉，梁惠王也。"③孟子还宣传："古之贤王好善而忘势。古之贤士何独不然？乐其道而忘人之势。"④

尊士基于智能竞争的需要。为了把智能人物吸引到自己周围，为己所用，君主和权贵开展了争取士人的活动。争士的方式很多，要之，不外官、爵、禄、奖、养。

官、爵、禄是紧密相关的，在一般情况下，是三位一体的。墨子把问题说得十分清楚："必且富之、贵之、敬之、誉之，然后国之良士，亦将可得而众也。"又说："高予之爵，重予之禄，任之以事，断予之令。""爵位不高，则民弗敬也；蓄禄不厚，则民不信也；政令不断，则民不畏也。"授予爵位、蓄禄、政令是招纳贤士的"三本"和基本方术。⑤孟子也说："尊贤使能，俊杰在位，则天下之士皆悦而愿立于其朝矣。"⑥荀子反复讲："好士者强"⑦，"好士而荣"⑧。"好士"的基本

---

① 《史记·孟尝君列传》。

② 《孟子·公孙丑下》。

③ 《孟子·尽心下》。

④ 《孟子·尽心上》。

⑤ 《墨子·尚贤上》《墨子·尚贤中》。

⑥ 《孟子·公孙丑上》。

⑦ 《荀子·议兵》。

⑧ 《荀子·强国》。

手段是"富士"①。齐国设稷下学宫,招纳天下之士,给予优厚的待遇。齐宣王对七十多位有名之士"皆赐列第,为上大夫"②。齐宣王还曾许孟子如下条件:"我欲中国而授孟子室,养弟子以万钟。"③燕昭王为了招纳天下之士,"卑身厚币以招贤者……乐毅自魏往,邹衍自齐往,剧辛自赵往,士争趋燕"④。胜瞫建议孟尝君"以足下之府库财物,收天下之士"⑤。《管子·山权数》提出对士人要给予褒奖,如奖给田宅,"树表置高"(如同后世立牌坊之类)。

养士是当时争士的一种手段,这里需要再言几句。

养士之风起于春秋,战国发展到登峰造极。上自诸侯、达官贵人,下至有一定身份的人,都争相养士。所养之士又称门客、宾客、门人、食客、客等。赵简主、魏文侯、齐湣王、齐宣王、燕昭王是诸侯中争养士人的突出代表。养士的数目成百上千,四公子是其荦荦大者,每人养士数千人。秦国的吕不韦养士也多达三千人。《管子·任法》载:"大臣能以其私附百姓,蔚公财以禄私士。"《管子·法禁》说大臣,"一(意为聚集)士以为己资"。《韩非子·八奸》讲:"为人臣者求诸侯之辩士,养国中之能说者,使之以语其私。""聚带剑之客,养必死之士以彰其威。"《商君书·境内》载,秦国官吏享有税邑六百家者,就可以"受客",即养士。

尽管当时盛行礼贤下士之风,不过士既被人所养,那么被养之士就不可能不披上一层灰色的服装。不少材料表明,食客是被分为上下贵贱的。《史记·孟尝君列传》载,孟尝君所养的食客就分上、中、下三等。下等的住在"传舍",吃粗食淡饭。中等的住在"幸舍",饭有鱼肉,但不能乘车。上等的住在"代舍","出入乘舆车矣"。战国时期关于食客,有"下客""少客""上客""宾客"等不同称呼,说明食客身份有高低之别。低下的食客数年不能与主人会晤,只不过是文雅的乞食者而已。

---

①《荀子·王制》。
②《史记·田敬仲完世家》。
③《孟子·公孙丑下》。
④《史记·燕召公世家》。
⑤《战国策·齐策三》。

三、智囊

养士是为了用士。士之用是多方面的:有的充当武卫,有的充当扈从,还有的充任家臣,这些另当别论。所养文士主要是用其智力,充当主人的智囊。文士的智力活动大致可分如下几种:

一种是所谓"不治而议论"①。不任职而议论,即"不任职而议论国事"②。这些人没有加入实际的官僚行列,不负责具体政治事务,他们的任务就是议论政治方略,从宏观、战略、方针、路线等方面"各著书言治乱之事,以干世主"③。齐稷下学宫既是学校,又有养士性质。士人相聚,对如何治国展开了热烈的讨论。从稷下学人论著汇编《管子》一书,可以看到当时在齐国的儒家、道家、法家、阴阳家、轻重家、兵家等有关治国方略的种种见解。吕不韦养士三千人,其中出类拔萃之辈共著的《吕氏春秋》也是论述政治方略的。吕不韦以博大的胸怀,将儒、道、墨、阴阳、法、纵横、兵、农各家门徒以及一些兼收各家的综合人物聚集于一堂,从宏观上论述"天地万物古今之事"④,从中讨论治乱存亡之因。

从稷下学人和吕氏门客著书论政一事,可以看到,当时的一些具有远见的政治家对政治理论的建设是多么的重视。政治理论与实际政治是两个范围内的东西,前者属于思想理论,后者属于实践。思想理论求多元、求深入、求辩难;政治实践则强调一元、集中和实用。因此,政治理论与政治实践既有统一又有矛盾。所谓统一,主要表现在如下两个方面:其一,政治理论认识的深化与多样化会给政治实践提供一个较深厚的理论与文化基础和宽广的视野。如果一个政治家缺乏广博的政治理论作为实践与选择的背景,他不可避免地要陷于浅薄。因此,政治理论的多样化与认识深化可以使政治实践家有较高的理性和较远大的眼光。其二,政治实践家不可能兼行一切政治理论,他只能选择一种理论或其他能与之相容的理论。他所选择的理论只有在与其他理论的争辩中才能更加完善和集中。从这个意义上说,没有同其他政治理论争辩的

---

① 《史记·田敬仲完世家》。
② 《盐铁论·论儒》。
③ 《史记·孟轲荀卿列传》。
④ 《史记·吕不韦列传》。

政治理论是不能深化的。政治理论的多元化也会给政治实践带来干扰,甚至带来许多麻烦,这是其间矛盾之处。不过从总体上看,如果两者关系处理得好,政治理论多样化对政治实践更为有利。

稷下学人与吕氏门客著书立说与政治实践相距很远,可视为政治理论建设。比这种政治理论切近实际的是具体谋略。这类事比比皆是。魏公子信陵君窃符救赵,赵孝成王为感谢信陵君之功,拟以五城封之,信陵君听后,"意骄矜而有自功之色"。此时一位门客进言道:"物有不可忘,或有不可不忘。夫人有德于公子,公子不可忘也;公子有德于人,愿公子忘之也。且矫魏王令,夺晋鄙兵以救赵,于赵则有功矣,于魏则未为忠臣也。公子乃自骄而功之,窃为公子不取也。"①信陵君听门客之言,顿然清醒,改骄为谦,在赵取得了很高的威望。信陵君在赵居十年不归魏。秦于是猛攻魏,魏王数次派使臣请信陵君回国效力。信陵君决定不回,向门客下令:"有敢为魏王使通者,死。"一般门客皆缄口不语。但有两位门客毛公、薛公不怕死,径直对信陵君说:"公子所以重于赵,名闻诸侯者,徒以有魏也。今秦攻魏,魏急而公子不恤,使秦破大梁而夷先王之宗庙,公子当何面目立天下乎?"②未等两位门客说尽,信陵君顿然醒悟,立即登程赶回魏国效命。

除出谋划策之外,代主人行事,也是有识之士经常干的。齐孟尝君有门客叫魏子,为孟尝君收封邑的税收。前后三次收税未纳一文。孟尝君很恼火,问魏子租税弄到哪里去了。魏子答曰:"有贤者,窃假与之,以故不致人。"孟尝君一怒之下把魏子撵走。事过几年,齐湣王对孟尝君产生疑心,孟尝君避疑逃走。此时,受过魏子救济的贤者出来上书齐湣王,"以身为盟",证明孟尝君没有作乱之意,遂"自刭宫门以明孟尝君"③。此举惊动了齐湣王,经查对,孟尝君确无反意,乃召孟尝君。比这位魏子行事更为人称道的是冯谖。孟尝君派冯谖到封邑收租,冯谖问孟尝君买什么回来,孟尝君嘱以便宜行事。冯谖到封邑后,召集邑人,当众把债券付之一炬,所欠之债随之了结。孟尝君对冯谖速来速去很奇怪,问买了什么回来,冯谖回答道:"君(指孟尝君)云:'视吾家所寡有者。'臣窃计,君宫中积珍宝,狗马实外厩,美人充下陈。君家所寡有者以义耳!窃以为君市义。"孟尝君问:"市义奈何?"冯谖答道:"今君有区区之薛,不

---

①② 《史记·魏公子列传》。
③ 《史记·孟尝君列传》。

拊爱子其民,因而贾利之。臣窃矫君命,以责赐诸民,因烧其券,民称万岁。乃臣所以为君市义也。"孟尝君很不高兴,斥退冯谖。几年之后,孟尝君被免相职,回到薛。邑民听说孟尝君回来,人们成群结队,扶老携幼,远迎百里,夹道欢呼。此时此刻,孟尝君颇为感慨,对冯谖说:"先生所为文(孟尝君名)市义者,乃今日见之。"①以后冯谖又给孟尝君提过几次十分重要的建议。像冯谖这样有眼光、有谋略的士,多成为主人的心腹。经常充任使者,结交四方。有的充任密探、间谍搜集各种情报信息,从事各种秘密活动。

养士是壮大自己势力的重要条件之一,士中有勇武者,可以视为变相的私人武装力量。而文士则以主人为核心组成智能群体。高智能与一定的实力结合在一起,就可以一当十,以十胜百。像孟尝君、信陵君养士数千固然本身就是一支不可忽视的力量,但诸侯动辄能聚集几万、十几万、甚至数十万大军,从数量上显然有小巫见大巫之比。然而事实上并非如此。那些拥有重兵的君主,对这些高智能集团,常常产生惴惴不安之情。像孟尝君,"宾客日进,名声闻于诸侯"。景鲤谓孟尝君曰:"君之所以重于天下者,以能得天下之士而有齐权也。"②《墨子·尚贤上》:"国有贤良之士众,则国家之治厚。"又说:"得士则谋不困,体不劳,名立而功成,美章而恶不生。"秦王甚至曾发出这样的惊叹之语:"寡人闻之,万乘之君,得罪一士,社稷其危。"③

---

① 《战国策·齐策四》。
② 《战国策·齐策三》。
③ 《战国策·楚策一》。

知识分子的不同追求

士的多样性及其与社会生活广泛的交往，造成士的生活之路千差万别。这里我们只着眼于人生的追求，或者说着重于自我价值的选择，来对士人的生活之路作一概述。下面把知识分子分为几种不同类型加以论述。

一、以道义为己任

知识即力量。这句话可以从两方面说：一是，知识是改造客观世界的力量。在改造客观世界中，人们不能蛮干，应依靠知识的指导，知识在这里就会变成巨大的力量。二是，人们在追求知识的过程中，知识会产生一种内驱力，驱使自己与知识相依为命。为了求得知识而不知倦，为了实践自己所追求的知识，可以忘怀一切。有一部分士即以道义为己任。

人类文明发展过程中有一个非常值得注意的现象，这就是精神因素的相对独立。精神因素的相对独立，不是人类的迷途，恰恰是文明程度发展的标志之一。因为对精神和道理的追求，可以开发人们的智慧，促使人们思考，提高理性程度和文化修养。志于道的士人，就是一批这样的人。

子贡问孔子："何如斯可谓之士矣？"子曰："行己有耻，使于四方，不辱君命，可谓士矣。"又问："敢问其次。"孔子答道："宗族称孝焉，乡党称弟焉。"①子路问孔子："何如斯可谓之士矣？"子曰："切切偲偲，怡怡如也，可谓士矣。朋友切切偲偲，兄弟怡怡。"②"任重而道远。"③"士而怀居，不足以为士矣。"④子张说："士见危致命，见得思义，祭思敬，丧思哀，其可已矣。"⑤这些论述说明：第一，士以学和道德修养为己任；第二，有远大的志向和抱负；第三，以出仕作

---

① ②《论语·子路》。
③《论语·泰伯》。
④《论语·宪问》。
⑤《论语·子张》。

为自己的前途,仕则忠于职守。孟子论述的士与孔子大致相同。王子垫问孟子曰:"士何事?"孟子曰:"尚志。"①又说:"士穷不失义,达不离道。穷不失义,故士得己焉;达不离道,故民不失望焉。"②又说:"无恒产而有恒心者,惟士为能。"③荀子说士遵从礼义。《荀子·劝学》篇说:"隆礼,虽未明,法士也。""其义则始乎为士,终乎为圣人。"《荀子·修身》讲:"好法而行,士也。"这里的法指礼法。《荀子·哀公》篇说:"所谓士者,虽不能尽道术,必有率也;虽不能遍美善,必有处也。"荀子认为士的天职是正身肩道义,"彼正身之士,舍贵而为贱,舍富而为贫,舍佚而为劳,颜色黎黑而不失其所,是以天下之纪不息,文章不废也"④。荀子所赞扬的"通士""公士""直士""悫士""正身之士"等都是把道义视为人生第一要义的士人。

墨子的主张与儒家大异,但对士的要求也同样以义为上。《墨子·修身》说:"士虽有学,而行为本焉。""行",指德行。士应以德行为本。《墨子·尚贤上》说:"贤良之士,厚乎德行,辩乎言谈,博乎道术。"墨子所讲的道术、德行只不过是另一套而已。

《管子》中的法家派著作在谈到士时,一方面强调道德,《管子·大匡》说:"士处靖,敬老与贵,交不失礼。"《管子·五辅》讲:"士修身功材。"《管子·乘马》讲:"士闻见博学意察,而不为君臣者,与功而不与分焉……非信士不得立于朝。"另一方面强调遵法。《管子》以及其他法家著作中,几乎众口一词提倡士要遵法,重用法术之士,对于不遵尚法术者要严加制裁。

《吕氏春秋》出于众手,在论士上则近于儒。《吕氏春秋·士容》说:"士不偏不党,柔而坚,虚而实。其状服(朗)然不偄,若失其一。"《吕氏春秋·知士》云:"夫士亦有千里,高节死义,此士之千里也。"

道家看问题别有角度,在他们笔下所描述的世俗之士,也是以道德见长。《庄子·刻意》云:"语仁义忠信,恭俭推让,为修而已矣;此平世之士,教诲之人,游居学者之所好也。"尹文子问齐王:"今有人于此,事亲则孝,事君则忠,交友则信,居乡则悌,有此四行者,可谓士乎?"齐王曰:"此真所谓士已。"⑤

---

①②《孟子·尽心上》。

③《孟子·梁惠王上》。

④《荀子·尧问》。

⑤《吕氏春秋·正名》。

士君子是表示士追求道德的一个重要概念。在春秋以前有否士君子这一称呼,尚未找到确证。《礼记·乡饮酒义》载:"乡人士君子,尊于房中之间。"注:"士,州长党正也;君子,谓卿大夫也。"《礼记》成书的年代较晚,这里能否作春秋以前的材料使用,难以确定。按照注的解释,士君子是地方官吏与贵族的合称。记述春秋时期历史的《左传》中未见"士君子"之称,从现有的文献看,广泛使用士君子这一概念的是墨子。在《墨子》中,士君子有两种含义。其一,指中下级官吏,如《墨子·尚同中》所云:"今天下之王公大人士君子,请将欲富其国家,众其人民,治其刑政,定其社稷。"其二,指知识分子,《墨子·天志上》载:"今天下之士君子之书不可胜载,言语不可尽计,上说诸侯,下说列士,其于仁义,则大相远也。"

　　到了荀子手中,士君子完全变成了表示道德和知识程度的一种称呼。《荀子·子道》载,子路曰:"知者使人知己,仁者使人爱己。"子曰:"可谓士矣。"子贡曰:"知者知人,仁者爱人。"子曰:"可谓士君子矣。"颜回曰:"知者自知,仁者自爱。"子曰:"可谓明君子矣。"士君子在道德上高于士,不及"明君子"。《荀子·性恶》说:"有圣人之知者,有士君子之知者,有小人之知者,有役夫之知者。"《荀子·非相》:"有小人之辩者,有士君子之辩者,有圣人之辩者。"《荀子·修身》又说:"士君子不为贫穷怠乎道。"《荀子·荣辱》说:"义之所在,不倾于权,不顾其利,举国而与之不为改视,重死、持义而不桡,是士君子之勇也。"

　　道高于君,道理如矢。但真正付诸实践的并不多。只有少数的忠勇之士与著名的思想家。有些忠贞之士与臣子或出于为国,或出于忠君,或为了道义而置个人生死于不顾。许多人把这种人看作臣的楷模。《管子·形势解》说:"正谏死节,臣下之则也。"荀子把那些为国而不怕杀头,敢于矫君之非的臣僚称之为"争臣""辅臣""拂臣"[①]。《墨子·七患》篇讲到,国无拂君命大臣,是国之大患之一。《吕氏春秋·士节》篇说:"士之为人,当理不避其难,临患忘利,遗生行义,视死如归。"先秦有相当多的人提倡对君主要敢于"谔谔",反对并鄙视"诺诺"。

　　人们尽管褒扬忠死之谏,但真正能做到的则屈指可数。就先秦时期来说,能够称得上是忠死以谏的臣子,也只有夏桀时的关龙逢,殷纣时的比干,吴王夫差时的伍子胥。所以《吕氏春秋·壅塞》篇说:"非直士其孰能不阿主?世之直

---

①《荀子·臣道》。

士其寡不胜众，数也。"所谓"数"，就是必然性。

有些思想家相当注重自己的理想与原则，他们同权贵交往虽然频仍，但尽量保持自己言行一致，至少不太脱节。

从总体上看，孔子是坚定的尊君论者，他主张"天无二日，民无二王"(见于《孟子》和《礼记》，当是可信的)，尊君是孔子政治思想中的基本价值准则之一。他的政治思想是实现"君君，臣臣，父父，子子"，尊卑等级井然有序，他对君主的恭顺之情溢于言表："入公门，鞠躬如也，如不容……过位，色勃如也，足躩如也，其言似不足者。摄齐升堂，鞠躬如也，屏气似不息者。"①在他的心目中，"惟天子受命于天，士受命于君"②。他也主张"以道事君"③，但君主的权威是至高无上的，不能冒犯。

同时，孔子又诚挚地崇尚他的政治理性原则，把道作为自己和士人的立命安身之本。他说："志于道，据于德，依于仁，游于艺"④，"朝闻道，夕死可矣"⑤，道好比一个大门，理想的人生必须从这里开始，"谁能出不由户？何莫由斯道也"⑥。孔子的人生理想就是追求道的实现，"君子谋道不谋食"⑦。他内心十分清楚，在当时条件下，实现道的希望渺茫无着。但他仍"知其不可而为之"。有时他感慨而消极："道不行，乘桴浮于海"⑧；有时又满怀信心和希望："苟有用我者，期月而已可也，三年有成。"⑨这种理想与现实的矛盾，在孔子的心灵深处结成巨大的冲突：一方面是尊君；另一方面是宏大的人生抱负，孔子竭力希望二者统一，当二者无法统一时，他又想方设法要从二者的冲突中解脱出来，其方式就是克己、节己、修己，也就是说，通过道的原则约束自身，做到"非礼勿视，非礼勿听，非礼勿言，非礼勿动"⑩，"不在其位，不谋其政"⑪，"君

---

① 《论语·乡党》。
② 《礼记·表记》。
③ 《论语·先进》。
④ 《论语·述而》。
⑤ 《论语·里仁》。
⑥ 《论语·雍也》。
⑦ 《论语·卫灵公》。
⑧ 《论语·公冶长》。
⑨ 《论语·子路》。
⑩ 《论语·颜渊》。
⑪ 《论语·泰伯》。

子思不出其位"①,使自身欲念与政治理想统一起来。这种方式是将外在的规定内化为自觉要求,以缓和道与王的冲突,就原则而言,士人应"笃信好学,守死善道"②。为了道的践行应具有不惜一切的无畏精神:"志士仁人,无求生以害仁,有杀身以成仁。"③但在现实生活中则要节制,可进可退,"天下有道则见,无道则隐","邦有道,则仕;邦无道,则可卷而怀之",④这种行为上的节制和精神上的"克己"促成了孔子的双重人格。作为道的倡导者和理想政治的代言人,孔子表现出崇高的精神境界,有着"天生德于予"⑤的强烈使命感;可是对君主又保持着深沉的敬畏和眷恋,表现出对君主毕恭毕敬,谨小慎微。孟子曾说,孔子"三月无君则皇皇如也"⑥,孔子力图求得道与王的统一,但实际上却导致对王权的恭顺和服从。

孟、荀与孔子的表现属于一类。理论上侃侃而论:"天下有道,以道殉身;天下无道,以身殉道"⑦,"是以天下之纪不息,文章不废也"⑧,"亏义得尊,枉道取容,效死不为也"⑨,"当理不避其难,临患忘利,遗生行义,视死如归"⑩,敢于直谏。这类儒生对于道的原则有着坚定的信仰,"士穷不失义,达不离道"⑪,"不为穷变节,不为贱易志,惟仁之处,惟义之行"⑫。在道和王发生矛盾时,多半采取灵活态度。他们不敢义无反顾地以道约束其君,而是退而守道,以道自慰,"心卑卿相,志小万乘"⑬,"诸侯之骄我者,吾不为臣;大夫之骄我者,吾不复见"⑭。这些人善于审时度势,对于社会政治环境和政治气候的变化十分敏感,他们的宗旨是"穷则独善其身,达则兼善天下"⑮,绝不勉为其难。

墨子虽然十分热衷入仕,但他也是以不改变理论原则为条件的。越国邀请他入仕,委以重任,因理论原则不能一致而谢绝。

---

① 《论语·宪问》。
② 《论语·泰伯》。
③ 《论语·卫灵公》。
④⑤ 《论语·述而》。
⑥ 《孟子·滕文公下》。
⑦⑪⑮ 《孟子·尽心上》。
⑧ 《荀子·尧问》。
⑨ 《盐铁论·论儒》。
⑩ 《吕氏春秋·士节》。
⑫ 《盐铁论·地广》。
⑬ 《盐铁论·利议》。
⑭ 《荀子·大略》。

另外,有一批隐士也是重道义而轻权势。关于他们的情况下边再论。

二、重功业

在社会历史面前,士人中有些侧重于从理论上进行思考,有些侧重在功业,于是或努力在实践中实现自己的主张,或为了功业而改变自己的主张。在战国,法家和纵横家表现得最为突出。他们时时把眼睛对准社会现实,不断调整自己的认识。商鞅既学王道(儒家),又学霸道(法家、兵家),王霸俱备,相机而用。吴起以立功建业为目标,发誓"起不为卿相,不复入卫"。卫是吴起的故乡,不立功业不还乡。在士人中有相当一部分以图功建业为目标。

对于战国的社会矛盾和变动,法家反应最灵敏,观察最细致,见解最实际。主张通过变法和立法途径促进和顺应历史之变,用变法、改革解决和处理社会矛盾。战国时期突出的社会矛盾是诸侯国之间的争战与斗争。这种斗争势不可免,关系着每一个国家的生死存亡。人们对争战、兼并的看法极不相同,但以法家最为现实。他们实事求是,认为战争是解决诸侯国之间矛盾的唯一途径。而战争不仅是军事的较量,同时又是经济力和智力的较量。围绕增强军力、经济力和智力,又产生出一系列新的矛盾。在新的社会矛盾面前,传统的东西不仅不能适应需要,反而越来越成为解决矛盾的障碍和阻力。法家审时度势,清醒地看到,旧的贵族垄断政权的局面过时了;旧贵族不劳而获,无能而在位、无功而受禄的情况与战争对强有力政治的需求发生了尖锐冲突;旧经济体制,即贵族分割土地和劳动者的状况阻碍了国家经济实力的增长;分封制严重妨碍了政治和军事力量的集中,与兼并战争的需要和总目标相悖等。于是,法家提出变法而治,针对这些过了时的东西进行社会改革,主张打破世卿世禄的旧格局,按功劳与能力重新分配权力、地位和财产,无功无能者,靠边站,有功有能者升上来;打破旧贵族对土地和人口的分割占有,把土地掌握在国家手中,使劳动者变为国家直接控制的编户民,国家还要把土地和爵禄当奖品,利用人们好利的普遍需求,推动人们去耕、去战,以求富国强兵。同时,法家看出战国政治、经济、军事诸方面的矛盾和斗争,促使君主更加集权和专制,极力鼓吹君主专制。总之,法家的理论直面现实,顺应潮流,实用性强,解决问题,故深受君主们欢迎。法家又极富于实践精神,所以他们不仅是鼓吹改革的号角手,还是改革的实践者。著名的法家人物,如李悝、商鞅、吴起等则成为领导改革的时代骄子。

纵横家不像法家那样善于从宏观上把握战国社会矛盾及其发展总趋势，而是相应地提出系统的解决办法，紧紧抓住兼并战争这一各种矛盾汇集点的中心链条，或投向弱者，为其谋划联合抗敌之计，或依附强者，为其设计瓦解弱者联盟以便各个击破之策。因此同样容易与实际的当权者结合，成为活跃在列国外交战线上的重要力量。

战国时代，列国的社会改革，自始至终贯穿着错综复杂的矛盾与斗争。由于改革的触角从总体上针对着旧事物、旧秩序，因此，在众多的矛盾中，改革者与维护旧秩序的守旧派的矛盾，首当其冲。同时与成俗也会发生冲突。

改革者与守旧者的矛盾，是列国改革时普遍遇到的问题，不过，具体表现形式、激烈程度和斗争结果，各不相同。魏国和齐国，守旧者没有明火执仗地站出来反对改革。而秦国和楚国，守旧派从一开始就摆出与改革势不两立的架势，想方设法搞破坏，一旦得手，就毫不犹豫地对改革者进行迫害，以置改革者于死地而后快。在这里，改革者与守旧者的矛盾始终以最尖锐的形式展开。

吴起变法初期，曾遭受守旧派代表人物屈宜臼的猛烈抨击。屈宜臼问吴起在楚国推行什么政策，吴起坦率地告诉他："将均楚国之爵而平其禄；损其有余而继其不足；厉甲兵以时争于天下。"屈宜臼则公然反对，说什么："吾闻昔善治国家者，不变故，不易常。今子将均楚国之爵而平其禄，损其有余而继其不足，是变其故而易其常也。且吾闻兵者，凶器也，争者逆德也，今子阴谋逆德，好用凶器，殆人所弃，逆之至也。淫佚之事也，行者不利。且子用鲁兵，不宜得志于齐，而得志焉；子用魏兵，不宜得志于秦，而得志焉。吾闻之曰：'非祸人不能成祸！'吾固怪吾王之数逆天道，至今无祸，嘻！且待夫子也。"①这里，屈宜臼公开提出了"不变故，不易常"的保守主张，反对在楚国进行改革。吴起在悼王的支持下，果断推行了新法，"均楚国之爵而平其禄"，给妨碍楚国进步的旧贵族以打击。但吴起对旧势力的能量和可能发动的反攻却失之大意，未加防范，结果在悼王死后，即遭旧贵族暗算，新法夭折，吴起本人则做了改革的牺牲品。

---

① 《说苑·指武》。

商鞅变法前,秦国的守旧势力曾对变法之议发动大规模围剿,由杜挚等出面对变法百般非难。商鞅以历史为根据,批驳了保守派的理论,然而这并未能使守旧派改意。当孝公、商鞅向全国下达了变法令时,守旧派又起而进行破坏。公子虔之徒唆使太子犯令,商鞅迎难而上,对公子虔处以刑法,保证了改革得以进行。秦孝公死,太子即位,商鞅遭车裂之祸。

改革中改革者与守旧者之间的矛盾,总是不可避免的,至于二者的矛盾性质、斗争方式与结局,则因事、因人、因时、因地而异,具体情况应作具体分析。

革故鼎新,破除旧习,以兴利除弊,就不可避免地会与社会成俗发生矛盾。

社会成俗,是在一定的历史环境中,为各种复杂的社会因素所制约,长期形成的社会生活习惯与心理,是一种很难清除的历史沉淀,成为一种本能地抵制、排斥新事物的历史惰力。不克服这种惰力,改革就会受阻。要消除这种年深日久的历史沉淀,则必须付出艰巨的努力。

魏国西门豹治邺,那里漳河泛滥,连年成灾,必须兴修水利,根治漳河,才能克服水患,发展生产。可是,当地百姓历来迷信河神,这种迷信就是兴修水利的大障碍。不破除这种迷信,很难调动起民众治水的积极性。为此,西门豹深入民间,调查研究,巧划计谋,当众戳穿了当地三老与巫祝相勾结,岁岁借口为河神娶妻对百姓敲诈勒索的骗局,在一定程度上教育、唤醒了民众。于是,顺利地"发民凿十二渠,引河水灌民田"[1],以富魏之河内。

商鞅在秦变法,为发展小生产,下达了"民有二男以上不分异者,倍其赋"的分异令,要求秦民化大家族为小家庭,这一措施虽然对秦国社会生产是很大的促进,却与秦民习惯于在几代同堂的大家族内同时共居的故俗格格不入,所以令初下时,仅咸阳城内公开言令之不便者,就"以千数"[2]。对于这种出自社会成俗的抵触情绪,商鞅采取的解决办法是强制:先是用不分家则加倍征收赋税的经济制裁手段进行督促,后来干脆付诸法律,严令"民父子兄弟同室内息者为禁"[3],有敢违禁而行的,则按法律规定严加惩处。终于使秦民移风

---

①《史记·滑稽列传》。
②③《史记·商君列传》。

易俗,很快养成了"家富子壮则出分"①。

西门豹、商鞅采用的办法虽不一样,然异曲同工,都顺利地战胜了社会成俗对改革造成的阻力。它说明只要因势利导,态度坚决,方法得当,在改革中社会成俗并非不可逾越的障碍。西门豹和商鞅都讲"民可以乐成,不可与虑始"②,这话虽然反映出他们对民众的轻视,但也包含着一定的道理。因为一般说来,一项从长远看对民众和社会有益的改革,不见得马上就能被民众理解和接受,常常要等事情有了明确的结果,民众才会心悦诚服。引漳灌邺成功后,"民人以给富足",得到了实惠,于是深感西门豹的恩泽。直到汉代,当地人民还念念不忘,以至地方官想把十二渠合并为三条,"邺民人父老不肯听长吏,以为西门君所为也;贤君之法式不可更也,长吏终听置之"。商鞅新法"行之十年",使秦民"家给人足",生活有所改善,因此,"秦民大悦"。③初言令之不便者全都在事实面前改变了态度。

不过,社会成俗毕竟是一种很固执的历史惰力,它那愚蠢而顽强的对抗新事物的逆反作用,常常会曲解改革者的本意而陷改革者于被动,在改革者方法不当或措施不得力的时候,尤其是这样。譬如吴起为加固楚都城防,改变郢人用夹板填土筑墙的落后建筑方法,而代之以中原先进的筑城技术,本来是无可非议的好事,却令楚人"见恶"④。

一般说来,流行于民间的一些社会成俗还比较容易克服,而流行于社会上层的成俗,则很难改变。因为社会上层人物的生活和心理习惯,常常与其在旧制度下的既得利益者联系在一起,改起来很难。

挫败守旧势力,打破成俗,是改革中必做的两件事。

三、自美的隐士与其他种种

隐士的历史与中国文明史几乎是同步的。传说尧时期就有了鄙夷权势的隐士许由、巢父等。有一次尧想把权位传给许由,许由以为是对自由的污辱,

---

① 《汉书·贾谊传》。
② 《史记·滑稽列传》。
③ 《史记·商君列传》。
④ 《吕氏春秋·义赏》。

连这种声音都脏了自己的耳朵,赶快跑到河边去洗耳朵。商汤时有隐士申徒狄,比许由不知还要清高多少倍。当汤欲把天下让与他时,他认为这是奇耻大辱,以致激愤到跳河而死。伊尹也是一位隐士,他的性格与申徒狄大异,汤派人聘迎,伊尹以知遇而助汤。伯夷、叔齐也是隐士,他们效忠于殷,不做二臣,饿死而不食周粟。其后隐士越来越多,到了战国,几乎成为一种社会现象,引起了人们的关切和注意。有的赞扬隐士;有的则认为他们是一帮上无用于君,下无益于民的蠹虫,主张灭绝之。①

古人常云:天下有道无隐士。所谓"有道""无道"指政治而言。由此可见,隐士与政治有密切的关联。"有道",人尽其才,无须隐逸;"无道",或小人当权,排斥君子,不得不隐,或不愿同流合污而归隐,或因其他原因而隐匿。中国历史上从来没有达到"有道"之境,所以隐士代不乏人。

春秋战国隐士极多,情况极为繁杂,当时人们就开始对隐士进行类分,探讨其隐因。《易·蛊》说:"不事王侯,高尚其事。"《疏》云:"不复以世事为心,不系累于职位,故不承事王侯,但自尊高慕,尚其清虚之事,故云高尚其事也。"《易》以"高尚其事"作为隐士的特点。孔子讲"隐居以求其志"②。《庄子·刻意》把隐者的特点归结为如下三点,即"刻意尚行,离世异俗,高论怨诽"。荀子认为真正的隐士应该具备"德盛者也,能静者也,修正者也,知命者也,箸是者也"③。秦汉以后又有很多人论述隐者及其特点、类分等,这里不论。就先秦诸论而言,隐士同"高尚其事",追求独立意志、崇德、求静等相关联。一言以蔽之,隐逸是自我价值的追求和实现的方式之一。

为了清晰,我们把隐士分成如下几类:

第一类,理论逻辑与行为相一致的隐士,简称为崇理隐士。

崇理隐士的特点是按他们的理论逻辑行事。其代表人物有老子、庄子、吴忠、徐无鬼等。老子虽然做过周室的守藏史,后来还是归隐了,所以司马迁称他为"隐君子"④。老子、庄子在学说上崇尚自然,由崇尚自然而归于自然。这一点庄子阐述得最为透彻。《庄子》一书不尽出自庄子之手,是庄子及其后学论

---

① 见《商君书》和《韩非子》等书。
② 《论语·季氏》。
③ 《荀子·非十二子》。
④ 《史记·老子韩非列传》。

集汇编。细加分析,一些篇在具体论点上颇多抵牾,但在大方向上则是一致的。他们不仅崇尚人性自然,而且认为人的社会性与人的自然本性是对立和排斥的。他们认为当时的社会关系都是对人性的桎梏,用重笔浓墨攻击了权力与道德(世俗道德,特别是儒家所主张的道德)对人性的破坏。权力既是脏品又是累赘。脏是指权力的获取是以伤天害理为条件的,"窃国者为诸侯","大盗者为诸侯";累赘是指有了权反而招祸。丰狐文豹,小心翼翼,不免网罗之患,皮"其使之为灾也"。君主的权位、国土、人民正是别人所觊觎的,并因此遭他人明枪暗箭。如果没有权,也就无人来夺取。在庄子及其后学看来,为了保持人的自然本性,就要远离社会,庄子拒仕就是他的理论逻辑的实现。有一次楚国君主派使臣以五千金为资聘请他为相。庄子说:"千金,重利;卿相,尊位也。子独不见郊祭之牺牛乎?养食之数岁,衣以文绣,以入大庙。当是之时,虽欲为孤豚,岂可得乎?子亟去,无污我。我宁游戏污渎之中自快,无为有国者所羁,终身不仕,以快吾志焉。"①《庄子·秋水》还记载这样一个故事:惠施为魏国相,庄子往视之。有人告诉惠子说:"庄子来,欲代子相。"于是惠子慌恐,搜于国中三日三夜。庄子往见之,曰:"南方有鸟,其名为鹓鶵,子知之乎?夫鹓鶵发于南海而飞于北海,非梧桐不止,非练实不食,非醴泉不饮。于是鸱得腐鼠,鹓鶵过之,仰而视之曰:'吓!'今子欲以子之梁国(即魏国)而吓我邪?"在猫头鹰贪腐鼠面前,高雅的鹓鶵躲之唯恐不及,怎么会与它抢食呢?惠施任魏相如同吃腐鼠的猫头鹰,而庄子则以鹓鶵自况。

庄子的不仕基于他的理论逻辑。他认为,人赤条条来到人间,除此之外,一切都是身外之物。荣华、富贵与穷困、艰难都是外在的东西。理论上的满足是最惬意的。隐而不仕则是达到这一目的的方式。

《墨子·鲁问》记述的吴虑也是崇理的隐者。吴虑"冬陶夏耕",自食其力;在精神上"自比于舜"。他似乎属于农家,认为人人应自耕自食,人们所宣扬的"义"都是空话,真正讲义的不必宣之于口,付诸实践即可。

第二类,坚持道德的隐士。

这一类与第一类有近似之处,但重在坚持某种道德。孔子的弟子原宪即是一例。原宪出仕观念很淡泊,对钱财看得也很轻。孔子曾让他任家宰,"与之

---

① 《史记·老子韩非列传》。

粟九百"①,他嫌多,辞而不受。他反对"克"(好胜)、"伐"(自夸)、"怨"(报怨)、"欲"(贪欲)。孔子死后,"遂亡在草泽中"②,隐而不出,十分穷困,"不厌糟糠",却自得其乐。有一次子贡结驷连骑,衣锦被绣来看望这位老同学,原宪穿一身破衣服出来接待。子贡耻笑地问道:"夫子病乎?"原宪答道:"吾闻之,无财者谓之贫,学道而不能行者谓之病。若宪,贫也,非病也。"显然原宪是基于某种道德观念而隐的。

段干木、田子方也是偏执儒家某些道德观念而不出仕的著名人物。《庄子·让王》篇记述颜回隐而不仕的故事,也可以说明当时儒者之隐。孔子问颜回:"家贫居卑,胡不仕乎?"颜回说,我有郭外之田五十亩,种粮食是够吃的;有郭内田十亩,种桑麻,足够穿的。不愁吃穿,"鼓琴足以自娱,所学夫子之道者足以自乐也。回不愿仕"。

齐国有一位陈仲子,也是一位很具特色的隐士。他坚持自立自生,不求救于人,自然也不损人,十分清廉。有一次,他几天未吃上东西,饿得耳朵听不见声,眼睛看不见东西。井边上有一只李子,被蛴螬啃去了一大半,他爬过去拿来吃,咽了几口,耳朵才听见声音,眼睛才看见东西。所以许多人称赞他高洁。他有一位哥哥叫陈戴,有万钟俸禄,十分豪富。陈仲子认为这是不义之财,分文不沾,远避他哥哥。有一次他回家,看见有人送给他哥哥一只活鹅,呃呃乱叫。他皱着眉头说:这种呃呃乱叫的东西作什么用?过了几天,他母亲把这只鹅杀掉给他吃。正好他哥哥从外回来,便告诉他,你吃的就是呃呃乱叫的鹅肉。陈仲子听后,赶快跑到门外,把吃的肉吐出来。陈仲子认为母亲给的东西是合情的,吃哥哥的不义之物是违犯道德的。③

上述这些人所坚持的道德不尽一样,但都把道德作为实现自我的依据和目标。隐而不仕,不与人交,才能达到自美与精神满足。

第三类,足志之隐士。

人各有志。有些士人认为隐而离俗,才能摆脱世俗的约束和负担,获得精神自由和意志满足。《庄子·则阳》编了这样一个故事:孔子游楚,住在蚁丘。邻居的仆人来围观。子路问,其主人是干什么的?孔子回答道:"是自埋于民,自

---

① 《论语·雍也》。
② 《史记·仲尼弟子列传》。
③ 《孟子·滕文公下》。

藏于畔。其声销,其志无穷"的"圣人"。这位圣人叫市南宜僚,他虽隐,但志无穷。《韩非子·外储说右上》托古谈到两位隐士,名叫狂矞和华士兄弟二人。他们隐而不出的宗旨是:"吾不臣天子,不友诸侯,耕作而食之,掘井而饮之,吾无求于人也。无上之名,无君之禄,不事仕而事力。"就是说,只有从政治的控制中解脱出来,才能获得自身的自由。《商君书·算地》说:"处士之资在意。"意即思想,大意是,处士以思想为资本。反过来也可以说,当处士是获得思想自由的条件。

第四类,避世存身、洁行之隐士。

避世又有两种情况:一种情况是避乱世;另一种情况,认为尘世本身充满了肮脏气,只有离群索居才能存身自洁。《庄子·刻意》载:"就薮泽,处闲旷,钓鱼闲处,无为而已矣;此江海之士,避世之人,闲暇者之所好也。"《吕氏春秋·诚廉》说:"遭乎乱世……避之以洁吾行。"

第五类,待机之隐士。

这类隐士伺机行事,正如《庄子·缮性》所说:"隐,故不自隐。古之所谓隐士者,非伏其身而弗见也,非闭其言而不出也,非藏其知而不发也,时命大谬也。当时命而大行乎天下,则反一无迹;不当时命而大穷乎天下,则深根宁极而待;此存身之道也。"这种隐士时时刻刻观察和分析社会,事事都在思索和掂量,遇到时机即一跃而出,时机不对则静静归隐,并窥测以求一逞。隐不是目的,只不过是存身之道。这些人时时等待着人来访。正如《吕氏春秋·谨听》所说:"当今之世,求有道之士,则于四海之内,山谷之中,僻远幽闲之所……若夫有道之士,必礼必知,然后其智能可尽。"这些人"遭乎治世,不避其任"。

伺机而动,未尝不是一种应该进行的选择。但如若只有治世才出山,那么,这种人出山与否都无关大局。如果说这些人也是必要的,不如说这些人是多余的!

第六类,与世之隐士。

这些人总的来说是隐士,但在一定情况下又参与政事和关心时事。他们参与只是充当帮闲,决不涉身。淳于髡就是这样一位人物。他"博学强记,学无所主",广收门人,是一位著名的士人。他曾以喻谏进说齐威王。齐威王即位数年不理政事,齐国的政治状况很坏。淳于髡以喻谏齐王:"国中有大鸟,止王之庭,三年不蜚又不鸣,王知此鸟何也?"齐威王理会到这是喻己,于是对曰:"此鸟不飞则已,一飞冲天;不鸣则已,一鸣惊人。"①淳于髡的喻谏对齐威王的奋起治国起了很大的作用。后来他到魏国,同魏惠王连谈三日三夜,深深抓住了魏惠王的心。魏惠王欲以卿相待之,淳于髡坚辞不受,"终身不仕"②。

《史记》专门立传的鲁仲连,《战国策》中记载的寒泉子、钟离子、叶阳子等,都属这一类。

第七类,假隐士。

在隐逸之风的推动下,出现了一批假隐士。这就是荀子在《非十二子》中所批评的处士。这些人附庸风雅,以隐士招摇撞骗。"今之所谓处士者,无能而云能者也,无知而云知者也,利心无足而佯无欲者也,行伪险秽而强高言谨悫者也,以不俗为俗,离纵而跂訾者也。"这些人以隐为表,以贪欲为里,道貌岸然,内里男盗女娼。《韩非子·外储说左下》记载的齐国处士钜者,魏国居士屖者即是其例。他们明隐,暗里却"费金璧而求入仕"。

以上隐士千奇百怪,各有追求。有人批评隐士是一批个人主义者、失败主义者、不负责任的人、不健康的人等。这种概括似乎过于偏激、一锅煮,似缺少分析。但就某种意义而言,批评还有中肯之处。我想,与其责难个人,不如从社会角度再进行一下考察。除了假隐士之外,其他隐士有一个共同点,即追求某种信念和自由。然而当时的社会恰恰是君主专制的社会,容不得个人自由。于是这些人被逼得走上了变态的道路。这一点是应该充分认识的。

另外,自然经济也为隐士存在提供了可能。自给自足,自食其力,以此为快,以此求得精神上的自由。

四、谋利之辈

在知识分子中,有一部分人几乎没有任何高尚的目标追求,没有功业心,也不知理论原则为何物。这些人虽也有相当的知识,但仅仅作为谋利的工具。《战国策·秦策三》记载如下一段故事活灵活现地展示了这些人的面目:

天下之士,合纵相聚于赵,而欲攻秦。秦相应侯曰:"王勿忧也,请令

---

① 《史记·滑稽列传》。
② 《史记·孟轲荀卿列传》。

废之。秦于天下之士非有怨也。相聚而攻秦者，以己欲富贵耳。王见大王之狗，卧者卧，起者起，行者行，止者止，毋相与斗者；投之一骨，轻起相牙者，何则，有争意也。"于是唐雎载音乐，予之五十金，居武安，高会相与饮，谓："邯郸人（指上述议合纵之士）谁来取者？"于是其谋者固未可得予也；其可得与者，与之昆弟矣。

一群狗相安无事，投一块骨头，立刻会龇牙咧嘴，互相争夺。这些士人如同一群狗，稍加利诱就会分化相争，可怜又可悲！

这一类的士人的数目，在知识层中不会是个别的。荀子说，士出仕"所以取田邑也"①。又说："今之所谓士仕者，汙漫者也，贼乱者也，恣睢者也，贪利者也，触抵者也，无礼义而惟权势之嗜者也。"②荀子是在批判这种现象，不过从大量的有关记载看，这倒是普遍存在的事实。官位是有限的，而求仕者大有人在，于是出现了在位与在野之间的矛盾。正如荀子所说："处官久者士妒之。"③士子们为了求得一官半职展开了激烈的竞争。这帮人当官不是为了治政，而是设法捞取财富。

荀子在其著作中批评的俗儒、贼儒之辈，就是以知识换口食的所谓知识人。子游氏之儒是不是如荀子批评的那样，另当别论。就其所描绘的形象而言，是令人恶心的："偷儒惮事，无廉耻而耆饮食，必曰：君子固不用力。"大意是，苟且怕事，没有廉耻而贪图吃喝，而且还振振有词：君子本来就不用力气。④

墨子在《非儒》篇对儒生全盘否定，属意气之论，不可为准的。但文中论到一些儒生"贪于饮食，惰于作务"，当是事实。儒生的一项重要任务是"相礼"，主办红白喜事。这类事不能没人操办，不过以此为职业，似乎近于寄生。所以墨子讥笑这帮人"因人之家以为尊，恃人之野以为翠。（原文作'因人之家翠以为，恃人之野以为尊'。依王焕镳校释校改）富人有丧，乃大说，喜曰：'此衣食之端也。'"大意是，倚仗着办丧事的富贵人家的威势而自以为高贵，依靠富贵人家的田野收入，作为自肥之资。富贵人家有丧事，便十分高兴，恬不知耻地

---

① 《荀子·荣辱》。
②④ 《荀子·非十二子》。
③ 《荀子·尧问》。

97

说:这是我的衣食之源。这样的人难得发大财,但实在是一帮寄生物。

在靠知识谋生的人们中,方术之士别具一格。这一类人确有些小聪明,但并不用来研究社会问题,而是专门注意观察、分析社会各阶层,尤其是权贵们的追求和心理,以为人相面,看风水、求仙药等手段,骗取信任与富贵。荀子说:"梁有唐举,相人之形状颜色而知其吉凶妖祥。"①赵人李兑,秦相蔡泽都找其相过面。②《吕氏春秋·贵当》说:"荆有善相人者,所言无遗策,闻于国。庄王见而问焉",说明这一类士人很活跃,并以特殊手段参与国政。秦始皇统一天下后,"悉召文学方术士甚众,欲以兴太平,方士欲练以求奇药"③。可见战国时代涉足上层的方术士为数不少,而且善于投君主所好而行骗。《韩非子·外储说左上》载述这样一个故事:"客有教燕王为不死之道者,王使人学之,所使学者未及学而客死。王大怒,诛之。王不知客之欺己,而诛学者之晚也。夫信不然之物,而诛无罪之臣,不察之患也。且人所急无如其身,不能自使其无死,安能使王长生哉?"韩非分析得很在理,方士们捣鬼固然有术,当政者受骗上当亦属自取。从历史上看,骗子任何时候都会有的,但当权者若是头脑清醒,不存侥幸,至少可以少受些骗。

---

① 《荀子·非相》。
② 《史记·范雎蔡泽列传》。
③ 《史记·秦始皇本纪》。

士人与变法及"建法立制"理论

　　春秋战国,特别是战国,各个国家此起彼伏,进行了一系列的变法和改革。变法和改革需要有历史提供的社会条件和环境,如当时的经济发展水平、生产关系的变化、区域诸侯大国的出现和生死竞争等,但仅有这些是不够的,改革和变法还需要有人的主动和自觉的创造,这就是思想理论的设计和政治行为。在这个领域士人起了非常重要的作用,以至可以说,士人是变法和改革的设计师、策划者和重要的实践者。人的有目的的社会改造是人的社会主动性最重要的标志,它的前提是对社会的问题必须有深刻的认识和分析,并相应提出解决问题的方案和措施。这是一件非常复杂、尖锐和十分危险的事,因为变法和改革势必涉及社会利益的调整和再分配,涉及人们的价值观念的改变、调整和重建。社会利益和价值之争不仅必然有唇枪舌战,大多还有火与剑相随。因此作为社会变法和变革倡导者的士人没有足够的气魄和胆量是不行的。关于当时变法和改革的历史情况已有多种著作进行了详细论述,我与李瑞兰合作在 20 世纪 80 年代也写过一本小书:《竞争、改革、进步——战国变法史反思》。所以这里不再具体讨论各国变法与改革的具体过程,而只就士人们在变法和改革中提出的思想、观念、价值等问题做一综述,以显示士人主要是法家的自觉性和认识所达到的高度。

　　刘邵说:"建法立制,强国富人(兵),是谓法家,管仲、商鞅是也。"[1]法家是"建法立制"的主要流派和代表人物。"建法立制"四个字把人为社会立法的主动性和自觉性表达得极为准确。"建法立制"表明人已不再是自发、自然的生存,而是要自觉地建立社会的秩序和规范。这不是说法家是"自觉"的第一批人,应该说更早的如周公"制礼作乐"也是"自觉"创造,但法家的"建法立制"是大规模、更全面、更富理性的"自觉"者。这首先表现在他们对"建法立制"的法理进行了十分深入的理性探讨。

　　法律与法理(或法哲学)是两个有联系但又不相同的范畴。早在先秦已有

---

　　[1]《人物志·流业》。

99

人把两者作了区分,称法律为"法之数",称法理为"法之义"。①

在中国的历史上,商代已有可证的法律事实,传说还可以上溯到夏代,乃至更早。但是关于法的理论的出现却要晚得多。从现存文献看,最早具有法学理论萌芽的作品是周初的《康诰》《酒诰》和西周后期的《吕刑》。这些文献中关于法的理论,大抵还只限于施刑原则问题。中国历史上真正的法学理论的开山祖,应该说是李悝。他不仅集诸国刑典,制定了一部完整的法律,后世称之为《法经》,另外还有政治、法律的理论著作,即《汉书·艺文志》著录的《李子》。可惜这些著作都亡佚了。先秦诸子几个主要流派都或多或少地探讨过法理,但唯有法家论述得最多,也最深入。他们提出了许多问题,诸如法的起源,法的本质,法的定义,法的目的与作用,立法原则,法治与君主政治的关系,法治与人治的关系,等等。

法是由人制定的,是人为的产物。法家对这一点有明确的论述,提出"有生法者"。生法者就是君主或圣人。其他诸子大体也持类似看法,法家的深入之处,在于他们提出立法必须有一定的根据,有一定的原则。这里围绕"建法立制"的若干理论原则做些分析。

一、顺天道

法家认为自然运动是有规律的,他们称之为"道""常""则""理""节""度""数""时""序"等。这些概念分而用之,意相通或相近;合而用之,有大小之分。《管子·形势》篇说:"天不变其常,地不变其则,春夏秋冬不更其节,古今一也。"这里的"常""则""节",均指规律,但有大小之分。《韩非子·解志》篇:"道者,万物之所以然也,万理之所以稽也。"这里的"道"指自然的总规律,"万理"的"理"指事物的具体规律。法家认为,凡是规律都不依人的主观意志为转移,人"莫之能损益"②。人,应该研究和掌握自然规律,依照规律行动,这叫作"法天""法地""法四时"。③依自然规律行动,得天之助;违反自然规律,终将失败:"其功顺天者,天助之;其功逆天者,天违之。天之所助,虽小必大;天之所违,

---

① 《荀子·君道》。
② 《管子·乘马》。
③ 《管子·版法解》。

100

虽成必败。"①"夫缘道理以从事者,无不能成。""今众人之所以欲成功而反为败者,生于不知道理而不肯问知而听能。"②

根据上述道理,法家认为,在制定法时,应把顺应自然作为重要内容和立足点。

顺天道最主要的一点,是要把天道无私的性质引到立法中来,作为立法的指导思想。"天道"对一切人都是平等的,无远无近,无偏无私。法也应该如此,"法天合德""象地无亲""参于日月无私"。③无亲无私集中体现在"公"上。"公"是法的灵魂。法家所说的"公",主要有两方面的含义。一方面是:法应如同天道为万物运动之规则那样,成为人事的规则。《管子·明法解》说:"法者,天下之程式也,万事之仪表也。"《七法》说:"尺寸、绳墨、规矩、衡石、斗斛、角量也,谓之法。"《任法》说:"法者,天下之至道也。"法既然是"尺寸""程式""至道",是有关事物的一般的或普遍的规定性,所以法又称为"事之常"。另一方面,法既然是"至道""事之常",它本身又上升为"公",每个个人在它面前都只能称之为"私"。一般人固不待说,连生法的君主在法面前也属于"私"的范畴。《管子·法法》篇有一段话对这个问题作了相当深刻的论述:"巧者能生规矩,不能废规矩而正方圆。虽圣人能生法,不能废法而立国。故虽有明智高行,倍法而治,是废规矩而正方圆也。"法如同规矩,代表着事物的一般性,表现为"公";国君权力再大也属个别,表现为"私"。据此,君主也必须抑私奉公。法家一再提出:"明主任公而不任私","以法制行之,如天地之无私也"。④在法家看来,"公"是法的灵魂,无"公"也就无法,有法而不奉公,法也就失去了作用和意义。

顺天道的另一项内容是,要把自然规律以及遵循自然规律的人事行为用法律加以肯定,使之成为人们必须遵守的准则。这集中表现在"四时之政"的论述上。春天是万物复苏和萌发期。依据春天的特性,法律上相应规定,在春天"毋杀畜生,毋拊卵,毋伐木,毋夭英,毋拊竽,所以息百长也",以保护自然万物的生长。春天是一年生计之始,要播耰百谷,为了使生产得以进行,要"赐

---

① 《管子·形势》。
② 《韩非子·解老》。
③ 《管子·版法解》。
④ 《管子·任法》。

101

鳏寡,振孤独,贷无种,与无赋,所以助弱民也"。为了能使尽多的劳动力投入生产,在农耕开始之时,应该"赦薄罪,出拘民,解仇雠,所以建时功,施生谷也"①。同样的道理,依据夏、秋、冬的自然特性,相应的制定夏政、秋政、冬政。《禁藏》的作者明确地提出:"得天之时而为经",把遵从四时规律视为治国之本。这对于农业来说,是有道理的。

《管子·七臣七主》篇还论述如下的道理:违犯四时之政,不仅会受到自然的报复,"四时俱犯,阴阳不和,风雨不时",同时还会加剧社会上下之间的矛盾,招致政治危机,这叫作"举事不时,必受其灾"。作者认为殷纣王灭亡的重要原因之一是违犯天时。

在先秦诸子中,不只法家有四时之政的主张,其他学派,如阴阳家、儒家也有。法家的特点,在于主张用立法手段把四时之政法律化。

顺天道的再一项内容是,他们把天时的不同性质和作用与法律职能对应起来。如天有生杀,即春夏生物,秋冬肃杀,法律相应而有赏罚。天不废生杀,法亦不能废赏罚。

法家提出立法要顺天道的命题是值得重视的。人类的活动不仅表现在人与人的交往中,同时也表现在人与自然的交往中。立法顺天道的理论,是法家试图寻求人与人交往同人与自然交往两者统一的尝试。这一理论中,有光彩的科学思想,比如通过立法强制人们遵从自然规律。至于以天道之"公"论证法律之"公",二者虽无内在的本质的联系,前者不能成为后者的根据,但在当时却有它历史的合理性。因为法家借助这种办法赋予法律超出一切人之上的性质,即使制定法的君主也应遵从法。这在君主权力至上的时代,从理论上不能不说是对君主行为的一种制约,对权贵们谋求法外权也是一种限制,这在当时是很有现实意义的。至于用天之生杀论证法之赏罚之类,则属牵强附会之论。

二、随时变

人类是历史的产物,因此历史是人们的生存环境和生存条件。无论人们从事什么活动,都必须与历史发生关系。因此对历史与现实以及与人的活动

①《管子·禁藏》。

的关系问题的认识,就成为一切有社会关怀的人的必修课。春秋战国社会的大变动格外刺激了人们对历史的关注,历史观念成为社会认识的一个特别重要的题目。此时的历史观念大致分为两大倾向:一是崇敬历史而主张复古;二是把历史视为一个过程,反对法古,主张"与时变、与俗化"。第一种是诸子多数的主张,第二种属于法家的主张。

主张复古的人们并不是简单地要回到古代,他们的复古一般是一种理论或借历史寄托的一种理想,因此各家各派的复古对象与所寄理想极不相同。就对象而言,有的崇尚三代以远的洪荒时代,有的以神农时代为标的,有的崇尚黄帝,有的尊崇三代,有的把目光主要集中在西周等。不管哪个时代,都是古胜于今,"今"在"古"面前是被审判的对象和堕落的证明。他们对"今"有强烈的批判意识,甚至是彻底否定的,"今不如古"是共同的结论。如何解决"今"的问题,他们开出的药方是"法古""复古""率由旧章"。

法家与上述历史观念相反,他们认为历史是一个发展过程,是个进化过程,各个时代有各个时代的问题,完全没有必要以古非今。他们在认识史上第一次对历史的过程进行了"分期"认识。《商君书》的作者把历史过程分为"上世""中世""下世"。上世"民知其母,而不知其父"。人们的社会关系特点是"亲亲而爱私"。继上世而来的是中世,中世的特点是"亲亲废""上贤而说仁"。下世又不同于中世,下世的社会关系特点是"贵贵而尊官"。《商君书》中有另一种分期法,即以经济生活和社会权力特点来划分。最早的是"昊英之世",其特点是"伐木杀兽,人民少而禽兽多"。类似我们说的渔猎时代。其后是"神农之世"。神农之世的特点是"男耕而食,妇织而衣,刑政不用而治,甲兵不起而王"。有点类似所谓的原始农耕时代。继神农的是"黄帝之世"。黄帝为了治乱,制定了"君臣上下之义,父子兄弟之礼,夫妇妃匹之合;内行刀锯,外用甲兵"。历史进入了我们所说的阶级社会。

韩非继承了《商君书》的看法,又有新贡献。他把历史分为"上古""中古""近古""当今"四个时期。上古特点是人类刚从自然分化出来,有巢氏教人"构木为巢",燧人氏教人"钻燧取火,以化腥臊"。从而使人类与动物区分开来,开创了人类的生活方式。"中古"以鲧、禹治水为代表,人类进入改造自然的阶段。"近古"指三代,其特点是一治一乱。"当今"是用力量争统一的时代。

韩非在《商君书》的基础上进一步论述了人口增长与社会矛盾的关系。韩非第一次提出,人口的增长速度超过了生产增长的速度,"今人有五子不为多,子又有五子,大父未死而有二十五孙",于是造成"人民重而货财寡",人们为争取生存空间和财货而发生矛盾和斗争。

时代不同,人们的观念、价值也不同,"上古竞于道德,中世逐于智谋,当今争于气力"。儒墨歌颂古代人品高尚,不为己而贵辞让,而今天的人则斤斤计较,道德退化。韩非认为古人辞让和今日人之争利都出于必然,古人没有利可争,天子也必须带头干,故多辞让;今天做个小官就可以遗福于子孙。所以"轻辞古之天子,难去今之县令"①。辞让与争夺都是利的驱使,不必厚彼薄此。

历史既然在进化和变化,政治家不能向后看,而应面对现实,如果一味复古,进入中古还实行上古之道,还"构木为巢",必然为鲧、禹所笑。政治决不能守株待兔,该变就要变。"是以圣人不期修古,不法常可,论世之事,因为之备。""事因于世,而备适于事。"②"三代不同礼而王,五霸不同法而霸。""前世不同教,何古之法?帝王不相复,何礼之循?""治世不一道,便国不法古。"③"不慕古,不留今,与时变,与俗化。"④这些是时代的呼声,也是最强音!

这里需要简单说一下复古主义与现实主义的问题。诸子中多数主张复古、法古。复古是否是倒退?对此要具体分析。多数的复古把"古"理想化了,"古"不是简单的历史概念,更主要的是在所谓的"古"中蕴含着思想和理想。他们虽然打着复古的旗帜,但目的是为现实提供一个坐标和目标。所谓坐标是要说明现实在他们理想中处于什么位置。一般说来,在复古理论面前,当今的世道都是很坏的,因此这个坐标也就成为评判现实的标准,因此复古理论一般都具有极强的批判性和颂古非今的意义;所谓目标是说复古理论具有指示性质,它要改造现实,指示现实应该走向何处和哪一点。复古的指示性在表面上具有很强的经验性质,也就是说,过去曾有过非常理想的时候;现在不如过去,但不是没有出路,过去能做到的,现在也应该能做到。墨子的所谓"三表法"之一就是:过去能做到,现在也能做到!复古论有其高明之处,这就是运用历史制造了政治上的"二元"结构。所谓"二元",一元是"古",一元是"今",古今不同,今不如古。因此我们要看到"复古主义"是一种理想主义和批判主义,是向现实的政治挑战。这点韩非看得十分清楚,复古是借古讽今,"为人臣常

---

① ②《韩非子·五蠹》。
③《商君书·更法》。
④《管子·正世》。

誉先王之德厚而愿之,是诽谤其君者也"①。这种说法应该说是事实,也是复古的本意,也是复古论的批判性的表现。中国历史上,多数思想家之所以都钟情于复古,就在于这是当时仅能充分表达政治"二元"精神的方式。

当然,复古论也有天然的弊病,这就是任意性和形式的落后性。所谓任意性,正如韩非所说,尧舜不复生,任你说,死无对证。没有实证意义,"非愚则诬"。所谓形式落后,即在于眼睛向后看,"古"变成旗帜和崇拜的对象,这种形式对人们的思维方式形成桎梏,很容易引人在故纸堆里讨生活,脱离实际。

法家的对历史的分期认识,有两大优势:一是依据历史的演进性而导向现实主义的分析和决断,历史几乎失去了任何价值参考意义,这就割断了历史的拖累。一切真正的社会改革都必须要挣脱历史的羁绊,特别是要挣脱束缚现实的过时的体系和价值,所以法家提出的"不循今""不留今"是振聋发聩,具有划时代的意义。二是分期认识法导致对现实权威的绝对化,即对"新圣"的崇拜和期待。分期认识法从根本上否定了复古论的政治价值"二元"性结构,历史进程中只有现实中的"新圣"才是唯一的权威。这极符合当时雄心勃勃的诸侯王的心意。复古论不符合改革的需要,而当时的历史分期论为改革提供了理论依据,也为现实的操作性找到了主体人物。所以历史分期论成为当时改革的大纛。

从时变出发,法家特别强调立法要切中时代脉搏,《管子·正世》说:"国家不安,失非在上,则过在下","失在上而上不变,则万民无所托其命","过在下,人君不廉而变,则暴人不胜,邪乱不止"。故立法要有鲜明的针对性。

依据时变,行法还要有灵活性。《管子·小问》说:"有时先事,有时先政,有时先德,有时先恕。"《管子·形势解》说:"世谓之圣王者,知为之术也。"

法家不可能对历史之变和时代作出完整的科学的判断,但他们的认识包含了部分的科学内容,在当时居于认识之巅。法随时变,应时立法,反映了法家对时代与法的关系的认识。他们虽然十分重视法的作用,主张以法治国,有时把法的作用说的过了头,但从总体上看,他们清楚地认识到法是被时代制约的,法不能向时代发号施令,而应顺从时代之变,诱导时代前进。这个基本认识是可贵的。

---

① 《韩非子·忠孝》。

三、因人情

"因人之情"而立法,是法家另一个重要的立法原则。慎子说:"法非从天下,非从地出,发于人间合于人心而已。"①

人情、人性大致是一个问题,是当时诸子认识社会与人的理论原点。人性问题也许是一个假定性的问题,但却十分重要,因为由此而制定社会人与人的关系与社会准则。法家不讨论人性是善,是恶。从经验的事实上他们认为人的"情""性"是好利的,用慎到的说法是"自为":"人莫不自为也。"②自为就是为自己。"自为"的核心是为利:"家富则疏族聚,家贫则兄弟离,非不相爱,利不足相容也。"③兄弟之间尚且计利,与其他人更不必说了。慎到又说:"匠人成棺,不憎人死;利之所在,忘其丑也。"④《商君书·算地》说:"民之性,饥而求食,劳而求佚,苦而索乐,辱而求荣,此民之情也。"又说:"民之生(性),度而取长,称而取重,权而索利。""民生则计利,死则虑名。""名利之所凑,则民道之。"《赏刑》篇说得更直接:"民之欲富贵也,共阖(借为盖)棺而后止。"《管子》一书中法家的著作最多,这些篇在论述人的情性时,同样以利作为核心概念。《禁藏》说:"凡人之情,见利莫能勿就,见害莫能勿避。""凡人之情,得所欲则乐,逢所恶则忧。此贵贱之同也。"《管子·形势解》说:"民之情莫不欲生而恶死,莫不欲利而恶害。""富贵尊显,民归乐之,人主莫不欲也。""民利之则来,害之则去。民之从利也,如水之走下。"《管子·七臣七主》:"死与不食者,天下之所共恶也。"韩非把人性好利作了进一步的阐述,是源于人的本能需要,《韩非子·解老》说:"以肠胃为根本,不食则不能活,是以不免于欲利之心。"在人与人的关系上,韩非把利的关系推向极致,人们都说父母儿女之间最亲,恩爱无私,不计利益,韩非却在人们最神圣的情感处判定同样是利害关系,他说:"父母之于子也,产男则相贺,产女则杀之",同出父母之怀,何以一杀一贺?原因就在于"虑其后便,计之长利也"⑤。"人为婴儿也,父母养之简,子长而怨。子盛壮成人,其供养薄,父母怒而诮之。子、父,至亲也,而或诮,或怨

---

①③④《慎子·佚文》。
②《慎子·因循》。
⑤《韩非子·六反》。

者，皆挟相为而不周于为己也。"①"千金之家，其子不仁，人之急利甚也。"②父母之间尚且"皆挟自为之心"③，"犹用计算之心以相待也，而况无父子之泽乎？"④韩非的上述说法不免刺伤人的情感，也不无刻薄处，但就实而言，他的说法无疑有实实在在的经验依据。父子关系尚且计利，其他的人与人之间的关系更不必说。韩非还以职业行为为例说明人们的利益关系，比如"医善吮人之伤，含人之血"绝不是医生善良，而是为了求利。同样，制造车的人希望人富贵，制造棺材的人希望有人死，这绝不是前者心善，后者心恶，而是由利益驱使的。⑤法家对人的道德基本不信任，即使道德有作用，也不可过分相信，道德人物背后的行为也是可疑的。"夫陈轻货于幽隐，虽曾、史可疑也；悬百金于市，虽大盗不取也。"⑥相信道德则常常被道德捉弄和欺骗。特别是在君臣关系上，绝不是忠信关系，而是利益关系在起作用。整个社会就是由名利织成的大网。很多学人把法家对人性的看法归入人性恶论之列，这实在不符合法家的本意。法家根本不从"恶"或"善"的角度去判断利害问题，翻遍所有法家的著作没有一处是用善恶的标准去判断人性的。不能因为韩非的老师荀子把利与人性恶连在一起，于是把韩非也归入他的老师一派，再由韩非进而把所有的法家都牵连人性恶派，这是没有根据的。法家就是自己的人性好利派。在他们的论述中，人性好利不仅不是坏事，有时倒反过来，人如果不好利，视利如浮云，横竖不吃，那君主就没有可以利用的地方了。在法家看来这种人对君主是多余的，甚至是最危险的，应该都除掉。

战国时期商业有突飞猛进的发展，市场交换普遍化了，法家，尤其是韩非把人与人的交往看成是一种买卖式的利益交换，具有神圣光环的君臣关系在韩非眼里都是一桩桩买卖关系。他在《难一》中说："臣尽死力以与君市，君垂爵禄以与臣市。君臣之际，非父子之亲也，计数之所出也。"君臣之间的"计数"之论是划时代的创见，以后有"学得文武艺，售与帝王家"等生动俗语。不管君臣之间的关系被儒家等讲得多么甜甜蜜蜜，从根本上说，韩非的说法更接近事实，只是不好听，不被官面语言所取。

---

① ③《韩非子·外储说左上》。
②《韩非子·难四》。
④ ⑥《韩非子·六反》。
⑤ 参见《韩非子·备内》。

儒家,特别是孔、孟罕言利。孟子见梁惠王,梁惠王问孟子,有什么高见利于我的国家?孟子回答说:"何必曰利,亦曰仁义而已。"孟子把仁义放在第一位,梁惠王把利放在第一位。梁惠王好像有点俗气,但这是当时诸侯们的实际想法,也是现实主义的思路。法家就是把俗气和现实结合在一起的。

人的关系既然由利相连接,由此得出的基本认识是要从利益出发处理社会问题和人与人之间的关系。法家的变法有诸多内容,而核心问题是社会利益的再分配、再组合。政治家的高妙之处,就在于梳理社会各色人和各种利益的组合关系,然后抓住利这个牛鼻子,以牵动整个社会,并使大利归于君主。当时诸侯们最为关心的是富国、强兵、称霸、一统和集权等;臣子们追求的是爵禄;民众希望获得田宅,"意民之情,其所欲者田宅也"①。自然还有温饱等。

法家提出因人情而立法,就是要抓住人皆好利这一环节。以利为中轴把所有的人都带动起来。"法立而民乐之,令出而民衔之。法令之合于民心,如符节之相得也,则主尊显。故曰:衔令者,君之尊也。人主出言,顺于理,合于民情,则民受其辞。"②"明主之道,立民所欲,以求其功……立民所恶,以禁其邪。"③"凡治天下,必因人情。人情者有好恶,故赏罚可用。赏罚可用则禁令可立而治道具矣。"④

法家这里所强调的,在立法时不应以君主好恶为准,而应首先考虑民情、民欲。如此说,法家的立法是否是为了民呢?法家确实讲过这类的话。韩非说:"立法术,设度数,所以利民萌(氓),便众庶。"⑤可是我们都知道,法家处处为君主打算,鼓吹君主专制。这样一来岂不矛盾了吗?矛盾是矛盾,不过在法家看来这倒无妨。他们恰恰是在矛盾中求统一,妙者便是因情利导,用民之好恶以利君主之用。君主不要怕人们争利,要善于算账,计得失之比数。对于君主来说,只要得多于失就行。"法立而有难,权其难而事成则立之。事成而有害,权其害而功多则为之。无难之法,无害之功,天下无有也。"⑥一切人都在逐利,

---

① 《商君书·徕民》。
② 《管子·形势解》。
③ 《管子·明法解》。
④ 《韩非子·八经》。
⑤ 《韩非子·问田》。
⑥ 《韩非子·八说》。

君主立法的妙用就在于搞好排列组合,要像轴辏于毂那样,让一切人的利都围绕着君主之利转动。韩非说:"利之所在民归之,名之所彰士死之。"①"上所以陈良田大宅,设爵禄,所以易民死命也。"②"君之于民也,有难则用其死,安平则尽其力。"③君用爵禄名利换取臣民的血汗生命,臣民得到了一定利益,而君主获利更大。

立法要以民情为基础,这是一个光辉的命题。法离开了民情就失去了社会基础,法家立法的最终目的无疑是为了君主着想,但他们同时又想方设法把法与民情联结起来。他们把法当成了卷扬机,使利经过臣民之手,最后上送到君主之手。臣民得到了某种满足,而大利却落入了君主的腰包。先秦法家的变法在当时所以行得通,重要的原因是抓住了人情好利这一点。

四、循事理

法家提出立法要循从事理。《管子·版法解》说:"审治刑赏,必明纪理;陈义设法,断事以理。虚气心平,乃去怒喜。"《七法》说:"论道行理,则群臣服教,百吏严断。"《形势解》说:"以法数治民则安。故事不广于理者,其成若节。"这些篇章的作者反复强调立法、执法都要依理而行。那么什么是理呢?从《管子》一书看,大致有三方面的内容,即事物的规律性;惯例、传统、习俗;事物之间的轻重关系。

《乘马》篇对市场之理的论述便是事物的规律。文中说:"市者货之准也。是故百货贱则百利不得,百利不得则百事治,百事治则百用节矣……市者可以知治乱,可以知多寡,而不能为多寡。"大意是,市场可以反映物资供应情况。如果百货价格低,做生意就得不到收益,各行生意无利可得,各种生产(即百事)就会得到发展。生产发展了,供求关系才能平衡……从市场可以观察到国家的治乱,可以知道物品的多少,但市场不能决定物品的多少。作者指出生产是市场的基础,治理市场之本在于治理生产;在生产发展的基础上才可能治理好市场。很明显,作者的看法是很有见地的,揭示了生产对市场的制约作

---

① 《韩非子·外储说左上》。
② 《韩非子·显学》。
③ 《韩非子·六反》。

用。为制定管理市场之法提供了深刻的理论依据。

《乘马》篇关于朝廷之理的论述，主要讲的是惯例、传统和习俗。所谓的朝廷之理，主要指贵贱、等级和名分规定。这些规定无疑有客观的依据，但更多的是传统、习惯在起作用。

关于事物轻重关系之理，作者提出了以轻从重的原则。如《管子·七法》提出："不为重宝亏其命"，"不为爱亲危其社稷"，"不为爱人枉其法"，"不为重禄爵分其威"等。

法家所说的"理"虽不能概称为规律，但有一点是可注意的：理与君主个人的好恶是相对的，君主个人的好恶应受理的节制，要依理而行。

五、定职分

这是法家立法的原则，又是立法的目的。法家所说的"分"，包括两方面的含义：

从一般意义说，就是明确职权范围，划定所属。《商君书·定分》讲，一只野兔子，成十上百的人追赶；市场上的兔子成堆，行人不顾。原因就在于，前者"分"未定，后者"分"已定之故。法家认为法就在于"明分"或"定分"。《商君书·定分》说："夫名分定，势治之道也；名分不定，势乱之道也。"《权修》篇说："故立法明分，而不以私害法，则治。"

具体地说，"分"指对社会上不同等级、不同出身、不同职业的人做出相应的规定。《管子·君臣上》说："主画之，相守之；相画之，官守之；官画之，民役之。"这里讲的是君主、官吏和民的职能之分。《法法》说："君子食于道，则上尊而民顺；小人食于力，则财厚而养足。"这里是讲劳心劳力之分。《乘马》说："非诚贾不得食于贾，非诚工不得食于工，非诚农不得食于农，非诚士不得食于朝。"这里对贾、工、农、士不同阶层的人提出了不同的要求与规定。法家主张分得越细致、越明确，越便于考核，韩非说："明主之法必详于事。"[1]任何人不得在法外行事，法外有罪固不待说，法外有功也要受到惩罚。在法家看来，越法立功也是超越法定的行为。越法就是犯法。

法家讲"分"并不是把社会割裂分离，而是要把每个人安排到一定的位

---

① 《韩非子·八说》。

置,成为整体中的一个零件。他们认为"分"是"合"的必要条件,目的也是为了"合"。《管子·君臣上》说:"上之人明其道,下之人守其职,上下之分不同任而复合为一体。"法的作用是通过"分"把社会组成一个体系,枢纽则要操在君主之手。

六、明开塞

提倡什么,禁止什么,是立法首先要考虑的一个根本问题。法家所说的"开塞",就是这个问题。对于开什么,塞什么,法家诸派小有分歧,但多数认为要开耕战,塞末业与游士,简称"重农抑末"。"重农抑末"是法家立法的一个根本原则。他们主张用法律手段驱使人们努力于耕战,禁止从事末业和游学。

法家特别强调农,因为在他们看来,粮食是财富的主要标志,是安民、用兵、治国的物质基础。"粟也者,民之所归也;粟也者,财之所归也;粟也者,地之所归也。粟多则天下之物尽矣。"①"地之守在城,城之守在兵,兵之守在人,人之守在粟。"②"众民强兵广地富国之必生于粟。"③从粮食出发,末业与游士非但不生产粮食,反而是粮食的消费者。于是它们把末业看成是与农业对立的。提出:"菽粟不足,末业不禁。"④"末业不禁,则野不辟。"⑤

法家重战,这一点毋庸多言。他们的精明处在于认识了农民是士兵的天然学校。《商君书·农战》说:"归心于农,则民朴而可正也,纷纷(当为'纯纯'之误)则易使,信可以守战也。"《算地》说:"属于农则朴,朴则畏令。"所以,为了战也要重农。

农要出力,战要流血,这与人性好利是相悖的。《商君书·内外》说:"民之内事,莫苦于农。""民之外事,莫难于战。"如何解决这一矛盾?这就要靠法了,用法的手段使"利出一孔",这一孔就是农战。其他取利之道则要统统堵死。为达到这一目的,一方面要奖励耕战,另一方面要造成一种使不耕不战者比耕战更苦更难的环境,这就是《商君书·外内》所说:"见不战之辱则苦生。"大意是,用法律制裁那些不想参战者,加给他们耻辱和刑罚,使他们感到活着是一

---

①③《管子·治国》。
②⑤《管子·权修》。
④《管子·重令》。

种痛苦。于战如此,于农也如此,要用"殴""劫"手段使人们归农。

法家强调立法要明开塞,这个命题对法学来说无疑是极重要的。就开塞关系而论,法家更多地看重了塞,把塞视为开的堤防。他们强调不塞不流,而不是疏流为主、辅之以塞。虽然他也大喊大叫要让人们从农战中获利,但更主要的是通过降低非耕战者的社会地位与生活条件来反衬农战之有利。这不能说不是捉弄人了。至于重农抑末政策,应该说它的消极作用是主要的,这个问题另行讨论。

七、重刑罚

法有赏罚,对这一点没有歧义。问题在于如何处理赏罚的关系。法家中的多数主张重刑罚。法家虽然也讲过不少立法为民的高调,但他们更清醒地意识到利民与法是对立的。于是提出了立法要"胜民"或"弱民"的原则。《商君书·说民》说:"民胜法,国乱;法胜民,兵强。""民弱,国强。"《管子·正世》篇说:"为人君者,莫贵于胜。所谓胜者,法立而令行之谓胜。"从一般意义上说,法应该"胜民",如果法不胜民,那么法也就失去了它的作用。问题在于如何"胜民"。关于"胜民"之道,法家有过许多论述,其中最关键的一项是重刑罚。照他们的提法,叫作"赏一罚九","轻罪重罚"。

"赏一罚九"说的是赏罚比数,赏占十分之一,罚占十分之九。《商君书·去强》说:"王者刑九赏一,强国刑七赏三,削国罚五赏五。"《韩非子·心度》说:"刑胜而民静,赏繁而奸生。故治民者,刑胜,治之首也;赏繁,乱之本也。"

"轻罪重罚"说的是量刑的原则。《韩非子·八经》说:"诛莫如重,使民畏之;毁莫如恶,使民耻之。"按法家的逻辑,轻罪重罚使人不敢犯轻罪,自然更不敢犯重罪。这叫作"以重禁轻,以难止易"[①]。"行刑重其轻者,轻者不生,则重者无从至矣。所谓治之于其治也。"[②]这就是所谓"以刑去刑"。

我们暂且不讨论重罚主义在实践上会带来什么样的恶果。就其理论而言,也是荒谬的。因为它把惩罚手段绝对化了,以为只要无限制地使用这种手段,就可以使一切人服法就范。其实,人们犯禁的社会根源远比惩罚手段要强

---

① 《韩非子·六反》。
② 《商君书·说民》。

大得多。重罚主义只相信手段的威力,而拒绝对犯禁社会原因的探讨与揭露,结果事情总是走到预期目的的反面。

八、量可能

法家中有些人提出,立法要考虑客观的可能性,只有建立在现实可能的基础上,法才能实现。《管子·形势解》说:"明主度量人力之所能为而后使焉。故令于人之所能为则令行,使于人之所能为则事成。乱主不量人力,令于人之所不能为,故其令废;使于人之所不能为,故其事败。"这里所说的"所能为"与"所不能为"的"度量"线,是由生产水平与人力限度决定的。《管子·权修》篇说:"地之生财有时,民之用力有倦。"超越了地力、民力,事情就会落空,正如《管子·法法》中说:"未有能多求而多得者也,未有能多禁而多止者也,未有能多令而多行者也。"

法家中的某些人看到,超过了一定的度量线,人民无法忍受,就会起来造反,统治者也将陷入危境。《管子·权修》篇指出,地力、民力有一定限度,而人君的欲望无穷,"以有时有倦养无穷之君,而度量不生于其间,则上下相疾也。是以臣有杀其君,子有杀其父者矣。故取于民有度,用之有止,国虽小必安;用之不止,国虽大必危"。

"度量"线应划在什么地方呢?《管子·正世》中提出:"治莫贵得于齐。制民急则民迫,民迫则窘,窘则民失其所葆;缓则纵,纵则淫,淫则行私,行私则离公,离公则难用。故治之所以不立者,齐不得也。齐不得则治难行。故治民之齐不可不察也。"这里所谓的"齐",就是既不要使民优裕,又不要使民穷困至死。用今天的话说,就是要使民能维持简单再生产的条件。

法家所说的"量可能"主要指征收赋税和徭役。他们明确提出"可能"地度量线,无疑是很有见地的。但是他们把度量线划在使人民仅仅能维持简单再生产和延续生命的边缘上。他们所说的"量可能"是要统治者把最大限度地剥削与长久持续剥削结合起来。因此,这种"可能"一旦变为现实,扩大再生产就失去了可能。

九、尚实力

商鞅同秦孝公说帝道与王道,孝公发困而欲睡,说霸道稍有精神,当说到"强国之术"时立即眼睛火冒金光,通宵达旦而无困意。商鞅说的"强",就是法家们说的实力原则。儒家认为解决矛盾的主要路途和基本手段是仁义道德,这点孟子尤为突出。法家的认识相反,无论对内还是对外,解决矛盾和控制住局势的基本手段是力量。《商君书·慎法》篇说,一个国家有成千上万的兵车,这样的国家即使有像夏桀那样的君主,也不会向敌人屈服,也不会说半句软话;反之,进不能攻,退不能守,即使有尧舜那样的君主,也不能不屈服于强国。"自此观之,国之所以重,主之所以尊者,力也。"①韩非说:"古人亟于德,中世逐于智,当今争于力。"②"力多则人朝,力寡则朝于人,故明君务力。"③又说:"先王所期者利也,所用者力也。"④

法家说的力包括人力、经济力、军事力、智力等综合力量。力量在何处?在民众之中、在耕战、在积极性、在法术之士、在政治路线、在政治组织、在政治艺术等。这类的论述极多,不能深论。这里仅举数句有关言论以示其概:"圣君之治人也,必得其心,故能用力。""国待农战而安,主待农战而尊。"⑤"死力者,民之所有者也。"⑥"虽有尧之智,而无众人之助,大功不立。"⑦"奉法者强则国强,奉法者弱则国弱。"⑧"凡五霸所以能成功名于天下者,必君臣具有力焉。"⑨总之,法家说的"力"是各种力量的综合,变法的主要目的就是用"力"求"功",即实际效果。

儒家把仁义道德视为力量之源,得道者得天下。法家提出反驳,他们认为德不能独立,没有力量德从哪儿说起?他们认为德是力量的派生物。"力生强,

---

①⑤《商君书·靳令》。

②《韩非子·八说》。

③《韩非子·显学》。

④《韩非子·外储说左上》。

⑥《韩非子·制分》。

⑦《韩非子·观行》。

⑧《韩非子·有度》。

⑨《韩非子·难二》。

强生威,威生德。德生于力。"有了力量才"能述仁义于天下"①。这种说法不无片面,但大体是符合事实的,有了力量未必施德,但两手空空,何以施德?如俗话所说,心有余而力不足!

不强则亡,这是诸侯们竞争时铁的法则。变法就是图强。当时变法之所以有吸引力,各国诸侯们先后都争着实行变法和改革,其动机和目的只有一个,就是图强。

以上九项说明了法与各种事物的关系。

顺天道提出了法要遵循自然规律。法律无疑是阶级社会占统治地位的阶级意志最明显的体现。但是从大自然观看问题,人类又是自然界的一部分。占统治地位的阶级可以统治社会,但不能施权于自然,相反,必须遵从自然规律。否则,自然的报复会使所有的人受到惩罚,还会加剧社会矛盾。单从顺天道这一点看,法代表的不是哪一个阶级的利益,而是人类共同的利益。

随时变、因人情、循事理从不同方面说明了法与社会生活的关系。法家虽然十分强调法的作用与威力,但在这些问题的论述中,我们可以看到,他们清醒地认识到,在社会生活中还有比法更加严峻的不可抗拒的力量,比法的威力要大得多。法不能与它们违拗,而只能顺从它们。

定职分、明开塞、重刑罚集中反映了法家的阶级意识和立法目的。

量可能提出了法的实现程度是由客观条件决定的,立法者不能为所欲为。

尚实力说明了法家解决矛盾的途径和手段。

这九项原则说明,法家把立法的过程同时也当作对自然、社会、历史、现状进行综合考察的过程。他们认识到自然、社会、历史的运动比法更具权威。法的规定性应反映客观事物的关系及其客观的规定性。在顺从自然、人事的必然性中谋求统治者的利益。

法具有极大的强制性。问题在于这种强制作用是阻碍历史前进,还是促进历史前进,抑或有开有塞。从法家立法原则的主流看,他们主张打破陈旧的历史传统与习惯,提出了变法、更法、不循今、不留古的主张,而落脚点则是有开有塞。从历史发展看,对法家的开塞应作具体分析,不能笼统肯定或否定,但主流是积极的,起过进步作用。

法家提出的立法原则,有许多精湛之论。可是这些闪烁着光辉的珍珠却

①《商君书·靳令》。

被穿在君主专制的线索上。在他们看来,整个国家与臣民都是君主的用物,正如韩非所说:"国者,君之车也;势者,君之马也。"①臣民只有对君主有用才有存在的价值,"臣下者,主之所用也,能尽力于上,则当于主"②。如果臣民不能为君所用,与其让他们活在世间,还不如让他们到阴间去。为了证明君主对臣民的绝对占有权,他们鼓吹臣民都是靠君主恩赐才能生活的,"夫君臣者,天地之位也,民者众物之象也。各主其所职以待君令"③。意思是,万物生长靠天地,民众生活靠君主。从理论上论证君主对臣民有生杀予夺之权,最便当莫过于把臣民的一切都说成是君主恩赐的,或把臣民本身说成为君主所有。国家、臣民既然都属于君主,那么法从根本上说也只能是君主的私物和用具,正像韩非所说:"人主之大物,非法则术也。"④韩非又说,法、术、势是帝王之具。因此法令也只能由君主独操:"君国之重器莫重于令,令重则君尊。""治民之本,本莫要于令。"⑤这样一来,与他们所说的一些立法原则就陷入了无法解决的矛盾境地。原则尽管讲得很高明,但君主一句话便可化为乌有。在君主权力面前,高明的原则很容易变成漂亮的空话。一切都由君主来决定,自然治乱也由君主的品格与能力来决定,"所谓治国者,主道明也;所谓乱国者,臣术胜也"⑥。臣术之所以胜,还在于君主暗。在这种情况下,能否有善法,法又能否实行,当然也要看君主的品格了。《管子·任法》篇说,今天下"皆有善法而不能守也",原因就在于没有"圣君"。在君主专制的政治制度下,法只能落入这种可怜的境地!

---

① 《韩非子·外储说右上》。
② 《管子·形势解》。
③ 《管子·法法》。
④ 《韩非子·难三》。
⑤ 《管子·重令》。
⑥ 《管子·明法》。

士人与新的社会价值观念的确立

说到新的社会价值观念的确立实在是一个大而难当的问题。社会价值观念有不同派别和不同层次的区分，比如有儒法道墨等不同流派之分，有上层和下层之分，有区域之别等。对这些我们都不去讨论，这里要讨论的是超越这些之上的更为形而上的和更普遍的东西。大致有如下几个题目：(一)天人合一与泛宗教意识；(二)道与自主精神和依附意识；(三)圣人崇拜与孩稚人格；(四)"立公灭私"观念与对个性的压抑；(五)大一统与王权至上。下面分别简述之。

一、天人合一与泛宗教意识

天人合一是一个古老的问题。在先秦时期已经历了不同发展阶段。大致说来，据《国语·楚语》载，颛顼(黄帝)以前天人合一是属于全体成员的事，人人可以通天地。由于人人可以通天地，造成了精神世界的多元化，人人自主，无法统一。于是黄帝命重黎不准一般人与天地通，即"绝天地通"。这是历史上的一件划时代的大事，特别是哲学史家们格外重视，有很多有价值的论述。从此以后，只有帝王和神职人员才能通天地。这里所说的天地无疑都属于神灵，而不是自然的天地。从甲骨文看，天并没有神灵的意思，不过在《尚书》的《商书》中，天是一位大神，与上帝没有明显的区分。在西周的文字(包括文献和金文)中，天同上帝基本上同指，但有时天也指自然之天，这时与上帝是不同的。作为上帝的天，一般人是不能直接相通的，只有天子与神职人员才能与天沟通。这时天人合一的特点是天王合一。从西周后期开始，社会矛盾加剧，人们由怨王而怨天，甚至诅咒上天。天的神秘和神圣地位受到挑战、怀疑，甚至被否定。但是天并没有从人们的观念中消失或弱化，在新的历史时期天被赋予更丰富的含义，于是出现了新的天人合一，其特点是泛化。

由诸子百家改造后的天人合一是一个极其庞杂的命题，在不同学派、不同思想家，甚至在每个思想家不同问题的议论中，都有不同的含义和内容。因此，要想用一句话对天人合一加以说明和概括，几乎是不可能的。强为之，不偏即陋。天与人这两个概念本身就十分复杂，天，可以指自然，可以指神，可以指必然，可以指命运等；人，可以指人类，可以指社会，可以指具体的人，可以指人的意志，也可以指人的生理等。在天人合一中，这些含义都可能出现，要联系上下文具体分析。至于天人是如何合一的，是在什么意义上合一的，可以说有各式各样，千奇百怪。这里不能按照历史的进程细细梳理天人合一观念是如何席卷思想界的，也不能给天人合一下一个明确的定义，更不能用一个简单的定义，如人类与自然的和谐来概括各种问题。在我看来，天人合一主要是一种思维方式，所探讨的问题主要是天人(各式各样的"天"与"人")的联系及其之间有怎样的关系和结构。而这里主要是讨论天人合一中有关社会结构和政治结构问题。

1.天人合一的种种方式

天人合一，既有神性，也有理性，还有情性，几种因素难分难解。在具体论述中可能有所侧重，但从中国思想的总趋势看，多种因素胶着在一起。天人合一的方式多多，约略归纳为如下几种：

其一，生成论。天生万物、生人，这一认识至少在西周已经形成。《诗·荡》说："天生烝民"。春秋战国思想界把天生民、生万物视为一种生命过程或进化过程。《易·系辞下》云："天地缊缊，万物化醇；男女构精，万物化生。"《易·序卦》云："有天地然后有万物，有万物然后有男女，有男女然后有夫妇，有夫妇然后有父子，有父子然后有君臣，有君臣然后有上下，有上下然后礼义有所错。"又说："天地之大德曰生。"人们把这种认识称之为生生哲学，它是中国传统思想的一个具有根本性的命题。天地如何生万物，如何生人，又有各式各样的说法，另当别论。生成论把天人视为一种泛血缘关系，如同父子关系一样。在这种关系中无疑具有很强的"合一"性质。

其二，由"道"而相通。"道"是春秋战国时期由崇神向重理性转变过程中的一个核心概念。各家各派对"道"有着不同的理解和定义。从最抽象的意义上看，大抵又相近，这就是通常所说的法则、规律、必然性，等等。论述天道、地道、人道几乎成为所有思想家必有之义。天道与人道一脉相通，天人合一也就体现在道上。这无疑是中国古代最深邃的认识之一。关于这个问题下边有专题论述。

其三,制约论。在天人关系中,天居于主导地位,天制约万物和人事。《易·乾卦·彖传》说:"大哉乾元,万物资始,乃统天。"《易·坤卦·彖传》又说:"至哉坤元,万物资生,乃顺承天。"在整个思想界,几乎一致认为天制约人事,人应体察这种制约,自觉遵从这种制约,于是,诸如"体"天地,"顺"天地,"因"天地,"承"天地等,成为不移之论。并由此而发展了天人合一的思想。

其四,以"类"比附而相通。把事物进行类分,由来早矣。但到春秋战国诸子兴起时,类分成为人们普遍的、重要的一种认识方法。孔子提出的"举一反三"①,"能近取譬"②,"闻一知十"③,等等,都是以类分为基础的推理认识。《墨子·小取》说:"以类取,以类予。"荀子关于类分的论述更多,诸如"以类度类","类不悖,虽久同理","以一知万"④,"听类以类"⑤,等等。《吕氏春秋》中的有关论述也很丰富,《召类》专门论述了同类之间的同一性和联系性,提出"类同相召,气同相求"等著名论断。《易·系辞》提出了"物以类聚,人以群分"的光辉思想。以类为依据认识事物以及事物之间的关系,在当时取得了辉煌的成果。但是,古人的类分并不都是科学的,在类分的过程中常常伴随着无类的比附和比拟,比如极为流行的五行说,其中就有数不清的无类比附和比拟的内容。由于世界之大、万物品类之多,显然不可能用"五行"类统,可是又硬要装进这只口袋里去,只有进行无类比附和比拟。今天看尽管不科学,在当时条件下,人们对这种思维方式深信不疑。在天人关系问题上,无类比附和比拟同样是极为流行的。以天喻人成为无待论证的公论和共识。天地君臣的比拟十分流行,姑且不论。在道德修行上亦复如是。如下最著名的两句话就属于这一类。"天行健,君子以自强不息。""地势坤,君子以厚德载物。"⑥有的学者把这两句话视为中国文化的精髓,这种评价固无不可,然而就其方法论而言,却是一种无类比附,同时又获得了天人合一的效果。这种无类比附和比拟在构成天人合一中具有十分突出的地位,汉代的董仲舒把它视为"类合",他说:"天亦有喜

---

① 《论语·述而》。
② 《论语·雍也》。
③ 《论语·公冶长》。
④ 《荀子·非相》。
⑤ 《荀子·王制》。
⑥ 《易·象辞》。

怒之气,哀乐之心,与人相副。以类合之,天人一也。"①

其五,天人秩序合一。天人合一的秩序究竟是什么,体现在什么地方?对此不同的派别有不同认识。就儒家而论,所谓贯通天人的秩序主要体现在"礼"上。礼既是天地秩序,又是社会秩序。早在春秋时期许多人便用礼来说明天人合一。"礼,上下之纪,天地之经纬,民之所以生也。"②鲁季文子说:"礼以顺天,天之道也。"③子产说:"夫礼,天之经也,地之义也,民之行也。天地之经,而民实则之。"④《礼记·乐记》说:"礼与天地同节。""礼者,天地之序也。"《礼器》说:"礼也者,合于天时,设于地财,顺于鬼神,合于人心。"在讨论儒家的天人合一的时候,如果论及人和社会,避而不谈礼,天人合一就没有着落,或者说,离开礼,在社会层面,天人合一就失去了中介。

礼的本质表现在"别""辨""分"上。《荀子·王制》说:"人何以能群?曰:分。分何以能行?曰:义。"又说:"先王恶其乱,故制礼义以分之。"《礼记·坊记》说:"夫礼,坊民所淫,章民之别……"《礼记·乐记》又说:"序故群物有别。"别的主要内容便是亲亲、尊尊。《礼记·丧服小记》说:"亲亲、尊尊、长长,男女之有别,人道之大者也。"《荀子·富国》说:"礼者,贵贱有等,长幼有差,贫富轻重皆有称者也。"礼的内容很多,要之,即"三纲五常"。

在儒家看来,人是伦理的存在,正如《礼记·礼运》所说:"何为人义?父慈、子孝、兄良、弟弟、夫义、妇听、长惠、幼顺、君仁、臣忠。十者谓之人义。"个人只有在社会人伦关系网中才能找到自己的位置。人要证明自己是人,就必须以礼做证,离开了礼就失去了为人的资格。墨子主张兼爱,不别父兄;杨朱提出不损害他人的为我。可是在孟子看来,这违反了亲亲、尊尊,斥之为禽兽。其实墨子、杨朱的主张更具人道精神,然而却不容于儒家的人道。等级贵贱与礼有不解之缘,是天人合一的人间体现。

其六,天心与人心合一。在诸子对天进行改造的过程中,除了把天自然化以外,更主要的是把天进一步道德化。天有道德性品格是西周以来的传统,至晚在西周初已见其端倪。殷周嬗替是历史的一次巨变,其中宗教观念的变革有着特别重要的历史意义,对其后中国宗教意识的发展开辟了一条新的思

---

① 《春秋繁露·阴阳义》。

②④ 《左传》昭公二十五年。

③ 《左传》文公十五年。

路。这个观念的核心就是"以德配天"。德既是一种理想的社会准则和政治准则，又是一种实践的规范和指导。内容有敬祖、尊宗、孝悌、保民、无逸、慎罚、用贤等。有否德是能否得到天助的依据和主观条件；天则依据德进行政治选择。这种观念可以说是一种宗教道德理性。诸子百家对此不仅没有遗弃，反而作了进一步发展，这就是天与心性一体化。这个问题在老子、孔子那里已隐约出现，到战国已成为一个重要的命题。《中庸》对此已有明确的论述："天命之谓性，率性之谓道，修道之谓教。"①这里的天命应该说是神性与自然性的混合。性是天命的，遵循本性就是道，教育的原则是修道。天、性、教是连续性一体化关系。实现这种一体化的中心环节是什么呢？归结为一个字，即"诚"。诚既是天之道，又是人之道，"惟天下至诚，为能尽其性"②。又说："自诚明，谓之性。"③诚是一种道德理念，它沟通了天人，使天人合一。继《中庸》之后，孟子又作了进一步的阐发，他说："尽其心者，知其性也；知其性，则知天矣。"这样，尽心、知性、知天构成一体。仁、义、礼、智原于天，所以又称之为"天爵"；同时又存于心："存其心，养其性，所以事天也。"④由于天、心相通，于是便出现了"天心"这个概念。

其七，齐"物"而合一。庄子的齐物论，惠施的"合异同""万物一体"说，影响极广的气生万物说，从万物的同一性上论述了天人合一。正如《庄子·德充符》所说："万物为一"，《庄子·齐物论》说："道通为一"，"天地与我并生，而万物与我为一"，《庄子·知北游》说："通天下一气耳"，《管子·内业》说："凡物之精，比则为生，下为五谷，上为列星，流于天地之间，谓之鬼神，藏于胸中，为之圣人。是故此(名)气，杲乎如登于天，杳乎如入于渊，淖乎在于海，卒乎如在于己(屺)。是故此气也，不可至以力，而可安于德；不可呼以声，而可迎以音(意)。"精气充塞宇宙，组合成万物与人。上述这些以"气"论证天人合一，无疑是最深邃、最富有哲理的一种思维方式。

其八，天人感应。天人感应是说天人之间神秘性的互动，天能干预人事，人事也能感应上天。天象、灾异、祥瑞等异常都是对人的警示和表彰，人事

---

① 《中庸·第一章》。
② 《中庸·第二十二章》。
③ 《中庸·第二十一章》。
④ 《孟子·尽心上》。

之善恶也会感应上天。天人感应由来已久,应该说西周的"以德配天"、天以德择主就是一种天人感应。在《尚书》以及《左传》等文献中有很多天人感应的记载,诸子中也有诸多论述。到了汉代的董仲舒更进一步系统化、理论化和神秘化。

除以上种种外,在中医理论中还有天人相应论、艺术中有师法自然等。我开列这么多的天人合一的方式,仅仅是叙述上的方便,分得如此之多,不免有肢解天人合一之嫌。其实以上种种绝不是绝然分开的,在很多情况下是混合在一起的。这里的区分是为了更好地把握天人之合。我想说明的是它们的共同点,那就是统一的宇宙秩序,天道、地道、人道的统一。

2.天人的神性合一与泛宗教意识

时下有不少学者反复说天人合一就是人类和自然的合一或和谐。如果是自己的新解或解释固无不可;但说这是古代的原意则绝对不符合文献所显示的事实。我不否认在某种语境或个人著作中,天人合一中有人类与自然和谐、合一的内容。但就天人合一这个命题而言,它所含的神秘性绝不比理性少,应该说两者是混合在一起的。

天的含义虽然有自然的含义,但在传统思想中始终具有神秘性和宗教性,这主要表现在,天是有意志的最高的造物主和主宰者。中国古代虽然没有以"天"为崇拜对象的有完整组织系统的宗教组织,但对天的崇拜却有着宗教意义。其宗教性靠社会意识、礼俗和思想来维持。这种宗教不像有组织的宗教形成一个有组织的群体,而是充塞于整个社会,是一种弥散性的宗教。它的无形胜有形,无声胜有声。几乎每个人都是天然的教徒。

对天与对自然的泛崇拜中包含着明显的泛宗教意识,或者说对天的崇拜是一种准宗教。在这种准宗教中,君主便是这个准宗教的准教主。"天子"可以说是最形象的表述。所有的帝王都是天的宠儿,他们的生命本身就具有神性与超人的性质,他们是感天而生的神物,是天人交媾的产儿。"天子"这个概念中包括了说不尽的宗教意义,只要认同这个称谓,自然便是自觉或不自觉的教徒。

"天子"本来已经神化了帝王,但帝王们还嫌不够,干脆径直称"天"。《尔雅》说:"天,君也。"《左传》中也有这样的说法。《孟子·离娄上》说:"天之方厥"云云,《注》曰:"天,谓王也。"在古书中看到"天王""天元""天公""天父""天皇"

"天皇大帝"等类似概念,需要细细体味,它既可以指天神,也可以指帝王。

帝王是天,是天子,又是唯一的通天者。在宗教性的天人合一,如郊祀、封禅等祭祀礼仪中,除天子外,任何人不能与天合一。对一般人,是绝对禁止与天地通的。

天在中国的古代从来就没有失去过神秘性,因此天子也总具有神性。这种神性既是其超人的证明,又是其绝对权力合法性的证明。

论述帝王的合理性的理论多多,而"奉天承运"可谓最具权威性。"奉天承运皇帝"作为套语是从明太祖朱元璋开始的,清朝继之。"奉天承运"四个字把帝王的超然性、必然性与合理性作了简要的概括,所包含的思想文化意义极为丰富,源远流长,凝结了多少代人的智慧。"奉天"这个词一开始就是表达帝王与天之间神秘性的词汇。《尚书·洛诰》有"奉答天命"之语。《泰誓》明确提出:"惟天惠民,惟辟(君主)奉天。"《尚书·梓材》说:"皇天既付中国民越厥疆土于先王。"《诗·执竞》说:"丕显成康,上帝是皇。自彼成康,奄有四方。"《大盂鼎》称:"丕显文王,受天有大令(命)。在武王嗣文王乍(作)邦,辟厥匿,匍有(四)方,允正厥民。"《师克盨》称:"丕显文武膺受大命,铺有四方。"在其后漫漫的岁月里,"奉天"一词是君主神圣地位的依据和特有的功能;"运"在中国思想文化中也是极富哲理的。"运"的本意是移动、旋转。在词义的扩展过程中,增加了形而上的内容。约略而言表现在如下三方面:其一,庄子提出"天运"这个概念,并写了《天运》篇。庄子之旨,言天地变化,皆属自然,同时又指天体运行。《文子·道原》讲:"天运地墆,轮转而无废。"意思是天体之运转如车轮,周旋不止。其二,邹衍提出"主运"这个概念,并作《主运》,论述了阴阳五行主历史之变、朝代更替、帝王移姓以及国策调整等,又称五德终始说。邹衍的这一理论影响极大,成为战国后期和秦汉魏晋南北朝时期的不移之论。其三,"运命",大抵是五德终始说和天命的混合。以上是分而言之,其实三种含义常常是交错混通,包括我们所说的神秘性的命运、大势所趋、历史的必然性以及规律等。落实在历史上,主要表现在朝代的更替、改制等。这种"运"与一般人是无缘的,只能由创业的君主和继体之君来承担、来体现。孔子说的"天生德于予"就有"承运"的含义。孟子说的"五百年必有王者兴",更是"承运"的具体化。邹衍的"主运"则是"承运"的范式化。诸子时期奉天承运的观念已经大体具备,下面这些论述就具有奉天承运的含义,如:

"子曰：'大哉尧之为君也！巍巍乎！惟天为大，惟尧则之！'"①

"古者包牺氏之王天下也，仰则观象于天，俯则观法于地。"②

"昔者，圣人之作《易》也，将以顺性命之理，是以立天之道曰阴曰阳，立地之道曰柔曰刚，立人之道曰仁曰义。"③

"夫大人者，与天地合其德，与日月合其明，与四时合其序，与鬼神合其吉凶。先天而弗违，后天而奉天时。"④

"王者执一，而为万物正"，"以身为家，以家为国，以国为天下。此四者，异位同本，故圣人之事，广之则极宇宙，穷日月，约之则无出乎身者也。"⑤

"天子者与天地参，故德配天地，兼利万物，与日月并明，明照四海而不遗微小。"⑥

君权神授是贯通整个古代社会意识的核心命题之一，也是君主合理性的最高依据。

学界颇为流行的一种说法是，中国没有经历过宗教时代，人文的理性精神占据主导地位。从一方面看似乎是这样。但是冷静想想，世界各民族几乎都没有超越宗教时代，我们这个民族难道就如此明智？情况恐怕未必如此。从人类普遍经历过宗教时代一样，我们的祖先也不可能超越宗教，只是有自己的特点而已，其特点之一就是在天人合一的信仰中表现为弥散性。

天人合一是神性与理性的混合物，天的泛化导致了崇拜的泛化，我们的宗教意识被分化成几部分：一部分给了上天；一部分给了天的泛化物，如自然神等；一部分给了命运；还有一部分给了天子；另外还有祖宗神灵等。所以我们祖先的宗教意识是一种弥散性的宗教意识。

二、道与自主精神和依附意识

"道"是中国传统思想文化的核心范畴之一，是理性的最高抽象，又是整

---

① 《论语·泰伯》。
② 《易·系辞下》。
③ 《易·说卦传》。
④ 《易·文言》。
⑤ 《吕氏春秋·执一》。
⑥ 《礼记·经解》。

个思想文化的命脉,是春秋战国诸子贡献给我们民族的精灵。只要翻开当时的文献,各家各派没有不"论道"的。孔夫子说:"道不同不相为谋",说明道是党派的标志;《易传·系辞》说:"形而上者谓之道",说明道是一种抽象和一般性;《庄子》中说"盗亦有道",说明社会各行各业都有自己的道;诸子百家争鸣各以其道攻人之道。道就在这样一种环境里,上升为普遍的抽象,于是成为关系整个传统思想文化的历史和价值定位问题的一个核心观念。士人高扬道的大旗铺张了无数的论题,内容极其丰富,这里无法全面讨论,只就社会与政治方面的几个具有全局性的问题作一概述。

1.道与道高于君

甲骨文里是否有"道"这个字,学界尚有不同意见。西周金文与文献中的"道"基本意思是道路。《尚书》中的《洪范》篇诸多学者认定是西周初年的作品,其中有"王道"一词,说明"道"已被用于政治领域,并成为一个具有丰富内容的政治概念。《洪范》制作时间有争论,对"王道"这个关键词的历史判断有直接的影响,这里不论。但最晚到春秋时期已有"天道""地道""人道""先王之道"等概念的出现与广泛使用。到老子手中,"道"更抽象为一个更高的形而上的概念。此后各家各派无不把"道"作为表达自己的最普遍和最本源的概念来使用,"道"的含义像连续乘方一样拓展,并上升为思想文化的核心概念之一。到底"道"的含义是什么,实在不能一语道尽。罗列起来有下边的一些内容:

道是世界的本源或本体;

道是万物运行的规律、法则和必然;

道是事物的内在的规定性、本质和自然;

道是人类社会的最合理的准则与规范;

道是真理和最深邃的认识;

道是公正、善、高尚;

道是美,是艺术的真谛;

道是人们生存和取胜的依据;

道又包含一定的神性;

……

总之,道是整个思想文化的核心概念,我们作个假定,如果把"道"这个概念抽掉,整个思想文化就会立即散架。

任何事物和道理只要进入"道"的境地就具有形而上的超越性、普遍性、至上性。人类社会都必须遵从"道"的规范,其中包括帝王。于是就出现了"道高于君"的命题。这句话是荀子概括出来的,但又是诸子的共同议题,问题的提出又早于诸子。

早在政治理念萌发之时已蕴含王、道二分。历史给我们留下的第一篇政治文告《盘庚》,已有政治理念的端倪。盘庚虽然以上帝(又称"天")化身来发号施令,但同时也还讲"德""重民"等。盘庚翻来覆去强调,他自己一切遵奉"德",事事"积德","不敢动用非德"。显然,德已经悄悄站在王之旁成为一个政治理念准则。殷周之变,大大促进了政治理念的发展。周武王、周公等用"以德配天"和"天以德择主"的认识方式,解释了夏、商、周的历史之变,德与王的二分更为明朗化。在后来的发展中,为什么在"德"之旁生出来了一个"道",而且又后来居上?依我看,主要原因是,德是一个附属于天神的观念,在春秋战国思想文化转型中,要突破天神的束缚,张扬理性的形而上学,"德"显然是不能适应的,需要创立新的观念,"道"正是适应这一思潮的要求而被张扬起来。("道"并没有取代"德",而是与"德"并存,容纳了"德",并赋予"德"以新的内容。道与德联袂,于是又创造了"道德"这一概念。)从最抽象的意义上说,"道"是有关宇宙(天、地、人)理论体系的一字性凝结和概括,同时又是真、善、美和智慧的最高体现。道的理论体系一旦形成,它就会成为超越任何具体事物和个人的一种存在,即使是权力无限的君主也不能独占。西周时期的天子大致还能驾驭"德",并给予界定。随着"道"的发展,君王们也一直在设法占有它、支配它,或让它适应自己,不过"道"作为一种观念系统,一直是独立的,君主也无法改变。这不仅表现在道、王相对二分,而且"道"对于王还具有某种超越性。大致而言,表现在以下几点:

其一,道、王二系。道所表达的是知识、道理和价值合理性系统,王所代表的是秩序、制度和权力系统。道、王二分在诸子之前已经有相当明朗、清晰的认识。"先王之道""先王之制""王道"等观念的出现及其超现实君主的性格已经表达了道、王二系这层意思。晋国丕郑论"义"高于君,把认识推向一个新的高度。晋献公得骊姬,生奚齐,欲废太子申生。大臣荀息唯命是从,并讲了如下的道理:"吾闻事君者,竭力以役事,不闻违命。君立臣从,何二之有?"丕郑对此提出异议,他认为:"吾闻事君者,从其义,不从其惑。惑则误民,民误失德,是弃民也。民之有君，以治义也。"①丕郑把义与君分为二系，义高于君，从义不从君。诸子之兴，创造了新的思维方式和新的知识体系，在道、王二系问题上又增加了新的内容，把认识提高到一个新的阶段。由于各家各派理论体系不同，论述的方式和侧重点也有差异。

儒家的道主要是宗法道德理性。所谓宗法道德理性，是指崇尚亲亲、尊尊，把亲亲、尊尊为中心的人伦道德体系视为道的体现，并以人伦道德为中心整合、治理社会。时下许多学人称儒学的核心是"人学"，或"成人之学"。依我之见，这种说法太宽泛了，还应接着往下说。所谓"下"，就是具体化、历史化。如果说儒家的核心是"人学"，其"人"并不是独立、自主、自由的人，而是以君臣、父子、夫妇为中心网络化、社会化的"等级人"。这种"等级人"的关系是由"三纲五常"来维系的。我所说的宗法道德理性，其中心内容就是"三纲五常"。在儒家的理论中，"三纲五常"既被天命化，又被本体化，同时还是天人统一秩序的具体体现。

法家讲的道主要是法制（或"治"）理性。所谓法制理性，指法是道的体现，是人类的"公"，因此要尚公崇法，依法治国。法家在哲学上受道家影响最为直接，慎到是把法与道结合起来的最早代表人物，《管子》中的法家著作、韩非等也都把道视为法的本体，或法原于道。所有的法家都认为，法理（法哲学）以及体现法理的法、律、令等，都具有规律性和一般性。法要顺天道、随时变、因人情、遵事理，因此常常用"道""常""则""节""度""数""理""时""序"等概念来表达天道、历史、人情、事理与法的内在的统一和规律。这种统一和规律体现了自然、国家和社会的统一。因此法制理性超越王本身。

道家的道主要是自然理性。所谓自然理性，是指以自然为本，凡属自然的均是合理的，自然而然，崇尚自然。它与王的关系，大体又分为两派：一派以庄子为代表，另一是黄老派。庄子一派认为道与王是对立的，道虽然没有完全否定王，但王在道面前是等而下之的卑物。这种思想在老子那里已经有经典性的表述："失道而后德，失德而后仁，失仁而后义，失义而后礼。"②其中已包含着对王权的鄙视。庄子沿着这一路线对君王们进行了猛烈的鞭挞（有些篇例外），指斥君主们是一批盗贼，"窃国者为诸侯"；君主又以名利挑动人欲，破坏

---

① 《国语·晋语一》。
② 《老子·第三十八章》。

了人们的自然生活,是搅乱人心的祸首。人们都称颂尧、舜,在庄子看来,恰恰是尧、舜把天下引向万丈深渊。体现自然理性的是那些"真人""至人""体道者""圣人""神人"等;帝王系列的人物,如黄帝、尧、舜等,大抵是离道者。黄老派与庄学相反,是积极主治的一派。有的学者称黄老派为"道法家",是很贴切的。"道生法"①把问题说得十分清楚。道、法一系,法本于道。君主之所以为君主,则主要是有权势,"衔命者,君之尊也"②。"人主者,天地之□也,号令之所出也,□□之命也。"③"主上执六分(按:指君臣在权力结构中不同地位的六种情况)以生杀,以赏(信),以必伐(罚)。"④庄学与黄老派对政治的态度尽管有很大差异,但都崇尚自然理性。

墨家的道主要是说社会公正理性。所谓社会公正理性,指的是以社会为本位,倡导"兼相爱,交相利",以此作为社会的公"义"。公义与"一人一义"的私义是对立的,公义高于私义。公义原于天,出于圣。天是有意志的天神;圣人是天意的体现。这种社会的公正理性高于王,规范王。王作为"政长"系统的首脑应实行公义;如果违反公义,不败则亡。

阴阳家的道主要表现在五德终始的历史理性。阴阳家的学说很庞杂,这里只谈邹衍的五德终始历史理性问题。五德终始说主要包含两方面的内容:一是历史按五德依次循环,二是相应地把政治分为五种类型(或五种模式)。在五德终始的历史理论中虽然混杂着神秘色彩,但在当时又是最富于理性的历史理论。它向人们揭示,没有不亡的朝代,没有不变的政治格局。历史之变是不可抗拒的,只有善于适应历史者才能获得胜利。在这个历史理性面前,一个朝代是有限的,具体的王更是短暂的。

其二,道高于君。这一理论概括最早是荀子提出的,但这层意思在"道"的理论化过程一开始就萌发了。道高于君不是儒家所独有,各家各派大抵都有类似的主张,是时代的通识,连极力鼓吹君主专制主义的法家也在其中。《管子》中的法家派著作一方面提出君主是"生法者";另一方面又提出,法一旦制定出来就成为超越君主的一般性规定,要高悬在君主的头上,君主也必须遵

---

① 《法经·道法》。
② 《管子·形势》。
③ 《经法·论》。
④ 《经法·六分》。

守。这如同工匠能成规矩而不能成方圆那样,方圆高于工匠;法一旦制定出来也高于君主。韩非在《解老》中说:"凡道之情,不制不形,柔弱随时,与理相应。万物得之以死,得之以生;万事得之以败,得之以成。"对君主也是一样,道是胜败存亡的依据,所以他一再告诫君主要"因道"。道高于君主要包含以下两方面的内容:

一方面表现在"君道"的抽象超越了具体的君王。社会角色的规范和抽象是人类自我完善、自我制约、自我提高必不可少的一环,也是人类理性发展的一个重要标志。商、西周时期虽然政治理性在君主之旁已悄然兴起,但人们还不能对神秘的"天子"作出更多的规范,因为他是崇拜的对象。随着周天子的式微,疑天思潮的泛滥和以"道"为中心的理性的兴起,"王"无疑还受到人们的膜拜,但已从神坛请下来变成认识对象。诸子百家有关"先王之道""王道""圣王之道""君道"等的理论,集中体现了对君主认识和抽象的成果。君道无疑肯定了君主,但又超越了具体的君主,成为君主的一般性规范。它具有提高君主的作用,又是一种政治理想。在这种一般和理想面前,一个个的君主都变成等而下之的具体存在。一般高于具体,这是人类创造的通则,是社会完善的必由之路。君道超越君主是政治理性发展的重要标志之一。

另一方面表现在道的形而上内容远远超越了君主。道的形而上学内容有不同层次,具体而论,有"天道""地道""人道",这些都已远远超越了具体的君主;统而言之,道是有关天地人的统一性(又可称之为宇宙体系或宇宙秩序),以及天地万物本源和规律性的形而上学论,其超越君主的意义更不待言。在这些形而上的理论体系中,君主只不过是其中的一个网结。《老子》说:"道生一,一生二,二生三,三生万物。"其中还没有明确给君主留下位置,当然在另外的论述中,又把道、天、地、王并称为四"大"。《易传》说"一阴一阳之谓道"①,天为阳,地为阴。"有天地然后有万物,有万物然后有男女,有男女然后有夫妇,有夫妇然后有父子,有父子然后有君臣,有君臣然后有上下,有上下然后礼义有所错。"②显然,君主只是整个宇宙生成系统的一环。这类宇宙理论体系的道,无疑是高于君主的。

道高于君是中国传统政治理性的一个核心命题,同时又凝结为政治文化

---

① 《易传·系辞上》。
② 《易传·序卦》。

而成为中华民族的一种政治精神和价值准则。在这个大纛下演出了一幕又一幕政治多彩剧。

2.尊道与自主意识和依附意识的组合

君臣之间本来是主奴、主仆关系，在春秋以前盛行的是绝对、盲目服从，诸如"君命无二"[①]，"君命，天也"[②]，"委质为臣，无有二心"[③]等等观念在君臣关系中占主导地位（此后也一直流行）。"道"的突起，道高于君，引起了君臣关系的变化。高扬"道"的人认为，要把"道"视为君臣关系的第一纽带。在这股思潮发展中，孔子进一步提出了"以道事君"[④]这一具有划时代意义的命题。以道事君表示，臣是道义的承担者，为道义而仕；在道义面前，臣与君是平等的。如果道与君之间发生矛盾，则要以道为上。孔子温和地提出了"邦有道则仕，邦无道则可卷而怀之"[⑤]。孟子增加了刚烈的大丈夫精神："天下有道，以道殉身；天下无道，以身殉道；未闻以道殉乎人者也。"[⑥]荀子更明确地提出"从道不从君"[⑦]，"志意修则骄富贵，道义重则轻王公"[⑧]。为了实现道，在是非和道义问题上，臣要有"格君心之非"的责任和勇气；在行动上要敢于进行争、谏、辅、拂；还要有为道舍身的精神。如果王实在不可救药，儒家还主张实行革命，取而代之，但这只有圣人才可以做。

墨子同样主张以道义事君。墨子说："道不行不受其赏，义不听不处其朝。"[⑨]墨子主张言行一致，下边两个故事说明在行动上是以道义为重的。墨子派弟子高石子去事卫君，卫君待之甚厚，设之以卿位，致之以厚禄。高石子上朝尽言墨家一套主张，卫君听而不行。高石子愤然离去，见到墨子说："卫君以夫子之故，致禄甚厚，设我于卿。石三朝必尽言，而言无行，是以去之也。卫君

---

① 《左传》僖公二十四年。
② 《左传》定公四年。
③ 《国语·晋语》。
④ 《论语·先进》。
⑤ 《论语·卫灵公》。
⑥ 《孟子·尽心上》。
⑦ 《荀子·子道》。
⑧ 《荀子·修身》。
⑨ 《墨子·贵义》。

130

无乃以石为狂乎？"墨子回答说："去之苟道，受狂何伤？"①宁为狂而不失道，何等豪迈！越王通过墨子的弟子公尚过转请墨子到越共商国是，还以五百里地预封墨子。墨子听后说道："子观越王之志何若？意越王将听吾言，用吾道，则翟将往，量腹而食，度身而衣，自比于群臣，奚能以封为哉？抑越王不听吾言，不用吾道，而我往焉，则是我以义粜也。钧之粜，亦于中国耳，何必于越哉？"②墨子把道义看得比权势、禄位更重，虽然许多诸侯争相聘请，大多因政见不合而拒仕，宁肯过清贫的生活，也不折道义。

　　法家对问题的看法与儒、墨有别。他们在君尊臣卑这个问题上无疑比其他派别更为突出，更强调主令臣从，但同时又主张君臣在法面前应平等以待，对法要"共立""共操""共守""公执"，要以法为公，尚公而抑私。所谓"私"，内容很多，这里不去讨论，其中有一点对君臣是共同的，法之外都是"私"。君主在法之外行惠与施暴一样，都是对法的破坏，都属于"私"。法是既成的规定，面对法，更强调执行，而不主张法之外的能动性和创造性。因此，对臣下进谏持分析和慎重的态度，不像其他家那么张扬。不过法家还是有限提倡进谏的，但要以法、以公、以功业为准则。所谓忠臣、谏臣，对上要"说人主使之明法术度数之理以避祸难之患"，对下能"领御其众以安其国"③。"忠言拂于耳，而明主听之，知其可以致功也。"④"能上尽言于主，下致力于民，而足以修义从令者，忠臣也。"⑤如果在法和功业问题上与君主发生矛盾，同样不能盲从，"能据法而不阿，上以匡主之过，下以振民之病者，忠臣之行也"⑥。"为人臣者，君有过则谏，谏不听，则轻爵禄以待之。"⑦法家以对法的态度和执行情况，对君臣进行了品分，《管子·七臣七主》便把君臣分成七类。法家也是主张以道事君的。

　　道家对这个问题的态度较为特殊。庄学一派尊道而排斥君，出世而鄙视君，甚至走到无君的地步。黄老派则积极主治，在思想上兼收法、儒，主张以道事君。《经法》中黄帝和大臣力黑之间的论治突出的是道。

　　①《墨子·耕柱》。

　　②《墨子·鲁问》。

　　③《韩非子·奸劫弑臣》。

　　④《韩非子·外储说左上》。

　　⑤⑥《管子·君臣上》。

　　⑦《韩非子·难一》。

在理论上诸子的主流应该说都是主张以道事君的,对从道不从君的观点也都或多或少进行了论述。至于具体人在实践上如何,则另当别论。

春秋以前,君王主要是崇拜的对象,不能自由认识。此后,随着理性的发展,自由认识范围的扩大,君主逐渐变成认识对象。对君主的认识包括许多内容,其中重要一项是以道为标准品分君主。各家各派品分标准尽管不一样,大致说来分为"好""中""坏"三种。所谓好,就是"圣王""明主""有道之君"等;坏,即"乱主""暴君""不肖之主""亡国之君""无道之君"等。好、坏之间还有多品,可通称为"庸主"。按韩非的说法,好的和坏的都是千年不一出的,绝大多数是庸主。孟子也说五百年才出一个合格的王。当时的思想家把现实的君主放在道面前衡量时,几乎得出了一个大体相同的结论,一句话,都不合格。孟子与梁惠王对话后,指斥梁惠王"不仁哉"①。又说:"不似人君。"②荀子也认为没有一个合格的,都是"乱其教,繁其刑"③之辈。又说:"今君人者,急逐乐而缓治国,岂不过甚矣哉!"④即使像法家这样的君主专制的讴歌者,对当时的君主也大有微词:"今乱世之君臣,区区然皆欲擅一国之利,而管一官之重,以便其私,此国之所以危也。"⑤道高于君和以道品分君主在当时形成一股强大的社会思潮,并凝成一种稳定的政治文化,即形成了社会的普遍观念和政治价值准则。在这股劲风面前,许多君王战战兢兢,如不自已,在理性面前能低下高贵的头,程度不同地矫正自己的决策和行为。《淮南子·修务训》记述魏文侯的故事。魏文侯便深明道义重于权势,他说:"段干木光乎德,寡人光于势;段干木富于义,寡人富于财。势不若德尊,财不若义高。"齐威王以虚心纳谏著称,他曾下令:"群臣吏民,面刺寡人之过者,受上赏;上书谏寡人者,受中赏;能谤议于市朝,闻寡人之耳者,受下赏。"⑥战国时期形成一种礼贤下士的政治风气,这与士张扬道有很大关系。君主们因重道而尊士,甚至与士人"分庭抗礼"。君主屈权而重道成为一种美德,说明有些清醒的君主是尊重政治理性的。

---

① 《孟子·尽心下》。

② 《孟子·梁惠王上》。

③ 《荀子·宥坐》。

④ 《荀子·王霸》。

⑤ 《商君书·修权》。

⑥ 《战国策·齐策一》。

道、王二系是诸子的共同话题，也是整个思想文化中的一个基本命题。道、王二系在理论上完成了政治理性与王的二分。由此引申出，政治理性不是王的私有品，也不是王所能垄断的；它是人类认识范畴中的一个问题，是一个社会价值问题。从认识意义上说，任何一个人都可以参加到认识行列中来。先秦诸子"横议"政治，以及其后士人关切、评品政治，甚至平民、布衣上书议政，应该说都是以道、王二系为依据的。

在社会关系中，如果在君主面前能以道为标准进行取舍，进行品评，说明人具有了一定的自主性（或主体性）。因为在整个社会关系中，君主是最难超越的一关，能够超越君主，其他的社会关节相对容易得多。士人以拥有道而自大，而敢轻王公、藐诸侯，自主性或主体性因此而凸显。

自主性或主体性是一个历史的范畴，在不同时期所依恃的根据是不同的，在近代，人的自主性或主体性是由人身的自主而定的，是一种生的权利，也就是说，人的自主性并不是依靠什么"道"而有的。应该说相反，人的自主性就在自身，选择什么"道"与自主性本身没有关系；如果说有什么关系，选择什么"道"与做什么事一样，都是自己自主的选择，也就是说，"道"与"事"等都是自主性的表现，是自主性的证明，而不是自主性本身。但在古代，在春秋战国时代，依据道而有的自主性或主体性，与此有原则的区别，以"道"作为自主性的前提和依据，从根本上说依然是依附性的，这同人身依附有所不同，它是一种观念依附。如果所依附的"道"是主张个人独立、个性自由的，无疑会把人带入个人独立和个性自由之地；如果所认同的"道"本身是一种依附理论或有很强的依附性，那么这种"道"就会把人带入依附或半依附之境。"道高于君"与"从道不从君"给人的第一印象是张扬"道"，君主被放在一边；另外高举"道"的人的主体性似乎也凸显出来了。但再细分析，如果所依附的"道"本身就主张等级制与君主制，那么这种"道"把人带到哪里去了呢？这里暂不说道家，只说儒家、法家、墨家、阴阳家的"道"。从总体上看，这些家的"道"都是等级之"道"，并是君主制的体现。

在思想史中有一个重要的事实，即人们在阐发、高扬"道"的观念过程中，一直向"道"注入王权主义精神。进而言之，道的主旨是王权主义。这一点被我们的许多学者，特别是被新儒学所忽视。只要稍稍留意观察，这一事实应该说是昭然的。这里我只谈三点：

其一，道对王的定位及其王权主义精神。

中国传统思想文化中的道无所不在，千姿百态，但影响最大、最具有普遍性的，要属有关宇宙结构、本体、规律方面的含义了。道正是在这种形而上学的意义中给予王以特殊的定位。

宇宙结构说有多种多样，但都遵循天人合一这一总思路。《易·系辞上》说："一阴一阳之谓道"，阴阳相交而生万物，而君臣尊卑之位便是宇宙结构和秩序的一环，"天尊地卑，君臣定矣；卑高以陈，贵贱位矣"。前边已经讨论过，天人合一的重心是天王合一。中国古代的宇宙结构理论无疑有其历史认识意义，然而这个恢宏结构真正能把握的部分是其下层的社会结构。社会结构的主体就是贵贱等级制度。王则是等级之纽。

道是宇宙万物的本体，同时又是宇宙万物之用，即所谓的体用不二。细致分析，在不同的语境中，道、天道、地道、人道、天理、心性、礼义、刑法、道德等无疑是有区别的，但从更抽象的意义说又混而为一体。无论是"体"或"用"，表现在社会关系上，其主旨都是为君主体制服务的。有人会说，这未免把深奥的哲学问题简单化了，其实，如果把深奥的哲学问题还原为社会历史问题，有时就是相当"简单"的。把"简单"的社会历史问题深奥化，固然是认识不可缺少的；反过来，把深奥的哲学问题还原为"简单"的社会历史问题，同样也是不可或缺的。"体用"问题如果落实在社会历史上，难道不是为君主制度辩护吗？

道所蕴含的规律性思维方式及其所揭示的规律，在中国的思想文化中有说不尽的话题，然而其中最主要的、影响最大的、在社会生活中最实际的，应该说是社会等级制度以及以等级制度为基础的王权至上论。

其二，道的纲常化及其王权主义精神。

中国是一个宗法-王权社会，从有文献记载开始，有关伦理纲常的内容就十分突出。伦理纲常向来与政治就是一体的。伦理纲常是儒家的主题自不待言，墨家以及法家在不同程度上也是倡导的。在道家中，庄学对纲常投以鄙视的眼光，其他派别，特别是黄老派对纲常是十分重视的。

把伦理纲常形而上学化很早就开始了。春秋以前是神化，随着道的兴起，又开始道化（依然保留着神性）。伦理纲常的细目很多，其中最核心的是"三纲"。董仲舒做了一件影响千古的大事，这就是把伦理纲常概括为"三纲五常"，并把它形而上学化，即道化和神化。其实，三纲的内容在战国诸子中已具备，《韩非子·忠孝》篇用另一种方式把三纲概括出来了。

儒家所论的伦理纲常无疑比具体的君主更有普遍意义，甚至经常高举纲常的大旗批判某些君主,有时还走到"革命"的地步。然而这丝毫不意味着对君主制度的否定,恰恰相反,而是从更高的层次肯定了君主专制制度,用形而上学论证了君主制度是永恒的。我们不能忽视儒家的纲常对王的规范和批判意义,同时也不宜忽视这种规范和批判的归结点是对王权制度的肯定。

其三,道施化万物的中介是圣王。

道化万物,主宰万物,又是万物之所以为万物的依据。道的作用,其大无外,其小无内,无所不在。然而道并不是在任何情况下都独立自主地施化,在许多情况下,圣王、圣人是道施化万物,特别是施化人类的不可缺少的助手,甚至没有圣王、圣人,道也就失去了它应有的作用。从另一方面讲,圣王、圣人之所以为圣王、圣人,就在于体道。圣王、圣人是道的人格化。此处只强调一点,把圣王、圣人作为道施化万物的中介,圣王之制也因此而被神圣化。只要翻开我们老祖宗的著述,有一点是普遍的共同的认识,那就是对圣王的崇拜,圣王能把人类带入太平世界。圣王无疑不同于一般的王,但只有王才有可能成为圣王。儒者的角色是帝王之师,要设法格君心之非,帮助王成为圣王。这种精神固然有其珍贵的地方,然而他们的思维方式和价值选择不仅没有离开王制,而是以肯定王制为前提的,毫无疑问也肯定了王权主义。

对道的张扬与尊崇的确同现实的君主拉开了距离,以道为翼,甚至于把自己提升到君主之上,对君主进行品评;但是道的王权主义精神又把自己安置于王权主义体系之中。这样,从前门出来,又从后门进去。绕了一个圈子,获得了主奴综合性格,在道高于君的旗帜下,表现了主体性,在尊道的旗帜下则是道的附属物。把自己从属于一个主人还是从属于一种主义,自然是有别的,但在"从属"这一点上又有共性,所以在实际上这两种从属是常常相通的。我们从历史上可以看到,那些张扬道高于君的骨鲠之士,常常是大忠之臣。孟子是对诸侯们进行严厉批判的著名士人之一,他对一些君主的批评有狗血喷头之势,可是他自称,没有比他更爱君主的。这是一个极其重要的典型人物,他的大丈夫精神曾鼓舞多少忠勇之臣抗拒君命,然而这些人几乎又都是孟子式的人物,是一批最爱君主的人。

以往学者对道的论述,特别是新儒家,大抵多强调道的理性规范和批判意义,强调其理性的独立性及其与王的二元关系,对道的王权主义精神很少论及。就历史实际而言,我认为这类看法有极大的片面性,甚至可以说忽略了主要的历史事实。其实,无论怎样抽象的思想,它都有一定的历史内容;抛开历史内容,只能是灰色的、无生命的东西,或者是文字游戏而已。

道、王相对二分与合二而一是有机组合关系,同时也形成一种思维范式,历史上最伟大的思想家和诤谏之臣都没有从这种范式中走出来。这种思维范式的影响比具体内容的影响更为广泛和深远,不可不察!

我们祖先在道高于君的旗帜下走向自主性,但道本身的王权主义精神又把我们的祖先引入依附于君主的地位。也就是说,以"道"为据而争得了自主性;尊道又使人变成"道"的奴隶;做了"道"的奴隶就从灵魂上丧失了自主性,其依附性更难解脱。

三、圣人崇拜与孩稚人格

圣人是道的人格化,是人的社会角色的完成。圣人肩负着最高理想,并能付诸实践,因此关系着人类的命运和希望。圣人问题是传统思想文化的核心问题之一,是春秋战国士人们共同塑造的一个体现最高价值的超人。在超人面前其他的人都变成长不大的孩子。

1.由崇神向崇圣的转变

中国传统思想文化观念,以春秋战国为界,此前以崇拜上帝、上天为主;其后,以崇圣为主。由崇神向崇圣的转变是中国历史上思想文化转型时期的一大创造,也是一大特点。

殷代思想文化以及人们的精神情感,沉湎于"率民以事神"的氛围之中。从现存的资料看,殷人对神还缺乏终极追求意识,也缺乏道德意义。他们崇拜上帝等诸神,一方面是神主宰着他们的生活和命运;另一方面,他们所求于神的,大抵只限于实用价值,即吉、凶、祸、福之类的判断和功能。因此,还处于宗教的初级阶段。

周取代殷,对殷人的上帝崇拜有因有革,这表现在"祈天永命"和"以德配天"的有机统一。从现有资料看,不能说周人仅仅把上帝、上天当作工具使用,他们在思想情感上依然十分崇拜上帝、上天,而且十分投入。但与殷人相比,也有重要变化,这就是神人相需、互补、互动,其中枢是"德"。天唯德是佑,人则以德配天。在这种关系中,人的主动性和能动性明显增加了,而这又是以理性为基础的。周初诰命中反复强调的"敬""慎""无逸",以及有关"我有周既受,我不敢知曰:'厥基永孚于休'"①的警告,都可视为理智的标志。这里强调一点,即周人的智慧和贡献与其说是上述观念本身,毋宁说是它的思维方式。这种思维方式意味着:在敬神中会把神抽空,或者说,实践的理性不可避免地要把神性排挤到后边。

春秋战国的社会变动为这种观念的转变提供了历史条件,给人们的历史创造性提供了更广阔的舞台。在复杂的社会角斗中,人们进一步悟出了如下的道理:"国将兴,听于民;将亡,听于神。"②"民,神之主也,是以圣人先成民,而后致力于神。"③重民,主要是从政治力量上讲的,如何把这种力量组织起来,就需要智慧了。于是在用人问题上,突出了用贤和使能;于是有"使能,国之利也"④之类观念的兴起;有以贤能为"国宝"之喻。在用贤、使能的浪潮中,"圣"被凸现出来。

关于"圣"的本义,先哲时贤有过种种考证和解释,顾颉刚先生的《"圣""贤"观念和字义的演变》一文足资参考。老先生的结论是,圣的本义"只是聪明人的意思,'圣人'也只是对聪明人的一个普通称呼,没有什么玄妙的深意。"初期大抵是如此。从认识运动看,春秋时期突出圣人,反映了认识的深化,即理性的进一步发展;从历史的运动看,突出圣人,反映了神的功能的下降,人的能动性的上升和对自身力量信心的增长。

在把"圣人"推向理性的化身和人类的救星这一历史运动中,老子和孔子有着特殊的贡献。老子对"道"进行了前所未有的阐发,道既是万物的本原、本体,是万物运动的规律和事之理。圣人则是唯一能知"道"的人,并把"道"传播给众人。圣人"体道"是中国传统文化中的一块基石。老子则是开凿这块基石的大师。老子反复讲"绝圣弃智",乍然看去与前面讲的有矛盾。实际上在老子那里有两种圣:一是用形而上的方法"得道"之圣;一是凭借直观感觉之智规范事理之圣。老子认为后一种圣人是世俗之圣,只懂形而下之事,把握不住事物的本质,只会带来灾难,对这种凡俗之圣应摈弃。反之,那

---

① 《尚书·君奭》。

② 《左传》庄公三十二年。

③ 《左传》桓公六年。

④ 《左传》文公六年。

种以形而上的方式"得道"的圣人才是真正的圣人。老子的观念无疑有极大的偏颇,但他推崇形而上的抽象,无疑大大推动了理性认识的发展。而这正是圣人的本性之一。

孔子从社会历史的角度高扬了圣人。圣人最伟大的功能是"博施于民而能济众"。这不是一个小问题,而是关乎理想国的头等大事。在孔子看来,尧、舜还有点不够格。"博施于民"表达了圣人道德的高尚和当政的目的性,"能济众"则表示圣人的社会历史作用和功能。圣人的历史作用无以复加矣!

老子、孔子是春秋战国新兴文化的两位巨擘,他们虽都不否定神鬼,但由于崇尚理性和相信人的能动性而把神鬼放在侧位,而理性及其实现是由圣人来承担的。沿着老子、孔子的思路,后来更加高扬圣人。终战国之世,基本上完成了思想文化由崇神向崇圣的转变。

这里附带讨论一个问题。时下学界颇为流行的一种看法,认为"圣"是承"巫"而来,或者说"圣"即是"巫"。比较早的提出这种看法的是日本的白川静先生,这种看法颇有可疑之处。其一,"圣"在甲骨文中义为"听",没有表示"人"或"角色"之类的内容;其二,无论是在甲骨文中,还是在西周文献中,"圣"与神职人员不是一系。所以沿着顾颉刚的思路走更为妥帖。我认为,圣不是巫的蜕变或转化,而是理性发展的升华,是理性的人格化和实践化的结果,是人自我能力崇拜的产物。圣通神的观念是晚起的,容后讨论。

2.圣人是理性的化身

圣人作为理性的化身,主要表现在通晓一切事物的道理和规律,并能把道理和规律与实践结合起来,达到预期的目的。"体道"这个词便包含这两层意义,荀子说:"知道察,知道行,体道者也。"①

《尚书·洪范》说:"思曰睿""睿作圣"(今文"睿"作"容",这里不论),"睿,通也"。孔安国注曰:"于事无不通谓之圣。"这种观念不限于儒家,圣人穷尽真理是整个传统思想文化的共识。《管子·心术下》说:"圣人一言之解,上察于天,下察于地。"圣人无所不通的核心是通道。老子、孔子开始以道定位圣人。在《老子》一书中,圣人是道的人格体现。孔子提出"朝闻道,夕死可矣",把道

---

① 《荀子·解蔽》。

视为最高的追求。从此以后,整个思想文化界把通道、闻道、问道、知道、得道、思道、事道、体道视为认识和实践的根本问题。发明、发现、揭示、实行道是最深奥、最神圣的事业,是人能达到的最高境界,能达到这个境界的便是圣人、君子。圣人和道是一种一体关系。这又表现为如下三种情况:其一,有时把圣人视为道之原,《易·说卦》曰:"昔者圣人之作《易》也,将以顺性命之理。是以立天之道,曰阴曰阳;立地之道,曰柔曰刚;立人之道,曰仁曰义。"《中庸》说:"大哉圣人之道!洋洋乎发育万物,峻极于天。"圣人吃掉了宇宙,吐出了天道、地道和人道,圣人无以复加矣! 如果细加分析,对立天道、地道这一点并不是所有的人都赞成,或者说不是所有的人都以此立论,但对圣人立人道这一点几乎没有任何分歧,人道源于圣人是传统思想文化的共识。其二,道高于圣人,独立于圣人之外,圣人的功能是对道的体认和发明。诸如"则道""中道""体道""达道""通道""得道"等概念所表达的大抵都是这种意思。《礼记·哀公问五义》说:"所谓圣人者,知通乎大道,应变而不穷,能测万物之情性者也。大道者,所以变化而凝成万物者也。情性也者,所以理然、不然,取、舍者也。"通道中也包括神道,《易·象传》说:"观天知神道,而四时不忒;圣人以神道设教,而天下服矣。"其三,道、圣分工协作成就万物和人类社会。其要义就是"天地生之,圣人成之"八个字,"生"与"成"是相继过程,又是完善过程;无"生"固无"成",无"成"则"生"纯属自然而散漫。"死生因天地之形,天因人,圣人因天;人自生之,天地形之,圣人因而成之。"[1]墨子说:"圣人之德,盖总乎天地者也。"[2]《易·象传》说:"天地养万物,圣人养贤以及万民。"又说:"天地之道,恒久而不已也……圣人久于其道,而天下化成。"以上分析只是为说明道与圣的组合形式,其实在诸子的理论中这三种关系并没有逻辑上的区分,常常是混同或混用的。

道与圣人是相依相成的关系,圣人是道的体现者,道要靠圣人发明而显现。道虽然无处不在,但"百姓日用而不知",只能由圣人引渡、传播才能有所悟。《鹖冠子·能天》说:"圣人者,后天地而生而知天地之始;先天地而亡而知天地之终。"圣人把知识穷尽了。

与通道、知道、体道等大体相近的还有如下一些:

---

[1]《国语·越语下》。
[2]《墨子·尚贤中》。

知"必然"。必然又简称"必"和"然"。如"圣人知必然之理"①。明主"见必然之政"②。"万物尽然,明主知其然。"③"有术之君,不随适然之善,而行必然之道。"④"必者,天之命也。"⑤

知"理"。"理"的含义很多,理与"道"意义相近,只是没有道那种本体和主宰的意义,韩非对道、理之分曾说:"万物各异理而道尽稽万物之理。"⑥庄子也有类似的说法:"知道者必达于理,达于理者必明于权……"⑦理作为规律的意义,既包含自然,也包括社会。有"天下之理""物理""天理""天地之理""万物之理""事理""人理"等概念,为各家各派所共用。在一些人的论著中理与道几乎又没有差别。"物各[合于道者]谓之理,理之所在谓之道。"⑧"四时有度,天地之李(理)也。"⑨"当者(?)有□,极而复,盛而衰,天地之道也,人之李(理)也。"圣人"执道循理,必从本始,顺为经纪,禁伐当罪,必中天理"⑩。天理这个概念以后有极大发展和扩充,特别是在理学家那里,尤为突出。圣人成为天理的化身。君主要遵守理,"凡君之所以安者,何也? 以其行理也"⑪。

知"数"。"圣人审数以治民"⑫。

表示规律的概念还有"度""序""经""纪""一""常""势"等。圣人与这些也是同体的。

"知道"是圣人在认识上的特性,也是理性的最高表现。在实践上,圣人的最大特点是"知为"。知为就是知道实践的条件和机遇。行道、遵道、践道等概念的提出,把认识原则与实践原则一体化,应该说这是极其高明的。行道是总原则,还有一些较为具体的准则,这里仅举几个主要的,即"贵因""执中""用当""知要""原宗应变"。

---

① 《商君书·画策》。

② 《管子·七臣七主》。

③ 《管子·禁藏》。

④ 《韩非子·显学》。

⑤ 《经法·论》。

⑥ 《韩非子·解老》。

⑦ 《庄子·秋水》。

⑧⑨《经法·论约》。

⑩ 《经法·四度》。

⑪ 《墨子·所染》。

⑫ 《商君书·算地》。

所谓贵因，就是善于认识和把握客观事物的规律、条件和依据，不可主观行事，任意而为。道家在这方面的论述最为充分，同时也是诸子的共同认识。《管子·心术上》说："因也者，舍己而以物为法者也。感而后应，非所设也，缘理而动，非所取也。"又说："因也者，无益无损也。以其形，因为之名，此因之术也。"还说："因者，因其能者(李哲明云："者"字衍，当删)，言所用也。"这些论述把"因"的原则说得相当透彻了。《吕氏春秋·贵因》篇把圣人的行动原则和取胜的法宝归结为两个字，这就是"贵因"，"三代所宝莫如因，因则无敌"。

执中与用当大体相同，执中为儒家所倡导，用当为道家所倡导。中和当就是恰到好处，知要就是善于抓住主要矛盾、主要关键，解决主要问题。要的本质就是道，《管子·君臣上》说："道也者，万物之要也。"商鞅说："圣人明君者，非尽能其万物也，知万物之要也。故其治国也，察要而已矣。"[1]韩非也对"要"有特别的论述。《韩非子·扬权》说："事在四方，要在中央。圣人执要，四方来效。"又说："谨修所事，待命于天，勿失其要，乃为圣人。"《商君书·算地》说："圣人非能以世之所易胜其所难也；必以其所难胜其所易。"以后思想界一再讨论以一驭多，以一驭万，都与抓主要矛盾的思想有密切的关系。

原宗应变就是既要坚持原则，又要灵活机动，随机应变。孔子所说的"权"就是这个意思。"子曰：'可与共学，未可与适道；可与适道，未可与立；可与立，未可与权。'"[2]在孔子看来，能达到权变自如的，非圣人莫属。荀子说："宗原应变，曲得其宜，如是然后圣人也。"[3]在《易传》中应变问题讲得更多、更充分。中国古代思想中有一个共同命题，这就是万变不离其宗。

道是中国传统思想文化中理性的最高范畴和最高境界，而其核心所表达的是本体性、必然性、规律性、规范性、决定性、不可超越性等方面内容。这些东西或者由圣人制定，或者由圣人发现，不管什么路途，都形成了道与圣人一体化的关系。于是，崇道必崇圣，崇圣必崇道，这成为中国传统中一条铁则。

3.圣人使人成为人

人作为"一类"的观念起源于何时？无从稽考。不过在殷代的文献中，"人"

---

① 《商君书·农战》。
② 《论语·子罕》。
③ 《荀子·非十二子》。

已经是一个"类"概念。

人之所以为人？这个问题的提出或许很早，不过从有文字记载看，是西周时期的事。《诗·相鼠》有言："人而无礼，胡不遄死？"这个问题已经明确地告诉人们，礼是人之为人的依据，失去了礼，就失去了生存的资格。《礼记·礼运》篇在论述以礼作为人的本质时即引此诗作为经典依据。问题的提出是理论认识的先导。从现有的资料看，具有理论性的认识是从春秋后期开始的，诸子百家从多角度进行了深入的讨论，并形成了大体一致的共识。人之所以为人，或者说人与禽兽的区别就在于：人有礼义道德，有制度，能"力"（劳动），有"群"（社会性或群体性），有"天理"等。

儒家把礼义道德作为人与动物区分的基本标志。孔子说："今之孝者，是谓能养。至于犬马，皆能有养。不敬，何以别乎？"[①]孟子说："人之所以异于禽兽者几希"[②]，所谓"几希"，即那么一点点。这一点点是什么呢？就是"不忍人之心"，亦即仁、义、礼、智。《礼记》中多处把问题说得更明确，"凡人之所以为人者，礼义也"[③]。荀子除讲礼义外，又进一步提出了"群"这个标志，人"力不若牛，走不若马，而牛马为用，何也？曰：人能群，彼不能群也"[④]。"群"就是我们所说的社会性、团体性。人何以能群？还是因为有礼义。

儒家所说的礼已经包含着社会制度的内容。这里再强调一下"制度"，因为法家、墨家等对礼不那么强调，但他们认为法律制度、行政制度是区分人与动物的标志。墨子还提出人与动物的区分在"力"。禽兽不耕不织，靠自然生存，"今人与此异者也，赖其力者生，不赖其力者不生"[⑤]。这个思想极其光辉，遗憾的是他没有深论。

礼义是区分人与动物的标志，那么礼是怎样产生的呢？一种看法是，礼从天而降，礼与天地并生。另一种看法是，礼是由圣人创造的，制定的。其实这两种说法并行不悖，天生礼也要通过圣人之手。所以作为创制礼的主体，大抵都归结为圣人。圣人制礼作乐是儒家的一个基本认识，论述多多，无须征引。

---

① 《论语·为政》。
② 《孟子·离娄上》。
③ 《礼记·冠义》。
④ 《荀子·王制》。
⑤ 《墨子·非乐上》。

法家、墨家所讲刑法、行政制度，同样是圣人创立的。《商君书·君臣》说："古者未有君臣上下之时，民乱而不治，是以圣人列贵贱，制爵秩，立名号，以别君臣上下之义。"《管子·任法》说："仁义礼乐者皆出于法，此先圣之所以一民者也。"《管子·形势解》说："辨明礼义，人之所长；而猓猿之所短也。"墨子所说的行政制度也是由先王圣人创立的，民之初"无君臣上下长幼之节、父子兄弟之礼"，"天下之乱也，至如禽兽然"①。由于圣王创立了行政制度，才归于有序，才与禽兽有别。

先秦诸子对"器物"在人的文明化中的地位也十分注重。他们在追溯人类的历史时，大都认为有过洪荒的初始阶段。在那遥远的过去，人们茹毛饮血，无器物之用，裸体而行，栖息山野，一派原始状态。后来圣人发明了各式各样的"器物"，使人类步入了文明。

孟子在《滕文公上》中历数了舜、益、禹、后稷等教民耕稼、人伦，而后人才与动物揖别。《易·系辞》历数了器物发明史。包牺氏"作结绳而为网罟，以佃以渔"。神农氏"斤木为耜，揉木为耒"，"日中为市"。黄帝、尧、舜"夸木为舟，剡木为揖"，"服牛乘马"，"断木为杵，掘地为臼"，"弦木为弧，剡木为矢"。"上古穴居而野处，后世圣人易之以宫室。""上古结绳而治，后世圣人易之以书契。"

墨子说：古之民"未知为宫室""未知为衣服""未知为饮食""未知为舟车"，生活异常困难，于是有圣王出，发明了宫室、衣服、饮食、舟车，便民之用，在圣人的指导下人类进入了文明时期。②

商鞅、韩非等认为人类的历史是一个进化的过程，在"上古"时期，人与禽兽杂处，人、兽难分，后来有圣人出，"构木为巢""钻燧取火"，使人与禽兽区分开来。③

《世本》一书中有"作篇"，专门记述了器物发明史。齐思和先生曾写过一篇《黄帝制器考》，收集资料甚详。我们的先人把器物的发明权都系于圣人的名下。

圣人的第一历史作用是引导人与禽兽相别，使人变成了人。其后，则是使人进一步成为完善的人。如何使人完善，其术多多，要之：一、圣人是"体道"

---

① 《墨子·尚同中》。

② 参见《墨子·节用》。

③ 参见《韩非子·五蠹》。

者,把"道"撒向人间,使人提升为知道的人;二、"圣人,尽伦者也",所以使人变成道德化的人;三、圣人治天下,使人成为安居的顺民。

人类赖圣人而成立,《易·文言》说:"圣人作而万物睹。"又如《中庸》所说:"百世以俟圣人而不惑。"

4.圣、神相通

圣本是理性的标志和理性的人格化,然而由于圣人垄断了理性,而且在历史上又是使人成为人的"塑造者",于是圣人逐渐从"人"中分化出来,在圣人身上逐渐增加了超越性。其结果是圣人与神相通,圣、神合一。

老子与孔子在以圣人推进理性,以理性塑造圣人方面具有空前的贡献。但同时,他们也把圣人置于神的同列。在老子的描述中,圣人不仅仅是"知道"者和"体道"者,同时又是超越人的感官认识和实践能力的神秘人物。孔子眼中的圣人是超越尧、舜的,而尧、舜在那个时代是具有神性的。如果说孔子对抽象的圣人的神化还是含蓄的,那么他们师徒在自我圣化和神化方面却走得相当远。弟子们把他视为圣人而加以崇拜,如日中天,望之弥高。在中国传统思想中,日一直具有神性,只要同日结缘,也无不具有神性。孔子虽然自谦不是生而知之者,可是他又自称"天生德于予",传统文化都凝结在他身上,如果他出了意外,中国的文化就会断绝,这无疑是在自我神化。应该说,孔子已有圣、神结合的意味,于是有"天纵之将圣"①之说。老子和孔子通过高扬圣人发扬了理性,同时他们也为圣、神的结合铺平了道路。

战国以降,圣、神合一,圣、神相通成为一股强大的思潮。概括而言,有以下几点:

第一,降圣人,圣人法天,圣人通天,圣人如天。"天地感而万物生。圣人感人心,而天下和平。"②圣人"若天之嗣,其事不可识"③。"圣人藏于天,故莫之能伤也。"④"圣人参于天地,并于鬼神,以治政也。"⑤

---

① 《论语·子罕》。
② 《易·象传》。
③ 《荀子·哀公问》。
④ 《庄子·达生》。
⑤ 《礼记·礼运》。

第二，圣、神相通。"大而化之之谓圣，圣而不可知之之谓神。"①"圣人为天地主，为川山主，为鬼神主，为宗庙主。"②

第三，圣人是"气"之精。在传统思想中，"气"为万物之本说有广泛的影响。在"气"说中，圣人同样处于特殊的地位，他不同于一般人和一般物，圣人是由"精气""和气""清气"等超常之气凝结而成的。就实而论，这种气与神没有什么区别。

第四，圣人过"性"。在传统的思想中，人性问题是一个具有普遍性的理论问题。人们通过人性来说明人的本质和变异。在人性论中，虽有圣人与一般人同"性"之论，但更有超"性"之论。孟子说，圣人是出乎其类，拔乎其萃者。荀子认为圣人最伟大的功能和奇异之处就在于能"化性起伪"。圣人过性，同一般人不能同日而语，属于超人。

第五，圣人是先觉者，穷尽了一切真理，是认识的终结。《中庸》说："百世以俟圣人而不惑。"没有圣人，所有的人只能处于昏昏然的状态，或者说是一群混蛋。

5.圣、王合一的超人

在春秋战国思想文化由神性向理性转型过程中，"圣人之治"是诸子百家的共同话题，也是表达政治理想的主要命题。诸子百家对圣人有各式各样的论述，包含着丰富的内容，然而几乎无一例外地是，最终都把圣人与"治"连在一起，或者说圣人问题的归结点都是"治"。"圣人之治"无疑具有明显的理想性和设计性，它同当时十分流行的另一些命题，如"先王之道""王道""先王之治"等，几乎是同义语，或者说是同指、同价。这样圣人与王便结下不可分之缘，在许多人言论中，圣人与王是没有区分的，圣人的本质和功能就是王的本质和功能。且看两位思想巨擘老子和孔子的言论。

在老子那里，圣人有这样和那样的功能，而其主要的职责就是治天下："圣人在天下，歙歙焉，为天下浑其心。"③"是以圣人之治，虚其心，实其腹，弱

---

①《孟子·尽心下》。

②《大戴礼记·曾子天圆》。

③《老子·第四十九章》。

其志,强其骨,常使民无知无欲,使夫智者不敢为也。为无为,则无不治。"①

孔子的圣人同样也是以政治为主要功能的,圣人的社会、历史功能超越尧舜,非王而何?

在先秦诸子以及其后的整个思想界,凡是提到圣人和论及圣人的社会功能的,几乎没有不同政治连在一起的,没有不同治理天下连在一起的,没有不同王连在一起的。在思想史界,一些学者认为,圣人主要是一种理想的道德人格,是社会理想的化身,特别是理学家们,已经把圣人从王权中解脱出来,成为一种独立的精神力量和人格标准,等等。应该说,这种看法不无道理,但实际上又有极大的片面性。如果我们认真面对事实,面对资料,那么无论如何不应忽视,所谓的"圣人之治",始终是圣人的本质和社会历史功能,也就是说,圣人首先是政治人。正如墨子所说:"圣人以治天下为事者也。"②《管子·乘马》也说:"圣人之所以为圣人,善分民也。圣人不能分民则犹百姓也。""圣王"一词的创立把圣和王统一起来了。

从现在的文献看,"圣王"一词最早见于《左传》桓公六年:"圣王先成人,而后致力于神。"在诸子著作中,《墨子》一书中"圣王"一词屡见,圣人与圣王几乎没有什么区别。同一个内容,有时用圣人,有时便用圣王。所谓圣王,从历史上看,也就是唐尧、虞舜、夏禹、商汤、周文王、周武王、周公等先王。

圣王在诸子著作中出现的频率极高,凡属理想政治都与圣王相连,圣王是理想的实现者,是最伟大的仁慈者和创造者,圣王几乎都是崇拜的对象,都是希望所在,都是社会政治问题的核心。它的重要性,可以从以下假定来说明,即如果把圣王一词去掉,可以断言,所有思想家的社会政治的论述就失去了主体。圣王论有极大的理论意义。

圣王的提出,适应了思想文化由崇拜神性向崇尚理性和人文转化的需要,使王由原来的神化人格转为理性、人文和道德人格。在不同的学派那里,圣王虽具有不同学派的性质和形象,但在这点上又有一致性。在先秦诸子中,圣人与圣王是没有什么太大的区别的,如果说有什么区别,圣人有时更侧重于理性、人文和道德本身,圣王则是这些品格和权力的结合与统一。正如荀子所说:"圣也者,尽伦者也;王也者,尽制者也。两尽者,足以为天下极矣。故学

---

① 《老子·第三章》。
② 《墨子·兼爱上》。

者以圣王为师,案以圣王之制为法。"①从荀子的论述看,圣王应该说比圣人更全面、更崇高、更伟大。

谁来做圣王呢? 圣人当王成为当时的一股强大思潮和诸子的共识。有些论述十分明快,如:"圣人之有天下也,受之也,非取之也。"②"神圣者王,仁智者君。"③"明一者皇,察道者帝,通德者王,谋得兵胜者霸。"④"无为者帝,为而无以为者王,为而不贵者霸。"⑤荀子提出"尊圣者为王"⑥,又说:"天下者,至重也,非至强莫之能任;至大也,非至辨莫之能分;至众也,非至明莫之能和。此三至者,非圣人莫之能尽。故非圣人莫之能王。"⑦在诸子论述历史时,那些著名的先王都是圣王,"帝德广运,乃圣乃神"⑧。"古者治天下者必圣人。"⑨圣人当王虽然不是唯一的理论,还有其他的,如王权神授,兵胜者为王等。但是圣者当王,其理性色彩无疑更为突出,更具有说服性和合理性。

圣王思潮还包含着极大的创新精神。在历史上圣王都具有伟大的历史贡献和创造,人们对他们充满了英雄崇拜的情绪,甚至成为顶礼膜拜的对象。儒家呼唤法先王,此中虽不乏守成精神,甚至还有极其浓厚的复古气息,然而由于先王是极其伟大的,且不说达到先王的标准,仅仅是认真学习就必须付出毕生的精力。在法家那里,他们不主张法先王,甚至认为那是复古,是倒退,但他们并不否认先王们的伟大贡献,只是时代变了,现在需要新时代的英雄和圣王,即他们所呼唤的"新圣"。新圣就必须有新的贡献和新的创造,要敢于打破一切成规和过时的东西。新圣理论与法先王不同,但仍然属于圣王理论中的一支。

因圣而王,打通了知识、道德与权力之间的通道,这在当时以及以后,对权力独占是一个挑战。人们既然把圣作为王的一个必要条件,甚至作为合理性重要依据,那么,在逻辑上就出现了这样一条路,谁是圣人,谁最有知识和

---

① 《荀子·解蔽》。
② 《慎子·威德》。
③ 《管子·君臣下》。
④ 《管子·兵法》。
⑤ 《管子·乘马》。
⑥ 《荀子·君子》。
⑦ 《荀子·正论》。
⑧ 《尚书·大禹谟》。
⑨ 《大戴礼记·诰志》。

道德,谁就有做王的理由。孔子本人就有点以"王"自居之味,他说:"文王既绝,文不在兹乎?"①很明显,他以文王的继承人自居。他的弟子们把他置于尧舜之上,宰我认为"贤于尧舜远矣"②。尧、舜是公认的圣王,孔子比尧、舜还伟大,把他列入圣王之列,应该说是合乎逻辑的。于是他的徒子徒孙就有把孔子尊为王的舆论。《墨子·公孟》篇记述儒家信徒公孟认为孔子应为天子。孟子也是雄心勃勃的,他讲,"五百年必有王者兴"。从周文王、周武王算起,到他生活的时代已超过五百年,于是豪迈地称:"夫天,未欲平治天下;如欲平治天下,当今之世,舍我其谁也?"③虽然我们不能说孟老夫子要称王称帝,但他同孔子一样,把自己同文王视为一系。荀子的弟子认为荀子是圣人,应该成为王。④儒家主张内圣外王,修齐治平,其中也包含了强烈的政治雄心。正如孟子所说的:"穷则独善其身,达则兼善天下。"⑤此中不能不说包含着极大的政治抱负。荀子在《非十二子》中把君子、圣人、圣王视为一系,君子只要继续努力,是可以成为圣王的。荀子在《儒效》中就论述了大儒为帝王的可能性,文中曰:"(大儒)执在人上,则王公之材也;在人下,则社稷之臣,国君之宝也。"又说:"通则一天下,穷则独立贵名。"大儒与帝王之路是相通的。《礼记·学记》中有一段论述也同样耐人寻味:"君子知至学之难易,而知其美恶,然后能博喻;能博喻然后能为师;能为师然后能为长;能为长然后能为君。故师也者,所以学为君也。"圣与王相通是诸子的共识,连庄子也说:"静而圣,动而王。"⑥孔子没有当上王,无论如何是儒家的一大遗憾,后来的儒生们,为了填补心灵的不平衡,把孔圣人列入王之列。荀子率先发此议:"孔子仁且智不蔽,故学乱(作'治'解)术,足以为先王者也。"⑦其后的儒生尊孔子为"素王",像吸鸦片一样,在精神上过过瘾,圆了圣人当王的梦。后来有些儒生一直在这个梦中盘桓。

在圣王观念中还蕴涵着批判精神。在理论上,圣王与一般的王既有统一

---

① 《论语·子罕》。
② 《孟子·公孙丑上》。
③ 《孟子·公孙丑下》。
④ 《荀子·尧问》。
⑤ 《孟子·尽心上》。
⑥ 《庄子·天道》。
⑦ 《荀子·解蔽》。

性，又有矛盾。所谓统一性，即圣王与王都是王，同属一系，其间没有不可逾越的鸿沟；所谓矛盾，即两者的等次不同，有好坏之别，甚至天壤之别。所以一般的王应该向圣王学习，应该力争做圣王。圣王是衡量王的标准，是品评王的依据。在春秋战国，可以看到一个具有普遍性的现象，几乎所有的思想家对当时的王都采取批评态度和立场，有些批评是极其尖锐的，有时竟使一些王在朝堂上十分尴尬，当众出丑，下不了台。出现这种情况原因很多，其中有一个重要原因就是，在强大的呼唤圣王出世的思潮中，当时的王没有一个敢以圣王自居。由于当时的王都没有达到圣王的标准，所以在一定程度上容忍这种批评，或为了使自己成为圣王而主动接受批评。

圣王观念与革命也有着极其密切的关系。革命观念是在殷周之变中提出的一个极其重要的思想。殷周之际的革命思想与春秋战国时期的革命思想有很大的不同。殷周之际的革命主要还是一种宗教观念，革命的主体是上帝。由于殷纣王暴虐失德，周文王、周武王有德，于是上帝更改自己的命令，选择新的代理人，命令周取代商。春秋战国兴起的革命思潮，无疑承继了殷周之际的革命思想资料，但又有了新的发展，其中最主要的一个是，革命的主体由上帝变成圣人。可以说是"圣人革命论"。圣人革命的基本依据是"有道"。以有道伐无道乃是最大理由，最高的依据。有道者就是圣王。

在圣王这一观念中，既包含了政治理想，又把政治理想与权力结合为一体。中国历史上的王从一开始就是专制政治的主脑，不管历史有过多少沧桑之变，王权专制体制没有质的变化，从总的趋势看，而是越来越强化。圣王在体系上同现实的王是一个系列。中国古代的思想家们虽然在政治理想上有极光辉的创造和极丰富的想象力，他们构思了极美好的图景，但他们同时却把画笔交给了帝王。所以在圣王观念中，理想政治与王权专制是一体化的，不可分割的。应该说，政治理想与专制的合一，是中国古代政治思想的一大特点，也是整个思想文化的归结点。

6.永远是孩子

圣人崇拜有提高人们理性的一面，如"内圣外王"、"人皆可以为尧舜"、修齐治平等，引导人发扬自己的潜能和完善自己，提高自己；但圣人又是神性十足的超人，在一般人面前又是不可企及的，特别是圣王，绝对不能奢望。我们在看到向圣人方向修养的同时，还要看到对圣人的崇拜以及由对圣人的崇拜而带来的自贬、自卑、自贱。在圣人和圣王面前，一般人是永远长不大的孩子，永远具有孩稚性。没有圣人我们就不能离开禽兽，只能混迹于禽兽之中，与禽兽为伍。当说天下万物人为贵时，作为人该是何等的骄傲，可是不要忘记，没有圣人，人就不能成为人！人的骄傲首先要感谢圣人的功德！圣人穷尽了一切知识，"百世以俟圣人而不惑"①。没有圣人之教，所有的人只能永远处于愚昧无知状态。

孔子与学生的关系本来是相当融洽而自由的，可是在子贡等人把孔子抬高到圣人的地位时，孔子就失去了人的品性，而成为一个神秘的偶像。他们制造了孔子是天命所降的神话，光辉胜过日月，是生民以来最伟大的，"贤于尧舜远矣"②。望之弥高，不可逾越。孔子只是一例，所有的圣人都是如此。

圣人崇拜与神崇拜也许有某种区别，但思路是一样的。在圣人面前人们永远是长不大的孩子！

四、"立公灭私"观念与对个性的压抑

公、私问题是中国历史过程全局性的问题之一。它关系着社会关系和结构的整合，关系着国家、君主、社会、个人之间关系的价值取向和行为准则，关系着社会意识形态的规范和社会道德与价值体系的核心等重大问题，由于它的重要，因此又关系着政治乃至国家兴衰和命运。公、私观念的确定和"立公灭私"范式的形成基本是在先秦时期。这里主要讨论"立公灭私"这一理念的形成及其与春秋战国社会的整合。

1.春秋战国时期"公""私"由人指向社会观念的拓展

甲骨文中已有"公"字，其义仅指"先公"或地名。"私"字还未见。

西周时期的"公"的使用逐渐广泛，从人指而扩展到属于公的物指和事指，并开始发展为有政治公共性含义的抽象概念。

所谓人指，即人的身份和个人。公是高级爵名，五等爵之首就是"公"（天子是否是爵名，有争论，这里不论）。同时又是最高的官阶，《易·小过》："公弋

① 《中庸·第二十九章》。
② 《孟子·公孙丑上》。

取彼在穴。"王弼注:"公者,臣之极也。"有些小官也冠以"公",如"公路""公行"等,是为公侯服务的小官。"公"指个人则是以官爵称人,如周公、召公、鲁公等。

物指是说属于"公"的各种事物,这类的名称颇杂,如"公族""公邑""公田""公廷""公堂""公所""公旬"等。

事指是指与"公"相关的事情、行为、社会关系等。如"公事",《诗·召南·小星》:"肃肃宵征,夙夜在公。"此处的"公"字即指"公事"。《诗·召南·羔羊》:"退而自公,委蛇委蛇。"此处的"公"指朝廷、国家,细究,也还有公侯的含义。

"私"在西周是一个表示身份、所有与个人情性的概念。

作为身份,指与"公"相对的人,可以是贵族,如卿大夫,大凡说到"私家",即指这些人;也可以是底层的一般人,如私属、仆役。《诗·大东》说:"私人之子,百僚是试。"《诗·嵩高》:"王命傅御,迁其私人。"毛注:"私人,私家人也。"孔颖达疏:卿大夫"称其家臣为私人"。

"私"的另一含义是"属于己"之谓。《诗·大田》:"雨我公田,遂及我私。"这里的"私"指"私田"。《诗·七月》:"言私其豵,献豜于公。"《周礼·夏官·司徒》载打猎的收获:"大兽公之,小兽私之。"此处的"公""私"都是名词作动词用,即"公有""私有"。

私又指私情、私恩。《诗·小雅·楚茨》:"诸父兄弟,备言燕私。"毛注:"燕而尽其私恩。"

西周时期的公、私基本是社会身份为主,大体在具象范围内,到春秋战国时期"公""私"的含义像连续乘方一样大扩张。

先说"公"。就人的社会身份而言,"公"已从西周时期贵族的专称普及于社会。上层的诸侯贵族可泛称"公""王公""公侯""公卿""公大夫"等。中下级官僚的官名与爵位带"公"字的也很多,如"县公""公吏""公乘""公士"等;国家的编户民称为"公民""公徒"等;一般家庭的家长可称之为"家公",妻子称丈夫为"公",子称父为"公",人与人之间的敬称可称之为"公"。

在社会事物上与"公"相连的词汇遍及各个方面。大致说来又可分为三种情况:一是与公侯主体相关的事物,如"公家""公室""公门""公宫""公所""公馆""公国""公财""公邑""公社""公席"等;二是与公侯有关联的国家、朝廷事物,如"公法""公举""公事""公仓""公货""公马""公币""公钱"等;三是社会公共事物,如"公壤""公作""公器",等等。

这个时期最有新义的是由"公"字为核心组成的一系列社会价值和道德概念，诸如"至公""奉公""为公""徇公""用公""贵公""公道""公正""公直""公平""公心""公识""公理""公义""公信""公审""公察""公议""公是""公忠""公利""公功""公患""公过""公然"等。

与"公"的含义扩张的同时，以"私"为核心的词组也同样成系列地被创造出来。诸如：

与"公家"相对的有："私家""私门""私馆""私自""私利""私财""私藏""私属""私卒""私族"等。

表达个人情欲的如："私欲""私心""私意""私好""私情"等。

表达个人道德与行为的如："私善""私德""私廉""私恩""私惠""私道""私义""私荣""私为""私劳""私怨""行私""私行""私事""私求"等。

表达个人政治行为的如："私奸""奸私""私党""私人之党""私朝""私威""私曲""私交""私请"等。

表达个人认识的如："私言""私视""私听""私智""私虑""私议""私意""私名""私词""私术"等。

以公、私为核心组成的词组，其内容覆盖了社会生活的各个方面，说明公、私的极端重要。

2."公""私"的社会价值分析

"公"所指的社会存在应该说是"公"的价值内容的基础。所谓"公"的社会存在，大致可分为两方面：一是社会身份与相应的社会内容；二是所表达的社会公共事物与公共关系，如国家、社会共同体、普遍的社会关系等及其价值准则。这两者巧妙地结合在一起，前者是后者的主体；后者相对独立于前者，又服务于前者。

"公"的价值意义中最主要的和最核心的是把国家、君主、社会与个人贯通为一体。并形成一种普遍的国家和社会公共理性。

"公"发展为国家和社会的公共理性，其标志有三：一是成为国家与社会的准则；二是成为人们的道德与行为准则；三是成为人们认识的前提和认识准则。为了说明这些问题，我们先分析如下一些关键词。这些词具有"纽结"意义，是公共理性的集中体现。

（1）公道：《韩非子·内储说上》载："殷之法，弃灰于公道者断其手。"这里的"公道"即公共道路。哲学化的"道"是由道路发展而来的。作为哲学化的"公道"一词，在战国时期才被人们使用。"公"与"道"的结合是两个普遍性概念的组合。最早把两者连在一起的是老子。他说："知常容，容乃公，公乃王，王乃天，天乃道，道乃久，没身不殆。"①这段文字虽然还没有出现"公道"，但已经沟通了"公"与"道"。庄子进一步把"公"与"道"互相定义："阴阳者，气之大者也，道者为之公。"又说："道不私，故无名。"②不私即是公。《管子·任法》把"公"与"大道"相对应："任法而不任私，任大道而不任小物。""不任私"，就是"从公"。"公道"一词在《管子》《荀子》《韩非子》中正式作为一个价值概念被使用。《管子·明法》说："是故官之失其治也，是主以誉为赏，以毁为罚。然则喜赏恶罚，人离公道而行私矣。"荀子说："公道通义之可以相兼容者，是胜人之道也。"③又说："公道达而私门塞矣。"④商鞅说秦孝公"变法易俗而明公道"⑤。这里所说的"公道"即政治法度和准则。

与公道相近的还有"公理"。"理"是诸子的一个非常重要的概念，与"道"十分相近，只是没有"道"为万物之根本那层意义，一般是在"规律""普遍性""公共性"意义上使用。除"理"单独使用外，还有如下一些相近的词组，如："天理""道理""物之理""万物之理""事理""文理""义理""礼之理""人理""民之理""先王之理""成理"等。"公"与"理"相结合而出现"公理"这个概念。《管子·形势解》说："天行道，出公理。"这六个字把天、道、公理三者的关系交代得清清楚楚，公理源于天道。又说："听治不公则不尽理。"公理一词在先秦虽然还不普及，但其所表达的公共性与"公道"一词的含义几乎是一样的。公道与公理在社会层面上所指的内容基本是一致的，这就是人人应遵从的社会公共性原则和准则，如《管子·君臣上》说的："有符节、印玺、典法、策籍以相揆也，此明公道而灭奸伪也。"《韩非子·解老》说："短长、大小、方圆、坚脆、轻重、白黑之谓理。理定而物易割也。"

公道、公理在其后的历史中形成不待思索的最重要的社会价值准则与合理性的依据。"公道""公理"是人们生存当然的前提，不容置疑；人们的行为和

① 《老子·第十六章》。

② 《庄子·则阳》。

③ 《荀子·强国》。

④ 《荀子·君道》。

⑤ 《韩非子·奸劫弑臣》。

思想都要接受公道与公理的检查,违反了也就失去了合理性。

(2)公法与礼之公:春秋战国是历史上的大变革的时期,人们的主动创造主要体现在"变法运动"。变法运动的重要内容之一是法律制度与礼制的变革与调整。具体内容多多,这里只说一点,即变法(也包括"变礼")的最重要特点之一是把国家、社会生活和人的行为纳入法、律、令、礼的轨道。在这一点上法家的主张尤为突出。法家提出一切都要"一断于法"。法、律如同日月对万物那样,要一视同仁,公而无私。在理论上"公"与"法"常常是互相定义、互相规定、互相体现,相辅相成。法是公的条文化规定,公是法的灵魂。慎到说:"法者,所以齐天下之大动,至公大定之制也。"①荀子说:"莫不法度而公。"②为了突出法的"公共"性,于是创造出了"公法"这个概念。最早创造这一概念的是《管子》一书的作者们。"公法"是社会和一切人的言行准则,它与形形色色的"私"相对,有关的论述多多,这里仅举数例,如"公法行而私曲止","公法废而私曲行"。③"私说日益,而公法日损。"④"私情行而公法毁。"⑤"请谒任举,以乱公法。"⑥"民倍公法而趋有势"则主弱。⑦"当今之时能去私曲就公法者,民安而国治。"⑧"公法废,私欲行,乱国也。"⑨"少私义则公法行。"⑩"不以私害公法。"⑪总之,诸子的共识之一是:公与私相对,而其标志则是法。

法是公的体现,那么礼与公是什么关系呢?这个问题比较复杂。在一些道家和法家看来,礼这种东西与私相关联,甚至认为与道和公法是对立的。老子把道与礼视为对立物,而礼与私和欲是相通的。有些法家对礼也持否定立场,这在《商君书》和《韩非子》一些篇中有明确的论述,他们认为礼这种东西讲"亲亲",讲"孝",而亲亲与孝必有私。《商君书·开塞》说历史的初始阶段是以

---

① 《慎子·遗文》。
② 《荀子·君道》。
③ 《管子·五辅》。
④ 《管子·任法》。
⑤ 《管子·八观》。
⑥ 《管子·任法》。
⑦ 《管子·明法解》。
⑧ 《韩非子·有度》。
⑨ 《尹文子·大道下》。
⑩ 《吕氏春秋·上农》。
⑪ 《晏子春秋·内篇·谏下》。

"亲亲而爱私"为特点。在历史的发展进程中它被否定了。到了商鞅生活的时代,"亲亲"这种东西与法有不两立之势,所以在一些论述中便把礼喻为虱子、臭虫,主张消灭之。韩非也对亲亲提出过批判,认为那些孝子是最容易背公而当逃兵的人。因此对礼也有诸多批评。但是如果我们仔细考察,商鞅与韩非都没有绝对地排斥礼。在一些地方他们都给了礼一定的地位,如商鞅主张"变礼"。韩非在许多地方对礼比商鞅更为重视,把礼视为与法可以并行的治国之道。韩非子在《解老》中对礼有如下一段断语:"礼者,所以貌情也,群义之文章也,君臣父子之交也,贵贱贤不肖之所以别也。"这与儒家之说没有什么区别。他还有一篇名曰《忠孝》,论忠孝之重要,汉儒的"三纲"说便是在此篇中首倡。商、韩对礼从某一个角度出发确有程度不同的批评和排斥,但不能说他们根本不要礼。《管子》一书大部分是齐国法家派的作品,尽管出自多人之手,但有一点是共同的,即没有商、韩那种对礼的批判,相反,对礼还十分注重,把礼与法视为同道。《君臣下》说:"礼孝弟则奸伪止。"《管子·形势解》说:"礼义者,尊卑之仪也。"《管子·任法》说:"群臣不用礼义教训则不祥。"当然,礼要服从法,正如《任法》中所说:"仁义礼乐者皆出于法。"

礼与法有别,甚至有冲突,但在根本上并不相悖,因此礼与公也同样不是相悖的。从先秦的文字上看,直接把礼与公互相论证的的确不多,而且明确说到礼的本质是公的不是儒家,而是法家。慎到说:"法制礼籍所以立公义也。"①《尹文子·大道下》说:"在下者不得用其私,故礼乐独行。礼乐独行则私欲寝废。"《管子·五辅》说:"中正比宜,以行礼节。"

无私、中正与公互相定义,论述礼的本质是无私、中正的在《左传》《国语》中有多处,因此说礼的本质是公是可以成立的。

(3)公器:所谓公器指社会交往中的各种标准性的共用器,如度、量、衡、货币、契约,更为抽象化的则是名分与公共概念等。标准性的器物体现着"公",慎到说:"蓍龟所以立公识也,权衡所以立公正也,书契所以立公信也,度量所以立公审也。"②商鞅说:"夫释权衡而断轻重,废尺寸而意长短,虽察,商贾不用。"③因为失去了"公"。荀子说:"探筹、投钩,所以为公也。"④"名"是

---

① ②《慎子·威德》。

③《商君书·修权》。

④《荀子·君道》。

更普遍性的规定,于是《庄子·天下》说:"名,公器也。"器物凝结着观念,观念渗透于器物,"名"一旦形成就会成为一种社会规定和规范,尤其社会性等级性的"名",如君臣贵贱上下之名,对社会具有极强的控制意义,无怪乎孔老夫子把"正名"作为政治之首,以名为社会立公准、立器。

(4)共识、公是与公心:在认识论中,"公"占有特别重要的地位。思想家们除庄学外,几乎都把"公"贯彻到认识的全过程。认识要以"公心"为基底,荀子说:"以公心辨。"[①]又说:"公平者,听之衡也。"[②]如何才能公?这就必须排除私心、成见和外物的干扰,要虚静:"夫私视使目盲,私听使耳聋,私虑使心狂,三者皆私设精则智无由公。智不公,则福日衰,灾日隆。"[③]要之,人的感官系统不能与私发生关系,私一介入则导致智与公的紊乱。慎到把问题推向极端化,提出:"不瞽不聋,不能为公。"[④]认识一定要以"公"作为出发点,于是有"公察"一词的出现。荀子说:"公察善思论不乱。"[⑤]又说:"尚贤使能则民知方,纂论公察则民不疑。"[⑥]社会性的认识同样要以"公"为中的,于是又创造出了"公议"一词。公议就是要依据公共性原则进行议论,《管子·版法解》说:"恶不公议而名称当。"《韩非子·说疑》云:"彼又使谲诈之士,外假为诸侯之宠使,假之以舆马,信之以瑞节,镇之以辞令,资之以币帛,使诸侯淫说其主,微挟私而公议。"《管子·任法》提出要以"公"作为认识的标准:即"以公正论"。庄子从相对论出发不赞成"以公正论",他说:"天下非有公是也,而各是其所是。"[⑦]但除庄学之外,其他诸子基本上是承认"公是"的存在。"公是"与"公义"大致同义,墨子最早提出"公义"这一概念,"公义"与"一人一义"相对,他提倡"举公义,辟私怨"。荀子说:"怒不过夺,喜不过予,是法胜私也。《书》曰:'无有作好,遵王之道。无有作恶,遵王之路。'此言君子能以公义胜私欲也。"[⑧]到了董仲舒更明确提出:"公心以是非。"[⑨]诸子还提出"公"是通向明智的康庄大道,荀子说:

---

① 《荀子·正名》。
② 《荀子·王制》。
③ 《吕氏春秋·序意》。
④ 《慎子·逸文》。
⑤ 《荀子·成相》。
⑥ 《荀子·君道》。
⑦ 《庄子·徐无鬼》。
⑧ 《荀子·修身》。
⑨ 《春秋繁露·盟会要》。

"公生明，偏生暗。"①又说："蔽公者谓之昧。"②《管子·心术上》说："洁其宫，开其门，去私毋言，神明若存。""去私"即"公"。《吕氏春秋》更进一步提出"公"胜于智："智而用私，不若愚而用公。"私把聪明人引向邪路，公使愚者胜过聪明。

把"公"作为认识论中统领全局的关节和灵魂，这在认识以经验为主和道德绝对化的社会中无疑有其天然的合理性与说服力，但由于"公"受成俗的约定和制约，所以在认识论中又常常成为一个因循和僵化的因素，成为认识发展的阻力和惰性。这点在商鞅与杜挚、赵武灵王与其叔父的争辩中可以看到，当时反对变法的观念是公识。

（5）公正：公正作为一个道德与政治概念在战国时期大行于世。"公正"与"中正"相近、相通。"公正无私"与"中正无私"成为政治行事和道德的最高准则。"中正者，治之本也。"③"中正而无私"是礼之大经。④社会与政治的准则是"毋以私好恶害公正"⑤。"公"是政治的通行证，"一言定而天下听，公之谓也"⑥。反之，"操持不正，则听治不公"⑦。

"公正"与"正义"也是相近和相通的。"君必明法正义，若悬权衡以称轻重，所以一群臣也。"⑧荀子说："正利而为之事，正义而为之行。"⑨"正义之臣设，则朝廷不颇。"⑩

从以上诸方面看到，"公"是社会普遍化的准则，是社会制度（包括礼、法、俗等）的精神准则，是社会交往准则，是道德价值准则，一句话，是人间的公共理性。

关于"私"的界定或定义，战国时期著作中有多处近似的说法，胪列于下："私意者，所以生乱长奸而害公正也。"⑪

---

① 《荀子·不苟》。
② 《荀子·赋》。
③ 《管子·宙合》。
④ 《管子·五辅》。
⑤ 《管子·桓公问》。
⑥ 《管子·内业》。
⑦ 《管子·明法解》。
⑧ 《艺文类聚》卷五四引申不害语。
⑨ 《荀子·解蔽》。
⑩ 《荀子·臣道》。
⑪ 《管子·明法解》。

"夫私者,壅蔽失位之道也。"①

"行私则离公。"②

"行恣于己以为私。"③

"背公谓之私。"④

汉初的贾谊也有类似的定义:"兼覆无私谓之公,反公谓之私。"⑤许慎的《说文解字》承继了上述说法,对公、私两字的解释如下:"公:平分也。从八,从厶。八犹背也。韩非曰:背厶为公。"

"私"与"公"相对,在价值上大抵都属于被否定的。"私"也不含价值立场,如孔子说颜回:"退而省其私。"⑥这类的用法几乎没有理论内容,不予议论。下边就"私"的社会价值意义的词语进行分析:

(1)私与法对立

法是公的体现,因此违法则属私。中华法系形成于先秦时期,当时各国的法律虽然有所不同,但基本精神大体一致。其特点是自上而下的行为规定,人只有在赏罚中存在,并没有法律"主体人"的观念和规定。因此在法律中没有独立性的"私"和"己"的地位。在当时人的眼里,一谈到"私"就意味着与法相对或对立。慎到说:"立法而行私,是私与法争,其乱甚于无法。"⑦《管子·任法》说:"私者,所以侵法乱主也。"《管子·八观》说:"私情行而公法毁。"《七臣七主》说:"私道行则法度废。"《商君书·修权》说:"君臣释法任私必乱。"反之,"不以私害法则治"。荀子说:"怒不过夺,喜不过予,是法胜私也。"⑧又说:"行法至坚,不以私欲乱所闻。"⑨韩非说:"奉公法,废私术。"⑩"法令行而私道废。"⑪这类的论述比比皆是,它们的共同点就是法与私相对,私是法的破坏者。

---

① 《管子·任法》。
② 《管子·正世》。
③ 《管子·重令》。
④ 《韩非子·五蠹》。
⑤ 《新书·道术》。
⑥ 《论语·为政》。
⑦ 《慎子·遗文》。
⑧ 《荀子·修身》。
⑨ 《荀子·儒效》。
⑩ 《韩非子·有度》。
⑪ 《韩非子·饰邪》。

法律无疑应该是社会公共性的体现,但它不一定必须是排私的,如果法对"私"一概排斥,这种法就是专制主义的法。

(2)私与国、君主对立

从理论上说,国与君主既有同一的一面,又有二分的一面;但在实体上国与君主是合二为一的。臣下相对于国与君主则属于"私",当然君主相对于"国"也有"私"的一面。在公私问题上就出现多层关系,大致说来可以这样概括:国是绝对的公;君主有私的一面,但又是"国"的人格体现,因此又是公;臣民在国、君面前则都属于"私"。当然也可以同于"公",但首先要克私。由于臣下在本体上是"私",因此在本体上与国和君主是天然的对立和相反的关系。

(3)私欲、私德与公德、公义相对

事实上人人都有私欲,可是在理论上却成为过街老鼠,除道家的"贵己"和"纵欲"派外,几乎其他的派别都加入了声讨的行列,人人喊打,把私欲视为万恶之源。私欲同德义成反比,春秋时期楚国的伍举说:"夫私欲弘多,则德义鲜少。"①《逸周书·官人解》说:"多私者不义。"

在国家至上、君主至上的理论体系中,"德"与"刑"为君主实行统治的二柄,是君主的垄断品。刑由君独操自不必说,很多思想家从不同角度论述了德同样要由君出,德要归于君。在这种观念下,私德对"公"成为一种危险物,因为私德有可能分解君主的权威。田成子私德于民,终取代姜氏而有齐。因此臣下有私德成为君主的大忌,反之无私德方可以为忠臣。法家对此有特别的论述。韩非说:"利于民者,必出于君,不使人臣私其德。"②从广义说,私德与法相悖,因此君主也要去其私德,"明君之使其民也,使必尽力规其功,功立而富贵随之,无私德也,故教化成"③。

"积善之家必有余庆",激励人们行善。但善不可与"私"接连,"私善"是背法的,"有道之国,法立则私善不行"④。"法制设而私善行,则民不畏刑。"⑤韩非更斥私善为奸妄:"法令所以为治也,而不从法令为私善者世谓之忠。"他从法

---

① 《国语·楚语上》。

② 《韩非子·八奸》。

③ 《商君书·错法》。

④ 《邓析子·转辞》。

⑤ 《商君书·君臣》。

的角度评价这种"忠"实则是"奸"。他还把私善与行贿、邀名并列,视为国之蠹,因为"为私善立名誉者"必伤君。①同样君主也不能行私善,"知善,人君也;身善,人役也。君身善,则不公矣"②。

道本是一个崇高的概念,但"私道"也属逆行,一些人主张抑止"私道",《商君书·说民》提出:"塞私道以穷其志。"

恩、惠一般说来属善事,但一与"私"相连就成了凶手,"夫舍公法而行私惠,则是立奸邪而长暴乱也"。"舍公法、用私惠,明主不为也。故《明法》曰:不为惠于法之内。"③韩非也同样禁私惠:"上有私惠,下有私欲。"④"田恒因行私惠以取其国。"⑤私恩与私惠相同,"明主之道,必明于公私之分,明法制,去私恩"⑥。

(4)私说与公论相对

"智""说""论""议""见""理"等关涉认识论、知识论、价值论诸多内容。就发生学而言,这些都源于个人,由"私"而出。所谓"公论""公识""公议"等,只能是"私论"等社会化的结果,离开"私论","公论"就无由出。然而有一个极为有意思的现象需要我们认真思索,这就是,我们的祖先和大哲人一方面殚精竭虑,绞尽脑汁提出个人的创见,另一方面几乎又众口一词排斥"私论",禁止"私说"。

法家主张一断于法和绝对服从君主,以此为据而主张禁私说、私智。《管子·任法》提出:"官无私论,士无私议,民无私说。"慎到说:"法立则私议不行。"⑦商鞅说:"法者,国之权衡,夫倍法度而任私议,皆不知其类也。"⑧"明君在上,民毋敢立私议自贵者。"⑨"吏多私智者,其法乱。"⑩韩非说:"君之立法以为是也,今人臣多立其私智,以法为非者,是邪以智。"⑪大家都在追求"理",但

---

① 《韩非子·奸劫弑臣》。
② 《管子·君臣上》。
③ 《管子·明法解》。
④ 《韩非子·诡使》。
⑤ 《韩非子·内储说下》。
⑥ 《韩非子·饰邪》。
⑦ 《慎子·遗文》。
⑧ 《商君书·修权》。
⑨ 《管子·任法》。
⑩ 《管子·禁藏》。
⑪ 《韩非子·饰邪》。

"理"与"私"相连同样也在被禁之中,《管子·法禁》讲,如果君主置仪不一,"则下之倍法立私理者必多矣","百姓之立私理而径干利者必众矣"。

从字面看,儒家没有对"私论""私说"等进行批判,但如果仔细考察,他们大致说来仍然是法家的同道,只是表达的方式不同。孔子提出的"非礼勿听"等"四勿"同法家的排斥私论原则上是一致的。孟子的辟杨、墨,除耕战之论同样是禁私说。荀子在《非十二子》中一方面说诸子各家是"言之成理,持之有故",同时又说他们说的"理"都是"欺惑愚众",是"天下之害",因此当务之急是"务息十二子说"。

墨子的尚同论也是同一个思路,他对一人一义深恶痛绝,认为每人各有私义是天下祸乱的根源,因此要通过"尚同"的办法一同天下之义,其理想的状态是"上之所是亦必是之,上之所非亦必非之"。

道家似乎宽容,然而在理论上也是排斥私说的。老子的愚民主张与庄子的"齐物论",从两极取消了私说的意义与价值。

(5)私利与公利相对

与公利相对的是私利。私利的含义极广,这里只讨论财产关系。中国自有文字以来的记载表明,君主和国家对社会财产拥有最高的所有权或支配权,同时私人也有某种程度的所有和支配权,因此我认为在所有权问题上,既不是简单的国有,也不是简单的私有,而是一种混合性的多级所有制。作为一定程度的私有在西周时期已有文字记载,到春秋战国发展的更为明显。尽管个人财产买卖、交换现象相当发达,国家对个人私有财产也有一定程度的保证,但却一直没有出现私人财产不可侵犯的观念和相应的法律规定。由此而来的"私利""私有"也没有足够独立的合法地位,国家和君主要凌驾其上。"私利""私有"是否合法,取决于行政分配与国家相应的制度规定。

私利相争自文明始,到春秋战国又掀起一次财产关系大变动,像墨子说的,上下交相争利,搅动了整个社会。然而诸子百家对私利和私有观念却没有给予合理的论证。相反,对私利和私有却进行了批评和限制。这就是晏婴所概括的两方面限制:其一是"幅利"原则。其二是"利不可强,思义为愈"①。

"幅"是布帛的尺寸标准,所谓"幅利",就是制度规定原则。晏婴认为人的

---

① 《左传》昭公十年。

本性是好利的，都希望富有，但他同时又理性地提出："利过则为败，吾不敢贪多，所谓幅也。"①孟子说的"制民之产"的"制"字说明"民产"由政治分配决定。由于财产占有关系从属于政治分配，个人的占有来源于"公"才是合理的、合法的，超乎此，个人另谋利益则缺乏合法性，因此在中国古代财产占有"逾制"是一个经常提出的问题。与此相对应，"私利""自私""自利"意味着与君主、国家相对立，正如《管子·禁藏》中说的："民多私利者其国贫。"因此"私利"在制度上是违制的，在道德上是不正当的，正如孔老夫子说的："为富不仁。"《吕氏春秋·忠廉》说，忠廉之士"有势则必不自私矣"。

在中国古代，"私利"现象虽然十分普遍，也十分活跃，但没有相应的合理性论证，在理念上是一种"恶"的存在。

3.公私关系：立公灭私

从上节公、私观念可以看出，凡属有公的地方相对都有私。公与私不仅是一种观念，同时也是一种社会关系和行为。需要特别强调的是，春秋战国时期是"私"字大行的时代，财产私有化迅猛发展；人们为争私利熙熙攘攘而奔走上下，直至大打出手，朝野不安；社会关系以私为纽带进行了空前的大改组；士人的私理、私论大行其道，传播天下，总之，私字布满社会各个角落。照理，我们的先哲应对公和私一视同仁进行对应论证，寻求公、私各自存在的理由和依据，探索公、私相对存在的机制、体制和道德准则。然而，先哲的睿智几乎都没有朝这个方向施展，他们从不同的角度出发，对私进行了猛烈的抨击。大家众口一词把"私"视为万恶之源，是政治的大敌。有关的论述很多，下边胪列一些典型论断以示其要。

《商君书》：

"公私之交，存亡之本也。"（《修权》）

"国乱者，民多私义"，多"私勇"，多"私荣"。（《画策》）

《管子》：

"私者，乱天下者也。"（《心术》）

"舍公而任私"则国乱。（《任法》）

"行公道以为私惠"则国危。（《法禁》）

---

① 《左传》襄公二十八年。

"重私而轻公"则国乱。(《明法》)

"为人君者,倍道弃法而好行私谓之乱。"(《君臣下》)

《荀子》:

"群臣去忠而事私"则乱。(《解蔽》)

《庄子》:

"五官殊职,君不私,故国治。"(《则阳》)

《经法》:

"精公无私而赏罚信,所以治也。"(《君正》)

《韩非子》:

"禁主之道,必明于公私之分,明法制,去私恩。""私义行则乱,公义行则治,故公私有分。"(《饰邪》)

"君臣废法而服私,是以国乱兵弱而主卑。"(《奸劫弑臣》)

"能去私曲就公法者,民安而国治;能去私行、行公法者,则兵强而敌弱。"(《有度》)

《尹文子》:

"禁令行,人人无私,虽经险易,而国不可侵,治国也。""君宠臣,臣爱君,公法废,私欲行,乱国也。"(《大道下》)

《吕氏春秋》:

"以私胜公,衰国之政也。"(《举难》)

"圣王之治天下也,必先公。公则天下平矣。平得于公。""有得天下者众矣,其得之以公。"(《贵公》)

《新书》:

"人主公而境内服矣,故其士民莫弗戴也。"(《道术》)

《盐铁论》:

秦二世而亡的历史经验是"公道不行"。(《非鞅》)

基于上述理由,人们对私没有一点宽容之意,而是全力进行批判、抑制、杜绝,直至排除、摈弃。与此相反,对公则进行无限的颂扬、张扬、高扬。在公私关系上逐渐形成如下的简练的判断:"以公灭私"①,"立公所以弃私也"②,"废

---

① 《尚书·周官》。

② 《慎子·威德》。

私立公"①,"任公而不任私"②,"无私"。汉初的陆贾、贾谊也说"公而不私"③,"公而忘私"④等。

为了证明公的绝对性,先哲们诉求本体,说公源于天地、四时、神明,还源于"道"。公的另一同价说法即"无私",也是天地、自然、神灵和道的本质性体现。这类的论说比比皆是,无须征引。

我们的祖先凡属要论证事物的合理性或绝对性时,一定要从天地、自然、神灵、道与圣人那里寻求本体性的依据。只要找到这种依据,该事物便成为不可置疑的,而且在当时也很难有其他理由与之抗争。

如何立公灭私?法家、道家、儒家、墨家各有不同思路,但又有交叉。

在立公灭私上法家是最为明快的,从以上引述的言论中可以看出,法家之论最多。法家立公灭私思路是以法为公,一断于法。法家是最具有现实主义精神的一批时代巨人。他们从社会日常的生活得出结论,认为人的本性是自私自利,是唯利是图,且只有到盖棺之时而后止。但是他们在理论上又提出以公废私,把私视为公的对立物,并宣布:公、私不两立。乍然看去颇为矛盾。那么他们的立公灭私是什么意思呢?这可从三方面说:其一是让人在法内取利,法外避利。政治家的艺术和高超之处不是把人求利之心去掉,而是善于把握人的求利之心,善于利诱、利导、利用。利有千头万绪,但如何纳入被控制的轨道呢?法家认为这就是"法"。法的核心是赏罚,要在赏罚中疏导人们对利的取舍。其二是以法办事,一断于法。上至王侯将相,下至平民百姓,都要遵从法律命令。君王颁布的法律、命令,君王首先要执行。其三是国家(又可称之为社稷、宗庙、天下)是一种更高的存在,公就是它的理性体现。与君主相比,国家高于君主,相比之下,君主也是"私"。

法家虽然承认在法范围内"私"的存在和意义。但没有把"私"作为法律的主体来对待。法家的法无疑有社会公正的内容,但同时又是以帝王利益为核心的,为帝王统治服务的。法家毫不含糊地说,法者乃帝王的工具。法家的公私论是在追求国家秩序,而在当时,这种秩序只能是君主专制制度。

---

① 《管子·正论》。
② 《管子·任法》。
③ 《新语·耳痹》。
④ 《新书·阶级》。

儒家的立公灭私的思路与法家有别，他们主要是以道德完善和自律来灭私。在儒家那里公、私对立的命题直到荀子时才出现。但这不是说孔、孟等前期儒家没有相似的命题。作为国家与社会公共性的"公"，在《论语》中曾提到过两次。一次是在《雍也》篇由子游说的"非公事"云云，此"公事"指政治之事。另一处是《尧曰》篇记尧的话："宽则得众，信则民任焉，敏则有功，公则说。"此处的公指公平。这两处的"公"已隐含着对"私"的否定。在孔、孟思想中，国家与社会公共理性与个人的关系是用"克己复礼"与尚义贱利两个命题表达出来的，与立公灭私大体是相类似的。日下学界有多人把"克己"之"克"解释为"能够"或"发扬"。其用意无非是要把孔夫子从"灭私"中解脱出来，此说其实是清人的发明，并非新意。应该说，把"克己"理解为"灭私"是符合孔夫子的本意的，扬雄《法言·问道》把问题说得十分明白："胜己之私谓之克。"《孔子家语》卷九载："克，胜。言能胜己私情复之于礼则仁也，信善哉！"朱熹在《论语集注》中也反复说明是此义："己，谓己之私欲也。""胜私欲而复礼。""日日克之，不以为难，则私欲净尽，天理流行，而后不可胜用矣。""克去己欲以复乎礼，则私欲不留。""不违仁，只是无纤毫私欲；稍有私欲，便是不仁。"还有，在《逸周书·官人》中也提出"胜私"。《荀子·修身》提出："以公义胜私欲。"《荀子·强国》中说："并己之私欲，必以道。"《大戴礼记·曾子主事》提出"去私欲"，"君子攻其恶，求其过，强其所不能，去私欲，从事于义，可谓学矣"。克己、胜私、忍私、去欲，是一回事；胜私而后能公，荀子说："志忍私，然后能公。"[1]《吕氏春秋·去私》也把"忍"字视为"去私"的法门。克己与灭私、弃私是一致的。复礼与立公也是相通的，礼也是尚公的。《尹文子》说不上是儒家，但有一段论述完全是儒家之论："圣王知人情之易动，故作乐以和之，制礼以节之。在下者不得用其私，故礼乐独行，则私欲寝废，私欲寝废，则遭贤之与遭愚均矣。"人变成了礼的存在物，也就无所谓贤愚之分，此种情况是"公"的最高境界。礼与公是合二为一的。

义利之辨是传统思想与价值问题的核心问题之一。儒家的思路是尚义而贱利。孔子说："君子喻于义，小人喻于利。"[2]孔子此说具有社会阶级与道德双层含义。此后儒家义利之辨的走向大体不出这一格局。只要讲私利就只能落

---

① 《荀子·儒效》。
② 《论语·里仁》。

入卑贱小人行列。孟子对克己复礼这一命题没有明确涉及。但在尚义贱利上比孔子更加绝对化。义源于人性善,于是义成为人之为人的本质规定,而利与人性之善是对立的。孟子虽然十分关切人民的疾苦和生活,力主应给人民以"恒产",但在道德层面他是排斥私利的。到荀子,他把克己复礼、尚义贱利、立公灭私三者合为一体。

道家的立公灭私之路是回归自然,与道同体。在他们看来,私、我、己仅仅是自然的一种存在形式,或演生过程中的一种现象。因此,私、我、己与万物并没有什么区别,于是提出齐万物,物我为一。由此很自然导出无己、无私的结论。"公"的最高境界就是连"人"本身也取消了,《吕氏春秋》中《贵公》篇属道家言,文中讲了一个故事,有一位楚国人丢了一把弓也不去找,有人问他为什么不去找,他说:楚国人丢失,楚国人拾到,何必找呢! 孔子听到后说:"去其'荆'而可矣。"老聃闻之曰:"去其'人'而可矣。"作者于是说:"老聃则至公矣。"所以在道家那里,公的本质就是取消人的主体意义,即庄子说的"吾丧我"是也。这固然是最彻底的公,但也是最无情的公,因为连人本身也被剥夺了!

人的主体性最强的是感知系统,因此道家或受道家影响的人时常讲只有封闭了感知系统,才能通向公。"去听无以闻则聪,去视无以见则明,去智无以知则公。"①"不瞽不聋,不能为公。"②有时又讲虚、静而后公,"清静以公"③,"虚素以公"④。为什么只有聋、瞎、虚静才能通向"公"? 从积极方面说不无一点道理,因为感知会带来主观性,而主观性过多有可能妨碍公,但是把主观性与公完全对立起来,干脆排除感知系统,固然无私了,但人也变成了非人,人自己都不把自己当作人,这正是专制主义所求之不得的。

墨家以义为公。墨子一书直接论述公私的不多,《墨子·尚同》说:"举公义,辟私怨。"一个"举"字和一个"辟"字完全表达了墨子公私问题上的思路。墨家是以公为上的,有一个故事,墨家钜子因儿子犯禁而大义灭亲,于是人们评论:"子,人之所私也。忍所私以行大义,钜子可谓公矣。"墨子认为人的本性

---

① 《吕氏春秋·任数》。
② 《慎子·遗文》。
③ 《吕氏春秋·审分》。
④ 《吕氏春秋·上德》。

是"自利""自爱"的,自利、自爱会导致"交相争"和天下大乱。他虽然没有讲过人性的善恶,但实际上近于人性恶论。不过他认为经过圣王的教育和改造,人可以变成"交相利"和"兼相爱"。也就是说,能从"一人一义"的"异义"的分裂状态达到了"一同天下之义"的大同境界,于是有"尚同"论的提出。他的"同"有两层含义:一是同于"公义"。公义即他的十大主张。公义是由圣王"立"的,不是源于人的本性。墨子的公义虽然没有完全否定个人之利,如他一再讲要保护民的"生利",要"交相利",要"调和"等,但在理论上他并没有给"私"留下合理的位置,他鞭打的对象就是"自爱""自利",也就是自私。二是要上同于天子。墨子的"公"与"同"是相通的,"公"和"同"都是由"上"(圣王、圣人、天子、政长等)灌输、教育、赏罚的结果,因此"公""同"的导向也只能是君主专制主义。

诸子从不同角度和不同理论出发都导致一个大致相同的结论,这就是"无私""灭私""弃私""废私"。那么与私字相近的还有什么相关词语呢?最主要的还有如下几个字:我(吾、余等)、己、身、欲、心等。只要这些与私相近,均在灭、废之列,于是有"无我""无己""无欲""无身""无心"等命题的提出。对"志"似乎有所不同,孔子主张"有志",其他诸子在"有志"这点上都有相近之处。这点可参阅拙文《道、王相对二分与合二为一》①《圣、王相对二分与合二为一》②。诸子说的有"志"是否是精神独立、人格独立、道德独立和主体独立呢?乍然看去,确实有相当的依据,诸如"当仁不让""大丈夫""道高于君""从道不从君"以及"民不畏死,奈何以死畏之"等豪言壮语,足以显示有志者人格之伟大精神。但是我们如果把这些豪言壮语与"无私""无我""无己""无欲""无身""无心"等联系起来考察,那么这些豪言壮语中是不包括自身个性和利益在内的,此时的"我"已经不存在,"我"仅仅是"公"的载体和体现。因此从逻辑上说,"我"是无个人之人格的,"我"是不独立的。没有任何个人的东西而谈个性独立等,显然是空话和虚话,应该说与个性独立相反,在"立公灭私"的公式中恰恰没有给个性独立留下应有的位置,而是否定个性独立的绝对化的集体主义和国家主义。此点下边还要论及。

当然,诸子也不是对人的自私自利性一点也不顾,在一定程度上对"私"还是相当关注的。法家认为人生来就是自私自利者,直到盖棺而后止。墨子认

---

① 见《东方文化》1998 年第 2 期。

② 见《天津社会科学》1998 年第 5 期。

为人的本性也是自私自利的,他还第一次提出要把人之"生利"作为自然的权利来看待。孔子罕言利,但对人的实际利益又给予特别的关注。孟子的"小性"论,从人性上肯定了"色""食"的意义。总之,对在生存意义上的"私",我们的先哲给予了充分的肯定与关切,但"私"既不包含个人社会权利的意义,也没有社会独立价值的意义,大抵只是在生存意义上才被重视。因此"私"大致说来仅是一种动物性的需要,而没有进一步发展成为社会权利系统中的要素,更不是政治系统中必须的要素。由于在公私关系上彻底排除了"私",因此剩下的只有"公"才是唯一合法与合理的。而"立公"导致了社会与国家政治公共理性的充分发展。

4.立公灭私与社会和政治公共理性的发展

社会和政治公共理性主要指社会与政治的一般化原则和通例,它或是人们在生活过程中形成的共同认定的准则和习惯;或是由国家与社会组织颁布的政令与行为准则。社会和政治组织范围越大,越需要公共理性来维持和维护;而且社会与政治组织的范围的大小与公共理性的一般化程度成正比。这种公共理性的发展是历史总体运动的成果,其中包括政治制度的改革、社会关系的重组、国家机器发展的程度等,而"立公灭私"则是这个时期公共理性的高度概括和总体特征。"立公灭私"表现在不同层面,内容多多,其荦荦大者有以下几点。

(1)理性治国观念的发展

政治公共理性的发展以破除神性政治为必要条件。在春秋以前,重大的政治决定大都是在庙堂里决定的,都要与卜问、占龟等相联系,因此称为"庙算"。参与庙算的人只有极少数的贵族与神职人员。政治公共理性发展起来之后,政治就走向社会,甚至走向民间,以至平民也可以论政。曹刿曾说过:"肉食者鄙,未能远谋",这是政治公共理性走向人间的新时代的标志性话语。士人的普遍参政与政治公共理性的发展是互为因果的,是互相促进的。政治变成社会性的认识对象,诸子百家的议政足以表现其炽热的场面。在这场以理性认识为主的争鸣中,人们提出了各式各样的治国纲领,诸如"以礼治国""以德治国""以法治国""以道临天下""无为而治""一同天下之义",以及这些纲领的混通、兼用等。这些治国纲领都是以"公"作依据的,都是"公"的体现。

(2)同于百姓观念的发展

《逸周书·太子晋》说："与百姓同谓之公；公能树名生物。"朱曾佑注曰："同者，同其好恶。公之言公正无私也。"这里的"公"既指名号，又指公共理性，两者合二为一。《谥法解》也说："立制及众曰公"。话语极其简练，内容十分丰富。早在西周就有"天听自我民听，天视自我民视"神民一体化的聪慧之论，到了春秋抛却了神，直接诉之于民，于是有"国将兴，听于民；将亡，听于神"①，"得民者倡（昌），失民者亡"，"号令阖（合）于民心，则民听令"②等相类的许多经典之论。于是一些具有远见的政治家几乎都要在"与百姓同"上做文章。诸如与民同乐、同辛苦的事例多有记载，成为统治者争取民众的最有效的举措之一。

"同于百姓"与"立制及公"是处理社会公正和公平的最有价值的思路。因为在这个命题中明确提出了"公"的社会标准是"百姓"，是"众"。应该说，这在认识上是一个极大的突破。

(3)"公国"与"天下为公"观念的发展

从政治角度看，西周时期的"公"指爵位和人，"国"则是公侯所居之处，是政治中心。春秋以前，作为一个社会政治实体和组织的"国家"概念还相当模糊。当时有"国""邦""邑"等称呼，"国"一般指政治中心的都城，"邦"一般指统辖的区域，"邑"泛指居民点，王侯居住的"都""国"可以称之为"大邑""天邑"。在战国中期以前"国家"这个概念也还不特别神圣，因为国、家都是被占有的对象，是人的从属物；占有"国"和"家"的主体是那些王侯、封君等，因此又称他们为"有国有家者"。孟子讲，诸侯之宝三："土地""政事""人民"。许多学者把孟子之说视为"国家"要素说的最早概括。其实孟子在这里并没有把国家提升为公共政治理念，也没有国家至上的意思。因为拥有"三宝"的是诸侯。

国家至上的观念到战国中后期才逐渐形成。这就是"公国"与"天下为公"说的提出。《管子·法法》说："明君公国一民以听于世。""世无公国之君，则无直进之士。""公国"即以国为公。比"公国"更具普遍意义的是《礼记·礼运》篇的"大道之行也，天下为公"这句话。其实类似的说法还有不少，如《商君书·修权》说，尧、舜位天下"非私天下之利也"。慎到说："古者立天子而贵之者，非以

---

① 《左传》庄公三十二年。
② 《经法·君正》。

利一人也。曰：天下无一贵，则理无由通。通理以为天下也。"又说："立天子以为天下，非立天下以为天子也。立国君以为国，非立国以为君也。"①《吕氏春秋·贵公》说："天下，非一人之天下，天下之天下也。"《韩非子·观行》说："大勇愿，巨盗贞，则天下公平。"这些论述与"天下为公"没有任何差别。

公国、公天下可以说是政治公共理性发展的极致，具有十分重要的理论意义和实践意义。从纯粹逻辑上说，它否定了君主独占统治权的专制体制，否定了家天下。《礼运》在说"天下为公"之后紧接着说："选贤与能，讲信修睦。"孙希旦集解："天下为公者，天下之位传贤而不传子也。""天下为公"与君位禅让论大致也是相通的。应该说从"公国""天下为公"还可以推导出政治普遍参与的结论，诸如臣民谏议、庶民议政、传贤与能等。从公国、公天下观念中还可以推出君主应是为天下服务的工具；如果君主谋取私利，把天下视为自己的私产，那就违背了天下为公的原则，就失去了合理性。所以天下为公也是"革命论"的重要依据之一。另外，国家被"公"化之后，才有至上的意义。

事实上，"天下为公"并不是唯一的，与之相对还有"王有天下"论。此另当别论。

(4)工具理性和制度理性的发展

像度量衡这类工具，其本身蕴含着丰富的社会公共关系，同时也包含着社会公共理念。度量衡的历史无疑由来已久，但从春秋开始，随着社会交换的发展，度量衡的应用更加普遍和更加精密，还有，契约关系、货币关系等也有空前的发展和普及，这些都大大促进了社会公共理性的发展与提高。于是人们把度量衡、契约等视为社会的"公信""公识"。以规矩成方圆成为一种社会公共理念。

与之相应，人们把社会制度、道德规范，即礼、法、道义等也视为一种规矩，像规矩成方圆一样，以之规范社会，使人群成方圆。如下的论述十分明快：

"法者，天下之程式也，万事之仪表也。"②

"夫法者，所以兴功惧暴也；律者，所以定分止争也；令者，所以令人知事也。法律政令者，吏民规矩绳墨也。"③

---

① 《慎子·威德》。
② 《管子·明法解》。
③ 《管子·七臣七主》。

"法者，天下之仪也，所以决疑而明是非也，百姓所悬命也。"①

"法者，天下之至道也。"②

程式、仪表、规矩、绳墨都是社会交往的工具和标准，法与这些性质相同，而"至道"两字就是我们的"公共理性"。

公共理性的存在形式是公开化，要人人皆知。法是公开化还是秘而不宣？从春秋晋国铸刑鼎就有争论。法家主张法律必须"明"，即公开，法要成为君臣上下"共操"之物，使"天下之吏民无不知法者"③。由于"共操"，"吏不敢以非法遇民，民不敢犯法以干法官也"④。法于是成为公共之公器。

规矩、制度、道德等等上升为一种独立的、一般的存在，所有的人在它面前都属于个别，而个别则要服从一般，即使君主也不能例外。因此君主办事也要出于公心，听之以公，断之以公。但同时所有的思想家几乎从不同角度又得出一个共同的认识和结论，即君主可能是"公"的最大的破坏者。臣下背公行私固然也有极大的破坏性，但上有君主在，可予以制裁。对于君主就比较麻烦了，他手中的权力是不受约束的，可以任意而行。如何解决这个矛盾？我们的先贤没有下功夫设计相应的操作程序和办法，孟夫子虽然有过询国人和同姓易位之论，但都是非体制性的制约。因此君主能否立公去私，只能靠君主的认识和自觉。

"公"作为政治公共理念的提出和发展，应该说是时代的产物，更具体地说是春秋战国时期国家体制的变革产物。这一变革的重要标志是从春秋前血缘分封国家转变为一统的君主专制国家。一统的君主专制国家有两个明显的矛盾：一是专制君主与众多臣民之间的矛盾。君主一人如何统治那么多的臣民？二是社会分工和国家权力系统的分工越来越细，如何把由分工而带来的分散倾向集中起来？这两个问题又可归结为一个问题，即"一"与"多"的关系。"一"就是专制的君主，"多"就是千头万绪的事务、政务和众多的臣民。对这个问题，当时的哲人从不同的角度进行过不同的思索，并提出了解决问题的方案。而其共同点就是抓住普遍性、一般性即政治的公共理性，以"一般"驭"万端"。"一般"又有不同层次，而其最高抽象就是这个"公"字。

---

① 《管子·禁藏》。

② 《管子·任法》。

③④ 《商君书·定分》。

社会事物的复杂化、分工化、个性化与共性化、普遍化、一般化是相反而相成的发展，普通人忙于在前者中讨生活，只有君子、圣人才能发现和把握后者。抓住共性，即"公"性，才能牵一发而动全身。先秦诸子为了认识和发现万端事物中的"公"性展开了一场精彩的认识竞赛和争鸣，获得了空前的成果。

从春秋战国以后，特别是从秦帝国以后，中国的历史在政治上基本上是沿着一统的君主集权制的轨道运行，其中的原因很多，但主要的因素之一不能说不是这个"公"字在发挥着整合和统领作用。

5.立公灭私与君主专制制度的发展

立公灭私观念形成的时期正是君主一统专制制度的发展时期。这里用"一统专制制度"一词除我们共识的君主专制外还强调如下两层含义，一是君主专制制度从上到下"一竿子插到底"，直接统治所有的臣民，控制社会分配权；二是空间上的无限扩张性，不允许有相同的政权并存。立公灭私正是这一进程的理论大纛。关于君主一统专制制度的形成过程我曾在几篇文章中进行过讨论，我们的基本观点是：当时为争社会资源分配权而进行的兼并战争是君主一统专制制度形成的直接原因。作为社会身份的"公""私"之争就是当时兼并战争的主要内容之一。

春秋时期诸侯简称"公"，卿大夫则简称为"私"。所谓"私肥于公"之"私"，即指卿大夫之"私家"，"公"即指诸侯之"公室"。因此在一定意义上"公""私"是一个特定的社会阶层和权力单位。春秋时期作为权力的公、私之争，大致说来有两种情况、两种结果：一是"公"压倒和裁抑住"私"，如秦、楚、燕；另一种是"私"打倒了"公"，即卿大夫把诸侯打倒，如分晋的韩、赵、魏，代姜齐的田齐等。"私家"胜利了并不意味着"私家"势力的发展；取胜的"私家"对原来的诸侯是取而代之，自己上升为公侯，于是又形成新的"公""私"对立。

"公家"与"私家"两者之争不仅贯穿春秋，也贯穿战国。战国时期"私家"势力仍然不小，但"私家"的构成有了很大的变化。春秋时期的私家基本是西周分封制的继续，私家是一个个的"独立国"。战国时的私家主要源于官僚分配制，其中的封君、封侯情况比较复杂，大部分是食租税，但也有些封君同独立国也差不多(对战国时期的封君我有专文，这里不赘)。因此，直到战国中后期，"私家"对"公家"的威胁依然很大，在各国几乎都先后程度不同地出现过私家专权的情况。齐国的田氏贵族势力一直相当大，威王、宣王应该说是相当有作为的,但大权一度被孟尝君父子田婴、田文控制,以致出现:"闻齐之有田文,不闻其有王也。"①襄王时田单与王相匹:"安平君之与王也,君臣无礼,上下无别。"②赵国肃侯时,"奉阳君专权擅势……独擅百官"③。惠文王时公子成和李兑联合专权,以致出现"入赵则独闻李兑而不闻王也"④。秦国的贵族势力在商鞅变法以前一直很大,即使经过变法的打击,私家势力大减,但在一个时期依然赫赫扬扬,秦昭王继位以后直到任用范雎之前,大权被太后与其弟穰侯等把持,"闻秦之有太后、穰侯、华阳、泾阳,不闻其有王也"⑤。楚国的贵族势力也相当强,屈、景、昭三大家族一直显赫飞扬,到考烈王时有春申君总理政治,"君(春申君)相楚二十余年矣,虽名相国,实楚王也"⑥。有些"大家"依然有私人武装、有门客、有舍人,甚至有"私朝"。

　　孟子说:"为政不难,不得罪于巨室。"所谓"巨室"就是私家。孟子从另一面说明了"巨室"势力是相当大的。法家与孟子的看法不同,他们一再指出,对君主威胁最为直接的是这些"私家""巨室"。战国时期法家的改革主要内容之一就是打击、削弱这些私家大族。吴起在楚国的变法把打击"公族"作为首要内容。商鞅变法也是如此。在商鞅看来,所有的私家大族,只要不在国家体系之中或对国家有离心倾向的都在打击之列,《商君书·画策》说:"无爵而尊,无禄而富,无官而长,此之谓奸民。"必除之。《太公阴符》载周武王与太公对话:"武王曰'民亦有罪乎?'太公曰:'民有十大于此,除者则国治而民安。'武王曰:'十大如何?'太公曰:'民胜吏,厚大臣,一大也。民宗强,侵陵群下,二大也。民甚富,倾国家,三大也。民尊亲其君,天下归慕,四大也。众暴寡,五大也。民有百里之誉,千里之交,六大也。民以吏威为权,七大也。恩行于吏,八大也。民服信,以少为多,夺人田宅,赘人妻子,九大也。民之基业畜产为人所苦,十大也。所谓一家害一里,一里害诸侯,诸侯害天下。'"⑦"十大"之民的要害是危害"公家"或与"公家"争权、争利,因此只有除之而后安。韩非对"私家""私门"之害有反复的论述,认为是国君的最大、最直接的威胁,一再提出要把打击私

　　① 《韩非子·外储说右下》。
　　② 《战国策·齐策六》。
　　③④ 《战国策·赵策二》。
　　⑤ 《史记·范雎蔡泽列传》。
　　⑥ 《史记·春申君列传》。
　　⑦ 转引《后汉书·百官志五》注。

家势力作为政治的主要打击对象。他以树干与枝为喻,提出强干弱枝,君主一定要经常剪理枝权,切不可让枝权长得茂盛。在韩非看来,妨害君主集权的主要障碍是"私门"太重。应该说,"公门"与"私门"之争一直是一个突出矛盾,秦始皇统一之后首要举措之一就是迁豪。汉承秦法,也是不停地迁豪和打击豪强。

"公"胜"私"的过程也就是从分封制国家转到君主集权国家的过程。这一转变关系社会结构、社会关系、观念与价值体系的转变等。这一过程很复杂,要之,是公侯们把权力集中于自己之手,同时削弱和取消私家的权力单位意义。在封建制下,所有受封者都是一个个相对独立的国家。分封者和被封者虽然有宗主和藩属的隶属关系,但权力各成体系。上下关系的特点是:我主人的主人不是我的主人。君主一统的集权制正是要取消或削弱这种制度与观念,君主要"一竿子插到底",要控制每一个人。把"我的主人的主人不是我的主人"的社会结构改成"君主是所有人的主人"。

立公灭私之所以会导向君主专制,还因为有如下两个理念和相应的运动趋势来支持:

一个是公而无党。党本来是一个复杂的社会现象,有血缘关系的"族党""党族",有地缘关系的"乡党""里党",有以角色为中心的这样与那样的党,诸如"父党""母党""夫党""妻党""主党""宾党",在政治上有"朋党""比党""王子党""公党""公子党""党与""私党"等。总之"党"是一种社会普遍存在和不可避免的现象。应该说,党是社会利益的组合体。社会是不可能没有利益集团的,也不可能没有利益的差别;有利益的差别和集团,必然有这样与那样的"党"。从逻辑上说,政治公共理性发展应为政治上的"党"提供理论依据。但是中国古代的哲人却走了另一条路,他们几乎无一例外地在"公"的大旗下,对"党"进行了批判和否定。他们把"公"绝对化。所谓绝对化,即要达到一律化和无差别之境。于是从立公灭私中自然得出的结论是"公而无党"。从纯粹逻辑上说,如果"公"到了绝对的、无异议、无差别的境地,是可以导出"无党"论的,因为人人都一样,都一条心,都是公的肉体,没有区分,自然也就没有"党"了;但是这仅是一种纯粹的逻辑;换个角度,如果政治公共理性是历史的,是有层次的,那么,从不同层次的"公"中也可以推导出有党论。事实上当时诸子主张的"公"就互不相同,甚至如同水火,因此不仅应有不同的"党",而且确实上也有不同的"党"。当时许多名师"聚徒"讲学,组成一定的群体,像墨家组成的墨者团体,已是实实在在的党派。可是我们的先贤在政治上却绝对不容许"党"的存在,把"党"视为首害,诸子不约而同地都要求取缔政治上的"党"。他们把"党"与"私"说成是同体,党必私,私必党,私与党是孪生兄弟,于是政治上要求立公灭私与取缔党便成为一回事,相反,公则无党。典籍中对朋党的批判比比皆是,这里仅举数例:

《洪范》说:"无偏无党,王道荡荡。"

孔夫子说:"君子不党。""君子矜而不争,群而不党。"

慎到的思想是:"公而不当(党),易而无私。"①

荀子说:"不比周,不朋党。"②

韩非说:"义必公正,公心不偏党也。"③

我们的先哲从观念上和理论上都认定"朋党"是政治的大敌,于是打散、取缔"党"成为一种普遍的政治价值准则,只要加上"朋党"的帽子,就是大恶、大奸。温文尔雅的孔子是否杀过少正卯,人们争论不已,这里不论,但无论如何像少正卯这种有理论、搞党派的人是儒家所不容的。

公而无私与公而无党成为同一个问题的两种表述。把"党"视为私的体现,这是古人步入的一个大误区。就实而言,党既有"私"的一面,又有"公"的一面,是一种公私结合体。把"党"完全派给"私",就割断了"党"与"公"的联系,否定了"党"的合理性。另外,"公而无党"也把"公"绝对化了,"公"则不准有社会性的组织,于是"公"便都集中到君主那里,君主是唯一的可以摸得着和体现"公"的政治实体。

以公否定"党"存在的合理性,无疑是一个理论误区,但却是当时以及其后两千余年的公论;党作为一种事实存在尽人皆知,但又都认为是一种非合理性的存在,更没有结党的法律保护。这是一个非常相悖的现象,我们的先人一直在这种相悖的环境中生存,闹出说不尽的麻烦事。

无党论适应了君主一统专制的需要,因为任何党派的存在都会在不同程度上造成对君主一统专制体制的分解,进而成为一种威胁。取消"党"的意义在于从根本上取消了人们横向联合的可能性,把人的社会联系减少到最低程

---

① 《庄子·天下》。

② 《荀子·强国》。

③ 《韩非子·解老》。

度,特别在政治上,要把人尽量孤立成为一个个单个的人,把人单个化、孤立化,是君主一统专制制度存在的必要条件。我在多篇文章说过春秋战国的诸子百家都在营造君主专制主义,其根据之一就是他们都反对"党"。在庞大的君主权力面前,人们越是孤立,就越没有力量,就越便于君主专制。这可以说是历史的一条铁则。

其次,与公而无党论相伴的是公、忠一体的忠君观念的发展与确立。西周的孝包含了忠,到春秋,"忠"已经成为社会思想与观念中的核心概念之一。王子今的《"忠"观念研究》一书梳理了"忠"观念的历史发展过程,足资参考。我这里只就与本题有关的问题再说几句。

"忠"的含义有多方面的内容,要之可分为两个方面:一是以主人和君主为对象,即"下"对"上"的人身服从和人身依赖观念;一是以公共理性为对象,在社会活动与人际交往中要忠于和恪守社会的公共理性和政治公共理性原则。从逻辑上说这两者的方向和行为是不尽相同的。前者向人格的萎缩和消失方向发展;后者向人格的独立发展。为了行文方便,我把前者称为第一种忠,把后者称为第二种忠。

第一种忠一直是主流,君主要求"下"对"上"是献身精神和无条件服从。春秋时期还盛行的"委质"制度,要求臣下生为主人之仆,死为主人之鬼,无有二心,绝对忠于主人。在分封制度下,臣下只忠于顶头主人,至于主人的主人,即越级的主人可以不顾。随着君主专制体制的不断强化和激烈的战争与社会军事化程度的大幅度提高,君主对臣下的控制应该说日渐严厉。与之相适应,下对上,臣民对君主绝对服从的程度更加明显。还有,君主手中握有巨大的社会资源和对社会成员的生杀予夺之权,造成了臣下"仰上而生"的环境,这是君主要求臣下必须忠于自己和臣下可能忠于君主的社会条件。就实而言,臣下对君主的忠不可能从天而降,也不仅仅是靠一种理论或观念就能奏效的。臣下对君主的"忠",根本说是源于人身支配、生命支配和生活支配的制度。假定没有这种支配制度作底,臣下对上的忠是不可能长期维持下去的。

第二种忠在春秋战国时期有很大的发展。当时国与国之间的竞争和招揽人才,士人的朝秦暮楚和自由的流动,臣对君主的绝对服从有一定的松动。另一方面,社会改革、社会关系的大变动和激烈的政治、军事竞争激起了社会和政治公共理性的发展。在这种环境下,一些具有独立精神和有使命感的士人、官僚把坚持第二种忠作为自己的责任。表现在君臣关系上,他们尽忠的原则是以道事君、道高于君，甚至从道不从君；政治理念相合则留，不合则去；反对对君主卑躬屈膝的"妾妇之道"。当时有些人沿着这一方向走了相当长的一段路。最为著名的有壮烈的伍子胥，有聪明的范蠡，有痴情的屈原，有适度而行的孔子，有"爱君莫如我"的孟子。

第一种忠与第二种忠在逻辑上是不同的。但第二种忠要进入实际的政治运行系统就不能不与君主打交道。在实际的权力运行中，君主不会太喜欢臣下过于自信，也不会喜欢臣下过多地张扬"道高于君"。因此第二种忠的实践条件是极其有限的，常常像伍子胥那样被杀，像屈原那样被逐，总之，第二种忠的悲剧多于喜剧。于是第二种忠逐渐向第一种忠靠拢、妥协、屈服。如果仔细考察，从忠观念一出现就有把两者混合起来的论述，如"公家之利，知无不为，忠也。""无私，忠也。"①"奉君命无私，谋国家不贰，图其身不忘其君。"②事公室不谋私，"无私积，可不谓忠乎？"③"图远者，忠也。"④

把第二种忠融于第一种忠，或者作为第一种忠的附庸理论到战国后期已经完成，荀子和韩非是有关理论的集成者，其标志是"忠顺"和"公忠"的合一。具体的论述和历史过程可参阅王子今的著作。

战国时期人们对君主的忠虽有种种区分，如"至忠""上忠""大忠""次忠""下忠""愚忠"等。然其主旨不外：竭尽全能效力而无异心和个人图谋；忠信而不党，尽忠而死职；听从吩咐和支配，不择事，不计较；忠谏不听不生异心；有善归之于君，不彰君之恶，恶归于己；君要臣死则死，死而无怨。以上这些几乎为社会公论和价值准则。

臣民对君主的忠顺是专制体制的要求，也是君主专制制度赖以存在和运转的社会观念基础和条件。把公同忠一体化，既使忠充实了政治公共理性的内容，又使公获得了臣民忠顺的支持。

6.立公灭私与国家和社会领域的对立

国家指以权力为中心的权力体系，社会领域指国家体系之外的社会组织

---

① 《左传》僖公九年。
② 《左传》成公十六年。
③ 《左传》襄公五年。
④ 《左传》襄公二十八年。

与个体等。国家与民间社会是历史中的必有之物,无法互相取代。但是,如何处理两者的关系,则有相当的空间由人安排和设计。立公灭私的观念把国家与民间社会对立起来了,战国时期以此为指导而进行的变法对民间社会与国家的关系进行了新的组合,并对以后也产生了极大的影响。

在理念上公私的对立是公共理性与私人的对立,在社会关系上则是君主、国家与民间社会与个人的对立。在诸子的言论中,固然有君主、国家与民间社会之间的和合性的言论,但在观念上占主流的则是两者之间的对立。在道家的理论中,人的自然存在是最合理的,远古时期没有任何社会性的自然人是最自由的、最符合人性的时代。唐尧、虞舜等圣人的出现搅乱了人性,他们创立的种种制度是人性的枷锁和桎梏,这样,压根上国家与人的社会性就是对立的。儒家的贵贱等级论中虽有调和的一面,但贵贱上下之分则是主要的,而贵贱上下之分正标志着君主国家与民众之间的对立,他们有关君子小人的对立论也包含了一部分国家与民间社会对立的内容。墨子认为人类最初是一人一义,因此各不服气,争乱不已,于是有圣人出,禁乱制暴,制定出刑罚,强制人们放弃一人一义而归于一是。国家也是在与人性对立中产生的。法家认为人类最初没有君主与国家,由于人们之间的争斗使社会陷于一片混乱,于是在争斗中胜者为王,并制定出控制社会的制度体系。所以在法家眼里,君主、国家与社会民众之间是一种控制与被控制的对立关系。这方面的言论很多,各家的思路尽管有很大的差别,但有一个共同点,即君主、国家同民间社会或多数人之间是一种对立关系。

公体现在法、礼,而法、礼是君主、国家规范和统治民众的工具。法、礼与人的关系,占主流的说法是圣人外加给人的,而不是从人自身的需要生长出来的。因此礼、法对人是一种矫正。在儒家看来,没有礼,人就不成其为人,礼是人与动物区分的标志,是对人的矫正器。法更是如此。在法家看来,人的本性是好利的,好利引起争乱,于是有圣人出,制定出法,以规范人的行为。礼与法的主旨都是明分或定分。以法“定分”的论述多多,无须征引。于礼则有不同的看法,一些人认为礼的主旨是讲“和”,如有子说过“礼之用,和为贵”等。然而究其实,“和”的前提是“分”,礼首先是分贵贱上下尊卑,荀子说:“人何以能群?曰分。分何以能行?曰礼义。”又说:“先王恶其乱,故制礼义以分之。”①《礼记·

---

① 《荀子·王制》。

坊记》说得更清楚："夫礼，坊民所淫，章民之别。"《乐记》说："礼义立，则贵贱等矣。"礼、法的主要功能是分贵贱等级，这就决定了它们与人的对立性。

春秋战国的立法只有"公法"而没有"民法"，这同立公灭私观念应该说有极大的关系。所谓的公法也就是"王法"，它的出发点和归结点都是为王的统治服务，民众只有作为王的附属物和使用物才有存在的意义，法家对此有明确的论述。他们提出，如果臣民不能为君主所用，那么这些臣民就失去了存在的价值，要采取最严厉的手段进行处罚，直至消灭之。中华法系的一个重要特点是"诸法合一"，应该说这同君主绝对专制是配套的。诸法合一说明了法律的主体只有一个，这就是君主，其他一切臣民都是被君主统治的对象。从出土的秦律中可以看到对臣民的行为规定极其详细和具体，但没有任何有关臣民权利的规定。

依据立公灭私的原则，不允许有独立于国家之外的民间社会的存在。所有的居民都必须纳入"编户齐民"的行政管理系统。当时发展起来的编户齐民制度不是一般的行政管理与户口登记，而是整套的人身控制、职业控制、行为控制、义务控制和社会控制体系，是君主直接对每个人的统治和奴役制度。秦国的法律对家庭制度都有硬性的规定，儿子成人必须与父亲分居，居民要编入什伍里甲体系，实行什伍里甲连坐，人们除垂直隶属于君主外，完全没有任何横向的自由空间，自然也就没有民间社会的活动余地。韩非提出对个人也要严格控制，要用法律与行政手段"禁其行""破其群""散其党"①。"俗"应该说包含许多民间社会的东西，为了一体化，各国变法对"俗"进行了肃整，改"俗"入法，吴起在楚国"一楚国之俗"，商鞅在秦国的变法同样"移风易俗"。

崇公论、抑私说是立公灭私在思想文化方面的体现，而抑私说可以说是禁绝民间社会活动最彻底和最极端的行为。禁私说意在控制人们的思想，如果人们没有了思想的自由，进而变成只知听命，那么这种人就只能是会说话的工具而已。

在历史的一定时期，比如春秋战国，国家与民间社会有某种对立，国家对民间社会进行某些改造，从历史进步而言是必要的，这个问题不在这里讨论。我要说的是，这种国家与民间社会的对立是适应了君主专制发展的需要，立公灭私导向了国家至上。这种模式一旦形成就成为巨大的惰性，使国家控制

①《韩非子·诡使》。

179

民间社会成为惯性和成例,在历史的发展中越来越走向反面,并成为反动。

7.立公灭私与道德的绝对化

公与私本来是相反相成的一对矛盾,两者都是社会的普遍存在,不能一个吃掉一个的,但在中国的历史上却出现了一种绝对化的理论,即本文中一再说到的"立公灭私"论。立公无疑是合理的,但"灭私"却把一种社会普遍"私"置于了死地,取消了"私"的正当性与合理性,于是"私"被置于恶的地位,成为一种恶势力和万恶之源。这样就出现了一个无法解决的悖论:"私"虽是客观存在,但在观念上是不合理的;人们在"私"中生活,但观念上却要不停地进行"斗私""灭私";人们在实际上不停地谋"私",但却如"做贼"一样战战兢兢,不能得到应有的保障;在社会生活交往中,特别是在政治上,只要被戴上"私"的帽子,一下子就失去了合理性与正当性。

人灭私之后还有什么呢?人只能是一种"公"的存在物。从一方面看,人不能不是"公"的存在物,因为人是一种社会动物,当然应该遵守社会的公共理性和社会规范。如果一个人反过来把"公"灭掉了,这个人应该说也就失去了人的社会价值,就会变成一个孤立的个体人,这样的人要么不进入社会,彻底离群索居,"自生自灭";要么进入社会,那他一定会成为害群之马。一句话,人不能无"公"。

如果人仅仅是"公"的存在物,哪怕这种社会和政治公共理性是极其美好的,也不能避免其专制主义性质。道理在于:其一,它取消了人的个性和多样性,只能充当社会和政治公共理性的工具;如果人只是工具,就只能扮演服从和被支配的角色,人只会"服从"和"被支配",那么其对立面一定是专制。这是历史的辩证法铁则。其二,如果人只是"公"的存在物,那么他同时也就变成了一个现存制度的"制度人"。所谓"制度人",意思是说人与现行制度一体化了。然而制度是历史性的,而人的主动性和创造性总有突破制度规定的一面,取消了人的主动性和创造性只能是专制主义的制度。其三,人本来是"公私"的浑成体,公私之间需要的是适度调理,求得平衡,但理论上却要把私灭掉,这如同把人劈成两半,这能不是专制主义?

理论上一味地提倡"立公灭私",在事实上却极难做到,而人们又没有突破"立公灭私"的框架,于是就出现了大批的"假人",即阳公阴私,假公济私,化公为私,援私为公等。这点先哲们早有观察和揭露。如韩非说的:"阴相善而阳相恶，以示无私。"①"彼有私急也，必以公义示而强之。"②如《管子》说的："为人臣者援私以为公"，"行公道而托其私"。③按照"立公灭私"的要求，只有如下的人才是真正的人：儒家所谓的"君子"，法家所谓的"法术之士"，道家所谓的"真人"，墨家所谓的"义士"等。而阳为公阴为私者，只能是"假人""小人""伪君子"等。从历史实际上看，在"立公灭私"的标准下，中国人绝大多数是"假人"。对假人只能实行专制。因此道德的绝对化，如"立公灭私"，看起来十分纯真、高尚、典雅，而实际上则是武断、凶残、专制。

理论上要"灭私""无私"，然而事实上又做不到。可是诸子百家又基本上都接纳这个理论和价值体系，这样一来，"私"只能是一个没有合理性的怪物游荡于人间，于是阳为公、阴为私便成为中国历史上的一大奇观！

立公灭私的内容极多，包括崇尚公共理性，国家至上、尊王等。这一切在当时都推动了君主专制体制的发展，因此立公灭私是一个符合专制主义需要的命题。

五、大一统与王权至上

大一统与王权至上是中国古代最重要的政治观念和社会价值之一。这是中国历史发展综合因素的成果，也是春秋战国诸子百家争鸣的重要成果。

"大一统"一词是由《春秋·公羊传》最先提出的。《公羊传》成书的时间大约在战国中期前后。"大"，即张大；"一统"，即统于一。"大一统"即以一统为大。作为社会与政治观念的基本含义是国家一统，王权一统。国家一统的含义是没有主权区域和民族的界限，是君主权力在平面上的无限扩张；王权一统是说权力不能分割，君主权力是一种无限的集中。因此大一统的核心是王权一统。

大一统观念的萌生远在《公羊传》以前，从《尚书》《诗经》以及金文等文献和资料中都可以看到它的身影。周王作为"天下共主"，在实际上的权限是有限的，远没有达到大一统的地步；但在观念上远远超过实际，初具大一统的含

---

① 《韩非子·备内》。
② 《韩非子·说难》。
③ 《管子·君臣上》。

义，这表现在如下几点：一曰王有天下。《诗经·北山》说："普天之下，莫非王土；率土之滨，莫非王臣。"就实而言，周王管辖的地域与臣民是有限的，但在观念上则是无限的，无止境的，这点对后世影响极大。二曰王者纲纪天下。周王"纲纪四方"，"正域彼四方"，"四方为则"，"万邦为宪"，"罔有不服"，"大君有命，开国承家"。三曰王称"天子"。上天至尊、至灵、至神，作为天之子无疑是天的化身和代言人。同样，天子也具有一定的神性和超越性，自然也是人们崇拜和信仰的对象。

春秋战国时期政治体制发生了重大变化，由宗法分封制转为君主中央集权制。新的统治方式特点是"一竿子插到底"，即实现对每一个人的直接统治；同时统治范围也空前扩大。于是有"大一统"的提出。诸子此时喜欢用"一"讨论政治哲学问题。于是有"道生一"、"道无双"、道即一等命题的提出，在政治体制上则提出了"土无二主""民无二王""定于一""作一"等。在实际的政治上，诸侯们为争一统打红了眼。"天下为一统"成为时代最响亮的声音。诸子百家也同样从舆论和理论上要求鼓动统一。

老子说王与天、地、道并列为四大之一，又说以道临天下，说明老子是主张一统的。

孔子希望的政治局面是礼乐征伐自天子出，也是一统格局。

墨子主张天子一同天下，天下尚同于天子，同样是大一统。

孟子希望定于一也是一统政治。

法家更是一统政治的鼓吹者。

"今周室既灭，天子既废，乱莫大于无天子。"[①]天子代表着大一统和秩序，无天子则争乱不止，"无天子则强者胜弱，众者暴寡，以兵相残，不得休息，今之世当之矣"[②]。

几乎所有的人对一统的君主专制体系都是认同的，因此，百家争鸣的结果极大地促进了君主专制主义理论的发展与完备。实际的政治发展与思想的这种趋势相一致，各诸侯国君主专制制度不断强化，最终汇合为秦朝高度的君主专制主义。

对君主专制，诸子百家没有停留在简单的肯定上，而是从各方面进行了

①《吕氏春秋·谨听》。
②《吕氏春秋·观世》。

理论论证,以证明君主专制是必然的、必要的、合理的。政治学、哲学、伦理学等都围绕这一主调进行了大合唱。

1.君、道同体论

根据张岱年先生的研究,中国古代只有"本根"这个概念,而无"本体"之说。"本根"有三意:第一,始义;第二,究竟所待;第三,统摄义。①这里姑从张先生之说。

"本根论"探讨的中心是宇宙万物原始生成与存在的根据,这是哲学中的最高范畴。关于先秦的种种"本根论"不是本文讨论的课题,我们要思索的是"本根论"如何同君主发生联系,如何成为君主至上的证明。

先秦思想家因派别不同对"本根"有不同主张,要之有天地(自然的)、道、阴阳、气、天(神秘主义的)等。在"本根论"上,许多思想家在概念上并没有一个严格的规范,常常交错使用上述不同的说法。概念尽管有些含混,但表达的意思是清楚的。那么"本根论"怎样成为君主必然与合理的证明呢?归纳起来,主要是沿着如下两条线进行的:

其一是对应关系。由于君主与"本根"相对应而使君主成为人间至高无上的绝对。《荀子·王制》说:"天地者,生之始也……君臣,与天地同理,与万世同久。"《管子·形势解》说:"天覆万物,制寒暑,行日月,次星辰,天之常也;治之以理,终而复始,主牧万民,治天下,莅百官,主之常也。"又说:"明主配天地者也。"《管子·任法》说:"夫君臣者,天地之位也。"《管子·明法解》也说:"君臣相与高下之处也,如天之与地也。"《管子·君臣下》说:"君人者上注,臣人者下注。上注者纪天时,务民力……"旧注:"上注,谓注意于天。"

道与君主也有对应关系,《老子》说,天下有四大:"道大、天大、地大,王亦大。"②四大并列,尊君昭然。《韩非子·扬权》说:"道不同于万物,德不同于阴阳,衡不同于轻重,绳不同于出入,和不同于燥湿,君不同于群臣,凡此六者,道之出也。"君主既然是从道中直接产生出来的,那么君主超乎一切臣民就是必然的。

---

① 参见胡适:《中国哲学史大纲》。
②《老子·第二十五章》。

阴阳主万物之化,阳为主,阴为辅,与之相应,"主阳臣阴,上阳下阴"①。阴阳与四时相配主万物之生杀,君主相应而有赏罚,《管子·形势解》说:"四时未尝不生杀也。主未尝不赏罚也。"

有些思想家把气视为本根,气又寓于万物之中。圣人是气密集的结果。《管子·内业》说:"凡物之精(气),此则为生,下生五谷,上为列星,流于天地之间,谓之鬼神。藏于胸中,谓之圣人。"这里所说的圣人虽不是王的同义词,但圣人是王的最佳候选人。

《吕氏春秋·圜道》篇认为,"圜"是天道的特点,"方"是地道的特征。"圜"无所不包;"方"各执一隅。因此,与之相应,"主执圜,臣处方,方圜不易,其国乃昌"。

战国时期把神秘的天命作为宇宙之本的观念仍十分流行。与之相应,君权神授观念也还有很大的影响。

君主与宇宙"本根"相对应是一种简单的比附,在理论上缺乏,甚至没有内在的逻辑力量。但它对尊君却有着重要意义。君主因此而被置于人世之巅,成为人间的一种绝对。如果回到那个时代,从当时人们普遍遵从的思维方式和认识水平来考察,这种比附还是有巨大的征服力的。因为在直观认识占主导地位的时期,外观比附是寻求事物联系的基本方式之一,也是寻求证明的基本手段。尽管今天看来是浅薄的,但在当时却是有力的。

其二是法天合德。儒家一贯持有此论。孔子说:"巍巍乎,惟天为大,惟尧则之。"②荀子说:"圣王之用也:上察于天,下错于地,塞备天地之间,加施万物之上。"③《易·系辞上》说:"法象莫大乎天地。"《易·文言》讲:"夫大人者,与天地合其德,与日月合其明,与四时合其序。"法家也有类似主张。《管子·君臣上》说:"为人君者坐万物之原,而官诸生之职者也。"《管子·牧民》说:"如月如日,惟君之节。"《管子·版法》说:"法天合德,象地无亲,参于日月,佐于四时。"《管子·形势解》说:"明主法象天道。"墨子也讲:"圣人之德,盖总乎天地者也。"④道家学派,《老子》最先提出"法自然",其后无一不遵循这一原则。《经法·四度》明确提出圣人"与天同道"。《吕氏春秋·情欲》提出"治身与天下者,

---

① 《经法·称》。
② 《论语·泰伯》。
③ 《荀子·王制》。
④ 《墨子·尚贤中》。

必法天地也"。阴阳家也主张法天合德,《管子·四时》说:"天曰明,地曰圣,四时曰正,其王信明圣,其臣乃正。"

法天合德是一个光辉而具普遍意义的课题,它教导帝王和一切人要与自然相谐合,从自然那里寻求人的行为规范和道德原则。这是一种非常杰出而深刻的认识。因为不管人的创造能力有多大,人都不应忘记自己是自然的儿子,是在自然环境中生存,自然规律是不可抗拒的。基于这一事实,人们应该自觉地把自然规律转化为人的行为规范和准则,而且还应从自然的性格那里寻求道德的依据。比如,先秦思想家几乎都认为天是大公无私的,"天无私覆,地无私载,日月无私照"①。人也应该效法天地这种品格。道德源于自然说,从根本上说是无稽的,但在当时,这又是一种非常深刻的认识,它给道德找到了最有力的支柱。

无论从当时的农业社会,还是从人类的历史看,法天合德都具有深刻的道理。但是先秦思想家把这个富有深刻哲理而又光荣的使命全交给君主和圣人去体察和实现。这样一来,君主的绝对地位获得了最有力的证明。对于君主的极高要求又使君主扮演了人间最显赫的角色。由于天地的伟大品性,只有经过君主和圣人才能降临人世,因此君主就是人间的天地!

与天地相配,与天地合德,使君主从宇宙"本根"那里获得了自己存在的依据和证明,这种说法虽不像君权神授那样神秘,但它的作用大致是相同的。

2.君主赞天地之化 成历史之变论

先秦各派思想家承认人是自然界的一部分,是历史的产物的同时,多数人又认为,人在自然与社会面前不是简单的被动物,相反,肩负着人之为人的使命。于是在研讨"天人之际"和"古今之变"时,人扮演什么样的角色,遂成为思想家们关注的一个头等重要的课题。人作为一个"类",固然引起了思想家的注意,但它们更侧重从"类"中之"等"的角度去考察问题。思想家对于人类之"等"有各式各样的分法,五花八门。要之,可分为两等:上等的是君主、圣人、君子、大人等,其中核心和中枢是君主;下等指广大的臣民。在"天人之际"与"古今之变"中,这两种人各自占有一定地位,并从理论上作了探讨。他们论

---

① 《礼记·孔子闲居》。

述最多的是上等人的作用与影响。上等人的作用与影响可概括如下三句话，即赞天地之化，成历史之变，握必然之理。

天地化育万物首先是一个自然过程，但人为又可加入其间，人的这种活动称之为"参"或"赞"。在"参""赞"行列中虽不排斥一般人，不过最重要的是君主、圣人的使命。天地化育万物只有经过君主、圣人才能变为现实，并建立有条有理的秩序，各家各派从不同角度论证了这一问题。《中庸》说，圣人能"赞天地之化育"。荀子说："天地生之，圣人成之。"①又说："天能生物，不能辨物也；地能载人，不能治人也；宇中万物，生人之属，待圣人然后分也。"②又说："君子者，天地之参也，万物之揔也，民之父母也。无君子则天地不理，礼义无统。"③《易·颐卦·象传》："天地养万物，圣人养贤以及万民。"道家中的《老子》还只是讲圣人法自然，到了后学，也大讲赞化，《管子·心术下》明确提出："圣人裁物，不为物使。"《白心》说："天行其所行，而万物被其利；圣人亦行其所行，而百姓被其利。"《管子》中的《势》是道家之作，文中讲："天地刑之，圣人成之，则与天地同极。"《管子·宙合》说："圣人参于天地。"属于黄老思想的马王堆帛书《称》中讲："天制寒暑，地制高下，人制取予。"在道家这些论述中，圣人从法自然走到裁自然，制万物，他们不只是奉行"无为"，同时还是"有为"的主帅。《管子》中的《君臣上》是法家的作品，文中讲："天有常象，地有常形，人有常礼，一设而不更，此谓三常；兼而一之，人君之道也。"人君是贯通天、地、人的枢纽。《管子》中的《侈靡》篇是一篇奇特作品，主张高消费促治国，文中也讲王要参天地之化，其文曰："天地若夫神之动化变者也，天地之极也。能与化起而王用。"《吕氏春秋·有始》讲圣人通察并类分万物，"天斟万物，圣人览焉，以观其类"。

赞化裁物表明君主、圣人不仅是天地的助手，简直可以说是天地第二。天地固然是化育万物之本，如果万物不经君主圣人整治梳理，只能以散漫的形式存在，只有经过君主圣人之功，万物，特别是人类，才能各得其所，井然有序。这样一来，如果说君主不是与天地并驾齐驱，临万物之上，至少也是跟随天地之后飘逸在人类上空。赞化裁物之说，把君主、圣人抬到超人的地位。超

---

① 《荀子·富国》。

② 《荀子·礼论》。

③ 《荀子·王制》。

人的人理所当然应该是支配人的人！赞化裁物论述了君主、圣人在天人关系中扮演的角色。这种理论为君主的绝对地位奠定了不可动摇的基石。

先秦思想家并没有把眼光只限在天人关系上，他们还从古今之变中寻求君主为超人的依据。历史是不是在变？对这一点思想家没有原则的分歧，分歧是对变化趋势估计有所不同。有的主张历史之变在进化，如法家等；有的主张是退化，如一部分儒家和一部分道家；有的主张有进有退；有的主张是循环的，如阴阳家邹衍。观点尽管五花八门，但其中有一个共同关心的问题，即在历史进或退中决定性的力量是什么？思想家从不同角度出发，得出了一个大致相同的结论，即取决于君主的好坏。坏君主是人们鞭挞抨击的对象，抨击尽管很激烈，但都没有深究产生坏君主的社会原因，因此也没有导向探求政治制度的改进。抨击坏君主只不过是对明君圣主希冀的衬托。在对明君圣主的希冀中蕴含了历史观。先秦诸子有关的议论很多，这里只谈两点：一是社会秩序与君主、圣人的关系；二是君主、圣人在历史之变中的地位。

思想家从不同角度出发论证了这样一个问题，即君主、圣人是社会秩序的创造者和体现。墨子认为人类最初没有政长，天下处于混乱之中，互相交争是人类历史的第一章。人类不能在交争中自我毁灭，于是由上天"选择天下贤良圣知辩慧之人，立以为天子，使从事乎一同天下之义"[①]。天子把人类带到一个有秩序的时代。法家派也讲这个道理。慎到说："天下无一贵，则理无由通。"[②]慎到所说的理即人们的行为规范与准则，"一贵"的天子是社会秩序的体现。《管子·君臣下》认为，人类最初无"君臣上下之别"，天下"以力相征"。后来有贤者出，治平天下而立为君主。荀子对初民社会没有论述，但他认为人性恶会导致争与乱。于是有圣人出，"化性起伪"，"礼义法度者，是圣人之所生也"[③]，有了礼义法度而后才有秩序。《吕氏春秋·恃君》也认为最初天下混乱一片，"圣人深见此患也，故为天下长虑，莫如置天子也"。君主代表着秩序，在当时历史条件下，是有相当充分理由的，但君主也因此而获得肯定。

思想家还竞相宣传圣君明主是历史进步的动力和文明的缔造者。儒、墨两家几乎把一切文明和历史优秀成果都说成是唐尧、虞舜、夏禹、商汤、周文

---

① 《墨子·尚同中》。
② 《慎子·威德》。
③ 《荀子·性恶》。

王、周武王等创造的。法家和《易传》主张历史进化,《商君书》和韩非还把历史分为上古、中古、近古、当今等不同进化阶段。而实现历史进化的决定力量正是圣主、明君。

探讨历史之变,无疑是一个深邃而富有哲理的课题,对当时人来说也是一个难题。先秦思想家对这个问题所作的说明虽然远不是科学的,但在当时又是认识可能达到的最高水平。这种认识在政治上最直接的后果便是对君主地位的肯定,君主不仅是必然的,也是合理的。在一定前提下,即使思想家对现任君主全然看不上眼,也丝毫不妨碍对君主制的肯定。只要保存君主制,至于谁当君主,那是属于低一层次的问题。

先秦思想家在探讨天人关系与古今之变时,十分重视探讨内在的规律和必然,把这些称之为"道""必""然""理""性"等。这些规律和必然虽不依人的主观意志为转移,但君主、圣人与平民百姓在这些规律面前所处的地位迥然不同。君主、君子是坐而论道者,与之相反,"百姓日用而不知"①。思想家从各自的理论和不同角度出发,反复论证君主应该把了解、把握、实践规律与必然作为自己的首要任务;认识、实践规律与必然又是君主自我实现的必要条件之一。《老子》讲:"侯王得一以为天下贞(正)。"②"得一"即"得道"。《管子·白心》说:"论而用之(按,指道),可以为天下王。"马王堆《老子》乙本卷前古佚书《原道》讲:"圣人用此(按,指道),天下服。"《管子·形势》说:"道之所言者一也……有闻道而好为天下者,天下之人也;有闻道而好定万物者,天下之配也。""天下之人""天下之配"指的都是最高统治者。《管子·宙合》说:"圣人博闻多见,畜道以待物。"法家在哲学上受道家影响最为明显,特别强调君主要知道、执道、体道,与道相契。《管子·君臣上》说:"道者诚人之姓(性)也,非在人也。而圣王明君,善知而道之者也。""道也者,万物之要也,为人君者,执要而待之……"韩非反复强调君主要"体道",《韩非子·解老》说:"夫能有其国保其身者必且体道。"道不仅是自然规律,而且是人事的通则,君主只有切实"体道"而后才能统御万物。《韩非子·主道》说:"道者,万物之始,是非之纪也。是以明君守始以知万物之源,治纪以知善败之端。"

---

① 《易·系辞上》。
② 《老子·第三十九章》。

"理"也是表示必然性的概念。荀子说,君主要"明达用天之理"①。马王堆《老子》乙本卷前古佚书,对理作了详细的论述,有天地自然之理,有人与自然相契合之理,有人世之理等。作者反复强调君主要审察事理,并遵循事理。《商君书·画策》说:"圣人知必然之理,必为之时势。""始终"也是说的必然性,《管子·正世》说:"圣人者,明于治乱之道,习于人事之终始者也。"

"性"主要是表示本质的概念,有时也含有必然的意义。诸子认为君主要遵从事物之性。《商君书·弱民》说:"圣人在体性也,不能以相易也。"《管子·宙合》说:"圣人明乎物之性者必以其类来也。"《吕氏春秋·贵当》说:"性者,万物之本也,不可长,不可短,因其固然而然之,此天地之数也。"

诸子百家一致强调君主要体察、把握、遵从必然之理,无疑是一个极富有理性的课题。它向君主指出,在大千世界中,有比君主更富有权威的东西,君主要顺从它。然而令人遗憾的是,思想家把操握必然之理的权利只交给了君主、圣人,一般的平民百姓是无能,也无权问津。这样一来,一个非常理性的命题却带来了一个反理性的结果,即君主圣人独操和垄断理性。单凭借这一点,君主、圣人就应该君临所有臣民之上。

君主赞天地之化,成古今之变,握必然之理,是各家各派都赞同的,并为之作了论证。论证越深入,越全面,君主的地位就越突出,越巩固,越神圣。正如《管子·任法》所说:"圣君所以为天下大仪也。"用理性支持反理性的东西,比用非理性支持反理性的东西要更为有力,更为牢固。

3.君主一人独裁论

君主专制制度的最基本特征,是君主一人独裁。先秦的思想家尽管向君主提出了数不清的美妙要求,深切地希望君主虚心听谏;或者慷慨陈词怒斥暴君、暗主,乃至提出"革命",但对君主专制制度却无人怀疑。相反,对君主热切的希望和激烈的批评却汇成一股合力,促进并加强了君主专制制度。

各家各派从不同角度论证了君主是独一无二的。法家从矛盾的事物双方不能平衡并存的哲学高度论述了君主只能一,不能二,更不能多。慎到认为"两"与"杂"是乱之源,"两则争,杂则相伤害"②。"两贵不相事,两贱不相使。"

---

① 《荀子·君道》。
② 《慎子·德立》。

要使事物获得稳定,只有一方压倒另一方,在权力结构中,只能有一个最高指挥。"多贤不可以多君,无贤不可以无君。"①《管子·霸言》讲:"使天下两天子,天下不可理也。"天子只能一,不能二。韩非子从各方面论述了势不两立,指出"一栖两雄""一家两贵""夫妻持政"是祸乱之源,结论是只能有一个君主。儒家向君主提出了许多要求,但在君主独一这一点上,与法家并无二致。孟子是批评君主最激烈的人物之一,但他也非常赞成孔子"天无二日,民无二王"②的说法。荀子的看法与法家颇为接近,认为君主只能一,不能二。他说:"君者,国之隆也……隆一而治,二而乱。自古及今,未有二隆争重而能长久者。"③他还提出:"天子无妻,告人无匹也。"④妻,齐。言天子至尊,无人可与对等相齐。《吕氏春秋·执一》中也讲君主只能一,文中曰:"王者执一,而为万物正……国必有君,所以一之也;天下必有天子,所以一之也;天子必执一,所以抟之也。一则治,两则乱。"君主独一无二的观点几乎是所有理论家的一致看法。君主独一无二是君主独裁的前提。

与君主独一无二论相伴相行的是君主至尊论。人分尊卑贵贱是当时普遍存在的社会事实。在尊卑贵贱中,几乎一致认为君主是至尊至贵者。法家着重从君主有无限的权势来说明君主至尊。《管子·法法》说:"凡人君之所以为君者,势也。"《管子·明法解》进一步说明,臣民之所以畏君,并不是基于仁义道德,而是畏主之权势,臣民"非爱主也,以畏主之威势也。百姓之争用,非以爱主也,以畏主之法令也"。《韩非子·备内》说:"人臣之于其君也,非有骨肉之亲也,缚于势而不得不事也。"君主的权势不是上帝恩赐的,而是在智与力的争斗中集中和强化起来的。《商君书·开塞》讲:"民愚,则知可以王;世知,则力可以王。"《商君书·画策》讲:"不胜而王,不败而亡者,自古及今,未尝有也。"法家除从权势角度论述君主至尊外,还从强化等级差别上突出君主。《管子·明法解》:"君臣之间明别,则主尊臣卑。"《韩非子·忠孝》说:"臣事君,子事父,妻事夫"乃"天下之常道也"。儒家与法家的思路不尽相同,他们主要从等级贵贱和伦理道德关系上论述君主至尊。孔子思想的主旨之一是论君臣父子之别。

---

① 《慎子·佚文》。
② 《孟子·万章上》。
③ 《荀子·致仕》。
④ 《荀子·君子》。

孟子从亲亲、敬长而推演出尊君："未有义而后其君者也。"①又说,人之罪,"莫大焉亡亲戚君臣上下"②。"无父无君,是禽兽也。"③荀子把问题讲得更透彻:"君臣、父子、兄弟、夫妇,始则终,终则始,与天地同理,与万世同久,夫是之谓大本。"④又说:天子"尊无上矣"⑤。司马谈在《论六家要旨》中,对儒家的本质概括得十分精当:"儒者博而寡要,劳而少功,是以其事难尽从;然其序君臣父子之礼,列夫妇长幼之别,不可易也。"⑥墨子的"尚同"论详细论述了天子是人间的至尊。道家中的黄老派从君道相配的角度论述了君主的至尊。他们也大谈君臣父子之别,君主处于至尊和指挥一切的地位。《管子·心术》讲:"心之在体,君之位也。"他们所主张的君逸臣劳论也是以君主至尊论为基础的。

君主是天下臣民和一切财富的最高所有者,是诸子宣扬的另一个支持君主独裁的理论。自从《诗·北山》提出:"普天之下,莫非王土;率土之滨,莫非王臣"之后,几乎成为不移之论。在先秦诸子中除极个别人略有怀疑之外,多数思想家都进一步阐发了这一思想。法家说的直截了当,"国者,君之车也"⑦,"主者,人之所仰而生也"⑧。儒家讲得比较含蓄。他们非常热衷于宣传君主是民之父母,从外观上看十分温情。然而在当时,父母对儿女是一种占有与被占有的关系。宣传为民父母正借助温情宣传了对民的占有与支配。荀子比较爽快,干脆宣布,"贵可天子,富有天下"。在《荀子·君子》篇又详细论证了天子是天下的最高主人。《管子·轻重甲》讲:"为人君不能谨守其山林菹泽草莱,不可以立为天下王。"把君主视为天下臣民和一切的最高所有者,为君主支配一切奠定了理论基础。

权势独操是上述理论合乎逻辑的结论。法家在这方面宣传得最力,表达得也最为明快。《管子·七臣七主》说:"权势者,人主之所独守也。"《商君书·修权》说:"权者,君之所独制也。"权势这种东西不可须臾松手,一松手就会出现君臣颠倒的现象。正像慎到所指出的:"君臣之间,犹权衡也。权左轻则右重,

①《孟子·梁惠王上》。
②《孟子·尽心上》。
③《孟子·滕文公下》。
④《荀子·王制》。
⑤《荀子·君子》。
⑥《史记·太史公自序》。
⑦《韩非子·外储说右上》。
⑧《管子·形势解》。

右重则左轻。轻重迭相橛，天地之理也。"①儒家不像法家这样坦白，不过他们讲的君臣名分神圣不可侵犯，与法家的坦白之论并无原则区分。孔子提出礼乐征伐自天子出。他又讲"惟器与名不可以假人"②。墨子宣传一切政令都要听命于天子，"上之所是，必亦是之；上之所非，必亦非之"③。充分反映了权力的集中。道家中的黄老派是道家与法家的结合，他们讲的君主无为和主逸臣劳之术正是以君主权力的集中为前提的。《管子·心术上》说："名者，圣人之所以纪万物也。"因此，君主要牢牢把握住"名"。这里所说的"名"，包括孔子的"正名"之"名"与法家之"法"。又说"名当，谓之圣人"。《吕氏春秋·壹行》说："王者之所借以成也何？借其威与其利。"《用民》说："君，利势也。"范雎说："势者，王之神。"④君主的权力要贯通于社会生活一切领域，《管子·任法》概括为六柄："明主之所操者六：生之、杀之、富之、贫之、贵之、贱之。"总之，一切权力都要集中于君主之手。

决事独断是诸子制造的君主专制的又一理论。独断是讲在权力行施过程中，君主是最高最后的决断者。只有决事独断才能最终保证君主独裁。独断并不排斥兼听，《管子·明法解》论述了两者是统一的，并明确提出"兼听而独断"。法家公开讲独断，其他派别虽不使用这一词，但谁也不怀疑君主应有最后决断权。当然，在儒家那里，有对君主权力进行限制的言论，如争、谏、辅、拂、矫君之过等。然而这些都必须以忠君为前提，正如孟子所言："有伊尹之志，则可；无伊尹之志，则篡也。"⑤忠臣在局部问题上可能有碍君主的独断，但其最后结果还是加强了君主的地位。

先秦诸子在君主理论上尽管有不少分歧，但在君主独一、至尊、拥有一切、独操权柄和决事独断五个方面，没有大的原则区分。相反，种种论述最后都汇集到这里，所以，愈争君主专制就愈强化。

---

① 《慎子·佚文》。
② 《左传》成公三年。
③ 《墨子·尚同中》。
④ 《战国策·秦策三》。
⑤ 《孟子·尽心上》。

论士人的贡献

先秦的士人，特别是春秋末至战国时期的士人，对当时社会以及中国整个历史，都做出了巨大贡献。其贡献是多方面的，约略而言，可归纳为如下几点：

一、促进思想文化的转型

夏、商、西周基本上是神的世界。从春秋开始，神的地位逐渐下降，人的地位逐渐上升。老子与孔子是人文思想发展中的两位巨擘，是中国历史上思维方式转向的标志，他们二人把先前零星的人文思想上升为理论，老子把人还给自然，孔子把人还给社会，从而奠定了中国历史上人文思想的基础。经过战国诸子进一步发展，人文思想成为中国传统文化的中流。中国传统的人文思想如下几方面值得注意。

第一，在人与神的关系上，倡导先人而后神。

在中国古代思想史上，除少数人外，绝大多数思想家都没有把神赶出庙堂。相反，或多或少都给神留下了一席之地。老子认为道是最高的存在，并支配一切。他从本体论上抛弃了神，可是在信仰的范围内仍然保留着神。孔子讲"祭神如神在"，也是从信仰上说的。从传统思想看，神不限于信仰，有时也会侵入本体论和决定论中来。但终究人更重要，并以人的需要和精神改造神。以民情知天命，先人而后神，敬鬼神而远之和神道设教诸思想，是人文思想对神道观念的改造和修正。

以民情知天命早在西周初已提出来，是"德"的这一观念发展的伴生物。德包含着对神的崇敬，但更注重人事。德把敬神与保民统一起来。"天畏棐忱，民情大可见。"①"民之所欲，天必从之。"②"天视自我民视，天听自我

---

① 《尚书·康诰》。
② 《左传》襄公三十一年。

民听。"①这类话巧妙地把神、人结合为一体，并成为传统中认识神人关系的指导思想。这种认识实际上把神人文化。在儒家中，董仲舒是把神学推向极端的人物之一。然考其基本精神，天神的目的仍是为人谋利益，天"生育养长而更生，终而复其事，所以利活民者无已。天虽不言，其欲赡足之意可见也"②。天人感应、天谴论大抵也是以人事为根据的。

人既然是神的目的，因此在处理神人关系或当两者发生矛盾时，众多的思想家主张先人而后神。这种思想虽不是孔子的发明，但他作了更确切的论述。"季路问事鬼神。子曰：'未能事人，焉能事鬼。'"③"务民之义，敬神鬼而远之，可谓知矣。"④庄子也讲："六合之外，圣人存而不论。"⑤即对神的问题不作理论的深究。把神作为工具，是进一步把神人文化的表现。墨子把这种思想阐述得十分明确。他认为，天神犹如"轮人之规""匠人之矩"⑥，是人手中的工具。《易·象传》提出的"圣人以神道设教"，对后来的思想影响更大。"神道设教"，在解释上虽然可以走入神秘主义，但更多的是把神道作为工具来看待。只要把神作为工具，不管神在外观上有多尊严，它已失去目的意义，真正的目的是人。而以人为目的的实用主义正是人文思想发展的标志之一。

第二，在人与自然的关系上，倡导人与自然相谐和，并利用自然，为人造福。

人是从哪里来的？西周以前认为是神的产物。道家、阴阳家、《易经》的出现改变了这种认识。他们从不同角度酿出了一种共同看法，即人是自然的产物，人是自然的存在。《易·序卦》说："有天地然后有万物。有万物然后有男女。有男女然后有夫妇。有夫妇然后有父子。"《庄子·知北游》："人之生，气之聚也。聚则为生，散则为死。"人作为自然的存在，是人文思想的理论基础。

思想家普遍认识到，人的活动要受到自然的制约。自然的力量比人的力量，在总体上更富有威力。"逆天(指自然)者亡"，正反映了这一认识。然而人在自然面前并不是无能为力的，人可以通过主观努力和探索，求得与自然的

---

① 《孟子·万章上》。
② 《春秋繁露·诸侯》。
③ 《论语·先进》。
④ 《论语·雍也》。
⑤ 《庄子·齐物论》。
⑥ 《墨子·天志中》。

谐调,"法天""法地""法四时"①,是取得人与自然谐和的基本方式。只要能取得谐调,人不仅可以利用自然,自然简直是为人而存在。"万物同宇而异体,无宜而有用,为人,数也。"②"天地之生万物也,以养人。"③

在传统认识中,一方面强调了自然对人的制约。要把"法自然"作为人类安身立命的起点,但同时又指出人可以"制天命而用之"。指明人是自然界的主人,可以利用自然为己造福,这样在人与自然的关系上突出了人的价值。

第三,在人的社会生活中,强调人性,并以人性为基础推演社会的人际原则。

传统思想深入探讨了人性问题。关于人性问题的实质,近人多归结为道德善恶问题。毫无疑问,这是人性问题中十分重要的内容。不过细研究起来还有更深层的含义,这就是人的自然性与社会性的关系问题,即生理本能物质需求与社会关系、社会意识形态的关系问题。对两者关系,不同流派有不同的见解,大体有四种思路。

一种用自然性排斥社会性,如老、庄。他们认为现存的社会制度和道德观念等,都是对人性的桎梏和破坏,特别是儒家的仁义道德,是戕害人性的刽子手,是吃人的"虎狼"④。他们要求把人还给自然。

另一种则用一定社会制度和社会观念排斥人的生理本能和物质需求。孟子等基本上是沿着这一道路思考问题。他们认为人性是善的。这种善即儒家的道德规范。人的欲望和物质追求是给道德完善造成麻烦的根源。在孟子等看来,人欲是破坏善的罪魁。因此要发扬善,必须与人欲作斗争。

第三种看法,认为人的自然性与社会性是统一的。法家持此说最力。法家认为,人的本能需要与社会追求是一个东西,即名和利。这种本性无须改,也改不了,改了反而有害。关键是如何利用这种本性为统治者服务。

第四种认为,两者既有统一又有矛盾。此论以荀子的性恶说为代表。荀子从礼义道德来衡量人欲,认为人欲与礼义相悖,因此宣布人性恶。不过他没有走到极端,一方面主张限制和改造人性的恶,另一方面又要适当满足人的起

---

① 《管子·版法解》。
② 《荀子·富国》。
③ 《春秋繁露·服制象》。
④ 《庄子·天运》。

码生活需求,礼便是调节两者之间关系的准绳。

关于人性的讨论,从根本上说,要探索人类怎样认识自己,以及人应该有什么样的价值。在道家看来,人的价值与回到自然的程度成正比,越是自然化,价值越大。法家则认为人的价值是在追求名利中表现出来的。道、法两种价值观虽有很深的影响,不过在传统思想中占主要地位的是孟子的性善论。另外,在汉代,荀子的性恶论也有一定的影响。孟、荀两家看起来截然相反,但归结点却是一致的。孟子认为仁义礼智是人性善的逻辑展开,荀子认为仁义礼智是改造人性恶的结果。孟、荀都尊尧、舜为圣人,尧、舜是人的价值最高体现,是人的典范。孟、荀从不同角度出发,都提出了人皆可以为尧舜的主张。孟子教导人们说,性善自我发扬,就能上升为尧、舜。荀子教导人们说,用礼义改造自己的尽头就会变成尧、舜。他们认为人的价值是在同自己的欲望斗争中提高和发展的。宋明理学沿着孟子的方式进一步论述了人的价值只有在道德化的道路上才能充分显示出来。

道德完善并不是个人的私事。在儒家看来,个人道德完善是社会完善的基础和起点。修身-齐家-治国-平天下这一公式集中表达了他们的见解。在这一公式中,个人的价值与作用被置于崇高无上的地位,不但神被抛到九霄云外,社会的其他关系与因素也被排挤到次要地位。

这里,我们不去评论上述思想的得失,但有一点是可以肯定的,人文思想获得了充分的展开。

第四,人们在自我追求中主要是求圣化而不是神化。

在古代传统思想中,不是没有自我神化的追求,但占主流的是追求圣化,即通过自我修养和完善,成为圣人、贤人、仁人、大丈夫、成人、君子、善人。这些人的共同特点是道德模范。圣化和神化的道路虽然并非水火不容。比如在修养过程中有共同点,但终结点有着原则的区别。神化追求超越自我,最后变成一个彼岸世界中的一员;圣化则力求最大限度地实现自我,在充分发挥自己的主观能动性和执着的追求中,把社会的一切美集中于一身,从而上升为一个超人。传统中的圣贤,特别是儒家中的圣贤,都以悲天悯人、救世为己任。因此对圣贤、仁人的追求,促进了人文思想的发展。

第五,把自然、社会和人自身作为认识的对象和实践的对象。

前边所讲的几点,在逻辑上必然导出自然、社会和人自身作为认识的主要对象和实践对象。在认识史上虽然也有对天国的幻想,但人们普遍关心的是现实生活中的人,以及与人相关的自然界。老、孔之后两千年,知识界讨论的主要问题,几乎一直是围绕天人关系、历史之变、心性、治乱、道德、民生等问题开展的。在这里,认识对象与实践是一致的,诚如章学诚所言:"古人未尝离事而言理"。[1]由于把现实生活作为认识和实践对象,从而为人文思想开辟了广阔的道路。

以上从不同角度对传统人文思想的具体内容作了说明。那么,传统人文思想思维方式最主要的特点是什么呢?这就是人们常说的一体思想,即把自然、社会和人视为一个谐和的统一体。这种统一是通过自然的人化、社会化和人与社会自然化达到的,简称自然的人化和人的自然化。在自然的人化与人的自然化观念中,有一些合理的,甚至包含着一些科学的因素。比如人与自然存在某种统一性,诚如荀子所言:"水火有气而无生,草木有生而无知,禽兽有知而无义。人有气、有生、有知,亦且有义。故最为天下贵也。"[2]即在气、生、知上,人与自然有某种统一性,这种看法是很有道理的;但在自然与人统一的理论中,还有许多是通过人为的对应模拟生造出来的。《易·系辞上》说:"天尊地卑,乾坤定矣。卑高以陈,贵贱位矣。"接着论述乾代表"天""君""金""玉";坤代表"地""母""众"(臣民)"布"等。《文言》则讲"地道""妻道""臣道"属阴,阴应顺天从阳。在这些论述中,人分贵贱,天地乾坤阴阳也分贵贱,而且在论者看来,人的贵贱倒是从天地贵贱中引申出来的。中国古代各派思想家都讲"公",公本是道德观念,但各家都说公是"天道"的本性,并外化而为道德之"公"。把天道道德化,反过来又用道德化的天道论证人世道德,这是古代天人合一的重要内容之一。

人自然化和自然人化的思维方式,把一切个体都视为恢恢天网中的一个结。个体在关系网中只有相对的地位,君主是人间最尊贵的,独一无二。但君主也只是关系网中的一环。他只有顺天、从人,才能保障自己的安全和尊贵。这种观念无疑具有合理的一面,从现代的系统论观点看,古人是把自然、社会、人视为一个有组织的严密的大系统,每个事物都受系统关系的制约。但是古人在构筑这个大系统时,对系统的认识不是建立在分析科学的基础之上,而是以直观的模糊认识来完成的。因此所谓的系统关系有许多是虚构的、臆

---

① 《文史通义·内篇·易教上》。
② 《荀子·王制》。

想的;另一方面,这个系统结构本质上是按照社会现实的等级结构来组织,并且都贴上了道德的标签。人自然化、自然人化的结果,既使人不成其为人,又使自然不成其为自然。自然与人都因此而失真。但由此却得到一个对当时君主政治非常实惠的东西,即大一统。在天、地、人大一统中,君主具有承上启下、圆通万物的作用。上述人文思想与近代人文思想有原则的区分,它导向的是君主专制而不是民主。

二、推动社会改革与进步

战国出现了一批改革家,这些人多来自士。他们站在时代的前头,敢发前人之未发,议前人之未议,针对时弊,发动改革,成为当时历史前进中最活跃的力量。他们启发了民众,推动了历史,可歌可泣!

当时的矛盾重重,有"诸侯力政,争相并"的矛盾;有诸侯国中集权与分权的矛盾;有事功地主与分封旧贵族的矛盾;有统治阶级与被统治阶级的矛盾;有生产力的发展与陈旧的经济体制和生产关系的矛盾,等等。这一系列矛盾汇成了一股巨大的现实力量。正是这股现实力量,推动着列国有见识的统治集团寻求变法与改革,力图从变中求生存,从改中求发展,从改革中求出路。

有远见的士人承担了这一历史使命,发动了历程长久、范围广泛、内容丰富、成效显著、影响深远的变法运动,给这个时代增添了无尽的生气与活力。

在改革中,围绕新与旧、传统与未来、开拓与因循、革新与守旧,以及种种利害得失,引起了不同阶级、不同阶层、不同社会因素的反复较量,于是,形成了纵横交错、上下相杂的重重叠叠的矛盾。改革就在这万水千山式的矛盾网络中,逶迤而行。由于这些矛盾在不同的诸侯国有着不同的表现形式和具体内容,致使列国改革别开生面,各具特色,形成了活泼多姿的历史画卷。

改革的结果,列国情况虽有差别,但从总体上看,先进战胜了落后,开明战胜了保守,新生事物战胜了腐朽的旧事物。在改革的推动下,列国集权程度加强了,官僚政治确立了,地主封建制形成了,小生产发展了,百家争鸣出现了,并孕育出了为即将到来的大一统专制主义集权统治服务的系统理论。一句话,社会发展了,历史进步了,古代中国由分权割据走向集权统一的历史条件日趋成熟了。

战国时代的社会改革,出色地完成了自己的历史使命,解决了它所面临的新旧冲突,把历史推到了一个新阶段。与此同时,它又在政治、经济、文化诸领域,催生了新的矛盾的萌发。当这些新矛盾取代旧矛盾成为社会生活的主画面时,历史又前进了,战国时代及由那个时代的矛盾所产生的变法运动,也就逐步变成了供人回顾的过去。

三、士是古代科技体系的奠基者

我国古代科学技术无论是研究方法、设备、指导思想、科学结构等,许多方面都有自己的特征。所以,通常称之为中国古代科技体系,而这种体系的基础,正是由春秋战国时期的知识分子奠定的。

通常说某某事物的体系,它必须具备三个要素。一是完整性,指构成此事物的主要元件已经基本具备。二是确定性,指主要元件各自的性格特征已经形成,不会由于以后的变动而改变整体面貌。三是整体性,主要指各元件的组合具有一定的结构、次序,因而显示出区别于任何单个元件的整体特性。中国古代科学技术的内容是多种多样的,究竟哪些为最主要,是构成体系的主要元件?这可从以下三方面考虑。首先看它的存在是否具有足够的持续性;其次看它有无独立品格;最后看它的先进性如何。这三条缺一不可。从以上三方面综合考察,堪称中国古代科技体系基本元件的有三大科学和三大技术。三大科学为历算、中医、地理学;三大技术为建筑、陶瓷和纺织。它们在春秋战国时期都有了不同程度的发展,都有了独立的性格特征。

中国古代历算包括历法和算学两部分。历法的基本特征有三点:一是属于四分系统,二是阴阳历,三是以分至、朔望和日月食检验历法的精确度。战国中期,一些士人在对天体进行全面测量的基础上,曾经制定一部颛顼历,它是四分系统的阴阳历;又是以表测日影法确定并验证回归年长度,从而定出了十九年七闰法(西方称之为默冬章)的历法;还是着重日月食的观测和预报,并确定了大小月安置的七十六年周期(西方称为卡利巴斯法)的历法。这些说明中国古历的三个特征在战国时的颛顼历中都已明显体现出来了。中国古代算学特征是以《九章》为系统的实用算学集锦,运算工具采用算筹(宋元间发展为珠算)。《九章》虽出自汉代,它的前身"九数"却见自《周礼·保氏》,而《周礼》是战国时的著作。"筹算"二字在战国文献中也屡有所见,如《老子·道德经》所谓"善数不用筹策"云云。古代算学特征在战国时也大致确立了。

中医诊断的基本方法是望、闻、问、切,这正是春秋战国之交的大医家扁鹊使用的诊断方法;中医的治疗方法主要有使用中草药的药治法、针灸和导引法三种。由春秋战国文献,如《黄帝内经·素问》,以及马王堆医书《五十二病方》《导引图》《阴阳十一脉灸经》《足臂十一脉灸经》等的记述得知,这也是春秋战国间治疗的主要方法。此外,中医研究病理和治疗方法的主导思想是阴阳五行论。这种理论的形成时期虽至今尚有不同意见,但可以肯定,战国中后期已经有较大发展,且在《黄帝内经·素问》中得到了相当成熟的运用。

中国古代地理学是以《史记·河渠书》《汉书·地理志》等为主要形式的州郡地理和山水志,此后出现的《水经注》、图记、地方志等,都是它们的衍生物。在战国时期出现过四种地理学或与地理学有关的著作:《管子》《尔雅》中的有关篇章和《山海经》《禹贡》。前两种着重于对地形、地物进行分类研究,具有重要科学意义。后两种是《史记·河渠书》《汉书·地理志》的鼻祖。

中国古代建筑形式很多,但主要是木构架的土木建筑。细部结构有柱网、斗拱、出檐、起翘等作法,整体布局为中心轴对称型。这些特征在《尔雅》的记述中已有充分反映了。

中国古代陶瓷可说是千品百目,几乎每代都有创新。但都是肇基于青瓷。由青瓷而白瓷,由白瓷而彩瓷。明清时期熟练掌握了彩瓷生产工艺以后,古代陶瓷才算是臻于化境了。就今所知,我国青瓷烧制始于商代,春秋战国时已有小成了。

古代纺织技术包括绩麻、缫丝、练染等,其中真正能够代表这项技术特色和水平的是锦绮的织造。它是一种重经(或重纬)组织的织物,织造它须用卧式多综织机,这是手工纺织机械中最为复杂的设备。在中国古代纺织品中,绢布、锦绮是两大宗,就生产的技术性而论,绢布的生产要简单得多。而中国至迟自商代就能生产锦绮了,战国时,"锦绣靡曼之衣"几乎成了诸侯王的通服。

由以上所述,中国古代科技的主要门类在春秋战国时都各自形成了自己的独特品格,足以使它们在以后历史的漫长岁月里获得稳定的发展。

中国古代科技具有鲜明的整体特征,表现为以下三方面。首先是它的统一性。如具有相同的结构模式——对称性,和相同的理论体系——阴阳五行论。建筑中的中心轴对称布局,陶瓷制品造型和图案的对称美,医学中的六经六络。算学中的天地数,地理学中的八方、八风等,都是对称性。不同学科之间也存在着这种对称情形,如算学中的九数、地理学中的九州、天文学中的九野相互对称;历算中的日、月、岁、时与中医学中的人体结构相互对称,等等。阴阳五行论更是无处不在,如在算学中解释数的形成,历学中解释日月迭运、四时更始、月逮星期;地理学中的方位配置、气候的干湿寒暖变易等的解释,无不贯穿着阴阳五行论。其次是中国古代科技重视方法,不重义理。正如清初人王锡阐所说,是"详于法而不著其理"。这使它在形式上带有更多的经验性。最后是研究方法的特征,它着重类比归纳,忽视其他科学方法。

综合以上论述不难看出,中国古代科技有自己的独立体系,而构成这种体系的主要特征在春秋战国时有的已经形成,有的已经具备了雏形。因而可以说,春秋战国的知识分子和技术专家为我国古代科技体系的形成举行了奠基礼。

人类赖以生存的基础是物质生产,而精神生产不仅充实人类的灵魂,同时又指导物质生产不断由低级向高级发展。这两大生产加上人类自身的生产,形成人类历史运动的三大支柱。精神生产是整个人类的事业,除了白痴,人人都在从事精神生产。士即是从事精神产品生产的一个知识层。书中所讨论的士(文士)之所以为士,不是由他们的经济地位所决定的,他们的特点是与知识、道德、智能为伍,是脑力劳动者,是精神生产者。古代的各种精神产品都与士有密切的关联,理论思维几乎由士垄断。在社会的全部精神生活中,理论思维是居于领导地位的思维。从这个意义上讲,士在整个社会精神生活中扮演着主角。在中国的历史上,几乎全部理论著述都是由士制造出来的。理论思维不同于其他思维的地方,就在于它具有全局性。一个理论上的结论可能导致对整个社会生活重新估价,因此它的威力是巨大的。士对社会生活的影响主要是通过理论思维来实现的。当一些士进行认真严肃的理论思维时,他们常常表现得极为高傲,藐视一切,皇帝老子也不放在眼里,甚至要让他们在自己的理论面前接受评判。这样就发生了道德与君统及现实社会生活之间的矛盾。正是这种矛盾的存在,使士引起整个社会的关注,士也在这种矛盾中表明了自己的社会价值。

士的主要产品是精神,是理论。士以他们的精神产品与社会上其他人发生劳动交换或产品交换。在这种交换中,也有统治者参加。统治者要维护自己的统治地位,他们不能只靠物质力量,还必须有精神力量,而且物质力量也需要由精神加以指导。由于这种情况,统治者不仅需要与士对话,而且需要求救于士。于是就出现了礼贤下士的场面,士也会一跃而成为统治行列中的成员。这时,士由认识而走向实践,由后台走向前台。这种情况反过来又成为促进士阶层的发展和认识深化的动力之一。

士的认识有赖于一定的社会条件。在社会诸条件中,最重要的是政治环境。在中国古代,战国时期的政治环境对智能的需求格外紧迫,因此士十分活跃,认识成果也十分卓著。

政治社会史论

中国封建君主专制制度的形成
及其在经济发展中的作用 *

关于中国封建社会长期性和停滞性的问题,已经越来越多地引起了人们的关注,许多同志从不同的方面和不同的角度对这个问题进行了探讨。这里我们想从封建君主专制制度形成的原因和在经济发展中的作用方面,谈谈我们的看法。

一、封建君主专制与封建统一形成的原因

公元前二二一年,秦统一了中国,建立了我国历史上第一个封建君主专制主义中央集权帝国。其后二千年,中国便陷入了缓慢发展的状态之中。对此,许多同志意图从这个制度存在的基础来解释,已经做了不少努力。但究竟什么是君主专制制度赖以存在的基础?史学界的说法颇不一致。或曰封建土地国有;或曰地主土地所有;或曰小农经济;或曰水利灌溉事业的需要;或曰抵御少数民族的入侵;或以上数说兼而论之。总之,众说纷纭,莫衷一是。我们想暂且把"基础"问题放在一边,先对统一的封建君主专制制度形成的原因和过程,如实地进行一番考察,进而找出这个制度的特点,庶几对解决这个问题有所帮助。

中国封建君主专制主义中央集权的矛盾运动是从春秋时期开始的。

翻开春秋、战国、秦汉的历史,可以清楚地看出:从分封制和分权制,经过各种形式的兼并、掠夺,进到地区性的统一和地区性的君主集权;地区性的统一和君主集权再经过更加激烈的军事争夺,最后进到全国的统一和君主中央集权。从这个历史的变动过程来看,这样一个历史的因果关系是清楚的:统一只是封建君主专制的表现形式,也就是说,没有君主集权就不会有地区性的统一;没有地区性的君主集权就不会有全国的封建统一。所以,弄清了君主集

---

* 本文与王连升合作。

权发展演变的基本原因,封建统一的问题也就比较容易解决了。

我们知道,国家机器是由许多权力环节联结在一起的成套体系。就其阶级性而言,它是一个阶级压迫另一阶级的工具。但这只是国家的一般性质。就其权力机关的每一个环节来看,又有着特定的性质,体现着特定阶层的利益。因此,一方面国家表现了阶级的对立,同时国家机器本身各个环节之间又有矛盾。国家权力构成形式的变化不仅受阶级矛盾的制约,还受内部矛盾的制约。在一定条件下,后者甚至会起主导作用。从西周的分封制过渡到战国以后的君主集权制,不管人们认为它是地主阶级夺权的结果也好,或者说是地主制取代领主制也好,都不能忽视这样一个基本事实:即战国时期的专制君主,没有一个是分封制以外的来客,而都是由原来的受封者扮演的。战国时期的地区性君主集权和局部统一,都是由各个大小受封者互相争夺的结果。

西周以来的分封制是权力和财产(主要是土地)分配结合在一起的一种既临民又临土的世袭体制。权力的上下关系同时又体现着财产的占有关系。逐级分封制形成了天子、诸侯、大夫、士对土地和财产的多级所有。这种结构会不可避免地造成两种趋向:一是权力越大对财产的支配力就越大,从而要求攫取更多更大的权力,这表现为权力的集中垄断、扩张兼并等;二是分封又造成了一个个相对独立的王国,每个独立王国都具有强烈的排他性和割据性。这两种势头是一个问题的两个方面,又统一又矛盾。西周分封诸侯是当时的历史条件形成的,周天子的本意是"以藩屏周"①。但历史的发展却使它走到了自己的反面,各诸侯坐大势强,形成头轻脚重之势,最后周天子形同虚设。到春秋之世,便形成了诸侯各自为政的局面。与此同时,由于生产的发展,商品经济的活跃,又为诸侯们扩张兼并注入了刺激素。

诸侯们每一次争战的导火线虽然极不相同,但有两个相同的目的:一是扩大自己的势力范围,侵占更多的土地和人民;二是争当霸主。如晋国的郤至受聘于楚,对楚令尹子反说:"诸侯贪冒,侵欲不忌,争寻常以尽其民。"②当时争夺之激烈,竟至"疆埸之邑,一彼一此,何常之有"③的地步。郑攻陈,陈告郑于晋(晋当时是霸主),晋责问郑:"何故侵小?"郑反驳说:"昔天子之地一圻

---

① 《左传》僖公二十四年、《左传》昭公二十六年。

② 《左传》成公十二年。

③ 《左传》昭公元年。

(方千里），列国一同（方百里），自是以衰。今大国多数圻矣！若无侵小，何以至焉？"①据载，春秋之世，齐吞掉三十个小国及一些部落②；楚灭掉四十余国及一些部落③；晋灭掉二十余国，征服四十余国④；秦灭掉二十余国⑤。这种兼并扩张的结果当然是削减了割据势力，扩大了地区性的统一和君主集权。另外，对几个大国来说，争当霸主的目的也是十分明显的。霸主实际是无名而有实的天子。所以争当霸主就是为建立更大的君主集权而进行的演习。

从春秋的历史看，促使君主集权强化的主要角色是诸侯。他们虽然受着传统力量的支配，继续进行着分封，但他们却把较多的注意力放到了打击卿大夫等受封者上面，千方百计加强集权的力量。分封制引起了诸侯与天子之间的矛盾，但人们对这个问题的认识，是直到卿大夫以同样的方式起来反对诸侯时才开始的。《左传》开篇所载郑庄公与京城大叔的矛盾，使祭仲觉察到受封者势力膨胀是"国之害"，他认为应先发制人，及早除掉，防患于未然。公元前七四五年，晋封桓叔于曲沃，师服当即指出："吾闻国家之立也，本大而末小，是以能固……今晋，甸侯也，而建国。本既弱矣，其能久乎？"⑥公元前五三一年，楚国的申无宇总结了各诸侯国的大夫犯上作乱的历史事实之后，得出结论："末大必折(折其本也)，尾大不掉"。⑦以上我们列举的这些论者，虽然都没有从根本上否定分封制，但他们却看到了分封制已成为与诸侯专权相抗衡的力量，主张用大斧砍断斩绝。

分封制是妨碍君主集权的主要障碍，这一点已逐渐为人们所认识。但是要一下子消灭分封制是不可能的，因为所有的贵族与执政者都置身其中，既是搞君主集权的主角，又是分封的受益者。而且当时的经济又没有产生与分封制相抗衡的社会势力或集团。因此，削弱与破坏分封制的力量不可能来自分封制之外，而只能从分封制内部成长出来。以对权力和土地等的争夺为杠杆，受封者之间的矛盾运动，促成了分封制的衰落和君主集权的形成。春秋时

---

① 《左传》襄公二十五年。
② 《荀子·仲尼》。
③ 《吕氏春秋·直谏》。
④ 《吕氏春秋·贵直》。
⑤ 《史记·李斯列传》。
⑥ 《左传》桓公二年。
⑦ 《左传》昭公十一年。

期,在君主集权的运动中诸侯们尚占着优势,他们打击卿大夫等的受封者,主要有如下几种方式:

一是消灭大族。周天子分封过许多诸侯,尚未发现过灭国的事实。但到了春秋时期,诸侯消灭大夫的事却层出不穷。就晋国的情况来看,晋献公患桓、庄之族逼宫,仿效"士蒍使群公子尽杀游氏之族"的办法,"晋侯围聚,尽杀群公子",并废除了公族,由是晋无近亲公族①。十多年后,当晋国假道于虞以伐虢的时候,虞国的宫之奇曾追忆过此事,说:"桓、庄之族何罪,而以为戮,不唯逼乎?"②这个"逼"字道出了君主集权与分封者之间的矛盾。晋献公以为消灭了桓、庄之族,其他异姓大夫不会对他构成威胁,不会夺取晋国的君位。但历史的进展表明,异姓大夫强大起来之后,同样虎视眈眈,觊觎君位。正因为如此,所以到晋厉公时,再一次提出"去大族"的问题。事情进行了一半,优柔寡断的晋厉公当决不决,反被栾氏、中行氏杀死了③。这说明诸侯王公们在加强自己的权力时所遇到的反抗力量是何等的巨大!以后晋平公又提出过"去大族"的问题④。

二是削夺。这种方式与前者不同,它是通过削夺封邑的办法来打击分封者的势力,以加强诸侯的权力。如郑子驷执政时,"为田洫,司氏、堵氏、侯氏、子师氏皆丧田焉"⑤。楚灵王"夺斗韦龟中犫(韦龟,令尹子文玄孙;中犫,邑名),又夺成然(韦龟子)邑而使为郊尹"⑥。管仲当政时,"夺伯氏骈邑三百"⑦。在那些险要的地方,夺封的事更是常常发生。如楚惠王要把梁赏封给鲁阳文子,鲁阳文子说:"梁险而在境,惧子孙之有贰者也……纵臣而得全其首领以没,惧子孙之以梁之险,而乏臣之祀也。"⑧文子的话反映了一个事实:险要之地是难得传世的。

三是转封或改封。这样做的目的在于避免受封者坐大成势,出现不可收

①《左传》庄公二十五年。
②《左传》僖公五年。
③ 参见《左传》咸公十八年。
④ 参见《国语·晋语》。
⑤《左传》襄公十年。
⑥《左传》昭公十三年。
⑦《论语·宪问》。
⑧《国语·楚语下》。

拾的后果。春秋时期这类事例甚多，如晋灵公"使解阳归匡、戚之田于卫，且复致公婿池之封，自申至于虎牢之境"①。又如晋国的士会先封于随，后又改封于范，故士会有随武子与范武子之称②。

四是减少分封。春秋时期，各国主要世族的受封多在前期，后期就明显地减少了。根据宗法分封制的原则，诸公子都应受封。然而到春秋后期，这种分封也明显地减少了。即便分封，也不再像以前那样容易了。如楚共王时，公子婴齐请求楚王把申、吕封给自己，开始楚王答应了；但后来申公巫臣对楚王说，申、吕是北方边境士卒所需军赋的供应地，假若以此为赏田，就等于没有了申、吕。楚王听从了申公巫臣的建议，收回成命③。

诸侯们采取的以上种种措施，都与加强君主集权有关。这些活动越多，原来的分封制所具有的凝固性分解得就越快，君主权力也就日益强化。这绝不是说诸侯们已经变成了分封制的对立物，而是说那种争夺的力量迫使他们不得不这样做。

那么，卿大夫们对分封制与君主集权持何立场呢？尽管在不同的国家和不同的条件下表现不都是一样的，但总的说来他们表现为两面性：一方面他们抵触诸侯们的集权，热衷于分封；另一方面他们又在拼命搞兼并，搞集权。

希望得到君主的封邑，这几乎是公子、大夫、有功者及嬖幸等普遍的愿望和要求。这些人不是嫌封邑太多太大，而是越大越好。分封决不是诸侯单方面的行为，而是存在着普遍要求分封的社会势力。这种要求分封的普遍性，我们可以从赵简子的誓词中看出。赵简子攻范氏、中行氏，在誓师时宣布："克敌者，上大夫受县，下大夫受郡！"④毫无疑问，这应该是当时最有诱惑力的口号。如果这些上大夫、下大夫不热切地要求分封，那么赵简子的誓词还有什么价值！以上所说只是问题的一方面。另一方面，卿大夫的争夺权力，又为集权开辟了道路。这些卿大夫并不是以割据、坐邑称主为满足，事实上也不允许他们这样做。在那个权力主导一切的时代，单单为了保住既得的封邑权益，还必须

① 《左传》文公八年。
② 参见《左传》僖公二十八年。
③ 参见《左传》成公七年。
④ 《左传》哀公二年。

出而为官,因此有"弃官则族无所庇"的说法①。如果想要扩大自己的利益,那就更不必说了。春秋后期,显赫的大夫们为了争国权、执国政,在政治、经济、军事等各个领域展开了激烈的争斗。齐、晋、郑等国,在这种争斗中许多大族失败,甚至被灭族;而胜利者则比其前任更加专权。大夫争执国命,包含着多种力量的较量,其中有大夫之间的斗争与联合,也有君主与各大夫之间的斗争与联合。尽管力的方向不同,但产生的合力都是朝着君主集权的方向运动的。

我们认为,集权与割据是一个问题的两个方面,凡置身于分封制的人都具有两重性格,只不过因条件不同突出的方面不同罢了。看起来是为了分赃而进行的斗争,为什么都汇向了集权呢?道理并不复杂。瓜分果实中所表现出来的权力的集中,正好意味着集权者权益的扩大。从阶级社会的历史看,生产力水平越低,经济越不发达,权力就越表现出它是攫取经济利益的最有效的手段。权力越大,获利愈多。所以当时追逐权力的斗争是不以某一个人的意志为转移的,那是一个时代的潮流。

根据以上事实,我们可以这样说:在一定的历史条件下,诸侯、卿大夫既是分封的维护者,又是集权的当事人。那种不加分析,一概把诸侯说成是分封的维护者,把卿大夫说成是集权者的观点,是不符合历史实际的。

分封制是在诸侯、卿大夫之间错综复杂的斗争中衰落的。与此相伴行,君主集权制逐渐产生和发展起来。君主集权制的主要标志是推广直属的郡县制和实行官僚制,使官治事临民而不领土,官位不世袭。同时军权也更加集中。这个过程相当长,直到战国时期,区域性的君主集权才真正建立起来。当然,这并不是说战国中期以后分封制与分封所造成的割据不复存在了,但分封的势力毕竟是大大削弱了。

集权是手段,攫取经济利益才是目的。所以在集权过程中必然引起财产关系的重大变化。在分封制下,土地所有权是从属于政治权力的。在分封制被破坏与集权形成的过程中,土地所有权同样是随着政治权力的变动而变动的。我们认为,到春秋之世,那种不依政治权力为转移的土地自由买卖的时代还未到来。也就是说,春秋时期还没有形成土地私有。这样说,是不是把政治凌驾于经济之上了呢?当然不是。前边我们已经说过,推动兼并的主要原因是

---

① 《左传》文公十六年。

为了占有土地、人口和财产，是为了经济利益；但实现兼并的手段却又不是经济的，而是军事的和政治的。兼并是为了争夺土地，集权是为了消除对土地的多级主权占有。集权者力求使主权与所有权一元化，所以不管是原来的诸侯，还是由大夫上升而成的诸侯，他们都拥有国内土地的最高所有权。怎样支配这些土地呢？君主们除了把一部分土地分赏给亲幸、功臣、属僚之外（这种赏赐已不同于以往的分封），其余的土地便通过授田的方式分配给农民耕种。农民必须向君主交纳赋税和负担徭役。这些赋税和徭役不再像过去那样要经过各级分封者的瓜分，而是直接落入君主专制国家的腰包。

但是历史喜欢同人们开玩笑，你想要进入这个房间，却偏偏走入了另一个房间。君主集权的目的本来是为了把土地连同人口、财产统统控制在自己名下，使土地与主权一元化。但集权的后果之一就是出现了君主集权所无法支配的土地私有及其所有权的转移。在一家一户为单位进行生产的条件下，权力越是高高在上，就越脱离生产实际；越脱离实际，就越容易失去对基础的控制。如果一个政权不对生产进行直接组织与指挥，随着时间的推移，它对土地的所有权不可避免地要发生松弛现象。战国时期。个体生产者开始分化。最初，人们只是"捐""弃"土地而走他方，后来就出现了土地买卖的现象。然而，君主集权并没有因土地私有而受阻，而是沿着强化的道路继续前进。原因是这时的土地私有没有同政权结合在一起，不能形成分权势力，无妨君主集权。另外，土地不同于其他商品，它可以买卖，但不能移动。所以不管土地属于谁，只要不影响国家的税收，归谁所有并不是一个主要问题。战国后期发展起来的土地买卖与私有，看上去是使国家即君主失去了一部分土地的所有权，但国家直接征收赋税的权力并没有丧失。所以尽管土地所有权出现了新情况，但对君主集权的运动并没有产生影响。

战国中后期诸侯的兼并战争，是春秋时期兼并战争的继续，只是内容与形式有所不同。春秋时期的兼并在争夺土地的同时还要消除分封制与分权现象，而战国时期的兼并则主要是争夺全国的最高统治权。争夺的结果，最终由秦国完成了统一大业，建立了全国的君主专制主义中央集权。

综上所述，我们认为，与其说统一的君主集权制是某种形式的土地占有关系（国有或私有）要求的产物，毋宁说是权力支配经济，主要是分配的产物。权力的大小与分配的多寡成正比，所以人们都拼命地追逐权力。封建统一与君主集权就是在这种追逐权力的斗争中形成的。这种追逐当然不是个人之间骑士式的角斗,而是以君主为核心、以军事和官僚为基础的集团的行动。人们可以清楚地看到,这种由军事争夺而形成的统一的君主集权制具有两个最明显的特点:一是它的超经济性,二是它是一个军事官僚实体。超经济性决定了它不仅无视经济规律,而且多逆经济规律而行;军事官僚实体决定了它对社会财富的无止境的贪欲和野蛮的掠夺行为。

我们这样说绝不是否认君主专制主义中央集权在其形成过程中所起过的革命作用。这种革命作用是一种副产品,主要表现在瓦解分封制和使土地逐渐变为私有方面。对这种变化及其意义应该有充分估计,如促进了工商业的繁荣,引起了社会生活各个方面程度不同的变革等。但由于君主专制主义中央集权所追求的目的是赋税和徭役,所以这种制度一旦形成之后,这种革命作用就转到相反的方向去了。

二、从战国、秦、汉的历史看君主专制主义中央集权在经济发展中的作用

君主集权制,特别是秦汉以后的全国统一的君主集权制在社会经济活动中起了什么样的作用呢?相当多的同志在主流上多持肯定看法,认为它有利于经济的发展,有利于商品的交流和流通,还可以兴建大规模的水利工程,能促进农业的发展,等等。当然,这些说法不是全然没有道理。但是,它仍不能解答人们对下面这些问题的迷惑:为什么恰恰是在统一的君主集权建立之后,中国的商品经济没有继续向前发展,甚至后退了呢?为什么中国的农业在以千为计的年代里一直踏步不前?为什么巨大的水利工程主要不是为了农业与商品交流的需要而是为了国家的漕运呢?为什么中国伟大的发明不能在中国的经济发展中很好地得到运用,反而在欧洲开花结果呢?一句话,为什么中国的封建社会停滞不前?

于是,有的同志就把问题的症结归结到小农经济的头上。我们认为,这未必是问题的要害。为什么中国的小农经济总是那样封闭、落后,甚至常常濒临破产呢?如果没有强权政治的干预,难道中国的小农经济就不会在自身发展的前提下引起分化吗?难道农业就不会在与工商业的相互促进中给中国社会带来新的血液?

于是有的同志把中国封建社会停滞不前的原因归结为中国的经济结构

先天不足，说地主经济压根窒息了经济发展的生机。我们认为，问题并不在这里。照理，地主经济以及相应的商业刺激和竞争，应当是促进经济发展的有利条件。问题是在中国的封建社会里有一种超经济的力量大大地抑制了这种竞争。

还有的人想用后移奴隶社会与封建社会分界限的办法，来说明中国封建社会不长。这未免把问题看得太简单了，不能从根本上解决问题。

对于中国封建社会长期性和停滞性的原因，固然需要从多方面来探讨。但我们认为，认真分析封建君主专制国家对封建社会经济规律的干预和破坏，或许会找到一把打开这个迷宫的钥匙。

封建时代的经济规律，具体讲起来有许多，但从封建社会能否生存和发展这个根本点上来看，有两个最主要的规律：一是简单再生产的规律，一是价值规律。之所以说有两个主要规律，是因为简单再生产是封建社会生存和延续的基础；价值规律的实现和作用范围的扩大是推动扩大再生产和封建经济发展的主要杠杆，是封建社会内部产生新因素的前提。从中国历史看，至迟从春秋开始，农民中的多数是以一家一户为单位进行生产的。这种生产表现为一种简单再生产。但这并不是说这种简单再生产是一成不变的，简单再生产包含着扩大再生产的因素。诸如农民扩大再生产的要求、生产工具的逐渐改善，生产经验的不断积累等，但这些因素能不能变为现实，能不能成为推动和瓦解小生产的力量，要看社会能否提供适宜的条件。

价值规律是与商品交换同时来到人世间的。但在春秋以前，由于商品交换与商品经济在整个社会经济中所占地位甚微，所以价值规律的作用范围也极其有限。春秋以后，情况就不同了，工商业有了突飞猛进的发展，商品经济和货币经济日益发达，交换在整个社会经济中占有重要地位。从社会分工看，春秋战国时期，各行各业已经泾渭分明，纯粹的自给自足的自然经济的概念已不能完全反映当时的社会面貌。基本上反映这一时期情况的《管子》一书，把士、农、工、商并列，称为四民。其中《管子·大匡》篇说："凡仕者近宫，不仕与耕者近门，工贾近市。"可见工商在社会上已赫然成势。社会分工已经发展到人们只有靠交换这条纽带连接起来才能生活下去的地步。《孟子·滕文公》所载陈相与孟子的对话，就是极好的佐证。对话是围绕着对滕文公的评价开始的。儒者陈相受了农家许行的影响，认为滕文公不与民并耕，不是贤君。孟子却认为这是社会分工不同，他反问陈相：许行是否必织布而后衣？自织冠而后冠?自制釜甑再做饭?自造铁器然后耕?陈相回答说都是不是,都是"以粟易之"。何以如此?因为"百工之事,固不可耕且为也"。其次,反映这个时期工商业繁荣状况的材料也相当多。《管子·国蓄》说:"万乘之国,有万金之贾;千乘之国,有千金之贾。"当时名扬千里的大商贾的确是相当多的。《国蓄》还说:"且君引锥量用,耕田发草,土得其谷矣,民人所食。人有若干步亩之数,计本量委(积也)则足矣;然而民有饥饿不食者何也?谷有所藏也。今君铸钱立币,民庶之通施也,人有若干百千之数,然而人事不及,用不足者何也?利有所并藏也。然则人君非能散积聚,钧羡不足,分并财利而调民事也。则君虽强本趣耕,而自为铸币而无已,乃今使民下相役耳,恶能以为治乎?"这里从商人的囤积居奇讲到市场的流通量,并说明了市场调节与治国的关系。从《管子》所提供的材料中我们还可以看到当时货物比价,劳动生产率,粮食在流通中的情况等景象。《管子·富困》说:"今为末作奇巧者,一日作而五日食"。换言之,即当时一个手工业者的劳动可以养活五个人,这自然讲的是劳动生产率。能表明价值规律社会作用的另一个证据,就是当时货币的大量发行和职能的增加。战国时期,各诸侯国不同形式的金属币不翼而飞,不胫而走。所以《管子·国蓄》说:"五谷食米,民之司命也;黄金刀币,民之通施也。"当时,货币已不仅充当价值尺度、流通手段,而且还充当储藏、支付手段。如《管子·山至数》说:"君有山,山有金,以立币,以币准谷而授禄。"又说:"人君操谷币金衡而天下可定也。"还说:"士受资以币,大夫受邑以币。人马受食以币,则一国之谷资(皆也)在上,币资在下。"

以上事实说明,价值规律已成为春秋战国时期社会经济生活中的一条重要规律了。

我们认为,封建时代的商品经济和货币经济,就其主要方面来说,是一种进步的力量。它对自然经济的结构,对封建社会的经济基础,有着巨大的冲击力。商品经济的活跃与整个社会经济的发展进步成正比。这一点,连古人都有所认识。如《管子·乘马》说:"方六里命之曰暴,五暴命之曰部,五部命之曰聚。聚者有市,无市则民乏。"又说:"市者,可以知治乱,可以知多寡。"《管子·问》中还说:"市者,天地之财具也,而万人之所和而利也。"

上述两个规律在社会经济的发展中起着不同作用。农民的简单再生产是社会赖以存在的基础,它本身虽然不能产生使社会变革的新因素,但随着生产的不断扩大,可以促进工商业的发展。工商业的进一步发展,价值规律的不断实现,必定会掀起社会的波澜,小农经济必定会被冲垮,封建经济决不会停滞在一个水平上,中国也一定会较早地出现资本主义的生产关系。

但是,秦汉以后的历史事实和我们这种推论正相反,中国封建社会具有长期性和停滞性的特点。这个历史的罪责究竟由谁来承担呢?我们认为,这不应归咎于中国封建经济结构本身,而是封建君主专制制度对以上两个经济规律的抑制和破坏造成的。

封建君主集权对简单再生产的破坏,主要表现在对农民征收繁重的赋税和征发沉重的徭役上。封建君主专制的整个国家机器像古代传说的那种贪食的凶兽饕餮一样,贪婪地吞食着赋税和徭役,而且越吃越多。这里应当注意的一点是:君主专制国家为满足他们无止境的挥霍享乐,常常连不在恩遇之内的和未能参政的普通地主,也作为搜刮的对象。君主专制国家从阶级本质上讲,无疑是代表地主阶级的,但在再分配问题上也常常侵犯许多地主的利益,以致在统治阶级内部出现一些异化现象。像秦末、汉末以及以后许多次大的农民起义中,往往有相当多的地主分子参加,除了政治原因外,其经济的原因就在于此。

当然,我们也不否认,在对待农民的简单再生产上,君主专制国家也有二重性。统治者为了能够长久地获取赋税和徭役,为了政权的稳定,不得不使劳动者得到奴隶般的生活条件,需要农民来维持简单再生产的进行。这不仅表现在赋税数量的调整上,而且甚至还提出了土地问题。前者如汉初的调整租税率,在一个短时期减免全国或部分地区的赋税,汉武帝在危机面前下罪己诏并调整赋税,以及在昭、宣时期的继续克制等。后者如汉代有时把一部分公田租给农民;另外从董仲舒开始,不断有人提出限制官僚、豪强兼并土地的主张,一直到后来出现了王莽的井田制的试验。从春秋以降,许多政治家与思想家认为,赋税与徭役的轻重是农民能否进行正常生产的关键。他们所上的各种名目的治安之策,多数属于希冀君主减少赋税、徭役之类。一些思想家还提出了产品分配量与治国的关系问题。如《管子·权修》说:"地之生财有时,民之用力有倦,而人君之欲无穷。以有时与有倦养无穷之君,而度量不生于其间,则上下相疾也。是以臣有杀其君,子有杀其父者矣。故取于民有度。用之有止,国虽小必安;取于民无度,用之不止,国虽大必危。"《管子·正世》篇把既不能使民陷于窘困之地,又不能让民富足的界限称之为"齐"。当然这"齐"中也包含了政治的统治内容。总之,一些人已经认识到,统治阶级的最大利益就是要民既不因窘迫而抗上,又不因富裕而生邪,永远在一种简单再生产的环境中生活。这种状态是君主专制国家最理想、最满意的。

但是,历史的事实是:即便是这样极为可怜的认识,也多半停留在理论上,认真执行的君主并不多。在实际的社会生活中,君主专制国家总是表现为更多的破坏简单再生产。战国时期,已经有许多思想家对当时繁重的赋税、徭役,进行过猛烈的批评。如荀子说当时是"重田野之税以夺之食",呼吁要"轻田野之税","罕兴力役"①。秦建立统一的君主专制帝国以后,其赋税、徭役之重是众所周知的,无须多说。秦朝是一个短命巨人。它之所以速亡,最主要的原因就是专制君主利用空前强大的权力对社会经济大砍大杀。它既然在全国范围内破坏了简单再生产,使整个社会无法生存下去,当然在它面前就只剩下灭亡这一条路了。

继起的西汉也是中央集权的帝国。西汉加新莽时期的经济形势,我们大体上可以把它分为五个时期:(一)文景时期——经济恢复与发展;(二)武帝时期——经济由发展转为危机;(三)昭宣时期——经济的复苏;(四)元成哀平时期——经济濒临崩溃;(五)新莽时期——经济崩溃,政权垮台。我们知道,形成这五个时期经济特点的社会背景有很大差异,君主专制国家对经济的干预方式也不完全一样,但有一条线索是十分清楚的,即社会的经济形势是随着君主专制中央集权的号令和政策,主要是赋税、徭役的多寡而起伏的。君主专制国家征收大量的赋税、徭役是社会动荡不安的主要原因。当然,地主阶级对农民的压迫与剥削,无疑是农民起义的因素之一。但是,地主对农民的剥削不管怎样残酷,因为这种剥削关系是租佃制,农民可以转租,这种剥削大体上就得服从简单再生产的规律。在当时的社会条件下,农民只要能够维持简单再生产,社会就不至于发生大的动乱。中国历史上农民起义数量之多,堪称世界之最。具体说明每一次农民起义的原因,固然会有很大不同,但其中全国性的农民起义都不是由地主的剥削直接引起的。我们绝不是在这里要给地主阶级的剥削罪行开脱,我们只是说,地主阶级的剥削不可能普遍地破坏简单再生产的社会条件,它虽然孕育了农民反抗的火种,但促成熊熊火焰的却是君主专制国家的赋税和徭役。靠权力意志强行征用大量赋税、徭役,剥夺了农民进行简单再生产的手段,广大农民到了只有在生与死之间抉择的时候,

---

① 《荀子·富国》。

当然就会铤而走险,拿起锄头来搏斗。我们不同意那种认为中国的地主比西欧的领主更坏,只会杀鸡取卵的观点,这种观点不符合中国历史实际。事实上,在中国封建社会中,常常发生国家编户民逃入地主之家的情况,以逃避国家的徭役赋税。

文景与昭宣时期,君主集权的国家鉴于前车之覆,注意实行与民休息的政策,赋税、徭役相对减轻,农民尚能大体上维持简单再生产的局面,所以社会经济便有所恢复和发展。武帝、成哀与新莽时期就不同了。特别是汉武帝和王莽时期,赋税、徭役繁重,君主专制中央集权的国家表现出了对经济规律的愚昧而凶残的干预,使广大农民失去了简单再生产的条件,所以社会危机四伏,最后不得不走向崩溃。人们可以用雄才大略来称颂汉武帝的文治武功,但从社会经济发展的观点来评价汉武帝,不能不说他是一个失败的人物。

或曰,中国的封建统治者是重农的,怎么说他们破坏了简单再生产的进行呢?不错,中国的封建统治者历来宣扬重农。但对此说必须进行具体的实质性的分析。从秦汉的历史看,重农充其量是使简单再生产得以维持;更多的是不能做到这一点,而使简单再生产不断陷入绝境。为什么会出现这种情况呢?我们认为有如下一些原因。

第一,君主集权制是在争夺对农民的直接赋税与徭役权的斗争中产生的,所以它的存在并不是像有的同志主张的那样,是为了保护小农经济,而是为了掠夺农民的财富。它有时也关心生产,但目的是为了能够多搜刮到一些东西。这正如《墨子》早就说过的:"广辟土地,籍税赒财。"[1]

第二,君主专制国家的支柱是军队和官僚。从整个中国封建社会看,每个王朝的初期,军队和官僚相对地说要少些,其后几乎都是按几何级数增长。不要说其他因素的影响,单就这种不断猛增的军队与官僚,就足以置小农经济于死地。

第三,强大的君主专制集权与分散弱小的个体小农形成鲜明的对照。封建国家依靠军队和官僚可以任意向农民发动进攻,而农民却极缺乏抵御能力。这种力量对比悬殊的情况,必然在客观上助长封建统治者的暴虐性格,使统治者更加肆无忌惮地破坏简单再生产的正常进行。所以许多思想家、政治家视君主为握有能使民贫富、生死之权的人物,君主有生杀予夺之权。

---

[1]《墨子·公孟》。

第四，由于统治阶级内部的种种矛盾，造成了君主专制政体下官僚队伍的不稳定性。封建时代是一个以权力为中心的时代，有了权就有了一切。所以每一个官僚在他为政期间，无不拼命搜刮。搜刮来的民膏民脂，一部分自己挥霍享受，一部分奉献朝廷，作为邀功请赏和拉关系的资本。有时又互相厮杀，掀起政治风暴，给简单再生产以毁灭性的打击。

第五，由于君主专制中央集权的国家一贯压制和打击工商业，造成了商品经济的不发达。这就使简单再生产缺少了刺激扩大再生产的因素，造成了简单再生产社会条件下降的趋势。这就增加了简单再生产的脆弱性，使简单再生产更容易受到摧残。

第六，无限制的徭役使大量劳动力离开了土地，常常使简单再生产无法进行。我们知道，单个的劳动力，对于简单再生产来说，其重要性较之大工业生产要突出得多，所谓"一夫不耕，或受之饥；一女不织，或受之寒"[①]者是也。集权制国家强加给农民头上的无补偿的徭役，无情地摧毁了劳动者队伍，口头上即便喊着重农的口号，也只能是一句空话。

基于以上种种理由，我们认为君主专制中央集权对简单再生产，对小农经济的破坏作用是主要的。君主专制国家经常的大量的赋税、徭役，使简单再生产常常遭到毁灭性打击，个体小农经常地处于绝对贫困甚至破产之中，社会经济当然不能发展，封建社会也就陷于长期的、缓慢的、痛苦的发展之中。

封建君主专制中央集权对价值规律的破坏主要表现在抑商政策及其行动上。商品生产与交换是历史发展的产物。在整个封建时代尽管自然经济是个汪洋大海，但任何人也必须同商品经济保持程度不同的联系，人人都离不开工商业。正因为如此，所以统治阶级中一部分人主张保护工商业，如我们所论述的这个时期中的孟轲、荀卿，以及盐铁会议上的文学之士等。孟轲主张对工商业实行免税，即所谓"关市讥而不征"[②]；荀子疾呼要"平关市之征"[③]；文学之士更是极力反对中央集权国家垄断工商业、压制工商业的政策。在实际经济活动中，有许多地主和部分官僚还去兼营工商业，被人们称为工

---

① 《汉书·食货志上》。
② 《孟子·梁惠王》。
③ 《荀子·富国》。

商地主或官僚工商地主。利之所在民逐之,地主们不是也在其中吗?从战国秦汉的历史看,真正主张抑制和打击私人工商业的是君主专制国家及其维护者,其中最具有代表性的是法家。这些人不仅是君主专制理论的鼓吹者,而且也是抑商政策的制定者。李悝变法有平籴法一项,其用意在于抑制私商。商鞅变法的内容之一就是抑末,《商君书》曾对末业进行过全面攻击。《管子》中的法家一派也主张禁末,韩非更不例外。汉代的晁错、桑弘羊主张禁末的理论也相当激烈。这些人为什么这样仇视工商业呢?这必须从他们的政治主张说起。这些人在政治上有一个共同点,即主张君主专制与集权,把君主之利看得高于一切。他们正是从这一根本目的出发来抑制私人工商业的。他们对工商业的指控大体有如下一些方面:

一曰"民舍本事而事末作。舍本事而事末作,则田荒而国贫矣"①。

二曰富商大贾"财或累万金,而不佐国家之急"②。

三曰商人"因其富厚,交通王侯,力过吏势,以利相倾"③。"千金之家比一都之君。巨万者乃与王者同乐,岂所谓'素封'邪?"④。

四曰民见工商之便利"则必避农,避农则民轻其居;轻其居,则必不为上守战也"⑤。

五曰"民舍本而事末则好智,好智则多诈,多诈则巧法令,以是为非,以非为是"⑥。

在他们看来,工商业的发展破坏了国家赋税、徭役来源的稳定性。私人工商业者通过市场利用经济手段与国家争利,货币的平等性格破坏了专制君主的绝对权威,工商业的发展会使国家失掉农民这个最广大的兵源,商品经济的发展会使人变得聪明而有才智,不再像过去那样愚昧无知而被任意罢布。这一切,都是和君主专制制度不相容的。君主专制国家需要的是源源不断的赋税、徭役,需要的是君主的绝对权威,需要的是人们的愚昧无知。需要的是抢走了你的东西,你还得感恩戴德。你看,工商业发展所带来的东西既

①《管子·治国》。
②《史记·平准书》。
③《汉书·食货志上》。
④《史记·货殖列传》。
⑤《商君书·农战》。
⑥《吕氏春秋·上农》。

然与君主专制国家的要求正相反，专制国家怎么可能不去起劲地打击私人工商业呢？

封建君主专制国家对私人工商业的抑制起自李悝的平籴法。《商君书》也有不少抑末的具体主张。这些理论与措施是否变成了现实，未可证明。但从战国私人工商业的发展与繁荣景象看，抑末大概还多半停留在理论上。但秦统一中国后，秦汉的统治者可就采取了一系列打击私人工商业的实际措施。如秦的谪发贾人戍边，汉初不准商人乘马坐车、穿丝绸衣服，对商人以重税困之；汉武帝推行告缗令，实行盐铁专卖和手工业官营，以及哀帝时"贾人皆不得名田、为吏，犯者以律论"①等。

对官营手工与专卖制，过去人们多予肯定，认为它抑制了工商对小农经济的侵蚀，保护了农业生产，国家得到了工商之利。我们认为这种看法很值得商榷。工商业无论私营或国营，都说明它的存在是不可缺少的，其差别在于所有制不同。究竟用什么样的尺子去衡量这两种工商业的历史作用呢？我们认为应该从价值规律的实现程度来考察。也就是说，凡有利于价值规律实现的，就应予肯定；反之，就应否定。私人工商业的存在和发展，虽然不可避免地发生市场投机，但在当时它根本不可能垄断市场。所以不管这种投机多么激烈，商品的价格只能围着价值转动。商品与交换越发展，价格离价值的中轴线就越近。所以私人工商业的活跃，从总的趋势看是对价值规律的实现有利的。与此相比较，封建君主专制国家经营的工商业就不同了。这种工商业的兴办或为了制造器械用具，或为了赚钱，或为了重农抑末，或兼而有之。总之，不管出于何种目的，由于它是君主专制的从属物，所以它一开始就是脱离价值规律的。

官营手工业的产品主要是供统治者使用，供自己使用的这些产品，自然不存在实现价值的问题。这类生产不能自我维持，而是靠国家财政来维持，往往耗资很大。如贡禹说汉元帝时仅供皇室用的东西织室费"一岁费数巨万"②。这种花费，如同统治者建造宫殿、亭台、楼阁、苑囿、陵墓一样，是纯消耗性的。由于这种生产不参加社会生产的总循环过程，所以对国计民生非但无益，反而有害。人们常常赞美官营手工业产品的精美，却往往忽视它的消极的历史作用。有的官营工商业的产品也投入市场，如盐铁的生产与专卖。但由于专制

①《汉书·哀帝纪》。
②《汉书·贡禹传》。

国家靠权力来垄断生产与经营,排除了竞争,这样商品的价格就从市场的自然天地转到了官僚的手中,形成了垄断价格。垄断价格在某种意义上如同征收赋税一样,是一种暴力剥夺。这种剥夺量往往完全置经济规律于不顾,任意提价。如汉武帝时盐铁价格就因专卖而大幅度上升,甚至成倍加价,出现了农民买不起盐,只好淡食;买不起农具,只好手耨的悲惨景象。

汉武帝与王莽所采取的均输平准措施,尽管宣传得娓娓动听,但实际上全不是那么回事。这只要看一看当时经济关系的混乱与社会危机的严重性就可以明白。事实证明,只要是君主专制国家以掠夺为目的,以超经济的权力为手段,不管它所采取的经济措施的最初设想是多么美妙,其实际效果只能是它的反面。《管子》中的"轻重"诸篇,就曾对这类国家经营所具有的掠夺本质,进行过明确的表述。作者认为,国家只要把货币、粮食、盐铁等主要商品和市场控制在自己手中,社会财富就会源源不断地流入国库。这样做既掠夺了财富,又不像直接收税那样令人有切肤之痛。这是多么虚伪而凶残的掠夺术!

我们还应指出,封建君主专制国家的官营工商业不仅破坏了价值规律的正常运转,给社会带来了灾难,同时对农业生产也起着破坏作用。这是因为农民在不同程度上都同市场发生联系。君主专制国家对价值规律破坏得越严重,农民的损失就越大,也就越不利于生产。《管子·国蓄》篇曾说过,急令暴征,会使农民折本荡产。国家征收刀布,农民只好变卖家产。如果命令十天交齐,物品的价钱就会减去十分之一;命令八天交齐,就会减去十分之二;命令五天交齐,就会减去一半;如果朝令夕交,就会减去十分之九。

历来都有人说抑末是为了重农。其实从抑末的实际效果看,它不但没有促进农业生产的发展,反而使农业变得死板与僵化,长期不能越过简单再生产的界线。

从以上分析可以看出,封建君主专制中央集权对封建社会中两个经济规律的破坏是极其严重的。沉重的赋税、徭役以及其他形式的剥削,常常使简单再生产不能进行,社会难以生存。抑末的结果破坏了价值规律的正常运转,因而社会也就失去了发展变化的活力。这样,我国封建社会便长期处于停滞不前的状态。

原载《中国史研究》,1981 年第 4 期

论中国封建地主产生与再生道路
及其生态特点 *

关于中国封建地主产生和再生道路问题,在古史分期、封建土地所有制形式、封建社会经济结构,以及农民战争等问题的讨论中,或多或少都有所涉及。有些文章虽不是直接论述这个问题,实际内容与这个问题关系极为密切,并作了相当深入的分析。我这里只是把问题稍加集中,同时也发表一点浅见,以就教于同志们。

一、封建地主产生与再生道路问题

在论述封建地主产生与再生问题时,有一种观点特别强调土地买卖的作用。他们认为土地买卖所引起的土地兼并是封建地主产生和再生的主要途径。持这种观点的同志不否认赐田和强取豪夺的事实,但这只不过是地主土地所有制形成和发展的补充手段。依据这种看法,封建地主的多数成员是经济运动的产物,与封建特权很少关系。这种看法不无道理,但值得商榷的地方也很多。第一,它忽视了封建特权在经济生活中的地位与作用。资本主义时代私人财产神圣不可侵犯,封建时代就不是这样。封建社会的政治特权高于私有权,正如马克思所指出的:"在那里,生产条件对生产者的统治,已经为统治和从属的关系所掩盖。"①中国封建社会的特权等级结构虽不像欧洲那样森严和僵化,但形式上的差别并没有改变政治特权支配社会、支配经济的事实。第二,把土地私有和买卖运动估计过高,未必符合中国的历史实际。中国封建社会的土地制度具有多元性和多层次的特点。所谓多元性,指不同形式的所有制同时并存;多层次性,一方面指有些土地具有多级所有的性质,另一方面,不管什么样的土地,名义上都属于皇帝。主权转为所有权,在大多数情况下无

* 本文在写作过程中,曾得到冯尔康、张国刚二位同志的帮助,谨致谢意。

① 《马克思恩格斯全集》(第 25 卷),人民出版社,1974 年,第 940 页。

需通过经济的环节。第三,讨论封建地主把着眼点只放在土地上是不够的。与土地所有权具有同等重要的,还有对农民人身的占有与支配权问题。且不说领户制,就是在租佃制中,也不能把地主与佃户的关系都说成是两造平等的自由雇佣关系。以上三个问题不是本文所要讨论的,我们的目的旨在说明,在分析封建地主的形成和再生时,单纯或主要从经济关系入手是不够的。

在讨论问题之前需要对封建地主这一概念作一点说明。对封建地主可以有广义和狭义两种不同理解。广义指一切形态的封建主,如国家地主、领主、私人地主等。狭义的指拥有相当地产并借以剥削农民或农奴的土地所有者。我们从广义上使用这一概念,狭义的封建地主则称之为私人地主。另外,封建地主既可指一种生产关系,视为一个阶级,又可以指其中的具体成员。本文主要用后一种含义。

封建地主作为一种生产关系无疑应该从经济上加以说明,没有一定的生产力及其相应的社会经济条件是不会出现的。但封建地主成员的产生与再生并不完全都是经济范围中的事。从中国历史上看,第一代封建地主主要是通过政治暴力方式产生的。从春秋战国看,组成封建地主的不外诸侯、卿大夫、官僚、高爵大家、豪士、豪民、豪杰这些人。他们中的多数不是通过经济手段发家的,主要是靠政治的暴力。从目前的史料看,直到春秋,土地仍为天子、诸侯、卿大夫、士多级占有。诸侯之间土地和人口的转移几乎都是军事行动的副产物。与此相适应,说明土地所有权和土地所有权转移的词汇是"正其疆场,修其土田"①,"启封疆"②,以及"侵""人""分""取""逐""疆"等概念。卿大夫之间也是以武力争夺土地和人口,因此通常用"争田""夺田"来说明土地占有权的转移。

春秋战国除用武力解决土地占有权外,还盛行分封食邑制,分封食邑制完全是由政治方式决定的,与土地买卖毫不相关。

春秋战国分封的食邑有授有收。但在一定条件下也可以传给子孙。春秋时期世官、世族和食邑互相依存,缺一不可。到了战国,情况有明显变化,官爵不能世传,封邑却可传给子孙,如赵平原君死后,"子孙代,后竟与赵俱亡"③。

---

① 《左传》昭公二十三年。

② 《左传》成公八年。

③ 《史记·平原君列传》。

乐羊为魏文侯将,封于灵寿,其"子孙因家焉"①。王翦向秦王"请美田宅园池甚众","为子孙业"②。秦始皇统一六国之后迁山东豪杰达十二万户,刘邦又迁十万口。这些人大部分是六国贵族之后。由此可见,豪族、豪杰、大家、巨室大部分是由受封赏的贵族勋臣蜕变而来的。如果说这部分人是最早的私人地主,那么他们也不是靠土地买卖而发家的,而是权力分配的遗物。

土地可以遗传,那么随着时代的推移,不管名义上的所有权属谁,必然要变成实际的私有,在一定条件下就可以出卖。春秋时期未见有私人之间进行土地买卖的记录。直到战国的中后期才有了这类的记载,赵将赵括买田是人所共知的一例。不过终战国之世,土地买卖现象还是比较稀疏的。

如果说春秋战国已进入了封建社会,那么封建地主中的多数显然不是沿着土地买卖的道路产生的,主要是通过武力争夺和政治分配方式形成的。

从秦汉到清,封建地主阶级稳定地存在了两千多年。但封建地主的成员并不那么稳定。那么封建地主成员是沿着什么样的道路升降沉浮呢? 概括起来有如下三种方式:

1.暴力和政治的方式

众所周知,暴力和政治是经济的集中表现。那么我们的说法是否把事情颠倒了呢? 没有。暴力和政治虽然不能创造出封建经济,但在封建经济关系基础上, 它可以在很大程度上影响乃至决定封建地主成员的命运及其存在形式。

谈到暴力,首先值得注意的是战争。战争能使封建地主的成员进行大幅度的调整和更换,对封建地主存在的形态也有重大的作用。这里所说的战争包括农民战争、民族战争和封建地主内部不同集团之间的战争。农民战争的重要作用之一是引起了封建地主成员的大换班,并使封建地主的形态发生了程度不同的变化,这是人所共知的事实。东汉以后发生了长期的战乱,在战争的推动下出现了坞壁地主。一些少数民族入主中原之后,出现了一批别具特色的封建地主,毫无疑问,其中有经济的原因,但离开政治的作用也决不能把问题说清楚。应该说,这些别具特色的封建地主是在一定的经济基础上,用剑戈塑造出来的。有人可能会说,这些不是封建地主的常态,也不是自身发展的

---

① 《史记·乐毅列传》。
② 《史记·王翦列传》。

必然环节。的确,如果仅从经济观点考察问题,事情或许是这样。不过在事实上封建地主成员中的很大一部分从来不是纯经济的产物,因此怎么能用纯经济观点去说明问题呢?

除了战争之外,通过合法的政治途径也造就了一大批各种不同形态的封建地主。所谓合法的政治途径是指根据皇帝或政府的命令与有关规定直接造就的;所谓各种形态,指的是封建地主的政治身份不同,对土地和劳动者占有的情况也不同。在各类不同的封建地主中,首先应注意的是封建国家地主。封建国家不只是单纯的上层建筑和政治机构,它同时是一种经济实体,是生产关系的一种主体形式。封建国家的主权有至高无上的权威,它不仅可以不受任何经济规律制约,直接干预经济中的所有权,同时它又直接控制着大量的土地和农民。封建国家的官田除了荒地山林池泽之外,还有为数相当可观的投入生产的土地,如汉代的公田,有的出租,即"假民公田""与人分种";有的由政府直接经营:"水衡、少府、大农、太仆各置农官,往往即郡县比没入田,田之"①;有的则利用士兵屯种。西汉以后各代的公田的使用情况大体不外这几种方式。封建国家地主的形成主要凭借政治权力,虽然也有买卖的事例。但这类的买卖在公田的形成中不占地位,与政治权力的作用无法相比。封建国家直接掌握的土地各朝各代不尽相同,但它们的作用却不可忽视。它不仅是封建国家的经济支柱之一,而且是国家手中一项重要的调节器,常通过土地吞吐来调整统治者内部和统治者与被统治者之间的矛盾。

封建社会的政治权力分配过程同时也是造就大大小小封建地主的过程。按照官爵等级分配土地和人口是历代普遍存在的事实。商鞅变法规定:"明尊卑爵秩等级,各以差次;名田宅臣妾衣服,以家次。"战国盛行按官爵分封和赏赐食邑。两汉时期的领户制基本上也是按照等级特权进行分配的。西晋规定官吏按品级占田、占佃客,并荫衣食客和亲属。隋朝的均田制明文规定按等级占田:"自诸王以下至于都督,皆给永业田各有差。多者至一百顷,少者至四十亩。"②唐承隋制,略有变通。宋以后情况有较大变化,但按官爵封赏土地和人口的现象仍然不少。封建社会除按等级分赏土地人口之外,皇帝还经常任意赏赐。总之,通过合法的政治手段造就了一大批封建地主。

---

① 《史记·平准书》。

② 《隋书·食货志》。

与合法的政治分配方式相并行的,还有非法的侵占。非法的暴力兼并虽不是封建地主的起点,但在扩大地产中是主要手段之一。这类的暴力侵夺史不绝书。《史记·淮南衡山王列传》记载淮南王"侵夺民田宅",衡山王"数侵夺人田"。《魏其武安侯列传》记载田蚡强夺窦婴之田。官宦之间尚且强夺,官对民的侵夺更不待言了。《宋书·羊玄保传》载,官宦大家"占山封水……便成先业"。唐朝初年虽有均田令,但仍有不少人越制强占。高士廉贞观元年出官益州,言"至今地居水侧者,顷值千金,豪富之家,多相侵夺"。[1]贞观以后强取豪夺的现象更多。宋代土地买卖现象比前有了明显的发展,但靠暴力侵夺的现象每每发生。王蒙正恃章献太后势,在嘉州"多占田"[2],杭州钱塘湖"溉民田数十顷","为豪族僧坊所占冒"[3]。孙梦观《雪窗集》卷二载:"迩来乘富贵之资力者,或夺人之田以为己物,阡陌绳联,弥望千里。"王迈《臞轩集》卷一载:"权贵之夺民田,有至数千万亩,或绵亘数万里者。"这类的暴力兼并与买卖原则迥然不同。

以上谈到的,不论是战争的方式、非法暴力侵占、抑或合法的政治分配,都是政治支配着经济。在这些过程中,基本上不是地租地产化,而是暴力与特权地产化。

2.政治暴力与买卖相结合的方式

这种方式同凭借政治手段占有地产不同,它借助了买卖的形式。然而这种买卖又不是建立在市场平等交易的基础上,是刺刀逼迫下的买卖,历史上称之为"强买"。强买是典型的超经济的买卖,是官僚权贵扩大地产的主要方式之一。《史记·萧相国世家》记载萧何以"贱强买民田宅数千万"。《后汉书·窦宪传》记载窦宪"以贱直(值)请夺沁水公主田园"。对公主尚且贱直(值)强买,对一般人更可想而知了。《宋书·颜延之传》:"坐启买人田,不肯还直(值)。"《全唐文》卷三十三录唐玄宗天宝十一年诏,其中谈到王公百官及富豪之家"违法买卖,或改籍书,或云典帖,致令百姓无处安置"。可见当时强买现象十分严重。明代大官僚霍韬子弟强以"减价买田"[4]。大官僚杨廷和与陈士杰都用

① 《旧唐书·高士廉传》。
② 《宋史·高斶传》。
③ 《宋史·郑戬传》。
④ 《霍文敏公全集》卷五。

"减价"或"半价"方式强买人田。①在强买这种形式中,土地基本上丧失了商品的性格,地价多半只有象征性的意义,因此与其说是买卖,勿宁说是买卖形式掩盖下的掠夺。在这个过程中政治暴力居于支配地位。

3.买卖方式

除了前面讲的政治暴力掠夺和强买之外,也还有经济规律支配下的土地买卖,一般地说,无权无势者必须受经济规律的制约。在有关土地买卖的记载中,确实有一些平等的买卖。但我认为在封建社会是缺乏平等买卖的社会条件的。侯外庐同志对封建社会土地买卖实质的分析,是值得重视的。他说:"在封建制社会,有土地买卖,在资产阶级社会,也有土地买卖。其买卖的形式都体现着法权的形式。前者以形式的不平等(超经济的)为依据;后者以形式的平等(商品形态)为依据。"②在整个封建社会里,有的土地以商品的形式出现在市场,有的土地则与商品不沾边,随权力运转。这种情况大大限制了土地商品化的程度。强买方式的普遍存在,也使土地失去商品的资格。另外还应看到,在封建社会里的土地买卖是在超经济强制笼罩的环境中进行的,很大一部分的买卖在进行之前已被超经济的力量所控制。这表现在如下几个方面。

首先,土地买卖并不是在任何情况下都是自由的。在许多时候,程度不同地受到政治权力的干预和限制。西汉时期有关田制的规定虽不甚清楚,但政治可以干预土地的买卖和兼并,部刺史"六条问事"中的第一条就是禁止"田宅逾制"。王莽实行王田时,规定土地不准买卖。从北魏到隋唐的均田制都有限制土地买卖的规定。

超经济的人身依附关系是土地商品化的极大障碍。当农业生产者人身还是不自由的时候,这些不自由的人占用的土地是不可能自由地流入市场的,土地不可能比不自由的人更自由。

封建社会的宗族制度和族权对土地买卖也起着超经济的控制作用。宗族长可以利用宗法特权限制族人的土地买卖,或以优先权强买族人的田产。族长还可以通过各种方式侵吞族内的绝产。族人有"不得已事欲弃祖父所遗之田宅者,必先告于族长及亲房长辈,果无设法方许变卖"③。有些卖地契特别标

---

① 《西园见闻录》卷二十四,《田宅》。
② 《中国思想通史》第四卷上,第 17 页。
③ 《荥阳郑氏大统宗谱》卷三,《宗约》。

明,如有亲族事后干预,概由卖主承担责任。这都说明了族权在土地买卖中具有超经济的作用。

有些土地在买卖时看来是两造平等的,但是深察一下就会发现,土地买卖不是经济运动的自然结果,而是政治暴力促成的。史籍中大量记载表明,许多出卖土地者是因为政府强征暴敛和繁重的差役把他们逼到了破产的境地,不得不出卖土地。单从市场看,这类买卖或许是自由的。但这种买卖的背后真正起决定性作用的还是政治暴力。

在考察土地买卖时,还应注意买卖资金的来源。官僚们购买土地的资金绝大部分是靠政治特权获得的。从市场角度看,资金的来源并不影响买卖的性质。不过当这种现象很普遍时,就应另眼看待了。这种买卖与地租地产化和商业利润、高利贷利息地产化有着完全不同的性质,它的资本是靠政治特权获取的。

我们胪列上述种种现象,旨在说明,在封建制度下,自由地沿着一定经济规律的土地买卖不会成为普遍的现象。大部分的买卖在进行之前早已被超经济的特权限制了。这正是封建时代土地买卖与资本主义时代所不同的地方。就买卖本身的性格来说,它排斥一切超经济因素的干涉。但是买卖本身也是一个历史的范畴,因此又应该历史地对待。离开历史条件,把土地买卖抽象化,是难于说清复杂的历史事实的。

我们还应看到,封建社会的经济发展水平与产业结构也决定了不可能形成一个土地自由买卖的市场。土地商品化不仅需要商品生产有足够的发展,而且还必须有新的产业部门作为条件。当资本可以在不同产业之间自由流动时,土地才能真正走上商品化道路。一般地说,只有资本主义有了相当的发展,才可能有这种社会条件。封建社会的主要产业部门是农业,手工业虽然有相当的发展,但远不能与农业相匹衡。在农业中,土地是最基本的生产资料和借以进行剥削他人劳动的主要手段。在自然经济占统治地位的社会里,没有任何一条经济规律能驱使土地走上商品化的道路。有的同志很强调商品交换的作用,毫无疑问,商品交换是促使土地商品化的强大力量,但是商品交换还不同于商品生产,真正促使土地商品化的是商品生产。可是在封建社会商品生产还没有占主要的地位。没有任何一条经济规律能造就一个自由的土地市场,但在实际上,中国封建社会的土地买卖还是比较发达的。那么是什么力量把土地抛到了市场上?依我看,主要有如下三方面的原因:第一是自然原因,天灾人祸是小农的天敌,逼迫他们不得不出卖土地;第二,暴力侵逼,引起破产,不得不出卖土地;第三,有些地主消费过奢,入不敷出,不得不出卖土地。很明显,出卖土地不是商品生产、商品交换和产业运动的结果。出卖土地既然主要不是经济原因引起的,因此土地买卖也就不可能是一种正常的经济运动。

出卖土地是被迫的或被动的,市场是狭隘的,但是一些人对土地的追求却是无限量的。于是暴力走到了前台。封建社会的土地运动缺乏经济的根据,可是权势支配土地却有相应的社会条件。众所周知,超经济强制是封建制度的基础,当人本身还是附属物和不自由的时候,他们的财产决不会比他们本人有保障。另外,小农的简单再生产固然必须首先与土地相结合,但结合的形式是多种多样的,土地所有权问题并不是小农经济的前提。在许多情况下,剥夺了农民的土地所有权并不意味着简单再生产的中断。小农经济的这种特点,为暴力侵夺土地提供了可能。还有,一家一户的小农犹如单个马铃薯,他们之间的经济联系较少,每一家可以在极其悬殊的条件下进行简单再生产,所以是各自为事,形不成统一的力量。于是有权有势者就可以像用刀切马铃薯那样,逐个对他们施以暴力,侵占他们的土地。小农总希望好皇帝、清官老爷拯救他们,可是他们总也逃不脱贪官污吏、有权有势者对他们的暴力掠夺,这是无法避免的历史悲剧。

为了进一步说明政治特权和暴力在封建地主成员再生产中的作用,我们再作一点量的估计:

中国历史上的第一代封建地主主要是通过暴力和政治的方式形成的。第一代封建地主的生成方式有它的历史条件,不可当成固定不变的模式,但它对后世的影响无疑是巨大的。只要产生这种方式的社会条件不发生重大变化,这种方式也就不会过时,仍将继续被采用。

从中国封建社会的全过程看,唐以前恐怕主要是暴力和政治方式起作用。土地买卖在某些时候尽管有迅猛的发展,由于以下几个条件使它不可能上升为主要角色。第一,中国历史上的土地国有与土地私有如两个对向的楔子。唐以前许多时候土地国有居于主要地位,如战国、王莽时期、两晋占田时期及北魏以后实行均田制时期。另外由于土地国有观念影响很深,封建国家总是设法表明自己是一切土地的最高所有者,对于发展起来的私有土地常常施以种种限制,一再命令不准逾制等。第二,中国历史上几个著名的国有土地法规都产生于这个时期。第三,商品经济还不大发展,有时货币几近废弃,在这种情况下,土地是难于商品化的。这个时期记载土地兼并的资料虽然不少,但标明买卖的并不多,多数的材料讲的是强占和侵夺。

从每个朝代看,每朝初期封建地主的更新,主要依靠暴力和政治手段。比如西汉初年,刘邦下令:"其有功者,上致之王,次为列侯,下乃食邑。"[1]这一道命令造就了一大批封建主。中国历史上发生过多次改朝换代。每次改朝换代可以说都是一次封建地主成员的大改组。每个封建王朝初期及其以后一段时间封建地主的核心部分几乎都是在这种暴力的和政治的改组中形成的。

从封建地主组成的各层次看,中上层封建地主主要是靠政治途径形成的。从明代情况看,皇帝、诸王、公主、功臣、外戚、大宦官、缙绅构成了封建地主的中上层。他们的庄田和役使的农户几乎全部凭借法律规定、赏赐或霸占而来,与买卖很少关系。缙绅的情况比较复杂,他们发家初期不一定靠政治特权,但跻身于缙绅之后,特权在扩大地产中就起了重要作用,乃至决定性的作用。谢肇淛说:"仕官富室,相竞畜田,贪官势族,有畛隰遍于邻境者。至于连疆之产,罗而取之,无主之业,嘱而丐之,寺观香火之奉,强而寇之。"[2]"取""丐""寇"说明靠政治特权蓄田。海瑞巡历松江时,小民"告乡官夺产者几万人"[3]。这不会是松江一个地区的现象,恐怕是缙绅地主的共同性格。

如果以上估计离实际不太远,那么我们至少可以说,封建地主的中上层的形成主要是通过政治方式达到的。中上层的人数虽然不多,由于他们是封建地主阶级的核心部分,封建主的基本性格正是由他们决定的。在他们形成过程中,可以看到政治特权比经济手段更有权威。

二、封建地主生态特点问题

暴力和政治特权是封建地主,特别是中上层封建地主形成的主要途径。在中国封建社会里,政治权力掌握在皇帝与官僚手中。皇帝的宝座由一个家族独占,官僚则具有流动性。在这种情况下,谁要想广占土地和劳动者,最有

---

① 《汉书·高帝纪下》。
② 《五杂俎》卷四。
③ 《海瑞集·被论自陈不职疏》。

效的办法是设法步入官僚行列。"升官发财""争权夺利"这类口头禅比许多理论的概括要直截了当地揭破了权与利的关系。这里我们不妨引两段古老的议论来说明这个问题。

吕不韦结识了为质于赵的秦公子异人,并谋求异人回秦继承王位。为这件事吕不韦与他父亲有一段对话。吕不韦问他父亲:"耕田之利几倍?"曰:"十倍。""珠玉之赢几倍?"曰:"百倍。""立国家之主赢几倍?"曰:"无数。"曰:"今力田疾作,不得暖衣余食。今建国立君,泽可以遗世。愿往事之。"①

魏公子牟对穰侯曰:"君知夫官不与势期而势自至乎,势不与富期而富自至乎,富不与贵期而贵自至乎。"②

这两段议论生动说明了权是利的渊薮。在封建社会,权与利之间的关系同土地与地租,商业资本与利润之间的关系全然不同。后者总要受一定经济规律的制约,因此有一定的数量界限。权在求利时却不受任何经济规律的限制,能捞多少就是多少。如果说权与利之间有什么轨迹可循的话,只能说权越大,获利越多,身为天子则富有天下。可见,地租地产化无疑是封建地主扩大地产的途径之一,而官僚凭权力地产化比前者要更为有力。

官僚凭政治权力地产化可以是直接的,如根据有关法律的规定和赏赐,其间不受任何经济规律的制约。官僚依仗权势的侵夺也不必经过经济的媒介。除此以外,还有间接的方式,即先用政治权力获取大量的货币,然后再通过买卖方式购置土地。官僚积累货币的办法,一种是来自官俸。官俸与资本主义社会的工资不同。工资是由一定的经济规律决定的,官俸是由政治权力决定的,与社会的经济规律无关。另一种办法是贪污、私求和中饱。这是普遍现象,大小官吏无不如此。《汉书·贡禹传》载:"乡部私求不可胜供。"《后汉书·左雄传》云:"乡官部吏……廉者取足,贪者充家。""无官不贪赃"或许有点绝对化,但大体是不错的。贪污受贿这类的事虽不是道德所认可的,更不是公开提倡的,但官僚们彼此相容,心照不宣。贪污受贿之所以公行,根源在于特权支配着经济。贪污是封建特权的经济表现之一。

中国封建社会官僚的来路很多,和平时期主要来自文人。所以学而优则仕与官僚制是孪生子。官僚制形成于春秋战国。与之相适应,学习之风也开创

---

① 《战国策·秦策五》。
② 《说苑·敬慎》。

了历史的新局面。能者为师，广招生徒。为了学习，许多人含辛茹苦，屈身就学，如同仆隶。最令人誉叹的要算苏秦刺股苦读了。推动这种学习的原因很多，其中主要的刺激因素是学而能仕。西汉以后士人参政逐渐制度化，相继出现了察举、征辟、对策等制度。隋唐以后开科取士，为文人参政开辟了更宽广的道路。一些出身微贱的人也有了仕进的机会。汉代夏侯胜说："士病不明经术；经术苟明，其取青紫如俯拾地芥耳。"[1]"满朝赤紫贵，尽是读书人"，基本上符合历史事实。帝王为了维护自己的统治也需要把有知识有才干的士人吸收到官僚行列中来，正如叶适所说："化天下之人为士，尽以入官。"[2]

读书为了当官，当官则为了捞取资财名位。吕祖谦明白地指出，科场考试"以一日之长决取终生之富贵"[3]。李贽也说过："读书而求科第，居官而求尊显。"[4]"读、读、读，书中自有黄金屋。读、读、读，书中自有千钟粟。"事实上也正是这样，正如《西园闻见录·谱系》中所云："士大夫一旦得志，其精神日趋于求田问舍。"

总之，要想成为地主或进一步扩大产业，最有效的办法是当官，为了当官又须先读书。这样一来，文人–官僚–地主三者之间形成一个生态循环圈。这个生态循环圈把社会的经济、政治、文化贯穿为一体。文化可以直接转化为政治权力，政治权力又可以直接转化为经济。封建社会的许多现象都与这个生态循环圈有极为密切的关系。这里只说几点：

首先，这个生态循环是官僚队伍不断扩大和封建地主势力膨胀的基本原因之一。

历史上每个朝代的初期土地集中的情况相对缓和，到了中后期，土地集中遂成不可遏止之势。造成这种情况的原因是什么？有的同志认为是土地买卖引起的。依我看，主要是由官僚队伍的膨胀造成的。实行官僚制以后，官职一般说来既不能世袭，也很少终身，多半是你方唱罢我登台。一个官位就像一个铸范，铸出了一个又一个的封建地主。唐代仆射、尚书、侍郎的职位有限，可是任过职的人很多，据《唐仆尚丞郎表》统计，有唐一代累计任过职的人数达

---

① 《汉书·夏侯胜传》。
② 《水心集》卷三，《科举》。
③ 《历代制度详说·举目详说》。
④ 《焚书》卷一。

一千一百多人。且不说尚书,当个侍郎就不得了。官僚成为大地主者决非少数。正如张嘉贞所言:"比见朝士,广占良田。"①隋唐以后实行科举取仕,累计在一起中举的数量相当可观,如明清两代中进士的就达五万三千多人。这些人中的多数在中举之前虽已是地主,但由于他们充任了中上层官吏,又获得了特权,从而迅速地扩大了地产,上升为更大的地主。另外,历朝的官僚机构大都是沿着由简而繁的道路运转。随着机构的增加,官僚越来越冗滥。赵翼《廿二史札记》卷二十五《宋冗官冗费》条云:"宋开国时,设官分职,尚有定数。其后荐辟之广,恩荫之滥,杂流之猥,祠禄之多,日增月益,遂不可纪极。"明初的官员仅八千,到了中叶增至两万。官僚机构的增加和官员的增多与土地兼并的加剧是一种同步关系。每个王朝大致都经历了这一过程。这种循环壮大了地主阶级势力,加强了封建统治,但也加剧了农民与封建统治阶级之间的矛盾。

其次,封建地主成员的升降沉浮与这个生态圈有极为密切的关系。一方面,这个生态圈是大部分封建地主,特别是中上层封建地主的生命圈。另一方面这个生态循环又打破了身份性封建地主与非身份性地主之间的严格界线,还打开了贫贱与权贵之间互相转化的渠道。每个封建地主要想长期维持自己的地位,单靠经济是不行的,必须依靠这个生态圈。只有能长久地保持这个生态圈的正常运转,才能牢固地保持住封建地主的地位。东汉以后一些世家大族之所以能长久不衰,最重要的原因是保持住了这个生态圈的良性循环。众所周知,这些世族的特点是儒宗、官僚、封建地主三位一体。从整个封建社会的历史看,一个家族要想长期保持这个生态的良性循环是件不容易的事。在这个循环圈中,官职是一个最不稳定的因素。政治上的沉浮是引起许多地主身份变化的直接原因。在这个循环圈中,文化因素也很不稳定。土地可以垄断和遗传。由智能和知识构成的文化既不能垄断,更不能遗传。没有相当的智能和知识很难久居官位。失去官职,地主的地位也就失去了保障。所以,教子读书,以诗书传家成为许多人的信条、家规。汉代已出现这样的谣谚:"遗子黄金万篇,不如一经。"②在以往的许多著作中,对封建地主的起落比较多地着眼于经济因素的分析,如消费、析产等,这无疑是必要的。不过只注重经济是不够

①《旧唐书·张嘉贞传》。
②《汉书·韦贤传》。

的,我们认为从生态循环上进行考察更为重要。从决定论角度考察问题,社会的政治、文化只能是社会经济的结果。但在封建地主生态循环中,政治和文化对封建地主的经济更多地表现为原因,对中上层地主的影响尤其明显。

这个生态循环的另一个结果是,大大促进了封建文化的发展。为了步入官僚行列,一般说来,须先成为文化人。文化人的增多和文化人之间开展的智能竞争又促进了封建文化的发展。由于当时学文是为了当官,文化从属于官场的需要,于是造成了政治伦理文化极为发达,并构成了中国古代文化的主流,对维护封建统治起了极大的作用。由于它的功能主要是维护封建统治,缺少普遍的认识价值,缺乏真理性的命题和认识。因此,当历史向更高阶段迈进时,这种文化的阻力作用显得格外的顽强,中国近代的历史完全证明了这一点。

由于封建官僚绝大部分是读书人,官僚队伍的文化构成是当时整个社会中最高的。再加上官僚队伍的不断更新和政治思想的竞争,使中国古代的政治生活具有许多特点。其中最显著的特点是富有理性。天帝皇神虽然一直受尊于庙堂,但重大的政治决策很少用神明作支柱,多半诉诸理论的论证。在处理重大政务活动时,差不多都贯串着智谋竞赛,对于一件事情,常常会提出几种不同的方案,以供比较和选择。这对加强封建统治起了重要的作用。另一个值得注意的特点是,中国古代封建政治的应变能力比较强。官僚制度具有一定的灵活性,人员的更换为政策的变通提供了可能。在官僚政治中还有一个特别值得注意的地方,官僚们为了争权夺利,施尽了阴谋诡计,官场中充满了尔诈我虞。与此相伴生的是引朋结党。所以一部官僚政治史同时又是一部朋党斗争史。在朋党之争中不乏是非之分,但更多的是混沌。

这个生态循环还使封建地主,特别是官僚地主具有阴阳两面性格。正如李贽所说:"阳为道学,阴为富贵。"①表面看去,都举着孔孟的旗帜,高唱着仁义道德,和平爱人,克己奉公,为民父母等。翻开另一面则完全是另一派景象,到处是假公济私,贪污受贿,广占田宅,仗势欺人。这种阴阳两面性格不是中国封建官僚地主所特有的,一切剥削阶级都具有这种性格。但相比之下,中国的官僚地主们表现的格外突出,娴熟无隙。

①《续焚书》卷二。

末了,我们对这个生态循环的主线再作一点说明。地主的目的是收取地租和役使劳动者。当官的任务主要是征收赋税和治安,对个人则是凭借权力掠夺土地和资财。文化的主流是官僚文化,维护王权。在这个生态循环中,封建政治是主体,社会经济处于从属地位,经济只有服务于封建政治才有存在的价值,否则便是多余的。在涉及经济的地方,关心的是分配,生产又处于从属的地位。这种生态循环造就了一支庞大的封建官僚队伍,创造出了发达的封建官僚文化,培植了大批的封建官僚地主。这个生态循环把人们的聪明才智几乎全吸引到官场。这个生态圈对维护封建统治十分有用,对社会经济的发展则很少积极意义,是造成中国历史长期停滞的基本原因之一。

最后说明一点,上边讲的生态循环不能包括封建地主生活的全部过程,而且封建地主也不止这一个生态圈,比如还有商人、高利贷者与地主的循环,官僚、地主、商人之间的循环等。不过我们认为文人、官僚、地主这个生态圈是主要的,可以把封建地主中上层主要生活过程包纳进去。而中上层封建地主在整个封建地主的生活中起着主导作用。

原载《学术月刊》,1984 年第 2 期

关于专制主义经济基础
与君主集权形成问题的商讨 *

关于封建专制主义的基础问题，几十年来，陆陆续续不断有所讨论。近几年引起了更多同志的注意。细加分析，人们对"基础"这个概念的使用颇不一致。多数同志从经济意义上使用这个概念，但具体说来又各不相同：有的在经济基础与上层建筑这一范畴内使用这个概念；有的则强调经济形态或某个结构；有的侧重于所有制；有的则强调剥削方式；有的还把生产力状况也一并考虑在内。于是形成了各式各样的看法。约略分析有如下数种：

1.认为土地国有是封建专制主义的基础；

2.认为地主土地所有是专制主义的基础；

3.认为小农与手工业的结合是专制主义赖以存在的基础。有的同志更强调小农，认为单一的小农经济是产生专制主义的土壤；

4.有的同志认为对农民的地租的榨取关系是专制主义的基础；

5.认为超经济强制是专制主义基础；

6.认为自给自足的封建主义经济是产生封建专制主义国家的基础；

7.认为中国的专制主义与亚细亚生产方式紧密相关，特别是由于兴修水利的需要，促成了高度集中的专制主义统治形式的产生；

8.认为专制主义是建立在土地国家所有制、私人大土地所有制和农民所有制三位一体的封建所有制基础之上；

9.认为地主、商人和高利贷者三位一体形成了封建经济从生产、流通到分配一系列独特的经济结构，这种结构成了专制主义政治的基础。

以上我们只是撮取了各说的要旨。实际上各说的论述要丰满得多，而且常常辅以其他论点。

除了从经济上论述专制主义基础外，还有不少同志从社会、政治、思想、民族矛盾、地理环境诸方面探讨专制主义基础。比如：认为宗法制、等级制、伦

---

* 本文与王连升合作。

理纲常等都是专制主义的基础,民族矛盾与斗争是专制主义赖以长期生存的重要基础之一,还有认为中国的地理环境也是促成专制主义政治形成的基础之一,等等。

众说纷纭,引人深思。我们想从历史的过程与思考问题的方法两者的结合上,略述一点浅见。

大家都探讨封建专制主义的基础,然而封建社会从何时开始,这本身就是一个争论不休的问题。依我们看,封建专制主义与奴隶主的专制主义是一脉相承的,这种专制主义有一个共同点,那就是君主专制。因此,关于中国历史上的专制主义问题不妨作为一个过程来讨论。

其次,就中国历史上的君主专制制度形成的过程看,似乎可以说,从文明一开始就走上了这一条路。从总过程考察,其基本模式形成于先秦,定型于秦汉,其后虽有损益,但大体无更,因此要想揭开专制主义形成的奥秘,应集中力量研究一下先秦两汉一段历史。

还有一点,对于上述种种理论,我们认为首先应放在这段历史中,看看它与历史过程是否相符。

当我们从以上几个方面考察问题时,对目前的一些成说产生了疑问,下边分几个方面讨论我们的陋见,并与一些同志商榷。

一、先秦两汉君主专制政治与经济关系发展概况

中国古代的君主专制制度到秦汉已定型。但是,秦以前是不是君主专制制度?学术界存在着不同意见。我们的看法是,秦以前也是君主专制制度。因为秦汉时期的君主专制制度不是一朝一夕出现的,它有一个漫长的形成过程。商以前的情况暂且不论,从西周算起,君主专制制度的发展可分为四个阶段:一、西周至春秋前期是以氏族为基础的家长制君主专制;二、春秋中后期是以官僚和行政体制为基础的君主专制的萌芽阶段;三、战国时期形成了区域性的以官僚和行政体制为基础的君主专制;四、秦汉以后就是中央集权的君主专制。

西周时期实行分封制,周天子把土地和人口分封给他的亲属和臣僚,称为诸侯。诸侯把境内的土地和人口也分封给他的亲属和臣僚,称为卿大夫。卿大夫也进行同样的分封。这样就形成了天子、诸侯、卿大夫、士的等级差别。这

种分封制树立起一个个独立王国,形成了周天子与诸侯的分权制,但在名义上周天子有至高无上的权力,并力求付诸实现。首先,这种分封之所以能够进行,是因为周武王以武力灭了商,控制了对全国的统治权。同时在分封的过程中又是以武力为后盾的,如周成王时管叔、蔡叔、霍叔叛乱,周公坚决镇压之,重新分康叔于卫。文献中所说天子六军,金文中所说成周八师等庞大的武装力量,就是用来保卫周天子的专制统治的。其次,周的统治者又不断以武力来扩大自己的统治范围,这类事实在金文中举不胜举。

西周统治者用武力建立起了对全国的控制,实行宗法分封,形成了家长制专制制度。这种专制表现为政权、财权和族权的统一,周天子既是全国最高行政首脑,又是最大的宗族长。这种家与国的统一的专制统治早已为人们所认识。如《易经·家人》说:"正家而天下定。"《大学》说:"欲治其国者,先齐其家。"《孟子·离娄》亦说:"天下之本在国,国之本在家。"周天子以家长的姿态君临天下,实行集权统治。天子集权的表现是多方面的,如周天子要定期到诸侯国去巡守,诸侯对周天子要定期进行贡纳和朝聘,要根据周天子的需要经常派出兵役和力役,或征伐,或筑城。应当指出,诸侯对周天子的这些义务是必须恭恭敬敬按时兑现的,否则周天子就要以武力进行干预。例如为大家所熟悉的《左传》僖公四年所载齐率诸侯之师伐楚,其理由就是"尔贡包茅不入,王祭不共,无以缩酒"。

春秋时期,周天子式微了,出现了诸侯和卿大夫掌权的局面。那么,诸侯和卿大夫是否就不搞专制制度了呢?也不是。他们仍然热衷于君主专制制度,拼命搞集权活动。春秋中后期,诸侯之间盛行一种强权政治,谁人多势众,谁就想行使周天子那样的权威。如"鲁之于晋也,职贡不乏,玩好时至,公卿大夫相继于朝,史不绝书,府无虚月"①。又如鲁昭公七年春,齐逼燕,燕人无奈,只好把祖传的国宝献了出来。②春秋时期的会盟,就是大国展示实力的重要场合。所以宋国的合左师揭露这种会盟的实质时就曾说:"大国令,小国共。吾知共而已。"③这种强权政治实质是西周时期君主专制的一种继续。

在晋、齐、鲁等国出现的大夫掌权的地方,君主专制政体发展就更快、更

---

① 《左传》襄公二十九年。

② 《左传》昭公七年。

③ 《左传》昭公元年。

完善。专权的大夫有自己的军队,他们不搞分封而建立了一套相当完备的官僚系统,议政的地方称家朝,命官制法,行使着专制君主的一切权力。为这些大夫效劳的官吏已完全不同于以往的受封者,他们已不再有自己的地盘了。如春秋末年,季孙氏专鲁国之政,孔子为司寇,深得季氏信任。但孔子只受谷禄六万,却无尺土之封。孔子的高足为官者也不在少数,而且有的官位还相当高。如冉求曾"帅左师"以败齐师,冉有、季路曾为季氏相,魏文侯尊子夏为师,曾子为师于酂,鲁穆公与费惠公皆以子思为师。但无一例外,这些人也只有禄谷而无封土。官吏失去了闹独立的资本,完全受制于君主,这是以官僚和行政体制为基础的君主专制的重要特征。

大夫的专制,早在春秋战国时期已为人们所觉察。据《韩非子·内储说上》所载:鲁哀公问孔子鲁乱的原因,孔子说:"今群臣无不一辞同轨乎季孙者,举鲁国尽化为一,君虽问境内之人,犹不免于乱也。"这里明确指出鲁国混乱的原因是季氏的专断。本篇还说:"叔孙相鲁,贵而主断。其所爱者曰竖牛,亦擅用叔孙之令。"这位竖牛后来就利用了叔孙的专断,用计谋让叔孙氏杀死了自己的两个儿子,把叔孙氏也软禁起来,"因不食而饿死"。而竖牛却囊括了叔孙的财宝而奔齐。早在春秋时期,我们已经看到了像秦始皇和赵高那样的专制者和专制者的替身。怎么可以说春秋时是城邦民主制呢?

历史进入战国之后,集权专制的形势在继续向前发展,这种发展是与激烈的兼并相伴相行的。各国君主为了加强集权,普遍推行春秋时期已经出现的郡县制。战国时期的郡县,在直属国王这种属性上,比春秋时期更明显了。国王通过对郡县长官的直接任免,把地方政权牢牢控制在自己手中。战国时期,各国虽然都保留了封君制度,但已不同于春秋以前的分封制。这时的封君,一般不再世袭,他们的权力要受到国王派去的"相"的监督。在经济上他们虽然仍享有一定的特权,但对其领地多数仅食租税而已。过去封君所具有的政治、经济、军事权力大部分都失掉了。

各国君主为了加强集权,实行符玺制度,用符来控制武官,用玺来控制文官。玺印同时又是行文书的证据,通过它,国王可以号令天下。在中央的政体结构上,战国时期已经初步具备了秦汉三公九卿的格局。战国时期,还产生或进一步完善了一系列对官吏的奖惩、考核制度,如爵秩制度,俸禄制度,上计制度等。这些制度,从本质上讲都是国王控制臣僚、加强专制的手段。

从刑法制度来说,战国各国刑法也充分体现了君主专制的特征。刑法对于王权的独裁专制是全力加以保护的。如《七国考》转引《新论》关于李悝《法经》的某些条文就是明证:"盗符者诛,籍其家。"又说:"盗玺者诛。"还说:"议国法令者诛,籍其家及其妻氏。"

总之,战国时期以官僚和行政体制为基础的区域性君主专制政体已经相当完备了。正因为如此,这个时期鼓吹君主专制的理论才风靡一时,法家学说成了建立中央集权的君主专制政体的理论基础。

秦统一中国后,秦始皇建立起了空前的君主专制主义,皇帝有至高无上的权力。这个制度在中国的大地上一直存在了二千多年,这是举世公认的,就无须在此赘言了。

在这个时期,社会经济关系有哪些重大变化呢?可分别从几个方面来考察。就土地所有制而论,这个时期最突出的是从一元性的多级占有向多级所有制的变化。一元性指西周以来天子对土地所具有的最高所有权,即通常人们所说的土地国有,《诗·小雅·北山》所说"溥天之下,莫非王土",正反映了这种现实。由于西周实行分封制,在实际上又存在着同一块土地为多级占有的形势。春秋以降,周天子失去了对土地的控制能力,土地所有权下移,土地归诸侯、卿大夫支配。这里要着重指出一点,在春秋以前,政治权力和土地所有权是紧密结合在一起的,离开权力的土地私有是不存在的。有相当多的同志认为从春秋开始出现了土地私有,但在我们看来,那些用武力争夺土地的现象,根本谈不上私有。至于有关交换土地的几例记载,细加分析也不是土地私有。如《左传》隐公八年所载郑以泰山旁之坊田换鲁之许田,隐公十一年所载王与郑换田等,仍是从属于权力的交换活动。退一步讲,如果春秋时期这种武力争夺就算土地私有的话,那么这种私有的主体是诸侯和卿大夫。诸侯自不待言,大夫对土地的占有依然是以一定的权力为依托的。如果没有一定的权力作为前提,不管谁都是无立身之地的,"弃官则族无所庇"[1],"守其官职,保族宜家"[2],正说明了无官就根本谈不上对土地的占有。从土地和权力之间的关系看,春秋一代与西周相比,土地占有关系并无本质的突破。只是在多级占有关系中主导地位与非主导地位的升降。直到战国前期,在各国范围内,土地的最高所有权仍属于诸侯。诸侯用分封、赏赐与授田的方式,把土地分给封

---

① 《左传》文公十六年。
② 《左传》襄公三十一年。

君、功臣和农民。

从现有材料来分析，比较有把握的看法应当是，土地所有制发生变化是在战国中叶以后到秦汉时期，这个时期突破了一元性的多级占有的形式，而逐渐出现了土地占有形式多样化的局面，自然也就包括土地私有在内了。这个时期我们看到的土地占有方式至少有如下数种：一、国有，由国家官吏直接掌管经营或出租。战国时的"国地"、"授田""行田"之田、"制民之产"中的田及秦汉时的"公田""官田"、山林川泽、苑囿、草田、陂田等都是。国有土地的发展趋势像个楔子，是逐渐缩小的。二、封君制的等级所有。战国时的封君从国君手中分得一块土地，但与西周时受封者已不尽相同，他们受到专制君主的威胁和其他社会条件的制约，被三世而斩或五世而斩，无法成为永久的既得利益者了。在绝大多数情况下，表现为不稳定的等级所有。三、地主、商人私有。在中国历史上，不从属于权力的土地私有究竟起于何时？至今尚不能作出确切判断。最早的记载是赵括买田宅。另《管子》中的《山国轨》《国蓄》《重令》诸篇中也有民"兼并"之说，土地当为兼并的主要对象。汉代地主土地私有的证据很多，就不在此罗列了。

关于农民土地私有问题，战国时期农民占田"百亩"的记载颇多。但从有关记载看，土地所有权并不属于农民。到战国的晚期，有些材料才隐约透露出农民可以私自处理土地的事来。《荀子》的《非十二子》《儒效》篇，《吕氏春秋》的《为欲》篇，均谈到"无立锥之地"为至贫的问题，刘邦在战国末年家有田三十亩。这说明大约在战国末年土地私有的历史运动才开始降到农民身上。在法律上承认农民私有应是从秦始皇令民自实田开始，到汉代农民土地私有的事实就昭然若揭了。有人依据《汉书·食货志》认为商鞅变法之后，土地已为农民私有。但"民得卖买"的事实却难以在当时找到。睡虎地秦简也证明董仲舒的说法不可靠。

从战国开始的多种土地占有制形式，在中国延续了两千多年。每一种形式所占的比重则因一定的历史条件而上下起伏或互相转化，如以后又陆续出现了为集体所有的寺院土地、族田、学田等。

与土地所有制的变化几乎具有同样意义的是赋税制度与田租的变化。在私人地主和自耕农出现以后，国家征收的赋税与地租是混为一体的，并无定制，战国时期就是什一、什二、什三、什五之征，甚至随意而征。受封者向上级交纳贡物，也称为税。战国中期以后逐渐产生了私人地主和自耕农，田租才逐渐独立出来。董仲舒认为战国时已有耕豪民之田,见税什五的事,但从材料看,未见有直接的记载。不过从战国中后期已产生了私人地主这一事实看,董仲舒的说法仍当视为是有根据的。到了汉代,田租与国家的赋税已明显地区分为二。从本质上说,田租与赋税都是经济发展的产物。但在君主专制制度下,它严重受到权力意志的干预,往往置经济法则于不顾。

徭役的历史比租税更古老,在籍田以力的时代有徭役,税亩之后仍有徭役。地主制发展起来之后,徭役也还是君主专制国家剥削劳动者的一项重要内容。

以上我们概括地叙述了古代中国君主专制制度和经济关系,主要是土地占有关系的事实,以确定君主专制制度和经济关系在历史进程中的坐标。从这个基本事实出发,与学术界在这个问题上的各种观点进行商讨。

二、对几种观点的质疑

首先分析一下土地国有说。把土地国有说成是专制主义的基础,是极为值得重视的。从先秦的历史看,土地国有与君主专制制度的形成确实有着极为密切的关系(这一点在下一节将论及)。但是在以后的历史发展中,两者之间又不是同步关系;应该说,在发展趋势上两者是相悖的。秦汉以后,君主专制制度不断强化,土地国有却不断减少或削弱。有人说从春秋开始地主土地所有制就逐渐占了主导地位,从历史事实考察,这种说法缺少足够的证据,不足信。但是从秦汉以后看,地主土地所有制确实占据了主要地位。

有的同志认为秦汉和秦汉以后,土地国有一直占主要地位,这与君主专制的加强正相适应。对于土地国有说,我们应该尊重,然而即使如此,尚有一个基本的事实不容忽视,从秦汉以后,土地国有至少不再是田里不鬻的僵化形式。如果说土地的最高所有权仍属于国有,而占有权、使用权却是可以买卖的。这种买卖对土地国有无疑是一种削弱。土地国有制不断削弱,君主专制却不断强化,显然,用前者说明后者是困难的。

封建地主土地所有制为基础说,可以说是最有影响的一派。在这一派中,有的说因为地主本身无法掌握行政、司法、军事大权,于是在地主经济之外,驾于整个社会之上形成了专制主义的中央集权。有的同志认为,地主们为满足扩大地产的无穷贪欲,需要建立一个统一的封建的中央集权国家,以便地主土地所有制得以在全国范围内顺利发展。还有同志认为，一方面由于地主的剥削主要倚重于经济手段，另一方面又不断出现农民起义，这便决定了地主对农民的压迫不能掌握在个别地主手中，必须集中起来，导致中央集权。

从某一个角度看，这些说法都有一定的道理。但从历史进程考察，有许多可疑点。

以买卖为标志的地主土地所有制，是在战国中期以后才逐渐发展起来的，终战国之世，买卖土地的现象极为稀疏，可资为证的史料不过一两条。相反，土地国有占主要地位的材料却比比皆是。这就是说，地主土地私有在战国尚处于初萌阶段，然而君主专制制度在战国已经形成了，只不过尚处于地区性的，还未形成全国性的君主专制。经济基础决定上层建筑，在私有制社会，只有经济基础有了一定程度的发展，相应的上层建筑才会一步步成长，并臻于完善。中国历史上的地主土地所有制的产生不是在封建君主专制出现之前，恰恰相反，而是在其后才发展起来。据此，怎么能说封建的君主集权制是由地主的要求而出现的呢？

从君主专制制度形成的过程的脉系来考察，直到秦的统一，专制君主们是一姓相袭的。战国时代的专制君主没有一个是新生的，无一例外都是春秋时期的诸侯或卿大夫的后裔，有的还可以上溯到西周。这些君主不是因为地主土地所有制的运动把他们推向了专制之巅，他们是在另外的矛盾运动中一步一步加强君主集权的。

地主土地所有制从战国中期，特别到秦汉获得了迅猛的发展。那么能不能说地主土地所有制是专制君主们培植起来的呢？当然也不能这样说。地主土地所有的出现与发展有它自身的多方面的原因，这里不必讨论。我们要说的是专制君主与地主的关系。应该说地主土地是从国有土地那里转化来的。在经济与政治运动的推动下，君主们不得不放弃一部分土地所有权，承认了地主对土地的私有，但他们没有放弃主权和征收税役权。这样君主与地主取得了妥协，并自然地形成了一条协和线。围绕这条协和线，双方互相支持，离开了就会发生争斗。从秦汉以后的历史看，这条协和线是在双方时而激烈、时而缓和的矛盾斗争中维系的。一方侵犯另一方太多，便要招致对方反对。中央集权与割据是封建社会的两种政治形式，如果说地主土地所有制是中央集权的基础，那么地方割据的基础又何曾不是地主土地所有制呢？

有的同志强调由于地主对农民的镇压需要而形成了中央集权，这种说法有一定道理,但作为主要原因则难于成立。第一,从君主专制的中央集权制的形成的历史看,主要不是由于镇压农民反抗而引起的。第二,历代专制主义王朝的建立,多数不是在镇压农民起义中形成的。有几个王朝的建立与镇压农民起义有一定关系,比如东汉政权与唐朝,但中间有复杂的过程,有矛盾的转化。刘秀曾是农民起义军的主将之一,后来镇压赤眉,具有封建兼并的性质。李渊起兵是为了反隋,后来镇压瓦岗军和窦建德也同样具有封建兼并的性质。第三,我们常常看到另一种情况,为了镇压农民起义反而促成了地方封建割据势力的形成与发展,如东汉末、唐代末年割据势力的迅猛发展与形成即是明证。总之,封建国家的基本性质与职能可以由农民与地主之间的矛盾来说明,但君主集权这种政权形式却很难从中找到直接的因果关系。

现在我们再来讨论一下"小农是专制主义的基础"说。这一说在近两三年来是最有势头的一派。在论述这个问题时,许多同志都援引马克思《路易·波拿巴的雾月十八日》中关于农民不能自己代表自己,代表他们的同时又是他们的统治者那一段著名论述。马克思的那段论述无疑是深刻的,但是把它移来说明中国封建社会的情况则未必妥当。马克思论述这个问题的背景是法国经历了资产阶级大革命,消灭了封建主;把土地分给农民,从而产生了大批小农。马克思旨在说明,波拿巴与资产阶级政党和其他政党不同,他是由小农支持上台的。封建时代的情形与这种情况迥然不同。我们从未见到马克思说过欧洲中世纪的领主或国王是以农奴为基础的,更未说过代表农奴。波拿巴代表小农完全是在特殊情况下出现的特殊现象,而且为时不长,波拿巴便完全走到小农的对立面。小农蒙受了一场欺骗之后,把枪口转向了波拿巴。很显然,我们不能把马克思对个别问题的论述视为普遍规律,运用于整个封建社会。

就中国封建社会的情况看,乍然一看与波拿巴时期的情况颇有类似之处,一方面存在着众多的小农,另一方面在其上又存在着专制君主,而且不少君主不时发出重农、固本、轻徭薄赋、抑制兼并之类的宣言与政策,农民也确实常常把希望寄托于好皇帝。面对这种情况称引马克思的那段论述是很自然的。但是如果考察一下历史的过程,这与中国的历史事实显然是不相符的。

中国历史上的君主专制制度是在小农(指拥有一小块土地者)出现之前形成的。战国以前无疑也有农民,但他们没有土地所有权,更未有买卖土地的记录。现在所看到的材料证明,至少在战国中期以前农民不能买卖土地。且看以下几条材料。"王登一日而见二中大夫,予之田宅,中牟之人弃其田耘,卖宅圃,而随文学者邑之半。"①这里对田用的是"弃",对宅圃用的是"卖"。《管子·小称》记载,民恶其上"捐其地而走"。"捐"是放弃的意思,而不用"卖"字。《孟子·滕文公下》记载:"士之仕也,犹农夫之耕也;农夫岂为出疆舍其耒耜哉?"照理土地比农具要贵重得多,如果土地属于农夫,绝不会有不卖土地,扛上农具就逃到他国之理。战国时期有多处文字记载,民无法生活时嫁妻卖子。这同汉以后多把卖田与卖妻鬻子连在一起,有明显的不同。如果拥有土地所有权,通常总是先卖土地而后卖子女。战国的材料只说卖子女,从侧面说明民不能卖土地。小农还没有出现,君主专制制度早已形成,怎么能说前者是后者的基础呢?

如果说君主专制的基础是小农,照理君主们应该代表小农的利益与要求。然而事情恰恰与此相背。这一点毋庸多说。

有人从农民是君主经济的源泉这一点上论证小农是君主专制制度的经济基础。这个"经济"的含义应该说是财政,而不是通常所说的经济基础。我们认为不能把财政来源同经济基础混为一谈。

小农在各国各民族的历史上出现得有早有晚,但在社会经济体系中它从来没有占据过主流地位,也构不成一种独立的经济体系。相反,它总是处于从属的地位。不同的上层建筑应该说都有它相应的基础。不过像君主专制制度这样的上层建筑,无论如何也不能说以小农为基础。

关于专制主义基于水利需要说,其根据实在薄弱,与中国的历史过程差距太远,这里就不再论说了。

其他说法各有独到之见,究其实,多是上述诸说的伸延,这里不一一商榷了。

总之,在我们看来,从一定的所有制形式,或某一种经济形态难以说明君主专制的产生。

三、专制政治的基础与君主集权制的形成

作为上层建筑的国家,是一个多层次的结构体。包含有国家的阶级性问

---

① 《韩非子·外储说左上》。

题,政体的基本结构与性质问题,政府组织形式问题,权力机关的设置与职能问题等。这些不同层次可以分析,但又胶着在一起。作为上层建筑无疑都是建立在一定的基础之上的,但每个层次与基础的关系有远近之分,有直接间接之分。

封建专制主义中央集权问题是一个多层次的问题,应加以区别,进行具体分析。一股脑儿地弄在一起,寻求与基础的关系,是很难把问题说清楚的。通常我们不再对封建专制主义与中央集权再作区分。其实应加以区别,分成专制政治与君主集权。这两者虽密不可分,但在封建国家体系中分别居于不同的层次。封建专制属于政体基本结构与性质中的问题,君主集权则属于政府组织形式中的问题。

我们可以看到,无论中国历史上的封建社会,还是外国历史上的封建社会,到处都是专制主义的政治。前边我们谈了,很难从一定的所有制形式或某种经济结构中直接说明专制主义的基础,那么专制主义政治是否没有它的基础呢?当然不是。它既然是中外历史普遍存在过的现象,那么它一定有它的存在基础;它既然可以在不同的所有制形式与经济结构上生存,那么在这些不同的所有制形式或经济结构中必然有一种共同的东西是它的支柱。这种共同的东西应该说就是普遍存在的超经济强制。马克思在《资本论》第三卷第四十七章中已经揭示了超经济强制与专制政治之间的必然联系。马克思在论述了超经济强制之后说:"从直接生产者身上榨取无酬剩余劳动的独特的经济形式,决定着统治和从属的关系,这种关系是直接从生产本身产生的,而对生产发生决定性的作用。但是,这种由生产关系本身产生的经济制度的全部结构,以及它的独特的政治结构,都是建立在上述经济形式上的。任何时候,我们总是要在生产条件的所有者同直接生产者的直接关系——这种关系的任何形式总是自然地同劳动方式和劳动社会生产力的一定的发展阶段相适应——当中,为整个社会结构,从而也为主权和依附关系的政治形式,总之,为任何当时的独特的国家形式,找出最深的秘密,找出隐蔽的基础。"[1]列宁在论述农奴经济与资本主义经济不同之后说:"于是这种经济制度就产生了'超经济强制',农奴制度、法律上的依附关系、没有充分的权利等等。"[2]中国封建社会的

---

[1] 马克思:《资本论》,人民出版社,1975 年,第 891—892 页。
[2] 《列宁全集》(第 15 卷),人民出版社,1959 年,第 61—62 页。

情况也是这样,诚如胡如雷同志在《中国封建社会经济形态研究》一书中所说:"国家的政权机构形式往往与超经济强制的形式有关。"

超经济强制的基本内容是什么,它是一种经济关系,还是经济之外的法权关系?是封建社会特有的,还是奴隶社会也存在?对这些问题的看法远未取得一致。

马克思主义经典作家在讲到超经济强制时,指的是封建主对农民人身的占有权和支配权。使用"超经济强制"这一概念,显然是为了与商品经济中的"平等"交换关系相区别,与经济强制相区别,同时又是区别封建生产关系与资本主义生产关系的重要标志之一。

如果说"超经济强制"的本义是指经济以外的强制力量或权力,我们是否可以更广泛地使用这个概念呢?即是说,在封建生产关系中,不仅在人与人之间的关系上有超经济强制,同时在所有制关系上与分配关系上也存在超经济强制?我们认为是可以的。

欧洲中世纪超经济强制与土地的结合是十分明显的。这表现在等级所有制上。马克思在论述这种形式的所有制的特点时称之为"私有财产是特权即例外权的类存在"[1]。又说:"领主的权势是同领地结合在一起的。"[2]中国封建社会与欧洲的情况不大相同,先秦时期等级所有制占主导地位,秦汉以后私人地主逐渐发展起来,地主的土地所有权不一定和政治特权结合在一起。但是权力、特权在土地所有制关系中仍然是不可忽视的。正如杨生民同志在《关于中国封建土地所有制的一些问题》一文中所指出的,在中国封建社会里"权力、特权与土地的结合仍是一个基本的事实"[3]。杨生民同志从三个方面论证了这个问题:其一,贵族、勋臣、官僚地主购买土地常常渗透和体现了权力、特权对土地的占有;其二,贵族、勋臣、官僚地主可以不通过买卖直接依靠权力、特权占有和掠夺土地;其三,封建国家利用权力对私人土地无偿地侵占。除杨生民同志讲的这三方面外,等级所有制作为一种土地所有制形式,一直存在于中国封建社会,它或隐或现地存在于分封制、授田制、占田制、均田制、屯田制之中。中国封建社会的土地所有制具有多种形式,如国有、地主私有、小农

① 《马克思恩格斯全集》(第 1 卷),人民出版社,1974 年,第 381 页。
② 同上,第 42 卷,第 84 页。
③ 载《历史研究》1981 年第三期。

所有、集体所有、等级所有等。超经济强制在不同形式的所有制中占的地位不同,但从全局看,权力、特权不同程度地同土地所有是结合在一起的。

对劳动者人身的超经济强制和在分配上的超经济强制,随着土地所有制形式变化,不同时代表现的形式与程度也不尽相同,但从先秦一直到封建社会末期,一直存在着。

超经济强制是封建生产关系的内涵呢,还是封建生产关系之外的法权关系呢? 依我们看,超经济强制在本质上属于经济范畴。名曰超经济强制,实则是生产关系的重要因素和内容。超经济强制是封建土地所有制得以实现的内在条件,对于许多地主来说,失去超经济的权力与特权,也就会失去土地所有权。对于农民人身的超经济强制是一种人身所有制形式,是使劳动者与土地结合起来不可缺少的条件。超经济强制又是封建分配方式得以实现的保证。总之,超经济强制是封建生产关系的基本特征之一。

超经济强制存在不存在于奴隶社会呢? 对此有不同的看法。我们同意王思治同志的看法,超经济强制也存在于奴隶社会①。退一步讲,在奴隶社会,除奴隶制外,还有数量众多的非奴隶农民,他们与奴隶主的关系毫无疑问存在着超经济强制的关系。应该说奴隶社会的超经济强制关系比之封建社会只能更为严重。

超经济强制是产生专制主义的最直接的基础。

中国历史上的专制主义是同君主集权紧密结合在一起的。超经济强制是产生专制政治的基础,但还不能说明何以形成了君主集权式的专制主义。我们认为,促使君主集权形成的直接动因是统治阶级内部争夺财产分配权和再分配而进行的斗争。

众所周知,在人类历史发展的进程中,自从私有制产生之后,人们的财产欲也就随之产生了。太史公说:"天下熙熙,皆为利来;天下攘攘,皆为利往。"这非常准确地反映了当时历史的客观实际,但是,从历史的发展过程看,虽然同是私有时代,由于经济发展程度不同,对于财富分配与再分配的方式也就不同。在资本主义时代,用超经济的方式获取财富不是说没有,特别是在资本主义的初期,资本的积累充满了血腥味。但总的来说,主要是在商品的激烈竞争中,靠经济手段来取得。但是在奴隶社会和封建社会,占有他人劳动,只靠经济手段是不够的,还必须有超经济强制作保证;要想扩大自己的财富,最见

① 参见王思治:《关于超经济强制的两个问题》一文,载《光明日报》1963 年 2 月 4 日。

效的办法是广占土地和人口。于是,为争夺土地和人口,攫取分配权和再分配权而进行的武力兼并,最终导致了君主集权式的专制主义的形成。

历史上充满了武力兼并的事实。这里我们稍微分析一下西周以后的统治者为了争夺分配权和再分配权所进行的兼并,怎样一步一步推进了君主专制制度的形成。

周灭商之后实行了分封制。天子与诸侯的关系,天子是树干,诸侯是枝叶。诸侯与卿大夫的关系与前者基本相类。如乐豫反对宋昭公去群公子时所说:"公族,公室之枝叶也,若去之则本根无所庇荫矣。"①但是,我们也看到,这种层层分封又造成了结构上的等级性,在内部不可避免地形成两种趋势:一是树立了一个个相对独立的王国,每个王国都有割据性,都有一支武装力量;二是权力越大,拥有的地盘人口越多,对财产的支配权就愈大。因此只要有可能,各级贵族都希望扩大自己的势力。所以兼并与战争是不可避免的。西周时期主要是王室与诸侯对四夷和环绕各诸侯国其他部族的兼并,到了春秋开始转向诸侯国之间进行,五霸就是在兼并中涌现出来的强主。春秋后期卿大夫又登上了兼并的舞台。他们杀诸侯者有之,杀公子者有之,互相杀戮者有之。有些卿大夫发展起来,强占了诸侯的位置。这个时期,每一次争夺的导火线虽然千差万别,但背后的推动力不外如下二端:一是扩大势力范围,以便拥有更多的土地和人口;二是争当霸主。前者是争直接的分配权,后者则是为了争夺再分配权。因为从属国必须向霸主交纳贡物。

在兼并争夺中,无论是对大国、小国或卿大夫,都是不稳定的,胜败莫测。但争斗汇成了一股合力,谁都想方设法把分配权、再分配权集中在自己手中。这在政治上便表现为集权运动。削弱分封制、推行县制与官僚制,以及集中兵权等则是实现集权的主要手段。

战国时期,七雄之间展开了更大规模的争夺。有的同志说这是为了争统一。这个说法不错,但不能到此为止。争统一背后的动因是争土地和人口,争分配和再分配权。当时人对这一点看得十分清楚。"地者,人主所甚爱也。"②"诸侯之宝三:土地、人民、政事。"③"广土"与"尊名"是诸侯追逐的目标。他们的目

① 《左传》文公七年。
② 《战国策·秦策三》。
③ 《孟子·尽心下》。

的很明确,这就是"天之所覆,地之所载,莫不尽其用,致其用"。①"以天下恭养。"②这个时期各国君主所建立和推广的郡县制度、官僚制度、赋税制度、上计制度、爵秩制度等,在经济上主要是为了把握分配权和再分配权,在政治中则加强了君主集权。七雄兼并的结果是秦的统一,其后两千年,在政治上一直是中央集权的君主专制。

从中国历史上看,每个王朝都是靠刀剑砍出来的,诚如刘邦所说的"马上得天下"。这里就有一个军权与政权的关系问题。在春秋以前,军政基本上不分。行政首长同时也就是军事首长,这种情况到战国仍然普遍存在,政权多半是从军事权中派生出来的。从战国开始文武官的分职越来越明确,但君主是集军、政权于一身的。政权由军权派生这一事实和军政大权由君主独揽,对强化君主专制也起了重大的促进作用。

我们强调君主专制制度主要是由统治阶级内部为争夺财产分配与再分配权而产生的,但并不否认剥削阶级与被剥削阶级之间的斗争对君主专制的形式也有一定的影响,比如刑罚制度与户籍制度的改革与完善,既是为了加强对人民的控制与镇压,同时又是强化君主专制的重要工具。法家的祖师李悝所制定的《法经》,矛头首先指向"盗贼"。当然,"盗贼"并不都指造反的人民,但进行反抗斗争的人民无疑是"盗贼"的主体。户籍制度对人民的控制也极严。《管子·禁藏》在讲到什伍制度时提出:"伍无非其人,人无非其里,里无非其家。故奔亡者无所匿,迁徙者无所容。"农民被固着于土地,"民无得擅徙"③"逃徙者刑"④,这种户籍制度既是保证君主实现经济榨取的条件,同时又是实现君主专制、镇压人民反抗的工具。还有,为了镇压人民的反抗无疑对促使统治者加强军事力量也有重大作用。

在分析君主专制制度形成时,还应考虑到历史传统和思想的作用。西周时期,政治上虽然只达到了以周天子为共主的松散联盟局面,但在思想上却形成了天下只能有一个至高无上的天子的观念。"普天之下,莫非王土;率土之滨,莫非王臣"虽不尽是事实,但在思想上却是人们所共守的。春秋时期天

---

① 《荀子·王制》。
② 《战国策·秦策四》。
③ 《商君书·垦令》。
④ 《管子·治国》。

子早已式微了,可是在政治上仍然是一面旗帜。田氏代齐,韩、赵、魏分晋早已成为定局,可是只有经过周天子册封之后才名正言顺成为诸侯。战国时期人们已经很少理睬周天子了,可是在思想界呼号新圣统一天下之风吹遍了大地。儒、法、墨、阴阳、纵横等家,整天鼓动诸侯们要王天下。这种思潮对诸侯们起了极大的刺激作用。这里需要特别指出的是,先秦思想家们所设计的国家图式,无一例外都是君主专制体制。孔子提出"礼乐征伐自天子出"之后,遂成为儒家的信条。由儒家炮制的《周礼》是一部国家组织法,在《周礼》描绘的国家模式中,天子处于至高无上的地位。法家是君主专制最积极的鼓吹者。在他们看来,整个国家体系只不过是君主的车马工具,臣民只有充当驯服的工具和奴仆,才有生存的价值,否则,应一律除掉。墨家主张一切上同于天子,"上之所是亦必是之,上之所非亦必非之"。先秦诸子不仅是中国史上,也是人类史上一园艳丽的奇景,然而在国家体制上的思想却是相当灰暗的。他们除了鼓吹君主专制,以及对君主提出了数不清的美好愿望之外,谁也没有在君主专制之外另设想一套国家方案。许多思想家猛烈地抨击了昏君暴主,但谁也没有从君主专制体系中向外跳一下。我们不是要求前辈应该如何,但他们在国家体制问题上给子孙留下的都是劣等货。战国时期君主专制迅猛发展,与思想家们的劣等设计不无重大关系,至少起了推波助澜的作用。

经上千年的积累、完善,到秦汉时期君主专制制度完全成熟了,从而成为一个稳定的模式,这个模式不仅有相对的独立性,伫立在人们的面前,而且成为人们思想的藩篱。直到近代,尽管有数不清的人对昏君暴主有过各式各样的批评,也有个别人对君主专制提过怀疑,但没有对这个制度进行过根本的批判。前一个王朝大厦倒塌了,后一个王朝大厦又照老样重建起来。模式在历史上的影响是不可低估的。

综上所述,依我们看,超经济强制是专制主义生存的基础,剥削阶级内部用武力争夺分配权和再分配权的斗争是促成君主集权的主要原因。另外,阶级之间的矛盾斗争,历史传统和思想也起了重大作用。模式一旦形成,就会变成一种历史的惰力。没有社会条件的大变动,要跳出已有的模式几乎是不可能的。

原载《南开史学》,1984 年第 1 期

依靠"巨室"与打击"巨室"

——战国历史进展的症结问题之一

　　春秋战国历史进程中的一个大问题，就是诸侯之间的兼并和走向统一。但是以亲亲为基础的分封制，造就了一个一个的相对独立的"王国"，由于世袭，多半是无功而受禄。他们既是引起诸侯国内部互相争斗的主要因素，由于权力不能集中，诸侯们在兼并、争统一中就难有足够的力量，势力强大的世卿世禄的"巨室"是造成诸侯权力难于集中的主要障碍之一。如果兼并和争统一是历史的大势，世卿世禄的卿大夫阶层就成为历史进程中的阻力。

　　如何处置这些显贵望族，成为当时最棘手的问题之一。以法家为主发动的变法涉及社会全方位，但其主要目标是要强化君主集权和争统一。法家变法的阻力多多，但从社会阶层上看，应该说最大的阻力来自这些"巨室"。

　　春秋时期郑国的子产是富有改革精神的著名政治家，但他在"巨室"大族面前，只能望而却步，他不敢触动大族，相反，而是提出"安大"政策。他引《郑书》中的一句话："安定国家，必大焉先。"所谓"安大"就是妥协和安抚。例如，用邑赂望族伯石，以争取伯石归心。大夫丰卷被逐奔晋，他保留丰卷的邑人，等待丰卷回来。①伯有被杀，子产立其子公孙泄和良止以"抚之"。②在子产当政期间，由于子产的"安大"政策，显贵受到保护，所以没有发生大的内乱。安大与"安众"是连在一起的。公元前563年子孔当政，颁布了一道命令，要求群卿大夫及有司严格"以位序，听政辟"，即各守其职，听政令，不得参加朝政。大夫、诸司群起反对，拒不执行。子孔要杀抗上者，子产劝子孔把"载书"（即载命令之书）烧掉，子孔不采纳，并说："为书以定国。众怒而焚之，是众为政也，国不亦难乎？"子产回答道："众怒难犯，专欲难成。合二难以安国，危之道也。不如焚书以安众，子得所欲，众亦得安，不亦可乎？专欲无成，犯众兴祸，子必从

---

① 《左传》襄公三十年。
② 《左传》昭公七年。

之！"①子产的"安众"指的是贵族卿大夫。在"专欲""犯众"与"众怒"之间，他采取的是调和之道，使双方都让一步，以息事宁人。

到了战国，孟子大体仍承继了子产的思想，他说："为政不难，不得罪于巨室。巨室之所慕，一国慕之；一国之所慕，天下慕之；故沛然德教溢乎四海。"②在孟子的社会结构观念中，其排序是诸侯－卿大夫－士－庶人，巨室无疑就是世卿世禄的卿大夫等。在他看来，"巨室"支持与否是诸侯治国、平天下的关键力量，与法家的路线正相反。

"不得罪巨室"不是小问题，而是关系到整个社会走向，关系到社会改革能否进行，关系到社会利益的再分配，更直接关系到是否实现君主集权问题（推行郡县制和官僚制），以及统一能否推进问题。孟子一方面把希望寄予"巨室"的支持，另一方面他对主张辟草莱、言战者与力主打击"巨室"的变法势力要施重刑。据此说他主张的是贵族路线，并没有冤枉他。

法家变法的重要目的是富国强兵，耕战并举，提倡在耕战中立新功，并根据新功进行财产和权力的再分配和强化君主集权。要推行这一主张遇到的主要障碍就是世卿世禄体制，因此法家发动的变法一项主要内容就是削弱和打击世卿世禄这一阶层。李悝是法家鼻祖之一，《说苑·政理》记述了李悝变法的路径："为国之道，食有劳而禄有功，使有能而赏必行、罚必当。""夺淫民之禄，以来四方之士。"所谓"夺淫民之禄"就是剥夺无功的世卿世禄之家，他们靠"其父有功而禄其子，无功而食之，出则乘车马，衣美裘以为荣华；入则修竽琴钟石之声，而安其子女之乐，以乱乡曲之教"。《说苑》尽管晚出，但大体可信。李悝反对世卿世禄和无功受禄，主张启用和提拔有能力并且在实践中富有成效的人。"来四方之士"打破了传统的狭隘的用亲、用旧的陈腐圈子，也打破了当时国的界限，从更宽广的范围揽延人才，把更多的有知识、有能力的人吸取到官僚队伍中来。李悝变法主张得到魏文侯的支持，加上其他项的改革，魏国成为战国前期的首强。

吴起也是魏文侯倚重的重要改革者，但魏文侯去世之后受到排挤，吴起投奔楚悼王并受到重用，进行了大幅度的改革，其中首要一项就是打击世卿世禄的旧贵族。吴起认为楚国"大臣太重，封君太众，若此则上逼主而下虐民，

---

① 《左传》襄公十年。
② 《孟子·离娄上》。

此贫国弱兵之道也。不如使封君之子孙三世而收爵禄，绝灭百吏之禄秩，损不急之枝官，以奉选练之士"①。又提出"废公族疏远者"②。吴起得到楚悼王的支持，加上其他改革措施，楚国强盛一时。遗憾的是楚悼王不久去世，旧贵族联合起来杀死了吴起，改革中断。由此可见得罪巨室是何等的艰难和危险。

商鞅在秦国变法的一项重要内容同样是打击无功而受禄的世卿世禄体制，变法规定："宗室非有军功，论不得为属籍。"③商鞅制定了二十等军功爵，面向所有的人，立有军功的升上来，没有的靠边站。《商君书》不全是商鞅之作，而是这一派的著作汇集。作者主张坚决打击"无爵而尊，无禄而富，无官而长"的"奸民"。④《商君书》特别提出"公""私"对立问题，其中有一层含义，"公"指国家和君主，"私"指贵族大家。在这种关系中，作者主张"开公利""塞私门"。《壹言》所谓"开公利"，就是私家必须服从国家利益，为国效力方可富贵，"富贵之门必出于兵"⑤，"官爵必以其力"⑥。所谓"塞私门"主要指禁绝贵族大家的法外权，无功不得受禄，这就是《赏刑》所说的"所谓壹赏者，利禄官爵抟（专）出于兵，无有异施也"。《壹言》也说："私劳不显于国，私门不请于君。"这与商鞅变法规定的"宗室非有军功，论不得为属籍"，"有军功者，各以率（音lu）受上爵；为私斗者，各以轻重被刑大小。戮力本业，耕织致粟帛多者复其身。事末利及怠而贫者，举以为收孥"⑦是一致的。

《商君书》尚公抑私的主张，一方面旨在把所有的人都变成法中人，裁抑贵族大家的法外特权；另一方面又是为了解决"政出多门"，打击和削弱贵族大家的势力。这在当时历史变革中都是很有意义的。从理论上看，尚公抑私强调国家至上，但在实际上由于君主居于国家之巅，所以最后的结果是加强了君主专制。

韩非是法家的集大成者，到了他生活的时期，"巨室"依然很突出，战国时期以亲、旧为特点的世卿世禄制虽走向颓势，但并未断绝，立了大功的军

---

① 《韩非子·和氏》。
② 《史记·吴起列传》。
③ 《史记·商君列传》。
④ 《商君书·画策》。
⑤ 《商君书·赏刑》。
⑥ 《商君书·靳令》。
⑦ 《史记·商君列传》。

功官僚又有很多被封为新的封君,其下的高爵也享有数量不同的封邑,这些新旧势力交织在一起,对君主构成很大威胁,统治阶层的权力斗争十分激烈。韩非在《和氏》说:"当今之世,大臣贪重。"各国在生死存亡的血腥征战中能否争得主动,固然有很多因素,但权力是否集中,内部是否稳定则是一个关键问题。君主要集权,首要的任务是抑制左右大臣。君臣之间绝不是忠义关系,相反而是虎狼关系,利害关系。君主对于一切臣属,直至自己的妻子儿女都必须时刻警惕戒备,切不可以"亲""爱""信"相待。因为篡位窃权者首先是这些人。《爱臣》说:"爱臣太亲,必危其身;人臣太重,必易主位。"《孤愤》说:"万乘之患,大臣太重;千乘之患,左右太信。此人主之所公患也。"《备内》说:"人主之患在于信人,信人则制于人。"亲属也不例外,"后妃、夫人、适子为太子者,或有欲其君之蚤死者"。从人情上说,这些人未必憎君,但利害之争会超过情感,当"君不死则势不重",影响到自己权益时,利欲就会压倒人情,不仅欲君早死,甚至还会下毒手。为了防止大臣左右势侵君主,韩非提出了如下一些措施:

第一,严格控制分封。《韩非子·亡征》说:"凡人主之国小而家大,权轻而臣重者,可亡也。"当时的情况是"国地削而私家富"①。对这种情况,韩非虽没有明确提出取缔封君制,但他提出了要限制封君的势力,或尽可能不分封。《爱臣》说:"大臣之禄虽大,不得藉威城市。"《扬权》说:"有国之君,不大其都。"不得已而分封或赏赐土地,须加以节制,"欲为其地,必适其赐"。"适"为节制之意。

第二,臣不得擅专兵权。《爱臣》说,臣子"党与虽众,不得臣士卒"。对边疆大臣和领兵之将,更要特别警惕。《亡征》说:"出军命将太重,边地任守太尊,专制擅命,径为而无所请者,可亡也。"战国时期大臣封君养士之风甚盛,其中带剑之客、必死之士,实际上都是私人的武装力量,是违抗君命的凭借。《八奸》篇把这种情况列为臣下八奸之一,建议君主加以取缔。

第三,臣不得专财权。《主道》说:"臣制财利则主失德。"还要严禁大臣私施救济,收买人心,这就是《爱臣》中所说的:其"府库不得私贷于家"。对像齐田氏用大斗出,小斗入来笼络人心,与君争民的现象,要严加禁绝。《八说》云:

---

① 《韩非子·孤愤》。

255

"行惠取众谓之得民","得民者,君上之孤也"。

第四,臣不得专人权。《主道》提出,任免臣吏之权,只能由君主独擅,臣下不得"树人","臣得树人则主失党"。

第五,臣不得有刑赏之权。《二柄》说:"明主之所导制其臣者,二柄而已矣。二柄者,刑、德也。"刑、德二柄落入臣下之手,"则一国之人皆畏其臣而易其君,归其臣而去其君矣,此人主失刑德之患也"。韩非用了一个非常生动形象的比喻说明这个问题:"夫虎之所以能服狗者,爪牙也。使虎释其爪牙而使狗用之,则虎反服于狗矣。"刑、德就是制服他人的爪牙。

第六,禁止臣下结交私党。《扬权》说:"大臣之门,唯恐多人","欲为其国,必伐其聚"。君主要时时提防出现"腓大于股"的现象。一旦发现臣下结党,就要下决心,"散其党,收其余,闭其门,夺其辅"①。

第七,取缔私朝。春秋时期,大夫之家势力膨胀。大夫效法国君设立家朝,家朝又被称为私朝。在家朝内,大夫形同国君,家臣以君相奉。家朝制一直延续到战国。这种小朝廷无疑是君主大朝廷的对立物。韩非在《爱臣》中指出私朝是一种奸邪,应加以取缔,提出:"人臣处国无私朝。"

以上种种措施都是为了强本弱枝。《扬权》形象地说明了这个道理:"为人君者,数披其木,毋使木枝扶疏。木枝扶疏,将塞公间,私门将实,公庭将虚,主将壅围。数披其木,无使木枝外拒;木枝外拒,将逼主处。数披其木,毋使枝大本小,将不胜春风,不胜春风,枝将害心。"文中以本喻君,以枝喻臣。君主要经常剪理枝权,切不可让枝叶长得太茂盛。枝叶茂盛,将壅蔽其君;私家充实,公室必将空虚。否则将经不住春天微风的吹动。最后说的枝将害心,指臣害君。韩非把大臣视为君主集权的主要障碍,是符合当时实际情况的。事实上,只有削弱臣的权势,君主才能实现专权。

韩非追求的是如下一种格局:"事在四方,要在中央。圣人执要,四方来效。"②君主"独制四海之内,聪智不得其诈"。"远在千里外,不敢易其辞。""臣毋或作威,毋或作利,从王之指;无或作恶,从王之路。"③

韩非把君臣之间的较量视为能否实现君主集权的关键,应该说,他十分

---

① 《韩非子·主道》。
② 《韩非子·扬权》。
③ 《韩非子·有度》。

准确地抓住了要害。从中国历史实际过程看,君主的高度专权是在君臣之间的较量中形成的。在没有民主制度的情况下,君臣之间的每一次较量,不管是哪方胜利,所产生的合力必然是推动君主集权的发展。因此,我们可以说,统治阶级内部争夺权利的斗争,是推动君主专权的主要动力。

从春秋战国的历史看,打击"巨室"是君主集权的基本问题之一,也是改革不可绕过的对象。如果统一和改革是当时历史的大势,就不能否定君主集权的必要性,就不能否定当时法家主张打击"巨室"的合理性和必要性。如果按照孟子说的"不得罪巨室",变法也难于推进。就不可能从"分封制"体制下的国家转变成统一的地域性国家。

秦汉以及以后相当长的时期,君主集权和大一统与"巨室"之间的矛盾与冲突一直是困扰历史的一个大问题。这只能另论。

从历史上看,一定的社会陈旧势力与社会改革总是一副难解的"对子",要破解这个"对子"多半是很难的,要付出很多代价,但也只有付出代价才能使历史向前蠕动,而改革者则又常常以悲剧结局,或许是悲剧才显示出改革者的壮烈和伟大!

原载《历史教学》,2017 年第 1 期

论古代中国社会中的贪污 *

　　贪污,是中国封建社会长期存在的重要历史现象。贪污对国家政权的危害极大:它败坏政府的声誉,腐蚀官员队伍,破坏社会的稳定与均衡,是影响封建统治"长治久安"的重要因素。在漫长的古代社会中,它像甩不掉的幽灵,困扰着最高统治者们追求大道的君治。为何古代中国贪污猖獗,屡禁不止?贪污在中国封建社会中的作用如何? 本文试图作些粗浅论述。

一、贪污是古代中国官场上的普遍现象

　　我们所要讨论的"贪污",主要是指官员们利用职务上的便利及手中的政治权力强索他人财物、收受贿赂、侵吞国家财产、假公济私、违法谋取经济利益的行为。贪污这种社会现象,在中国可谓"古已有之"。

　　西周时已有贪污受贿的记载①,春秋时期官员们在政治活动中行贿受贿之事《左传》多有记录。战国时代,贪污现象更为普遍,韩非就说过:"为奸利以弊人主,行财货以事贵重之臣者,身尊家富,父子被其泽。"②至秦汉,君主专制的中央集权政体确立后,贪污亦愈演愈烈。后汉人左雄谓当时"乡官部吏……廉者取足,贪者充家"③,准确地概括了秦汉时代官僚们在这方面的表现。魏晋南北朝时期官吏们也同样"潜受贿赂、阴为威惠","求纳财贿,不知纪极;生官死赠,非货不行"。④在宋代,官僚中"赎货暴政,十有六七"⑤,明清时代贪污愈发厉害。明朝的邹缉在永乐十九年上疏皇帝谓当时"贪官污吏遍

---

* 本文与王兰仲合作。
① 《尚书·吕刑》中所谓"五过之疵"中的"惟货",即指官员接受贿赂。
② 《韩非子·奸劫弑臣》。
③ 《后汉书·左雄传》。
④ 《册府元龟·卿监部·贪冒》。
⑤ 《包孝肃奏议》。

布内外,剥削及于骨髓"①,张居正亦说:"自嘉靖以来,当国者政以贿成,吏朘民膏,以媚权门。"②当时有一首讽刺贪官的打油诗:"来时萧索去时丰,官帑民财一扫空;只有江山移不出,临行写入画图中。"把明朝官僚贪赃形象勾画得淋漓尽致。清代官吏贪墨之风更甚。乾隆盛世时的军机大臣和珅通过贪污受贿,据说竟积累了约十亿两银子的财富③,在他当政的几十年里,文武大臣竞相受贿,被揭发的大贪污案屡屡出现,至于嘉道以后的吏治,更是每况愈下了。

贪污在古代中国不仅存在的时间长,而且范围广,它渗透于古代政治生活中上上下下的一切领域。地方行政机构的下层官吏贪污成风,汉代人贡禹说"乡部私求,不可胜供"。清代地方官对公开的贪污"耗羡",随意增加数额,在正额税收之外"每两有加至二、三钱,四、五钱"④的,还有的甚至"税轻耗重,数倍于正额"⑤。中央机构中所谓京官的贪污也极为严重。以明代中央的官僚为例。明代官俸很微薄,京城高级官员的豪华生活,主要是靠接受各省地方官以礼仪为名所送的馈赠——贿金来维持的。如明代各部尚书的官阶为正二品,年俸银只有152两,而各省的总督、巡抚所送的礼金或礼品,往往一次即相当于十倍的年俸⑥。在考核地方官的那一年京官受贿数最多,当时即有人谓"朝觐年为京官收租之年"⑦。主管考选官吏的人事部门吏部贪污尤甚。如后汉元晖"宣武时为吏部尚书,纳货用官,皆有定价:大郡二千匹,次郡一千匹,下郡五百匹,其余授职各有差,天下号曰'市曹'"⑧。主管监察工作的御史、巡按职责之一是清查贪污,但实际上他们自己往往就是贪污的能手。史载明代"巡按查盘、访缉、馈遗、谢荐多者至二三万金,合天下计之,国家遣一番巡方,天下加派百余万"⑨。管理刑事诉讼的司法官员执法犯法,借法行贪,比比皆是。

---

① 《明史》卷一六四。
② 《张文忠公集》。
③ 见沤矶钓叟《查抄和珅家产清单》。
④ 《熙朝纪政》卷三。
⑤ 《皇朝经世文编》卷二十七。
⑥ 《春明梦余录》卷二十七。
⑦ 《海瑞集》。
⑧ 《册府元龟》。
⑨ 《明史》卷二五七。

官吏贪污,一般说官越大贪的就越多。比如南宋时右丞相陈自强公开向下级官员勒索贿赂,地方官送公文"必题其缄云'某物若干并献',凡书题无'并'字则不开。纵子弟亲戚通货贿,仕进干请,必谐价而后予"①。清代雍正时皇帝亲信大官僚年羹尧"悉多营私受贿,赃私巨万"②。

总之,在中国封建社会的数千年间,在古代政治社会的一切领域中,无时无处不存在着贪污。贪污确是封建官僚们的通病。

当然,在中国封建社会中德高品端的清官廉吏还是有的,即便是在贪污盛行的宋代、明代,也出现了包拯、海瑞这样一些流芳千古的清官。海瑞反对行贿受贿,最后含愤挂冠辞职而去。日本学者衣川强曾对中国古代官僚和他们的俸给进行了相当深入的研究,他以宋代为例,说当时"能够全赖俸给生活的官僚,是不存在的",必须靠贪污受贿为生③。历来所谓的"无官不贪"之说或许有点绝对化,但大体符合古代中国政治社会的实际。

二、封建官僚怎样进行贪污

官僚怎样搞贪污? 门道甚多,不能一一细考,主要有以下几种类别:

(一)利用手中政治权力强占勒索。以这种方式贪污的主要是地方官吏。他们"为民父母",自然就取得了这种取利的特权。《华阳国志》记载:"李盛为太守,贪财重赋。国人詈之曰:'卢鹊何谊谊,有吏来在门;披衣出门应,府县欲得钱;语穷乞请期,吏怒反见尤。'"④民谣所控诉的李盛,正是以第一种方式贪污的"父母官"。

(二)利用国家财政收入之机贪污。在中国封建社会,封建国家政府每年向人民征收钱粮赋税,在这过程中,各级官吏上下其手,贪污攫取了大量财富。明代北直隶清苑县知县崔泌之侵吞公款贪污银达三万两。明代崇祯时福建监察御史孙征兰形容官吏贪污说:"有司高坐公堂,尊如神、威如虎。一纸之出,四野魂惊……或已有而重派,或私事而公派,或小事而大派,或暂事而久

---

① 《宋史纪事本末》卷八十二。
② 《永宪录》卷三。
③ 见衣川强《官僚与俸给》,《食货》复刊 3 卷 6 期。
④ 《太平御览》卷四九二。

派。"①当时任兵科左给事中的刘懋说:由于"贪酷成风,民有三金纳赋,(国家)不能得一金"②。这些都应归属于第二类贪污。

(三)利用国家财政支出之机贪污。封建国家各种官方工程的修建,常常为负责官僚的贪污提供可乘之机。如汉代大司农田延年就曾利用国家出资雇百姓牛车之机,多报车数以骗取公款。又如清代主持治河的官吏,"皆利水患充斥,借以侵蚀国帑。而朝中诸贵要,无不视河帅为外府"③。清人薛福成在其《庸盦笔记》中揭露当时治河官员侵吞国家资财,奢侈无度的状况,谓南河河道总督"道员及厅汛各官,环峙而居,物力丰厚,每岁经费银数百万两,实用之工程者,十不及一,其余以供文武员弁之挥霍"。以宴席言之,"虽历三昼夜之长,而一席之宴不能毕"。其假公济私以贪污的疯狂程度确实令人瞠目。

(四)利用管理国库之机监守自盗。如《隋书·郑泽传》载刺史郑泽"擅取官财,自营私第",《魏志·鲍勋传》记载的曲周县吏"断盗官布"等,都属于这类性质的贪污。

(五)收受贿赂。在中国封建社会,高级官员一般没有直接搜刮百姓或经手国家钱粮资财的机会,然而,他们却有一种更便利的进财之道,那就是收受贿赂。明代兵部尚书梁廷栋曾说,当时知府知县等地方官每一次朝觐、考备、考选、考升,每人在京师至少要花五六千金行贿才成④。这些行贿的钱财无疑都进了高级官员的腰包。官僚们在收受贿赂时都很机警,自己并不出头,往往派子弟亲戚家人出面,以留后路。如清代康熙年间那个"以官职为生理,公然受贿"的大学士徐元文,他收受贿赂就从未自己出过头。

中国的封建官僚办事效率极低,但他们在贪污时表现出的主动性、高效率和聪明才智,却是令人惊叹的。

三、贪污在中国封建社会经济运动中的位置及其影响

在中国封建社会有一个重要的现象值得注意:那就是,经济活动不仅仅

---

① 《明实录·附录·崇祯长编》卷三十六。
② 《明实录·崇祯实录》卷三。
③ 《啸亭杂录》卷七。
④ 《明史》卷二五七。

是一种经济行为,经济运动不仅仅是个经济过程,它与政治、与权力、与超经济强制有着密切关系。在许多情况下,政治、权力在社会的经济生活中起着主导的作用。贪污就是当时社会经济运动中的一个重要环节,它所带来的影响是巨大而深远的。

1.社会经济运动中的财富集散器

贪污在古代中国社会的经济运动中,实是一个巨大的财富集散器。首先,人们不难发现它是敛财的最有效的一种手段,是当时任何行业都难以相比的积聚资产之途径。

在中国封建社会,有一个值得注意的历史现象,那就是许许多多想发财的人既不想从事农业,又不想经营商业、手工业,而是梦想通过"学而优则仕"的道路,达到发家致富的目的。所谓"书中自有黄金屋,书中自有千钟粟,书中自有颜如玉",人人皆知。按理说,官吏法定的俸给数目是很有限的,然而由于为官可以贪污,能得到无数额外的好处,所以整个社会实际上都认识到做官是一种发财的机会。俗话说,"三年清知府,十万雪花银"。就古代中国社会的实际情况看,靠贪污发财致富的官僚确实不乏其人。如南北朝时期"南齐吕文显为中书通事舍人……四方守宰饷遗,一岁咸数百万"①;明代太监李广广收贿赂,家有纳贿簿,记载得黄米(黄金)、白米(白银)各千万石②。古代高利贷者们极乐意放债给为官或将要为官的人。《明实录》曾记载当时北京一些放债者专门借钱给可能外放任官的人,一俟后者派任地方官,便跟着"同到任所,以一取十"。为官可以快赚钱、赚大钱,这就是高利贷者所以青睐这些人的原因。可以这么说:在封建社会的经济活动中,当官贪污发财比其他任何产业都容易得多。

贪污积聚的巨额资产,在封建社会主要转投于三个方向:

第一,政治性投资——行贿。贪污既然是最有力的赚钱手段,那么保住官位,对贪污者来说就是至关重要的事。在封建社会保官的特效办法就是行贿。明代天启年间霍丘知县郑延祚的做法就是最好的证明。《明史》记载,郑贪污之事为巡按当地的御史所发现,准备对其弹劾,但郑氏却"以千金贿免"。以后,郑氏"再行千金,即荐之"③。由于行贿,郑延祚非但没受惩处,反倒升了官。

---

① 《册府元龟》。
② 《明史》卷三〇四。
③ 《明史》卷三〇六。

行贿的方式方法多种多样。有的学者曾就明代的行贿方式做过考察，说当时多在衙门内直接进行，彼此"袖手接受"；关系稍近些的则列柬投递，假托赠送书籍的名义亲送上门，时人称之为"书帕"；关系再密一些的，则在上级诞辰送贺仪，且逢节馈赠，升任时对上级的"谢荐礼"更格外丰富。行贿保官是贪污资财第一重要的投资方向。

第二，经济性投资。即用贪污来的资财购买土地、经商及放高利贷。

在一个以农业为主要生产部门的社会里，土地是最重要的生产资料，土地既可出租生息，同时又是不动产，是财富的一种最稳妥的存在形态。因此，所有封建统治者都对土地有一种本能的占有欲，土地自然成了官僚贪污所得又一主要投资对象。宋代著名大贪官朱勔在苏州，"百姓田园号为膏腴者，必竭力攘取"①，以至"田产跨连郡邑，岁收租课十余万石，甲第名园几遍吴郡"②；明代严嵩"广市良田，遍于江西数郡"，又"广置良田美宅于南京、扬州"③；清代高士奇依靠贪污成为暴发户后也"于本乡平湖县置田产千顷"④。

贪污资财除了用于购买土地外，有的官僚还用它来经商或放高利贷。如前述高士奇就与其亲家陈元师等合谋开设缎号，寄顿各处贿银，资本约至40余万⑤；"徐树声、徐树本等将伊银米自六月放出于十月交起，息银每两五六钱，米每石五六斗"⑥；和珅则开有当铺75座，银号42座。经济类投资是贪污资财的另一重要流向。

第三，官僚们以贪污所得为满足穷奢极欲生活而恣意挥霍。

由于贪污在封建社会也是不合法的，官僚在贪污以后始终存在一种犯罪感、恐惧感，怕一旦被国家追究会一下子失去一切。因而，在消费时他们带有一种及时行乐的病态心理，疯狂地进行挥霍。西晋的大官僚何曾每天饭费达一万钱，竟然还说"无下箸处"，隋代杨素"贪冒财货，营求产业，东西两京居宅侈丽，朝毁夕复，营缮无已"⑦；清代湖南布政司郑源璹"外养戏班两班，争奇斗巧，昼夜不息"⑧。此类例子举不胜举。这就是贪污资财的第三个重要流向。

总之，贪污在中国封建社会的经济运动中，正像一个巨大的集散器，它把

① 《宋史》卷四七〇。

② 王明清：《玉照新志》卷三。

③ 《明史》卷二一〇。

④⑤⑥ 《东华录》卷十五。

⑦ 《册府元龟》。

⑧ 《竹叶亭杂记》卷二。

社会的财富飞速地集中起来,转移出去,在这种资财的高速流动中,整个社会都感受到了它的巨大影响。

2.贪污的影响

贪污对国家财政,以至公共工程等事业都带来危害。由于官员们的贪污,往往造成财政的亏空。如清代康熙年间湖北沔阳州积欠田赋达 8 万两之多,而其中"民欠仅十之二",其余则为官僚缙绅所侵吞[1];康熙六十一年户部存银800 万两,而堂司官员侵渔就达 250 万两之巨[2]。贪污正是造成封建国家财政失控的一个重要因素。再如历代的治河工程,由于治河官员的贪污,结果是"国家岁糜巨帑以治河,而曩者频年河决"[3]。但是,贪污的影响还不止于此,实际上它给当时整个社会的稳定与均衡都带来了巨大的危害。

在封建社会,封建制度的基本经济规律是以保证封建主经济的存在和正常运转为核心的,没有它也就没有封建制度;然而,封建主经济的存在,又以农民经济的存在为条件。因而要保证封建主经济再生产过程的顺利进行,首先就不能把农民经济的再生产过程打断。因此虽然封建国家政权也想尽可能多地压榨盘剥百姓大众,但客观经济规律却要求它把剥削限制在一定的界限内,最起码要使农民简单再生产过程能够延续,以保证封建主经济的稳定。可是,官僚的贪污却往往使社会的这种稳定状态遭到破坏。

官僚贪污虽有种种不同的方法与途径,但最终还是攫取于老百姓。贪官们在搜刮时从不顾忌农民经济能否稳定,而是能多捞就不少捞,完全是杀鸡取卵式的疯狂掠夺。小农经济一般说是比较脆弱的,"只要死一头母牛,他就不能按原有的规模来重新开始他的再生产"[4]。官僚这种额外的掠夺加上本来已很沉重的封建国家所征赋税,势必打断小农们的再生产过程。明朝人梁廷栋曾说:"今日民穷之故,惟在官贪。使贪风不除,即不加派,民愁苦自若;使贪风一息,即再加派,民欢忻亦自若。"[5]赵南星亦谓:"贪则多酷,即朘其脂膏,又加之毒痛,民安得不乱?!"[6]

历史上因官僚贪污引起民众反抗的事例很多:如清代康熙年间,"河南宜

① 《雍正上谕内阁》七年十二月。
② 同上,二年十一月。
③ 《庸盦笔记》卷三。
④ 《资本论》(卷 3),人民出版社,1975 年,第 678 页。
⑤ 《明史》卷二五七。
⑥ 《明经世文编》卷四五九。

阳知县张育征加征火耗虐民"，导致亢珽起义，阌乡王更一"亦藉知县白澄豫征钱粮，啸聚县城"，以致巡抚派兵镇压都不能平①。甚至于以推翻封建王朝为目的的农民大起义，官僚贪污也往往是导致其起义的重要原因之一。如宋代方腊在其动员民众起义时就曾以"当轴者，皆龌龊邪佞之徒……在外监司牧守，亦皆贪鄙成风"作为理由，指出如不起义将"徒死于贪吏耳"，起义时亦以"诛朱勔为名"②。由此可见，官僚贪污确是招致农民造反的一个重要因素。

纵观中国封建社会的历史，一次次周期性政治危机的爆发，一顶顶王冠的落地，无不与官僚机构的贪污腐化有关。当然，我们并不是说官僚的贪污问题一定就是造成这种危机的根本原因；但不容否认的是，它确实激化了社会结构中阶级间的矛盾，破坏了社会的整合状态，从而使社会的稳定与均衡成为不可能，实际上起了导致王朝毁灭的"催化剂"作用。这一点正是贪污给古代中国经济社会运动带来的最重要的影响。

四、古代中国贪污猖獗的原因

贪污不利于封建统治的长治久安，因而历代的统治者曾绞尽脑汁，想出各种各样的办法试图消灭它。然而自周秦迄明清，贪污现象从来不曾杜绝过。所谓"掌钱谷者盗钱谷，掌刑名者出入刑名"。官僚们宁愿被抓去剥皮实草，也不肯打消贪污的念头。在古代中国的政治社会，贪污成了一种难以治愈的痼疾。究其原因，可能是多方面的。

例如，在财政方面，古代中国没有独立的、不为长官左右的会计制度。中国的长官既管行政，又管财政，公费开支用于什么项目，需用多少钱，既没有独立的审计部门加以考察，又无超然主计机构负责，全凭当官的一句话。这就给为官者贪污提供了机会。比如明清地方官所私征的耗羡及常例，其中确有部分用于衙门办公费用；但是，就整个私征的耗羡而言，则既无花册报部题销，也无由单载明份数，完全是一笔糊涂账。何谓重耗？何谓轻耗？其中到底有多少是办公开支，多少入了自己的腰包，全凭州县父母官扪心自问，这为官僚的贪污提供了可能的条件。

---

① 参见《清史稿·张廷枢传》。
② 参见方勺《青溪寇轨》。

"上梁不正下梁歪"也是贪污猖獗的原因之一。明朝崇祯年间给事中韩一良曾给皇帝上奏折谓："今言者俱咎守令不廉。然守令亦安得廉？俸薪几何，上司督取，过客有书仪，考满、朝觐之费，无虑数千金。此金非从天降，非从地出，而欲守令之廉，得乎？"①可见在上级官员索贿受贿的情况下，地方官不能不贪。

大大小小的官僚中间关系网密布，亦是贪污屡禁不止的一个原因。中国封建社会的官场宦海中通关节、走后门之风盛行。据明代左副都御史邱橓讲，那时御史只要巡按地方，总有人来托关系打招呼，还未离开京都，递来的条子就已装满口袋。及至考察官员政绩时，便"彼此结纳"，互相包庇。被他们所弹劾的官员大都是政场上比较单寒软弱的人，至于有背景、有内援的，即所谓"百足之虫，傅翼之虎"，即使是"赃秽狼藉"，依然可被推荐升官。就是贪污被人告发从而受到追查，由于大家都不干净，所谓"豺狼见遗，狐狸是问"，问案者生怕"拔起萝卜带起泥"，便"或阴纵之使去，或累逮而不行，或批驳以相延，或朦胧以幸免"。实在躲不过，也会重罪轻判，"苞苴或累千金，而赃止坐之铢黍；草菅或数十命，而罚不伤其毫厘"，草草了事。这种情况之下，自然"无惑于清白之吏不概见于天下也"②。

以上这些无疑都与贪污猖獗有密切关系。但是，贪污之所以猖獗且屡禁不止，还有更深刻的社会原因。

贪污就其实质而言，是一种利用政治权力攫取经济利益的行为。为什么财富的获取不是直接通过经济手段，而一定要转通过政治权力来得到呢？我们认为其原因是：生产力水平比较低下，产品匮乏，商品交换不发达，在这种情况下，权力便走到了分配领域。荀子很早就认识到了这一点，他说："欲恶同，物欲多而物寡，寡则必争矣。"③又说："人生而有欲，欲而不得则不能无求，求而无度量分界，则不能不争。"④在有限产品的分配中既然得"争"，那么在"争"的过程中，强权、武装暴力更为有力。权力这个东西虽然不能直接满足人们的生物要求，但它却可以支配满足人们需求的物质资料，权力在当时可以和一切有价值的东西挂起钩来，简直可以被看成是一种最一般的等价物。一

---

① 《明史》卷二五八。
② 《明史》卷二二六。
③ 《荀子·富国篇》。
④ 《荀子·礼论篇》。

个人只要大权在握，就可随意去"生之、任之、富之、贪之、贵之、贱之"①，权力就是上帝，有了权就有了一切。正因如此，"争权夺利"才成了形影不离的伙伴，人们在谋求经济利益的时候，首先去追逐权力。读书人说"书中自有黄金屋"，是说读书作了官，有了权，通过权力就可以得到"黄金屋"。明代人赵南星说"夫天下之行私最便而得利最厚者，莫过于吏部"②，邹缉说"朝廷每遣一人（指御史出巡），即是其人养活之计"③。这并不是因为他们的工作能够创造什么经济价值，而是因为他们有权，通过权他们就能得到丰厚的利益，人事之权是权中之权，故能更肥。官僚所以能够通过贪污而致富，原因也就在这里。

然而需要指出的是，在中国封建社会中，官僚们的权力虽然很大，但毕竟是协助君主统治人民的一种工具。官僚完全依附于君主，即使贵如宰相，居一人之下、万人之上，也只能是"臣"，是君主的奴才，毫无独立性而言。如果用申不害的话来说，即所谓："明君如身，臣如手；君若号，臣如响；君设其本，臣操其末；君治其要，臣事其详；君操其柄，臣事其常。"④这种依附性决定了官僚的政治经济地位是极不稳定的。

因此，官僚手中的政治权力可能很大，但这种巨大的权力优势随时都可能化为乌有。官僚的这种政治经济地位，就使其处于一种很微妙的境地：一方面他们的权力和经济地位随时可能失去，处于一种极不保险的境地；另一方面，他们手中暂时拥有的权力又可像聚宝盆一样把财富迅速积聚起来。所以，"有权不用，过期作废"，只要条件允许，他们必然乘还拥有权力时疯狂贪占，积累财富，以备身后之用。在专制主义中央集权政体下的封建社会，最高统治者利用政治权力攫取经济利益，为其服务的各级官吏也同样要分一调羹。从实质上讲，他们是一样的，区别只不过一个是大盗，一个是小盗，一个是合法，一个是非法的而已。只要君主还要利用最高权力"以天下恭养"，他就还得利用官僚，那就一定会有贪污。这是个不可克服的矛盾，这也正是中国封建社会所以贪污猖獗、屡禁不止的根本原因所在。

原载《天津社会科学》，1988 年第 1 期

---

① 《荀子·任法篇》。
② 《明经世文编》卷四五九。
③ 《明史》卷一六四。
④ 《群书治要·大体篇》。

分层研究社会形态兼论王权支配社会

关于中国历史社会形态问题，几十年来大多是围绕着一个"定势"做些"加减"性的讨论。近年来有跳出"定势"的萌动。然而就我而言，尚未想从"定势"中完全跳出去，只想多少做些调整或修正，具体而言，就是分层次地把握社会形态，我认为有三个层次的问题：其一是基础性的社会关系形态问题；其二是社会控制与运行机制形态问题；其三是社会意识形态与范式问题，这三者既有联系又有区别。

1.关于基础性的社会关系形态问题，我依然认为运用马克思主义有关生产力与生产关系的理论所勾勒出的社会关系，从总体上看最贴近历史，或者说解释力最强。把某一段历史时期是否概括为"奴隶社会"以及中国历史上是否有"奴隶社会"并不重要，过去把它视为一个与马克思主义命运攸关的大事，实在是小题大做。同样，用不用"封建社会"来概括周秦以后的历史也并不重要。重要的是用以分析社会关系的基本理论和方法是否依然有效？时下有这样与那样的新方法和新理论，面对着奴隶主与奴隶、地主与佃农，以及人身占有、支配与被占有、被支配这些基本的社会关系，或轻描淡写，或只描述而不分析，显然是不可取的。如果进行分析，我认为唯物史观在揭示和解释这种关系时最为有力。

基础性的社会关系即阶级关系，之外还有其他各种社会关系。是否可以这样说，社会关系大体可分为两大类：一类是基础性的阶级关系，另一类是"社会共同体"，它比阶级关系更复杂，其中既有阶级关系的内容，又超越阶级关系。共同体小到一个家庭，大至民族、国家。基础性的阶级关系是其他社会关系的基础，起着制约作用，但其他社会关系又有其存在的依据，不能全进入阶级关系之中。据此，是否可以设想一种阶级-共同体分析方法？

我仍然相信，基础性的社会关系是由社会生产力的发展状况决定的，进而讲生产方式决定着社会的基本面貌。

2.马克思在说到法国中世纪的特点时，曾说过这样一句话：行政权力支配社会。这句话对我认识中国传统社会起了提纲挈领的指导意义。我稍加变通,把"行政权力"变成"王权"二字。我认为中国传统社会的最大特点是"王权支配社会"。与"王权"意义相同的还有"君权""皇权""封建君主专制"等。王权支配社会不限于说明政治的作用,而是进一步把它视为一种社会体系和结构。

在社会生产力发展缓慢的历史时期,在生产力还没有突破现有的社会关系以前,社会的运动主要受日常社会利益关系矛盾的驱动。这里所说的"日常社会利益"是指形成利益的基础性的社会关系没有什么大的变化,利益的内容大体相同,利益分配和占有方式也大体相同。社会利益问题无疑有许多内容,但主要的还是经济利益。在长达数千年的中国传统社会中,经济利益问题主要不是通过经济方式来解决的,而是通过政治方式或强力方式来实现的。这样,政治权力就走到历史舞台的中心,并在相当长的时期内成为社会控制和运动的主角。

中国从有文字记载开始,即有一个最显赫的利益集团,这就是以王–贵族为中心的利益集团,以后则发展为帝王–贵族、官僚集团。这个集团的成员在不停地变动,结构却又十分稳定,正是这个集团控制着社会。这是一个无可怀疑的事实,我的问题就是以此为依据而提出的。

这种王权是基于社会经济又超乎社会经济的一种特殊存在,是社会经济运动中非经济方式吞噬经济的产物。以王权为中心的权力系统有如下几个特点:一、一切权力机构都是王的办事机构或派出机构,不存在一些人所说的"分权"制。二、王的权力是至上的,王的权位是终身的和世袭的,没有任何有效的、有程序的"制衡",更不存在"制衡"制度。三、王的权力是无限的,在时间上是永久的,在空间上是无边的。在社会诸种权力中,王权是最高的权力;在日常的社会运转中,王权起着枢纽作用。四、王是全能的,统天、地、人为一体,所谓大一统是也。

这种以武力为基础形成的王权统治的社会就总体而言,不是经济力量决定着权力分配,而是权力分配决定着社会经济分配,社会经济关系的主体是权力分配与占有的产物。在王权形成的过程中,同时也形成相应的社会结构体系。王权无须经过任何中介,直接凭借强力便可以拥有与支配"天下"。在那个时代,政治统治权和对土地与人民的最高占有、支配权是混合在一起的。也可这样说,对土地和人身都是混合性的多级所有,王则居于所有权之巅。因此权力的组合与分配过程,同时也是社会财产、社会地位的组合与分配过程。王权—贵族、官僚系统既是政治系统,又是社会结构系统、社会利益系统,这个系统及其成员主要通过权力或强力控制、占有、支配大部分土地、人民和社会财富。土地集中的方式,主要不是"地租地产化",而是"权力地产化"。这个系统在社会整个结构系统中居于主要地位,其他系统都受它的支配和制约。

3.在意识形态方面,王权主义是整个思想文化的核心。作为观念的王权主义最主要的就是王尊和臣卑的理论与社会意识。

天、道、圣、王合一,简称"四合一",置王于绝对之尊。"四合一"把王神化、绝对化、本体化,把王与理性、规律一体化,把王与道德一体化,把理想寄希望于王。尽管人们以此为依据对许多具体的君主进行了批评、甚至鞭挞,可是归结点依然是王权和"王制"。只要没有超出这个大框框,也就说明还没有走出王权主义。这不是苛求古人,而是要说明这种思想文化范式决定了越是寄希望于圣王,就越难摆脱现实的王。

与王尊相应的是臣卑的理论和观念。臣民卑贱是天秩所决定的。所谓天秩指的是宇宙的结构或万物秩序之类的事物关系。在各式各样的结构和秩序中,君主都处于至尊至上之位,臣民与君主相对而处于卑下之位。千姿百态的阴阳论无一例外地把君主置于阳位,把臣民置于阴位,这成为天秩、命定、必然。臣民在社会与历史上只能为子民、为辅、为奴、为犬马、为爪牙、为工具。"主者,人之所仰而生也。""为人臣者,仰生于上也。"君主是天下人的衣食父母,生养万民。既然臣民是被君主恩赐才能生存的下物,那么属于君主自然是理中之事。社会硬件(权力、等级等)对君臣主奴地位规定无疑具有强制的性质,而成俗的主奴观念则使人变为自觉的臣仆。从这个意义上说,成俗的政治文化对人的规范作用更为突出。面对着君主的圣明,臣下在文化观念和心理上深深存在着一种错感和罪感意识。进谏固然包含着对君主的批评,然而这种批评在观念上又是一种错误和罪过,于是在臣下的上疏中,常常有这样一些语句,诸如"昧死以言""臣某诚惶诚恐,顿首顿首""兢惶无措""彷徨阙庭,伏待斧质",等等。这绝不是空洞的客套语和形式主义,而是社会定位与文化认定。

王权崇拜是整个思想文化的核心,而"王道"则是社会理性、道德、正义、公正的体现。我们祖先的理想就是"王道乐土"!

发表《历史研究》,2000 年第 2 期

春秋战国的"立公灭私"观念与社会整合（上）

公、私问题是中国历史过程全局性的问题之一。它关系着社会关系和结构的整合，关系着国家、君主、社会、个人之间关系的价值取向和行为准则，关系着社会意识形态的规范和社会道德与价值体系的核心等重大问题。由于它的重要，因此又关系着政治乃至国家兴衰和命运。公、私观念的确定和"立公灭私"范式的形成基本是在先秦时期，因此本文以先秦为限，主要讨论"立公灭私"这一理念的形成及其与春秋战国社会整合的关系。以往学者在论述先秦的伦理道德、政治思想、义利关系时，对公、私问题有所涉及，但专论甚少。至于公私与社会进程的关系问题，日本学者沟口雄三等以及中国学者王中江与黄克武对公私观念与明清社会关系的变化有开创性的研究，其他时期的几乎还没有涉及①②③。所以本文只讨论先秦时期的公私观念与社会的关系。

一、战国时期"公""私"由人指向社会观念的拓展

甲骨文中已有"公"字，其义仅指"先公"或地名。"私"字还未见。

西周时期的"公"的使用逐渐广泛，从人指而扩展到属于公的物指和事指，并开始发展为有政治公共性含义的抽象概念。所谓人指，即人的身份和个人。公是高级爵名，五等爵之首就是"公"（天子是否是爵名，有争论，这里不论）。同时又是最高的官阶，《易·小过》："公弋取彼在穴。"王弼注："公者，臣之极也。"④有些小官也冠以"公"，如"公路""公行"等，是为公侯服务的小官。"公"指个人则是以官爵称人，如周公、召公、鲁公等。物指是说属于"公"的各种

---

① ［日］沟口雄三：《中国公私概念的发展》，《国外社会科学》，1998 年第 1 期。

② 王中江：《中国哲学中的公私之辨》，《中州学刊》，1995 年第 6 期。

③ 黄克武：《从追求正道到认同国族——明末至清末中国公私观念的重整》台湾"中研院"近代史研究所，2000 年。

④ 《周易正义》。

事物,这类的名称颇杂,如"公族""公邑""公田""公廷""公堂""公所""公甸"等。事指是指与"公"相关的事情、行为、社会关系等,如"公事"。《诗·召南·小星》:"肃肃宵征,夙夜在公。"①此处的"公"字即指"公事"。《诗·召南·羔羊》:"退而自公,委蛇委蛇。"②此处的"公"指朝廷、国家,细究还有公侯的含义。

"私"在西周是一个表示身份、所有与个人情性的概念。

作为身份,指与"公"相对的人,可以是贵族,如卿大夫,大凡说到"私家",即指这些人;也可以是底层的一般人,如私属、仆役。《诗·大东》说:"私人之子,百僚是试。"③《诗·嵩高》:"王命傅御,迁其私人。"毛注:"私人,私家人也。"孔颖达疏,卿大夫"称其家臣为私人"④。

"私"的另一含义是"属于己"之谓。《诗·大田》:"雨我公田,遂及我私。"⑤这里的"私"指"私田"。《诗·七月》:"言私其豵,献豜于公。"⑥《周礼·夏官·大司马》载打猎的收获,"大兽公之,小兽私之"⑦。此处的"公""私"都是名词作动词用,即"公有""私有"。

私又指私情、私恩。《诗·小雅·楚茨》:"诸父兄弟,备言燕私。"毛注:"燕而尽其私恩。"⑧

西周时期的公、私基本是以社会身份为主,大体在具象范围内,到春秋战国时期"公""私"的含义像连续乘方一样大扩张。

先说"公"。就人的社会身份而言,"公"已从西周时期贵族的专称普及于社会。上层的诸侯贵族可泛称"公""王公""公侯""公卿""公大夫"等。中下级官僚的官名与爵位带"公"字的也多多,如"县公""公吏""公乘""公士"等;国家的编户民称为"公民""公徒"等;一般家庭的家长可称之为"家公",妻子称丈夫为"公",子称父为"公",人与人之间的敬称可称之为"公"。

在社会事物上与"公"相连的词汇遍及各个方面。大致说来又可分为三种情况:一是与公侯主体相关的事物,如"公家""公室""公门""公宫""公所""公馆""公国""公财""公邑""公社""公席"等;二是与公侯有关联的国家、朝廷事物,如"公法""公举""公事""公仓""公货""公马""公币""公钱"等;三是社会公共事物,如"公壤""公作""公器"等。

此期最有新义的是由"公"字为核心组成的一系列社会价值和道德概念,

---

① ② ③ ④ ⑤ ⑥ ⑧《毛诗正义》。
⑦《周礼注疏》。

诸如"至公""奉公""为公""徇公""用公""贵公""公道""公正""公直""公平""公心""公识""公理""公义""公信""公审""公察""公议""公是""公忠""公利""公功""公患""公过""公然"等。

与"公"的含义扩张的同时，以"私"为核心的词组也同样成系列的被创造出来。诸如：

与"公家"相对的有："私家""私门""私馆""私自""私利""私财""私藏""私属""私卒""私族"等。

表达个人情欲的如："私欲""私心""私意""私好""私情"等。

表达个人道德与行为的如："私善""私德""私廉""私恩""私惠""私道""私义""私荣""私为""私劳""私怨""行私""私行""私事""私求"等。

表达个人政治行为的如："私奸""奸私""私党""私人之党""私朝""私威""私曲""私交""私请"等。

表达个人认识的如："私言""私视""私听""私智""私虑""私议""私意""私名""私词""私术""私名"等。

以公、私为核心组成的词组，其内容覆盖了社会生活的各个方面，说明公、私的极端重要。

二、"公""私"的社会价值分析

"公"所指的社会存在应该说是"公"的价值内容的基础。所谓"公"的社会存在，大致可分为两方面：一是社会身份与相应的社会内容；二是所表达的社会公共事物与公共关系，如国家、社会共同体、普遍的社会关系等及其价值准则。这两者巧妙地结合在一起，前者是后者的主体；后者相对独立于前者，又服务于前者。

"公"的价值意义中最主要的和最核心的是把国家、君主、社会与个人贯通为一体。并形成一种普遍的国家和社会公共理性。

"公"发展为国家和社会的公共理性其标志有三：一是成为国家与社会的准则；二是成为人们的道德与行为准则；三是成为人们认识的前提和认识准则。为了说明这些问题，我们先分析如下一些关键词。这些词具有"纽结"意义，是公共理性的集中体现。

1.公道

《韩非子》载："殷之法,弃灰于公道者断其手。"①这里的"公道"即公共道路。哲学化的"道"是由道路发展而来的。作为哲学化的"公道"一词在战国时期才被人们使用。"公"与"道"的结合是两个普遍性概念的组合。最早把两者连在一起的是老子。他说:"知常容,容乃公,公乃王,王乃天,天乃道,道乃久,没身不殆。"②这段文字虽然还没有出现"公道",但已经沟通了"公"与"道"。庄子进一步把"公"与"道"互相定义:"阴阳者,气之大者也,道者为之公。"③又说:"道不私,故无名。"④不私,即是公。《管子·任法》把"公"与"大道"相对应:"任公而不任私,任大道而不任小物。"⑤"不任私",就是"从公"。"公道"一词在《管子》《荀子》《韩非子》中正式作为一个价值概念被使用。《管子·明法》说:"是故官之失其治也,是主以誉为赏,以毁为罚也。然则喜赏恶罚之,人离公道而行私术矣。"⑥《荀子》说:"公道通义之可以相兼容者,是胜人之道也。"⑦又说:"公道达而私门塞矣。"⑧商鞅说秦孝公"变法易俗而明公道。"⑨这里所说的"公道"即政治法度和准则。

与公道相近的还有"公理"。"理"是诸子的一个非常重要的概念,与"道"相近,只是没有"道"为万物之根本那层意义,一般是在"规律""普遍性""公共性"意义上使用。除"理"单独使用外,还有如下一些词组,如:"天理""道理""物之理""万物之理""事理""文理""义理""礼之理""人理""民之理""先王之理""成理"等。"公"与"理"相结合而出现"公理"这个概念。《管子·形势解》说:"行天道,出公理。"⑩这六个字把天道、公理的关系交代得清清楚楚,公理源于天道。《版法解》又说:"听治不公则不尽理。"⑪公理一词在先秦虽然还不普及,但其所表达的公共性与"公道"一词的含义几乎是一样的。公道与公理在社会层面上所指的内容基本一致,这就是人们应遵从的社会公共性原则和准则,如《管子·君臣上》说的:"有符节、印玺、典法、策籍以相揆也,此明公道而灭奸伪之术也。"⑫《韩非子》说:"短长、大小、方圆、坚脆、轻重、白黑之谓理。理定而

---

① 《韩非子集解·内储说上》。
② 《老子本义·第十六章》。
③④ 《庄子集释·则阳》。
⑤⑥⑩⑪⑫ 《管子校正》。
⑦ 《荀子集解·强国》。
⑧ 《荀子集解·君道》。
⑨ 《韩非子集解·奸劫弑臣》。

物易割也。"①

2.公法与礼之公

春秋战国是历史上的大变更的时期,人们的主动创造主要体现在"变法运动"。变法运动的重要内容之一是法律制度与礼制的变革与调整。具体内容多多,这里只说一点,即变法(也包括"变礼")的最重要特点之一是把国家、社会生活和人的行为纳入法、律、令、礼的轨道。在这一点上法家的主张尤为突出。法家提出一切都要"一断于法"。法、律如同日月对万物那样,要一视同仁,公而无私。在理论上"公"与"法"常常是互相定义、互相规定、互相体现,相辅相成。法是公的条文化规定,公是法的灵魂。慎到说:"法者,所以齐天下之大动,至公大定之制也。"②荀子说:"莫不法度而公"③,为了突出法的"公共"性,于是创造出了"公法"这个概念。最早创造这一概念的是《管子》一书的作者们。"公法"是社会和一切人的言行准则,它与形形色色的"私"相对,有关的论述多多,这里仅举数例,如"公法行而私曲止";"公法废而私曲行"④;"私说日益,而公法日损"⑤;"私情行而公法毁"⑥;"请谒任举,以乱公法"⑦;"民倍公法而趋有势"则主弱⑧;"当今之时能去私曲就公法者,民安而国治"⑨;"公法废,私欲行,乱国也"⑩;"少私义则公法行"⑪;"不以私恚害公法。"⑫总之,诸子的共识之一是:公与私相对,而其标志则是法。

法是公的体现,那么礼与公是什么关系呢?这个问题比较复杂。在一些道家和法家看来,礼这种东西与私相关联,甚至认为与道和公法是对立的。老子把道与礼视为对立物,而礼与私和欲是相通的。有些法家对礼也持否定立场,这在《商君书》和《韩非子》一些篇中有明确的论述,他们认为礼这种东西讲"亲亲",讲"孝",而亲亲与孝必有私。《商君书》说历史的初始阶段是以"亲亲

---

① 《韩非子集解·解老》。
② 《慎子·遗文》。
③ 《荀子集解·君道》。
④ 《管子校正·五辅》。
⑤⑦《管子校正·任法》。
⑥ 《管子校正·八观》。
⑧ 《管子校正·明法解》。
⑨ 《韩非子集解·有度》。
⑩ 《尹文子·大道下》。
⑪ 《尹文子·上农》。
⑫ 《晏子春秋校注》。

而爱私"为特点①。在历史的发展进程中它被否定了。到了商鞅生活的时代，"亲亲"这种东西与法有不两立之势，所以在一些论述中便把礼喻为虱子、臭虫，主张消灭之。韩非也对"亲亲"提出过批判，认为那些孝子是最容易背公而当逃兵的人。因此对礼也有诸多批评。但是如果我们仔细考察，商鞅与韩非都没有绝对地排斥礼。在一些地方他们都给了礼一定的地位，如商鞅主张"变礼"。韩非在许多地方对礼比商鞅更为重视，把礼视为与法可以并行的治国之道。韩非子对礼有如下一段断语："礼者，所以貌情也，群义之文章也，君臣父子之交也，贵贱贤不肖之所以别也。"②这与儒家之说没有什么区别。他还有一篇名曰《忠孝》，论忠孝之重要，汉儒的"三纲"说便是在此篇中首倡。商、韩对礼从某一个角度出发确有程度不同的批评和排斥，但不能说他们根本不要礼。《管子》一书大部分是齐国法家派的作品，尽管出自多人之手，但有一点是共同的，即没有商、韩那种对礼的批判，相反，对礼还十分注重，把礼与法视为同道。《君臣下》说："礼孝弟则奸伪止。"③《形势解》说："礼义者，尊卑之仪表也。"④《任法》说："群臣不用礼义教训则不祥。"⑤当然，礼要服从法，正如《任法》中所说："仁义礼乐者皆出于法。"⑥

礼与法有别，甚至有冲突，但在根本上并不相悖，因此礼与公也同样不是相悖的。从先秦的文字上看，直接把礼与公互相论证的的确不多，而且明确说到礼的本质是公的不是儒家，而是法家。慎到说："法制礼籍所以立公义也。"⑦《尹文子·大道上》说："在下者不得用其私，故礼乐独行。礼乐独行则私欲寝废。"《管子·五辅》说："中正比宜，以行礼节。"⑧

无私、中正与公互相定义，论述礼的本质是无私、中正的在《左传》《国语》中有多处，因此说礼在本质是公是可以成立的。

3.公器

所谓公器指社会交往中的各种标准性的共用器，如度、量、衡、货币、契约，更为抽象化的则是名分与公共概念等。标准性的器物体现着"公"，慎到说："蓍龟所以立公识也，权衡所以立公正也，书契所以立公信也，度量所以立

---

①《商君书·开塞》。
②《韩非子集解·解老》。
③④⑤⑥⑧《管子校正》。
⑦《慎子·威德》。

公审也。"①商鞅说："夫释权衡而断轻重，废尺寸而意长短，虽察，商贾不用。"②因为失去了"公"。荀子说："探筹、投钩者，所以为公也。"③"名"是更普遍性的规定，《庄子》说："名，公器也。"④器物凝结着观念，观念渗透于器物，"名"一旦形成就会成为一种社会规定和规范，尤其社会性、等级性的"名"，如君臣贵贱上下之名，对社会具有极强的控制意义，无怪乎孔子把"正名"作为政治之首，以名为社会立公准、公器。

4.共识、公是与公心

在认识论中，"公"占有特别重要的地位。思想家们除庄学外，几乎都把"公"贯彻到认识的全过程。认识要以"公心"为基底，荀子说："以公心辨。"⑤又说："公平者，职之衡也。"⑥如何才能公？这就必须排除私心、成见和外物的干扰，要虚静，"夫私视使目盲，私听使耳聋，私虑使心狂，三者皆私设精则智无由公。智不公，则福日衰，灾日隆"⑦。要之，人的感官系统不能与私发生关系，私一介入则导致智与公的紊乱。慎到把问题推向极端化，提出："不聋不聋，不能为公。"⑧认识一定要把"公"作为出发点，于是有"公察"一词的出现。荀子说："公察善思论不乱。"⑨又说："尚贤使能则民知方，纂论公察则民不疑。"⑩社会性的认识同样要以"公"为中的，于是又创造出了"公议"一词。公议就是要依据公共性原则进行议论，《管子·版法解》说："恶不公议而名当称。"⑪韩非子说："彼又使谲诈之士，外假为诸侯之宠使，假之以舆马，信之以瑞节，镇之以辞令，资之以币帛，使诸侯淫说其主，微挟私而公议。"⑫《管子·任法》提出要以"公"作为认识的标准，即"以公正论"⑬。庄子从相对论出发不赞成"以公正论"，他说："天下非有公是也，而各是其所是。"⑭但除庄学之外，其他诸子基本上承认"公是"的存在。"公是"与"公义"大致同义，墨子最早提出"公义"这一

---

① 《慎子·威德》。
② 《商君书·修权》。
③⑩ 《荀子集解·君道》。
④ 《庄子集释·天运》。
⑤ 《荀子集解·正名》。
⑥ 《荀子集解·王制》。
⑦ 《慎子·序意》。
⑧ 《慎子·逸文》。
⑨ 《荀子集解·成相》。
⑪⑬ 《管子校正》。
⑫ 《韩非子集解·说疑》。
⑭ 《庄子集释·徐无鬼》。

概念,"公义"与"一人一义"相对,他提倡"举公义,辟私怨"①。荀子说:"怒不过夺,喜不过予……是法胜私也。《书》曰:'无有作好,遵王之道。无有作恶,遵王之路。'此言君子之能以公义胜私欲也。"②到了董仲舒更明确提出:"公心以是非。"③诸子还提出"公"是通向明智的康庄大道,荀子说:"公生明,偏生暗。"④又说:"蔽公者谓之昧。"⑤《管子》说:"洁其宫,开其门,去私毋言,神明若存。"⑥"去私"即"公"。《吕氏春秋》更进一步提出"公"胜于智:"智而用私,不若愚而用公。"⑦私把聪明引向邪路,公使愚者胜过聪明。

把"公"作为认识论中统领全局的关键和灵魂,这在认识以经验为主和道德绝对化的社会中无疑有其天然的合理性与说服力,但由于"公"受成俗的约定和制约,所以在认识论中又常常成为一个因循和僵化的因素,成为认识发展的阻力和惰性。这点在商鞅与杜挚、赵武灵王与其叔父的争辩中可以看到,当时反对变法的观念是公识。

5.公正

公正作为一个道德与政治概念在战国时期大行于世。"公正"与"中正"相近、相通。"公正无私"与"中正无私"成为政治行事和道德的最高准则。"中正者,治之本也。"⑧"中正而无私"是礼之大经⑨。社会与政治的准则是"毋以私好恶害公正"⑩。"公"是政治的通行证,"一言定而天下听,公之谓也"⑪。反之,"操持不正,则听治不公"⑫。

"公正"与"正义"也是相近和相通的。"君必明法正义,若悬权衡以称轻重,所以一群臣也。"⑬荀子说:"正利而为之事,正义而为之行。"⑭"正义之臣

---

① 《墨子闲诂·尚贤上》。
② 《荀子集解·修身》。
③ 《春秋繁露义证·盟会要》。
④ 《荀子集解·不苟》。
⑤ 《荀子集解·大略》。
⑥ 《管子校正·心术上》。
⑦ 《吕氏春秋·贵公》。
⑧ 《管子校正·宙合》。
⑨ 《管子校正·五辅》。
⑩ 《管子校正·桓公问》。
⑪ 《管子校正·内业》。
⑫ 《管子校正·版法解》。
⑬ 《艺文类聚》卷五十四。
⑭ 《荀子集解·正名》。

设,则朝廷不颇。"①

从以上诸方面看到,"公"是社会普遍化的准则,是社会制度(包括礼、法、俗等)精神准则,是社会交往准则,是道德价值准则,一句话,是人间的公共理性。

关于"私"的界定或定义,战国时期著作中有多处近似的说法,胪列于下:"私意者,所以生乱长奸而害公正也"②;"夫私者,壅蔽失位之道也"③;"行私则离公"④;"行恣于己以为私"⑤;"背私谓之公"⑥。

汉初的贾谊也有类似定义:"兼覆无私谓之公,反公为私。"⑦许慎承继上述说法,对公、私两字的解释如下:"公:平分也。从八,从厶。八犹背也。韩非曰:背厶为公。"⑧

"私"与"公"相对,价值上大抵属于被否定的。"私"也有不含价值用场,如孔子说颜回:"退而省其私。"⑨这类用法几乎没有理论内容,不予议论。兹将关于"私"的社会价值意义的词语分析如下:

1.私与法对立

法是公的体现,因此违法则属私。中华法系形成于先秦时期,当时各国的法律虽然有所不同,但基本精神大体一致。其特点是自上而下的行为规定,人只有在赏罚中存在,并没有法律"主体人"的观念和规定。因此在法律中没有独立性的"私"和"己"的地位。在当时人的眼里,一谈到"私"就意味着与法相对或对立。慎到说:"立法而行私,是私与法争,其乱甚于无法。"⑩《管子·任法》说:"私者,下之所以侵法乱主也。"⑪《八观》说:"私情行而公法毁。"⑫《七臣七主》说:"私道行则法度侵。"⑬《商君书》说:"君臣释法任私必乱。"⑭反之,"不以私害法则治"⑮。荀

---

① 《荀子集解·臣道》。

② 《管子校正·明法解》。

③ 《管子校正·任法》。

④ 《管子校正·正世》。

⑤ 《管子校正·重令》。

⑥ 《韩非子集解·五蠹》。

⑦ 吴云、李春台:《贾谊集校注·道术》。

⑧ 《说文解字》。

⑨ 《论语正义》。

⑩ 《慎子·佚文》。

⑪⑫⑬《管子校正》。

⑭⑮《商君书·修权》。

子说:"怒不过夺,喜不过予,是法胜私也。"①又说:"行法至坚,不以私欲乱所闻。"②韩非说:"奉公法,废私术。"③"法令行而私道废。"④这类论述比比皆是,它们的共同点就是法与私相对,私是法的破坏者。

法律无疑应该是社会公共性的体现,但它不一定必须是排私的,如果法对"私"一概排斥,这种法就是专制主义的法。

2.私与国、君主对立

从理论上说,国与君主既有同一的一面,又有二分的一面;但在实体上国与君主是合二为一的。臣下相对于国与君主则属于"私",当然君主相对于"国"也有"私"的一面。在公私问题上就出现多层关系,大致说来可以这样概括:国是绝对的公;君主有私的一面,但又是"国"的人格体现,因此又是公;臣民在国、君面前则都属于"私"。当然也可以同于"公",但首先要克私。由于臣下在本体上是"私",因此在本体上与国和君主是天然的对立和相反的关系。

3.私欲、私德与公德、公义相对

事实上人人都有私欲,可是在理论上却成为过街老鼠,除道家的"贵己"和"纵欲"派外,几乎其他的派别都加入了声讨的行列,人人喊打,把私欲视为万恶之源。私欲同德义成反比,春秋时期楚国的伍举说:"夫私欲弘侈,则德义鲜少。"⑤《逸周书》说:"多私者不义。"⑥

在国家至上、君主至上的理论体系中,"德"与"刑"为君主实行统治的二柄,是君主的垄断品。刑由君独操自不必说,很多思想家从不同角度论述了德同样要由君出,德要归于君。在这种观念下,私德对"公"成为一种危险物,因为私德有可能分解君主的权威。田成子私德于民,终取代姜氏而有齐。因此臣下有私德成为君主的大忌,反之无私德方可以为忠臣。法家对此有特别的论述。韩非说:"利于民者,必出于君,不使人臣私其德。"⑦从广义说,私德与法相

① 《荀子集解·修身》。
② 《荀子集解·儒效》。
③ 《韩非子集解·有度》。
④ 《韩非子集解·诡使》。
⑤ 《国语译注·楚语上》。
⑥ 《逸周书集训校释》。
⑦ 《韩非子集解·八奸》。

悖,因此君主也要去其私德,"明君之使其民也,使必尽力规其功,功立而富贵随之,无私德也,故教流成"①。

"积善之家必有余庆",激励人们行善。但善不可与"私"接连,"私善"是背法的,"有道之国,法立则私善不行"②。"法制设而私善行,则民不畏刑"③。韩非更斥私善为奸妄:"法令所以为治也,而不从法令为私善者世谓之忠。"他从法的角度评价这种"忠"实则是"奸"。他还把私善与行贿、邀名并列,视为国之蠹,因为"为私善立名誉"必伤君④。同样君主也不能行私善,"知善,人君也;身善,人役也。君身善,则不公矣"⑤。

道本是一个崇高的概念,但"私道"也属逆行,一些人主张抑止"私道",《商君书·说民》提出:"塞私道以穷其志。"⑥

恩、惠一般说来属善事,但一与"私"相连就成了凶手,"夫舍公法而行私惠,则是立奸邪而长暴乱也";"舍公法、用私惠,明主不为也。故《明法》曰:'不为惠于法之内。'"⑦韩非也同样禁私惠:"上有私惠,下有私欲。"⑧"田恒因行私惠以取其国。"⑨私恩与私惠相同,"明主之道,必明于公私之分,明法制,去私恩"⑩。

4.私说与公论相对

"智""说""论""议""见""理"等关涉到认识论、知识论、价值论诸多内容。就发生学而言,这些都源于个人,由"私"而出。所谓"公论""公识""公议"等,只能是"私论"等社会化的结果,离开"私论","公论"就无由出。然而有一个极为有趣的现象需要我们认真思索,这就是,我们的先哲一方面殚精竭虑,绞尽

---

① 《商君书·错法》。
② 伍非百:《中国古名家言·邓析子·转辞》。
③ 《商君书·君臣》。
④ 《韩非子集解·奸劫弑臣》。
⑤ 《管子校正·君臣上》。
⑥ 《商君书·说民》。
⑦ 《管子校正·明法解》。
⑧ 《韩非子集解·诡使》。
⑨ 《韩非子集解·内储说下》。
⑩ 《韩非子集解·饰邪》。

脑汁提出个人的创见,另一方面几乎又众口一词排斥"私论",禁止"私说"。

法家主张一断于法和绝对服从君主,以此为据而主张禁私说、私智。《管子》提出:"官无私论,士无私议,民无私说。"①慎到说:"法立则私议不行。"②商鞅说:"法者,国之权衡也,夫倍法度而任私议,皆不知类者也。"③"明君在上,民毋敢立私议自贵者。"④"吏多私智者,其法乱。"⑤韩非说:"君之立法以为是也,今人臣多立其私智,以法为非者,是邪以智。"⑥大家都在追求"理",但"理"与"私"相连同样也在被禁之中,《管子·法禁》讲,如果君主置仪不一,"则下之倍法立私理者必多矣","百姓之立私理而径干利者必众矣"。

从字面看,儒家没有对"私论""私说"等进行批判,但如细究,他们仍是法家的同道,只是表达的方式不同。孔子提出的"非礼勿听"等"四勿"同法家的排斥私论原则上是一致的。孟子的辟杨、墨,除耕战之论同样是禁私说。荀子一方面说诸子各家是"其持之有故,其言之成理",同时又说他们说的"理"都是"欺惑愚众",是"天下之害",因此当务之急是"务息十二子之说"⑦。

墨子尚同论也是同一思路,他对一人一义深恶痛绝,认为每人各有私义是天下祸乱之根,因此要通过"尚同"的办法一同天下之义,其理想状态是"上之所是亦必是之,上之所非亦必非之"⑧。

道家似乎宽容,然而在理论上也是排斥私说的。老子的愚民主张与庄子的"齐物论",从两极取消了私说的意义与价值。

5.私利与公利相对

与公利相对的是私利。私利的含义极广,这里只讨论财产关系。中国自有文字以来的记载表明,君主和国家对社会财产拥有最高的所有权或支配权,同时私人也有某种程度的所有和支配权,因此我认为在所有权问题上,既不是简单的国有,也不是简单的私有,而是一种混合性的多级所有制。作为一定

---

① 《管子校正·任法》。
② 《慎子·佚文》。
③ 《商君书·修权》。
④ 《管子校正·法法》。
⑤ 《管子校正·禁藏》。
⑥ 《韩非子集解·饰邪》。
⑦ 《荀子集解·非十二子》。
⑧ 《墨子闲诂·尚同中》。

程度的私有在西周时期已有文字记载,到春秋战国发展的更为明显。尽管个人财产买卖、交换现象相当发达,国家对个人私有财产也有一定程度的保证,但却一直没有出现私人财产不可侵犯的观念和相应的法律规定。由此而来的"私利""私有"也没有足够独立的合法地位,国家和君主要凌驾其上。"私利""私有"是否合法,取决于行政分配与国家相应的制度规定。

私利相争自文明始,到春秋战国又掀起一次财产关系大变动,像墨子说的,上下交相争利,搅动了整个社会。然而诸子百家对私利和私有观念却没有给予合理的论证。相反,对私利和私有却进行了批评和限制。这就是晏婴所概括的两方面限制:其一是"幅利"原则;其二是"利不可强,思义为愈"[1]。

"幅"是布帛的尺寸标准,所谓"幅利",就是制度规定原则。晏婴认为人的本性是好利的,都希望富有,但他同时又理性的提出"利过则为败,吾不敢贪多,所谓幅也"[2]。孟子说的"制民之产"的"制"字说明"民产"由政治分配决定。由于财产占有关系从属于政治分配,个人的占有来源于"公"才是合理的,合法的,超乎此,个人另谋利益则缺乏合法性,因此在中国古代财产占有"逾制"是一个经常提出的问题。与此相对应,"私利""自私""自利"意味着与君主、国家相对立,正如《管子》中说的:"民多私利者其国贫。"[3]因此"私利"在制度上是违制的,道德上是不正当的,正如孟子说的:"为富不仁。"[4]《吕氏春秋》说,忠廉之士"有势则必不自私矣"[5]。

在中国古代"私利"现象虽然十分普遍,也十分活跃,但没有相应的合理性论证,在理念上是一种"恶"的存在。

三、公、私关系:立公灭私

从上节公、私观念可以看出,凡属有公的地方相对都有私。公与私不仅是一种观念,同时也是一种社会关系和行为。需要特别强调的是,春秋战国时期是"私"字大行的时代,财产私有化迅猛发展;人们为争私利熙熙攘攘而奔走

---

① 《春秋左传正义》昭公十年。

② 《春秋左传正义》襄公二十八年。

③ 《管子校正·禁藏》。

④ 《孟子·滕文公上》。

⑤ 《吕氏春秋·忠廉》。

上下,直至大打出手,朝野不安;社会关系以私为纽带进行了空前的大改组;士人的私理、私论大行其道、传播天下,总之,私字布满社会各个角落。照理,我们的先哲应对公和私一视同仁进行对应论证,寻求公、私各自存在的理由和依据,探索公、私相对存在的机制、体制和道德准则。然而,先哲的睿智几乎都没有朝这个方向施展,他们从不同的角度出发,对私进行了猛烈的抨击。大家众口一词把"私"视为万恶之源,是政治的大敌。有关的论述很多,下边胪列一些典型论断以示其要。

《商君书》:"公私之交,存亡之本也。"①"国乱者,民多私义"、多"私勇"、多"私荣"。②

《管子》:"私者,乱天下者也。"③"舍公而好私"则国乱④;"行公道以为私惠"则国危⑤。"重私而轻公"则国乱⑥;"为人君者,倍道弃法而好行私谓之乱"⑦。

《荀子》:"群臣去忠而事私"则乱⑧。

《庄子》:"五官殊职,君不私,故国治。"⑨

《经法》:"精公无私而赏罚信,所以治也。"⑩

《韩非子》:"禁主之道,必明于公私之分,明法制,去私恩。""私义行则乱,公义行则治,故公私有分。"⑪"君臣废法而服私,是以国乱兵弱而主卑。"⑫"能去私曲就公法者,民安而国治;能去私行、行公法者,则兵强而敌弱。"⑬

《尹文子》:"禁令行,人人无私,虽经险易,而国不可侵,治国也。""君宠臣,臣爱君,公法废,私欲行,乱国也。"⑭

《吕氏春秋》:"以私胜公,衰国之政也。"⑮"圣王之治天下也,必先公。公则

---

① 《商君书·修权》。
② 《商君书·画策》《商君书·弱民》。
③ 《管子校正·心术下》。
④ 《管子校正·任法》。
⑤ 《管子校正·法禁》。
⑥ 《管子校正·明法》。
⑦ 《管子校正·君臣下》。
⑧ 《荀子集解·解蔽》。
⑨ 《庄子集释·则阳》。
⑩ 《经法·君正》。
⑪ 《韩非子集解·饰邪》。
⑫ 《韩非子集解·奸劫弑臣》。
⑬ 《韩非子集解·有度》。
⑭ 《尹文子·大道下》。
⑮ 《吕氏春秋·举难》。

天下平矣。平得于公。""有得天下者众矣,其得之以公。"①

《新书》:"人主公而境内服矣,故其士民莫弗戴也。"②

《盐铁论》:秦二世而亡的历史经验是"公道不行"③。

基于上述理由,人们对私没有一点宽容之意,而是全力进行批判、抑制、杜绝、直至排除、摈弃。与此相反,对公则进行无限的颂扬、张扬、高扬。在公私关系上逐渐形成如下的简练的判断:"以公灭私"④;"立公所以弃私也"⑤;"废私立公"⑥;"任公而不任私"⑦;"无私"。汉初的陆贾、贾谊也说"公而不私"⑧"公丑忘私"⑨等。

为了证明公的绝对性,先哲们诉求本体,说公源于天地、四时、神明,还源于"道"。公的另一同价说法即"无私",也是天地、自然、神灵和道的本质性体现。这类的论说比比皆是,无须征引。我们的祖先凡要论证事物的合理性或绝对性时,一定要从天地、自然、神灵、道与圣人那里寻求本体性的依据。只要找到这种依据,该事物便成为不可置疑的,而且在当时也很难有其他理由与之抗争。

如何立公灭私?法家、道家、儒家、墨家各有不同思路,但又有交叉。

在立公灭私上法家是最为明快的,从以上引述的言论中可以看出,法家之论最多。法家立公灭私的思路是以法为公,一断于法。法家是最具有现实主义精神的一批时代巨人。他们从社会日常的生活得出结论,认为人的本性是自私自利,是唯利是图,且只有到盖棺之时而后止。但是他们在理论上又提出以公废私,把私视为公的对立物,并宣布:公、私不两立。乍然看去颇为矛盾。那么他们的立公灭私是什么意思呢?这可从三方面说:其一是让人在法内取利,法外避利。政治家的艺术和高超之处不是把人的求利之心去掉,而是善于把握人的求利之心,善于利诱、利导、利用。利有千头万绪,但如何纳入被控制的轨道呢?法家认为这就是"法"。法的核心是赏罚,要在赏罚中疏导人们对利

① 《吕氏春秋·贵公》。

② 吴云、李春台:《贾谊集校注·道术》,中州古籍出版社,1989年。

③ 王利器:《盐铁论校注·非鞅》,古典文学出版社,1958年。

④ 《尚书正义·周官》。

⑤ 《慎子·威德》。

⑥ 《管子校正·正》。

⑦ 《管子校正·任法》。

⑧⑨ 吴云、李春台:《贾谊集校注·耳痹》,中州古籍出版社,1989年。

的取舍。其二是依法办事，一断于法。上至王侯将相，下至平民百姓，都要遵从法律命令。君王颁布的法律、命令，君王首先要执行。其三是国家(又可称之为社稷、宗庙、天下)是一种更高的存在，公就是它的理性体现。与君主相比，国家高于君主，相比之下，君主也是"私"。

法家虽然承认在法范围内"私"的存在和意义。但没有把"私"作为法律的主体来对待。法家的法无疑有社会公正的内容，但同时又是以帝王利益为核心的，为帝王统治服务。法家毫不含糊地说，法者乃帝王的工具。法家的公私论是在追求国家秩序，在当时，这种秩序只能是君主专制制度。

儒家立公灭私的思路与法家有别，他们主要是以道德完善和自律来灭私。在儒家那里公、私对立的命题直到荀子时才出现。但这不是说孔、孟等前期儒家没有相似的命题。作为国家与社会公共性的"公"，在《论语》中曾提到过两次。一次是在《雍也》篇由子游说的"非公事"云云，此"公事"指政治之事。另一处是《尧曰》篇记尧的话："宽则得众，信则民任焉，敏则有功，公则说。"①此处的公指公平。这两处的"公"已隐含着对"私"的否定。在孔、孟思想中，国家与社会公共理性与个人的关系是用"克己复礼"与尚义贱利两个命题表达出来的，与立公灭私大体是相类似的。目下学界有多人把"克己"之"克"解释为"能够"或"发扬"。其用意无非是要把孔夫子从"灭私"中解脱出来，此说其实是清人的发明，并非新意。应该说，把"克己"理解为"灭私"是符合孔夫子的本意的，扬雄《法言·问道》把问题说得十分明白："胜己之私谓之克。"②《孔子家语》说："克，胜。言能胜己私情复之于礼则为仁也，信善哉！"③朱熹在《论语集注》中也反复说明是此义："己，谓己之私欲也。""胜私欲而复礼。""日日克之，不以为难，则私欲净尽，天理流行，而后不可胜用矣。""克去己欲以复乎礼，则私欲不留。""不违仁，只是无纤毫私欲；稍有私欲，便是不仁。"④还有，在《逸周书》中也提出"胜私"⑤。《荀子》提出："以公义胜私欲。"⑥又说："并己之私

---

① 《论语正义·尧曰》。
② 《法言义疏》卷九。
③ 《孔子家语·正论解》。
④ (宋)朱熹:《论语集注》。
⑤ 《逸周书集训校释·官人解》。
⑥ 《荀子集解·修身》。

欲,必以道。"①《大戴礼记》提出"去私欲","君子攻其恶,求其过,强其所不能,去私欲,从事于义,可谓学矣。"②克己、胜私、忍私、去欲,是一回事;胜私而后能公,荀子说:"志忍私,然后能公。"③《吕氏春秋·去私》也把"忍"字视为"去私"的法门。克己与灭私、弃私是一致的。复礼与立公也是相通的,礼也是尚公的。《尹文子》说不上是儒家,但有一段论述完全是儒家之论:"圣王知人情之易动,故作乐以和之,制礼以节之。在下者不得用其私,故礼乐独行,则私欲寝废,私欲寝废,则遭贤之与遭愚均矣。"④人变成了礼的存在物,也就无所谓贤愚之分,此种情况是"公"的最高境界。礼与公是合二为一的。

义利之辨是传统思想与价值问题的核心之一。儒家的思路是尚义而贱利。孔子说:"君子喻于义,小人喻于利。"⑤孔子此说具有社会阶级与道德双层含义。此后儒家义利之辨的走向大体不出这一格局。只要讲私利就只能落入卑贱小人行列。孟子对克己复礼这一命题没有明确涉及。但在尚义贱利上比孔子更加绝对化。义源于人性善,于是义成为人之为人的本质规定,而利与人性之善是对立的。孟子虽然十分关切人民的疾苦和生活,力主应给人民以"恒产",但在道德层面他是排斥私利的。到荀子,他把克己复礼、尚义贱利、立公灭私三者合为一体。

道家的立公灭私之路是回归自然,与道同体。他们认为,私、我、己仅是自然的一种存在形式,或演生过程中的一种现象。因此,私、我、己与万物并没有什么区别,于是提出齐万物,物我为一。由此很自然导出无己、无私的结论。"公"的最高境界就是连"人"本身也取消了,《吕氏春秋》中讲了一个故事,有一位楚国人丢了一把弓也不去找,有人问他为什么不去找,他说:楚国人丢失,楚国人拾到,何必找呢!孔子听到后说:"去其'荆'而可矣。"老聃闻之曰:"去其'人'而可矣。"作者于是说:"老聃则至公矣。"⑥所以在道家那里,公的本质就是取消人的主体意义,即庄子说的"吾丧我"是也。这固然是最彻底的公,但也是最无情的公,因为连人本身也被剥夺了!

---

① 《荀子集解·强国》。
② 《大戴礼记·曾子主事》。
③ 《荀子集解·儒效》。
④ 《尹文子·大道上》。
⑤ 《论语正义·里仁》。
⑥ 《吕氏春秋·贵公》。

人的主体性最强的是感知系统,因此道家或受道家影响的人时常讲只有封闭了感知系统,才能通向公。"去听无以闻则聪,去视无以见则明,去智无以知则公。"①"不瞽不聋,不能为公。"②有时又讲虚、静而后公,"清静以公"③,"虚素以公"④。为什么只有聋、瞽、虚静才能通向"公"?从积极方面说不无一点道理,因为感知会带来主观性,而主观性过多有可能妨碍公,但是把主观性与公完全对立起来,干脆排除感知系统,固然无私了,但人也变成了非人,人自己都不把自己当作人,这正是专制主义所求之不得的。

墨家以义为公。《墨子》一书直接论述公私的不多,《墨子·尚贤上》说:"举公义,辟私怨。"⑤一个"举"字和一个"辟"字完全表达了墨子公私问题上的思路。墨家是以公为上的,有一个故事,墨家钜子因儿子犯禁而大义灭亲,于是人们评论:"子,人之所私也。忍所私以行大义,钜子可谓公矣。"⑥墨子认为人的本性是"自利""自爱"的,自利、自爱会导致"交相争"和天下大乱。他虽然没有讲过人性的善恶,但实际上近于人性恶论。不过他认为经过圣王的教育和改造,人可以变成"交相利"和"兼相爱"。也就是说,能从"一人一义"的"异义"的分裂状态达到"一同天下之义"的大同境界,于是提出"尚同"论。他的"同"有两层含义:一是同于"公义"。公义即他的十大主张。公义是由圣王"立"的,不是源于人的本性。墨子的公义虽然没有完全否定个人之利,如他一再讲要保护民的"生利",要"交相利",要"调和"等,但在理论上他并没有给"私"留下合理的位置,他鞭打的对象就是"自爱""自利",也就是自私;二是要上同于天子。墨子的"公"与"同"是相通的,"公"和"同"都是由"上"(圣王、圣人、天子、政长等)灌输、教育、赏罚的结果,因此"公""同"的导向也只能是君主专制主义。

诸子从不同角度和不同理论出发都导致一个大致相同的结论,这就是"无私""灭私""弃私""废私"。那么与私字相近的还有什么相关词语呢?最主要的还有如下几个字:我(吾、余等)、己、身、欲、心等。这些,均在灭、废之列,于是有"无我""无己""无欲""无身""无心"等命题的提出。对"志"似乎有所不

---

① 《吕氏春秋·任数》。

② 《慎子·佚文》。

③ 《吕氏春秋·审分》。

④ 《吕氏春秋·上德》。

⑤⑥ 《墨子闲诂》。

同,孔子主张"有志",其他诸子在"有志"这点上都有相近之处。这点可参阅拙文《王、道相对二分与合二为一》①与《王、圣相对二分与合而为一——中国传统社会与思想特点的考察之一》②。诸子说的有"志"是否是精神独立、人格独立、道德独立和主体独立呢？乍然看去,确实有相当的依据,诸如"当仁不让""大丈夫""道高于君""从道不从君"以及"民不畏死,奈何以死畏之"等豪言壮语,足以显示有志者人格之伟大。但是如果把这些豪言壮语与"无私""无我""无己""无欲""无身""无心"等联系起来考察,那么这些豪言壮语中是不包括自身个性和利益在内的,此时的"我"已经不存在,"我"仅仅是"公"的载体。因此从逻辑上说,"我"是无个人之人格的,"我"是不独立的。没有任何个人的东西而谈个性独立等,显然是空话和虚话,应该说与个性独立相反,在"立公灭私"的公式中恰恰没有给个性独立留下应有的位置,而是否定个性独立的绝对化的集体主义和国家主义。此点下边还要论及。

当然,诸子也不是对人的自私自利性一点也不顾,在一定程度上对"私"还是相当关注的。法家认为人生来就是自私自利者,直到盖棺而后止。墨子认为人的本性也是自私自利的,他还第一次提出要把人之"生利"作为自然的权利来看待。孔子罕言利,但对人的实际利益又给予特别的关注。孟子的"小性"论,从人性上肯定了"色""食"的意义。总之,对在生存意义上的"私",我们的先哲给予了充分的肯定与关切,但"私"既不包含个人社会权利的意义,也没有社会独立价值的意义,大抵只是在生存意义上才被重视。因此"私"大致说来仅是一种动物性的需要,而没有进一步发展成为社会权利系统中的要素,更不是政治系统中必须的要素。由于在公私关系上彻底排除了"私",因此剩下的只有"公"才是唯一合法与合理的。而"立公"导致了社会与国家政治公共理性的充分发展。

原载《南开学报》,2003 年第 4 期

① 刘泽华:《王、道相对二分与合二为一》,《东方文化》,1998 年第 2 期。
② 刘泽华:《王、圣相对二分与合而为一——中国传统社会与思想特点的考察之一》,《天津社会科学》,1998 年第 5 期。

春秋战国的"立公灭私"观念与社会整合(下)

四、立公灭私与社会和政治公共理性的发展

社会和政治公共理性主要指社会与政治的一般化原则和通例,它或是人们在生活过程中形成的共同认定的准则和习惯,或是由国家与社会组织颁布的政令与行为准则。社会和政治组织范围越大,越需要公共理性来维持和维护,而且社会与政治组织的范围的大小与公共理性的一般化程度成正比。这种公共理性的发展是历史总体运动的成果,其中包括政治制度的改革、社会关系的重组、国家机器发展的程度等,而"立公灭私"则是这个时期公共理性的高度概括和总体特征。"立公灭私"表现在不同层面,内容多多,其荦荦大者有以下几点:

1.理性治国观念的发展

政治公共理性的发展以破除神性政治为必要条件。在春秋以前,重大的政治决定大都是在庙堂里决定的,都要与卜问、占龟等相联系,因此称为"庙算"。参与庙算的人只有极少数的贵族与神职人员。政治公共理性发展起来之后,政治就走向社会,甚至走向民间,以至平民也可以论政。曹刿曾说过:"肉食者鄙,未能远谋"①,这是政治公共理性走向人间的新时代的标志性话语。士人的普遍参政与政治公共理性的发展是互为因果、互相促进的。政治变成社会性的认识对象,诸子百家的议政足以表现其炽热的场面。在这场以理性认识为主的争鸣中,人们提出了各式各样的治国纲领,诸如"以礼治国""以德治国""以法治国""以道临天下""无为而治""一同天下之义",以及这些纲领的混通、兼用等。这些治国纲领都是以"公"作依据的,都是"公"的体现。

---

① 《春秋左传正义》。

2.同于百姓观念的发展

《逸周书·太子晋》说："与百姓同谓之公；公能树名生物。"朱曾佑注曰："同者，同其好恶。公之言公正无私也。"①这里的"公"既指名号，又指公共理性，两者合二为一。《谥法解》也说："立制及众曰公。"话语极其简练，内容十分丰富。早在西周就有"天听自我民听，天视自我民视"，神民一体化的聪慧之论，到了春秋抛却了神，直接诉之于民，于是有"国将兴，听于民；将亡，听于神"②"得民者倡，失民者亡""号令阖（合）于民心，则民听令"③等相类的许多经典之论。于是一些具有远见的政治家几乎都要在"与百姓同"上做文章。诸如与民同乐、同辛苦的事例多有记载，成为统治者争取民众的最有效的举措之一。

"同于百姓"与"立制及公"是处理社会公正和公平的最有价值的思路。因为在这个命题中明确提出了"公"的社会标准是"百姓"、是"众"。应该说，这在认识上是一个极大的突破。

3."公国"与"天下为公"观念的发展

从政治角度看，西周时期的"公"指爵位和人，"国"则是公侯所居之处，是政治中心。春秋以前，作为一个社会政治实体和组织的"国家"概念还相当模糊。当时有"国""邦""邑"等称呼，"国"一般指政治中心的都城，"邦"一般指统辖的区域，"邑"泛指居民点，王侯居住的"都""国"可以称为"大邑""天邑"。在战国中期以前"国家"这个概念还不特别神圣，因为国、家都是被占有的对象，是人的从属物；占有"国"和"家"的主体是王侯、封君等，因此又称他们为"有国有家者"。孟子讲，诸侯之宝三："土地""政事""人民"。许多学者把孟子之说视为"国家"要素说的最早概括。其实孟子在这里并没有把国家提升为公共政治理念，也没有国家至上的意思，因为拥有"三宝"的是诸侯。

国家至上的观念到战国中后期才逐渐形成。这就是"公国"与"天下为公"说的提出。《管子·法法》说："明君公国一民以听于世。""世无公国之君，则无直进之士。"④"公国"即以国为公。比"公国"更具普遍意义的是《礼记·礼运》篇

---

① 《逸周书集训校释》。

② 《春秋左传正义》昭公三十二年。

③ 《经法·君正》。

④ 《管子校正》。

的"大道之行也,天下为公"。其实类似的说法还有不少,如《商君书·修权》说,尧舜禅位天下"非私天下之利也"。慎到说:"古者立天子而贵之者,非以利一人也。曰:天下无一贵,则理无由通。通理以为天下也。"又说:"立天子以为天下,非立天下以为天子也。立国君以为国,非立国以为君也。"①《吕氏春秋·贵公》说:"天下,非一人之天下,天下之天下也。"《韩非子·观行》说:"大勇愿,巨盗贞,则天下公平。"②这些与"天下为公"同义。

公国、公天下可以说是政治公共理性发展的极致,具有十分重要的理论意义和实践意义。从纯粹逻辑上说,它否定了君主独占统治权的专制体制,否定了家天下。《礼记》在说"天下为公"之后紧接着说:"选贤与能,讲信修睦。"孙希旦集解:"天下为公者,天下之位传贤而不传子也。"③"天下为公"与君位禅让论大致也是相通的。应该说从"公国""天下为公"还可以推导出政治普遍参与的结论,诸如臣民谏议、庶民议政、选贤与能等。从公国、公天下观念中还可以推出君主应是为天下服务的工具;如果君主谋取私利,把天下视为自己的私产,那就违背了天下为公的原则,就失去了合理性。所以天下为公也是"革命论"的重要依据之一。另外,国家被"公"化之后,才有至上的意义。

事实上,"天下为公"并不是唯一的,与之相对还有"王有天下"论。此另当别论。

4.工具理性和制度理性的发展

像度量衡这类工具,其本身蕴含着丰富的社会公共关系,同时也包含着社会公共理念。度量衡的历史无疑由来已久,但从春秋开始,随着社会交换的发展,度量衡的应用更加普遍和更加精密,还有,契约关系、货币关系等也有空前的发展和普及,这些都大大促进了社会公共理性的发展与提高。于是人们把度量衡、契约等视为社会的"公信""公识"。以规矩成方圆成为一种社会公共理念。

与之相应,人们把社会制度、道德规范,即礼、法、道义等也视为一种规矩,像规矩成方圆一样,以之规范社会,使人群成方圆。如下的论述十分明快:

---

① 《慎子·威德》。
② 《韩非子集解》。
③ 《礼记·礼运》。

"法者,天下之程式也,万事之仪表也。"①"夫法者,所以兴功惧暴也;律者,所以定分止争也;令者,所以令人知事也。法律政令者,吏民规矩绳墨也。"②"法者,天下之仪也,所以决疑而明是非也,百姓所悬命也。"③"法者,天下之至道也。"④程式、仪表、规矩、绳墨都是社会交往的工具和标准,法与这些性质相同,而"至道"两字就是我们的"公共理性"。

公共理性的存在形式是公开化、要人人皆知。法是公开化还是秘而不宣?从春秋晋国铸刑鼎就有争论。法家主张法律必须"明",即公开,法要成为君臣上下"共操"之物,使"天下之吏民无不知法者"⑤。由于"共操","吏不敢以非法遇民,民不敢犯法以干法官也"⑥。法于是成为公共之公器。

规矩、制度、道德等上升为一种独立的、一般的存在,所有的人在它面前都属于个别,而个别则要服从一般,即使君主也不能例外。因此君主办事也要出于公心、听之以公、断之以公。但同时所有的思想家几乎从不同角度又得出一个共同的认识和结论,即君主可能是"公"的最大的破坏者。臣下背公行私固然也有极大的破坏性!但上有君主在,可予以制裁。对于君主就比较麻烦了,他手中的权力是不受约束的,可以任意而行。如何解决这个矛盾?我们的先贤没有下功夫设计相应的操作程序和办法,孟夫子虽然有过询国人和同姓易位之论,但都是非体制性的制约。因此君主能否立公去私,只能靠君主的认识和自觉。

"公"作为政治公共理念的提出和发展,应该说是时代的产物,更具体地说是春秋战国时期国家体制的变革产物。这一变革的重要标志是从春秋前血缘分封国家转变为一统的君主专制国家。一统的君主专制国家有两个明显的矛盾:一是专制君主与众多臣民之间的矛盾。君主一人如何统治那么多的臣民?二是社会分工和国家权力系统的分工越来越细,如何把由分工而带来的分散倾向集中起来?这两个问题又可归结为一个问题,即"一"与"多"的关系。"一"就是专制的君主,"多"就是千头万绪的事务、政务和众多的臣民。对这个问题当时的哲人从不同的角度进行过不同的思索并提出了解决问题的方案。

---

① 《管子校正·明法解》。

② 《管子校正·七臣七主》。

③ 《管子校正·禁藏》。

④ 《管子校正·任法》

⑤⑥ 《商君书·定分》。

而其共同点就是抓住普遍性、一般性即政治的公共理性，以"一般"驭"万端"。"一般"又有不同层次，而其最高抽象就是这个"公"字。

社会事物的复杂化、分工化、个性化与共性化、普遍化、一般化是相反而相成的发展，普通人忙于在前者中讨生活，只有君子、圣人才能发现和把握后者。抓住共性，即"公"性，才能牵一发而动全身。先秦诸子为了认识和发现万端事物中的"公"性展开了一场精彩的认识竞赛和争鸣，获得空前的成果。春秋战国以后，特别是从秦帝国以后，中国的历史在政治上基本上是沿着一统的君主集权制的轨道运行，其中原因很多，但主要的因素之一不能说不是这个"公"字在发挥着整合和统领作用。

五、立公灭私与君主专制制度的发展

立公灭私观念形成的时期正是君主一统专制制度的发展时期。这里用"一统专制制度"一词，除我们共识的君主专制外还强调如下两层含义，一是君主专制制度从上到下"一竿子插到底"，直接统治所有的臣民，控制社会分配权；二是空间上的无限扩张性，不允许有相同的政权并存。立公灭私正是这一进程的理论大纛。关于君主一统专制制度的形成过程我曾在几篇文章中进行过讨论，我们的基本观点是：当时为争社会资源分配权而进行的兼并战争是君主一统专制制度形成的直接原因。作为社会身份的"公""私"之争就是当时兼并战争的主要内容之一。

春秋时期诸侯简称"公"，卿大夫则简称为"私"。所谓"私肥于公"之"私"即指卿大夫之"私家"，"公"即指诸侯之"公室"。因此在一定意义上"公""私"是一个特定的社会阶层和权力单位。春秋时期作为权力的公、私之争，大致说来有两种情况、两种结果：一是"公"压倒和裁抑住"私"，如秦、楚、燕；另一种是"私"打倒了"公"，即卿大夫把诸侯打倒，如分晋的韩、赵、魏，代姜齐的田齐等。"私家"胜利了并不意味着"私家"势力的发展；取胜的"私家"对原来的诸侯是取而代之，自己上升为公侯，于是又形成新的"公""私"对立。

"公家"与"私家"两者之争不仅贯穿春秋，也贯穿战国。战国时期"私家"势力仍然不小，但"私家"的构成有了很大的变化。春秋时期的私家基本是西周分封制的继续，私家是一个个的"独立国"。战国时的私家主要源于官僚分配制，其中的封君、封侯情况比较复杂，大部分是食租税，但也有些封君同独立国也差不多。(对战国时期的封君我有专文,这里不赘)因此,直到战国中后期"私家"对"公家"的威胁依然很大,在各国几乎都先后程度不同地出现过私家专权的情况。齐国的田氏贵族势力一直相当大,威王、宣王应该说是相当有作为的,但大权一度被孟尝君父子田婴、田文控制,以致出现:"闻齐之有田文,不闻其有王也。"[①]襄王时田单与王相匹:"安平君之与王也,君臣无礼,而上下无别。"[②]赵国肃侯时,"奉阳君相,专权擅势……独制官事"[③]。惠文王时公子成和李兑联合专权,以致出现:"入赵则独闻李兑而不闻王也。"[④]秦国的贵族势力在商鞅变法以前一直很大,即使经过变法的打击,私家势力大减,但在一个时期依然赫赫扬扬,秦昭王继位以后直到任用范睢之前,大权被太后与其弟穰侯等把持,"闻秦之有太后、穰侯、华阳、高陵泾阳,不闻其有王也"[⑤]。楚国的贵族势力也相当重,屈、景、昭三大家族一直显赫飞扬,到考烈王时有春申君总理政治,"君(春申君)相楚二十余年矣,虽名相国,实楚王也"[⑥]。有些"大家"依然有私人武装、有门客、有舍人,甚至有"私朝"。

孟子说:"为政不难,不得罪于巨室。"[⑦]所谓"巨室"就是私家。孟子从另一面说明了"巨室"势力是相当大的。法家与孟子的看法不同,他们一再指出,对君主威胁最为直接的是这些"私家""巨室"。战国时期法家的改革内容之一就是打击、削弱私家大族。吴起在楚国的变法把打击"公族"作为首要内容。商鞅变法亦然。在商鞅看来,所有的私家大族,只要不在国家体系之中或对国家有离心倾向的都在打击之列,《商君书·画策》说:"无爵而尊,无禄而富,无官而长,此之谓奸民。"[⑧]必除之。《太公阴符》载周武王与太公对话:"武王曰:'民亦有罪乎?'太公曰:'民有十大于此,除者则国治而民安。'武王曰:'十大何如?'太公曰:'民胜吏,厚大臣,一大也。民宗强,侵陵群下,二大也。民甚富,倾国家,三大也。民尊亲其君,天下归慕,四大也。众暴寡,五大也。民有百里之誉,千里之交,六大也。民以吏威为权,七大也。恩行于吏,八大也。民服信,以少为多,夺人田宅,赘人妻子,九大也。民之基业畜产为人所苦,十大也。所

① 《韩非子集解·外储说下》。
②③④ 诸祖耿:《战国策集注汇考》,江苏古籍出版社,1985年。
⑤ 《史记·范睢列传》。
⑥ 《史记·春申君列传》。
⑦ 《孟子正义·离娄上》。
⑧ 《商君书·画策》。

谓一家害一里,一里害诸侯,诸侯害天下。'"①"十大"之民的要害是危害"公家"或与"公家"争权、争利,因此只有除之而后安。韩非对"私家""私门"之害有反复的论述,认为是国君的最大、最直接的威胁,一再提出要把打击私家势力作为政治的主要打击对象。他以树干与枝为喻,提出强干弱枝,君主一定要经常剪理枝权,切不可让枝权长得太茂盛。在韩非看来,妨害君主集权的主要障碍是"私门"太重。应该说,"公门"与"私门"之争一直是一个突出矛盾,秦始皇统一之后首要举措之一就是迁豪。汉承秦法,也是不停地迁豪和打击豪强。

"公"胜"私"的过程也就是从分封制国家转到君主集权国家的过程。这一转变关系到社会结构、社会关系、观念与价值体系的转变等。这一过程很复杂,要之,是公侯们把权力集中于自己之手,同时削弱和取消私家的权力单位意义。在封建制下,所有受封者都是一个个相对独立的国家。分封者和被封者虽然有宗主和藩属的隶属关系,但权力各成体系。上下关系的特点是:我主人的主人不是我的主人。君主一统的集权制正是要取消或削弱这种制度与观念,君主要"一竿子插到底",要控制每一个人。把"我的主人的主人不是我的主人"的社会结构改成"君主是所有人的主人"。

立公灭私之所以会导向君主专制,还因为有如下两个理念和相应的运动趋势来支持:一个是公而无党。党本来是一个复杂的社会现象,有血缘关系的"族党""党族",有地缘关系的"乡党""里党",有以角色为中心的这样与那样的党,诸如"父党""母党""夫党""妻党""主党""宾党",在政治上有"朋党""比党""王子党""公党""公子党""党与""私党",等等。总之"党"是一种社会普遍存在和不可避免的现象。应该说,党是社会利益的组合体。社会是不可能没有利益集团的,也不可能没有利益的差别;有利益的差别和集团,必然有这样与那样的"党"。从逻辑上说,政治公共理性发展应为政治上的"党"提供理论依据。但是中国古代的哲人却走了另一条路,他们几乎无一例外地在"公"的大旗下,对"党"进行了批判和否定,把"公"绝对化。所谓绝对化,即要达到一律化和无差别之境。于是从立公灭私中自然得出的结论是"公而无党"。从纯粹逻辑上说,如果"公"到了绝对的、无异议、无差别的境地,是可以导出"无党"论的,因为人人都一样,都一条心,都是公的肉体,没有区分,自然也就没有

---

① 《后汉书·百官志五》注。

"党"了,但是这仅是一种纯粹的逻辑。换个角度,如果政治公共理性是历史的,是有层次的,那么,从不同层次的"公"中也可以推导出有党论。事实上当时诸子主张的"公"就互不相同,甚至如同水火,因此不仅应有不同的"党",而且确实也有不同的"党"。当时许多名师"聚徒"讲学,组成一定的群体,像墨家组成的墨者团体,已是实实在在的党派。可是我们的先贤在政治上却绝对不容许"党"的存在,把"党"视为首害,诸子不约而同地都要求取缔政治上的"党"。他们把"党"与"私"说成是同体,党必私,私必党,私与党是孪生兄弟,于是政治上要求立公灭私与取缔党便成为一回事,相反,公则无党。典籍中对朋党的批判比比皆是,这里仅举数例:《洪范》说:"无偏无党,王道荡荡。"[1]孔夫子说:"君子矜而不争,群而不党。"[2]慎到的思想是:"公而不当(党),易而无私。"[3]荀子说:"不比周,不朋党。"[4]韩非说:"义必公正,公心不偏党也。"[5]我们的先哲从观念上和理论上都认定"朋党"是政治的大敌,于是打散、取缔"党"成为一种普遍的政治价值准则,只要加上"朋党"的帽子,就是大恶、大奸。温文尔雅的孔子是否杀过少正卯,人们争论不已,这里不论,但无论如何像少正卯这种有理论、搞党派的人是儒家所不容的。

公而无私与公而无党成为同一个问题的两种表述。把"党"视为私的体现,这是古人步入的一个大误区。就实而言,党既有"私"的一面,又有"公"的一面,是一种公私结合体。把"党"完全派给"私",就割断了"党"与"公"的联系,否定了"党"的合理性。另外,"公而无党"也把"公"绝对化了,"公"则不准有社会性的组织,于是"公"便都集中到君主那里,君主是唯一的可以摸得着和体现"公"的政治实体。

以公否定"党"存在的合理性,无疑是一个理论误区,但却是当时以及其后两千余年的公论;党作为一种事实存在尽人皆知,但又都认为是一种非合理性的存在,更没有结党的法律保护。这是一个非常相悖的现象,我们的先人一直在这种相悖的环境中生存,闹出说不尽的麻烦事。

无党论适应了君主一统专制的需要,因为任何党派的存在都会在不同程

---

① 《尚书正义》。
② 《论语正义·卫灵公》。
③ 《慎子·天下》。
④ 《荀子集解·强国》。
⑤ 《韩非子集解·解老》。

度上造成对君主一统专制体制的分解,进而成为一种威胁。取消"党"的意义在于从根本上取消了人们横向联合的可能性,把人的社会联系减少到最低程度,特别在政治上,要把人尽量孤立成为一个个单个的人,把人单个化、孤立化,是君主一统专制制度存在的必要条件。我在多篇文章说过春秋战国的诸子百家都在营造君主专制主义,其根据之一就是他们都反对"党"。在庞大的君主权力面前,人们越是孤立,就越没有力量,就越便于君主专制。这可以说是历史的一条铁则。

其次,与公而无党论相伴的是公、忠一体的忠君观念的发展与确立。西周的孝包含了忠,到春秋,"忠"已经成为社会思想与观念中的核心概念之一。王子今的《"忠"观念研究》一书梳理了"忠"观念的历史发展过程,足资参考①。我这里只就与本题有关的问题再说几句。

"忠"的含义呈多元化,要之可分为二:一是以主人和君主为对象,即"下"对"上"的人身服从和人身依赖观念;一是以公共理性为对象,在社会活动与人际交往中要忠于和恪守社会的公共理性和政治公共理性原则。从逻辑上说这两者的方向和行为是不尽相同的。前者向人格的萎缩和消失方向发展;后者向人格的独立发展。为了行文方便,我把前者称为第一种忠,把后者称为第二种忠。

第一种忠一直是主流,君主要求"下"对"上"是献身精神和无条件服从。春秋时期还盛行"委质"制度,要求臣下生为主人之仆,死为主人之鬼,无有二心,绝对忠于主人。在分封制度下,臣下只忠于顶头主人,至于主人的主人,即越级的主人可以不顾。随着君主专制体制的不断强化和激烈的战争与社会军事化程度的大幅度提高,君主对臣下的控制应该说日渐严厉。与之相适应,下对上,臣民对君主绝对服从的程度更加明显。还有,君主手中握有巨大的社会资源和对社会成员的生杀予夺之权,造成了臣下"仰上而生"的环境,这是君主要求臣下必须忠于自己和臣下可能忠于君主的社会条件。就实而言,臣下对君主的忠不可能从天而降,也不仅仅是靠一种理论或观念就能奏效的。臣下对君主的"忠",根本说是源于人身支配、生命支配和生活支配的制度。假定没有这种支配制度作底,臣下对上的"忠"是不可能长期维持下去的。

第二种忠在春秋战国时期有很大的发展。当时国与国之间的竞争和招揽

---

① 王子今:《"忠"观念研究》,吉林教育出版社,1999 年。

人才,士人的朝秦暮楚和自由的流动,臣对君主的绝对服从有一定的松动。另一方面,社会改革、社会关系的大变动和激烈的政治、军事竞争激起了社会和政治公共理性的发展。在这种环境下,一些具有独立精神和有使命感的士人、官僚把坚持第二种忠作为自己的责任。表现在君臣关系上,他们尽忠的原则是以道事君、道高于君、甚至从道不从君;政治理念相合则留,不合则去;反对对君主卑躬屈膝的"妾妇之道"。当时有些人沿着这一方向走了相当长的一段路。最为著名的有壮烈的伍子胥,有聪明的范蠡,有痴情的屈原,有适度而行的孔子,有"爱君莫如我"的孟子。

第一种忠与第二种忠在逻辑上是不同的。但第二种忠要进入实际的政治运行系统就不能不与君主打交道。在实际的权力运行中,君主不会太喜欢臣下过于自信,也不会喜欢臣下过多地张扬"道高于君"。因此第二种忠的实践条件是极其有限的,常常像伍子胥那样被杀,像屈原那样被逐,总之,第二种忠的悲剧多于喜剧。于是第二种忠逐渐向第一种忠靠拢、妥协、屈服。如果仔细考察,从忠观念一出现就有把两者混合起来的论述,如"公家之利,知无不为,忠也"①。"无私,忠也。"②"奉君命无私,谋国家不贰,图其身不忘其君。"③事公室不谋私,"无私积,可不谓忠乎?"④"远图者,忠也。"⑤

把第二种忠融于第一种忠,或者作为第一种忠的附庸理论到战国后期已经完成,荀子和韩非是有关理论的集成者,其标志是"忠顺"和"公忠"的合一。具体论述和历史过程可参阅王子今的著作⑥。

战国时期人们对君主的忠虽有种种区分,如"至忠""上忠""大忠""次忠""下忠""愚忠",等等。然其主旨不外:竭尽全能效力而无异心和个人图谋;忠信而不党,尽忠而死职;听从吩咐和支配,不择事,不计较;忠谏不听不生异心;有善归之于君,不彰君之恶,恶归于己;君要臣死则死,死而无怨。以上这些几乎为社会公论和价值准则。

臣民对君主的忠顺是专制体制的要求,也是君主专制制度赖以存在和运

---

① 《春秋左传正义》僖公九年。
② 《春秋左传正义》成公九年。
③ 《春秋左传正义》成公十六年。
④ 《春秋左传上义》襄公五年。
⑤ 《春秋左传正义》襄公二十八年。
⑥ 王子今:《"忠"观念研究》,吉林教育出版社,1999年。

转的社会观念基础和条件。把公同忠一体化,既使忠充实了政治公共理性的内容,又使公获得了臣民忠顺的支持。

六、立公灭私与国家和社会领域的对立

国家指以权力为中心的权力体系,社会领域指国家体系之外的社会组织与个体等。国家与民间社会是历史中的必有之物,无法互相取代。但是,如何处理两者的关系,则有相当的空间由人安排和设计。立公灭私的观念把国家与民间社会对立起来了,战国时期以此为指导而进行的变法对民间社会与国家的关系进行了新的组合,并对以后也产生了极大的影响。

在理念上公私的对立是公共理性与私人的对立,在社会关系上则是君主、国家与民间社会与个人的对立。在诸子的言论中,固然有君主、国家与民间社会之间的和合性的言论,但在观念上占主流的则是两者之间的对立。在道家的理论中,人的自然存在是最合理的,远古时期没有任何社会性的自然人是最自由的、最符合人性的。唐尧、禹、舜等圣人的出现搅乱了人性,他们创立的种种制度是人性的枷锁和桎梏。这样,压根上国家与人的社会性就是对立的。儒家的贵贱等级论中虽有调和的一面,但贵贱上下之分则是主要的,而贵贱上下之分正标志着君主国家与民众之间的对立,他们有关君子小人的对立论也包含了一部分国家与民间社会对立的内容。墨子认为人类最初是一人一义,因此各不服气,争乱不已,于是有圣人出,禁乱制暴,制定出刑罚,强制人们放弃一人一义而归于一是。国家也是在与人性对立中产生的。法家认为人类最初没有君主与国家,由于人们之间的争斗使社会陷于一片混乱,于是在争斗中胜者为王,并制定出控制社会的制度体系。所以在法家眼里,君主、国家与社会民众之间是一种控制与被控制的对立关系。这方面的言论很多,各家的思路尽管有很大的差别,但有一个共同点,即君主、国家同民间社会或多数人之间是一种对立关系。

公体现在法、礼,而法、礼是君主、国家规范和统治民众的工具。法、礼与人的关系,占主流的说法是圣人外加给人的,而不是从人自身的需要生长出来的。因此礼、法对人是一种矫正。在儒家看来,没有礼,人就不成其为人,礼是人与动物区分的标志,是对人的矫正器。法更是如此。在法家看来,人的本性是好利的,好利引起争乱,于是有圣人出,制定出法,以规范人的行为。礼与

法的主旨都是明分或定分。以法"定分"的论述多多，无须征引。于礼则有不同的看法，一些人认为礼的主旨是讲"和"，如《论语》所说"礼之用，和为贵"等。然而究其实，"和"的前提是"分"，礼首先是分贵贱上下尊卑，荀子说："人何以能群？曰分。分何以能行？曰义。"①又说："先王恶其乱也，故制礼义以分之。"②《礼记·坊记》说得更清楚："夫礼，坊民所淫，章民之别。"《乐记》说："礼义立，则贵贱等矣。"礼、法的主要功能是分贵贱等级，这就决定了它们与人的对立性。

春秋战国的立法只有"公法"而没有"民法"，这同立公灭私观念应该说有极大的关系。所谓的公法也就是"王法"，它的出发点和归结点都是为王的统治服务，民众只有作为王的附属物和使用物才有存在的意义，法家对此有明确的论述。他们提出，如果臣民不能为君主所用，那么这些臣民就失去了存在的价值，要采取最严厉的手段进行处罚，直至消灭之。中华法系的一个重要特点是"诸法合一"，应该说这同君主绝对专制是配套的。诸法合一说明了法律的主体只有一个，这就是君主，其他一切臣民都是被君主统治的对象。从出土的秦律中可以看到对臣民的行为规定极其详细和具体，但没有任何有关臣民权利的规定。

依据立公灭私的原则，不允许有独立于国家之外的民间社会的存在。所有的居民都必须纳入"编户齐民"的行政管理系统。当时发展起来的编户齐民制度不是一般的行政管理与户口登记，而是整套的人身控制、职业控制、行为控制、义务控制和社会控制体系，是君主直接对每个人的统治和奴役制度。秦国的法律对家庭制度都有硬性的规定，儿子成人必须与父亲分居，居民要编入什伍里甲体系，实行什伍里甲连坐，人们除垂直隶属于君主外，完全没有任何横向的自由空间，自然也就没有民间社会的活动余地。韩非提出对个人也要严格控制，要用法律与行政手段"禁其行""破其群""散其党"③。"俗"应该说包含许多民间社会的东西，为了一体化，各国变法对"俗"进行了肃整，改"俗"入法，吴起在楚国"一楚国之俗"，商鞅在秦国的变法同样"移风易俗"。

崇公论、抑私说是立公灭私在思想文化方面的体现，而抑私说可以说是禁绝民间社会活动最彻底和最极端的行为。禁私说意在控制人们的思想，如

---

① ②《荀子集解·王制》。
③《韩非子集解》。

果人们没有了思想的自由,进而变成只知听命,那么这种人就只能是会说话的工具而已。

在历史的一定时期,比如春秋战国,国家与民间社会有某种对立,国家对民间社会进行某些改造,从历史进步而言是必要的,这个问题不在这里讨论。我要说的是,这种国家与民间社会的对立是适应了君主专制发展的需要,立公灭私导向了国家至上。这种模式一旦形成就成为巨大的惰性,使国家控制民间社会成为惯性和成例,在历史的发展中越来越走向反面,并成为反动。

七、立公灭私与道德的绝对化

公与私本来是相反相成的一对矛盾,两者都是社会的普遍存在,不能一个吃掉一个,但在中国的历史上却出现了一种绝对化的理论,即本文中一再说到的"立公灭私"论。立公无疑是合理的,但"灭私"却把一种社会普遍的"私"置于了死地,取消了"私"的正当性与合理性,于是"私"被置于恶的地位,成为一种恶势力和万恶之源。这样就出现了一个无法解决的悖论:"私"虽是客观存在,但在观念上是不合理的;人们在"私"中生活,但观念上却要不停地进行"斗私""灭私";人们在实际上不停地谋"私",但却如"做贼"一样战战兢兢,不能得到应有的保障;在社会生活交往中,特别是在政治上,要被戴上"私"的帽子,一下子就失去了合理性与正当性。

人灭私之后还有什么呢?人只能是一种"公"的存在物。从一方面看,人不能不是"公"的存在物,因为人是一种社会动物,当然应该遵守社会的公共理性和社会规范。如果一个人反过来把"公"灭掉了,这个人应该说也就失去了人的社会价值,就会变成一个孤立的个体人,这样的人要么不进入社会,彻底离群索居,"自生自灭";要么进入社会,那他一定会成为害群之马。一句话,人不能无"公"。

人如果仅仅是"公"的存在物,哪怕这种社会和政治公共理性是极其美好的,也不能避免其专制主义性质。道理在于:其一,它取消了人的个性和多样性,只能充当社会和政治公共理性的工具;如果人只是工具,就只能扮演服从和被支配的角色,人只会"服从"和"被支配",那么其对立面一定是专制。这是历史的辩证法铁则。其二,如果人只是"公"的存在物,那么他同时也就变成了一个现存制度的"制度人"。所谓"制度人",意思是说人与现行制度一体化了。

然而制度是历史性的，而人的主动性和创造性总有突破制度规定的一面，取消了人的主动性和创造性只能是专制主义的制度。其三，人本来是"公私"的浑成体，公私之间需要的是适度调理，求得平衡，但理论上却要把私灭掉，这如同把人劈成两半，这能不是专制主义？

理论上一味地提倡"立公灭私"，在事实上却极难做到，而人们又没有突破"立公灭私"的框架，于是就出现了大批的"假人"，即阳公阴私，假公济私，化公为私，援私为公等。这点先哲们早有观察和揭露。如韩非说："阴相善而阳相恶，以示无私。"①"彼有私急也，必以公义示而强之。"②如《管子》说的"为人臣者援私以为公"，"行公道而托其私"③。按照"立公灭私"的要求，只有如下的人才是真正的人：儒家的所谓的"君子"，法家所谓的"法术之士"，道家所谓的"真人"，墨家所谓的"义士"等。而阳为公、阴为私者，只能是"假人""小人""伪君子"等。从历史事实看，在"立公灭私"的标准下，中国人绝大多数是"假人"，对假人只能实行专制。因此道德的绝对化，如"立公灭私"，看起来十分纯真、高尚、典雅，而实际上则是武断、凶残、专制。理论上要"灭私""无私"，然而事实上又做不到。可是诸子百家又基本上都接纳这个理论和价值体系，这样，"私"只能是一个没有合理性的怪物游荡于人间，于是阳为公、阴为私便成为中国历史上的一大奇观！

立公灭私的内容极多，包括崇尚公共理性、国家至上、尊王等。这一切在当时都推动了君主专制体制的发展，因此立公灭私是一个符合专制主义需要的命题。

原载《南开学报》，2003 年第 5 期

---

① 《韩非子集解·备内》。
② 《韩非子集解·说难》。
③ 《管子校正·君臣上》。

论乐的等级思想及其社会功能 *

中国自古号称"礼仪之邦",十分讲究礼乐教化。乐是中国古代思想、艺术、政治诸领域当中的一个重要方面。

近二三十年来,对中国古代的乐的研究,多从音乐史、音乐美学的角度着眼,如讨论乐与人情的关系,乐的中和美学思想等。思想史、哲学史领域的有关研究,多注重乐的"和""同"思想,认为"礼乐二字分开来说,礼的精神是一个'序'字,乐的精神是一个'和'字"①;或认为"礼以中为体,乐以和为德,礼乐相反相成,以调和矛盾为最高原则,以保守现存秩序为现实目的,这便是儒家于礼乐中所贯穿的辩证法"②。这些观点与《礼记·乐记》的看法一致,都突出了乐主"和"的一面。其实,在中国古代思想文化当中,礼以"分""异"为体,但它还蕴涵着"中和""时中"的思想,在辨明等级差异的同时,要讲求适度,讲求中庸之道。乐以"和"为本,但是,乐之"和"并不是独立的,它要受到礼的制约,其中又表现出明显的等级观念。这样,礼中有"分"有"和",乐中有"和"有"分",礼、乐辩证地结合在一起。从这个角度来看,目前对乐的研究,过分注重了乐的"和""同"思想,忽视了乐所受到的礼的制约及乐中所蕴含的等级观念。本文拟对礼乐的辩证关系、乐中所蕴含的礼的思想(即等级观念)作一些论述,希望引起学者对礼乐关系作全面的考察和认识。

一

乐的思想是"和",乐之"和"是对礼之"分"的补充。这种看法颇为流行,但是不全面。

早在先秦时期,思想家论乐不但讲"和",而且认为"和"也要有所节制,

---

* 本文与刘丰合作。

① 蔡仲廪:《六艺中的礼乐精神》,《三礼论文集》,黎明文化事业股份有限公司,1982年,第44页。

② 庞朴:《儒家辩证法研究·礼乐》,中华书局,1984年,第46页。

"和"的理想状态是"中和"。"中"是礼的思想,如《礼记·仲尼燕居》篇引孔子之言:"夫礼,所以制中也。"①《荀子·儒效》篇也说:"曷谓中?曰:礼义是也。"②乐之"中和",表明乐没有独立的地位,它要受到礼的制约,与社会等级制度密切联系在一起。《左传·昭公元年》记载医和之言曰:

> 先王之乐,所以节百事也,故有五节,迟速本末以相及,中声以降。五降之后,不容弹矣。于是有烦手淫声,慆堙心耳,乃忘平和,君子弗听也。……君子之近琴瑟,以仪节也,非以慆心也。天有六气,降生五味,发为五色,征为五声。③

医和认为:音乐在于节制百事,因此音乐本身也要有所节制。就是说,首先,音要取"中声",而不取其他的音,即"中声以降。五降之后,不容弹矣"。其次,宫、商、角、徵、羽五音要合乎音律,不得过高过低,即"故有五节"。第三,五音组成曲调还应节奏适度,旋律平易,这就是"迟速本末以相及"④。医和在这里提出"中声"的概念,强调声调、音律都要受"中"的节制。

乐之"中和",不但要声音符合"中和"之律,而且乐器也要有所节制,符合中制。《国语·周语下》载,单穆公曾说:"先王之制钟也,大不出钧,重不过石。律度量衡于是乎生,小大器用于是乎出,故圣人慎之。"伶州鸠也说:乐器要"大不逾宫,细不过羽"⑤。后来,《吕氏春秋·适音》篇更明确地指出:声音、乐器都要适中,不可过分。"何谓适?衷音之适也。何谓衷?大不出钧,重不过石,小大轻重之衷也。"违反了"衷"(即"中"),"太钜、太小、太清、太浊皆非适也"⑥。高诱注解说:"不钜、不小、不清、不浊,得四者之中乃为适。"⑦这说明,所谓"适音",就是要以"中和"为其准则。

声音、乐器都要符合"中",因此,"中和"就成为乐的思想主旨,这不仅是音乐本身的需要,也是礼的要求。如,季札在评论周乐时,认为它"勤而不怨",

---

① 《礼记集解》。
② 《荀子集解》。
③ 《春秋左传注》。
④ 蔡仲德:《中国音乐美学史》,人民音乐出版社,1995 年。
⑤ 《国语》。
⑥⑦ 《吕氏春秋校释》。

"忧而不困","思而不惧","乐而不淫","思而不贰,怨而不言","直而不倨,曲而不屈,迩而不逼,远而不携,迁而不淫,复而不厌,哀而不愁,乐而不慌,用而不匮,广而不宣,施而不费,取而不贪,处而不底,行而不流"。他还总结说:"五声和,八风平,节有度,守有序"①,这样才是乐之极盛。可见,季札评论乐的标准,是礼制的"中和"。

孔子认为"《关雎》乐而不淫,哀而不伤"②,就是乐要以"中"为准则,要有节制。他反对郑卫之音,说"郑声淫",是嫌它过于放纵,没有节制。《说苑·修文》记载孔子之言曰:"夫先王之制音也,奏中声为中节。……故君子执中以为本,务生以为基。故其音温和而居中,以像生育之气。"③他赞同"中声""中节"之乐,反对"和节正中之感不加乎心"的"小人之乐"。《孔子家语·辨乐解》中的记载,与此相类④。《说苑》和《孔子家语》所说,并不一定完全出自孔子,但其中的思想与《论语》所反映的孔子对乐的评论是一致的,"中声为中节","执中以为本",就是"乐而不淫,哀而不伤"的"中和"之乐。后来《乐记》盛赞乐之中和,说:"故乐者,天地之命,中和之纪。"⑤荀子也说:"故乐者,天下之大齐也,中和之纪也。"⑥"中和",成为传统乐论最根本的思想。

可见,在中国传统乐论当中,从对音乐实践的评论到音乐理论的表述,都是以"中和"作为最基本的指导思想。研究音乐美学的学者认为,乐的中和是一种普遍和谐观,乐的中和之美是一种普遍和谐关系⑦;"和"是古代音乐审美的理想境界,它包括音声之"和"、乐与人"和"、天人之"和"⑧。从音乐美学的角度看中国古代乐论的中和思想,这里且不论。但是,有必要指出,中国古代的乐从来就不是一个纯粹的艺术问题,它与社会政治之间有着密切的关系:乐的中和,是以体现社会等级的礼为前提的一种"和"。这也是乐之中和的社会意义所在。

---

① 《春秋左传注》。

② 此处所言《关雎》,并非《诗经》第一篇,而是指同名乐曲。

③ 向宗鲁:《说苑校证》,中华书局,1987年,第508—509页。

④ 《孔子家语》(卷八)。

⑤ 《礼记集解》。

⑥ 《荀子集解》。

⑦ 张国庆:《论中和之美的哲学基础》,《中国哲学史研究》1986年第4期:张国庆《论中和之美》,《文艺研究》1988年第3期。

⑧ 修海林:《古乐的沉浮》,山东文艺出版社,1989年。

乐要受到礼的制约,这是礼学思想中的重要问题。《左传·文公七年》记载晋国郤缺之言:"无礼不乐,所由叛也。"①这里明确地说,没有礼便不会有音乐,也就没有快乐。即礼是乐之存在的根本。后来郑国子大叔引述子产之言,并加以发挥说:"'夫礼,天之经也,地之义也,民之行也。'天地之经,而民实则之。则天之明,因地之性,生其六气,用其五行。气为五味,发为五色,章为五声。淫则昏乱,民失其性。是故为礼以奉之:……为九歌、八风、七音、六律,以奉五声。"②子产和子大叔把礼提高到"天经地义"的高度,认为要用礼来节制"五声"。与此同时的师旷也说:"夫乐以开山川之风也,以耀德于广远也。风德以广之,风山川以远之,风物以听之,修诗以咏之,修礼以节之。"③这些言论,都主张要用礼来节制乐。

孔子的思想也是如此。《史记》说得清楚:

> 古者《诗》三千余篇,及至孔子,去其重,取可施于礼义,上采契后稷,中述殷周之盛,至幽厉之缺,始于衽席,故曰"《关雎》之乱以为《风》始,《鹿鸣》为《小雅》始,《文王》为《大雅》始,《清庙》为《颂》始"。三百五篇孔子皆弦歌之,以求合《韶》《武》《雅》《颂》之音。礼乐自此可得而述,以备王道,成六艺。④

孔子整理古代文献,"删诗""正乐",就是要把"取可施于礼义"的加以弦歌,使之都成为合于礼的"《韶》《武》《雅》《颂》之音"。他谈诗论乐,都以礼为取舍的标准,说:"兴于《诗》,立于礼,成于乐。"⑤把诗、礼、乐联系在一起,但以礼为中心。研究者或认为这是孔子对弟子教学的方法,"学《诗》之后即学礼,继乃学乐。盖《诗》即乐章,而乐随礼以行,礼立而后乐可用也。"⑥《诗》和乐是一致的,都以礼为准则,都要为礼服务。

孔子认为《韶》乐尽善尽美,是因为它合于礼;郑声淫,是因为它不合于

①② 《春秋左传注》。
③ 《国语》。
④ 《史记·孔子世家》。
⑤ 《论语译注》。
⑥ 《论语正义》。

礼。孔子说:"《诗》三百,一言以蔽之,曰:思无邪。"①他用一句话概括对《诗》(包括乐)的总体评价,"思无邪"就是要"思"符合礼的要求,这与他说的"非礼勿视,非礼勿听,非礼勿言,非礼勿动"②是同一个意思。《毛诗序》继承了这个观点③。

孔子以礼的标准来审视礼乐的关系,认为礼为主,乐为辅;或者说礼为体,乐为用。《论语·学而》记载孔子弟子有子之言曰:

> 礼之用,和为贵。先王之道,斯为美;小大由之。有所不行,知和而和,不以礼节之,亦不可行也。④

《礼记·儒行》引孔子之言:"礼之以和为贵。"⑤《公羊传·宣公九年》何休注引《论语》此句,作孔子语⑥。其实,即使是有子的思想,也是从孔子而来。因此,可以用它来讨论孔子的思想。但是,现在有些学者据此认为礼的思想也是和⑦,这就颠倒了礼乐的关系,因此有必要对此加以辨析。

其实,前人在注疏中已明确指出,《论语》这段话中的"和"是指乐。如皇侃《论语义疏》说:"和即乐也,变乐言和,见乐功也。"⑧邢昺《论语注疏》说:"和,谓乐也。"⑨假若把礼作广义的理解,包括乐在内。那么,"分""别""异"应是礼的主体思想,其次才是"和"。这也可以套用"体用"这对范畴,以"分"为体,以"和"为用:或礼为体,乐为用。如朱熹《论语集注》说:"礼之为体虽严,而皆出于自然之理,故其为用,必从容而不迫,乃可为贵。"又引范氏曰:"凡礼之体主于敬,而其用则以和为贵。敬者,礼之所立也;和者,乐之所由生也。"⑩陈澔注解《礼记》也说:"礼之体严,而用贵于和。"⑪黄式三《论语后案》认为"体用"范畴出于佛、道,不能用它来解释《论语》⑫。其实,"体用"一语虽然后出,但用它

---

① ② ④ 《论语译注》。

③ 《毛诗序》说《诗》"发乎情,止乎礼义"。

⑤ ⑪ 《礼记集解》。

⑥ 《十三经注疏·春秋公羊传注疏》。

⑦ 唐凯麟、曹刚:《重释传统——儒家思想的现代价值评估》,华东师范大学出版社,2000年,第208页。

⑧ ⑨ ⑫ 《论语集释》。

⑩ 《四书章句集注》。

来解释《论语》此章,最为恰当①。礼为体,主"分",但要以乐辅之;乐为用,主"和",但要以礼节之。礼乐相需为用,但以礼为本,礼是乐的准绳;乐以和为主,但如果仅以和为目标,"不以礼节之",那也是不行的。这才是《论语》此章的准确含义,也是对礼乐关系辩证的解释。

《乐记》对中国上古乐论作了系统总结和阐发,也指出乐要符合礼的要求,以礼为准绳。它说:

> 故人不耐(《释文》:"耐,古'能'字。")无乐,乐不耐无形。形而不为道,不耐无乱。先王耻其乱,故制《雅》《颂》之声以道之,使其声足乐而不流,使其文足论而不息,使其曲直、繁瘠、廉肉、节奏足以感动人之善心而已矣,不使放心邪气得接焉。是先王立乐之方也。是故乐在宗庙之中,君臣上下同听之则莫不和敬;在族长乡里之中,长幼同听之则莫不和顺;在闺门之内,父子兄弟同听之则莫不和亲。故乐者,审一以定和,比物以饰节,节奏合以成文,所以合和父子君臣,附亲万民也。是先王立乐之方也。②

这里两次提到"先王立乐之方",这个"方"并不是指音乐本身的创作方法、规律,而是指具有社会等级意义的"礼",即作乐要符合礼的要求,达到礼的社会效用。这样的乐,就是《雅》《颂》之乐。否则就是郑卫之声,是"淫声""侈乐"。

礼是乐的准则,是乐成立的前提,这是从西周以来就有的思想,经儒家孔子和《乐记》的发挥,成为古代乐论的通识,奠定了礼乐思想的基础。后来学者论乐,基本没有超出这一范围。如孟子主张"仁之实,事亲是也;义之实,从兄是也;智之实,知斯二者弗去是也;礼之实,节文斯二者是也;乐之实,乐斯二者,乐则生矣"③,即乐应该以礼为本。荀子主张"贵礼乐而贱邪音"④,认为乐的最高标准是礼义。《管子·心术下》也说:"节乐莫若礼。"⑤总之,乐应该以礼为

---

① 《论语集释》。
② 《礼记集解》。
③ 《孟子译注》。
④ 《荀子集解》。
⑤ 《管子校正》。

本,"乐"要为"礼"服务,是中国古代乐论的主流。乐论中的"礼乐"一词,有时并不是我们通常所说的礼乐(即礼和乐),而是一个偏正词组,"礼"是用来修饰、限制"乐"的,如"贵礼乐而贱邪音"中的礼乐,即指受"礼"制约的"乐"。音乐要受礼的制约,成为"礼乐",这是中国古代音乐美学的主要思想特征[①]。自先秦以来的整个发展过程中,除庄子主张自然之乐、嵇康有《声无哀乐论》、李贽有主情说等以外,绝大多数学者的乐论,没有超出孔子和《乐记》所奠定的礼乐思想。

二

中国古代的乐,不仅在理论上以"中和"为基本的指导思想,受到礼的制约,而且由于乐具有强烈的实践性,总是受到现实政治的制约,与现实的等级制度密切联系起来。我们从有关乐的不同规定中,就可以看出社会等级差别对乐的制约。

第一,认为乐本身存在等级差别。《乐记》说:"乐者,通伦理者也"[②],乐与社会关系是相通的,因此不可避免地受到社会等级关系的影响。

在乐曲中,需要以五音中的一音为主音。《乐记》说:"故乐者,审一以定和"[③]。孙希旦解释:"一者,谓中声之所止也。……盖五声下不逾宫,高不过羽,若下逾于宫,高过于羽,皆非所谓和也。故审中声者,所以定其和也。然五声皆为中声,而宫声乃中声之始,其四声者皆由此而生,而为宫声之用焉,则审中声以定和者,亦审乎宫声而已,此所以谓之一也。"[④]以"宫"声为中声之始,然后,由此生成其余四声,这样才有乐的谐和。这是对古代乐论"旋宫"理论的解释。所谓"旋宫",即五音十二律均可以为主音,《礼记·礼运》篇说:"五声、六律、十二管,还相为宫也。"[⑤]主音也就是"宫"。《国语·周语下》记载伶州鸠之言说:"夫宫,音之主也。"《淮南子·原道训》也说:"故音者,宫立而五音形矣"。[⑥]这都是说,乐曲要有主音。确定了主音("宫"声),也就确定了乐曲的基调。

---

① 蔡仲德:《中国音乐美学史》,人民音乐出版社,1995 年。
②③《礼记集解》。
④⑤《礼记集解》。
⑥《淮南鸿烈集解》。

乐曲中必须确定主音,因此五音也就有了主从关系。《乐记》说:"宫为君,商为臣,角为民,徵为事,羽为物。五者不乱,则无怗懘之音矣。"①孙希旦引刘氏曰:"宫必为君,而不可下于臣;商必为臣,而不可上于君;角民、徵事、羽物,各以次降杀。其有臣过君、民过臣、事过民、物过事者,则不用正律,而以半声应之。此八音所以克谐而无相夺伦也。然声音之道,与政相通,必君、臣、民、事、物五者各得其理而不乱,则声音和谐,而无怗懘敝败也。"②以"宫"声为主音,那么"宫"就为君,其地位在五音之中也最贵:"弦大者为宫,而居中央,君也。商张右傍,其余大小相次,不失其次序,则君臣之位正矣。"③与此相同,十二律中的黄钟之宫也至为尊贵:"黄钟至尊,亡与并也。"④

由于五音之间存在着主音与其他音的主从关系,古人用君臣等级来比附这种差异,在一定意义上,使五音与社会等级相对应,将宫、商、角、徵、羽五音理解为君臣上下的等级关系。这在五音向七音的演变中表现得更为明显。早在春秋时期,就有了完整的五声音阶。随着乐曲表达的需要,常常要突破五音,就产生出其他的音阶,于是五音发展为七音,即增加了"闰"(或"和")和"变"(或"缪")两个音。但是,早已形成的以五音比附五行、君臣等级关系的观念,使新增加的两个音阶难以融入既定的模式当中,因此也就没有独立的地位,只能成为"变音",即"变宫"和"变徵"。对此,宋代陈旸《乐书》说:"五声可益为七音,然则五星、五行、五常亦可益而七之乎?""宫既为君而有变宫,是二君也,害教莫甚焉,岂先王制乐之意哉!"⑤可见音之主从、等级观念,其基础之深厚和影响之广泛。

中国古代乐论不但将五音与社会等级关系相对应,而且认为乐器与社会等级关系之间也有相类、相通之处。《白虎通·礼乐》篇对此有明确的论述:"瑟有君父之节,臣子之法。君父有节,臣子有义,然后四时和。四时和,然后万物生。""磬者,夷则之气也。象万物之成也。其声磬。故曰:磬有贵贱焉,有亲疏焉,有长幼焉。朝廷之礼,贵不让贱,所以明尊卑也。乡党之礼,长不让幼,所以明有年也。宗庙之礼,亲不让疏,所以明有亲也。此三者行,然后王道得,王道

---

①②《礼记集解》。

③《史记·乐书》。

④《汉书·律历志》。

⑤ 庞朴:《稂莠集》,上海人民出版社,1988年,第498页。

得,然后万物成,天下乐之。故乐用磬也。"①《白虎通》是汉代经学法典性的著作,它的这一番论述反映出一种普遍的社会意识和社会认同。

把五音、乐器与社会等级关系作比附,这是古代乐论的通例。只要在乐中存在不同的组成部分,人们就把它们与等级关系联系起来。即使是乐舞的姿势,也与三纲、五常有着严密的对应关系。明代朱载堉所纂《乐律大全》中记录的《人舞舞谱》,就是一个典型的例子:

> 四势为纲,像四端也:
> 一曰上转势,像恻隐之仁;
> 二曰下转势,像羞恶之义:
> 三曰外转势,像是非之智;
> 四曰内转势,像辞让之礼。
> ……
> 八势为目,像三纲五常也:
> 一曰转初势,像恻隐之仁;
> 二曰转半势,像羞恶之义;
> 三曰转周势,像笃实之信;
> 四曰转过势,像是非之智;
> 五曰转留势,像辞让之礼。
> 此五势像五常……
> 六曰伏睹势,表尊敬于君;
> 七曰仰瞻势,表亲爱于父;
> 八曰回顾势,表和顺于夫。
> 此三势像三纲……②

从这里可以明显地看出,乐舞与声乐、乐器一样,完全被政治化、等级化了。

第二,用乐有不同的等级规定,不同的等级享有不同的礼数,从中反映出

---

① 《白虎通疏证》。
② 《乐律大全·律吕精义外篇》卷十。

一种严格的等级观念。

1.用乐内容有不同的等级规定。王国维先生对此有精深的研究。按照礼制,祭祀、燕饮、射礼、迎送宾客等,都要奏乐。据王国维先生的整理,其具体规定为:(1)金奏。天子祭祀奏《王夏》《肆夏》《昭夏》,天子视学养老、大飨、大射奏《王夏》《肆夏》;诸侯大射仪、燕礼奏《肆夏》;大夫、士皆无。(2)升歌。天子祭祀、视学养老、大飨、大射奏《清庙》(属《颂》);两君相见奏《清庙》、《文王》之三(《文王》属《大雅》),诸侯大射仪奏《鹿鸣》三终,诸侯燕礼奏《鹿鸣》《四牡》《皇皇者华》(均属《小雅》);大夫、士乡饮酒礼奏《鹿鸣》《四牡》《皇皇者华》。(3)管。天子祭祀、视学养老、大飨、大射奏《象》;诸侯大射仪奏《新宫》三终,诸侯燕礼奏《新宫》;大夫、士无。(4)笙。诸侯燕礼奏《南陔》《白华》《华黍》;大夫、士乡饮酒礼也奏《南陔》《白华》《华黍》。(5)间歌。诸侯燕礼堂上升歌《鱼丽》《南有嘉鱼》《南山有台》,堂下笙奏《由庚》《崇邱》《由仪》;大夫、士乡饮酒礼同。(6)合乐。两君相见奏《鹿鸣》之三;诸侯燕礼奏《关雎》《葛覃》《卷耳》《鹊巢》等;大夫、士乡饮酒礼同。(7)舞。天子祭祀舞《大武》、《大夏》(为大舞),视学养老舞《大武》,大射舞《弓矢舞》;两君相见舞《武》《夏龠》;诸侯燕礼舞《勺》(为小舞)。(8)金奏送宾。天子祭祀、视学养老、大飨、大射奏《肆夏》《王夏》;诸侯大射仪奏《陔夏》《骜夏》,燕礼奏《陔夏》;大夫、士射礼、乡饮酒礼奏《陔夏》。①

以上这些具体规定是从礼书中归纳而得,其间或有相同之处,但总的来说,天子、诸侯、大夫、士在各种场合用乐的内容是不相同的,其等级差别显而易见。

2.乐器使用有不同的等级规定。《周礼·春官·小胥》记载:正乐县之位,王宫县,诸侯轩县,卿大夫判县,士特县,辨其声。②

郑注:"宫县四面县,轩县去其一面,判县又去其一面,特县又去其一面。四面像宫室四面有墙,故谓之宫县。轩县三面,其形曲。"③按照天子、诸侯、大夫等不同的等级,钟、磬等乐器有"宫县""轩县""判县""特县"等不同的悬挂方式。1978年湖北随县发现的曾侯乙墓的乐器组合,即"轩县"的一个具体实例。该墓室内西、南两壁都立架陈放着编钟(六十五枚),北壁立架陈放着编磬

---

①《观堂集林》卷二。
②③《十三经注疏·周礼注疏》。

（三十二枚）①，这样三面陈放，形似车轩，正是文献中所谓的"轩县"，与同墓中所出其他礼器级别大致相合，为诸侯之礼。这说明文献中所言"诸侯轩县"是可信的。由此可见，周礼中天子宫县、诸侯轩县、卿大夫判县、士特县的说法，是不无根据的。

再如，天子、诸侯金奏用钟鼓，大夫、士则只用鼓。《仪礼·乡饮酒礼》有"宾出，奏《陔》"句，郑玄注说："钟鼓者，天子、诸侯备用之，大夫、士，鼓而已。"②

3.乐舞有不同的等级规定。据《左传·隐公五年》记载，乐舞当中执羽的人数为：天子用八，诸侯用六，大夫四，士二③。

《公羊传·隐公五年》又说："天子八佾，诸公六，诸侯四。"④《谷梁传》的记载，与此相类。佾，列也。天子、诸侯等不同等级，所用乐舞的队列有不同的规定。但具体人数为多少，历代经学家有不同的解释。杜注《左传》认为："八八六十四人，六六三十六人，四四十六人，二二四人。"⑤马融、服虔等则认为，"每佾为八人，天子六十四人，诸侯四十八人，大夫三十二人，士十六人"⑥。一般认为后说为是。抛开这些具体的争论，则《左传》《公羊传》以及历代注疏的意思很明确，就是不同等级的乐舞有不同的规定，等级越高，乐舞的规模越大。如果违反了这等礼制规定，则"是可忍也，孰不可忍也？"⑦

又据《周礼·春官·大司乐》，祭祀对象不同，乐舞也有不同的等级差别：

> 乃分乐而序之，以祭，以享，以祀。乃奏黄钟，歌大吕，舞《云门》，以祀天神。乃奏大簇，歌应钟，舞《咸池》，以祭地示。乃奏姑洗，歌南吕，舞《大磬》，以祀四望。乃奏蕤宾，歌函钟，舞《大夏》，以祭山川。乃奏夷则，歌小吕，舞《大濩》，以享先妣。乃奏无射，歌夹钟，舞《大武》，以享先祖。⑧

---

① 《曾侯乙墓（上）》，文物出版社，1989 年，第 75 页。

② 《十三经注疏·仪礼注疏》。

③ 《春秋左传注》。

④ 《十三经注疏·春秋公羊传注疏》。

⑤ 《十三经注疏·春秋左传正义》。

⑥ 《论语集释》。

⑦ 《论语译注》。

⑧ 《十三经注疏·周礼注疏》。

这是说,用不同的歌舞来祭祀天地、山川之神和先王、先妣。贾公彦疏云:"今分此六代之舞,尊者用前代,卑者用后代,使尊卑有序。"①在祭祀乐舞中,有不同的等级规定,受祭者地位越高,乐舞的等级也越高。

总之,不同的乐与不同的等级相配,这样便显示出礼的庄严肃穆,显示出礼别贵贱的社会意义。

第三,乐的制作要符合礼,只有天子才能"制礼作乐"。《左传·昭公二十一年》记载伶州鸠说:"夫乐,天子之职也。"②这是西周以来形成的正统观念。后来孔子也说,"礼乐征伐自天子出"是"天下有道"的象征③。《中庸》更进一步说:"非天子,不议礼,不制度,不考文。……虽有其位,苟无其德,不敢作礼乐焉;虽有其德,苟无其位,亦不敢作礼乐焉。"④即只有有位有德的"圣王",才能"制礼作乐"。《礼记·王制》篇认为,如果不符合这样的礼制,"变礼易乐者为不从,不从者君流";如果违反礼制,制作新声,则要格杀无赦:"作淫声、异服、奇技、奇器以疑众,杀。"⑤这就严格地规定了作乐的权力只能掌握在王者手中,从而显示出乐所具有的"权威主义"性质。

三

乐所反映的等级观念,以及用乐的严格等级规定,都表明乐与社会政治制度密切相关。前文已经指出,中国古代的乐,从来就不仅仅是音乐的问题、艺术的问题,它还有更广阔的社会意义。

在初民社会,乐是社会生活的重要内容,如郭沫若所说:"中国旧时的所谓乐它的内容包含得很广。音乐、诗歌、舞蹈,本是三位一体可不用说,绘画、雕镂、建筑等造型美术也被包含着,甚至于连仪仗、田猎、肴馔等都可以涵盖。所谓乐者,乐也,凡是使人快乐,使人的感官可以得到享受的东西,都可以广

---

① 《十三经注疏·周礼注疏》。
② 《春秋左传注》。
③ 《论语译注》。
④ 《四书章句集注》。
⑤ 《礼记集解》。

泛地称之为乐。"①乐虽然包容广泛，但还是以乐、舞为主。而乐舞又是原始宗教祭典活动中的重要内容，它的职掌者是巫。所谓巫，《说文解字》解释为：巫，祝也。女能事无形，以舞降神者也。像人两衮舞形，与工同意。

巫、舞同源，乐舞是古巫事神的重要技能。在先秦古文献中，有著名的巫舞。有舞必有乐的伴奏。于省吾先生说："古者歌舞恒以九为节，巫祝以歌舞为其重要技能，所以降神致福也。"②

文化人类学的研究证明，在文明和国家的起源过程中，巫扮演了重要的角色。许多学者认为，中国上古历史上也经历了巫王合一的时期。乐舞通过巫的活动在社会政治中具有了重要的功能和作用。据说夏代的乐舞《大夏》，是歌颂大禹治水的历史功绩；商代的乐舞《濩》，是商汤征讨夏桀以后，"功名大成，黔首安宁，汤乃命伊尹作为《大濩》"③；周代的《大武》乐，反映武王伐纣的历史过程，歌颂武王的丰功伟绩，具有"禁暴、戢兵、保大、定功、安民、和众、丰财者也，故使子孙无忘其章"④的重要社会作用。总之，这些上古乐舞反映的是"功成作乐"的王权意识，是通过乐舞对王权的肯定⑤。

如果说上古文化是从巫史文化向礼乐文化的演进，那么在这一过程中，职掌乐舞的巫的权力范围逐渐缩小，乐舞由大司乐、乐师等一大批王官所掌握。《周礼·春官》记载，"大司乐掌成均之法，以治建国之学政，而合国之子弟焉"⑥，乐师"掌国学之政，以教国子小舞"⑦。西周以来，乐在王朝政治中依然占有重要地位，乐官是实行政治教化的负责者。从乐舞的发展来看，它先为巫、后为王官所掌，在古代政治生活中发挥着重要的作用。

在任何历史时期，均需要有一种普适的价值作为社会整合的主体。在中国古代社会，具有普遍性的价值观，就是与社会等级结构相对应的礼。礼是社会等级秩序、等级观念的集中体现，它作为社会整合中的价值主体，对于促进社会整合有着极其重要的作用。同时，礼乐相需为用，在社会整合的过程中，

---

① 郭沫若：《青铜时代》，科学出版社，1957年，第187—188页。

② 于省吾：《双剑誃殷契骈枝（线装本）》，大业书局，1940年，第30页。

③《吕氏春秋校释》。

④《春秋左传注》。

⑤ 修海林：《古乐的沉浮》，山东文艺出版社，1989年。

⑥⑦《十三经注疏·周礼注疏》。

乐也具有和礼相同的功能。春秋时期的医和说："先王之乐,所以节百事也,故有五节。"①医和突出乐的节制作用的重要性,认为乐的功能在于节制百事。荀子也说："故礼者,养也。……钟鼓、管磬、琴瑟、竽笙,所以养耳也;……君子既得其养,又好其别。"②乐是为了养人之耳目,同时也是为了辨别等差。全面地来看,乐既要增加社会各阶层之间的亲和关系,又要明辨等级威严,不可混乱。这样,乐之"和"就不是一般的"和",不是平等的和谐友爱,而是经过了礼的整合以后的"和",是等级和谐。乐在促进社会整合方面所具有的重要作用,具体来说,主要表现在三个方面:

第一,节制人的情欲,使之合于礼的要求。《乐记》虽然也认为乐的产生是由于人的感情需要,但它同时也强调乐对人情的制约作用。这是乐通过对人的内在控制,以达到教化民众的社会功用。对此,《乐记》说:

　　先王之制礼乐也,非以极口腹耳目之欲也,将以教民平好恶而反人道之正也。
　　是故君子反情以和其志,比类以成其行,奸声、乱色不留聪明,淫乐、慝礼不接心术,惰慢、邪辟之气不设于身体,使耳、目、鼻、口、心知、百体皆由顺正以行其义。然后发以声音,而文以琴瑟,动以干戚,饰以羽旄,从以箫管,奋至德之光,动四气之和,以著万物之理。……故乐行而伦清,耳目聪明,血气和平,移风易俗,天下皆宁。……是故君子反情以和其志,广乐以成其教。乐行而民乡方,可以观德矣。③

《荀子·乐论》也说："乐者,乐也。君子乐得其道,小人乐得其欲。以道制欲,则乐而不乱;以欲忘道,则惑而不乐。故乐者,所以乐道也。"

这些论说,都是讲以道制欲、乐以制情的道理。《乐记》总结指出："致乐以治心,则易、直、子、谅之心油然生矣。"④只有以乐"治心",才能产生各种符合礼制的道德规范,达到教化民众的目的。

---

①《春秋左传注》。
②《荀子集解》。
③④《礼记集解》。

第二，协调君臣、上下关系，防止社会秩序的混乱。《乐记》："乐者，通伦理者也。"郑注："听乐而知政之得失，则能正君、臣、民、事、物之礼也。"①孙希旦也说："乐通伦理，谓其通于君、臣、民、事、物五者之理也。"②即乐与社会等级关系是相通的，因此它可以在协调社会关系方面发挥重要作用。《乐记》还指出："圣人作为父子君臣以为纲纪；纲纪既正，天下大定；天下大定，然后正六律，和五声，弦歌《诗》《颂》。此之谓德音，德音之谓乐。"③《礼记·文王世子》也说："登歌《清庙》，既歌而语，以成之也。言父子、君臣、长幼之道，合德音之致，礼之大者也。下管《象》，舞《大武》，大合众以事，达有神，兴有德也。正君臣之位，贵贱之等焉，而上下之义行矣。"④这里说的是养老之乐的意义。其实，参考《明堂位》《祭统》《仲尼燕居》等篇，可知天子祭祀、养老、飨诸侯、诸侯相见等礼仪，皆升歌下管。"序贵贱各得其宜"，"示后世有尊卑长幼之序"⑤，这是在各种场合都要宣扬的"乐教"。

第三，促进社会的和谐稳定。礼乐有时分开来讲，但其社会功能是一致的，都是促进社会的等级有序。正如《乐记》所说："礼乐之情同，故明王以相沿也。"⑥《乐记》明确地认识到：

> 礼节民心，乐和民声，政以行之，刑以防之。礼乐刑政，四达而不悖，则王道备矣。
>
> 礼以道其志，乐以和其声，政以一其行，刑以防其奸。礼乐刑政，其极一也，所以同民心而出治道也。⑦

这样，乐与礼以及刑、政结合在一起，成为维系王道、治道的有力保障。

乐之"分""别"，在于明辨社会等级；而乐之"中和"，则又是政和、人和的表现。这就是《乐记》所说的"乐与政通"⑧，即乐与现实的社会政治具有密切的关系。《国语·周语下》记载单穆公劝谏周景王时说："上失其民，作则不济，求则不获，其何以能乐？"⑨这就是民乐政通的思想。伶州鸠也说："政像乐，乐从和，和从平。"⑩政治应该像音乐一样和谐；否则，"若夫匮财用，罢民力，以逞淫

---

①②③④⑤⑥⑦⑧《礼记集解》。
⑨⑩《国语》。

心,听之不和,比之不度,无益于教,而离民怒神","财亡民罢,莫不怨恨,臣不知其和也。"①只有政通人和,才会有乐和,这样才能达到他所说的"平",即"以合神人,神是以宁,民是以听"的"大和"境界②。《左传·襄公十一年》记载魏绛之言曰:"夫乐以安德,义以处之,礼以行之,信以守之,仁以厉之,而后可以殿邦国、同福禄、来远人,所谓乐也。"③只有乐和、政和,才是真正的快乐,当然也是政治和谐、社会稳定的标志。这是自西周以来就形成的礼乐思想传统。孟子继承了这种思想。他在与齐宣王的对话中,强调要与民同乐④。在孟子看来,乐的主旨是和,而且只有政和、人和,即"与民同乐",才能有乐和,这是古今之乐共同的本质。朱熹《孟子集注》引范氏之言曰:"战国之时,民穷财尽,人君独以南面之乐自奉其身。孟子切于救民,故因齐王之好乐,开导其善心,深劝其与民同乐,而谓今乐犹古乐。其实今乐古乐,何可同也?但与民同乐之意,则无古今之异耳。"⑤在传统思想当中,乐之和与政治之和间就有着密切的关系。政和是乐和的基础,而乐之和可以促进政治的和谐、社会的稳定。《乐记》说:"是故治世之音安以乐,其政和;乱世之音怨以怒,其政乖;亡国之音哀以思,其民困。声音之道,与政通矣。"⑥《吕氏春秋·大乐》也讲到乐与社会政治的关系:"天下太平,万物安宁,皆化其上,乐乃可成";《制乐》篇又说:"欲观至乐,必于至治。(高注:至乐,至和之乐。至治,至德之治。)其治厚者其乐治厚,其治薄者其乐治薄,乱世则慢以乐矣。"⑦乐与社会政治联系在一起,这是中国古代乐论的一个显著特征,几千年来都没有被突破,如唐朝白居易所说:"乐者本于声,声者发于情,情者系于政。盖政和则情和,情和则声和;而安乐之音,由是作焉。政失则情失,情失则声失;而哀淫之音,由是作焉。斯所谓音声之道,与政通矣。"⑧在中国古代,思想家们往往表面上是在论述乐,但实际上是在论述政治,这是因为乐与政治有着十分密切的关系,在一定程度上,乐可以作为衡量政治的晴雨表。

---

①②《国语》。

③《春秋左传注》。

④《孟子译注》。

⑤《四书章句集注》。

⑥《礼记集解》。

⑦《吕氏春秋校释》。

⑧《白居易集》卷五十六。

总之,礼乐的"分""和"思想,是辩证地结合在一起的。在明辨等级的前提之下,其中道、中和思想又在等级之间形成一种亲和性,有效地减少等级之间的对立、冲突,形成人和、政和的局面,使社会表现得既等级分明,又和谐有序,从而维护社会的稳定,促进社会的整合。《礼记·乐记》说:

　　　　乐至则无怨,礼至则不争。揖让而治天下者,礼乐之谓也。暴民不作,诸侯宾服,兵革不试,五刑不用,百姓无患,天子不怒,如此则乐达矣。合父子之亲,明长幼之序,以敬四海之内,天子如此,则礼行矣。①

　　这种构想,就是希望乐和礼完美地结合在一起,最大限度地实现其维系社会等级,促进社会整合的功能。

原载《兰州大学报》,2004 年第 1 期

----

① 《礼记集解》。

礼学与等级人学 *

　　学术界有一种普遍的看法,认为儒学是"人学"。这种看法从近代以来的中西文化比较,至 20 世纪 80 年代的 "文化热",90 年代直至今日的 "国学热",一直有学者赞同和提倡。针对这一观点,近十多年来我们也一直认为应该把"人学"进一步落实到具体的历史语境中,认为儒学是"等级人学"。在这里,我们从礼的角度对这一观点再作一申述。

　　认为儒学是"人学",首先必须明确"人学"的内涵。所谓"人学",有着特定的思想含义。"人学"的英文对应词是 Human Studies,或 Humanities,或 Human Science,主要包含三层意思:首先,它和学科分类相关,泛指包括语言、文学、艺术、史学、哲学在内的人文学科;其次,它指以人文学科的方法去观察人类文明生活,以人的方式认识外部世界和人自身的思维方式;再次,指西方近代以来由维柯、赫尔德、狄尔泰、卡西尔等人文主义哲学家所创立的人文主义的哲学观念和哲学形态,这是当代哲学家赋予"人学"的最深层和最确切的含义①。由此可见,并不是与人有关的思想文化都可以称为"人学"。"人学"是西方文化中针对中世纪神学和近代以来的科学理性主义而兴起的人文主义思维方式和哲学形态,这是"人学"的本质含义。照此而言,先秦儒家和西方"人学"兴起的思想背景完全不同,而且也没有倡导人的自由、独立的人文主义本质。因此,严格来说,儒学与"人学"是两种不同的思想文化。儒家关于"人"的看法是通过礼表现出来的,如果泛泛借用"人学"这一术语来指称儒学,也要首先辨明它在中国文化语境中的独特含义。儒家对人的探讨首先便受到礼的制约,是"等级人学",它更注重对人的控制,使人居于不同的等级,各安其位。

　　近来还有学者借鉴了西方的社会本体论思想,尤其是马丁·布伯(Martin·Buber,1878—1965)的对话理论和"我-你"关系思想,来研究中国古代的社会本体论,认为礼是人与人之间关系的集中体现,在周礼当中,"人与人之间的

---

　　* 本文与刘丰合作。

　　① 何萍:《何谓人学》,《哲学动态》,2000 年第 4 期。

平等交往和相互尊重已成为周礼的主要内容",周礼"是以人际交往与沟通为其宗旨,亦坚持人与人之间的平等与交互性"[1];"礼主交往间的平等","礼尚往来还只是消极的平等,贵人敬让则体现了积极的平等"[2]。我们认为,礼的确是人与人之间的交往关系,但是,重要的一点是要搞清楚礼学思想中人与人交往的历史内涵。布伯的交往学说认为"关系是相互的","我-你"关系意味着关系中的成员是同等始源、同等本质的,他们之间并无主次和等级之分[3]。如果认为在中国古代,处在礼仪之中的人际关系也是一种平等的互动关系,显然与中国古代的实际不相符合,从而也不恰当地拔高了中国古代的思想状况。我们认为,礼学对"人"的看法是很独特的,"人"是处在礼仪中的"人",人的本质当中已经渗入了与他人的关系。这种关系受到礼的制约,是一种等级关系。

一、礼仪等级中的个人

商周以来,礼仪虽名目繁多,但它基本还是围绕着人的生活而展开的。因此,人是各种礼仪的中心。反过来,人又处于礼仪之中,受到礼仪等级的制约。

商代的礼仪目前还缺乏完整、直接的记载。从卜辞来看,商代有名目繁多的祭祀礼仪,后世所谓的五礼当中,只有吉礼可以据以考证。但是,这并不意味着其他礼仪就不存在。据当代学者的研究,许多礼仪形式(如冠礼、丧礼、乡饮酒礼等)可以上溯到原始社会的礼俗[4]。只是由于商代宗教笼罩了一切,因此,只有祭祀礼仪得到了充分的发展,而其他礼仪则存在于自发的状态之中。殷周之变,也带来了文化之变化。具体来说,殷商时代的宗教就发生了明显的转变。西周的宗教形态与商代的显著区别之处就在于周人的宗教当中注入了与人相关的"德性"的观念。再加上周初的"制礼作乐",各种礼仪全面兴盛,与殷礼相比,周礼当中宗教礼仪相对减少,而人际礼仪的内容则大量增加。假如说商代是"祭祀文化",那么西周则可称之为"礼乐文化"。

---

[1] 张再林:《我与你和我与他:中西社会本体论比较研究》,西北大学出版社,1999年,第352、387页。
[2] 陈来:《儒家"礼"的观念与现代世界》,《孔子研究》,2001年第1期。
[3] 张再林:《我与你和我与他:中西社会本体论比较研究》,西北大学出版社,1999年,第323页。
[4] 杨宽:《古史新探》,中华书局,1965年。

周代"礼乐文化"反映在文献当中,就"三礼"来说,《仪礼》最为全面。把《仪礼》十七篇(实际只有十五篇)进行划分,属于士阶层的礼仪有《士冠礼》《士昏礼》《士相见礼》《士丧礼》《士虞礼》《特牲馈食礼》六篇,属于士、大夫阶层的有《乡射礼》《乡饮酒礼》两篇,属于卿、大夫的有《少牢馈食礼》一篇,属于诸侯、卿、大夫的有《燕礼》《大射》《聘礼》《公食大夫礼》四篇,属于天子、诸侯的有《觐礼》一篇,通于上下(即从天子至士)的有《丧服》一篇①。由此可见,《仪礼》基本包括了贵族阶层的日常生活。但是,我们也应注意到,《仪礼》毕竟是以士阶层的礼仪为主,对于其他阶层的礼仪制度则较少记载,因此汉代又出现了《礼古经》来补《仪礼》之不足。据《汉书·艺文志》的记载,《礼古经》共五十六篇,与《仪礼》相同的十七篇为士礼,比《仪礼》多出来的三十九篇则为"天子诸侯卿大夫之制"。这样看来,礼制似乎更加完备,但由此也引发了经学史上的今古文之争。对此,我们没有必要在这里多加评论。但从《仪礼》十七篇,以及《礼记》对古礼的划分来看,其实也包括了日常礼仪的大概,说明礼仪是以人的日常生活为主。其中《礼记·昏义》篇的"礼之大体"说更为准确:"夫礼始于冠,本于昏,重于丧、祭,尊于朝、聘,和于乡、射。此礼之大体也。"按照戴德本的《仪礼》次序,《昏义》篇的划分正好符合礼的"八纲":

(一)冠——1.《士冠礼》,3.《士相见礼》;

(二)昏——2.《士昏礼》;

(三)丧——4.《士丧礼》,5.《既夕礼》,6.《士虞礼》,17.《丧服》;

(四)祭——7.《特牲馈食礼》,8.《少牢馈食礼》,9.《有司》;

(五)乡——10.《乡饮酒礼》,11.《乡射礼》,12.《燕礼》;

(六)射——13.《大射》;

(七)聘——14.《聘礼》,15.《公食大夫礼》;

(八)朝——16.《觐礼》。

(《丧服》一篇本列于最后,一是因为它贯通上下,二是因为此篇有子夏传,与其他各篇不同。但按照性质,它应属于"丧礼"一类。)

由此看来,《仪礼》虽然有可能残缺,但它基本上包括了礼仪的各个方面,涵盖了一个人日常生活的主要内容,因此具备了"礼之大体"。由这些礼仪来看,它以人(主要是贵族男子)为主,围绕着人的生活而展开。当时,人生活的

---

① 顾颉刚:《〈仪礼〉和〈逸礼〉的出现与邵懿辰考辨的评价——〈礼经通论〉序》,《文史》,1994年,第38辑。

各个方面都有各种礼仪作为指导,所谓"经礼三百,曲礼三千"也不是毫无根据的夸张。

由此我们可以看出,自从西周礼乐文化兴盛以来,人就处在由各种礼仪构成的社会关系之中。美国学者芬加瑞特(Herbert Fingarette)指出,中国古代人的生活以礼仪为中介,"人是仪式的存在"(man as a ceremonial being)①。这个看法是很恰当的。礼仪犹如一张社会之网,而个人则是网中之结;礼连接起了人与人之间的关系,而个人则处于各种礼仪关系之中。因此,就人与他人的关系来说,是通过礼联系起来的。这样,就产生了中国古代独特的关于个人的思想,即反对"原子"式的个人,认为"人"是处于各种礼仪关系中的社会之人,"我"与"他人"的社会关系无法分开;也就是说,没有完全独立的"我","我"是通过与他人的"关系"表现出来的。关于这一点,当代美国学者郝大维(David L.Hall)和安乐哲(Roger T.Ames)的观点更有启发性。他们在合著的《汉哲学思维的文化探源》一书中,提出了"焦点-区域式自我",用来理解中国古代关于个人、自我的看法。所谓"区域",按他们的理解:"由特殊的家庭关系,或社会政治秩序所规定的各种各样特定的环境构成了区域",这其实就是我们所说的"社会关系";而所谓"焦点",就是"区域"中的个人,"区域聚焦于个人,个人反过来又是由他的影响所及的区域塑造的"②,"焦点自我是不可能独立的。焦点自我的结构与连续性是内在的,是其固有的,来自于环境并且将始终与环境不可分离"③。用"区域-焦点"这样一对范畴较好地说明了处于礼仪关系中的个人与社会的关系。礼使个人社会化了,而社会化了的个人又是处在礼的社会关系之中。"实行和体现礼的传统既是将一个社群成员社会化,又是使一个人成为社群的一个成员。礼使特殊的个体接受共同的价值,使他有机会整合到社群中去,以维持和充实社群。"④这一观点很好地说明了中国古代自我与社会的互动关系,对于理解中国古代关于个人的思想很有启发。

孔子认为,没有脱离社会关系而独立存在的个人,人处在礼仪之中。《论语·公冶长》记载:"子贡问曰:'赐也何如?'子曰:'女,器也。'曰:'何器也?'曰:'瑚琏也。'"朱熹注曰:"器者,有用之成材。夏曰瑚,商曰琏,周曰簠簋,皆

---

① Herbert Fingarette:*Confucius:The Secular as Sacred*,Harper & Row,Publishers,1972,P·15.
② 郝大维、安乐哲:《汉哲学思维的文化探源》,江苏人民出版社,1999年,第44页。
③ 同上,第48页。
④ 同上,第36页。

宗庙盛黍稷之器而饰以玉,器之贵重而华美者也。子贡见孔子以君子许子贱,故以己为问,而孔子告之以此。然则子贡虽未至于不器,其亦器之贵者钦?"①这是通行的解释,但从孔子的整个思想以及这里子贡的发问来看,还是有讨论的余地。其实,孔子在这里是以祭器瑚琏做比喻,认为如同器物只有在礼仪中才成为礼器一样,人也只有通过礼仪,在由礼仪联系成的社会关系中才成为真正的人。对此,芬加瑞特有很精辟的论述。他说,瑚琏作为一种祭器,它之所以神圣,并不在于它的有用(盛食物)或者漂亮,而是因为它是礼仪中必备的器物。它的神圣是由于它参与了礼仪和神圣的仪式。如果把它从仪式中的角色分离开来,这件器物只是一个普通的装谷物的罐子而已。因此,"通过比较,孔子的意思是说,个人只是由于在礼仪中的角色才具有最终的地位(ultimate dignity)和神圣的尊严(sacred dignity)"②。芬加瑞特非常重视礼在"成人"中的重要作用。他认为,人只有在礼仪中才成为人。"就其本身而言,个人或一个团体都不是创造和维持人的最终尊严的充分条件。是生活的仪式方面赋予了在仪式表演中负有角色的个人、行动和目标以神圣性。"③这样看来,孔子思想的主旨并不是什么"发现个人"或重视"个人的价值"。独立的个人在孔子看来是无意义、无价值的。因此,孔子说:"己欲立而立人,己欲达而达人。"④自己的"立""达"要以"立人""达人"为前提,自己的修身以"安人""安百姓"为归宿⑤。总之,人只有通过礼仪和他人联系起来,成为社会中的人,"我"只有在通过与"他人"的关系中才显现出来,这才是孔子关于"人"的看法。反之,对于那些离群索居的"独立"的人,孔子认为"鸟兽不可与同群,吾非斯人之徒而谁与?"⑥

孔子对于人的这种看法,奠定了儒家的基本方向。孟子非常重视个人与他人的关系,认为理想的状况应是"老吾老以及人之老,幼吾幼以及人之幼"。⑦荀子明确地说,人的本质就在于"群":"人之生不能无群。"⑧这些看法都是从孔子而来,是儒家关于个人的总的看法。

---

① 《四书章句集注》。
② Herbert Fingarette:*Confucius—The Secular as Sacred*,Harper & Row,Publishers,1972 年,第 75 页。
③ 同上,第 76 页。
④ 《论语·雍也》。
⑤ 见《论语·宪问》。
⑥ 《论语·微子》。
⑦ 《孟子·梁惠王上》。
⑧ 《荀子·王制》。

二、礼对人际关系的制约

既然个人是处在由礼联系起来的社会关系网之中,那么,"我"与"他人"的关系也就不是一种纯粹的人与人之间的平等关系,而是受到了礼的制约。

"我"与"他人"的关系,从大的方面来看,不外乎家庭关系和社会关系两个方面。就家庭关系来看,主要是宗法关系,这在《仪礼》所规定的日常礼节中有明显的反映。如"冠礼",本是由氏族社会的"成丁礼"演变而来,但它所具有的意义, 却受到了文化的影响。美国著名文化人类学家露丝·本尼迪克特(Ruth Benedict)在其名著《文化模式》中指出,各民族的文化中都有关于成人的仪式,但是,"这种授予新的地位又委以新的义务的仪式就像地位和义务本身一样各有千秋且受着文化的制约",因此"我们毋宁只需了解在不同的文化中人们把什么东西看成是成年的标志,以及他们承认这种新资格的方法"①。在周礼当中, 成年的意义主要在于由此进入了本氏族的宗法序列当中。因此, 它的各种仪式都围绕这一意义而展开。如嫡长子的冠礼要在阼阶上举行,《礼记·冠义》对此解释道:"故冠于阼,以著代也",意即"冠于阼阶之上,明其将代父而为主也"②,因为他取得了"代父而为主"的资格。再如男女成年都要取"字",《仪礼·士冠礼》说男子取字的方式是:"曰:伯某甫,仲、叔、季,唯其所当。"(女子与此类似)在字前面冠以伯、仲、叔、季等行辈的称谓,表示成人以后就正式加入了氏族组织的序列,因此用它来区分大宗、小宗的行辈关系③。由此可见,在周礼中,成年便意味着正式加入了本氏族组织的序列,嫡长子还要承担起"代父而为主"的责任。举行冠礼以后,一个人便成为由礼联系起来的社会关系中的一员,因此,《礼记·冠义》又说:"成人之者,将责成人礼焉也。责成人礼焉者,将责为人子、为人弟、为人臣、为人少者之礼行焉。"这样看来,冠礼的社会意义更大,它确认了人(主要是男子)由此可以正式进入社会关系之中。

再如"昏礼",在周礼当中,它并不仅仅标志着男女两性的结合,而且具有

---

① [美]露丝·本尼迪克特:《文化模式》,王炜译,生活·读书·新知三联书店,1988 年,第 27 页。
② 《礼记集解》。
③ 杨宽:《古史新探》,中华书局,1965 年。

更加深远的社会意义。《礼记·昏义》说："昏礼者,将合二姓之好,上以事宗庙,而下以继后世也。"昏礼不是个人的事,而是两个氏族的结合,标志着宗族关系的延续,是其他社会关系的源泉。因此《礼记·昏义》说："男女有别,而后夫妇有义;夫妇有义,而后父子有亲;父子有亲,而后君臣有正。故曰:'昏礼者,礼之本也。'"昏礼具有如此大的意义,因此在古代受到极大的重视,反过来这也说明昏礼已经超出了个人的意义,而是把个人置于家庭以至整个社会范围的关系之内。

此外,如丧礼、乡饮酒礼等各种礼仪,无不标识着人是处于家族关系中的人,人与人之间的关系是由各种礼仪联系起来的。"上治祖、祢,尊尊也。下治子、孙,亲亲也。旁治昆弟,合族以食,序以昭缪,别之以礼义,人道竭矣。"[1]这明确地说明,所谓"人道",就是要处理好各种宗法关系。在这种礼仪之网中,人或为长,或为幼,或为贵,或为贱,总之,是处在各种关系之中,人的地位、价值是在与他人的相互关系中显示出来的。

从家庭以外的社会关系来看,人际关系主要是君臣、朋友关系,其中君臣关系是本,各种社会礼仪主要都是围绕着君臣关系而展开的。这里的君臣关系是从广义上来理解的,君臣不一定专指国君和臣下,凡是臣属的关系都可以君臣称之。如梁启超说:"君字不能专作王侯解,凡社会组织,总不能无长属关系。长即君,属即臣……儒家所谓君臣,应作如是解。"[2]正是从这个意义来说,我们认为君臣关系可以涵盖社会等级关系。

直至春秋以前,君臣关系一直是以君王的绝对权势为主导的,委质为臣、死而后已的传统在春秋时期还依然盛行。虽然从春秋末期以来,由于列国争霸,社会动荡,君臣之间的绝对关系有所松动;但是,这种新发展并没有从根本上改变传统"君尊臣卑"的等级关系,而是对此作了一些符合时代潮流的有益补充。就历史事实来看,战国诸侯的礼贤下士,确实对传统的君臣关系有所冲击,但这只是对具体个人而言,从整体上来看,它并没有改变君臣之间的等级关系。另一方面,诸侯礼贤下士是为了成就"霸政""王政",而所谓的"王政",在孟子、荀子看来,正是尊卑有序的礼乐盛世。这样,以师、友之礼对待贤者,是为了在更高层次上巩固君臣关系。礼贤下士只是手段。从理论上看也是如此。荀子说的"从道不从君",这样的君只是昏君、暗主,而所谓的"道",则是

---

①《礼记·大传》。

② 梁启超:《先秦政治思想史》,中华书局,1936年,第75页。

荀子"隆礼重法"的理想秩序。"从道不从君"是为了更好地维护"道"。在这样的社会中，明主在上，臣下自然是俯首听从。况且，"从道不从君"在现实社会中毕竟难以做到，因此，荀子也只好退而求其次，大讲特讲臣下如何学会"持宠、处位、终身不厌之术"①。由此可见，君臣之间的等级关系在社会变动中并没有本质的变化，它依然是社会关系的主导。

　　总而言之，"我"与"他人"的关系不外是家族内部的父子、兄弟关系和社会的君臣关系。而君臣关系，实际上又是父子关系的放大，所以，个人的社会关系也就是家族关系的延伸。因此，"内则父子，外则君臣，人之大伦也"（《孟子·公孙丑下》记载景子语），应是一种普遍的看法。《左传·昭公二十六年》记载晏子之言曰："君令、臣共，父慈、子孝，兄爱、弟敬，夫和、妻柔，姑慈、妇听，礼也。"《礼记·文王世子》说："言父子、君臣、长幼之道，合德音之致，礼之大者也。"这里所谓礼，就是长幼、父子、君臣之间的等级关系。人处于这样的关系之中，就是要知长幼之序、父子之亲、君臣之节。这种言论在礼书中还有许多，说明人与人之间的关系完全处在等级的相互对待之中。因此，《礼记》在总结了各种具体的礼仪之后，认为礼之精义是"亲亲也，尊尊也，长长也，男女有别，此其不可得与民变革者也"②。在这样的礼仪关系之中，"我"与"他人"关系的实质也就是"亲亲、尊尊、长长"的等级关系。

　　由上可见，在中国古代的礼制社会当中，"我"与"他人"的关系，在家族内是父子、长幼关系，在社会上是君臣关系，而二者在本质上又是一致的。因此，中国古代并没有独立的"个人"，"我"要通过在礼仪中与"他人"的关系才能显示出来，这种关系就是以父子、君臣为主的等级关系。

　　也许有学者认为，我们把中国古代思想文化中对"人"的看法归结为处于礼仪当中、受到等级礼仪制约的"人"的看法是不全面的，认为"儒学的重人伦、重群体就包含着对个体、对个人价值的肯定，甚至可以说，儒学的重人伦、重群体就是从重个人出发的，而最终则要回归到对每一个具体的个人的关注"③。其实，这种看法是挖掘现代意义过于历史事实分析，忽视了礼对人伦、对社会群体的制约与规范作用。中国古代思想文化中没有独立的、个体的

----

① 《荀子·仲尼》。
② 《礼记大传》。
③ 洪修平：《论儒学的人文精神及其现代意义》，《中国社会科学》，2000 年第 6 期。

"人","人"是通过等级礼仪与他人联系在一起的"人"。这种对"人"的探讨是以等级之礼为前提的,是"等级人学",这也是我们对礼学的一种历史定位。

三、"社群主义"与等级人学

礼学中的"人"是处于社会等级礼仪之中的"人",因此礼学对人的探讨只能是一种"等级人学"。马克思说:"专制制度唯一的原则就是轻视人类,使人不成其为人,而这个原则比其他很多原则好的地方,就在于它不单是一个原则,而且还是事实。"[①]礼是专制制度的体现,它对人性情的制约,对人的压制、克服,使人居于不同的等级地位,从而使人不可能具有独立、自由和主体性,这是中国古代社会历史的事实。

有学者认为古代的儒家学说是"人学",主要是因为它高扬了人的主体性,探讨了个体人格的独立性。李泽厚先生在20世纪80年代初发表的《孔子再评价》中,把孔子仁的学说分为四个层面,其中第四个层面为"个体人格",认为仁"在内在方面突出了个体人格的主动性和独立性"[②]。余英时先生在探讨中国文化的现代意义时指出,"在中国文化的价值系统中,人的尊严的观念是遍及于一切人的,虽奴隶也不例外";"中国文化把人当作目的而非手段,它的个人主义(personalism)精神凸显了每一个个人的道德价值;它又发展了从'人皆可以为尧舜'到'满街皆是圣人'的平等意识,以及从'为仁由己'到讲学议政的自由传统"[③]。余先生又由此引申到现代民主法制观念的转化。这个问题牵涉面较大,暂且不论。从这些有代表性的观点中可见,儒家的人学完全是一种可以和现代观念"接轨"的"成人"之学。我们认为,这些看法只看到了仁,没有看到礼,没有看到礼对仁的制约。因此,把儒家关于个人的看法和"个人主义"等同起来,认为处于礼仪中的个人具有独立性、主动性,是一种非历史主义的看法。

其实,"个人主义"并不是一个普遍的概念,它在西方文化中也有一个发

---

① 摘自《德法年鉴》的书信,马克思:《马克思恩格斯全集》(第一卷),人民出版社,1956年,第411页。
② 李泽厚:《中国古代思想史论》,人民出版社,1986年,第25页。
③ 同上,第17、33页。

展过程。在古代,西方也有类似于中国的家族吞没个人、个人成为团体成员的现象。真正意义上的"个人主义"的凸显即使在西方也是近代以来的事①。黑格尔早就说过,现代社会的特征之一就是特殊性(particularity)的凸显。他说:"主体的特殊性求获自我满足的这种法,或者这样说也一样,主观自由的法,是划分古代和近代的转折点和中心点。"又说:"就在这方面,关于特殊性和主观任性的原则,也显示出东方和西方之间,以及古代与现代之间政治生活的差别。在前者,整体之分为等级,是自动地客观地发生的,因为这种区分自身是合乎理性的。"②黑格尔这里虽然是在论述法,但他明确地说,主体的"特殊性"是划分古代和近代的转折点,这是西方社会的特征③。我们认为,黑格尔的这种认识是深刻的。这里的"特殊性"也就是拥有个人权利的个人主义。因此,把西方近代经过文艺复兴、启蒙运动以来的个人主义观念直接套用到中国古代的思想中,本身就是一种历史的错位。而且,就中国古代的思想来看,这种看法也是片面的,它没有充分注意到礼对个人,以及在"我"与"他人"关系之间的制约作用。

认为儒家具有独立的个体人格,多引用《论语》当中孔子对"人-己"的区分,如"为仁由己"。余英时先生据此认为,"儒家一方面强调'为仁由己',即个人的价值自觉,另一方面又强调人伦秩序",'礼'虽然有重秩序的一面,但其基础却在个人,而且特别考虑到个人的特殊情况。从这一点说,我们正不妨称它为个人主义"④。仅从"为仁由己"这类论述中推出个体人格的观念,还很不够。单就"仁"来讲,确实具有一定的主体性因素,但我们同时必须看到礼对仁的制约作用,即等级规范之礼对人的主体性的压制。儒家认为,人是处于等级礼仪之中的人。人与己的区分,并不能说明儒家具有独立的个人观念,而是表明在人与己的对待关系当中确立自己的位置。这种位置并不是独立、平等的,

---

① 一般来说,"个人主义"与"自由主义"含义基本相当,或"个人主义"是"自由主义"的核心内容。从自由主义思想的发展来说,虽然也有学者把其起源追溯到古希腊时期,但绝大部分研究者认为自由主义的真正起源应该在近代(江宜桦:《自由主义哲学传统之回顾》,见《自由主义与当代世界》"公共论丛"第6辑,三联书店,2000年,第5—7页)。

② [德]黑格尔:《法哲学原理》,商务印书馆,1961年,第126—127、215页。

③ 黑格尔认为东方世界缺乏主体的自由,这在《法哲学原理》一书中有明确的论述,石元康《从理性到历史——黑格尔论中国》一文中有较好的归纳(参见石元康:《从中国文化到现代性:典范转移?》,生活·读书·新知三联书店,2000年,第71—72页)。

④ 余英时:《中国思想传统的现代诠释》,江苏人民出版社,1995年,第29、30页。

而是处在与他人的相互依存之中。因此，如果以现代思潮做比照，与其说儒学强调的是"个人主义"，还不如说它更接近于现代的"社群主义"。礼学思想中处于礼仪中的"焦点-区域"式的个人观，与现代社群主义对个人的看法更有相似之处。

社群主义（communitarianism）是近二三十年来西方兴起的反对自由主义、个人主义的一种思潮。它针对自由主义认为个人先于社会而独立存在的观点，强调人是社会化的结果，个人只有在群体中才能显现出来。社群主义的代表人物之一泰勒（Charles Taylor）说："一个人只有处在其他的自我中才能成为一个自我。"①桑德尔（Michael J. Sandel）也指出，任何个人都不能脱离群体，个人的认同和属性是由他所在的群体所决定的，因此，个人是社会的产物。在社群主义者看来，自我的本质就是它的构成性，即它是由其目的构成的，而这些目的是由个人所处的社会现实环境决定的。所以，从根本上说，自我的本质就是社群的属性②。由此可见，如果暂且撇开具体的文化背景和思想前提，社群主义关于个人的观点与中国古代礼学对个人的看法是很相近的。它们都强调群体对个人的优先性，个人只有在群体中才能成为个人。但是，我们也必须认识到，我们对二者关系的比较，只是一种类比，而不是历史定位。礼学与社群主义之间还是有着本质的区别。

社群主义与自由主义（个人主义）是当代西方社会两种主要的思潮，它们看似对立，其实是互补的，它们的交锋是在现代社会的背景之下发生的。社群主义是个人主义极端发达的产物，是对个人主义不足的弥补。它的价值也只有在自由主义和个人主义极端发达的前提下才能得以凸显，它自己的不足也只有通过自由主义才能得以补偿。离开发达的自由主义就无法真正理解社群主义③。再者，社群主义虽然反对自由主义、个人主义对个人独立性的强调，认为个人不能离开群体，但它在原则上也并不否认个人的自由、平等。处在社群中的个人彼此之间依然是独立、平等的关系，它并没有离开自由主义强调个人权利的基础。因此，双方的争论是以人的独立、自由、平等为前提的。既然中

---

① Charles Taylor: Sources of the Self: The Making of Modern Identity, Cambridge, Mass.: Harvard University Press, 1989, P35.

② 俞可平：《社群主义》，中国社会科学出版社，1998年，第52页。

③ 俞可平：《从权利政治到公益政治学：新自由主义之后的社群主义》，《自由与社群》，生活·读书·新知三联书店，1998年，第89—90页。

国古代没有真正意义上的自由主义，因此也就没有严格意义上的社群主义。从本质上来说，社群主义对社群的看法、对社群成员的"成员资格"和"公民资格"的认识，与礼学的看法完全不同。

社群最基本的特征是人与人之间的平等和社群之间的平等，而中国古代的"我"与"他人"的关系，以及宗族、村落等"社群"并不具有这样的特征。社群成员的"成员资格"，"最为重要的无疑是公民资格，即成为国家这个最大的政治社群的成员——公民"①。公民的平等地位、独立人格，与中国古代处于礼仪中的个人也是完全相反的。中国古代有的是具有等级人格的"臣民意识"。因此，从这个角度来看，我们说中国古代没有严格意义上的"社群主义"。如果把自由主义与社群主义的争论完全移植到中国古代社会，会使历史问题过于现代化。但是，我们同时也应该注意到，在认识到上述区别的前提之下，再对礼学中处于相互关系中的个人与社群主义对个人的看法相比较，这样的理论对照有时会使问题更加清晰。因此，与其将儒学关于个人的看法与个人主义相比附，不如说它更类似于社群主义。但是，这里需要附加的限制条件是，中国古代思想虽然也认为"我"需要在与"他人"的关系中才能表现出来，但是这种关系并非平等的，而是一种等级关系。个人处在有等级的"社群"当中，人与人之间的关系受到社会等级的制约。

总之，中国古代的"人"处在由各种礼仪构造的社会关系之中，"我"与"他人"的关系是通过礼仪表现出来的各种对待关系。简而言之，"人"是社会等级关系中的人。这也是礼对人的控制的表现。春秋以来，西周严格的礼制发生了转变，传统的社会关系出现了破裂，这样便导致一些人从等级关系中游离出来，"朝秦暮楚"的现象多有发生。但是，应该指出的是，春秋战国时期，表面上是战乱频仍，礼坏乐崩，但实际上由礼所维系的社会关系并没有完全失范、瓦解，礼在"崩坏"的同时也在重构。这一事实决定了个人在动乱的社会中并没有从礼制的关系中解放出来，而是依然处于礼制的关系网之中。就具体的个人来说，可能从一个等级游离到另一等级（或上升，或下降），由此也加强了社会的流动性，但整个社会的结构并未因此而改变。因此，人也就没有成为独立的个体，而是依然处在由礼所维系的等级关系之中。杨朱主张"为我"的"个人主义"抛弃了君臣之道，墨子"兼爱"有悖人与人之间的等级关系，于是遭到

---

① 俞可平：《社群主义》，中国社会科学出版社，1998 年，第 72 页。

孟、荀的激烈反对。孟子认为他们的主张是"无君无父"的"禽兽"之道①;荀子认为墨子"僈差等,曾不足以容辨异、县君臣"②,这都说明脱离社会等级关系的人是礼所不容许的。待到汉代以后,随着大一统政权的建立,所有的人都被整合到统一的社会秩序之中,再没有可能游离于其外,人与人之间的关系完全受到了礼的制约。这一事实便决定了中国古代对人的重视、探讨只能是"等级人学",而不是其他。

原载《河北学刊》,2001 年第 4 期

---

① 《孟子·滕文公下》。
② 《荀子·非十二子》。

汉赋的政治神话 *

　　勘察汉赋政治神话的呈现形态与结构特征,并将它置于汉代社会政治神话的整体氛围,寻绎其制作的外部因缘和内在理路,必将有益于进一步勘定汉赋的政治文化功能,从而拓展汉代政治思想史的研究视野。

一

　　如果说神话讲述的是关于人类超自然存在的故事,那么,政治神话就是运用这一超自然的非理性思维方式在政治领域制造的神话。政治思维除了理性思维,也存在一定的非理性成分,于是,在政治思维的非理性部分与神话思维之间,"势必就产生了一个互涉的中间地带,在其中,政治的非理性取得了神话的表达,我们将这一交叉部分称为'政治神话'"①。在一个理性遭遇挫败的动荡时期,人会突然感到所面临的一些事情远远超过了其自然能力,于是,在理性业已无能为力或终止的地方,非理性开始大畅其道,也就是在这个时候,政治神话降临人间。卡西尔在探求现代政治神话的根源时曾精辟地指出,"如果人们所从事的是一桩危险而前途未卜的事情,高度发动的巫术和相应的神话总会由此应运而生","一旦理性对我们失去效力,那种最终手段的力量,即超自然的神秘力量就会抬头"②,现代的纳粹话语正是在如此境遇下发生的典型的政治神话。

　　卡西尔还注意到了一位法国人类学家杜丹的理论,杜丹研究北非野蛮部落的神话与宗教,按照他的研究,神话乃是人格化的集体欲望。卡西尔据此认定,现代政治神话的产生,是因为一方面集体欲望达到了一个淹没一切的强

---

　　* 本文与胡学常合作。

　　① 何平:《论政治神话及有关政治范式的神话——古代政治神话论纲之一》,《天津社会科学》,1992 年第 1 期。

　　② [德]恩斯特·卡西尔:《国家的神话》,张国忠译,浙江人民出版社,1988 年,第 312 页。

度,另一方面,一切在一般常态的方式下满足这个欲望的希望都遭至失败。这时,集体欲望不仅强烈地被感受到,并且就实现在领袖中,而人格化了。①由此说来,政治神话的生长离不开两个条件:其一是集体欲望强烈的非理性诉求,其二是政治领袖适逢其时地以非理性的方式满足了非理性的集体欲望。政治神话是二者之间不断互动的产物。

集体欲望之所以会有一个非理性的强烈喷发,乃是因为人生存的境遇中出现了问题。比如,民众渴望幸福,而现实生活中却布满灾难。在政治领域,对于民众而言,最大的问题是政治的秩序化和合法化,他们向往秩序,渴望过一种消除了社会动荡的平静生活,而且希望成功完成这种秩序化的统治是合法的。秩序化和合法化其中之一出现问题,都会诱发集体欲望在政治领域非理性的诉求。

我们关注的汉代,因去古不远,理性远未获得充分的发展。众所周知,殷周之际的大变局,勾勒出一条由神本到人本转向的观念轨迹。"殷人尊神,率人以事神"②,一切事务的操作都要从神那里获取合法性说明,代殷而兴的周人业已认定天命靡常,他们产生此观念,在一定程度上是为了论证其权力的合法性,因为唯有认定天命靡常,才能对于周革掉殷之天命的暴力行为作出合法性解释。既然天命靡常,唯一可以凭恃的就只能是人事,于是"敬德"成为政治运作中的最高准则。至此,中国的人本思想开始跃动。但是,当我们勘定这个从神本到人本的折变时,应当清醒地意识到其限度,易言之,这个折变仅仅只是理性透露出的一线曙光,神学的迷雾依然浓重。即使经由尔后的诸子争鸣,理性愈益展露,也很难说理性就业已取得了绝对的霸权,更大的可能是,诸子在一种貌似理性的精神下制造着非理性的话语,他们的"造圣运动"便是一个极好的明证。明乎此,我们就可以断定,汉代的政治神话在其滋生之前,早已有了自先秦传承下来的神学背景。

汉代政治神话的产生,更多地直接源于现实社会政治的特殊现象。汉代社会的集体欲望对于政治的秩序化和合法化都有着强烈的诉求。本来,秩序化和合法化都由先秦诸子在思想争鸣中提出,诸子经过反复交锋,逐渐取得了一个一致的观念:一要统一,二要君主。也就是说,由君主整治社会政治秩

---

① 参见《国家的神话》,第313—314页。
② 《礼记·表记》。

序而实现天下一统,这便是秩序化。秦帝国的政制实践尽管短暂,但秩序化的观念日益深入人心,不仅实际的政治运作者,就是普通民众都对于此观念有普遍而强烈的认同。诸子对于统治的合法化亦有论争,儒家勾画出两种层级不同的政治理想,最高的是"天下为公"的尧舜之治,此为大同之世,次一级的是"家天下"的三代之治,此为小康之世,前者获取权力的合法性在于禅让,后者在于易姓革命。然而,在"家天下"的易姓革命上,并非所有的易姓革命皆为合法,只有以德取天下,而不是以力取天下,其统治方具有合法性。孟子盛称汤武革命,认为是顺天应人之举,盛称的理由在于汤武乃是以德取天下,"汤执中,立贤无方。文王视民如伤,望道而未之见。武王不泄迩,不忘远。周公思兼三王,以施四事。其有不合者,仰而思之,夜以继日。幸而得之,坐以待旦。"①汤和文、武、周公皆有大德,这个"德"又体现在治民上,治民以德,则天下归心,天下归心,则天命所归,因为"天视自我民视,天听自我民听","天不言,以行与事示之而已"②。总之,人与之,天方与之,而天与之,则其统治就拥有了合法性。秩序化需要王,而合法化则需要圣,在儒家的政治理念里,圣与王合一的圣王之治才是人间最理想的统治。春秋战国之世,社会上流行着"五百年必有王者兴"的预言,这个"王"即是圣王,反映了乱世中人们对于秩序化和合法化的渴望。按照孟子的说法,由尧舜至于汤,五百余年;由汤至于文王,五百余年;由文王至于孔子,五百余年。孔子只是圣,却并不是王,圣王的理想其实自文武之后即已落空。

圣王理想一直是全社会的一个强烈诉求,至汉代,这种诉求依然强烈。贾谊盛赞武王弑纣,认为自武王之后,"当天下之散乱,以强凌弱,众暴寡,智欺愚,士卒罢弊,死于甲兵,老弱骚动,不得治产业,以天下之无天子也"③,一切混乱和衰败皆是因为没有天子,只有天子,才能整治人间秩序,实现社会的秩序化。经秦汉之际连年战争的混乱局面,全社会都渴求天子降临,使天下秩序定于一。布衣出身的刘邦在长期杀伐中脱颖而出,最终战胜项羽而成为天子。刘邦取得天下,消除混乱,对于秩序化言之,是符合天下人之心的,故而贾谊又谓"高皇帝起于布衣而兼有天下,臣万方诸侯,为天下辟,兴利除害,寝天下

---

①《孟子·离娄下》。

②《孟子·万章上》。

③《新书·立后义》。

之兵,天下之至德也"①。高祖统一天下,乃是最崇高的德行,这成为汉代人的一般性观念。为着更有效、更持久地维持秩序化,他们又继承了先秦的尊君思想,赋予君王绝对的威严。刘邦于垓下大败项羽后,诸侯及将相共请尊汉王为皇帝,汉王故作谦让而不敢当帝位,群臣却说:"大王起微细,诛暴逆,平定四海,有功者辄裂地而封为王侯。大王不尊号,皆疑不信。臣等以死守之。"②首先应当赋予君王以至尊的名号,否则,天下疑而不信,不予尊崇,便无以实现秩序化。《史记·高祖本记》又载这样一件颇有意味的事,高祖五日一朝其父太公,如家人父子礼。太公家臣以为不当,对太公说:"天无二日,土无二王。今高祖虽子,人主也;太公虽父,人臣也。奈何令人主拜人臣!如此,则威重不行。"后高祖再朝太公,太公一改先前礼节,以人臣身份恭敬地拜见高祖,高祖大惊,下扶太公,太公却云:"帝,人主也,奈何以我乱天下法!"政治系统的"尊尊"完全压倒了宗法血缘的"亲亲"。可见,在一般人心目中,对于君王的尊崇可以超越于一切之上,乃是天经地义之事。萧何建造未央宫,建造得极其宏伟壮观,高祖见状,心中生怒,谓萧何曰:"天下匈匈苦战数岁,成败未可知,是何治宫室过度也?"萧何曰:"天下方未定,故可因遂就宫室。且夫天子以四海为家,非壮丽无以重威,且无令后世有以加也。"宫室建筑亦当凸显天子的声威,成为天子至尊的政治象征。至于众所周知的叔孙通为高祖制定朝仪,也是凭借一套外在的礼节,张扬天子的绝对威严,表明君尊臣卑的政治理念。

应该说尊崇君主更多地针对政治的秩序化,然而,无可回避的还有政治的合法化,它要求君主实行王道政治,不仅以德取天下,而且继而以德治天下。刘邦出身微贱,一介布衣,政权是在马上打下来的,所谓"马上得之",也就是以力取天下,而不是以德取天下。尽管刘邦集团打出"伐无道,诛暴秦"的旗号,业已在名义上具有了合法化,而且合法化与秩序化密不可分,一统天下而称帝本身,甚至在一些人看来即是取得了一定的合法化。但是,刘邦一统天下后的政治实践,却并不能让社会上下认定他具有"圣"的品格,再加上儒家政治理念里以德取天下方为合法的传统,故而其统治合法化仍然存在问题。更何况秩序化的进一步维持,亦需要合法化。也有人不顾合法化而仅就秩序化尊崇刘邦,但真正坚守儒家传统政治理念的人却不得不看重合法化。集秩序

①《新书·立后义》。
②《史记·高祖本记》。

化和合法化于一身的圣王每隔五百年必定兴起,此一政治预言在汉初还很时兴。贾谊云:"自禹已下五百岁而汤起,自汤已下五百余年而武起。故圣王之起,大以五百为纪。"①贾谊秉持的依然是圣王理想,惟其如此,他才一面对刘邦平定天下完成秩序化大加称颂,一面却对汉世统治的合法化心存疑虑。"自武王已下,过五百岁矣,圣王不起,何怪矣!"②刘邦显然在贾谊眼中还不是圣王,汉世政治存在着合法化的危机。

汉世政治不仅合法化存在危机,而且秩序化的进一步维持也存在危机,这只要看一看诸侯王僭拟坐大的史实,以及汉初诸帝由分封异姓到改封同姓,又由"削藩"到"推恩令"等一系列政令的实施,便可真切感受到此危机。高祖以武力平定天下实现秩序化,功德无量,自然值得尊崇,而且秩序化的长期维持更需予以君主绝对的权威,但是,合法化的诉求又与尊崇君主的理念颇为扞格,因为一个不合法的君主是不值得尊崇的。在合法化的基础上尊崇君主,从而实现并维持秩序化,这乃是汉世集体欲望在政治维度上的普遍诉求;而以力取天下,又非以德治天下,并且还存在维持秩序化的危机,这则是汉世社会政治的特殊现象。当合法化和秩序化的集体诉求达到相当强烈的程度时,必定会出现一种非理性的思维,它要对原有的不利于秩序化的合法化进行改造,重新建构一套合法化。此种非理性思维,即是政治领域的神话思维,汉代的政治神话就这样开始滋生了。

二

对于古代英雄主义形态的政治神话来说,不会像近代形态的政治神话精心炮制出一套体系化的主义或系统,但它自有其特别的概念制作和演绎,不会只限制在"伸大义于天下,拯人民于水火"这样的概念性口号上,也不是祯祥、符瑞和民间宗教之类所能完全概括的。政权虽然是由英雄之"力"打下来的,"力"也确乎是一个最后的事实,但是,"力"却不能说明一切,当最初的秩序化完成之后,便急需拥有一套合法化的证明以维持秩序化。可以"马上得之",但"马上守之"则难以持久,故而才有政治神话的产生。古今政治神话,尽管在概念造作之精细与系统上有程度之分,但实质并无二致,都必定会运用

---

①②《新书·数宁》。

"概念的机能"，若缺少了概念的造作与演绎，就一定不会产生政治神话。

汉世五德终始的政治神话，即有颇为细密的概念演绎，它其实是一套历史哲学。这套哲学在战国之世已很流行，以致秦始皇统一天下后即宣称秦当水德，色尚黑。汉兴之初，政权合法化问题不得不寻求解决，孝文之世，鲁人公孙臣认为"始皇得水德，及汉受之，推终始传，则汉当土德，土德之应黄龙见。宜改正朔，服色上黄"①。而丞相张苍以为汉乃水德，河决金堤，乃其符应，以公孙臣言非是，罢之。第二年，果然有黄龙出现，文帝召公孙臣，拜为博士，令其与诸生申明土德，草改历服色事，贾谊亦以为汉当土德，但最终未能确定，不了了之。至于孝武，汉兴已六十余年，"天下艾安，缙绅之属皆望天子封禅改正度也"②，天下大定之后，武力之外的统治合法化论证，愈益成为集体欲望的强烈诉求。武帝大倡儒术，因为好黄老的窦太后从中阻挠，立明堂、封禅、改历服色诸事皆未获完成。直到窦太后崩，儒学大受褒崇，倪宽、司马迁等从公孙臣、贾谊之言，认定秦在水德，汉当据土德以克之，服色数度，遂顺黄德。依五德终始之论，夏为木德，商以金德克之，周为火德，以火克金，秦又以水德克周火，汉据土德，正以土克秦之水。至此，大汉终于在五德终始系统中找到了一个合法化位置。可能是在武帝之前，将高祖刘邦塑造成圣王的政治神话业已滋生，司马迁作《高祖本纪》时也对这些神话深信不疑，其中之一即是刘邦以赤帝子斩白帝子的著名故事。此故事象征汉灭秦乃是早为天意所预定，刘向父子别具特色的五德终始系统，即是受此影响。《汉书·郊祀志》赞云："刘向父子以为帝出于震，故包羲氏始受木德，其后以母传子，终而复始，自神农、黄帝下历唐虞三代而汉得火焉。故高祖始起，神母夜号，著赤帝之符，旗章遂赤，自得天统矣。"如此则汉在五德终始中又当火德。王莽篡汉，承袭此说，刘邦既为尧后据火德，火生土，则当土德的王莽便可合法地承受刘氏的禅让。光武打下天下，亦以汉为火德，色尚赤。自是以后，大汉在五德系统中又有了另一种合法性的位置。

汉赋尤其是东汉赋亦可见五德终始的政治神话。班固《东都赋》言光武"体元立制，继天而作。系唐统，接汉绪，茂育群生，恢复疆宇，勋兼乎昔，事勤乎三五"，"唐统"即是"唐尧之统"，此为五德系统中汉乃尧后的神话。张衡《东京赋》谓高祖刘邦"杖朱旗而建大号"，"朱旗"蕴涵着一段赤帝子斩白帝子

①②《汉书·郊祀志》。

339

的故事,更昭示汉之火德。李尤《函谷关赋》云:"惟皇汉之休烈兮,包人极以据中。混无外之荡荡兮,惟唐典之极崇","唐典"乃是"唐尧之法典",大汉极其尊崇唐尧之典则,即表明汉乃帝尧之苗裔。又其《德阳殿赋》有"若炎唐,稽古作先"句,言汉顺承唐尧,考行古道,亦暗含汉之火德。王延寿《鲁灵光殿赋》云:"粤若稽古帝汉,祖宗睿哲钦明。殷五代之纯熙,绍伊唐之炎精",这是说汉帝考行古道,富于睿智,盛于五代广大之道,而又继帝尧火德之运。《文选》李善注引李尤《德阳殿赋》"若炎唐,稽古作先"后,又引《东观汉记序》"汉以炎精布耀,或幽而光",又引冯衍说鲍永"社稷复存,炎精更辉",此皆谓汉为尧后,当火德之运。

符瑞的政治神话在汉代亦获得精心编造。符瑞涵括两种:一为王者致太平之祥瑞,一为王者受命之符。受命之符往往又与缱纬之学联系在一起。董仲舒在其对策云:"臣闻天之所大奉使之王者,必有非人力所能致而自至者,此受命之符也。"高祖以赤帝子斩白帝子,即可视作一受命之符。汉宣帝亦有受命之符,《汉书·睦弘传》载,孝昭元凤三年正月,"泰山莱芜山南匈匈之有数千人声,民视之,有大石自立,高丈五尺,大四十八围,入地深八尺,三石为足。石立后有白鸟数千下集其旁。是时昌邑有枯社木卧复生,又上林苑中大柳树断枯卧起,亦自立生,有虫食树叶成文字,曰'公孙病已立'。"睦弘据此推《春秋》之义,以为"非人力所为,此当有从匹夫为天子者",并明言"枯社木复生,故废之家公孙氏当复兴者也"。后五年,宣帝果然兴于民间,正合符命。光武中兴,依然是承天符命。光武兴兵三年后,诸将恳请他上尊号,立为天子,正犹豫之间,光武昔日在长安时的同舍生强华从关中来,奉上《赤伏符》,言"刘秀发兵捕不道,四夷云集龙斗野,四七之际火为主"。群臣因复奏曰:"受命之符,人应为大,万里合信,不议同情……今上无天子,海内淆乱,符瑞之应,昭然著闻,宜答天神,以塞群望",光帝于是即皇帝位[①]。纬书中的所谓"河图洛书"更是典型的王者受命之符。"河图洛书"之说在先秦即有流传,但它真正成为一种政治神话则在汉代。《汉书·五行志》言:"刘歆以为伏羲氏继天而王,受《河图》,则而画之,八卦是也,禹治洪水,赐《雒书》,法而陈之,《洪范》是也。"刘歆以易卦属"河图",以《洪范》归"洛书",这是祖述古义的一派,其受命之符的政治神话尚不显明。而兼治今古文的郑玄属于另一派,他注易纬《乾凿度》卷上云:

---

① 《后汉书·光武帝纪》。

"河图者,河中得天书,文图诏,龙衔出。"邢昺《论语疏》亦谓郑玄"以为河图洛书,龟龙衔负而出……上有列宿斗正之度,帝王录纪兴亡之数是也",郑玄将"河图洛书"视为王者兴亡之符,政治神话的意味非常浓重。其实,郑玄此说源于纬书,纬书认为圣人之兴起必有符瑞,"河图洛书"即是所谓"圣人八符"之一,三皇中的伏羲以及黄帝尧舜等皆是受"河图洛书"而起。①而在汉世政治中,王莽和刘秀最热衷于造作图书,以此作为受命的象征符号。

　　光武"宣布图谶于天下"②,"及显宗、肃宗因祖述焉。自中兴之后,儒者争学图纬,兼复附以妖言"③,谶纬之学于是大盛于东汉,俨然成为决定嫌疑的国家宪法,儒生上书言事,往往称引谶纬,以之作为所言正当性的佐证。贾逵甚至以是否合乎图谶作为标准,裁定经义之正邪,为《左传春秋》争立经位,"《五经》家皆无以证图谶明刘氏为尧后者,而《左氏》独有明文。《五经》家皆言颛顼代黄帝,而尧不得为火德、《左氏》以为少昊代黄帝,即图谶所谓帝宣也。如令尧不得为火,则汉不得为赤。"④自然,亦有可数的几个非议谶纬。桓谭上疏光武云:"诸巧慧小才使数之人,增益图书,矫称谶记,以欺惑贪邪,诖误人主,焉可不抑远之哉!"光武不悦。其后诏议灵台所处,光武谓桓谭曰:"吾欲以谶决之,何如?"桓谭默然良久,曰:"臣不读谶。"光武问其故,桓谭又极言谶之非经。光武大怒曰:"桓谭非圣无法,将下斩之。"桓谭叩头流血,良久乃得解⑤。著名的非谶者还有郑兴,光武欲以谶决断郊祀事,问郑兴何如,郑兴对曰:"臣不为谶。"光武怒曰:"卿之不为谶,非之邪?"郑兴惶恐,曰:"臣于书有所未学,而无所非也。"光帝这才宽恕了他,但终以不善谶而不获任用⑥。另一位儒生尹敏,亦以为"谶书非圣人所作",光武令其校图谶,他因阙文自增谶语曰:"君无口,为汉辅"⑦,借此向光武开了一个玩笑。

　　在谶纬获得话语权威之下,像桓谭辈这样的清醒者毕竟只是极少数,绝大多数皆是真诚地信仰。东汉赋家笼罩在如此一种氛围里,其思想很难不烙

---

　　① 参见冷德熙:《超越神话——纬书政治神话研究》,东方出版社,1996年,第282—285页。
　　②《后汉书·光武帝纪》。
　　③《后汉书·张衡传》。
　　④《后汉书·贾逵传》。
　　⑤《后汉书·桓谭传》。
　　⑥《后汉书·郑兴传》。
　　⑦《后汉书·儒林传》。

下谶纬的印记。班固自不必说，从其《汉书》即可观得分明。《高帝纪》记载了汉高祖的受命之符，最后又赞曰："汉承尧运，德祚已盛，断蛇著符，旗帜上赤，协于火德，自然之应，得天统矣。"可见他对于符命乃是不存疑虑的。至于张衡，《后汉书》本传载他"以图谶虚妄，非圣人之法"，并上疏谓"皆欺世罔俗，以昧势位……宜收藏图谶，一禁绝之"。今人据此记载，又惑于他的"科学家"身份，便断定他富有理性精神，业已远离了谶纬。这真是误解了张衡。只要看一看他的赋文本，问题便很清楚了。《西京赋》云：

> 自我高祖之始入也，五纬相汁，以旅于东井……天启其心，人惎其谋。及帝图时，意亦有虑乎神祇。宜其可定以为天邑。岂伊不虔思于天衢？岂伊不怀归于枌榆？天命不滔，畴敢以谕！

"五纬相汁，以旅于东井"，即是高祖的一个受命之符。"五纬"即五星，意思是五星相和，聚于东井。《汉书·高帝纪》载："元年冬十月，五星聚于冬井。沛公军霸上。"颜师古注引应劭曰："东井，秦之分野。五星所在，其下当有圣人以义取天下。"《汉书·天文志》载："凡五星所聚宿，其国王天下；从岁以义……五星若合，是谓易行；有德受庆，改立王者，掩有四方，子孙蕃昌。"又占曰："汉元年十月，五星聚于东井，以历推之，从岁星也。此高皇帝受命之符也。故客谓张耳曰：'东井秦地，汉王入秦，五星从岁星聚，当以义取天下。'"

此段旨在申明高祖入兵关中，合于受命之符，而其定都长安，乃是天命所定，莫敢逆违。又《东京赋》云："高祖膺箓受图，顺天行诛，杖朱旗而建大号。""膺箓"谓当五德相胜之箓。《文选》李善注引纬书《春秋命历引》曰："五德之运徵符合，膺箓次相代。"联系"杖朱旗而建大号"句，则高祖起兵打天下，乃是符合五德运行之征，正当火德，色尚赤。此既是五德终始的神话，亦是受命之符的神话。

谶纬系统里的"图"不外乎河图与孔图两种。《东京赋》又有"龙图授羲，龟书畀姒"，伏羲氏得龙马所负之河图，禹受神龟所负之洛书，这是真正的"河图洛书"。这里援引纬书，意在借此神异化东京洛阳。而"高祖膺箓受图"之"图"，却非"河图"，而是上天授予孔子之图。此图三卷，孔子获麟时，由麟口中吐出。《孝经纬·右契》说："孔子精而读之，图广三寸，长八寸，每卷二十四字。其言赤刘当起。曰：周亡，赤气起，火曜耀兴，元邱制命帝卯金。""元邱"即"玄圣"孔丘,"卯金"即"卯金刀",实为"劉(刘)",这是说天授孔图中业已明言"赤刘当起",而又赋予孔子一个神圣的文化使命,令他为赤刘制法,即所谓汉儒所虔诚信仰的"孔子为汉家制度"。纬书中又有孔子"端门受命"一说,说的乃是天上掉下一方血书,落到鲁国的端门上。书上写的是"趋作法!孔圣没,周姬亡,彗东出,秦政起,胡破术,书纪散,孔不绝"。第二天,子夏去看,血书变为赤鸟飞去了,留下一个图,画的是孔子制法的形状,上面题着"演孔图"三字。①

《孝经纬·右契》又载,《春秋》和《孝经》制作完成后,孔子祭告天地,此时,突然出现了神异之象,天上出现浓厚的云气,白色的烟雾一直降到地,一条赤色的彩虹从天而下,变成黄色的玉,长三尺,上有刻文。孔子忙跪下接起,读道,"宝文出,刘季握。卯金刀,在轸北,字禾子,天下服"②。"卯金刀""字禾子",是"刘季"的拆字,即是高祖刘邦。这是说宝文一出,刘邦将据此在轸宿分野的北面起事,后来统一天下。而宝文乃为孔子制作,这又是在重申孔子为刘汉制法。由此可知,高祖所受之"图",实是由素王孔子受命制作推演的所谓"演孔图",亦即是刘汉兴起的受命之符。所以,《文选》注曰:"受图,卯金刀之语。"

"箓"和"图"实又难以分开,二者甚至名异而实则一,有时组合一起连用。《河图·挺佐辅》谓黄帝所受之河图,即称为"箓图"。黄帝修德立义,天下大治,于是梦受龙图。此后,黄帝乃斋戒七日,率天老五圣以游河洛之间。求梦中所见之处不得,又来到翠妫之间,却见一大卢鱼游来。"(黄帝)独与天老跪而迎之。(鱼泛白图,兰叶朱文)五色卑具,天老以授黄帝,舒视之,名曰箓图。"③

班固《西都赋》亦认为大汉之兴,乃是符命所定,赋云:"及至大汉受命而都之也,仰悟东井之精,俯协《河图》之灵……天人合应,以发皇明,乃眷西顾,实惟作京。""东井之精"同于《西京赋》所云"五纬相汁,以旋于东井"。"《河图》之灵",即《河图》中"卯金刀"之语,与《东京赋》"高祖膺箓受图"同义。《文选》注"《河图》之灵"引纬书《春秋·汉含孳》曰:"刘季握卯金刀,在轸北,字季,天下服。"这其实是上文所引的孔子制经功成告天时所受之文,即是天命,亦为孔意,构成刘邦受命而王的政治神话的一个重要组成部分。

杜笃《论都赋》云:"天命有圣,托之大汉。大汉开基,高祖有勋,斩白蛇,屯

①② 参见顾颉刚:《汉代学术史略》,东方出版社,1996 年,第 123 页。
③ 参见冷德熙:《超越神话——纬书政治神话研究》,东方出版社,1996 年,第 108 页。

黑云,聚五星于东井,提干将而呵暴秦。"圣人孔子禀受天命,他作为天命的人格化,又为汉世制度,使天命在汉世现实化。"斩白蛇""屯黑云""聚五星于东井",都是天命之呈现,亦即高祖刘邦受命的象征符号。这里铺叙演绎的依然是刘邦受命而王的政治神话。

光武帝刘秀精于造作图谶符命,即皇帝位的《赤伏符》是一个最著名的例子,后又有谶记"刘秀发兵捕不道,卯金修德为天子"。就是他的出生,也是符瑞频至,先是"有赤光照室中",卜者以为"此兆吉不可言",随后"县界有嘉禾生,一茎九穗",据说,其名"光武"和"秀"即由此二祥瑞而得。后望气专家苏伯阿受王莽派遣至南阳,远远地望过去,叹曰:"气佳哉!郁郁葱葱然。"再后来,他起兵打天下,还归舂陵,远望舍南,只见"火光赫然,有顷不见"①。这些符瑞和谶言神话般地塑造出一个居于火德复兴汉室的真命天子形象,对此,时人皆深信不疑,《后汉书·光武帝纪》论曰:"其王者受命,信有符乎?不然,何以能乘时龙而御天哉!"

东汉的赋家对此亦是深信不疑,他们在赋里大肆铺陈笔墨,做极力的渲染。兹罗列几家:

班固《东都赋》:
　　下人号而上诉,上帝怀而降监。及致命乎圣皇。于是至皇乃握乾符,阐坤珍,披皇图,稽帝文。赫然发愤,应若兴云。
杜笃《论都赋》:
　　于是圣帝(光武),赫然申威。荷天下之符,兼不世之姿。受命于皇上,获功于灵祇。
傅毅《洛都赋》:
　　惟汉元之运会,世主受命而弭乱,体神武之圣姿,握天人之契赞。

所谓"握乾符,阐坤珍,披皇图,稽帝文",所谓"荷天下之符""握天人之契赞",在崔骃《反都赋》、李尤《函谷关赋》中也有渲染。这些全是同义反复,无非是说光武中兴乃是上天授命,其取得天下具有合法性和神圣性。

汉赋主要是以五德终始和图谶符命两种方式完成了圣王政治神话的制作。从以上的解析可知,这个圣王神话又主要针对汉世的两位君主,一位是大

---

① 均见《后汉书·光武帝纪》。

汉开基之君刘邦,另一位是光复汉室的中兴之君刘秀。很显然,汉赋圣王神话之所以选择此二君,是因为他们同为开辟之君,其取得的权力及其治理天下,皆需合法化的证明,不像继体守文、承统接绪之君,天下用不着自己去打,只是在一家一姓的天下里交接政权,而其政权本身天然拥有不证自明的合法性。如前所言,刘邦以布衣之身崛起,奠定刘家天下,但他以力取天下,又很难说是以德治天下,不可称之为"圣王",而欲维持秩序化历久而不坠,则必须再合法化,亦即对其历史和现实形态中的形象进行一番神话形态中的想像性重新塑造,使之符合"圣王"形象。汉赋关于刘邦的圣王神话,充当的正是这种合法化的政治功能。而光武帝刘秀,尽管《后汉书·光武帝纪》说他是"高祖九世之孙也,出自景帝生长沙定王发",但他的取天下决非刘姓内部的政权合法化传承转移,他依旧是以武力革命的方式打天下,是以力取,而非以德取。乍看上去,光武是"刘"姓,他革的乃是王莽之命,从这个意义上,光武革命是光复汉室、重建刘家天下的行为。一般民众亦容易为此迷惑,因而会认定光武取天下具有相当的合法性。但是,天下"刘"姓如此之多,为何偏偏是刘秀?无疑,刘秀打天下时有意利用了"刘"姓来做合法化证明。只是这种合法化毕竟很脆弱,加之进一步地整合和控制秩序,因而光武的统治还需要新的合法化论证。

完成了上面的分析,我们可以对汉赋政治神话的特质与功能进行理论上的基本界定。作为汉赋政治神话制作的两种主要方式,德运与符命本身即与缠纬无法分开,除了圣王感生、异貌的神话外,汉赋政治神话几乎可以视作缠纬政治神话在文学话语中的旅行,它迫于帝国境遇中政治问题的压力,旨在以神圣的方式完成统治权力的合法化,并为着秩序化的维持而进行永无息止的合法化论证,从而成为帝国政治的一种支持力量。

从历史角度来看,每一种社会政治秩序并不必然都需要神圣化,但是,在社会整合的技术颇不发达的汉代,赋予秩序化以神圣的意义,却成为一种特殊的社会整合"技术"。美国宗教社会学家彼得·贝格尔曾指出:"可以有把握地说,最初的一切秩序化都具有神圣的特征。不仅在我们现在称为文明之前的人类在地球上生存的几千年当中,就是在人类历史的大部分时间中,都是如此。从历史看,人类的世界大多数都是神圣化了的世界。"①他论说的是一种

---

① [美]彼得·贝格尔:《神圣的帷幕——宗教社会学理论之要素》,高师宁译,上海人民出版社,1991年,第35、42—43页。

宽泛意义的宗教,亦适合于我们所关注的汉代政治神话。至于合法化,它归根结底关涉社会的整合与控制。一般而论,完成社会整合与控制,自然必须凭借赤裸裸的国家暴力,但独倚国家暴力的统治却注定是短命的,秦朝的二世而亡即是一个很好的例证。在国家暴力之外,还必须依靠思想和文化的力量,在全民中造成一种对于现存政权的心悦诚服的认同感。合法化所欲解决的正是这种认同感。汉赋政治神话的主要政治功能亦是完成合法化证明,但它与现代社会由一套主义或学说的理论化来证明合法化颇不相同,这个不同不仅体现在前文业已指明的——它远没有现代政治神话那样系统而精密的一套理论或观念体系,而且还体现在它的合法化亦像秩序化一样,被赋予了神圣的色彩。

原载《学习与探索》,1999 年第 3 期

先秦时代的谏议理论与君主专制主义 *

进诔与纳谏,是中国古代政治生活中常见的现象,以至形成了一套理论。究其始源,先秦有自。对进谏与纳谏,人们总是加以讴歌。可是,对包括谏议性质在内的谏议理论及其政治效果等问题,却极少论及。本文仅就先秦时代的这些问题作一初步剖析,以期抛砖引玉。

一、谏议是君主专制制度的一种补充

从殷代到秦,政治制度演变中一个最突出的特点就是君主专制的不断强化。殷代初年,大臣伊尹可以对"不遵汤法"的帝太甲"放之于桐宫"①。但到殷代末年,对商纣王的暴虐统治,却谁也无能为力。周代实行的分封制,看起来似乎是一种分权的行为,但最高权力仍属周天子。春秋战国时期,各大小受封者之间的斗争,一方面使诸侯的统治区域不断扩大,另一方面也使得君主专制不断加强。从中国历史看,殷代以降,虽然一直存在着朝堂议事制,甚至有时出现大臣专朝政的现象,但从未产生过制约君主决断权的政治机构,更没有什么所谓的城邦民主制。

君主专制制度的基本特征是君主个人独裁专断和排斥民主性,这就使得在处理政治、经济等各种问题时具有明显的偶然性。由君主专断和昏庸所造成的政治上不稳定的事实常常出现在统治阶级面前,甚至造成某个王朝的覆灭。这种不断重复出现的历史事实,迫使统治阶级不得不去寻求一些补救的办法。于是,作为君主专制制度补充手段的进谏与纳谏便应运而生了。从文献上考察,最初论述这个问题的是周初的政治文告。周公等人在总结夏、商、周盛衰的历史经验与教训时,虽然主要着眼于天命与君主的"德行",但同时也涉及了纳谏问题。这在《牧誓》《酒诰》《召诰》诸篇中均有一定反映。例如周公

---

* 本文与王连升合作。
① 《史记·殷本纪》。

在《酒诰》中告诫康叔说:"古人有言曰:'人无于水监(鉴),当于民监。'今惟殷坠其命,我其(岂)可不大监?"具有明显的倡导听谏的性质。西周末年的讥讽诗及记述这个时期的历史文献,明确阐述了能否纳谏是关系到国家兴亡的大问题。《诗经·民劳》篇最早提出了"谏"这个概念:"王欲玉女,是用大谏"。

春秋之世,许多人也认为国之兴衰,关键在于能否任用谏臣,如晋大夫范文子说:"兴王赏谏臣,逸王罚之。"[①]衡量臣僚的才能也主要看能否向君主进谏,如晋大夫史墨就曾说过:"夫事君者,谏过而赏善,荐可而替否,献能而进贤,朝夕诵善败改而纳之。"[②]战国时代,诸子对进谏与纳谏问题进行了更深入的讨论。除了道家以外,几乎一致认为君主纳谏与否关系到国家兴败存亡,并用这个观点去解释历史上王朝的盛衰。在这种舆论下,连极力鼓吹君主绝对专制的法家也主张君主要纳谏,如《管子·形势解》说:"谏者,所以安主也,……主恶谏则不安。"

尽管先秦政治家与思想家如此重视进谏与纳谏的作用,但进谏与纳谏从来不是一种政治制度。君主没有必须纳谏的限制,臣下也没有必须进谏的义务,在这方面没有任何制度上的规定。因此,进谏与纳谏就其性质与实行情况而论,仅仅属于政治责任感与道德品质范围的事而已,是君主专制制度的一种补充。

二、谏议理论

由于先秦时代人们普遍地把进谏与纳谏看作是国家兴亡的主要原因,所以政治家与思想家都十分重视谏议问题, 相当多的人从理论上进行了阐述。纵观先秦政治家与思想家的言论,他们的理论主要有如下几种:

1.扬"和"弃"同"论 "和"是讲各种不同的事物需要互相补充和有机配合的关系;"同"是指事物的单一性。最早提出"和""同"论的是西周末年的周太史伯。当时任周司徒的郑桓公问太史伯周的命运如何,史伯认为周王室的末运已到,其原因就是周幽王"去和而取同",即听不进不同意见,只喜欢阿谀逢迎。史伯认为,百物是由土与金、木、水、火相杂而生的,所以人也是"和五味

---

① 《国语·晋语六》。
② 《国语·晋语九》。

以调口,刚四肢以卫体,和六律以聪耳,正七体①以役心。"表现在政治上,就是君主能力之不足要靠设百官、选择臣僚、采纳谏议来补充。如果万物一色、一声、一味、一貌,事事相同,事物就不能存在下去。如果"以同裨同",就会"同则不继"。"同"在政治上的表现就是爱听顺耳之言,重用谗谄巧佞之人。史伯认为,周幽王不是扬"和"弃"同",而是弃"和"取"同",所以必然要衰败下去②。

事隔一百多年,齐大夫晏婴劝齐景公纳谏讲的也是史伯的"和""同"论。晏婴比史伯前进的地方在于,他指出君绝不是事事皆当,臣对于君也不能一味顺从,而应有所补正。这就是晏婴所说的"君所谓可而有否焉,臣献其否以成其可。君所谓否而有可焉,臣献其可以去其否。"③

继晏婴之后,孔子赋予"和"与"同"更加广泛的意义,明确提出"君子和而不同,小人同而不和"。④

"和""同"论为君臣关系的相对性提供了理论基础,认为君的言论与行动既可能是可,也可能是否,或可否兼有,绝非绝对正确。臣对君不应一味苟合取容,而应虑其可否,献其可,替其否。"和""同"论从哲学的角度论证了进谏与纳谏的必要与合理。

2.为社稷论 在殷与西周时期,君主与社稷即国家政权是合二而一的。这种观念直到春秋时期仍为相当多的人所坚持,如楚大夫克黄说"君,天也"。⑤由此认为,生应为君之臣,死应为君之鬼。又如晋灭狄国,俘狄君,晋让狄故臣夙沙釐去做新首领涉佗的臣,夙沙釐断然拒绝,而情愿随狄君一同做俘虏。他的根据就是"委质为臣,无有二心"⑥。

但是随着历史的不断发展变化,特别是一些君主胡作非为所引起的政治动荡不安的事实,人们在开始怀疑君主即社稷的观念,一些人提出了君主不能等同社稷的主张,并付诸行动。如晏婴就曾对两者进行过区分。公元前635年,齐大夫崔杼专权,他借故杀死了齐庄公。齐庄公的宠臣、嬖幸纷纷自愿殉死,而晏子只是大哭一场了事。当时有人问他为什么不殉主,晏婴讲了一番

---

① 韦昭注:七窍也。
② 以上引语均见《国语·郑语》。
③ 《左传》昭公二十年。
④ 《论语·子路》。
⑤ 《左传》宣公四年。
⑥ 《国语·晋语九》。

君、臣与社稷之间关系的道理。他说："君民者,岂以陵民?社稷是主。臣君者,岂为其口实?社稷是养。故君为社稷死,则死之;为社稷亡,则亡之。若为己死而为己亡,非其私暱,谁敢任之?"①晏婴把君主与社稷区分开来,在政治上具有重大意义。社稷象征着统治阶级的整体利益,君主虽然是社稷的中心人物,但君主的言行并不一定符合社稷的利益。在两者发生矛盾时,应把社稷利益置于君主利益之上。根据这一原则,臣下对君主就不能一味阿顺,而应该分别不同情况采取不同态度。当两者利益一致时,为君主也就是为社稷;当两者发生矛盾时,应该为社稷而不应唯君主之意志是从。正是根据这一理论,孟子把臣分为两类,他说:"有事君人者,事是君,则为容悦者也;有安社稷臣者,以安社稷为悦者也。"②孟子还有一句名言:"民为贵,社稷次之,君为轻。"③人们对这句话的理解虽然颇多歧义,但有一点可以肯定,孟子是把社稷看得高于君主的。荀子把君与国区分得更明确,认为国比君更重要。他认为,为了安社稷,治国家,应该勇于进谏,要明君之过,禁君之非,昧死以争,直至"抗君之命,窃君之重,反君之事,以安国之危"。这样的臣才是"社稷之臣也,国君之宝也"。④

在许多思想家那里,为社稷的另一种提法就是为"公"、为天下。

春秋时期"公"与君主还是基本上一体,为"公"就是为君主。到战国,"公"与君主就逐渐分析为二了(有些著述仍持"公"与君主同体说)。"公"代表着国、社稷与统治者的共同利益和一般原则,如规章、法律、礼仪等等。而君主的个人行为、喜好等等,属于"私"。许多思想家提出贵公而去私,先公而后私,尊公而抑私等主张。君主必须"任公不任私",因为"私者,壅蔽失位之道也"。⑤荀子提出君主用人要"公",办事要"公察",行事要"公道",并说"人主不公,人臣不忠"。⑥

《吕氏春秋》中有一篇《贵公》,把这种理论发展到了一个新的高度。文中说:"昔先圣王之治天下也,必先公,公则天下平矣,平得于公。……有得天下

---

① 《左传》襄公二十五年。
② 《孟子·尽心上》。
③ 《孟子·尽心下》。
④ 《荀子·臣道》。
⑤ 《管子·任法》。
⑥ 《荀子·王霸》。

者众矣,其得之以公,其失之必以偏。"其中最著名的一句话是:"天下,非一人之天下也,天下之天下也。"既然天下是天下人的天下,为臣的当然也就不是为君主一人而生活了,进谏、议政就是理所当然的事。

以上我们列举的这些为社稷、为国、为公而谏的理论,虽有高下之分,优劣之别,从总体上讲,这种理论把国家与君主作了区分,把社会整体与君主个人作了区分,这就为进谏提供了较高的理论依据。进谏者扛上这面旗帜,就可以直言议政,不必在君主面前低声下气。

3.为道论 统治阶级的政治家与思想家在总结历史经验教训的过程中,逐渐从具体的政策、措施和手段中抽象出一些反映统治阶级利益的一般概念,这些概念称之为"道""德""礼""义""仁""性""则""法""常""训"等等。虽然这些范畴具有历史性,而且在不同的政治流派中各有不同的内容,但都是讨论一般原则的。这类政治思想范畴在殷代已有发端,见于卜辞与《盘庚》篇的有"德""礼""重民""正法度"等等。西周初年,周公曾经提出了相当完整的"德"的理论。到了春秋时期,这种理论又有进一步的发展。例如,晋献公欲废太子申生而立奚齐,大臣丕郑就极力反对,打出了从义不从君的招牌。他说:"吾闻事君者,从其义,不阿其惑。""民之有君,以治义也。"[①]在丕郑看来,义高于君,当君与义发生矛盾时,服从于义而不服从于君。君主也要在义的面前接受检验。当时,有不少人正是举着义的魔杖谏君过,正君非。如鲁宣公在初夏之时用密网捕鱼,大夫里革便举着"古之训"的旗号加以阻止,开始以忠言相劝,不听,便动刀割断了渔网。鲁宣公在义面前只好作罢。

战国诸子崛起,他们以制造理论以干帝王为业,各色的道义理论纷纷登上政治舞台。除了那些为利禄求官爵的说客之外,思想家中的多数都把自己所阐发的"道""义"放在第一位,当道义与利禄相矛盾时,许多人持道义而弃君禄。稍稍靠前些的孔子曾说过:"不义而富且贵,于我如浮云。"[②]不管人们对孔子的评价如何,这一点他大体上是实践了的。

墨子为了他的"兼爱""尚贤"等主张,奔波了一生。他用这些理论解释了历史,又用来衡量现实。他把王公大人士君子们统统放在他的理论面前进行检验。孟子为道而谏的劲头更足。他说:"居天下之广居,立天下之正位,行天

---

①《国语·晋语一》。
②《论语·述而》。

下之大道,得志与民由之,不得志独行其道。富贵不能淫,贫贱不能移,威武不能屈,此之谓大丈夫!"①庄子的表现特殊,他不积极干政,但也把自己的理论看得高于一切,为了信守自己的理论,他决不折腰事权贵。荀子说过一句很有分量的话,即"从道不从君"。②所以荀子为道而谏的态度也是相当积极的,不过方式不同而已。

政治家与思想家所讲的这些"道""义""德"等等,都是他们自己的理想国。所不同的是,有的打着他们自己的印记,有的则打着先王圣主的印记。他们苦心孤诣制造出这些理论来,都不是个人的私事,而是为了干预政治,为向君主进谏提供理论武器。历史上许多思想家批评君主正是以此为依据的。

4.疏导论　在阶级社会中,有君臣、上下、尊卑、贵贱等森严的等级差别。由于君主高高在上,深居简出,所以常常出现君主不了解下情,上下不能沟通的情况。黎民的处境已是痛苦不堪,君主还以为人间遍地是天堂。待到民众已经举起了造反的火把,则只有进行镇压一途。由这种原因所造成的王朝覆灭的事实,就成了疏导论的依据。这种理论的主要用意在于要君主听取臣下之言和人民的心声,以便了解社会的实际情况,进而采取相应的维护统治阶级统治的措施,不能一味压制。疏导论最早是由周厉王时的邵穆公提出来。周厉王"弭谤",穆公虎对他讲了听言纳谏的道理,其中最著名的话如:"为川者决之使导,为民者宣之使言。""夫民虑之于心而宣之于口,成而行之,胡可壅也?若壅其口,其与能几何?"③邵穆公的疏导论在《左传》中也每每有人谈到,最著名的如郑子产的"小决使导"的主张等。④

《吕氏春秋》有几篇对这种理论进行了专门的论述,明确指出疏导的目的在于达郁、开塞以知实。《达郁》篇首先论述了万物"通"则生,"郁"则败的道理。作者说,人的血脉通,精气行,就不会生病。病是由于血脉不通,精气郁结所致。自然万物莫不如此。"水郁则为污,树郁则为蠹,草郁则为蕡。"同样,国亦有郁,就是"主德不通,民欲不达"。"国郁处久,则百恶并起,而万灾丛至矣。上下之相忍也,由此出矣。故圣王之贵豪士与忠臣也,为其敢直言而决郁塞

---

① 《孟子·滕文公下》。

② 《荀子·臣道》。

③ 《国语·周语上》。

④ 《左传》襄公三十一年。

也。"接着又引述了周厉王"弭谤"的历史教训。《壅塞》篇论述了君主不听直言则壅塞，壅塞则亡国的道理。文中说："亡国之主不可以直言。不可以直言，则过无道闻，而善无自至矣，无自至则壅。"《贵直》篇说只有朝廷多直言，才能见枉而知实，如果"欲闻枉而恶直言，是降其源而欲求其水也"。

5.补短论 这种理论的出发点是"物固莫不有长，莫不有短，人亦然。"[①]《用众》篇把能否"假人之长以补其短"视为能否取天下和统治天下的基本条件。文中分析这个道理时说："天下无粹白之狐，而有粹白之裘，取之众白也。夫取于众，此三皇五帝之所以大立功名也。凡君之所以立，出乎众也。立已定而舍其众，是得其末而失其本；得其末而失其本，不闻安居。故以众勇，无畏乎孟贲矣；以众力，无畏乎乌获矣；以众视，无畏乎离娄矣；以众知，无畏乎尧舜矣。夫以众者，此君人之大宝也。"当时尧舜被人们尊为至圣，而作者认为依靠众智则无畏乎尧舜，这真是至理名言！

《吕氏春秋》在许多篇中反复论述过，即使明君也不能遍见万物，遍知万事，必有不及臣者。《自知》篇说："人主欲自知，则必直士。故天子立辅弼，设师保，所以举过也。……尧有欲谏之鼓，舜有诽谤之木，汤有司过之士，武王有戒慎之鞀，犹恐不能自知。今贤非尧舜汤武也，而有掩蔽之道，奚由自知哉？"历史上是否真有其事，我们且不去管它，这里所讲的道理却是相当深刻的。

在先秦诸子中，类似以上的论述颇多。思想家们反复指出，君主无论在能力上，还是对事物的认识方面，都有局限性，都有所短。君主要巩固自己的统治，就应该用贤纳谏，用君子的智慧来补自己的不足。

6.尊师听教说 君主虽有无上的权力，但不一定都圣明。只有为数不多的君主被人们称为"圣王""明君"。对君主进行品分早在周代已见诸文献，春秋时期把君主分为圣、明、昏、暗已相当普遍。谥法起于何时，史学界看法不一致，但至晚不会下于春秋。谥法就是对君主进行品分的方式之一。战国时期，诸子以他们的理论为标准，对君主进行了各式各样的品级分类。这种分类不是为了说明历史，而是为了寻求现实君主的标准，找到君主学习的楷模。

思想家不仅在君主的队伍中寻找当政者的老师，而且还在臣中为君主树立榜样。如他们所讲的"圣臣""辅臣""谏臣"等等，其位虽低于君主，但才能却高于君主，君主应尊他们为师。《墨子·所染》篇是阐发这种理论的重要著作。

---

① 《吕氏春秋·用众》。

作者认为,君主的成败在于他所沾染的人物,染于圣则胜,染于小人则败。孟子十分强调有道之士的责任在于教育君主,他说:"君子之事君也,务引其君以当道,志于仁而已。"①又说:"唯大人为能格君心之非。"②荀子的《劝学》篇只泛泛论述了重学尊师,《吕氏春秋·劝学》则突出了君主尊师听教的问题,曰:"古之圣王,未有不尊师者也。尊师,则不论其贵贱贫富矣。"《吕氏春秋·尊师》篇还叙述了历代圣王尊师听教而治国的先例。

与尊师听教说相近的,还有以臣为镜说。《吕氏春秋·达郁》篇说:"万乘之主,人之阿之亦甚矣,而无所镜其残,亡无日矣。孰当可而镜,其唯士乎!人皆知说镜之明己也,而恶士之明己也。镜之明己也功细,士之明己也功大。"

宣传臣比君更有才智,君主应尊臣为师,这就为进谏与纳谏提供了又一个理论根据。

7. 拒谏易位说 这一说是由孟子提出的,他说:同姓卿臣,"君有大过则谏,反复之而不听,则易位。"③所谓易位,就是取而代之。孟子之论的可贵处在于指出了君主有过不改,就没有再做君主的资格,从而剥夺了君主不可侵犯的神圣性。

以上种种谏议理论无疑都具有一定的民主气味。但是,所有这些理论又都没有从政治制度上提出解决矛盾的方案。相反,都是把希望寄托在君主的开明上。孟子的易位论,也只限于同姓家族有此权利,还是以家天下为基础。乍然看去,进谏是对君主个人专制的削弱或否定,然而进谏必须通过君主纳谏来实现,所以纳谏的品格高于进谏,进谏的命运完全取决于君主的态度。因此,从根本上看,这些理论是对君主专制主义维护与肯定。许多颂扬进谏与纳谏的文章没有揭穿这一点,模糊了事情的本质,这是需要加以澄清的。

三、进谏态度

依照上述理论,臣子们以为可以毫无顾忌地把谏议送上朝堂。然而中国古代既然没有保障谏议的政治制度,权力至上的君主对臣下的谏议,可以奉

---

① 《孟子·告子下》。
② 《孟子·离娄上》。
③ 《孟子·万章下》。

为至宝,也可以打入冷宫,甚至还可以将善为恶。因此,进谏的政治后果就不都是美妙的,进谏者需要冒很大的风险。这就使进谏者分化成不同的态度。概括言之,可分为三种。

第一种可称之为忠死之谏。其基本态度是:进谏者或出于为国,或出于忠君, 或为了道义而置个人生死于不顾。许多人把这种人看作是为臣的楷模。《管子·形势解》说:"正谏死节,臣下之则也。"荀子把那些为国而不怕杀头,敢于矫君之非的臣僚称之为"争臣""辅臣""拂臣"①。《墨子·七患》篇讲到,国无拂君命大臣,是国之大患之一。《吕氏春秋·士节》篇说:"士之为人,当理不避其难,临患忘利,遗生行义,视死如归。"先秦有相当多的人提倡对君主要敢于"谔谔",反对并卑视"诺诺"。

人们尽管褒扬忠死之谏,但真正能做到的则屈指可数。就先秦时期来说,能够称得上是忠死以谏的臣子,也只有夏桀时的关龙逢,殷纣时的比干,吴王夫差时的伍子胥。所以《吕氏春秋·壅塞》篇说:"非直士其孰能不阿主?世之直士其寡不胜众,数也。"所谓"数",就是必然性。

第二种可称之为谏而不争的折中态度。这种态度的特点是,君主听谏就谏,不听就算,根本犯不上为进谏而舍命。在先秦政治家与思想家中持此种态度的人不在少数,如孔子说:"所谓大臣者,以道事君,不可则止。"②又说,"天下有道则见,无道则隐。""不在其位,不谋其政。"③还说:"邦有道,危言危行;邦无道,危行言孙。"④孔子是认真执行了自己的这个原则的。孟子为进谏讲过一些激进的话,但落实到行动上也如同孔子。他说:"吾闻之也,有官守者不得其职则去,有言责者不得其言则去。我无官守,我无言责也,则吾进退岂不绰绰然有余裕哉?"

在进谏与纳谏的关系上,君主居于主导地位,臣不管怎样积极,除极个别的例子外,臣不能改变君主的决断。进谏本是有利于君主统治的政治行为,但伴随进谏者的并不是福,而常常是祸。这正如《管子·宙合》篇所说的那样:"强

---

① 参见《荀子·臣道》。
② 《论语·先进》。
③ 《论语·泰伯》。
④ 《论语·宪问》。
⑤ 《孟子·公孙丑下》。

言以为僇而功泽不加。"故聪明者"退身""以待清明"。正是由于这种情况,造成了进谏的折中主义态度。战国时燕人蔡泽曾说:"主圣臣贤,天下之福也;君明臣忠,国之福也;父慈子孝,夫信妇贞,家之福也。故比干忠,不能存殷;子胥智,不能存吴;申生孝,而晋惑乱。是有忠臣孝子,国家灭乱,何也?无明君贤父以听之。故天下以其君父为僇辱,怜其臣子。夫待死而后可以立忠成名,是微子不足仁,孔子不足圣,管仲不足大也。"①在蔡泽看来,臣子没有必要以死进谏,也不必以死为忠,因为事情的决定权并不在臣子的手中,臣子把该说而又能够说的说了,也就算尽了为臣子的职责。

在古代政治生活中,我们还可以看到与这种折中主义态度紧密相连的另一种态度,这就是"激流勇退"。这种"激流勇退"论认为:臣应该清醒认识到自己权位与君主权力之间的矛盾,当臣子达到一定的权位后,仍要进谏,可能引起君主的怀疑,此时,为臣的就应该赶快引退或缄口不语。范蠡是把握了君主专制时代君臣之间这种微妙关系的著名人物。他说过一句著名的话:"蜚鸟尽,良弓藏;狡兔死,走狗烹。"②在他看来,为臣的充其量不过是君主的"良弓"与"走狗"。他根据多年的观察,认为越王句践这个人"可与共患难,不可与共乐",所以他在越胜吴之后立即隐退,从而保全了性命。应该说,范蠡对越王的分析,在专制时代是有普遍意义的。

进谏上的第三种态度,可称之为顺谏。这种态度的特点是,在向君主进谏时,要善于寻找机会,察言观色,忖度君主的心理,委婉曲折地把自己的意见表达出来。其火候是,既表达了自己的意见,又不至于触犯龙颜。《韩非子》中有两篇文章,一曰《说难》,一曰《难言》,可谓淋漓尽致地叙述了这些臣子难以言状的隐秘心理。《吕氏春秋·顺说》篇也提倡顺谏,文中说:"善说者若巧士,因人之力以自为力,因其来而与来,因其往而与往,不设形象,与生与长。而言之与响,与盛与衰,以之所归。"总之一句话,在奴颜婢膝中向君主陈述自己的意见。《吕氏春秋·自知》篇讲了一个颇耐人寻味的故事:有一次魏文侯晏饮,让群臣评论自己,多数人阿谀奉承,讨主子的欢心。唯独任座指斥魏文侯是"不肖君",魏文侯听了很不高兴。任座出去以后,翟黄当即进言:"君贤君也。

①《战国策·秦策三》。
②《史记·越王句践世家》。

臣闻其主贤者，其臣之言直。今者任座之言直，是以知君之贤也。"魏文侯听罢转怒为喜。《战国策》所载触詟说赵太后的故事是大家所熟知的，其方式也是先顺而后谏。

纵观历史上所有的进谏者，人们不难发现，以死争谏者是极少数，多数属于第二、第三类。就进谏者本人的表现看，那些以死争谏者的精神固然值得赞扬，但我们也不想去贬斥那些玩弄折中手法和顺谏的臣子。因为造成这种现象的根本原因不在这些臣子身上，而在于君主专制制度。

四、强谏多悲剧的原因

我们把历史上进谏的事例拿来分析，就会发现，强谏者的结局多为悲剧。《吕氏春秋·离谓》篇说："无功不得民，则以其无功不得民伤之；有功得民，则又以其有功得民伤之。人主之无度者，无以知此，岂不悲哉！比干、苌弘以此死，箕子、商容以此穷，周公、召公以此疑，范蠡、子胥以此流。"《韩非子·难言》篇亦说："子胥善谋，而吴戮之；仲尼善说，而匡围之；管夷吾实贤，而鲁囚之。"这种看法对不对呢？应该说大体上是对的。但由于历史的局限，他们不可能从专制制度的本身来探讨产生这种悲剧的原因。

统治阶级为了巩固自己的统治，需要进谏，甚至还专门设置了谏官。但是，从本质上看，进谏与君主专制政体却存在着不可克服的矛盾，这些矛盾是造成进谏悲剧的根本原因。我们认为，具体说来至少有以下一些矛盾：

第一，进谏的民主精神与君主个人专断的矛盾。

进谏虽然不是一种民主制度，但它毕竟是带有民主气味的东西。从谏议理论可以看到，它不承认君主是万能的，更不承认君主绝对正确，一贯正确。然而君主专制恰恰与此相反，君主专断的特点是权力无限，地位神圣，对一切有生杀予夺之权。这正像《管子》所说："主者，人之所仰而生也。""臣下者，主之所用也。"①"为人臣者，仰生于上者也。"②《吕氏春秋·执一》论述了天子只能"一"，不能"两"的道理。所谓"一"就是君主独裁专断。这种主张君主专断的理论认为，不管进谏者抱有怎样的赤诚之心，都是对"一"的程度不同的破坏或

---

① 《管子·形势解》。
② 《管子·君臣上》。

侵犯，君主随时都有可能对进谏者给予打击。韩非的《难言》篇曾经对君主的挑剔进行过细致的剖析。文中讲道：言之洋洋会被认为华而不实，言之敦厚又会被认为拙而不伦；话多了则被斥为虚而无用，话少了又会被认为刿而不辩；言之深切则被认为僭而不让，言之宏大则又被认为夸而无用，言谈琐碎又会被认为是鄙陋。言而近世，辞不悖逆，则被认为是贪生而谀上；言而远俗，花言巧语，又会被认为是荒诞不经。言语健谈，富于文采，会被说成是史；语言质朴，又被说成是鄙。口称诗书，道法论古，又会被认为是陈述旧事。凡此种种，不一而足。只要君主对其中一项有感，臣子就可能遭殃。人们都把君主比作龙，韩非也不例外。韩非的独到之处在于他指出这条龙的喉下有逆鳞。"夫龙之为虫也，柔可狎而骑也，然其喉下有逆鳞径尺，若人有婴之者，则必杀人。人主亦有逆鳞，说者能无婴人主之逆鳞，则几矣。"[1]历史事实告诉我们，韩非的说法是正确的。其实，君主专制制度本身就是逆鳞，如果触犯了它，多半会招来灭顶之灾。而进谏者不触及君主的逆鳞，就很难说是进谏。正因为这样，历史上强谏者的悲剧才一再重演。

先秦思想家还反复指出，只有明君贤主才能容纳进谏。但在君主专制与家天下相结合的时代，贤君少见，暗主多有。即使贤君也未必都爱听谏，韩非就曾说："以至智说至圣，未必至而见受。"[2]圣贤尚且如此，何况那些昏暗主呢！既然暗主多有，自然进谏也就多悲剧。

第二，谏议的求实精神与君主专制制度下个人专权的矛盾。又可分为三种表现。

其一，进谏一般都具有求实精神，这与专制君主个人的刚愎自用、主观武断不可避免地要发生冲突。如伍子胥谏吴王夫差灭越，夫差不听，子胥反被戮。事隔几年，吴被越打败，夫差后悔莫及，但已经太晚了。由于吴王夫差的主观武断，使吴国君臣都成了这出悲剧的演员。

《吕氏春秋·骄恣》："亡国之主必自骄，必自智，必轻物。自骄则简士，自智则专独，轻物则无备。无备召祸，专独位危，简士壅塞。"《韩非子·难言》亦云："度量虽正，未必听也；义理虽全，未必用也。"其实，自骄、自智、轻物决非亡国之主所独有，实为专制君主之通病，只是程度不同而已。

---

[1]《韩非子·说难》。

[2]《韩非子·难言》。

个人专权制度常有诡秘之谋，不能公开讨论。进谏者误入迷阵，也难逃横祸。韩非在《说难》中曾用如下一个故事来说明这个道理：郑武公想打胡国，就先把自己的女儿嫁给了胡君，以麻痹对方。郑武公问群臣，"吾欲用兵，谁可伐者？"大夫关其思说："胡可伐。"武公说："胡，兄弟之国也，子言伐之何也？"武公佯怒而杀关其思。胡君闻之，视郑为至亲，遂不防备郑国。此时，郑国突然袭胡，把胡灭亡了。韩非就此事评论说："夫事以密成，语以泄败，未必其身泄之也，而语及所匿之事，如此者身危。"

其二，求实态度与阿谀之风所固有的矛盾。

一般地说，进谏者是为了纠正君主的主观意见，或驳斥某种谬论，或反映某种事实，因此都具有正派作风。可是专制的君主多半喜欢阿谀奉承。而谀臣得势，谏臣往往遭殃，正如《管子·八观》所说；"谏臣死，而谀臣尊。"这类事例充满了历史，无须征引。这里我们只想说明一点，即阿谀奉承固然可憎，这个恶果恰恰是由君主专制制度这棵树长出来的。

其三，进谏者的干才、能臣品质与专制君主嫉贤妒能的矛盾。

专制的君主需要奴才，但有时也需要良才。然而往往是"良才难令"①。敢于进谏的人对事情总有独到见解，他们常常为坚持自己的意见而不肯盲目遵从君主个人的命令，这样就损害了君主的绝对权威。君主为了维护自己的权威，也就往往不惜有意错杀良才，必欲除之而后安。句践在赐文种死时说的一句话，道破了这位专制君主的心理："子教寡人伐吴七术，寡人用其三而败吴，其四在子，子为我从先王试之。"②秦昭王杀白起又是一个十分生动的例证。

当然我们也不否认，进谏者也有喜剧结局的，不过这有一个非常明显的特点，就是偶然性，碰运气。同样的谏臣，其命运可能完全不同，因为"贤主之所说，不肖主之所诛也"③。"绕朝（人名）之言当矣，其为圣人于晋，而为戮于秦。"④老实说，这种运气是很不容易碰到的，因为终究"世主之能识论议者寡"⑤。

---

① 《墨子·亲士》。
② 《史记·越王句践世家》。
③ 《吕氏春秋·至忠》。
④ 《韩非子·说难》。
⑤ 《吕氏春秋·遇合》。

综上所述,我们的结论是:应把进谏、纳谏这类政治现象放到产生它的历史环境中去考察。进谏与纳谏本身尽管具有某种民主色彩,但从它在中国历史上出现的那一天起,就绝不是一种民主制度,不应盲目肯定。

原载《南开学报》,1982 年第 1 期

由"学在官府"到"私家之学"

一、政教合一的官府之学

学校起于何时,相传早在夏朝之前的虞舜时代已有了。不过有确证可考的学校是在商代,甲骨文中有"学""大学"的确切记录。到了西周,有关学校的记载已比较详细。西周时期的学校大致分两类,即国学和乡学。国学为上层贵族而设,其中又分为大学和小学。小学为蒙童之学,大学比小学高一层次。另外,天子还有专门的学校。乡学是地方学校,为低级贵族子弟和士而设。乡学又称塾、庠、序、校等。

殷和西周时期学校最明显的特征是"学在官府",即学校设于官府之中,表现为政教合一。具体而言,学在官府有如下几个特征:

1.学校均由国家开设,并且是国家机关的一个组成部分。根据《周礼》记载,教育行政和学校由"太宰""大司乐""大司徒"等直接领导。学校既是从事教育的地方,又是政治活动的重要场所之一,常在学校举行祭祀、献俘等。《礼记·王制》载:"天子将出征,⋯⋯受成于学;出征,执有罪反,释奠于学,以讯馘告。"

2.教师又是官吏,师官不分。帝王之师——太师、太保、太傅,是人所共知的重臣。国学、乡学中的教师也是由官吏兼任,例如大司乐,既掌管国学,从事礼乐之教,又在政府中掌邦国之礼典。

3.学校中的行政管理与政治管理合而为一,师生关系表现为政治上的上下级关系。学生犯过不仅可施体罚,而且还可用刑罚,称之为"教训"。严重的可以施行流放,"终身不齿。"[①]

4.教育内容由官府规定。礼、乐、射、御、书、数"六艺"为主的教育内容都

---

① 《礼记·王制》。

是按官府的规定进行的。

5.学生毕业后的出路是入仕。学生毕业与选官相衔接。对毕业之学子,经过选拔,"然后官之;任官,然后爵之;位定,然后禄之。"①

西周是官学发展的鼎盛时期,逮至春秋,官学开始衰落。《诗经·郑风·子衿篇》记述了学校衰落景况,《左传》襄三十一年载子产"不毁乡校",说明当时毁乡校的现象已经发生。《左传》昭十七年记载郯子到鲁国朝拜,郯子精通历史和礼仪,"仲尼闻之,见于郯子而学之。既而告人曰:'吾闻之:天子失官,官学在四夷'。犹信。"从孔子的话中可以看到,官学衰落的重要原因在于"天子失官"。"天子失官"无疑与西周的灭亡和春秋时期诸侯纷争有着密切的关系。

二、私学的兴起及其特点

官学衰落了,而人们又不能没有教育,于是私学出现了。私学何时出现,无证可考。如下两段记载,从侧面说明在孔子之前即已出现。《吕氏春秋·离谓》载:"郑国多相县以书者。子产令无县书,邓析致之。"在西周时期图书典籍,皆由官府掌握,正像章学诚在《校雠通义·原道》中所说:"官府学业,皆出于一,而天下以同文为治,故私门无著述文字。"既然子产时期人们手中已有许多书籍,这不仅说明学术下移,同时也可推测私学已出现。《吕氏春秋·报更》记载,晋国赵盾(赵宣孟)在路上遇救一个"宦于绛,归而绝粮"的饿汉子的故事。这个"宦"字当作"宦学"解。这位饿汉子能到绛去求学,可以推断当时已有私学(《左传》宣公二年亦记载此事)。在私学兴起的社会潮流中,孔子是办私学成功的典型。从一般的历史过程和规律看,一种事物很难一产生就达到完备,在此前一般总要有一个萌发成长时期。从孔子的成功可以推断,在他之前,一定有私学的初兴阶段。我们不好说孔子是办私学的第一人,但可以说他是第一个因办私学而获得巨大成就的人。史载,孔门弟子多达三千人,其中出类拔萃之辈有七十二人。由一个人办成这样洋洋大观、成绩卓著的学校,真可谓永垂青史的奇迹。后人把孔子尊为先师是有充足理由的。

---

① 《礼记·王制》。

继孔子的伟大创举之后,许多人投入教育行列,私人办学蔚然成风,并把官学排挤到历史舞台的后面。在私学蓬勃发展中,涌现出了墨子、孟子、荀子、淳于髡、田骈、宋钘等一批闻名遐迩的教育家。淳于髡死,"诸弟子三千人为缞绖。"①说明生前办学之盛。

私学不同于官学的地方,主要有如下几点:

1.私学完全从国家机关中独立出来,教育成为社会中一种独立的现象。这一点具有十分重要的历史意义。教育过程不受政治干预,使教育不再只是政治的工具,而变为认识世界、探讨客观奥秘的场所。正是这一转变为战国时期百家争鸣灿烂局面的到来奠定了基础。

2.教育过程、教学内容由教师决定。教师在教育过程中真正居于主导地位。例如:孔子的教学以"四教"(文、行、忠、信)和"六艺"(礼、乐、书、诗、易、春秋)为基本内容,继承了三代以来的传统文化。墨子的教学虽然也十分注意传统,但更主要的是他创立的兼爱、尚同、非攻等学说,并对孔子倡导的繁褥礼仪制度进行了猛烈的抨击。孔子以培养"君子"为目的;墨子以培养"兼士"为己任。两家大相异趣。从战国的私学可以清楚地看到,几乎所有的教育大师,他们不只是具有知识的传授者,而首先是新认识的创造者,以致可以这样说,战国时期私学是以新认识的开辟作为自己的存在条件的。

3.师生关系发生了重大变化。在官学中师生关系是政治上的上下级关系。在私学中则变为非政治性的师徒关系,有时还兼有主仆关系。私学中的教师在招收弟子时有一定条件和规定,比如孔子实行的是"有教无类"和"自行束修以上,吾未尝无诲也"。而学生也有离去的自由。师生之间可以进行学问上的辩论,同时,学生又要像侍奉父辈一样侍奉老师,"事师之犹事父也"②,师生之间在某种意义上有主仆的性质。即学生为了获取知识,必须尽许多义务,如从事生产、家务劳动、服役、侍奉等等。③墨子的弟子禽滑离入墨子之门,含辛茹苦,役身给使,以致手足生老茧,面目黧黑,三年之后,墨子才传道授业④。这种主仆性质是暂时的,可以视为对老师传授知识的补偿。

---

① 《太平寰宇记》卷十九,引《史记》。

② 《吕氏春秋·劝学》。

③ 参见《吕氏春秋·尊师》《管子·弟子职》。

④ 参见《墨子·备梯》。

私学的发展,在当时条件下,是与官僚制的发展以及纷争时代的智能竞争互为因果,互相促进的。世卿世禄制的破坏和官僚制的发展为广大士人进入仕途开辟了道路。官僚制度的入仕具有很强的竞争性,获取某种知识和智能则是竞争的资本。为此,首先需要学习。官学衰落,私学则担起了培养士子的任务。另外,战国时期列国争雄,除了凭借经济、军事、政治等因素外,还必须依靠智能。在某种意义上,智能在竞争中的作用尤为重要。物质实力只有经过人的智慧调配才能充分发挥它的作用。《管子·霸言》说:"夫使国无常患,而名利并至者,神圣也;国在危亡,而能寿者,明圣也。是故先王所师者,神圣也;其所赏者,明圣也。夫一言而寿国,不听则亡国者,大圣之言。"这里的"神圣""明圣""大圣"是对聪明才智的最高称赞,属于认识范畴中的事,与神秘主义无关。在作者看来,国家的兴衰关键在于谋略是否得当。所以文中在讲到战争时又说:"正四海者,不可以兵独攻而取也,必先定谋虑。"智谋是把胜利的可能转变为必然的依据,故《吕氏春秋·赞能》说:"得地千里,不若得一圣人。"总之,在竞争的时代,智能在事态的变化中具有特殊的作用,常常会使事情发生奇特的变化,一计得当,比千军万马还要有力。社会实践无疑是智能的基础,但是若认为无须进行特殊的智能训练,那就偏于一隅了,而教育正是培养和提高人们才智的最重要场所。所以智能的竞争大大促进了私学的发展。

三、私学发展的意义

私学发展的意义远远超出了教育本身,它对整个社会的各个方面都产生了重大影响,这里不能一一言及,只谈如下两点。

首先谈谈私学对认识发展的影响。人类认识的发展有赖于社会实践、教育等许多社会因素。春秋战国时期私学的发展对认识的发展起了极为重要的推动作用。在大体相同的历史背景下,认识主体自由的程度直接影响着认识发展的深度和广度。当时的私学最值得令人回味的地方,就在于私学与认识主体的自由是同步发展的。私学是认识主体自由表现自己认识的园地,而认识的自由又促进了私学的发展。在私学的范围内,著名的老师,几乎都是思想家。他们敢于把自然和社会的一切都尽收眼底,上穷碧落下黄泉,一切客体都一无例外地纳入认识对象。在西周时期,上帝和天是被崇拜的对象,而今在众多学者眼中完全变成认识对象,从而对天提出了各式各样的看法,如荀子说的"天行有常,不为尧存,不为桀亡"①。把一切都当作认识对象,在对象面前人人都有认识的自由,这样就出现了认识的多样性。人们在认识客观对象时,是不可能一下子达到穷尽无余的地步的,特别是从西周神学思想桎梏刚刚解放出来不久的情况下,更是如此。单单是新的探索,就必然会带来认识上的分歧,从而造成百家争鸣的局面。例如就人性而论,差不多就有十几种不同说法。有孔子的"性相近,习相远"说,有墨子的"自利""自爱"说,有法家的人性"自为"说,有道家的人性自然说等等。从不同的人性说出发,不仅引出了不同的教育原则,还导致对一系列社会问题认识上的分歧。在众多问题上的异说歧见并存和互争,实在是人类认识史上最壮观的一幕。诸位著名的教育家都不是因传授成说而成名,而是以创造新说吸引弟子。当时的教育大师几乎同时都是思想大师。由于当时的私学是同创造新学说、新理论密切连在一起的,所以私学,特别是当时一些思想家所创办的私学,不只是进行教学和传授知识的地方,它首先是产生思想的中心。唯其是思想中心,私学才引起了全社会的瞩目;唯其是思想的中心,私学才各有各的特点;唯其是思想的中心,私学才能是社会中最活跃的地方;唯其是思想中心,私学才成为学术流派得以发展的基地。

在复杂的客观世界面前,每一学派的学说,不管是儒、法,还是道、墨,都会有片面性、狭隘性。但是各派认识的综合无疑比一个流派更接近对象全貌。到了战国的中后期,一批思想家跑了出来进行综合,如荀子、黄老之学,吕不韦的《吕氏春秋》等。战国时期私学所展开的思想认识上的竞争,把认识的深度和广度推到一个新阶段,我们甚至可以这样说,这些认识远远跑到了社会生活实践的前头,以致出现了如下的情况,在长达两千年的封建社会里,在认识领域几乎人们都是沿着这个时代开辟的道路前进和运转的。伟哉,战国时期之私学!

其次,由于私学是思想中心以及认识主体的认识自由,这种情况转化为社会实践时,便促进了民主空气的发展。在我看来,战国时代并不存在什么民主制度,甚至连贵族的民主制度也没有。相反,君主专制主义却在不断强化。然而即使如此,社会上仍有一股清新的民主空气在回荡。这些思想家在私学里,几乎是毫无顾忌地议论一切,不仅描绘自己理想社会的蓝图,而且毫无顾

---

①《荀子·天论》。

忌地批评悖理的政治和一切不符合他们理想的行为和举动。许多教师在阐发自己的学说时，常常夹杂着批评时弊，乃至直接批评君主。如作为梁惠王的座上客的孟子，在批评梁惠王时一点也不留情面，直言不讳地说："不仁哉，梁惠王也。"①荀子是主张尊君的，然而说到当时君主时，在他看来多半是贪主、暗主，好者也不过是平庸之辈。法家倡导绝对君权主义，可是《商君书》的作者在批评当时之君时，竟说出这样的话："今乱世之君臣，区区然皆擅一国之利，而管（掌握）一官之重，以便其私，此国之所以危也"。②思想自由与要求政治上民主和发言权，是不可分割地连在一起的。许多思想家身处卑贱，言论却无所不及，直至"干世主"。私学议论时政，在客观上对当时的君主起了某种程度的制约作用。尽管许多君主不喜欢他们，但考虑到他们的社会名望，仍不得不另眼相看，待之以上宾，予之以高爵厚禄。例如孟子"后车数十乘，从者数百人，以传食于诸侯"。③"田骈在齐，资养千钟，徒百人。"④然而即使如此，在私学竞争的情况下，一些名师很少有人因贪图物质享受和权力而丧失学术良心，像墨子、孟子就不为高官厚禄而折腰。这种情况除了个人的品质之外，我认为私学的竞争起了重大作用。道理很简单，如果受权力的利诱，围着权力转，那就失去了思想家的资格。这些坚持主见的人的存在，是社会民主空气活跃不可缺少的条件。思想和舆论自由是民主的主要标志之一。当然，战国时期的舆论自由并不是因为当时有什么民主制度，而是由于政治分裂所造成的空隙给舆论自由以生存之机。当情况一变，到了秦朝，私学、私议统统被取缔了，成为封建专制主义的一统天下。

春秋战国私学的出现与发展，是中国历史上一件大事，促进了思想文化的空前繁荣，奠定了其后两千年封建时代的思想文化模式，并且对我们今天仍有着巨大的影响。如果没有私学、私议的发展与活跃，这一切都是不可能的。从历史的眼光看，我们应高度评价这个时期私学、私议的意义和历史功绩！

原载《文史知识》，1986年第6期

---

① 《孟子·尽心下》。
② 《商君书·修权》。
③④ 《孟子·滕文公下》。

先秦时期的党、党禁与君主集权

"党"的问题是春秋战国社会生活和政治关系中的一个大事,它在当时的社会生活中有广泛的影响,在政治争斗中有举足轻重的意义。同时,这个时期对"党"的观念有一个新的定位,这一定位影响到以后几千年的历史。学界论述秦汉以后朋党的文章很多,但没有一篇论述先秦时期的,而先秦时期是问题之源,有必要引起关注,本文就作为抛砖引玉吧。

一、关于党的普遍性

"党"的问题最早在《尚书·洪范》篇已经提出:"无偏无党,王道荡荡"。但《洪范》的创作时代分歧很大,或曰周初,或曰战国等等,如果是周初,党的问题在当时已是一个政治性的大问题。由于是孤证,一时还难于论定。比较稳妥地说,《洪范》不会晚于春秋时期。从《左传》《国语》等文献看,春秋时期"党"的问题十分突出,是一个普遍性的社会问题,既是一种普遍的社会现象,又是一种普遍的社会观念。其普遍性表现在以下诸方面。

1.地缘性的党。有一定地缘关系的人群可以称之为党。《周礼·地官·大司徒》载:"五党为州",注:"二千五百家为州。"一党为五百家,党设"党正"。《地官·叙官》载:"党正,每党下大夫一人。"《地官·党正》载:"党正,各掌其党之政令教治。"《论语》中有"阙党""达巷党"的记载,说明党有名称。《左传》哀公元年载,陈怀公征询国人的意见,是与楚国还是与吴国结盟?他让国人"欲与楚者右,欲与吴者左。陈人从田,无田从党"。杜注:"都邑之人无田者随党而立。"这个党应该说指的是行政区划。党是否是一级普遍的行政区划,先秦可证的史料寥寥,难于确定。但泛称"乡党"的记载却很多,"乡党"又可简称为"党",《论语·子路》载孔子与叶公的对话有"吾党"云云,这里的"吾党"就是"乡党"。一般说,"乡党"指的是家乡。农业社会人们依恋乡土,乡党成员有地域归属感,生于斯,葬于斯,有天然的互助关系,"五党为州,使之相周"①。照顾孤寡之人似是乡党成员的一种责任和义务②。如果有人在外有丰厚的收入也应为乡党做点好事,孔子的弟子原思为人家宰,"与之粟九百",他嫌多,不受,孔子说,为何不要?"以与尔邻里乡党乎!"③乡党内部是"有序"的,其序主要是年龄,即所谓的"乡党以齿"。孟子说:"天下有达尊三:爵一,齿一,德一。朝廷莫如爵,乡党莫如齿,辅世长民莫如德。"④"宗庙尚亲,朝廷尚尊,乡党尚齿,行事尚贤,大道之序也。"⑤乡党有相应的礼俗,《周礼·秋官·司寇》载治民有"五戒",即"誓""诰""禁""纠""宪",其中"宪"就是"用诸都鄙,掌乡合州党族闾比之联,与其民人之什伍,使之相安相受"。孔子于乡党很有礼貌,"恂恂如也,似不能言者。"⑥乡党有相应的礼俗,"射乡之礼,所以仁乡党也。"⑦乡党特别重信,"乡党之间观其信惮也。"⑧乡党之间可能有不同的礼俗,"叶公语孔子曰:'吾党有直躬者,其父攘羊,其子证之。'孔子曰'吾党之直者异于是。父为子隐,子为父隐,直在其中矣。'"⑨

2.血缘性的党。以血缘为纽带的人群可称之为党,"党"可训为"亲族"。血缘有亲有疏,血缘性的党有大有小。"非我族类,其心必异"以及华夏夷狄之分是最广义、最宽泛的血缘性的党。汉代司马相如说"夷狄殊俗之国,辽绝异党之地",就是华夏夷狄之"党"⑩。陈武说南越、朝鲜拥兵独立也称之谓"逆党"⑪。血缘性的党一般说来指聚居的血缘群体,称之为"族党""氏党""宗党"等。《左传·襄公二十三年》载:"晋人克栾盈于曲沃,尽杀栾氏之族党。"这种族党也就是春秋时期的卿大夫之家,规模是比较大的。《荀子·礼论》说的"庶人者丧合族党"的族党应该说指近亲,比贵族的族党无疑要小得多。在血缘关系中,还可细分为以"角色",如父、如母、如夫、如妻为中心的血缘关系,于是有"父党"

①《周礼·大司徒》。

②《管子·入国》。

③《论语·雍也》。

④《孟子·公孙丑下》。

⑤《庄子·天道》。

⑥⑨《论语·乡党》。

⑦《礼记·仲尼燕居》。

⑧《大戴礼记·文王官人》。

⑩《史记·司马相如列传》。

⑪《史记·律书》。

"母党""夫党""妻党""兄党""婿党"，而同辈则称"伦党"等等。从血缘性关系看，人人都有"党"，而且是多重性的"党"。

3. 有一定隶属关系的即是党。春秋战国时期的贵族都有 "徒属""私徒""徒隶"等，他们同主人有隶属关系，同时也是一种共同体，这种共同体也就是一种"党"。《国语·晋语二》载："(晋)献公卒。里克将杀奚齐，先告荀息曰：'三公子之徒将杀孺子，子将如何？'"韦昭注："徒，党也。"

4. 政治性的党。由某种政治利益组合在一起的人群可以称之为政治性的党。这类党多以某一个政治人物为中心结合而成，于是有君主之党，母后之党，太子之党，某某臣之党，等等。

5. 利合志同相结为党。《鬼谷子·内揵》说："或结以道德，或结以党友，或结以财货，或结以采色"。其实不管什么内容和原因，只要相"结"，都可称之为党。

墨子说孔子："孔某所行，心术所至也。其徒属弟子皆效孔某。"[1]孙诒让诂："徒属犹言党友。"孔子及其弟子就是一个党，其实孔子本人也径称自己与弟子为"吾党"。少正卯是一位足智多谋，善于言谈，招纳了一批追随者，于是被称为"撮徒成党"[2]。墨子师徒更是一个有主张、有首领、有组织、有纪律的党派。不仅墨子在世时如此，墨子死后"墨者"之党还长期延续与活动。"党"何止孔、墨师徒，其实凡是招纳生徒的都是聚徒成党。许行"为神农之言"，"其徒数十人，皆衣褐，捆屦、织席以为食。"[3]孟子、荀子等概莫能外。你看，荀子的弟子们竟要推举荀子为王，这能不是党吗？李斯在谏议焚书时说的十分明白，凡是那些"私学"都是"率群以造谤""党与成乎下"。春秋战国是私学蓬勃发展的时期，而私学"师徒成群"就是一种"党"。

春秋战国的贵族、官宦常常招纳门客，形成所谓的养士之风。养士就是结党。《六韬·武韬》对此说得十分明快，指出"收其豪杰""阴内智士""纳勇士"就是组织"党徒"。以利交结成党，"为人臣者破家残赂，内构党与，外接巷族以为誉，从阴约结以向固也，虚向与爵禄以相劝也。"[4]"通币行礼，而党必多，交

---

① 《墨子·非命上》。
② 《孔子家语·始诛》。
③ 《孟子·滕文公上》。
④ 《韩非子·说疑》。

必亲矣。"①

　　盗也有党，《墨子·大取》："虽其一人之盗，苟不智其所在，尽恶其弱也。"孙诒让诂："'弱'，疑为'朋'，形近而误。言盗虽止一人，然不能审知其谁某，则尽恶其朋党也。"著名的盗跖"聚党数千人横行天下"。②

　　对"义"有不同的理解就会有不同的"党"，墨子说："义不同者有党"③。张仪批评主张合纵者是朋党，他说："夫从（纵）人朋党比周"④。

　　6.结盟为党。人们社会结盟的原因各式各样，但只要结交，大至国与国、族与族，小至人与人，都可以称之为党。

　　由上可知，党是一种普遍性的社会关系，以致可以说无人不党；同时又是一个普遍性的观念。虽然"党"从一开始就有偏私之义，有排他性，如郤芮说的："有党必有仇。"⑤但党也不是处处都是恶名。且不说乡党、族党等共同体的含义，党还是一个自我归属的概念。在《左传》中有多处记载，说明"党"并不是贬义词，而是表明自己和族人的归属，如某某为某某人之党等。当时卿大夫与卿大夫之间结党是普遍现象，谁与谁是结党都是公开的事实，无须隐瞒，如晋国的七舆大夫："左行共华、右行贾华、叔坚、雅歜、累虎、特宫、山祁，皆里、丕之党也"⑥。诸侯以及公子们也同样结党，称之为"君党""王子党""太子党""公子党""夫人之党"以及"国党"等，如春秋时期宋国的孔叔、公孙钟离、公子卯"皆昭公之党也"⑦。"晋杀祁盈及杨食我。食我，祁盈之党也。"⑧在互相争斗中明确提出要壮大朋党，如王孙雒说的："请王励士，以奋其朋势。"韦昭注："朋，群也。勉励士卒，以奋激其群党之势，使有斗心。"⑨孔子说的"吾党之小子"，"人之过也，各于其党"等表明人们的党派意识是十分明确的。《左传·昭公十二年》记载鲁国费这个地方的民谣有一句："已乎已乎，非无党之士乎！"这与孔子说的"吾党"同义。乡党之人可以简称为"党人"。互相结盟则径称"党于"

---

① 《管子·禁藏》。
② 《史记·伯夷列传》。
③ 《墨子·尚贤下》，《墨子·尚同上》。
④ 《战国策》卷八。
⑤ 《左传》僖公九年。
⑥ 《左传》僖公十年。
⑦ 《左传》文公八年。
⑧ 《左传》昭公二十八年。
⑨ 《国语》卷十九。

或"为党于"某某。总之,在春秋战国时期"党"既有偏私之义,也有合理性和正当性的意义。不过从发展上看,前者在突出,后者在萎缩,特别在政治上,与君主专制观念的膨胀相对,臣下的"党"与罪名几乎无别。

二、党与政治斗争史

这里说的政治斗争主要指权力之争。在权力争斗中,无疑有主脑人物,但这种争斗绝不是武士之间的个人角斗,而是以"党",即群体的方式进行的。因此在权力斗争中"党"有着举足轻重的地位。人们把君臣之间的权力之争,宫廷权力之争和改朝换代之争等等,都视为党派行为。

在古老的传说里,禹把最高权位禅让给益,其后果有两说:一说,当时的人民不认同益,而主动归顺禹的儿子启;另一说,启用武力杀掉益夺取了权位,建立了家天下的夏朝。启是如何夺取权位呢?这就是靠"党"的力量,"启与支(鲍本'支'作'友')党攻益而夺之天下。"①《韩非子》引用了这一句,"支党"作"友党"。《史记·燕世家》作"交党"。启取代益是一件划时代的大事,它是靠"党"来实现的。

春秋时期的周王、诸侯、卿大夫之间以及内部争夺权位的斗争呈现了错综复杂的局面。这些斗争可以说都是通过"党"来进行的。在《左传》以及有关记述这一时期的文字中,"党"字出现的频率很高。

周景王立爱子子朝,"子丐之党与争立",在晋国的支持下,子丐胜利,是为周敬王。晋国的献公除公族,原因是公族之党势大逼主。晋惠公杀里克、丕郑及七舆大夫,这些人势力极大,"此其党半国矣。"②流亡到秦国的晋公子重耳要夺惠公之位,"秦穆公乃发兵送内重耳,使人告栾、郄之党,为内应,杀惠公于高梁,入重耳。重耳立,是为文公。"③晋厉公时"大臣贵重,敌主争事,外市树党,下乱国法,上以劫主"④,厉公欲去群大夫,杀三郄(即郄奇、郄雠、郄至),郄至是忠顺之臣,甘受诛灭,在被杀之前说:"受君之禄,是以聚党。有党而争

---

① 《战国策·燕策一》。
② 《国语》卷九。
③ 《史记·晋世家》。
④ 《韩非子·内储说下》。

命,罪孰大焉？"①郤至自称有党。其后，"栾书、中行以其党袭捕厉公"②，大夫之党的势力是很大的。晋国的党争跌宕起伏，卿大夫之党势大权重，先形成六卿专权，最后演出三家分晋。

齐国与晋国的局面无异，党争也是此起彼伏。早在西周时期，"哀公之同母弟山怨胡公，乃与其党率营丘人袭攻胡公而自立，是为献公。"③春秋时期大夫崔杼以其党杀齐庄公。田氏的壮大就是不断扩大自己的党羽，"主孤于上而臣成党于下，此田成之所以弑简公者也。"④"田乞欲为乱，树党于逆臣"⑤。最后田氏取代姜氏而有齐国。

郑国的党争也是层出不穷，如郑缪公"二十五年，郑君杀其相子阳。二十七年，子阳之党共弑缪公骀而立幽公弟乙为君，是为郑君。"⑥

战国时期的党争问题仍然相当突出，明确点明"党"的事例如：齐国的孟尝君是战国著名的"四公子"之一，曾专齐国之政，荀子说他是"篡臣"，"朋党比周，以环主图私为务。"燕王哙禅让子之引起的导致数万人死亡的争斗，被视为一次复杂的党争。所谓"子之之人"与"太子之人"又称为"党"。《战国策》与《史记》都说"太子因要(结)党聚众"。赵惠文王时"公子章强壮而志骄，党众而欲大"，权臣奉阳君李兑等"灭其党贼而定王室"⑦。李兑又连带困死赵主父(赵武灵王)。而李兑也是"朋党比周"的典型。

以上我仅仅把明确使用"党"的事例罗列出来，由此可以推论，凡是与上述现象类似的都可称之为党争。因此一部政治史就是党争史。

春秋时期的党与分封制有密切的关系，以分封单位而形成党，其特点是"族党""宗党"，即以血缘关系为主。战国时期，随着君主专制的官僚体系的建立，情况有了很大的变化。一方面，分封制度依然盛行，即封君制度，这无疑是形成党的温床；另一方面是官僚使用他们所控制的各种资源缔结成党派。最为典型的是养士与养舍人而形成的党派。养士与舍人大同而小异。养士中各色人物都有，文、武、技艺以及鸡鸣狗盗之徒。舍人大抵是从养士中挑选出来的从事秘书一类的人，地位要高些。养士、舍人与主人形成一定的从属关系，

---

① 《左传》成公十七年。
② 《史记·晋世家》。
③⑤ 《史记·齐太公世家》。
④ 《韩非子·奸劫弑臣》。
⑥⑦ 《史记·郑世家》。

也就是同党。当时士人很多投入私门,韩非感慨地说:"今诸侯之士徒皆私门之党也。""今岩穴之士徒皆私门之舍人也"①。

党争首先表现在用人上,大臣们为了扩大自己的势力,都要设法"以党举官"和"朋党相举"。这是瓜分与支配政治资源的起点,也是权臣弄权的依靠。

在各种党争中,君臣之间的争斗特别引起关注,也是论述最多的话题。君臣之间的关系是道德关系还是利害关系,诸子在理论上的观点是不一样的,儒家倡导君臣之间以道德相合,法家则揭破道德的纱衣,认为是利益关系,甚至说君臣之间是"一日百战"。儒家之说是一种愿望而不实,法家的说法虽绝对化而近于实际。君臣之间的角斗是复杂、曲折、或明或暗的智力与实力的较量。在这一过程中,一般都要依靠"党"来支撑,于是形成"君之党"和"臣之党"。到战国时期讲君之党的越来越少,君主应是公的化身,超越党之上。但在实际上君主依然有党,如《管子·形势解》所说:"外内皆失,孤特无党,故国弱而主辱。"韩非说:"臣得树人则主失党。"②不过理论的矛头主要是对准臣下之党。这类的论述极多,下面罗列若干条,以示其概。

《管子》:"奸臣之败其主也,积渐积微,使主迷惑而不自知也;上则相为候望于主,下则买誉于民,誉其党而使主尊之,毁不誉者而使主废之。"③《明法》曰:'佼众誉多,外内朋党,虽有大奸,其蔽主多矣。'"④"群臣朋党,则内宜有乱。"⑤

《荀子》:"上不忠乎君,下善取誉民,不恤公道通义,朋党比周,以环主图私为务,是篡臣也。"⑥"妒功毁宪,下敛党与上蔽匿。"⑦

《韩非子》:"朋党相和,臣下得欲,则人主孤。"⑧"官爵贵重,朋党又重,而一国为之讼"⑨。"奸臣"以其构党与,聚巷族,逼上弑君而求其利也。"⑩"多力者

①《韩非子·外储说右下》。

②《韩非子·主道》。

③④《管子·明法解》。

⑤《管子·参患》。

⑥《荀子·臣道》。

⑦《荀子·成相》。

⑧《韩非子·外储说左下》。

⑨《韩非子·孤愤》。

⑩《韩非子·说疑》。

树其党""群臣有内树党以骄主"①。引晋国厉公时胥僮、长鱼矫的话:"大臣贵重,敌主正事,外市树党,下乱国法,上以劫主,而国不危者,未尝有也。"②

宫廷内部的权力斗争同样要依赖于"党",正像韩非说的:"故后妃、夫人、太子之党成而欲君之死也,君不死则势不重,情非憎君也,利在君之死也,故人主不可以不加心于利己死者。"③君党与后妃、夫人、太子党之间错综复杂的争斗同样充满了历史。

把历史上的重大争斗归结为"党"争,这是高屋建瓴式的归纳与概括,让复杂纷呈的历史争斗现象各就"党"位,提纲挈领,一目了然。这是先秦思想界,特别是法家的一大贡献。历史是个人的活动,更是一群又一群人的活动。"党"问题的提出,把人群的问题突显出来了。

三、无党论的提出

党虽是当时的一种普遍意识,但在春秋,特别是到战国时期,党又是一个逐渐被批评和被排斥的观念,特别在政治上,人们把党视为大敌而加以摒弃。

最早提出无党的是《尚书·洪范》篇。经典的话语是:"无偏无党,王道荡荡。无党无偏,王道平平。"《左传》中提到无党是对祁奚推荐人的评价,说他"称其仇,不为陷;立其子,不为比;举其偏(佐助),不为党。""党"在政治上大抵同"私""偏"同义,因此凡说"无私""无偏"的也就有"无党"的含义。

从人格上说,圣人是无党的,墨子说:"古者圣王甚尚贤而任使能,不党父兄"④。"古之圣王""不阿党,不私色"⑤。文献中说的更多的是圣人无私,无私也就是无党。君子是无党的,晋国的郤至说:"仁人无党"⑥。孔子说:"君子矜而不争,群而不党。"⑦这是孔子理想中的"中庸"状态,其实只要"群"就必然有党,泛而言之,群就是党。孔子口头说君子不党,在实际上他老人家也未做到,他

---

① 《韩非子·说林上》。
② 《韩非子·内储说下》。
③ 《韩非子·备内》。
④ 《墨子·尚贤上》。
⑤ 《墨子·佚文》。
⑥ 《国语》卷十二。
⑦ 《论语·卫灵公》。

杀过不同的党人少正卯。他还为君主作假证,让巫马期揭穿,说他搞党派,在事实面前不得不承认违犯了君子不党的许诺①。在理论上君子还是超越党派的,"朋党比周之誉,君子不听。"②儒家理想的士大夫也是无党的,"不比周,不朋党,偶然莫不通而公也,古之士大夫也。"③法家说的法术之士、正言直行之士也是不党的,韩非说他们"处势卑贱,无党孤特"。④真正的士人也是无党的,"士不偏不党,柔而坚,虚而实。"⑤"正士处势临众不阿私"⑥。

"党"与"公""私"紧密相关,"公"是"无党"的依据,"私"是"党"的依据。关于公私问题我在《论春秋战国时期的公私观念与社会整合》⑦一文中作了详细的论述,这里从略。

《庄子·天下》说慎到的学说特点之一是"公而无当"。"当"与"党"通,崔本作"党"。意思是公正而不阿党。这一观念不限于慎到,所有的派别都承认公而无党。《庄子·马蹄》篇说:"一而不党,命曰天放。""一"的内容多多,要之,"一"就是"道"。公的基本意思是公共理性,是共同性,是一视同仁,是等距离性。

对君主之忠是以无党为前提的,晋国赵宣子说:"吾闻事君者比(韦注,比,比义也)而不党。"⑧"为人臣者,忠信而不党。"⑨当时政治格言说:"忠不必当(党),当(党)必不忠。"⑩一心顺从也无党,"身行顺,治事公,故国无阿党之义。"⑪臣之忠强调的是,君臣之间只能是垂直性和单线性的服从,横向不能有党。

正直者也是不党的,"所谓直者,义必公正,公心不偏党也。"⑫公私分明,立公灭私则无党,"无比周则公私分,公私分则朋党散,朋党散则无外障距内

①《论语·述而》。
②《荀子·致士》。
③《荀子·强国》。
④《韩非子·孤愤》
⑤《吕氏春秋·士容》。
⑥《晏子春秋·内篇问下》。
⑦《南开学报》2003 年第 4 期、第 5 期。
⑧《国语·晋语五》。
⑨《管子·五辅》。
⑩《战国策》卷二十三。
⑪《晏子春秋·内篇问上》。
⑫《韩非子·解老》。

比周之患。"①忠于法令者无党,"谨于法令以治,不阿党。"②党派性源于私、偏。赵宣子说:"举以其私,党也。"③这是文献中最早给"党"下的定义,党本身就是人与人和一群人的结合,而在政治上最主要的是官职的分配与组合,赵宣子的定义切中要害。反过来说就是"以党举官"④。私与党是连体物,有私必有党,因此常常说私党。党与公、公道相对,"不恤公道通义,朋党比周。"⑤"群臣朋党比周以隐正道"。⑥"阿党不公"。党与偏可以组成"偏党"一词,"偏党而不经,听之辟也。"⑦

臣下结党源于自身的利益,但这不是唯一的原因,形成臣下朋党比周的还有君主的原因。前面讲到,君主本身也有党,特别在分封制下,君主有自己的党是不可避免的。随着君主专制体系的形成,国家、公共理性、公共事物与君主合而为一,君主成为公的体现与化身,因此在理论上要求君主无党、无私。但在实际上,君主不可能没有党或私,然而这又是引起臣下结党的契机和原因,"夫私者,壅蔽失位之道也。上舍公法而听私说,故群臣百姓皆设私立方,以教于国,朋党比周,以立其私。"⑧"近衰世君人者,辟邪阿党,故谗馅群徒之卒繁。"⑨

君主无道引起臣下结党,"君失其道,则大臣比权重,以相举于国,小臣必循利以相就也。"⑩君主治国无法,或有法不行,或乱赏罚更是造成臣下结党的原因。"治国无法,则民朋党而下比,饰巧以成其私。"⑪"人主之治国也,莫不有法令……其法令逆,而赏罚之所以立者不当,则群臣立私而壅塞之,朋党而劫杀之。"君主"废其公法,专听重臣,如此,故群臣皆务其党,重臣而忘其主,趋重臣之门而不廷。"⑫"上妄诛则民轻生,民轻生则暴人兴,曹党起而乱

---

① 《韩非子·难三》。
② 《管子·重令》。
③ 《国语·晋语五》。
④ 《韩非子·有度》
⑤ 《荀子·臣道》。
⑥ 《韩非子·饰邪》。
⑦ 《荀子·王制》。
⑧ 《管子·任法》。
⑨ 《晏子春秋·内篇问上》。
⑩ 《管子·法禁》。
⑪ 《管子·君臣上》。
⑫ 《管子·明法解》。

臣作矣。"①"主释法以誉进能,则臣离上而下比周矣,以党举官,则民务佼而不求用矣。"②

君主统治无术,臣下党起:"主无术数,则群臣易欺之,国无明法,则百姓轻为非,是故奸邪之人用国事,则群臣仰利害也。"③"人主释法而以臣备臣,则相爱者比周而相誉,相憎者朋党而向非,非誉交争,则主惑矣。"④

君令两可,必起党争,"令出论可与不可者在官,是威下分也。益损者毋罪,则是教民邪途也。如此,则巧佞之人,将以此成私为交,比周之人,将以此阿党取与。"⑤

一职两用则必起党,韩宣王欲两用公仲和公叔,樛留说:"今王两用之,其多力者树其党,寡力者借外权。群臣有内树党以骄主,有外为交以削地,则王之国危矣。"⑥

人主孤弱,人臣多党。"正言直行之士危,则人主孤而毋内。人主孤而毋内,则人臣党而成群。使人主孤而毋内,人臣党而成群者,此非人臣之罪也,人主之过也。"⑦

总之,君主的政治路线、德性、统治术、性格等都可能导致臣下结党。君主如何杜绝臣下可利用之机,对他们提出了极高的要求,只有君主达到了圣王的境地,才有可能做到。

无党论同当时的君主专制制度的形成与发展是同步的,提出无党论的人全是君主专制制度的推进者和支持者,几乎没有一个例外。无党论必然导出禁党论。

四、党禁与君主专制的发展

无党论侧重于理论,禁党则是无党论在政治上的实践。臣下的朋党是君主专制体制的大敌和最危险的杀手。不禁臣下之党,君主就不能实现专制和

---

① 《管子·法法》。
②③ 《管子·明法解》。
④ 《韩非子·南面》。
⑤ 《管子·重令》。
⑥ 《韩非子·说林上》。
⑦ 《管子·明法解》。

权力的集中。君主的集权与臣下的朋党是势不两立的。臣下结党会导致政治混乱、君权旁落、国家衰败，乃至国破家亡。

朋党颠倒是非，使主无所适从。"夫奸人之爵禄重而党与弥众，又有奸邪之意，则奸臣愈反而说之。"①"奸臣之败其主也，积渐积微，使主迷惑而不自知也……誉其党而使主尊之，毁不誉者而使主废之。"②臣下朋党颠倒黑白，倒言反事，制造信息混乱，使主无所适从。

朋党颠倒善恶、贤不肖。"群臣朋党，蔽美扬恶。""群徒比周之说胜，则贤不肖不分。"③"君以世俗之所誉者为贤，以世俗之所毁者为不肖，则多党者进，少党者退。"④"曷为'罢'？国多私，比周还主党与施。远贤近谗，忠臣蔽塞主势移。"⑤颠倒善恶、贤不肖，败坏了用人之道。

朋党破坏绳墨法制。"请谒任举之说胜，则绳墨不正。"⑥"朋党比周，相与一口，惑主败法，以乱士民，使国家危削，主上劳辱。"⑦法制败则国家危。

朋党勾结，败坏政风。"其朋党足以相宁于利害。"⑧"入则乘等，出则党骈。货赂相入，酒食相亲。俱乱其君。"⑨

朋党重，上下其手，架空君主。"能易贤不肖而可威党于下，有能以民之财力上陷其主，而可以为劳于下。兼上下以环其私，爵制而不可加，则为人上者危矣。"⑩"上不忠乎君，下善取誉乎民，不恤公道通义，朋党比周，以环主图私为务，是篡臣也。"⑪"朋党相合，臣下得欲，则人主孤。"⑫"臣有结朋党，蔽贤智，障主明者，伤王之权。"⑬朋党成势，遮蔽君主。"人主犹山也，左右多党比周以壅其主，则主不可见。"⑭结群成党堵塞进贤之路。"佼众誉多，外内朋党，虽有大奸，其蔽主多矣。"⑮"妒功毁贤，下敛党与上蔽匿。"⑯屈原感慨地说："夫党人

---

① 《韩非子·说疑》。
②⑭⑮ 《管子·明法解》。
③⑥ 《管子·立政九败解》。
④⑬ 《六韬·文韬》。
⑤ 《荀子·成相》。
⑦ 《韩非子·孤愤》。
⑧ 《鹖冠子·备知》。
⑨ 《管子·四称》。
⑩ 《管子·君臣下》。
⑪ 《荀子·臣道》。
⑫ 《韩非子·外储说左下》。
⑯ 《荀子·成相》。

之鄙妒兮，羌不知吾所臧。"①"今则不然，其当途之臣得势擅事以环其私，左右近习朋党比周以制疏远，则法术之士奚时得进用，人主奚时得论裁？"②"交众与多，外内朋党，虽有大过，其蔽多矣。故忠臣危死于非罪，奸邪之臣安利于无功。"③

朋党搅混大义。"国无明法，则百姓轻为非，是故奸邪之人用国事，则群臣仰利害也。如此，则奸人为之视听者多矣，虽有大义，主无所知之。"④

群党败国。"群臣朋党比周以隐正道、行曲私而地削主卑者，山东是也。"⑤韩非认为山东六国衰败的重要原因是群臣朋党比周。"群臣朋党，则宜有内乱。"⑥

偏党太重，足以亡国。"大臣甚贵，偏党众强，壅塞主断而重擅国者，可亡也。"⑦"宫中乱曰妒纷，兄弟乱曰党偏……党偏、妒纷，生变。"⑧"主孤于上而臣成党于下"，必然国破家亡，田氏代齐、三家分晋，就是臣下成党的结果。

臣下之党对君主既然有如此大害，因此禁绝臣下之党便成为君主专制体系的建立、发展和完善的前提和必要条件。中国的历史选择了君主专制制度，这是当时整个历史运动的结果，也是当时人们的共识和追求。在这一大势下，尽管臣下之党也是一种无法超越的历史事实，但在理论上人们没有为它寻找合理性的依据，相反，人们对其进行了猛烈的抨击，不约而同地提出禁党主张。

儒家的禁党主要是通过高扬政治道德来达到，圣人不党，君子不党，真正的士也不党。人臣要讲忠、公之道，有了公忠就会远离党派。在儒家看来，那些闹党派的人，违背了公忠之道，是贼臣逆子，对这些人可以采取强制的办法，直至消灭其肉体，如杀少正卯之举等。

法家的禁党主张最为明快、坚决。他们认为禁党的根本办法是实行法治，一切任法而不任人，一切依照法令办事，所有的臣下只能出入于公，而不作任

① 《史记·屈原列传》。
② 《韩非子·人主》。
③ 《韩非子·有度》。
④ 《管子·明法解》。
⑤ 《韩非子·饰邪》。
⑥ 《管子·参患》。
⑦ 《韩非子·亡征》。
⑧ 《管子·君臣下》。

何横向往来和政治交结，上上下下依法行事，"公私分则朋党散"。对臣下结党现象，要用铁腕予以根除。且看下面一些有关论述：

《商君书》："破胜党任，节去言谈，任法而治。"①对朋党要"坚者破，锐者挫。"②《管子》："以朋党为友……圣王之禁也。"③"大臣不能侵其势，比党者诛。"④"为人君者，能远谄谀，废比党淫悖行食之徒……"⑤《韩非子》："止之之道，数披其木，毋使枝茂。木数披，党与乃离。掘其根本，木乃不神。"⑥"散其党，收其余，闭其门，夺其辅，国乃无虎。"⑦"作斗以散朋党"⑧。所谓"作斗"就是挑拨离间，挑起内部争斗，达到散朋党的目的。

儒法之外其他流派也都主张禁绝臣下结党。道家主张"公而无党"。墨家自己结党，但在理论上也主张圣王"不党"。《鹖冠子·天则》说："圣王者……杜绝朋党之门"。《晏子春秋·内篇问上》说："明王之任人，谄谀不迩乎左右，阿党不治乎本朝"。甚至连苏秦这样的舌簧政客也提出"屏流言之迹，塞朋党之门"⑨。

臣下的朋党可谓多多，要之有三大类。一类是分封制下各种名号的被封者，如春秋时期被分封的卿大夫，战国时期的各种封君等。这些人在不同程度上都是一种权力单位、地缘单位和利益群体，同君主有着利益的纠葛，在一定程度上或一定时期是抗衡和瓦解君主的力量。另一类是随着官僚制而兴起的权臣，这些人占据了一定的权力部门和相应的资源，他们拥有一定的门客和私人势力，对君主集权也会形成某种程度的离心力量。三类是从社会中生长出来的利益群体和权威，如孔、墨、少正卯等。《韩非子·说疑》列举了一串闹朋党的名单："齐田恒、宋子罕、鲁季孙如意、晋侨如、卫子南劲、郑太宰欣、楚白公、周单荼、燕子之，此九人者之为人臣也，皆朋党比周以事其君，隐正道而行私曲，上逼君，下乱治，援外以挠内、亲下以谋上，不难为也。"《孔子家语·相

---

① 《商君书·慎法》。
② 《商君书·赏刑》、《管子·君臣下》。
③ 《管子·法禁》。
④⑤ 《管子·君臣下》。
⑥ 《韩非子·扬权》。
⑦ 《韩非子·主道》。
⑧ 《韩非子·八经》。
⑨ 《战国策·苏秦从燕》。

鲁》罗列了七名闹党派被杀的人,即"殷汤诛尹谐、文王诛潘正、周公诛管蔡、太公诛华士、管仲诛付乙、子产诛史何,是此七子,皆异世而同诛者,以七子异世而同恶,故不可赦也。诗云:'忧心悄悄,愠于群小,小人成群,斯足忧矣'"。上述这些人有些可考,有些无稽,这不是本文关注的,我要说的是,这十六位人物包括了上述三类朋党。

党的存在有着深厚的社会基础,不同利益群体的存在是党的温床,或者就是党。社会上存在着众多的党,党与党之间不可避免要发生矛盾和冲突。随着春秋时期公私观念的兴起,君主与"公"在理论上趋向一体化,臣下同"私"的关联越来越密切,而党的含义则向"私"倾斜,与"私"结为一体。于是在总体上形成如下趋势:君主是"公"的化身,臣下更多体现着"私",私也就是私党。因此当说到"禁党""散党"时,就是君主对臣下朋党势力的控制与惩处。

"散党""禁党"的历史内容同"立公灭私"一样,都极大地推进了君主专制的发展。禁党适应了君主一统专制的需要,因为任何党派的存在都会在不同程度上造成对君主一统专制体制的分解,进而成为一种威胁。取消"党"的意义在于从根本上取消了人们横向联合的可能性,把人的社会联系减少到最低程度,特别在政治上,要把人尽量孤立成为单个的人,把人单个化、孤立化,是君主一统专制制度存在的必要条件。我在多篇文章说过春秋战国的诸子百家都在营造君主专制主义,其根据之一就是他们都反对"党"。在庞大的君主权力面前,人们越是孤立,就越没有力量,就越便于君主专制。这可以说是历史的一条铁则。

中国的历史过程选择了君主集权而摒弃臣下之党。其道理在什么地方?这是一个有待深入探讨的问题。我想主要原因是君主代表着更大范围的"秩序"。臣下结党无疑也是一种"秩序",但其范围相对要小。大秩序与小秩序之间按说应该有一种协调关系,但我们的祖先没有在这方面下功夫思索,他们走了一条大而化之的路,即大秩序摧毁小秩序,即君主除掉臣下之党。一旦走上这条路,便成为一种范式,人们只顾沿着这条路往下走,失去了跳出来进行反思的能力和机会。所谓失去反思的能力是指人们不再为"党"寻求合法性的道理,"党"尽管是一个无法去掉的存在的事实,但在观念上却视之是一种无法抑制的肿瘤,而不是一种正常的社会生命现象。我们的先人,除欧阳修等极少数略有疑问外,一概不为"党"的存在现象寻求道理,这不能说不是一个认识的误区。所谓没有机会,是说集权化的君主专制不容许为党的存在寻求合理性。朋党在君主面前是不容分辩的坏蛋和敌对物。君主只要说臣子结党,臣子立即陷入不可饶恕的罪过境地。在这种情况下,臣子们几乎没有人敢出来为党的存在进行合理性的辩说。

从君主集权与专制方面说,臣下结党是一种破坏和分解力量,难容忍其存在;从社会利益关系和分配方面说,臣下以及社会不同利益群体结党是不可避免的事实,既不可避免,就有其合理性。我们的先人用"无党""禁党""散党"来压抑社会党派,无疑对维护君主专制秩序起了很大的作用,但这种办法也摧毁了社会的自主和自生因素,因为社会性的党派是社会自主和自生力量得以发展的不可缺少的组织形式。

要之,"无党""禁党""散党"是君主专制的命题,而其形成时期在先秦。

原载《广东社会科学》,2003 年第 4 期

道、王与孔子和儒生 *

有些先生著文,认为孔子与儒家(主要指一些思想家)倡导独立人格,人的价值,独立意识和批判精神。就某些个别言论和行为而言,不无道理。但是从儒家的主流看,孔子与儒者却固守"道",屈从王权,独立人格、独立意识和批判精神是很有限的。兹略述一二,以就教于异见者。

一、道——政治理性原则

道最初是一个具体名词,本义为道路,也可用作动词,有开通疏导之义。随着人们的认识日渐宽展深入和抽象化,道逐渐引申为某种事物的法则、规律和道理。至迟到西周末年,道已从一个实性名词衍变成广泛使用的抽象概念。就其内容而言,主要有如下两方面的含义。其一是把宇宙天地之本源和规律概括为道:"道生一,一生二,二生三,三生万物"①,"道者,万物之奥。"②"夫道,覆载万物者也。"③"万物以生,万物以成,命之曰道。"④持这一说法的不只限于道家学派,其他诸家不同程度上也接受了这种观念,如韩非就认为,"道者,万物之所以成也。"⑤后世儒家也有承此说者,宋儒邵雍说:"道为天地之本,天地为万物之本。"⑥道不仅指万物的本源,思想家们普遍把自然的规律或宇宙法则也总括为道,称"天之道","天之常"。如荀子:"天有常道矣,地有常数矣"⑧《管子·形势解》:"天覆万物,制寒暑,行日月,次星辰,天之常也。"《经法·四度》:"极而反,盛而衰,天地之道也。"《吕氏春秋·大乐》:"太一出两仪,

---

* 本文与葛荃合作。

① 《老子·第四十二章》。

② 《老子·第六十二章》。

③ 《庄子·天地》。

④ 《管子·内业》。

⑤ 《韩非子·解老》。

⑥ 《皇极经世·观物内篇》。

⑦ 《荀子·天论》。

两仪出阴阳,……离则复合,合则复离,是谓天常。"春秋战国是中国古代文明的理性突破时期,人们对于宇宙本源与自然规律的冥思探索,标志着人们理性认识水准的不断提高。其二,把社会领域人们应共同遵守的原则与规范,人与人之间的关系准则,人的情性与本能等称之为"人道"。子产把自然与社会的规律分别称为"天道"与"人道"。

具体到意识形态领域,人们用道概括政治法规原则或最佳政策,西周的礼乐法规被称作"王道"。西周末年,"周室衰而王道废"①,出现了所谓"王纲解纽,礼崩乐坏"现象,"道术将为天下裂"。②继之而来的是思想巨人竞相崛起的百家争鸣时代。先秦诸子从不同的立场和角度,对传统的道术作了不同层次的选择和发展。各家都崇尚"道",宣扬"道",但各家之道有各自的内涵。统而观之,百家所谓的政治之道虽殊,但又有共性。在政治领域,他们崇尚的道,都是从具体的政策或统治方式中抽象出来的一般政治理性原则。正如韩非所说:"道也者,生于所以有国之术,"③荀子说:"道也者,治之经理也"④。这些政治理性原则的形成,增强了统治阶级的政治主动性与自觉性,促进了政治运行的秩序化和规范化。亦如荀子体会的那样:"水行者表深,表不明则陷,治民者表道,表不明则乱。"⑤

当人们用道概括自然规律的时候,道本身体现着一种必然性权威,它辖制着世间万物的生成衰死,"道者,扶持众物,使得生育而终其性命者也"⑥。思想家们用道来概括政治理性原则,它也就成为人们必须遵行的社会必然法则。

孔子以后儒家所谓的道,继承了西周的礼乐政治文明,即所谓"以六艺为法"⑦。宋初石介说:"周室衰,诸侯畔,道大坏也,孔子存之。"⑧儒家所说的道,在政治上称之为"王道",并构成儒家的政治理想。王道有两个基本点:一个是

---

① 《淮南子·俶真训》。
② 《庄子·天下》。
③ 《韩非子·解老》。
④ 《荀子·正名》。
⑤ 《荀子·天论》。
⑥ 《管子·形势解》。
⑦ 《史记·太史公自序》。
⑧ 《徂徕石先生文集·八救说》。

以王权为核心并与人伦原则相结合的政治体系，"亲亲,尊尊,长长,男女之有别,人道之大者也。"①董仲舒也说:"道者,所由适于治之路也,仁义礼乐皆其具也。"②另一点,在政治实践上追求实现德政或仁政。

儒家在天道与人道的关系上虽然有分而论之的认识，但从孔子始,就试图把天道与人道(其中包括"王道")统一起来。在儒家的理论中,"天人合一"居于主导地位来。就此而言,儒家的认识可分为三个阶段。先秦时期,主要通过圣人作中介点,把天道与人道、王道统一起来。孔子说:"唯天为大,唯尧则之。"③《易传》说:"夫大人者,与天地合其德,与日月合其明,与四时合其序。"孟子讲圣人"上下与天地同流"。④帛书《五行篇》云:"圣,天道也"。到了汉代,以董仲舒为代表,通过神秘主义目的论把天道与人道统一起来。董仲舒从"人副天数"出发,而导出"道之大源出于天"⑤。到了宋儒眼中,天道和人道成为本质同一的不同表象。他们提出了"道一分殊"或"理一分殊","生成覆帱,天之道也;仁义理智,人之道也;损益盈虚,天之理也;寿夭贫贱,人之理也,……道得之同,理得之异"。⑥又:"道未始有天人之别,但在天则为天道,在地则为地道"。⑦"道一分殊"说的提出,使儒家人道越出社会范围,与宇宙的总法则完全契合为一,几近完美无缺:"夫天地日月山岳河洛皆气也,气浮且动,所以有裂,有缺,有崩,有竭。吾圣人之道,大中至正万世常行不可易之道也,故无有亏焉"⑧。这样一来,儒家之道既是政治理性原则,同时又是宇宙本体在人间的再现,因而拥有无限的权威性和绝对的真理性,成为最高价值准则,被统治者奉为"万代之法"。所以,从理论上讲,道具有永恒性和至上性。所有的人,包括帝王在内,只能充当道的载体;在道的面前,是暂时的、从属的。

---

① 《礼记·丧服小记》。
② 《汉书·董仲舒传》。
③ 《论语·泰伯》。
④ 《孟子·尽心上》。
⑤ 《汉书·董仲舒传》。
⑥ 张载:《语录》。
⑦ 《二程语录》卷二上。
⑧ 《徂徕石先生文集·十九·宋城县夫子庙记》。

二、道与王的统一和矛盾

在理论上，道最尊；在实际上，君主的权力又至高无上，"天子无妻（齐），告人无匹也"①。这样一来道与王的关系就成为一个微妙而复杂的问题。儒家的道不是超现实的，但又不是对现实的一味肯定。道与王的关系表现为：不即不离，若即若离，又即又离。王在这中间有许多文章可作，儒者（主要指理论的追求者）也有许多文章可作，在具体的历史过程中呈现出十分复杂的局面。

道与王有一个基本的统一点，这就是对于君主专制体制的肯定。这种体制是儒学之道的实际政治价值之所在，更是每个君主所必须依赖的。孔子把礼的内涵概括为"君君，臣臣，父父，子子"，齐景公说："善哉！信如君不君，臣不臣，父不父，子不子，虽有粟，吾得而食诸？"②孟子说："人伦明于上，小民亲于下。有王者起，必来取法。"③他说的人伦就是"父子有亲，君臣有义，夫妇有别，长幼有叙，朋友有信"④。荀子则指出："国者天下之制（制：疑衍）利用也，人主者天下之利执也。得道以持之，则大安也，……不得道以持之，则大危也。"⑤董仲舒也认为"未有贵贱无差，能全其位者也"⑥，"故圣人之治国也"，必然要"立尊卑之制，以等贵贱之差"⑦。以后的理学家们对这种体制更加强调："夫仁礼乐，治世之本也，王道所由兴，人伦所由至"，⑧"古者圣人之立制也，爵称有差，衣服有章，车旗有数，宫室有度。上不可以偪下，下不可以拟上，所以防夫僭夺而塞贫乱也"⑨。礼制仁义给予君主政治以制度保障，"所以制天下，垂万世而不可易，易则乱矣"⑩。依照儒家的设想，政治沿着道的原则运行，称为"有道"。"有道"政治要求"礼乐征伐自天子出"⑪，"诸侯受国于天子，非国人所得

---

① 《荀子·君子》。
② 《论语·颜渊》。
③④ 《孟子·滕文公上》。
⑤ 《荀子·王霸》。
⑥ 《春秋繁露·王道》。
⑦ 《春秋繁露·保位权》。
⑧ 《睢阳子集·补》。
⑨⑩ 《徂徕石先生文集·王爵论》。
⑪ 《论语·季氏》。

而立也；诸侯土地受之天子，不可取也"①，"城邑宫室，高下大小，皆有王制，不可妄作"②。越是"有道"，行政权、立法权、军权、所有权等各种权力越要集于君主一身。不言而喻，道所维护和肯定的是君主专制政治体制。

道与王有着内在的联系，可谓休戚与共，密不可分。君主若无道作依托和保障，君的权位不得安稳；反之若无君的实践，道的原则也形同虚设。石介说："自夫伏羲、神农、黄帝、尧、舜、禹、汤、文、武、周公、孔子以至于今，天下一君也，中国一教，无他道焉"③。道和王实可视为君主政治的两个不可或缺的组成部分，如同土壤与枝干，相辅相成。然而，道是抽象的政治理性原则，是统治阶级普遍利益的理性化和规范化。在儒家理论中，道与抽象的理想君主——圣王明君是合二而一的，但在具体政治实践中则往往会与个别的君主形成某种程度的背离和冲突。

关于道与王的矛盾，孔子已作过明确的论述。曾子也说："晋楚之富，不可得也；彼以其富，我以吾仁；彼以其爵，我以吾义；吾何慊乎哉！"④其后，孟子把问题讲得更透彻。他说："天下有达尊三：爵一，齿一，德一。"⑤孟子说的爵是权位，齿指血缘辈分，德代表着儒家的礼制仁义原则。他认为爵、齿和德作为不同类型的价值标准，适用于不同的领域："朝廷莫如爵"，在政权系统里，以权力高低为标准，爵位越大越高贵；"乡里莫如齿"，在社会生活中，以辈分年纪论尊；"辅世导民莫如德"，作为理国治民的政治原则，当以德为本。在现实生活中，此三者缺一不可，"恶得有其一而慢其二哉"⑥？孟子还认为，德与爵相比，德更重要。他把权势地位称作"人爵"，仁义道德称为"天爵"，说："古之人修其天爵，而人爵从之。今之人修其天爵，以要人爵，既得人爵，而弃其天爵，则惑之甚者也，亦终必亡而已矣"⑦。显而易见，假如需要在道和权势财利之间作选择，理论上只能先道而后势。所以他又说："古之贤王好善而忘势，古之贤士何独不然？乐其道而忘人之势。故王公不致敬尽礼，则不得亟见之"⑧。孟子的认识是有代表性的，先秦儒学宗师大抵如是。荀子就在这些认识的基础上

①②《宋元学案·泰山学案》。

③《徂徕石先生文集·上刘邝书》。

④⑤⑥《孟子·公孙丑下》。

⑦《孟子·告子上》。

⑧《孟子·尽心上》。

提出"道高于君","从道不从君"的命题。

先秦儒学宗师的认识为后世儒家探讨道王关系定下了基调,明儒吕坤总结前人的认识,进一步明确了道与王的内在联系,说:"天地间惟理与势为最尊。虽然,理又尊之尊也。庙堂之上容理,则天子不得以势相夺。即夺焉,而理常伸于天下万世,故势者,帝王之权也;理者,圣人之权也。帝王无圣人之理,则其权有时而屈;然而理也者,又势之所恃以存亡者也。"①总之,作为理论家的儒者,在道与王关系上的共同认识大致有三点:其一,君主享有权力的合法性需由道来验证。如孟子说:"非其道,则一箪食不可以受于人;如其道,则舜受尧之天下,不以为泰。"②其二,君主运用权力必须遵循道的准则。荀子说:"治之要在于知道"③。吕不韦说:"治天下之要,存乎除奸,除奸之要,存乎治官,治官之要,存乎治道。"④《管子·君臣下》甚至提出:"明君重道德而轻其国。故君一国者,其道君之也;王天下者,其道王之也。"其三,君主须拜贤人君子为师、友,因为他们掌握道,是最好的政治顾问。"君子之事君也,务引其君以当道,志于仁而已"⑤。孟子称其中最优秀者为"不召之臣","将大有为之君,必有所不召之臣,欲有谋焉,则就之。"⑥君主能否觅及贤人君子为师友,是成就大业的重要条件。成汤的左相仲虺曾说过:"诸侯自为得师者王,得友者霸,……自为谋而莫己若者亡。"⑦这个认识成为"道高于君"的重要理论依据之一。

倘若君主真有背离道的倾向,贤人君子就要设法予以阻劝。通常采用的方式是"进谏"。孟子说:"唯大人为能格君心之非",⑧贤人君子具有规劝君主的资格和义务。然而在"率土之滨,莫非王臣"的时代,君主一人大权在握,贤人君子并不掌握制约君主的权力,儒家只得鼓励人们勇于冒死诤谏。荀子把这些人称为"争""辅""拂"之臣,为了国之大利而敢于"强君矫君","抗君之命",不惜一死。

---

① 《呻吟语》卷一之四。
② 《孟子·滕文公下》。
③ 《荀子·解蔽》。
④ 《吕览·知度》。
⑤ 《孟子·告子下》。
⑥ 《孟子·公孙丑下》。
⑦ 《荀子·尧问》。
⑧ 《孟子·离娄上》。

假若通常手段不能奏效，儒家主张采用非常手段，即以"有道伐无道"，取消无道之君的君主资格。具体方式有"诛一夫"，"易位"等等。儒家认为以"有道伐无道"符合权力运动的历史过程。董仲舒说："夏无道而殷代之，殷无道而周代之，周无道而秦代之，秦无道而汉代之。"①在他看来，有道与无道的交替是改朝换代的内驱力。当然，"伐无道"不是一般人能做的，必须有大德和受天命者方可行事。

儒家坚持用道对君权进行制约，在君臣关系上表现出一种不同凡俗的格调。他们认为一味顺从君主是"妾妇"之所为，属于低层次的臣道。荀子说："人孝出弟，人之小行也；上顺下笃，人之中行也；从道不从君，从义不从父，人之大行也。"②在道与王的冲突中，毫不犹豫地把道放在第一位，"虽贵不苟为，虽听不自阿，必中理然后动，必当义然后举。"③当然，这决不意味着以道否定君主，压制王权，而是从根本上维护君的最大利益。如董仲舒所说："出天王而不为不尊上，辞父命而不为不承亲，绝母属而不为不孝慈，义矣夫。"④这也是忠孝，但不同于日常的忠孝，而是"大忠""大孝"，其目的在于"以德覆君而化之"，"逆命而利君"。⑤

然而，儒家以道的原则约束王权，究其实不过是用理论约束权力。人类文明史证明，只有权力才能制约权力。因此尽管儒学大师们反复论证"道高于君"，在现实生活中道最终难逃王权的控制。儒家在高论之后，常常不得不认可现实。于是提出道是由圣君制定的。《中庸》说："虽有其位，苟无其德，不敢作礼乐焉；虽有其德，苟无其位，亦不敢作礼乐焉"，只有圣君兼具德与位，才具有制定道的资格和能力。所以荀子说："礼义者，圣人之所生也"⑥，张载也说："礼者，圣人之成法也，除了礼，天下更无道矣。"⑦儒家还认为，道的实践最终系于君主一身。《管子·君臣上》说："夫道者虚设，其人在则通，其人亡则塞者也。"石介也说："圣人存则道从而隆，圣人亡则道从而降。"⑧既然儒家把道

---

①《春秋繁露·尧舜不擅移汤武不专杀》。

②《荀子·子道》。

③《吕氏春秋·不苟》。

④《春秋繁露·精华》。

⑤《荀子·臣道》。

⑥《荀子·性恶》。

⑦《经学理窟·礼乐》。

⑧《徂徕石先生文集·汉论下》。

的制定与践行的权力一并奉与圣君，那么圣君便理所当然成为道的最高主宰，正如荀子所言："圣人者也，道之管也。"①由此，儒家们得出结论：遵道与从王是统一的，《洪范》说："无偏无陂，遵王之义；无有作好，遵王之道；无有作恶，遵王之路，"如果说"王道"是最高层次的行为准则和认识标准，那么道的主宰者——王就成为人们认识的最高权威和终极裁判，正如董仲舒所说："圣人之所命，天下以为正。正朝夕者视北辰，正嫌疑者视圣人。"②每个王未必是圣，但他们有权自封是圣主，历史上许多荒淫残暴的君主都戴上了圣冠，所以王在实际上把握和控制着道。

从历史的过程来看，秦汉以后，伴随着封建帝国"一统"政治局面的形成，统治者依靠行政钦定了统一的思想准则。秦始皇"禁绝百家，以吏为师"，"别黑白而定一尊"③，汉武帝"罢黜百家，独崇儒术"。他们尊崇的思想不同，但目的是一致的，无非是要统一人们的思想认识，实现道的标准化。在这个过程中，王权决定取舍予夺。儒家之所以尊为官学，列为经典，在国家政治意识形态中占据统治地位，实得力于汉武帝的擢升和历代君主的确认，思想准则既然是帝王所确认的，那么，当思想界出现重大的理论分歧时，最终也要由君主裁定。比如著名的石渠阁会议和白虎观会议，都是在君主的主持下召开，按君主的旨意作结论的，君主对儒生们的要求就是作忠臣，唯君命是听。雍正说："使孔孟当日得位行道，惟自尽其臣子之常经，岂有韦布儒生要自做皇帝之理？"④可谓一语道破儒家思想的真谛。君主拥有权势，又把持着道，自然总是处于"圣明"之位，所谓"人主无过举"⑤，是非裁定全凭君主一语定乾坤。君主有权随心所欲判定思想罪。人们的认识稍稍不合君主的心意。便会被冠上种种罪名。中国历史上层出不穷的文字狱，恰恰说明了权力高于原则，王主宰着道。

三、道、王与孔子和儒生

道与王的矛盾给儒生们的选择提出了一个难题。孔子本人在道与王的选

---

① 《荀子·儒效》。
② 《春秋繁露·深察名号》。
③ 《史记·李斯列传》。
④ 《大义觉迷录》卷二。
⑤ 《汉二书·叔孙通传》。

择上，采用兼及双方的中庸之道。简言之，孔子在行为上从王，观念上求道。

从总体上看，孔子是坚定的尊君论者，他主张"天无二日，民无二王"①，尊君是孔子政治思想中的基本价值准则之一。他的政治理想是实现"君君，臣臣，父父，子子"，尊卑等级井然有序。他对君主的恭顺之情溢于言表："入公门，鞠躬如也，如不容。……过位，色勃如也，足躩如也，其言似不如者。摄齐升堂，鞠躬如也，屏气似不息者。"②在他的心目中，"唯天子受命于天，士受命于君。"③他也主张"以道事君"，④但君主的权威是至高无上的，不能冒犯。

同时，孔子又诚挚地崇尚他的政治理性原刚，把道作为自己和士人的立命安身之本。他说："志于道，据于德，依于仁，游于艺"⑤，"朝闻道，夕死可矣。"⑥道好比一个大门，理想的人生必须从这里开始，"谁能出不由户？何莫由斯道也"⑦。孔子的人生理想就是追求道的实现，"君子谋道不谋食"。⑧他内心十分清楚，在当时条件下，实现道的希望渺茫无着。但他仍"知其不可而为之"。有时他感慨而消极："道不行，乘桴浮于海"，⑨有时又满怀信心和希望："苟有用我者，期月而已可也，三年有成。"⑩这种理想与现实的矛盾，在孔子的心灵深处结成巨大的冲突：一方面是尊君；另一方面是宏大的人生抱负。孔子竭力希望二者统一，当二者无法统一时，他又想方设法要从二者的冲突中解脱出来，其方式就是克己、节己、修己，也就是说，通过道的原则约束自身，做到"非礼勿视，非礼勿听，非礼勿言，非礼勿动"⑪，"不在其位，不谋其政"，⑫"君子思不出其位"，⑬使自身欲念与政治理想统一起来。这种方式是将外在的规定内化为自觉要求，以缓和道与王的冲突。就原则而言，士人应"笃信好学，死

---

① 见于《孟子》和《礼记》，当是可信的。
② 《论语·乡党》。
③ 《礼记·表记》。
④ 《论语·先进》。
⑤ 《论语·述而》。
⑥ 《论语·里仁》。
⑦ 《论语·雍也》。
⑧ 《论语·卫灵公》。
⑨ 《论语·公冶长》。
⑩ 《论语·子路》。
⑪ 《论语·颜渊》。
⑫ 《论语·泰伯》。
⑬ 《论语·宪问》。

守善道"，①为了道的践行应具有不惜一切的无畏精神："志士仁人，无求生以害仁，有杀身以成仁"。②但在现实生活中则要节制，可进可退，"天下有道则见，无道则隐"，③"邦有道，则仕；邦无道，则可卷而怀之"，④这种行为上的节制和精神上的"克己"促成了孔子的双重人格，作为道的倡导者和理想政治的代言人，孔子表现出崇高的精神境界，有着"天生德于予"⑤的强烈使命感；可是对君主又保持着深沉的敬畏和眷恋，表现出对君主毕恭毕敬，谨小慎微。孟子曾说，孔子"三月无君则皇皇如也"，⑥孔子力图求得道与王的统一，但实际上却导致对王权的恭顺和服从。

后世儒生祖述尧舜(圣王)，尊师孔子(道圣)，这就使他们中绝大多数成了道和王的从属物。

儒生的精神世界受着"道统"的统属。所谓"道统"，是儒家构拟出来的一个"圣圣相传"的道的系列。最早是由孔子创拟出来的。孔子把尧、舜、禹、文王、武王、周公视为道的创造者，他则是道的承继者。其后孟子列出了尧、舜、禹、汤、文王、孔子的圣人谱系。孟子自称为孔门私淑弟子，以道统的当然继承者自居。唐宋时代，道统之说大盛，韩愈、石介、孙复、程颐、程颢、朱熹等都曾延续道统说，各家的说法不尽一致。但不论具体说法差异多大，道统说使得儒家的道成为既定的万世一系总法则，构成中国传统政治思想中的一条主线。

按照儒家的传统认识，道统的继承者都是一代儒宗。比如孙复推崇董仲舒、扬雄、王通、韩愈，认为他们是"始终仁义不叛不杂者"，其中尤以董仲舒"推明孔子，抑黜百家，……斯可谓尽心圣人之道者也。至秦以后，圣道晦而复明者，仲舒之力也。"⑦程伊川称赞明道说："孟轲死，圣人之学不传，道不行，百世无善治，学不张，千载无真儒"。明道则"得不传之学于遗经，……使圣人之道焕然复明于世。"⑧道统与传道圣贤构成连续的思想权威体系，成为真理的

---

① 《论语·泰伯》。
② 《论语·卫灵公》。
③ 《论语·泰伯》。
④ 《论语·卫灵公》。
⑤ 《论语·述而》。
⑥ 《孟子·滕文公下》。
⑦ 《睢阳子集·补》。
⑧ 《宋史·程颢传》。

化身。士人学子唯有拜圣贤为宗,以道统为法。在道统和圣贤的"真理"面前,容不得丝毫怀疑,只能笃信、领悟和皈依。不言而喻,这必然对中国古代知识分子形成巨大的思想桎梏。

儒家思想的"外王"逻辑,决定了儒生们在现实中必然依赖王权。当然,历史上颇有一些"苟全性命于乱世,不求闻达于诸侯",高吟"归去来",躬耕南亩的儒生。他们凭着自己"将芜"的"田园"作守道的资本和藐视无道君主的手段。然而,儒生本身是些"四体不勤,五谷不分"之人,"百工居肆以成其事,君子学以致其道",①摆在面前的只有一条坦途:依附王权,并且须尽力取得君主的亲信,才能在统治阶级的权力与财富再分配中谋得一张席位,攫取更多的利益,在封建专制条件下,权力高于一切,参与权力分配是进而参与社会财富分配的捷径。因之,"学而优则仕"成为韦带布衣之士子的理想。他们大多禁不起地位、财富和利益的巨大诱惑,多数儒生匍伏在君主的脚下。

纵观整个古代社会,儒生们的出路大致有如下几种。

1.积极求道。这类儒生笃信"士不可以不弘毅"②的信条,自知"任重而道远"③,热衷于道的践行。他们在道和王之间的选择是:积极谋求道与王的统一,既不舍王而谋道,也不无原则地依顺王权,而是以道爱王。当道与王冲突时,他们会自觉地本着道的原则,把维护道放在第一位。因而,求道之士有着强烈的社会责任和义务。他们志在"美国家,利百姓,功施当时,泽及后世"④,所谓"思以其道易天下者也"⑤。他们能将个人荣辱甚至生命置之度外,"天下有道,以道殉身;天下无道,以身殉道",⑥"是以天下之纪不息,文章不废也",⑦儒家的礼义纲纪有赖于他们代代传延。这些人入仕为臣,一般都表现出较强的政治原则性,"亏义得尊,枉道取容,效死不为也"⑧。他们能"当理不避其难,临患忘利,遗生行义,视死如归",⑨敢于直言进谏,在一定条件下能对王权起

---

① 《论语·子张》。

②③ 《论语·泰伯》。

④ 《温国文正司马公集·士则》。

⑤ 《文史通义·原道》。

⑥ 《孟子·尽心上》。

⑦ 《荀子·大略》。

⑧ 《盐铁论·论儒》。

⑨ 《吕氏春秋·士节》。

某种程度的制约作用,如魏徵之对唐太宗。可以说道对王权的相对制约基本是由积极求道之士来实践的。需要说明的是,求道之士决不会对抗王权,他们不过是"欲为圣明除弊事"罢了,因而又是最忠诚最坚决的王权维护者。

2.消极守道。这类儒生对于道的原则有着坚定的信仰,"士穷不失义,达不失道"①,"不为穷变节,不为贱易志。惟仁之处,惟义之行。"②在道和王发生矛盾时,多半采取灵活态度。他们不敢义无反顾地以道约束其君,而是退而守道,以道自慰,"心卑卿相,志小万乘",③"诸侯之骄我者,吾不为臣;大夫之骄我者,我不复见"④。这些人善于审时度势,对于社会政治环境和政治气候的变化十分敏感,他们的宗旨是"达则兼善天下,穷则独善其身",⑤决不勉为其难。这些人比起积极求道者的社会责任感和义务感大为逊色,而是专心于道的自我完善。其中较为上乘者归隐之后,尚能于诗酒之间冷嘲笑骂,表现出愤世嫉俗的情怀和一定的批判精神,多少能给后人以某种启迪。至于那些末流之辈,名为守道,实则保身,"有道难行不如醉,有口难开不如睡",流为消极遁世的隐士。当然,无论是遁世,还是愤世,他们的精神世界仍未脱出道的束缚,因之,在他们之中不会产生反传统的斗士和抗衡王权的英雄。

3.替天行道。在处理道王关系的多种选择中,替天行道无疑是比较特殊的一种。这类儒生在道与王发生矛盾时,往往持比较激烈的态度,赞同采用极端形式否定无道之君,表现出某种造反精神。早在秦末农民战争中就有儒生参加。有些儒生还成为反叛者的领袖。如隋末李密、唐末黄巢等。替天行道之士多数有着忧国忧民的社会责任感,敢于与无道昏君公然对抗。当然也不能排除有些儒生打着"替天行道"的旗号,目的是取天下或通过造反的特殊途径谋取权益。替天行道之士反对个别君主,并不反对君主政治。他们希望以有道明君取代暴君、昏君。他们的追求依然是道与王的统一。在君主专制条件下,政治调节的形式大致可分为二种。一是统治集团内部进行主动的自我调节,通过"更化"或变法的方式,达到政治局面的相对平衡。另一种是统治集团之

---

① 《孟子·尽心上》。
② 《盐铁论·地广》。
③ 《盐铁论·利议》。
④ 《荀子·大略》。
⑤ 《孟子·尽心上》。

外其他社会政治力量进行的外部调节。当统治阶级在朝派无法继续推动国家政治正常运转，社会矛盾日益激化的时候，统治阶级在野派和其他社会政治力量往往会运用激烈的方式，迫使当政集团下台，新起的统治集团取而代之，重新实现整个社会政治局面的相对平衡。替天行道之士恰恰是这后一种调节的积极推动者和参与者。

4.假道谋官。虽说儒家理想的君子守则是"正其谊(义)不谋其利，明其道不计其功"，然而多数儒生却摆脱不了利益的诱惑。他们看到依附王权随之而来的安车驷马，高官厚禄，便一心在学与仕上做文章。他们手捧经典竞相奔走于宦途中，口头诵道，内心是捞禄利。求功名的背后是求富贵。正如吕祖谦所指出的，科场考试"以一日之长决取终生之富贵"①，士大夫一旦得志，其精神"趣于求田问舍"②。谋官之士充实了君主麾下的官僚队伍，成为统治集团的主要成员和王权的积极支持者。儒生中的大多数走的是这一条路。

5.传道谋生。在实际历史过程中，并非所有儒生都能进入政权系统。门第、才能和机遇把相当一部分儒生排斥在殿堂之外。这些人虽然皓首穷经，费尽心机，但也捞不到一官半职。入仕既无门，又无他长技，只得设馆授学，得些束修以糊口。更有等而下之者，甚或卖文测字，占卜算命等。"尧舜之道，孔子之术"成了他们维持生活的手段。这些人与王权的关系相对疏远些，也谈不上什么社会责任感，他们只不过是君主专制治下的顺民。需要特别指出的是，充当教书先生的不仅自己作顺民，而且还要把作顺民的道理，诸如忠孝仁义等等教给每一个前来求知识的人。从这个意义上说，他们虽是仕宦途中的落伍者，终生被王权冷落，却为灌输和传播君主政治思想立了大功。

总括以上分析，我们看到传统社会里儒生的出路是多渠道的。但是，从总体方面看儒生们的本质特征是共同的。其一，不论其入仕还是归隐，儒生们都以学习和传播儒家的思想学说作为自身的基本职能。在儒家思想特别是儒学之道的桎梏之下，他们的视野偏狭，思维方式单一，缺乏创造性思维和进取精神。儒家思想的传统是"文以载道"。周敦颐说："文辞，艺也；道德，实也"，"不知务道德，而第以文辞为能者，艺焉而已"③。在这种文风覆盖下，儒生们固守

---

① 《历代制度详说·举目详说》。
② 《西园闻见录·谱系》。
③ 《易通·文辞》。

师说成法,惯于寻章摘句,为儒家经典作注疏。不论是"我注六经",抑或"六经注我",其认识本身都未能摆脱儒家的政治原则和价值观念的约束,难以形成认识上的批判与超越。因之,儒生缺乏思想的独立性和创造性。其二,由于儒生本身没有独立的经济地位和固定的生存方式,他们只能以所学的知识作媒介,与社会中其他阶级、阶层或集团相结合,也就是说儒生们除非转作士大夫、地主、教书匠和形形色色的术士,否则难以立足于社会,这就促成了儒生的依附性和寄生性,不可能形成社会的主体力量。他们是毛,只能附在别人的皮上。其三,儒生虽没有特定的经济地位,却有特定的阶层意识。在中国传统社会里,不论出身贵贱,凡能习经尊孔,恪守儒家传统的价值标准和行为准则,即被纳入孔门之中。因此,儒生之来源泛杂,出路不一,却始终作为一个特殊的阶层而存在。

以上这些特征决定了儒生成为封建时代最为活跃的特殊阶层。他们围绕着王权上下浮动,随时准备按照统治者的需要来扮演角色,"人主用之,则执在本朝而宜;不用,则退编百姓而悫,必为顺下矣",[①]为巩固君主政治而竭尽其力。

二千年来,儒生们在精神上追求道统,在现实生活中依从王权,应该说,他们缺乏独立的人格,也缺乏独立的意识和批判精神。有些学人想从传统的儒家思想中发掘出这些精神,以资借鉴和充实现代的知识分子,其用意或许无可厚非,但把这些精神说成是儒家的主旨,那就远离历史了。而以此为据复活儒家,希冀儒家的再兴,那就更加悖谬了。从儒家的经历中我们应得出这样的经验与教训:学术和理论不可能完全脱离政治,但不应成为政治的附庸;士人(知识分子)可以成为政府的成员,但不应成为政治权力的从属。儒家的悲剧正在这里,这是应该深切认识和反思的,从历史的逻辑看,古典的儒家中不可能产生现代的知识分子,中国现代知识分子虽然受到儒家造成的文化环境的熏陶,但从主流上看,他们是在另一种历史条件下和批判儒家传统中产生的,对于这一点,应给予足够的重视。

原载《天津社会科学》,1987 年第 6 期

---

① 《荀子·儒效》。

论处在政治与思想文化复杂关系中的士人

知识的发展及其逻辑的展开,要求思想自由;但是,政治与思想自由却常常会发生冲突,这是世界历史上的普遍性问题。中国知识界中的一部分人也曾经同样是坚持沿着知识逻辑向前迈进,因而出现了许多悲剧性场面。为什么政治要干涉思想自由?为什么有些知识分子硬是不回头,不停步,宁肯在冲突中甘愿牺牲以至献出自己的生命?本文试图从中国历史发展的一个侧面考察一下这个问题。并就教于关心此问题的同仁。

一、两个不同的运动规律

我们习惯把思想文化说成是一定政治的反映,这种说法固然有一定道理,不过,也可以倒过来说,政治是一定思想文化的实现。这样,政治与思想文化之间就不是简单的决定与被决定关系,而是两个不同领域,并又交互作用。政治和思想文化的运动规律可以从不同方面和关系上进行抽象分析。这里,主要从各自的运动趋势上进行考察。

政治缘何而产生?它要解决什么问题,它的运动规律是什么等等,无疑是十分复杂,需要进行广泛论证的问题。不过其中有一点具有普遍性,即政治与社会的秩序性紧密相关。政治因社会需要建立秩序而产生,政治的主要功能又表现在维护和建立某种社会秩序。因此,维护和建立一定社会秩序便成为政治运行的基本规律。关于政治与社会秩序内在联系,古代的哲人早有论述。慎到说:"古者,立天子而贵之者,非以利一人也。曰:天下无一贵,则理无由通。通理以为天下也。"①慎到说的理即秩序。《管子》中许多篇的作者都认为,人类最初并无"君臣上下之别",由于无"别",因而也无秩序,人们"以力相争",后来出现圣人、智者,"为民兴利除害""禁强虐",制定出"名物"等级,建

---

① 《慎子·威德》。

立了秩序。①法律政令都是为了维护秩序："夫法者,所以兴功惧暴也;律者,所以定分止争也;令者,所以令人知事也。法律政令者,吏民规矩绳墨也。"②荀卿说:"两贵之不能相事,两贱之不能相使,是天数也。势位齐而欲恶同,物不能澹(同赡)则必争,争则必乱,乱则穷矣。"③于是乎出现了礼,分贵贱、别上下,建立了秩序,社会才得以正常运转。《易·系辞上》说:"天尊地卑,乾坤定矣,卑高以(同已)陈,贵贱分矣。"《象》辞说:"君子以辨上下,定民志",从自然秩序论证了人类社会的秩序。属于黄老思想的《经法·道原》说:"分之以其分,而万民不争,授之以其名,而万物自定。"这里说的"分""名"都体现了社会秩序。墨子认为人类曾有过未有政长的时代,而那个时代是"相交非"的混乱时代。后来为了改变这种局面,设立了"刑政""政长","一同天下之义"。④总之,有了秩序,社会才趋于稳定。在阶级社会,社会秩序打上了阶级的烙印或因阶级而规定;但也还有许多秩序是属于全社会的。为了维持一定的秩序,必须有相应的强制性规范。因此维护和建立社会秩序与规范是政治的最基本的功能,也是政治运动的基本规律。秩序即同一化。

　　思想文化与政治要求同一化相反,它要求的是多元化,并冲破一切障碍沿着多元化的方向发展或逶迤而行。思想文化的多元化指思想文化在内容上、逻辑结构上、思想方式上以及目的上,是不可能统一的。思想文化的多元化是由以下几方面的原因造成的:创造思想文化的主体是个人,这是造成思想文化多元化的基本原因之一。一般的社会意识和文化习俗不一定都有明显的个性。但作为有理论体系的思想文化几乎都与特定的个人紧密相关。这些个人虽然生活在一定的社会环境中, 他们的思想也不能离开特定的社会条件,但他们之所以能够成为思想家,首先在于他们有明显的个性。思想文化生产主体的个人化,决定了思想文化必定形成多元。其二,思想文化虽是客观的反映与升华,但是否能以此为据推论思想文化会趋向一致呢?我认为不可能。客观的多变性和复杂性与反映主体的个性差异(包括才智、知识结构、个人经历与价值观的差异等等),只能导致反映结果走向多样化和多元化。唯物主义

---

① 见《管子·君臣下》。
②《管子·七臣七主》。
③《荀子·王制》。
④《墨子·尚同中》。

的反映论与思想文化的多元论不仅不矛盾，后者恰恰是前者的结果。反之，把唯物主义反映论同思想文化的同一论视为一体，那不是唯物主义反映论，而是机械论。其三，知识内在逻辑的展开也必定导致思想文化走向多元化。没有逻辑是构不成知识体系的，而逻辑的展开并不只是客观的再现，多半是主、客观的复合推导过程。荀子主张人性恶，孟子主张人性善，显然，在逻辑的推导过程中必定要出现差异，差异形成理论体系就是多元。其四，现有的思想文化对后来具有巨大的影响。且不说后人选择上的差别，也不说对既成思想文化的发展，单是继承也会造成差异，因为这里增加了继承主体这一因素。历史的无数事例告诉我们，即便是最教条式的继承都不可能形成一致。历史上教条与教条的争论何其多！

以上所谈的四方面，远不是造成思想文化多元的全部原因。然而，单单是这四项，再加其间的交错组合，思想文化的多元化就势不可当。政治：要求秩序与规范；思想文化：要求多元或多样。知识分子涉身于这两个规律，他们的命运也因此千姿百态。

二、两个规律交错中的知识分子与悲剧的必然性

政治与思想文化的运动规律不同，但两者又不可分割地纠结在一起。有人主张要把政治与学术分开，然而翻开历史仔细考察，作为思想文化一部分的学术(指整体而不是指某个具体问题)何时曾与政治分开过？提出问题的人企图把两者分开以保护知识分子，用心可谓良苦；但正如希望把知识分子与政治家分开一样，都是绕开了问题。就实而论，思想文化与政治无法分开，知识分子与政治也纠缠不清。从总体上考察，既不曾存在离开思想文化的政治，也不曾有过离开政治的思想文化。思想文化与政治错综交织在一起，两者又是互动的。一定政治秩序的形成与维持，一方面要有外在强制力量的制约，另一方面又需要有政治共同体内成员在观念和意识上的认同。前者表现为政治关系中的"硬件"如制度、法律、军队、警察、监狱等等；后者表现为政治关系的"软件"，如信仰、感情、态度、价值判断等等。政治关系不仅仅是一种权力制约关系，它还是一种文化关系。政治文化化，文化政治化，便是一个普遍存在的事实，也可以说是一条规律。

政治文化化是说，一定的政治制度与法律体系可以通过不断社会化过

程,逐渐内化为政治共同体内成员所奉行的行为准则与政治观念。在中国传统政治文化中的崇圣意识,就是长期的君主专制政治实施过程的产物。在强大的君主权威面前,自然经济中的个人变得十分渺小,谈不上任何主体意识;君主的圣旨是至高无上的。在圣旨面前,无是非、无道理可言、可辩。以至在一些场面,一见到皇帝或皇权的标志便自然而然的双膝下跪。这种心理与行为,就是政治社会化的产物。我们长时期内,天天宣传"大救星"论、"句句是真理"论、"归功于"论等等。这种做法的一个严重后果就是公民政治主体观念的淡漠,造成人们缺乏政治上的公民主体意识;而反推,又表现为缺乏责任感、义务感,缺乏自律、缺乏对政治运行、国家命运、社会发展的应有关切。社会生活中许多怪现象都可以从这里找到原因,或与之存在着某种程度上的内在关联。

文化政治化是说政治发展离不开思想文化条件。文化政治化是一个非常复杂的过程,包括许多内容。要之:一定政治体制的形成有赖于一定文化背景;一定政治体制的运行要受到文化因素的制约和影响。比如,权利的合法性问题,除了事实外,还必须从思想文化上给以论证。在古代乃有君权神授,奉天承运,替天行道,内圣外王等等。又如,民主作为一种制度在近代以来已获得广泛的推广,但迄今为止,人们对民主的认识与理解是很不相同的,这不能不影响到民主制度的建设。思想文化与实际政治之间的关系是多种多样的。从宏观上看,可分为以下三种情况:其一,同向关系。一定的思想文化与一定的政治在大方向上是一致的。例如儒家思想和法家思想与君主专制政治,在大方向上是相同的。其二,局部相合与相背关系。如道家中的庄学,它一方面对君主专制进行了猛烈的批判,斥君主为大盗,仁义为虎狼;另一方面,他又教人无限宽容,自我满足,自我解嘲,从而又成为君主专制存在与横行的不可缺少的补充。一部分在野的失意的士大夫常常从庄学那里获得精神支柱。其三,背向关系。比如民主思想与封建专制思想,两者在运行方向上就是相悖的。知识分子(不是全部)便生活在思想文化与政治错综复杂的关系之中。在这里,他们没有一个共同的行动轨迹,其表现可以说是千姿百态、气象万千。知识分子分别在上述三种关系中选择、游弋、钻营。有的借政治而飞黄腾达,有的则潦倒落魄。在复杂的关系中,有一个特别值得深思的现象,即个性很强的知识分子经常与政治发生冲突。在冲突中,手无寸铁的知识分子多半落得个悲剧结局。就个人而论,知识分子完全可以作出有利于自己的选择,去投机、去升官、去发财。然而事实并非如此。一批又一批的耿直书生,硬是不顾杀头之祸,朝着自己选择的方向走去。其中除了个性外,我们还必须回列文章一开头谈到的政治的秩序性与思想文化的多元性之间的矛盾纠葛上。这种矛盾是造成一次又一次文字狱的最基本的社会原因。这种矛盾是在不同层面展开的,归纳起来,有如下几方面:

第一,思想文化的多元与政治对思想文化的选择之间的矛盾。政治一元化或专制主义总是要求思想文化也统一。事实上,多元的文化与政治一统也确实是一个重大的矛盾。因为每种思想文化都要求对象化,正如李斯所言:"人善其所私学,以非上之所建立。……闻令下,则各以其所私学议之,入则心非,出则巷议。"①董仲舒对汉武帝也讲:"今师异道,人异论,百家殊方,指意不同。是以上无以持一统;法度数变,不知所守。"②从历史上可以经常看到,一定的政治常常要对多元的思想文化进行选择,对未被选中的思想文化并不总是宽容的,有许多时候采取了极为粗暴的方式进行打击、压抑,乃至采用流血手段。秦始皇焚书坑儒便是最野蛮的一次。汉武帝罢黜百家、独尊儒术比秦始皇要高明些。他通过尊儒与仕途相结合的办法,从宏观上解决了尊儒和抑百家的问题。汉武帝以后统治者大抵都尊儒,不过儒家大派中又有分化,所以统治者对儒家中的不同派别仍有一个选择与排抑问题。政治对思想文化的选择常常伴随着一部分知识分子飞黄腾达,一部分知识分子惨遭厄运。

第二,认识的无限性和自由性与政治规定和政治权威之间的矛盾。这里所说的认识无限性不只是指认识是一个无限的认识过程,而是指一切都可以纳入认识对象之中。宇宙是恢宏的,可是作为认识对象,它又常常变得十分渺小,人们可以把宇宙一切都包容在认识之中。或者说对一切可以自由认识。"杞人忧天"常常被解释为愚人多余的担心,其实,从认识上看,它提出了一个重大而深奥的课题,给人以启迪。许多知识分子经常把"天地万物、古今之事"③统统纳入自己的认识对象,加以探讨。《左传》把士的特点概括为:"通古今、辩然否。"司马迁豪迈地提出,要"究天人之际,通古今之变,成一家之言"。④知识

---

① 《史记·李斯列传》。
② 《汉书·董仲舒传》。
③ 《史记·吕不韦列传》。
④ 《史记·自序》。

分子讨论的问题远远超越了自身，所关心的是人类的命运，"通乎盛衰之时，明乎成败之端，察乎治乱之纪，审乎人情，知所去就。"汉代的伍被也说过："人间之事，天地之理，帝王之道"①，都是知识分子所关切的问题。张载以"为天地立心，为生民立命，为往圣继绝学，为万世开太平"作为己任。在这种广袤无际的认识中，一时的政治和某个政治权威人物，只不过是认识沧海中的一粟。然而难点常常就在这里。某种政治规定不准去探讨，需要的是遵从；某个政治权威需要的是崇敬，而不需要去认识。于是，与认识的无限性发生矛盾。当某些知识分子坚持沿着认识无限性的道路走下去，便会与特定的政治与权威发生冲突，血案也常常因此而发生。汉朝夏侯胜因批评汉武帝"亡德泽于民"，被捕入狱。②杨恽因批评宣帝被腰斩③。北魏时崔浩修国史，书成，刊刻石铭，"欲以彰浩直笔之迹"，触犯了皇帝，被夷五族。清雍正时期的汪景祺因批评康熙，又涉年羹尧案，被雍正处死。查嗣廷亦因批评康熙而遭戮。陆生楠撰《通鉴论》，文中颂分封，批评郡县制，这本是一个很普通的历史看法，但雍正认为是影射自己，于是遭斩。

　　一个富有开阔眼光的知识分子，必定要求思想自由，没有思想自由就如戴上枷锁，正像《庄子·徐无鬼》篇所说："知士无思虑之变则不乐，辩士无谈说之事则不乐，察士无凌谇之事则不乐。"又如苏东坡说："有道难行不如醉，有口难开不如睡。"然而只要放开眼界，天下之事尽收眼底，必定要小天下；小天下就难免不小帝王、君主和政治权威，这就很容易触犯逆鳞。悲剧便因此而生。

　　第三，知识分子的理念与政治权威的冲突。在中国历史上这种矛盾表现为道与王的复杂关系与冲突。在长期的思想文化积累中，人们把理性与真、善、美总合为一个至高的范畴——道。人们对道的具体内容尽管各有各的理解，但都崇尚道。在一部分知识分子中，道既是一种理念，同时又升华为信念。理念指知识体系，信念指感情的追求。信念在许多情况下表现为宗教意识或类宗教意识。理念与信念可以是两个体系，也可以互为补充。对知识分子来说，常常是由理念而升华为信念，由逻辑而凝结为一种情感的执着追求。

---

　　①《汉书·淮南王刘安传》。

　　②《汉书·夏侯胜传》。

　　③见《汉书·杨恽传》。

在传统中,道与王的关系,既有统一又有矛盾冲突。统一表现在道对君主专制体制的肯定;矛盾主要表现在道的政治理想与现实政治状况之间的差距与冲突。许多人强调"道高于君",在道与君发生冲突时,"从道不从君"。明代吕坤说:"天地间唯理与势为尊。虽然,理又尊之尊也。庙堂之上容理,则天子不得以势相夺。即夺焉,而理常伸于天下万世。故势者,帝王之权也;理者,圣人之权也。帝王无圣人之理,则其权有时而屈;然而理也者,又势之所恃以存亡者也。"①

有些君主在强大的崇道舆论面前,或主动接受道的制约,或容忍据道而来的批评。唐太宗是前一类君主中最突出的典型,他讲:"可爱非君,可畏非民。天子者,有道则人推而为主,无道则人弃而不用,诚可畏也。"②然而即使对李世民这样清醒的君主,理性的批评也是相当危险的,他道出了臣的难处:"臣欲进谏,辄惧死亡之祸,与赴鼎镬,冒白刃亦何异哉?"③等而下之者,表面上容忍来自理性的批评,装模作样虚心听纳,但实际我行我素。西汉末年的几位皇帝大抵如是。当时王吉、贡禹、鲍宣等人曾据理猛烈批评了汉政,几位君主不仅容忍,还下诏自责,《二十二史札记》有《汉上书无忌讳》,言儒上书多"狂悖无忌讳之语",而"帝受之不加谴怒,且叹赏之"的记载。《汉诏多惧词》条云,汉诏书多"朕甚自愧","是皆朕不明","朕晦于王道"等语。在中国古代,更多的是君主根本不承认自身之外还有什么道义,朕即道,道即朕。任何批评,甚至仅仅是批评某些社会现象,都认为是对自身权威的破坏,于是制造了一桩又一桩惨案。乾隆时期湖南耒阳县生员贺世盛写了《笃国策》,作者本意是献策图官。书中揭露了捐纳官员害民致弊政,乾隆也承认属实,但贺"私自著书怨望",其心虽诚,其行为是对皇权及其政治的挑战,是绝对不能允许的。于是,开恩处治,改凌迟为斩首。

孔颖达说:"若其位居尊处,炫耀聪明,以才凌人,饰非拒谏,则上下情隔,君臣道乖,自古灭亡,莫不由此也。"④这里不仅说明了权与理的矛盾,还说明许多最高统治者不仅要垄断权,还要垄断理。诚如李世民所说:"自古帝王多

---

① 《呻吟语》卷一之四。
② 《贞观政要·政体》。
③ 《魏郑公谏录续》。
④ 《旧唐书·孔颖达传》。

疾胜己者。"①又说:"乱君疾胜已如仇。"②有权而有理,这是专制主义的典型特征之一,它表明权力对道理的支配。权与理两者虽不是绝对排斥的,但要实现两者的完全结合几乎是不可能的。有些耿直的知识分子据理而轻权,重道义而轻王公,坚持从道不从君。这时遇到视己为理的化身的君主和握有权柄者,这些知识分子多半要遭殃。

第四,精神领袖与政治权威的矛盾。知识的力量之一表现在它能使人折服。古往今来的智者都有相当数量的崇拜者,从而形成精神领袖。精神领袖并不一定都是政治的异己力量,相反,有许多精神领袖是一定政治秩序和权威的强有力的支持者和合作者。但是两者有时也会发生冲突。

一些知识分子认为认识与权力应是二元的;有权不等于有理、有知识。在知识、道德面前,应择能者、善者为师。《墨子·所染》篇是较早阐述这种理论的重要著作。作者认为,君主染于圣则胜,染于小人则败。《吕氏春秋·劝学》集中讲了君主尊师听教问题。文中曰:"古之圣王,未有不尊师者也。尊师,则不论其贵贱贫富矣。"文中还叙述了历代圣王尊师听教而国治的事例。与此相近的还有臣为镜之说,《吕氏春秋·达郁》曰:"万乘之主,人之阿之亦甚矣,而无所镜其残,亡无日矣。孰当可而镜?其唯士乎!人皆知说镜之明己也,而恶士之明己也。镜之明己也功细,士之明己也功大。"魏征讲:"萌芽未动,形兆未见,怡然独见存亡之机,得失之要,预禁乎未然之前,使主超然乎显荣之处,如此者,圣臣也。"③虞世南也讲:"帝者与师处,王者与友处,霸者与臣处。"④

能把权与知识分作二元处理的帝王是不多见的,李世民可视为难得的典型。他讲:"前代圣王,未遭此师,则功业不著乎天下,名誉不传乎载籍,况朕接万王之末,智不同圣人,其无师傅,安可以临兆民?"⑤卷七又说:"臣下有谠言直谏,可以施于政教者,当拭目以师友待之。"⑥

然而在思想理论界,也有知识分子完全应该成为帝王工具论者。法家,特别是《商君书》作者与韩非论述尤多。帝王中的多数都持此论,把知识分子视

---

① 《资治通鉴》卷一九八。

② 《金镜》。

③ 《贞观政要·择言》。

④ 《唐文拾遗》卷十三。

⑤ 《全唐文》卷七。

⑥ 《贞观政要·政体》。

为工具,甚至视如倡优。汉武帝以善用人著称,但又滥杀人。汲黯曾谏道:"陛下求贤甚劳,未尽其用,辄已杀之。以有限之士恣无已之诛,臣恐天下贤才将尽,陛下谁与共为治乎?"武帝答曰:"何世无才,患人不能识之耳。苟能识之,何患无人!夫所谓才者,犹有用之器也。有才而不肯尽用,不杀何施?"①无独有偶,朱元璋也讲:"寰中士大夫不为君用,自外其教者,诛其家而没其身。"②乾隆对知识分子结友明志也十分厌恶,他在处理尹嘉铨案时说:"古来以讲学为名,致开朋党之渐,如明季东林诸人讲学,以致国日非,可为鉴戒。而尹嘉铨反以朋党为是,颠倒是非,最悖圣制。"③知识分子结交朋党和好为人师不可避免与专制政治权威发生冲突并酿出许多悲剧。清初吕留良案,除政治分歧外,雍正还加了一条罪名,即吕留良作为精神领袖危害了皇权。当时吕留良被士人尊为"东海夫子",海内士子遵从者甚多,雍正认为只有严厉打击才能散党和消除影响。

第五,知识逻辑的展开与政治的冲突。撇开钻营的知识分子不论,严肃的知识分子都特别注重知识的逻辑,并力求按知识的逻辑调整自己的行动。知识逻辑在其展开过程中,常常会表现出超主体的性格,只要确定了大前提和小前提,其结论几乎是主体也难以改变的。有的思想家在确定他的理论逻辑时,也许并没有明确的政治目的,但在理论逻辑展开过程中,很容易与一定的政治秩序和权威发生冲突。比如汉初儒生辕固生与持黄老说的黄生关于"汤武受命"的争论就很有代表意义。黄生从肯定汉皇出发,反对下犯上,指出帽子再破只能戴在头上,鞋子再好也只能穿在脚上。由此推论,汤、武也是以臣弑君。他的用意是维护汉皇,任何人都不得造次。辕固生从"汤武受命"这个大前提出发,又断定汉高祖代秦是得天助,遂人愿。按照这个逻辑推下去,如果汉皇失道,必定被某个"受命"者取代。汉景帝十分反感辕固生逻辑的结果,于是不准再往下讨论,并说:"食肉不食马肝,不为不知味;言学或无言汤武受命,不为愚。""是后学者莫敢明受命放杀者。"④这件事虽然没有造成文字祸,但说明一定知识的逻辑易与政治权力发生冲突。知识的逻辑对于一个严肃的

①《资治通鉴》卷十九。
②《大诰》二编,《苏州士人》第十三。
③《文献丛编》第三辑。
④《史记·儒林列传》。

知识分子来说,比什么都要神圣,逻辑几乎变成了支配主体的力量。逻辑与政治规定发生冲突,主体也被拖进矛盾的漩涡。

以上种种矛盾,是造成政治与思想文化冲突的内在根据。两者之间的冲突并不只是由两者的相悖关系造成的。在同向的政治与思想文化之间也会发生冲突。历史上有许多忠于君主专制的儒生惨遭不幸就是明证,因为同向的理想与现实之间也会发生冲突。有一种颇为流行的说法,认为悲剧是由知识分子的使命感和忧患意识与政治之间的冲突造成的。我不完全排斥这种说法,但问题在于:第一,是否只有知识分子才有使命感和忧患意识,其他人,如政治家就没有?第二,是否所有的知识分子都有使命感与忧患意识?回答显然是否定的。富有历史责任感的政治家或非知识分子者不乏其人,而知识分子中的无耻之徒也绝不在少数。我认为很难把使命感与忧患意识作为知识分子的本质特性来看待,也不宜作为分析问题的出发点。

知识分子与政治的关系是错综复杂的,本文虽然着重分析两者之间的矛盾与冲突,绝不是说这是唯一的。笔者着意分析其间的矛盾、冲突,正是为了说明两者之不可分割性。这种矛盾和冲突恰恰是促进政治文化化与文化政治化的动力。而知识分子在这之中扮演了重要的角色,他们既是实现政治文化化的重要环节,又是推动文化政治化的重要担当者。由此得出的结论是:我不赞成把知识分子与政治分开,把政治与学术分开。两者从来没有分开过,也永远分不开! 问题是应探讨其间的关系以及如何处理两者的关系。

三、政治要为思想文化多元发展让路和提供保障

近代以来, 政治的规范化与思想文化的多元化关系问题是否获得了协调?我认为迄今为止,所有国家和民族还都没有把两者的关系理顺,两者之间仍经常地发生程度不同的冲突,在有些国家,其间的冲突还相当激烈和残酷。不过大致说来,又有一个共同的发展方向或发展趋势展现在人们面前,即政治应该为思想自由让路, 而且还要为思想自由亦即思想文化多元化发展,提供尽可能的保障。

为什么政治要为思想自由让路?仅仅从思想自由是人的本性或天赋权利等来说明是不够的。从历史发展考察,思想自由是最大限度实现人的主观能动性的前提条件。有人会提出,人的主观能动性并不一定都与历史发展是同

向的,难道能够允许与历史相悖的思想任其自由发展吗?从逻辑上讲,可以推导出应禁止与历史发展相悖的思想存在与传播,然而在事实上这一点是很难判明的。对历史的发展,人们有了相当的自觉性与预见性,以致有人十分相信"理性"的指导,但是在实际上,人们远远不能对历史进程作出周密的规划,过分相信"理性"的设计,反而多半陷入了困境。应该说,直到目前为止,历史发展本身还是不能确切把握的东西。另一方面,对历史发展的理性自觉也不是某一个人的特产,而是在不同思想争论中涌现出来的。所以,不让所谓的"毒草"出生,必定也要摧毁"香花"生长的环境。因此,思想自由虽然不统统与历史发展相一致,但思想自由的环境与不同思想的竞争本身是充分发挥人的主观能动性和推动理性发展的条件。历史虽然不是落实理性认识的过程,但理性又是目前人们所能信赖的唯一的先导。基于上述理由,政治要为思想自由让路,而所让之路的宽广程度又是政治民主化与现代化的重要标志之一。

政治之所以能为思想自由敞开道路,还因为社会改造了政治。政治的民主化、多元化的发展,使其不能再像古代那样支配整个社会。政治虽然仍要维护特定的社会秩序,但一般已不能要求建立一统的思想秩序。思想自由与法制是一种什么关系?迄今为止,也还是一个远未解决的问题,甚至是一个长期难于理清的问题。一种意见认为,思想应服从法制,并以法制规定为限,在法制范围内思考。一句话,法律中规定的思想原则是不能违反的,违反即违法。他们还认为言即行,言即可能构成犯法。另一种看法,思想言论与行为是不能混淆的,法律只对人的行为有强制力,对人的思想不能进行强制和规范。思想的外在形式是言论,没有言论自由,也就没有思想自由。法律中有关思想原则的规定只限于行为,它不能干预思想自由。思想自由不仅不受法律的规范,它还可以自由地对法律本身进行再认识,直至要求修改法律。

这两种看法是截然相反的,但对两者进行抉择时,无论从理论上还是从实践上,眼下还都有颇为困难的问题。从道理上讲,我倾向后一种看法。但是从历史发展过程看,特定时期的政治对思想的某种规定和限制也并不是毫无合理性。由此,我们似乎应该承认这样的事实:历史上两种合理的东西有时也会发生冲突。这里讲的情况即是一例。思想自由的界边不是法制,那么它有否一定的界限呢?我认为还是有的,这就是:不能对他人的人身进行侵犯,比如诽谤、攻击等,只有尊重他人的权利,才更有利于思想自由的实现。思想自由和思想文化的多元化是一条不可更改的历史规律，开明的政治要为它让路，民主的政治要为它提供保障,聪明的政治家要善于选择与对话。

四、兼论知识分子的历史命运

随着社会的发展,知识分子在社会生活中的作用越来越重要,越来越成为历史舞台土最活跃的演员。文明的发展与社会知识化成正比。知识分子是社会知识化的带头人。一般地说,由于社会各行各业都要求知识化,这种势头决定了人们普遍向往和尊重知识分子，特别是近代世界性商品经济与竞争,对智能的追求是非常强烈的,从而成为推动知识分子队伍发展的强大动力。

从社会与历史发展趋势来说。不存在一种顽固的排斥知识分子的社会阶层或力量。如果有一些国家和民族的历史上出现过打击、压抑知识分子的事实,几乎无例外地都是政治原因造成的,而且主要发生在近代社会以前的中世纪。进入近代化特别是进入现代化的社会,很少有大规模地打击知识分子的事情发生。

在古代,特别是中国的古代社会,知识分子与社会经济很少联系。在自然经济的条件下,知识分子主要出路在政治。当时的政治是封建专制主义的,这种政治支配着整个社会,当然也支配着知识分子。近代以来,情况发生了重大变化,知识分子从单一依属政治中走出来,与社会各行各业相结合,知识分子在新的社会条件下有了广阔的发展天地。因此,社会近代化与现代化,是知识分子获得自由发展的最基本的条件。关于什么是社会近代化、现代化本身还有不少争论,这里不论。要之,指工业革命以来社会的综合发展与现代发展的新阶段。中国社会从总体而论尚处于近代化阶段,但同时又生活在国际现代化环境中。这样,近代化与现代化便交织在一起。中国知识分子的命运与中国社会近、现代化的命运是休戚相关的。就中国知识分子而言,其本身也有近代化与现代化问题。

首先,中国知识分子的近、现代化主要任务是从封建士大夫型转向与市场商品环境相适应,实现知识商品化与本体多能化。我国知识分子的一部分就其知识构成、所从事的职业以及他们的社会交往环境看,具有现代化的性质;但多数知识分子的生活环境及其思维方式还没有完成近代化。也就是说,在他们身上还有浓厚的士大夫气息。近代化的知识分子在人格上是独立的,士大夫在人格上具有明显的依属性。中国直到1949年还没有完全从中世纪走出来,与之相应,知识分子也没有实现近代化。不仅知识分子数量很少,素质低,而且又多远离商品经济。新中国成立后,依照历史规律,应是发展商品经济,但我们却走了另一条路,即计划性的产品经济。而这种计划产品经济是由行政支配的。在这种情况下,知识分子不但没有走向近代化,而且与产品一起,都成为行政的支配物。再加上知识分子的多数被划入资产阶级范畴,终究仅是社会主人之外的可利用的异己力量。

近十年来情况有了很大变化。随着商品经济的发展与活跃,知识分子的观念有了很大的转变。但是,不能把知识分子的近代化估计过高,年轻知识分子相对比较先进,但一些调查资料表明,市场观念仍然不发展。许多人轻利重义,不屑于参加市场活动。还有相当一部分知识分子爱用道德标准考察、分析、判断市场过程,这正说明他们还远远没有完成向近代化的转变。其次,知识分子自我实现意识非常弱,这也说明远没有完成近代化。有不少知识分子不把自己当作自己知识的主人,似乎自己的知识是什么超己的外在圣物赐予的。乍然看去,很谦虚,不忘恩,不自私;但是这种性格的另一面就是缺乏主见,不敢坚持己见,不敢坚持自己所认定的真理,不负责,用自己的嘴违心地讲别人的话,这似乎已变成习惯。一句话,没有或缺乏个性和自主性。对知识分子来说,没有或缺乏个性和自主性,他只能充当现有知识的传播者,不会成为知识的生产者、创造者。知识分子不应忘记造就自己的时代,但同时又应把自己作为自己知识的主人。这样,在社会生活中才能与他人平等交往,才能自我实现。如果把自己仅当作某种工具,正说明他背后站着一位有形的或无形的"主人"。我决不否认知识分子在实际上与某个阶级或利益集团的命运联在一起,他们也会充当某个阶级或利益集团的代表而发表见解。但这中间的联接点是知识,是理性的选择,而不是什么隶属关系。再次,知识分子近代化还有一个重要内容,即职业选择自由,完全从古代的门生、故吏关系中解脱出来。过去把知识分子称为自由职业者,是很有道理的。自由职业并不是说他们要选什么职业就有什么职业,而是指主体自我支配。如果社会上没有知识分子自由选择职业的环境,他也就没有独立思考的自由环境,也就不能自我实现。

知识分子近代化不只是知识分子自身的问题,而是整个历史运动的结果。在知识分子中有一种非常普遍的心态,即把自己社会地位的改善寄希望于"落实"知识分子的政策上。在目前的条件下,无疑有它的作用。但是"落实"不能取代知识分子本身近、现代化。老实说,越是希望于"落实",就越缺乏自主性和独立性,在某种意义上说,正说明士大夫遗迹还很严重。知识分子要实现近代化、现代化,就要投身到社会洪流中去。如果不是自己寻找自己的位置,终究要受别人支配。知识分子在走向近代化的过程中,是要知识分子劳动化,还是倡导知识分子走独立化、自身群体化的道路呢? 近十年来,人们开始对知识分子劳动化这一理论提出怀疑、批评,在怀疑与批评中,进一步提出了知识分子要独立化,要有自身群体意识和自觉。

在复杂的社会生活中,能否找到知识分子的独立化发展与群体意识或群体自觉呢? 有的学者认定两千年前知识分子就形成了共同的群体意识和自觉,今天尤应倡导。我的看法与此相左。思想文化与政治错综复杂关系不可能使知识分子走向一体化。这绝不是说,知识分子没有任何共同的趋向,比如,只要是一个认真进行思索的知识分子,都会程度不同地要求个人意志自由、思想自由。但是仅这一点还不足以使知识分子形成一个统一的群体。因为知识分子在社会生活中扮演的角色太多了,分野太大,利益各异。另外,提倡知识分子独立化有与其他劳动者对立的偏颇。知识分子需要了解工、农、兵、商等等人的劳动、生活状况,也需要了解他们的情感与心理。要了解这些,就应了解他们的劳动过程、生活过程,拒绝做这方面的工作,知识分子也会走向封闭之路。

我认为应该从知识分子劳动化或知识分子独立化、群体化的两极中走出来。因为两者都是以高下、轻重、先进落后提出问题的。作为劳动,尽管在形式上有千差万别,但就其创造价值这一点而言,都是一样的。劳动是成体系的社会过程,缺任何一环都可能造成中断。因此,劳动不宜分高下。人们在观念上会有高下之分,但在科学上则绝对应摒弃这种陈腐的观念。马克思有简单劳动与复杂劳动之分,但这只是分析劳动的价值量。实际上,复杂劳动与简单劳动不是泾渭分明的,作为劳动过程多半是交织在一起的。在历史的发展中,一定时期的复杂劳动会转化为简单劳动,而简单劳动又含有复杂劳动的因素。人类迄今为止,最先进的劳动过程也不能没有简单劳动,简单劳动与复杂劳动是统一的劳动过程的两方面,而不宜强调两者的对立,更不宜以此划分人群。

我不赞成知识分子劳动化与知识分子独立化的两种提法,我主张代之以知识社会化,社会知识化。知识只有社会化,才能充分显示其威力;社会只有不断知识化,才能提高自身的素质。知识社会化与社会知识化不强调按脑力劳动或体力劳动对人进行分层,更不以人层或身份为出发点去考虑分配等问题,而是从知识在社会化劳动中的实际效果获取自己的地位。知识社会化与社会知识化是一种历史的运动,即社会诸种因素的综合的作用的结果,行政的提倡固然必要,但决定性的因素是社会机制。到目前为止,市场经济与竞争应该说是推动知识社会化与社会知识化最强大的推动力和社会环境。

知识分子的社会地位是在知识社会化、社会知识化与竞争环境中自然确定的,过分强调人为规定的作用多半导致人群之间矛盾的加剧。我们过去三十年的教训是人为的规定过多。不是拔高工农压知识分子,就是张扬知识分子而招致工农的不满。这种做法应该改变,应该在市场竞争中各自寻求自己的位置,知识分子应该承认在目前条件下,知识也是一种商品和谋生的手段,这不是自贱而是落在实处。过去讲读书皆为稻粱谋,以笔代耕,难道目前能超越这一种事实吗?在市场与竞争机制下,我绝不相信知识会变成无用。如果什么时候实现了知识无用的现象,那决不是知识过剩,肯定是社会机制出了毛病。为知识而献身的知识分子是令人尊敬的,但决不能要求所有的知识分子都不计报酬,为知识而献身。知识分子不要把自己的命运寄托在别人的重视上,要在竞争中寻找自己的地位。如果市场竞争仍然受到行政的支配,当然责任主要应由行政承担。社会主义政治的优越性应该表现在:它比其他政治能提供更加公正和平等的竞争机会。

现在我们正处于由旧轨道向新轨道转变中,而新轨道又不是谁人能设计的完美无缺的蓝图。在向新轨道的转变中,知识分子如果不是把自己放在社会机制的改进中谋求自己的地位,仅仅寄希望于行政措施,其结果或者难以解决,或者有所改善,但由于缺乏社会自然的和谐,也会招来许多麻烦。

在知识分子的命运中,最可怕的是把知识分子与社会割裂开来或对立起来。我认为只有在知识社会化和社会知识化以及与之相适应的竞争中,知识分子才能找到合适的社会地位。

原载《南开学报》,1989 年第 2 期

知识分子、思想文化与政治

知识的发展及其逻辑的展开，要求思想自由；但是，政治与思想自由却常常会发生冲突。知识分子在这种冲突中表现万千，其中一部分人坚持沿着知识逻辑向前迈进，出现了许多悲壮的场面。

这个问题已困惑了人类几千年。至今仍是一个麻烦的问题。为什么政治要干涉思想自由？为什么有些知识分子硬是不回头，不停步，宁肯在冲突中献出自己的生命？本文试图从历史发展的一个侧面考察一下这个问题，并就教于关心此问题的同人。

一、两个不同的运动规律

人们习惯把思想文化说成是一定政治的反映。这种说法固然有一定道理。其实，也可以倒过来说，政治是一定思想文化的实现。这样，政治与思想文化之间不是简单的决定与被决定关系，而是两个不同领域，又交互作用。

政治和思想文化的运动规律可以从不同方面和关系上进行抽象分析。这里，主要从各自的运动趋势上进行考察。

政治缘何而产生？它要解决什么问题，它的运动规律是什么等等，无疑是十分复杂，需要进行广泛论证的问题。不过其中一点具有普遍性，即政治与社会的秩序紧密相关。政治因社会需要建立秩序而产生。政治的主要功能又表现在维护和建立某种社会秩序。因此，维护和建立一定社会秩序便成为政治运行的基本规律。关于政治与社会秩序内在联系，古代的哲人早有论述。慎到说："古者，立天子而贵之者，非以利一人也。曰：天下无一贵，则理无由通。通理以为天下也。"①慎到说的理即秩序。《管子》中许多篇的作者都认为，人类最初并无"君臣上下之别"，由于无"别"，因而也无秩序，人们"以力相争"，后来

---

① 《慎子·威德》。

出现圣人、智者，"为民兴利除害""禁强虐"，制定出"名物"等级，建立了秩序。[①]法律政令都是为了维护秩序："夫法者，所以兴功惧暴也；律者，所以定分止争也；令者，所以令人知事也。法律政令者，吏民规矩绳墨也。"[②]分贵贱，别上下，建立了秩序，社会才得以正常运转。在阶级社会，社会秩序打上了阶级的烙印或因阶级而规定；但也还有许多秩序是属于全社会的。为了维持一定的秩序，必须有相应的强制性规范。因此维护和建立社会秩序与规范是政治的最基本的功能，也是政治运动的基本规律。秩序即同一化。

思想文化要求与政治要求同一化相反，它要求的是多元化，并冲破一切障碍沿着多元化的方向发展或逶迤而行。思想文化的多元化指思想文化在内容上、逻辑结构上、思维方式上以及目的上，是不可能统一的。思想文化的多元化是由以下几方面的原因造成的：

创造思想文化的主体是个人。这是造成思想文化多元化的基本原因之一。一般的社会意识和文化习俗不一定都有明显的个性，但作为有理论体系的思想文化几乎都与特定的个人紧密相关，这些个人虽然生活在一定的社会环境中，他们的思想也不可能离开特定的社会条件，但他们之所以能成为思想家，首先在于他们有明显的个性。思想文化生产主体的个人化，决定了思想文化必定形成多元。

思想文化是客观的反映与升华。那么是否能以此为据，推论思想文化会趋向一致呢？我认为不可能。客观的多变性和复杂性与反映主体的个性差异（包括才智、知识结构、个人经历与价值观的差异等等），只能导致反映结果走向多样化和多元化。唯物主义的反映论与思想文化的多元论不仅不矛盾，后者恰恰是前者的结果。反之，把唯物主义反映论同思想文化的同一论视为一体，那不是唯物主义反映论，而是机械论。

知识内在逻辑的展开也必定导致思想文化走向多元化。没有逻辑是构不成知识体系的，而逻辑的展开并不只是客观的再现，多半是主、客观的复合推导过程。荀子主张人性恶，孟子主张人性善，显然，在逻辑的推导过程中必定要出现差异，差异形成理论体系就是多元。

现在的思想文化对后来者具有巨大的影响。且不说后人选择上的差别，

①《管子·君臣下》。
②《管子·七臣七主》。

413

也不说对既成思想文化的发展。单是继承也会造成差异,因为这里增加了继承主体这一因素。历史的无数事例告诉我们,即使是最教条式的继承都不可能形成一致。历史上教条与教条的争论何其多!

以上所谈的四方面,远不是造成思想文化多元的全部原因。然而,单单是这四项,再加其间的交错组合,思想文化的多元化就势不可当。

政治:要求秩序与规范。

思想文化:要求多元或多样。

二、两个规律交错中的知识分子与悲剧的必然性

政治与思想文化的运动规律不同,但两者又不可分割地扭结在一起。

有人主张要把政治与学术分开,然而翻开历史仔细考察,作为思想文化一部分的学术(指整体而不是指某个具体问题)何年何月与政治分开过?提出问题的人企图把两者分开以保护知识分子,用心可谓良苦;但正如希望把知识分子与政治家分开一样,都是绕开了问题。就实而论,思想文化与政治无法分开,知识分子与政治纠缠不清。从总体上考察,既不存在离开思想文化的政治,也没有离开政治的思想文化。思想文化与政治错综交织在一起。两者又是互动的。一定政治秩序的形成与维持,一方面要有外在强制力量的制约,另一方面又需要有政治共同体内成员在观念和意识上的认同。前者表现为政治关系中的"硬件",如制度、法律、军队、警察、监狱等等;后者表现为政治关系的"软件",如信仰、感情、态度、价值判断等等。政治关系不仅仅是一种权力制约关系,它还是一种文化关系。政治文化化、文化政治化,便是一个普遍存在的事实,也可以说是一条规律。

政治文化化是说,一定的政治制度与法律体系可以通过不断社会化过程,逐渐内化为政治共同体内成员所奉行的行为准则与政治观念。在中国传统政治文化中的崇圣意识,就是长期的君主专制政治实施过程的产物。在强大的君主权威面前,自然经济中的个人变得十分渺小,谈不上任何主体意识;君的圣旨是至高无上的,在圣旨面前,无是非、无道理可言、可辩。以至,在一些场面,一见到皇帝或皇权的标志便自然而然地双膝下跪。这种心理与行为,就是政治社会化的产物。我们长时期内,天天宣传"大救星"论,"句句是真理"论、"归功于"论等等。这种做法的一个严重后果就是公民政治主体观念的淡

漠,造成人们缺乏政治上的公民主体意识。而反推,又表现为缺乏责任心、义务感,缺乏自律,缺乏对政治运行、国家命运、社会发展的应有关切。

文化政治化是说政治发展离不开思想文化条件。文化政治化是一个非常复杂的过程,包括许多内容,要之:其一,一定政治体制的形成有赖于一定文化背景;其二,一定政治体制的运行要受到文化因素的制约和影响。比如,权利的合法性问题,除了事实外,还必须从思想文化上给以论证。在古代有君权神授,奉天承运,替天行道,内圣外王等等。又如,民主作为一种制度在近代以来获得广泛的推广。但迄今为止,人们对民主的认识与理解是很不相同的,这不能不影响到民主制度的建设。

思想文化与实际政治之间的关系是多种多样的。从宏观上看,可分为以下三种情况:

其一,同向关系。一定的思想文化与一定的政治在大方向上是一致的。例如儒家思想和法家思想与君主专制政治,在大方向上是相同的。

其二,局部相合与相背关系。如道家中的庄学,它一方面对君主专制进行了猛烈的批判,斥君主为大盗,仁义为虎狼;另一方面,他又教人无限宽容,自我满足,自我解嘲,从而又成为君主专制存在与横行的不可缺少的补充。一部分在野的失意的士大夫常常从庄学那里获得精神支柱。

其三,背向关系。比如民主思想与封建专制思想,两者在运行方向上就是相悖的。

知识分子(不是全部)便生活在思想文化与政治错综复杂的关系之中。在这里,他们没有一个共同的行动轨迹,其表现可以说是千姿百态、气象万千。知识分子分别在上述三种关系中选择、游弋、钻营。有的借政治而飞黄腾达,有的则失意潦倒落魄。在复杂的关系中,有一个特别值得深思的现象,即个性很强的知识分子经常与政治发生冲突。在冲突中,手无寸铁的知识分子多半落得个悲剧结局。就个人而论,知识分子完全可以作出有利于自己的选择,去投机、去升官、去发财。然而事实并非如此。一批又一批的耿直书生,硬是不顾杀头之祸,朝着自己选择的方向走去。这其中除了个性外,我们还必须回到文章一开头谈到的政治的秩序性与思想文化的多元性之间的矛盾与纠葛上。这种矛盾是造成一次又一次文字狱的最基本的社会原因。这种矛盾是在不同层面展开的,归纳起来,有如下几方面:

第一,思想文化的多元与政治对思想文化的选择之间的矛盾。政治一元化或专制主义总是要求思想文化也统一。事实上，多元的文化与政治一统也确实是一个重大的矛盾。因为每种思想文化都要求对象化。正如李斯所言："人善其所私学，以非上之所建立。……闻令下，则各以其所私学议之，入则心非，出则巷议。"①董仲舒对汉武帝也讲："今师异道，人异论，百家殊方，指意不同。是以上无以持一统；法度数变，不知所守。"②从历史上可以经常看到，一定的政治常常要对多元的思想文化进行选择，对未被选中的思想文化并不总是宽容的，有许多时候采取了极为粗暴的方式进行打击、压抑，乃至采用流血手段。秦始皇"焚书坑儒"便是最野蛮的一次。汉武帝"罢黜百家，独尊儒术"比秦始皇要高明些。他通过尊儒与仕途相结合的办法，从宏观上解决了尊儒和抑百家的问题。汉武帝以后统治者大抵都尊儒，不过儒家大派中又有分化，所以统治者对儒家中的不同派别仍有一个选择与排抑问题。政治对思想文化的选择常常伴随着一部分知识分子飞黄腾达，而另一部分知识分子惨遭厄运。

第二，认识的无限性和自由性与政治规定和政治权威之间的矛盾。这里所说的认识无限性不只是指认识是一个无限的认识过程，而是指一切都可以纳入认识对象之中。宇宙是恢宏的，可是作为认识对象，它又常常变得十分渺小，人们可以把宇宙一切都包容在认识之中。或者说对一切可以自由认识。许多知识分子经常把"天地万物、古今之事"③统统纳入自己的认识对象，加以探讨。《左传》把"士"的特点概括为："通古今、辩然否。"司马迁要"究天人之际，通古今之变，成一家之言"。④知识分子讨论的问题远远超越了自身，所关心的是人类的命运，"通乎盛衰之时，明乎成败之端，察乎治乱之纪，审乎人情，知所去就。"在这种广袤无际的认识中，一时的政治和某个政治权威人物，只不过是认识沧海中的一粟。然而难点常常就在这里。某种政治规定不准去探讨，需要的是遵从；某个政治权威需要的是崇敬，而不需要去认识。于是，与认识的无限性发生矛盾。当某些知识分子坚持沿着认识无限性的道路走下去，便会与特定的政治与权威发生冲突，血案也常常因此而发生。

一个富有开阔眼界的知识分子，必定要求思想自由，没有思想自由就如

---

① 《史记·李斯列传》。
② 《汉书·董仲舒传》。
③ 《史记·吕不韦列传》。
④ 《史记·自序》。

戴上枷锁,然而只要放开眼界,天下之事尽收眼底,必定要小天下;小天下就难免不小帝王和君主,这就很容易触犯逆鳞,悲剧便因此而生。

第三,知识分子的理念与政治权威的冲突。在中国历史上这种矛盾表现为道与王的复杂关系与冲突。在长期的思想文化积累中,人们把理性与真、善、美总合为一个至高的范畴——道。人们对道的具体内容尽管各有各的理解,但都崇尚道。在一部分知识分子中,道既是一种理念,同时又升华为信念。理念指知识体系,信念指感情的追求。信念在许多情况下表现为宗教意识或类宗教意识。理念与信念可以是两个体系,也可以互为补充。对知识分子来说,常常是由理念而升华为信念,由逻辑而凝结为一种情感的执着追求。

在传统中,道与王的关系,既有统一又有矛盾的冲突。统一表现在道对君主专制体制的肯定;矛盾主要表现在道的政治理想与现实政治状况之间的差距与冲突。许多人强调"道高于君",在道与君发生冲突时,"从道不从君"。明代吕坤说:"天地间唯理与势为最尊。虽然,理又尊之尊也。庙堂之上容理,则天子不得以势相夺。即夺焉,而理常伸于天下万世。故势者,帝王之权也;理者,圣人之权也。帝王无圣人之理,则其权有时而屈;然而理也者,又势之所恃以存亡者也。"①

有些君主在强大的崇道舆论面前,或主动接受道的制约,或容忍据道而来的批评。唐太宗是前一类君主中最突出的典型。他讲:"可爱非君,可畏非民,天子者,有道则人推而为主,无道则人弃而不用,诚可畏也。"②然而即使对李世民这样清醒的君主,理性的批评也是相当危险的,诚如张玄素所说:"臣欲进谏,辄惧死之祸,与赴鼎镬、冒白刃亦何异哉?③等而下之者,表面上容忍来自理性的批评,装模作样虚心听纳,但实际我行我素。

更多的是君主根本不承认自身之外还有什么道义,朕即道,道即朕。任何批评,甚至仅仅是批评某些社会现象,都认为是对自身权威的破坏。

这里不仅说明了权与理的矛盾,还说明许多最高统治者不仅要垄断权,还要垄断理。诚如李世民所说:"自古帝王多疾胜己者。"④又说:"乱君疾胜已

---

① 《呻吟语》卷一之四。
② 《贞观政要·政体》。
③ 《魏郑公谏录续》。
④ 《资治通鉴》卷一九八。

417

如仇,"①有权即"有理",这是专制主义的典型特征之一。权与理两者虽不是绝对排斥的,但要实现两者的完全结合几乎是不可能的。有些耿直的知识分子据理而轻权,重道义而轻王公,坚持从道不从君。这里遇到视己为理的化身的君主,这些知识分子多半要遭殃,故酿成一桩又一桩惨案。

第四,精神领袖与政治权威的矛盾。知识的力量之一表现在,它能使人折服。古往今来的智者都有相当数量的崇拜者,从而形成精神领袖。精神领袖并不一定都是政治的异己力量,相反,有许多精神领袖是一定政治秩序和权威的强有力的支持者和合作者,但是两者有时也会发生冲突。

一些知识分子认为认识与权力应是二元的;有权不等于有理、有知识。在知识、道德面前,应择能者、善者为师。《吕氏春秋·劝学》曰:"古之圣王,未有不尊师者也。尊师,则不论其贵贱贫富矣。"文中还叙述了历代圣王尊师听教而国治的事例。虞世南也讲:"帝者与师处,王者与友处,霸者与臣处。"②

但能把权与知识分作二元处理的帝王是不多见的。

然而在思想理论界,也有知识分子完全应该成为帝王工具论者。法家,特别是《商君书》作者与韩非论述尤多。帝王中的多数都持此论,把知识分子视为工具,甚至视如娼优。汉武帝以善用人著称,但又滥杀人。汲黯曾谏道:"陛下求贤甚劳,未尽其用,辄已杀之。以有限之士恣无已之诛,臣恐天下贤才将尽,陛下谁与共为治乎?"武帝答曰:"何世无才,患人不能识之耳。苟能识之,何患无人!夫所谓才者,犹有用之器也,有才而不肯尽用,不杀何施?"③无独有偶,朱元璋也讲:"寰中士大夫不为君用,自外其教者,诛其家而没其身。"④乾隆对知识分子结友明志也十分厌恶,他在处理尹嘉铨案时说:"古来以讲学为名,致开朋党之渐,如明季东林诸人讲学,以致国日非,可为鉴戒。而尹嘉铨反以朋党为是,颠倒是非,显圣制。"⑤知识分子结交朋党和好为人师不可避免与专制政治权威发生冲突并酿出许多悲剧。

第五,知识逻辑的展开与政治的冲突。撇开钻营的知识分子不论,严肃的

---

① 《资治通鉴》卷一九八。
② 《唐文拾遗》卷十三。
③ 《资治通鉴》卷十九。
④ 《大诰》二编,《苏州士人》第十三。
⑤ 《文献丛编》第三辑。

知识分子都特别注重知识的逻辑,并力求按知识的逻辑调整自己的行动。知识逻辑在其展开过程中,常常会表现出主体的性格,只要确定了大前提和小前提,其结论几乎是主体也难以改变的。有的思想家在确定他的理论逻辑时,也许并没有明确的政治目的。但在理论逻辑展开过程中,很容易与一定的政治秩序和权威发生冲突。比如汉初儒生辕固生与持黄老说的黄生关于"汤武受命"的争论就很有代表意义。黄生从肯定汉皇出发,反对下犯上,指出帽子再破只能戴在头上,鞋子再好也只能穿在脚上。由此推论,汤、武也是以臣弑君。他的用意是维护汉皇,任何人都不得造次。辕固生从"汤武受命"这个大前提出发,又断定汉高祖代秦是得天助,遂人愿。按照这个逻辑推下去,如果汉皇失道,必定被某个"受命"者取代。汉景帝十分反感辕固生逻辑的结果,于是不准再往下讨论,并说:"食肉不食马肝,不为不知味;言学或无言汤武受命,不为愚。""是后学者莫敢明受命放杀者。"[①]这件事虽然没有造成文字祸,但说明一定的知识的逻辑易与政治权力发生冲突。

　　知识的逻辑对于一个严肃的知识分子来说,比什么都要神圣,逻辑几乎变成了支配主体的力量,逻辑与政治规定发生冲突,主体也被拖进矛盾的漩涡。以上种种矛盾,是造成政治与思想文化冲突的内在根据。两者之间的冲突并不只是由两者的相悖关系造成的。在同向的政治与思想文化之间也会发生冲突,历史上有许多忠于君主专制的儒生惨遭不幸就是明证,因为同向的理想与现实之间也会发生冲突。

　　知识分子与政治的关系是错综复杂的,本文虽然着重分析两者之间的矛盾与冲突,绝不是说这是唯一的。作者着意分析其间的矛盾、冲突,是为了说明两者之不可分割性,这种矛盾和冲突恰恰是促进政治文化化与文化政治化的动力。而知识分子在这之中扮演了重要的角色,他们既是实现政治文化化的重要环节,又是推动文化政治化的重要担当者。由此得出的结论是:我不赞成把知识分子与政治分开,把政治与学术分开。两者从来没有分开过,也永远分不开!问题是应探讨其间的关系以及如何处理两者的关系。

---

　　① 《史记·儒林列传》。

三、政治要为思想文化多元发展让路和提供保障

近代以来，政治的规范化与思想文化的多元化关系问题是否获得了协调？我认为迄今为止，所有国家和民族还都没有把两者的关系理顺，两者之间仍经常地发生程度不同的冲突，有些国家其间的冲突还相当激烈和残酷。不过大致说来，又有一个共同的发展方向或发展趋势展现在人们面前，即政治应该为思想自由让路，而且还要为思想自由亦即思想文化多元化发展，提供尽可能的保障。

为什么政治要为思想自由让路？仅仅从思想自由是人的本性或天赋权利等来说明是不够的。从历史发展考察，思想自由是最大限度实现人的主观能动性的前提条件。有人会提出，人的主观能动性并不一定都与历史发展是同向的，难道能够允许与历史相悖的思想自由发展吗？从逻辑上讲，可以推导出，应禁止与历史发展相悖的思想存在与传播。然而在事实上这一点是很难判明的。对历史的发展，人们有了相当的自觉性与预见性，以致有人十分相信"理性"的指导，但是在实际上，人们远远不能对历史进程作出周密的规划。过分相信"理性"的设计，反而多半陷入了困境。应该说，直到目前为止，历史发展本身还是不能确切把握的东西。另一方面，对历史发展的理性自觉也不是某一个人的特产，而是在不同思想争论中涌现出来的。所以，不让所谓的"毒草"出生，必定也要摧毁"香花"生长的环境。因此，思想自由虽然不统统与历史发展相一致，但思想自由的环境与不同思想的竞争相生是充分发挥人的主观能动性和推动理性发展的条件。历史虽然不是落实理性认识的过程，但理性又是目前人们所能信赖的唯一先导。基于上述理由，政治要为思想自由让路，而所让之路的宽广程度又是政治民主化与现代化的重要标志之一。

政治之所以能为思想自由敞开道路，还因社会改造了政治。政治的民主化、多元化的发展，使其不能再像古代那样支配整个社会。政治虽然仍要维护特定的社会秩序，但一般已不能要求建立一统的思想秩序。

思想自由和思想文化的多元化是一条不可更改的历史规律。开明的政治要为它让路，民主的政治要为它提供保障，聪明的政治家要善于选择与对话。

四、兼论知识分子的历史命运

随着社会的发展,知识分子在社会生活中的作用越来越重要,越来越成为历史舞台上最活跃的演员。文明的发展与社会知识化成正比。知识分子是社会知识化的带头人。

一般地说,由于社会各行各业都要求知识化,这种势头决定了人们普遍向往和尊重知识分子,特别是近代世界性商品经济与竞争,对智能的追求是非常强烈的,从而成为推动知识分子队伍发展的强大动力。

从社会与历史发展趋势来说,不存在一种顽固的排斥知识分子的社会潮流或力量。如果有一些国家和民族的历史上出现过打击、压抑知识分子的事实,几乎无例外地都是政治原因造成的。而且主要发生在近代社会以前的中世纪。进入近代化,特别是进入现代化的社会,很少有大规模地打击知识分子的事情发生。

在古代,特别是中国的古代社会,知识分子与社会很少联系。在自然经济的条件下,知识分子主要出路在政治。当时的政治是封建专制主义的,这种政治支配着整个社会,当然也支配着知识分子。近代以来,情况发生了重大变化,知识分子从单一依属政治中走出来,与社会各行各业相结合,知识分子在新的社会条件下有了广阔的发展天地。

因此,社会近代化与现代化,是知识分子获得自由发展的最基本的条件。

关于什么是社会近代化、现代化,本身还有不少争论,这里不论。要之,指工业革命以来社会的综合发展与现代发展的新阶段。中国社会从总体而论尚处于近代化阶段,但同时又生活在国际现代化环境中。这样,近代化与现代化便交织在一起。中国的知识分子的命运与中国社会近、现代化的命运是休戚相关的。

就中国知识分子而言,其本身也有近代化与现代化问题。

中国知识分子的近、现代化主要任务是从封建士大夫型转向与市场商品环境相适应,实现知识商品化与本体多能化。我国知识分子的一部分就其知识构成、所从事的职业以及他们的社会交往环境看,具有现代化的性质;但多数知识分子的生活环境及其思维方式还没有完成近代化。也就是说,在他们身上还有浓厚的士大夫气息。

近代化的知识分子在人格上是独立的。士大夫在人格上具有明显的依属性。中国直到 1949 年还没有完全从中世纪走出来，与之相应，知识分子也没有实现近代化。不仅知识分子数量很少、素质低，而且又多远离商品经济。新中国成立后，依照历史规律，应是发展商品经济，但我们却走了另一条路，即计划性的产品经济，而这种计划产品经济是由行政支配的。在这种情况下，知识分子不但没有走向近代化，而且与产品一起，都成为行政的支配物。再加上知识分子的多数被划入资产阶级范畴，屡遭打击，每况愈下，到"文革"时期进一步下降为"臭老九"。虽然有人说老九不能走，但终究是社会主人之外的仅可利用的异己力量，时时被主人提防。更为可怜的是，多数知识分子几乎也都接受了这种事实。

这十年来情况有了很大变化。随着商品经济的发展与活跃，知识分子的观念有了很大的转变。但是，不能把知识分子近代化估计得过高。年轻知识分子相对比较先进。但一些调查资料表明，其市场观念仍然没有发展。许多人轻利重义，不屑于参加市场活动。还有相当一部分知识分子爱用道德标准考察、分析、判断市场过程，这正说明他们还远远没有完成向近代化的转变。

还有，知识分子自我实现意识非常弱，这也说明远没有完成近代化。有不少知识分子不把自己当作自己知识的主人，似乎自己的知识是什么超己的外在圣物赐予的。这种性格的另一面就是缺乏主见。不敢坚持己见，不敢坚持自己所认定的真理，不负责，用自己的嘴违心地讲别人的话，这似乎已变成习惯。一句话，没有或缺乏个性和自主性。我决不否认知识分子在实际上与某个阶级或利益集团的命运联在一起，他们也会充当某个阶级或利益集团的代表而发表见解。但这中间的联接点是知识是理性的选择，而不是什么所属关系。

知识分子近代化还有一个重要内容，即职业选择自由，完全从古代的门生、故吏关系中解脱出来。过去把知识分子称为自由职业者，是很有道理的。自由职业并不是说他们要选什么职业就有什么职业，而是指主体自我支配。如果社会上没有知识分子自由选择职业的环境，他也就没有独立思考的自由环境，也就不能自我实现。

知识分子近代化不只是知识分子自身的问题，而是整个历史运动的结果。在知识分子中有一种非常普遍的心态，即把自己社会地位的改善寄希望"落实"知识分子的政策上。在目前的条件下，无疑有它的作用。但是"落实"不能取代知识分子本身近现代化。老实说,越是希望于"落实",就越缺乏自主性和独立性。在某种意义上说,正说明士大夫遗迹还很严重。知识分子要实现近代化、现代化,就要投身到社会洪流中去,如果不是自己寻找自己的位置,终究要受别人支配。

知识分子在走向近代化的过程中,过去提倡知识分子劳动化。近十年来,人们开始对知识分子劳动化这一理论提出怀疑、批评。在怀疑与批评中,进一步提出了知识分子要独立化,要有群体意识和自觉。

在复杂的社会生活中,能否找到知识分子的独立化发展与群体意识或群体自觉呢?我的看法是思想文化与政治错综复杂关系不可能使知识分子走向一体化。因为知识分子在社会生活中扮演的角色太多了,分野太大,利益各异。另外,提倡知识分子独立化有与其他劳动者对立的偏颇。

我认为应该从知识分子劳动化或知识分子独立化、群体化的两极中走出来。因为两者是以高下、轻重、先进落后提出问题的。

作为劳动,尽管在形式上有千差万别,但就其创造价值这一点而言,都是一样的。劳动是成体系的社会过程,缺任何一环都可能造成中断。因此,劳动不宜分高下。人们在观念上会有高下之分,但在科学上绝对应摒弃这种陈腐的观念。马克思有简单劳动与复杂劳动之分,但这只是分析劳动的价值量。实际上,复杂劳动与简单劳动不是泾渭分明的,作为劳动过程多半是交织在一起的。在历史的发展中,一定时期的复杂劳动会转化为简单劳动,而简单劳动又含有复杂劳动的因素。人类迄今为止,最先进的劳动过程也不能没有简单劳动。简单劳动与复杂劳动是统一的劳动过程的两方面,而不宜强调两者的对立,更不宜以此划分人群。

我主张知识社会化,社会知识化。知识只有社会化,才能充分显示其威力;社会只有不断知识化,才能提高自身的素质。知识社会化与社会知识化不强调人按脑力劳动或体力劳动对人进行分层,更不以人层或身份为出发点去考虑分配等问题,而是从知识在社会化劳动中的实际效果获取自己的地位。

知识社会化与社会知识化是一种历史的运动,即社会诸种因素综合作用的结果,行政的提倡固然必要,但决定性的因素是社会机制。到目前为止,市场经济与竞争应该说是推动知识社会化与社会知识化最强大的推动力和社会环境。知识也是一种商品和谋生手段,在市场与竞争机制下,我决不相信知识会变得无用。如果什么时候出现了知识无用的现象,那绝不是知识过剩,肯定是社会机制出了毛病。社会主义政治的优越性应该表现在:它比其他政治能提供更加公正和平等的竞争机会。

现在我们正处于由旧轨道向新轨道转变中,而新轨道又不是谁人能设计得完美无缺的蓝图。在向新轨道的转变中,知识分子如果不是把自己放在社会机制的改进中谋求自己的地位,仅仅寄希望于行政措施,其结果或者难以解决,或者有所改善,但由于缺乏社会自然的谐和,也会招来许多麻烦。

在知识分子只有在知识社会化和社会知识化以及与之相适应的竞争中,才能找到合适的社会地位。

原载《南京大学学报》,1989 年社会史专辑

论中国古代的亦主亦奴社会人格

　　社会人格,是指一定社会群体共同的人格特质。它是由社会环境铸模而成的,是一定社会群体共同生活方式和基本经验的产物,是人们将社会的文化的规范与要求内化于心的结果, 埋藏在个体人格的深蕴处。由于社会人格之中包含着许多为社会公认的精神品格、行为规范和道德信条,因此,它属于典型的"文化的主观方面"。社会人格既是社会形态和文化体系的产物, 又是社会形态的一种存在形式和文化体系的一种载体,因而在维护公共秩序、调节人际互动方面发挥着重要的作用。本文所说的亦主亦奴人格是中国古代社会人格中最重要且最具普遍意义的一种。

一、"官僚"的主奴综合性格

　　一般说来,帝王、官僚、庶民构成中国古代三大社会政治等级。官僚介于帝王与庶民之间,是主与奴、贵与贱统于一体的典型。相对于君,他们是下,是奴,是臣子;相对于民,他们是上,是主,是父母。他们出则舆马,入则高堂,一呼百诺,权势炙手,但在君主和长官面前则必须俯首帖耳,唯命是从。其实"官僚"称谓本身就生动刻画出这种政治角色的双重地位。

　　在中国古代,官僚既有官、管之称,又有僚、宦之称。"官",本义为官府、官衙,引申为官吏,是权力者、管理者的称谓。《广雅·释诂》:"官,君也。"官,是一种君主称谓。官又多用为天子以下一切国家公职人员的泛称。如《礼记正义·王制疏》说:"其诸侯以下,及三公至士,总而言之,皆谓之官。官者,管也。"官是权贵,是主子。而作为君之从属的官又被称为"僚""宦"。如为官称"为宦",官场称"宦海",仕途称"宦途"。称官为僚、君僚、僚属的例子则更为常见。故官又称"官宦""官僚"。然而推其本义,宦与僚原本皆为奴仆之称。"宦"即家奴。甲骨文中的"宦"字是房屋下臣隶仆妾的象形。"僚"又作"寮",最初也是仆隶、属下之称。《诗·大东》"百僚是试"之僚是指操劳杂务的奴仆。《左传》将人分为十等,其中"隶臣僚,僚臣仆",僚的地位极其卑贱。《说文》:"官,吏事君者也……犹众也。"官形同君之众仆、属下,故僚亦可用于称呼官、官署。如毛公鼎、令彝等有"卿事寮""大史寮"等,指君主属下的大官。从历史过程看,将官与僚结合在一起,是君主制度的产物。在中央集权政体形成过程中,君主将家相、群僚提升为官,大量使用身份卑贱者为公卿将相,又将诸侯、卿大夫贬抑为僚属,使之成为官僚制度中的臣。这就造就了官僚,造就了亦主亦奴,亦贵亦贱的群体。"官"与"僚"从此粘连一体,成为这一群体的文化标识。

作为文化符号,"官僚"一词既形象,又贴切。它准确地揭示着官僚群体的实际地位和人格特征。官,本为君之称,后来一直用于称呼拥有政治权势的支配者;僚,本是奴之称,后来一直用于称呼处于从属地位的被支配者。官与僚连缀在一起,就使官长与僚属、支配者与被支配者这两类文化意义复合于一体。这一称谓的内涵是:亦君亦臣、亦上亦下、亦主亦奴。

官僚的地位、角色、规范、称谓共同铸模着这一群体的精神世界,亦主亦奴成为官僚群体普遍的人格模式。这里着重看一看宰相意识和宦官意识的主要特点。宰相与宦官处于等级式职官体系的最高层和最低层,因而最具典型性。

宦官的主奴综合意识可以概括为八个字:"身为下贱,口含天宪"。宦官是地地道道的皇室家奴。大多数宦官终身从事贱役,无权无势,任凭驱使责罚。然而权力塔尖上的奴仆毕竟有与众不同之处。内宦多有官职品阶,他们肩扛着官的头衔,故称之为"宦官"。这一群体历来不乏位高秩重者,有的甚至出将入相、封侯。宦官的奴才意识显而易见,大凡贱奴、劣奴的种种心态多可以在这个群体中找到。这里着重揭示这一群体的主子意识。

宦官既是帝王的贱奴,又是帝王的鹰犬。他们一旦获得帝王的宠幸,便"窃持国柄,手握王爵,口含天宪"[1]。其权势重者竟能使宰相公卿、封疆大吏敬之畏之,歌之颂之,甚至拜倒在他们脚下,自称门生、义子,尊之为"九千九百岁"。专权的宦官以一种极端的形式展示着骄横、酷虐、野蛮的主子意识。他们弄权朝堂,仗势欺人,巧取豪夺,骄奢淫逸,"举动回山海,呼吸变霜露。阿旨曲求,则光宠三族;直情忤意,则参夷五宗"[2]。这类角色许多朝代都曾大批涌现,

---

① 《后汉书·朱穆传》。
② 《后汉书·宦者列传》。

明代的魏忠贤最为典型。"口含天宪"的宦官与仗势欺人的豪奴属于同一类，而其主子是帝王，故为害尤为酷烈。

帝王是主子的极致，而权阉主子意识的极致却表现为凌驾于帝王之上。他们竟然奴恶欺主，玩弄帝王于股掌之中。齐国的竖刁幽闭齐桓公，使一代霸主饿死宫中。秦朝的赵高公然在朝堂之上"指鹿为马"，愚弄皇帝，欺压公卿，终将秦二世置于死地。汉唐一批权阉擅废立，弑君王，作威作福。李辅国拥立唐代宗，竟欲代行君权，对代宗说："大家但内里坐，外事听老奴处置。"[①]鱼朝恩公然威逼皇帝，政令不合己意便大怒称："天下事有不由我者邪!"[②]欲以家奴、宠臣之身凌驾于天下之心溢于言表。杨复恭拥立昭宗，以"定策国老"自居，把天子视为"门生"[③]。明代群阉更为嚣张，魏忠贤号称"九千岁"，其甚者竟有谋夺帝位之心。

宦而为官，官而为宦。宦官角色主与奴双兼，甚至以家奴之身而行无冕君王之实，令至尊的皇帝自叹受制于家奴。这就集至卑与至尊于一体。"宦官"意识与"官宦"意识相通、相同。

宰相的主奴综合意识也可以概括为八个字，即"一人之下，万人之上"。宰相号称"百官之长"。"宰相门子七品官"的俗语，以及历代权相专横跋扈的故事，集中体现着这批人的主子地位、主子权势和主子气焰。然而"一人之下"又注定他们在帝王面前可怜得很。这里着重揭示宰相群体的奴才意识。

古代文献诠释"宰相"，谓之"燮理阴阳""辅相君王""宰制万端"。然而"宰"与"相"最初都是卑职。《说文》："宰，罪人在屋下执事者。"这本是家奴或家奴总管的称谓。后来，宰相又被称为"司徒""司空""司马"等，而它们本也是为主人服役的卑微家臣的头衔。后来又称"尚书""侍中""仆射"等，寻根溯源，当初也都是卑微小臣的称谓。即使作为最高文官头衔的太师、太傅、太保，最初也只是王者或储君的保姆的称谓。宰相仍属臣的范畴。君之相犹如家之宰，国之百官总长犹如家之奴仆总管。宰相之所以权势炙手，是因为其主子非同寻常，乃普天之下的至上君王。所谓"百官之长"其实不过是幕僚长。就连这些位居人上的权贵们也必须头顶着卑微的冠冕，匍伏在帝王脚下，俯首称"臣"，

---

①《旧唐书·宦官传》。

②《资治通鉴》卷二二四。

③《新唐书·杨复恭传》。

甚至自称"奴仆""奴才"。这就以极端的形式展示着古代官僚尊与卑、主与奴双涵的角色、规范和人格。

或许许多人忘记了"宰相"等称谓的本义。然而他们直面这类权贵时,仍能准确无误地指出:贵为宰相亦不过是君之奴耳!《太平广记》卷四一九收录了《续玄怪录》中的一则故事。这则故事的主人公是唐卫国公李靖。据说他年轻时曾帮助过一位神龙夫人。为了答谢李靖,神龙夫人召来两个家奴,"一奴从东廊出,仪貌和悦,怡怡然。一奴从西廊出,愤气勃然,拗怒而立"。她对李靖说:"山居无物,有二奴奉赠。总取亦可,取一亦可,唯意所择。"李靖选取了"拗怒而立"者。后来李靖"竟以兵权静寇难,功盖天下而终不及于相"。故事记述者认为:两奴分别象征相与将。将相虽位极人臣,而毕竟仍属臣仆范畴,"所以言奴者,亦下之象"。其实在古代政论中,以"臣""下""仆"界定宰相确属常见。人们普遍认同这一政治定位和文化定位,宰相们亦不例外。宰相们的臣属意识是奴才意识的一种表现形式。

奴才意识在"奸相"们的身上以一种极其丑恶的形式外显。依据传统观念,奸相属于"小人得志"。他们有的颇有几分智略,善于先意逢君,献媚取宠,秦相赵高、唐相李林甫属此类典型;有的平庸卑劣,"无他才略,唯一意媚上"[1],宋相蔡京、明相严嵩属于此类典型;有的更为卑劣,专以阿比权臣,诌谀宦官为能事,甚至认权阉为父祖师长,甘作奴才的奴才,明代首辅顾秉谦是此类典型。这类奸相与"佞幸"无异,道德人格无足称道,政治品质极其恶劣,且集主子意识之恶与奴才意识之恶于一身。

奴才意识在多数宰相身上以一种卑顺、平庸、苟且的形式外显。汉武帝的丞相石庆最为典型。这个人靠着恭谨卑顺的世传家风而位极人臣。在任太仆时,一次他为武帝驾车出行,武帝问:车上套了几匹马?御驾六马,一目了然,可是石庆还要一、二、三、四地数一遍,才敢报告皇帝,可谓恭谨有加。位居丞相之后,他在政治上毫无建树,"在位九岁,无能有所匡言",故"君子讥之,为其近于佞也"[2]。多数宰相有类似的意识和行为。《明史》卷二一八记载了一批首辅、阁老的言与行,史家对他们的评价是:"外畏清议,内固恩宠,依阿自守,

---

① 《明史·严嵩传》。
② 《明史·万石张叔列传》。

掩饰取名,弼谐无闻,循默避事。"这类史评在历代宰相传记中实属常见。人们为这类"太平宰相"起的绰号也很说明问题:唐代的杨再思人称"两脚狐"、苏味道人称"摸棱手";宋代的毛玤人称"三旨宰相"、李邦彦称"浪子宰相";明代的夏言等人称"青词宰相";清代的曹振镛人称"琉璃球"。这类绰号勾画出宰相们一幅幅猥琐的图像,他们实为奴在心者。

奴才意识在贤相身上多以忠臣的形式外显。贤相上忧其君,下忧其民,有所匡助,有所建树,其人格与功业都有令人称道之处。然而他们都是将臣道规范内化于心中的人。他们认同君尊臣卑、君主臣从,自我归属于下僚、贱类,在君主面前自称"待罪宰相"①,任凭帝王驱使责罚。他们认同名分观念和忠孝规范,尽心所事,忠诚不贰,愿为君之"耳目""股肱",甚至自比为"犬马""爪牙"。这种依附性政治意识只能归属于奴才意识。

宰相的奴才意识是专制主义政治法则和文化观念共同铸模而成的。这种法则与文化注定就连"一人之下"的权贵也必须恪守臣道。他们必须有奴性,才能安稳地待在这尊荣者的领地。他们必须有奴性,才能从帝王那里分享权与利,而对他人颐指气使。他们必须有奴性,才能辅佐君王而建功立业。在这一点上,宰相与宦官的境遇并没有太大的差别。不能始终顺应这种法则与文化的人,很难循着权利的阶梯上行。志为忠臣良相的却极易从权力的高塔上跌落。因此,跻身高官显贵的臣子们,尽管其中不乏贤良才能之士,却又不能不自居卑贱,自甘平庸,自称罪过,不能不认作奴才。一旦无才无德或有才无德的人靠着奴才之身与奴才之心登上高位,一位兼备奴才之恶与主子之恶的奸佞、恩幸便应运而生了。这就是专制主义秩序与文化为包括宰相在内的官僚群体所注定的宿命。

类似的地位与心态在官僚群体的各个层次中都可以发现。如地方官中普遍存在"为一人分忧,为万民做主"的心态。前者是一种臣属意识,后者是一种主宰意识,两种地位与意识共时性地寓于一体。小小县令,称其卑则云"七品芝麻官",道其尊则说"灭门县令"。"拜迎官长心欲碎,鞭挞黎庶令人悲。"唐代著名诗人高适《封丘作》中的这两句诗,揭示了八品县尉的卑与尊及由此而产生的矛盾心态和精神苦闷。

官僚、官宦的本质是奴仆,故主奴意识的根本是奴性。这一点体现在官僚

---

① 《史记·陈丞相世家》。

称谓上就是这批权贵统称为"臣"。《说文》:"臣……象屈服之形。"以仆役之"臣",界定君、臣、民之"臣",这是对官僚地位、角色、规范、人格的最具根本意义的文化界定。有权有势,又位居属僚,扮饰奴才,恪守臣道,这就是官僚。

二、主奴综合意识的社会根源和文化根源

如果把视野进一步拓展开来,就会发现以奴为本、亦主亦奴的地位与人格特征具有更为普遍的意义,它并不局限于官僚群体内。尽人皆奴的社会结构和泛化的绝对权威崇拜是亦主亦奴人格的社会根源和文化根源。

中国古代社会结构属于"权力——依附"型结构。这种结构广泛存在于社会生活的各个层面。在生产关系上,生产资料占有者与生产者之间有绝对的(主人与奴隶)或较强的(主人与部曲,主户与客户)隶属关系。人与人之间的经济关系是主奴或近乎主奴的关系。在政治关系上,帝王、官僚、庶民之间等级分明,君支配臣,臣支配民。官僚队伍内部也等级分明,形成上对下的支配、下对上的依附。在宗法关系上,大宗与小宗、父家长与其他家庭成员以及长辈与晚辈、兄与弟、夫与妻、嫡与庶,都属于支配与被支配关系。其中父与子的隶属关系更具绝对性。在其他各种社会关系中,类似的"权力——依附"关系普遍存在。如师与徒之间犹如君与臣、父与子。总之,几乎一切人与人之间的纵向关系都有明确的序位,并依序位构成"权力——依附"式的等级关系。这就使除帝王以外的一切社会角色都在不同程度上具有"奴"的属性。"尽人皆奴"是生产关系、社会关系、政治关系及相应的文化观念所共同构建的社会现实。

与普遍化的"权力——依附"型社会结构相适应的是普遍化的绝对权威崇拜。中国古代社会权威崇拜的特点是:几乎一切社会权威,无论是虚拟的还是实在的,都被视为绝对权威,即具有较强的支配性、强制性和不可违逆性;每一种权威总是由一个未经民主程序认定的个体来体现,并尊之为绝对主宰;为了维护这类权威,总是力图剥夺服从者的人格独立乃至一切权利和自由;权威者与服从者的关系实质是人身依附关系,即主奴关系。这类权威又大多染以神圣的油彩,以致成为全社会的信仰。

例如:"天地君亲师",这是中国古代五种最重要的社会权威。分而言之,它们分别代表不同体系、不同关系中的绝对权威。天地是天人体系中的绝对权威。无论将其视为天神、地祇,还是将其视为义理、自然,人们总是奉"天经

地义"为一切事物的终极依据,甚至认为普天之下,万类万物,皆为天地之子女、臣民,就连人世间至尊至贵至圣至明的帝王也必须对天地称臣。君是政治体系中的绝对权威。人们大多认同"君命无贰""君要臣死,臣不敢不死"的道德律条。许多仁人志士主张"以道事君""格君心之非",主张作诤谏辅拂之臣,甚至主张对无道之君实行"革命"。这一切虽为统治思想和主流文化所认可,然而"君臣之义"又是凛然不可犯的,"君有不明,臣不可以不忠。岂有君可叛者乎?"①亲是家族体系中的绝对权威。在观念上,父母对子女的支配最具绝对性。孔孟大儒以"无违"概括孝道。他们虽然也倡导子谏父,然而必须谏而"不暴父恶",必须"谏而不听,号泣而随之","父要子死,子不敢不死",小杖则必须受之,充其量允许"大杖走之"。总之,"事亲有隐而无犯"。②师是学术体系的绝对权威。"师长,君臣之纪也。"③师的权威属性类同于君臣、父子。天地君亲师的绝对权威还受到法律的保护。据说孔夫子有言:"五刑之属三千,而罪莫大于不孝。要君者无上,非圣人者无法,非孝者无亲,此大乱道也。"④总而言之,天地君亲师都是"君",五者之间是互拟、互类、互证关系,它们集中代表着各种绝对权威的基本属性和特点。

天地君亲师崇拜实质是一种泛化的君崇拜。在古代文献中不乏 "天,君也""父,君也""师,君也"之类的说法与注疏。此外,在三纲、五伦、六纪中还有许多类似的"君"。如三纲中的夫与妇、五伦中的兄与弟、六纪中的长与幼,都被认为具有君臣、父子属性。对此,《白虎通》等有详细的论述,其基本思路为历代大儒所继承,并获得全社会的广泛认同。这就是说,一切居尊居长者都是"君",一切居卑居幼者都是"臣"。因此,在宗教中,天是百神之大君,"天道"亦可称"帝"。在政治上,天子为君宗、大君,诸侯为邦君、国君,卿大夫为封君,某些长官为使君、郡君、府君。在家庭中,子女称父母为严君、君父,媳妇称公婆为君,妻妾称丈夫为君子、夫君、君父,偏妾称嫡妇为君。在学校中,学生事师长如君父。在观念上,位高德重堪为治者则称为"君子"。一切权力者都被赋予君的属性,这就形成了一种泛化的君崇拜。天地君亲师及其他形形色色的绝

---

① 《朱子语类》卷七十九。

② 《礼记·檀弓上》。

③ 《白虎通·三纲六纪》。

④ 《孝经·五刑章》。

对权威,分而言之,各有其分野、领域;总而言之,又互相比附,连为一体。这就织就了一张遍布天人体系、政治体系、宗法体系、学术体系的绝对权威支配之网。无论人们处在哪一个体系中,都将面临一个似曾相识的无上权威。这个权威大网又有梯级配置。人们在学尊师,在家尊亲,在国尊君,在天下尊天地。天至高无上,然而毕竟是虚拟的。因此,这张绝对权威大网的核心和真正支配者是政治之君。人们称君主为"天子""帝王""君父""君师",将各种权威属性奉献给他。政治之君在观念上是至上的,但在实际上却难真正支配一切,因而必须借重天地、神圣、父母、师长及其他各种类君角色。君主居于社会政治体系之巅,兼握天地君亲师,而其他各种权威崇拜的最终导向是君权崇拜。因此,君主才是名副其实的至上权威。

泛化的君崇拜为一切等级的上下关系都注入了支配与被支配的属性,使人与人之间的关系大多类似于主子与奴仆的关系。

应当指出的是:在中国古代文化观念中,君臣、父子、夫妇、师徒等都有"义交"的成分,即所谓"道义之交""朋友之道"。于是又有相对性的要求,如君礼臣忠,父慈子孝等。这又为在下者提供了人际互动中的某些变通,如君臣相正,诤谏君父。这类观念不是对绝对权威的否定,而是为维护绝对权威而设;它包含着能动的调整成分,具有现实性、合理性,却从不具有彻底否定君、父、夫、师的支配权的意义。

尽人皆奴的社会结构和泛化的绝对权威崇拜,把各种社会角色明确分为两大类:主子与奴仆。前者有男、夫、父、长、兄、主、上、君等;后者有女、妇、子、弟、奴、下、臣等。古代人又分别将两大类角色概括为阳与阴。阳又称乾,属天道;阴又称坤,属地道。阳尊阴卑、阳主阴从、阳刚阴柔、阳完善阴缺损……总之,居阳者永远支配居阴者,居阴者永远是被动者。阴居阳上,不能待倡而和,则属反常,属悖戾。

尽人皆奴和泛君崇拜铸就了遍布社会的奴性,同时也就铸就了遍布社会的主性。道理很简单:层层为奴必定层层为主,其分别只在上下之间,即凡相对居上者皆为主,相对居下者皆为奴。上与下皆相对而言,凡是处于等级金字塔中间的人必然亦上亦下,亦主亦奴。当一个人既作他人的奴仆,又作另外一批人的主子时,他就必然兼备主奴两种角色与相应的精神。由主奴双重地位、规范铸模成的人格特质,就是主奴综合意识,亦可称之为亦主亦奴人格。

三、主奴意识的泛化

庶民百姓、部曲奴婢是否有主子意识?皇帝老子是否有奴才意识?答案是:一般说来,在中国古代社会,主奴综合意识寄寓在每一个成年社会个体的灵魂深处,上至帝王,下至奴婢,概莫能外。

在中国古代社会,几乎一切社会个体都会历时性或共时性兼备主奴双重角色。主要原因有以下几点:

其一,金字塔式的社会政治等级结构注定除位于塔尖的帝王和塔底的奴婢、贱民以外,绝大多数人处于中间阶层,他们往往身兼上与下、尊与卑、主与奴双重角色。这一事实显而易见,故不拟赘述。

其二,角色转换注定大多数社会个体,包括帝王与奴婢在内,都可能历时性地兼备主奴两角色。

"多年大道熬成河,多年媳妇熬成婆。"生命历程和社会经历总会使许多人发生角色转换,或化主为奴,或化奴为主。中国古代等级制度的多元性和成员的流动性更使角色转换,特别是政治角色的转换成为一种很常见的现象。在家庭中,子孙变成父祖,媳妇熬成婆婆,卑幼跻身尊长,偏妾扶为正室等;在社会中,徒弟熬成师傅,佃户变成东家等;在政治上,庶民变成官僚,僚属升迁官长,大官贬为小官,权贵沦为刑徒等,这些都属正常的转化或常见的现象。俗语说"十年财东轮流坐","朝为田舍郎,暮登天子堂","皇帝轮流做,何时到我家?"总之,"一朝权在手,便把令来行",除夭折者外,一生不发生角色转变的几乎找不到。

其三,角色丛使社会中的很多人同时兼备主奴两种角色。在日常生活中,他们一会儿遵行主子规范,一会儿恪守奴才规范,两种角色与意识共时性兼备于一身。角色丛,是指一个个体同时所承担的角色的总和。在实际生活中,大多数个体都是各种社会身份复合于一体,兼具主奴。如既是父,又是子,既是上,又是下。

还有这样一种情况:某些个体身为奴才却得以行主子之威。如许多权势者的"豪奴"倚仗主子的权势欺压良善,甚至在某些官员面前也趾高气扬,专横跋扈。这种现象表明:亦主亦奴人格的形成是整个社会环境培育的结果。学习做奴才,也就习得了如何像主子一样行事;反之亦然。因此在相当频繁的角色转换中,大部分人相当顺畅自然,亦不需要修习新角色的规范,其原因就在于此。当然两种角色兼备具有强化主奴综合意识的作用,因为这会使人们对两种角色与规范都有切身的体验。

上述几种情况综合在一起,必然使亦主亦奴具有普遍意义。

或问:帝王有主奴综合意识吗?我们的回答是肯定的。从历史材料看,除少数夭亡的童稚皇帝外,所有的帝王都有奴才意识,其来源大体有三个途经:一是角色转换与角色丛,二是文化体系对帝王的特殊要求,三是权力法则对帝王的支配作用。

首先,一切帝王都经历过由臣而君的过程,他们曾经为子为臣并遵守忠孝规范。开国之君都有长期为臣为民的经历。世及之君也要经历为子为臣的阶段。他们与先皇是父子、君臣双重关系。储君的启蒙教育是学习臣子规范,所谓"知为臣,然后可以为君;知为子,然后可以为父也"①。父皇对他们的教诲是:"为臣贵于尽忠,亏之者有罚;为子在于行孝,违之者必诛。"②许多嗣君在即位前所蒙受的苦难和屈辱并不比普通臣民少。

其次,传统思想文化专门为帝王设置了一套特殊的臣子规范,主要有三条:其一曰事天如君,其二曰天子之孝,其三曰以师臣为父。在观念上,天帝至上,主宰一切。君为天子,必须父天母地,对天俯首称臣。天子不仅要孝敬天地、祖宗、父母,而且要"父事三老,兄事五更",③如此才能感天动地,垂范臣民,"以孝治天下"。帝王还要尊崇师臣,"事师之犹事父"。④在现实中,许多帝王未必认真遵守这些规范,然而这些规范写入君道,又获得公众赞同,它们对帝王的人格还是有一定影响的。

再次,权力法则常常迫使一些帝王面对强权而卑躬屈膝,身心形同臣仆。如汉代一批傀儡皇帝受制于母后、外戚、权臣。他们在称尊享御时,更像一个摆设,在受制于人时,无异于臣仆。许多大权在握的皇帝也有类似的境遇。唐文宗哀叹受制于家奴,后晋高祖愿为儿皇帝,宋高宗甘为大金之臣,都是典型

---

① 《抱朴子·崇教》。
② 《旧唐书·李泰传》。
③ 《汉书·礼乐志》。
④ 《吕氏春秋·劝学》。

事例。这类帝王的政治意识中不可能只有唯我独尊,而无卑微心态。

上述事实表明,帝王也有主奴综合意识。至尊尚且有奴性,等而下之者还能例外吗?

在任何一种社会形态中, 一种广泛适用的规范必然被视为理所当然,一种普遍具备的人格必然被理想化。这种规范和人格又必将被抽象为一般法则和最高典范。在中国古代,最能体现文化的一般性的是"圣人"。圣人能够超然于社会的、文化的、人格的亦主亦奴的罗网之外吗? 当然不可能。

四、圣人:理想化的亦主亦奴人格

何谓圣人? 诸子异说,而异中有同:圣人人格是理想人格,这种人格具有原生性、自然性、完善性、彻底性。

儒家所说的圣人大体有二大类:一类是历史上的人格典范,如周文王和孔子。另一类是文化体系的人格理想。人格理想是人格典范的抽象,人格典范是人格理想的范例。现实中的"圣人"与文化化的"圣人"是一种互证关系,有时很难将其分开。圣人无论被描述得如何神妙,毕竟植根于那个时代、那个社会,并凝集着生活于那个社会结构和文化环境的群体的理想。作为尽人皆奴社会结构所需要的人格典范,中国古代主流文化体系,特别是儒家文化体系中的圣人,正是亦主亦奴社会人格的最高抽象。

被儒家奉为圣人的历史人物依据其政治身份可分为圣王与圣臣。

最为儒家推崇的圣王当数尧、舜、周文王。他们都被奉为最理想的王,自然也是为主者的人格典范。然而妙就妙在圣王之所以为圣,是由于他们又是奴才人格的最优载体。孟子说:"圣人,人伦之至也。欲为君,尽君道,欲为臣,尽臣道,二者皆法尧舜而已矣。"[①]他又说:"尧舜之道,孝弟而已矣。"[②]这就是说,孝悌为人伦之本、圣道之至,圣王之为圣,首先是因为他们是为子为臣的模范。儒家编造的尧舜故事也堪为这一认识的注脚。在他们看来,舜兼备民的模范、臣的模范、子的模范、兄的模范、夫的模范、君的模范、父的模范于一身。

---

① 《孟子·离娄上》。
② 《孟子·告子下》。

周文王最受孔孟之徒赞美,其最优之处就在于"三分天下有其二,以服事殷,周之德,其可谓至德也已矣"。①文王以王者之资而恪尽臣道,既是为君之典范,又是事君的样板,故为"圣德"之人。

商汤与周武王也是获得广泛认同的圣王。人们在论说革命论时常以"汤武革命"为样板。然而无论人们如何为"奉天伐暴",诛"独夫民贼"的汤与武修饰、开脱,实行"革命"毕竟是以臣犯君。因此,自孔子以来,许多人就对这两位圣王颇有微词。孔子盛赞文王为"至德",武王则"未尽善"。朱熹对此的解释是:"汤、武是吊民伐罪,为天下除残贼底道理"。尽管恪守君臣之义与诛伐独夫民贼二者"道并行而不相悖","但其间不无些子高下",因为,"君臣大义"更根本、更重要,"毕竟人之大伦,圣人且要守得这个。"②。泰州学派创始人王艮非议"汤武革命"的依据就是:"君臣大伦,岂一日可忘!"③纣可伐,而天下不可取,武王应迎立商王族中的贤人为君,自己老老实实地继续作臣子。这就是说,汤武虽圣,而臣道未尽,毕竟算不得圣中之圣。唯有圣王与圣臣都作得尽善尽美方为"尽伦"。

最为儒者推崇的圣臣当数伊尹、周公和孔子,其中"孔子之谓集大成"④。圣而为臣,其圣质主要显现于对臣道的契合。"上则能尊君,下则能爱民,政令教化,刑下如影……是圣臣也。"⑤这与官僚"为一人分忧,为万民做主"的心态正好合辙。圣臣必须兼备臣属与治者双重品格,这不正是亦主亦奴人格吗?据说,伊尹、周公和孔子均堪为王者。孔子为后儒奉为"素王"。儒家推崇这三位圣人的主要理由是:他们既是圣臣,又堪为圣王,集最优秀的君与最优秀的臣这双重品格于一身。

在儒家的政治道德论中,圣贤都是最优秀的治者、最理想的王者,因为他们与道同体,具备理想治者的一切人格素质,可以"赞天地之化育"。然而亦主亦奴社会人格是以奴性为核心人格的特质,圣人作为这种社会人格的最高抽象和文化典范又恰恰是以奴性为核心人格特质的。圣人之道,概言之,孝悌而

---

① 《论语·泰伯》。
② 《朱子语类》卷三十五。
③ 《王心斋全集·答尚宗思》。
④ 《孟子·万章下》。
⑤ 《荀子·臣道》。

已。孝悌本是专为在下者设置的道德义务,却又用来概括一般道德信条。这种思维方式本身就内蕴着意味深长的文化意义:如果"奴"的规范得到普遍的认同与全面的贯彻,那么亦主亦奴的社会结构就会稳如泰山。圣中之圣的孔夫子不也正是恪守奴规范的典范吗?孔子的道德论中的确有许多人格尊严的思想,如"三军可夺帅也,匹夫不可夺志也"①。这类思想在人的自我完善中曾经充当过善良的导师,造就过许多古代的仁人志士,其中也的确包含着民族文化的精华。然而作为旧时代的人格典范,奴性仍是孔子人格的主流与本质。请看《论语·乡党》的一段描述:"孔子于乡党,恂恂如也,似不能言者。其在宗庙、朝廷,便便言,唯谨。朝,与下大夫言,侃侃如也;与上大夫言,訚訚如也。君在,踧踖也,与与如也。"又:"入公门,鞠躬如也,如不容。主不中门,行不履阈。过位,色勃如也,足躩如也,其言似不足者。摄齐升堂,鞠躬如也,屏气似不息者。"这种身份感、分寸感极强的言与行,在等级制度、君主制度下,只能出在一位奴在心者的身上。儒家所谓的圣贤正是这样的人格典范:一切言与行都从礼的角度认真对待,使其与自己的等级、角色、身份完全相符,尽善尽美而无可挑剔。在那个时代,这种道德论、圣贤观只能造就亦主亦奴、以奴为本的人格。

儒家之圣集圣王与圣臣于一体,其本质特征是"不勉而中,不思而得,从容中道"②。做主子是最好的主子,做奴才是最好的奴才。"道者,天下万世之公理,而斯人之所共由者也。君有君道,臣有臣道,父有父道,子有子道,莫不有道。惟圣人惟能备道,故为君尽君道,为臣尽臣道,为父尽父道,为子尽子道,无所处而不尽其道。常人固不能备道,亦岂能尽亡其道!"③在旧时代的现实生活中,理想化的圣人绝无仅有,兼备主奴意识的角色却尽人皆是。所谓圣人,正是这种社会人格的文化化、理想化。"圣人"是专制主义社会精神的最高抽象。

以圣为信仰的人必然是奴在心者,因为他们认同臣道、子道、妇道、仆道。以圣为信仰的人必然是主在心者,因为他们认同君道、父道、夫道、主道。这种人为人下人时,必定卑身自贱,奴颜婢膝,而一旦为人上人,便会自命为他人之天,摆出一副至尊的架势。绝对权威总是造就绝对服从,绝对服从总是造就

---

① 《论语·子罕》。
② 《礼记·中庸》。
③ 《陆九渊集·论语说》。

绝对权威,因为二者犹如一枚硬币的两面,相互依存,彼此相通。

奴性与主性都是不平等、不民主的产物。主奴根性归根结底是等级制度和等级观念在人格上的反映。君主专制制度既需要主性,也需要奴性,更需要主奴根性的综合。这种制度铸模着这种人格,这种人格也最适合这种制度。主奴综合意识是专制主义秩序得以维系的社会心理基础。

今人有娓娓道孔学之妙者,直欲以"内圣外王"引为今日中国富强、民主之灵丹,浑然忘却礼教杀人那一笔旧账,更不能或不敢揭破圣之质中的主奴根性。鲁迅先生曾怒斥此辈为"现在的屠杀者"。言辞虽激烈,却切中肯綮。我们持这样的观点:千万莫将旧时训练主子与奴才的"内圣外王",借来为现代民主政治开路。

原载《南开学报》,1999 年第 5 期

士大夫的混合性格与学理的非一贯性

一、士大夫——中国传统知识分子的主体

"知识分子"是一个现代概念。从当前的情形看,这一概念使用得很宽泛,通常是指具有一定知识和社会关怀的人。中国古代没有"知识分子"一词,一般把"士人"作为"知识分子"的对等词使用。然深究之,"士"与现代概念的"知识分子"并不完全相同。

在春秋以前,"士"是一个等级性的概念,它指一个特定的社会阶层或等级。当时社会中的贵族分为王、诸侯、卿大夫、士。士是当时社会中贵族的最下层。在后来的发展过程中,士又成为贵族与平民的中间阶层。春秋时代的平民分为所谓士、农、工、商,士处于这"四民"之首。

大概从春秋晚期开始,士与知识之间发生了特别的联系,并逐渐成为知识分子的代称,有"文士""学士""文学之士""博士""廉士""善士"等,表示文化意义。他们是社会知识和道德信仰的承担者,是社会理性的主体。战国时期对士有多种多样的解说和定义,体现了士的社会功能,如"士不可以不弘毅,任重而道远""士言志""士志于道"①。士的职责是研究"天地万物,古今之事"②。刘向也说士"通古今,辨然否"。这强调了士具有鲜明的主体意识和道义追求,阐明士具有理性,而且应该恪守理性精神。当时的士人强调"从道不从君""道高于君"。《墨子》把士分为"德行""言谈""道术"三种类型,"德行"指具有道德理性的知识分子;"言谈"指善于言谈交往的知识分子;"道术"指有知识体系的知识分子。总而言之,这个时期的士发生了重要的变化,比较多地强调了他们的知识、道德、信仰。

---

① 《论语·里仁》。
② 《史记·吕不韦列传》。

在中国古代,士很难作为一个独立的社会阶层而存在。当时社会分化还不充分,文化还没有充分地独立化。因而,士面临着无可回避的现实抉择:靠什么职业谋生?自春秋战国以降迄于近代,士的主要出路是当官,成为社会中的社会阶层。以"选贤任能"为特征的中国传统官僚制度的产生,在古代中国造成了一个特定的社会阶层,这个阶层充当着君主安邦治国的工具,是君主的爪牙。另一方面,"学在官府"被打破之后,孔子提倡的"有教无类"也成为中国的教育传统,从而为更多的人提供了学习机会。无论是任何人,只要他学习得好,拥有超人的知识,就有可能当官。所谓"学而优则仕"是也。

知识与特定的社会阶层相融合,士人与官僚相结合,导致出现了一个新的名词:士大夫。这是一个重要的社会现象和文化现象。过去,大夫、士是高下不同的两个等级,大夫在士之上,大夫有官位。后来,士当官的多了,战国初出现了"士大夫"这个概念。"士大夫"指拥有知识的官僚。战国时期,诸侯竞相争取士人,"礼贤下士"成为一股清新之风,士人成为官僚的主要后备队。西汉以后实施察举制度,隋唐以后又实施了科举制度。士与大夫相沟通,是以一套制度为保证的。

士除了当官以外,很难有其他出路。隐士,是指不肯当官或者辞官隐居的知识分子。真正的隐士,其生活处境相当困难,一般的士人难以接受。譬如庄子,他有极高的思想境界,不肯混迹于污浊的社会,超然世外。但他的生活艰辛异常,穿的是草鞋。《孟子·滕文公下》记述了陈仲子的事迹。陈仲子的家族本是齐国贵族,世代享有禄田。但他为追求道义,不肯食不义之食,也不肯贪不义之财。其结果是面有菜色,生活艰难。孟子就讥讽说,陈仲子这样的隐士,只有变成了蚯蚓,上食黄壤,下饮甘泉,方能达到自己的境界。战国时期著名的政治家苏秦,贫困之时父母家人对他不屑一顾。于是他发奋读书,而后周游列国,佩六国相印,衣锦还乡,父母家人迎之数里。陶渊明任彭泽令不满于社会的黑暗,辞官隐居,晚年的生活很是凄惨,乞食为生。李斯有一番感慨之言,道出了士人的普遍心态。他说:"久处卑贱之位,困苦之地,非世而恶利,自托于无为,此非士之情也。"[1]可见,当时的士人一般是不走隐士这条路的。士人也有经商的,称为商贾之士。中国古代重农抑商,由学致商的例子并不是很多,且不具有普遍意义。商贾之士的主要精力是追求财富。

---

[1] 《史记·李斯列传》。

由上可见,虽然士人的构成有多种成分,但作为主体的士大夫,就这个意义上说,中国传统知识分子的特征可概括为三个字:士大夫。

二、士大夫的臣仆化与思想主体的混合

中国传统士大夫的品格,可以概括为社会地位的臣仆化与思想文化的主体化这样一种混合型的结构。这种品格结构是由中国特定的社会历史背景造成的。

士大夫的臣仆化可以从两个方面作出说明。

从帝王这一方面看,所有的人都必须是臣仆,只有他们为王所用才有存在的价值。《诗经》中说"率土之滨,莫非王臣";至高无上的秦始皇帝称"人迹所至,无不臣者"①。在帝王看来,不臣,就没有生存的价值,就应该被杀掉。汉武帝讲,"有才而不肯尽用,不杀何施?"②朱元璋也讲,"寰中大夫不为君用、自外其教者,诛其家而灭其身!"③作为"竹林七贤"之一的嵇康,他之所以被司马昭所杀,是因为他"非汤武而薄周孔",主张"越名教而任自然",不为司马氏所用。历代帝王,特别是清代几位帝王对士大夫结党深恶痛绝,声称朋党会造成国破家亡。朋党的要害在于,它在君臣这种政治关系中插入了新的政治关系,有可能导致异于君权的政治力量和政治权威。这是专制帝王所不容许的。有些开明的帝王,他们声称尊重知识分子,甚至对士人以"师友"相称,但这不过是一种假象,真正的用心是使这些士人认同于帝王。即使在学术最为"自由"的战国时期齐国的稷下学宫,学人可以自由论政,但君主也要千方百计地把学士纳入官僚体系中,"比大夫"给予俸禄。汉代的征辟制度,从表面上看是抬高士人,把知名学者请到政权中来,但真正的用心是要士人为己所用。清初设立了所谓"博学鸿词科",招纳名士,情形也是如此。

从士人的角度看,他们大抵自觉地把自己视为臣仆。中国传统知识分子历来都认为必须有圣王才能治天下,没有圣王,社会将会一团黑暗,时刻都期待着明君圣王。在中国思想最为辉煌灿烂的战国诸子学说那里,思想上百家

---

① 《史记·秦始皇本纪》。
② 《资治通鉴》卷十九。
③ 《大诰》。

争鸣的结果非但没有否定专制王权,反而从理论上丰富和完善了王权主义理论。即使像儒家学者所谓的"君者,舟也;庶人者,水也。水则载舟,水则覆舟",以及"民为本"等,并非什么民主思想,而是在处心积虑地为专制君主着想,告诉君主应该明白自己生存的条件。当然,中国的士人也并非没有理性和批判精神,但在强大的专制权力下,政治理性不得不妥协和屈服。焚书坑儒、党锢、文字狱,造成了中国历史上一次又一次非理性的政治真空。在这种轮回不已、万劫不复的政治更迭之中,士人只能作忠臣、谏臣、股肱,更有甚者是作犬马,唯独不能作首脑。所谓"效犬马之劳""臣罪该万死"云云,几乎成了人类政治历史上的文化奇观。黄宗羲是明清之际的启蒙思想家,他提出"为天下之大害者,君而已矣",认为"天子之所是未必是,天子之所非未必非"。然而,他终究还是未能跳出传统政治的魔圈,不得不寄希望于明君。

伴随着士人的臣仆化,还出现了学术的御用化。儒术独尊之后,由百家之一跃踞百家之上,儒术变成了帝王政治的一部分,成了御用学术。从表面上看,似乎专制帝王很重视学术知识,然而仔细考察不难发现,学术不过是任凭权力牵着鼻子走的羔羊。汉武帝的"策问",引出的是汉代大儒董仲舒的"天人三策";石渠阁会议和白虎观会议,更加强化了"三纲六纪"。在专制政治下,某些帝王只知暴虐,不懂学术,但他们同样握有对经学——"真理"的最高解释权。士大夫以经学为业,而经学只是教人作忠臣、作君子、作臣仆。

但是,士大夫同时又是古代中国思想文化创造的主体,或者说古代中国占主流地位的思想文化主要是由这些人创造的。知识和理性蕴含在思想文化中。社会需要理性为指导,从而使社会沿着既定的轨道运行。文化是思维的结晶,思维的特性是创造和个性。任何一个人,只要他认真思考问题,就有可能导致独立的自主意识的产生。独立的自主意识在很大程度上决定着自我人格独立可能达到的程度。

这样一来,在士大夫身上承担了两种角色:在社会生活中,他们是君主的臣仆;在思想文化领域,他们是理性和道德的主体。在理论上,他们陷入了是臣仆还是主人的悖论;在实践中,他们处在进退维谷的窘境之中。这种二律背反导致了中国传统知识分子的双重人格:行为与思想乖离,口头说的是一套,实际做的是另一套;在朝说的是一套,在野又说另一套;飞黄腾达时多阿谀,失意之时多牢骚。摆脱这种困境的出路有两条:一条出路是彻底官僚化和世俗化,抛弃道义和理性,成为依附在王权周围的贵族和社会的寄生虫;另一条出路是走出官场,或是遁入山林,或是愤世嫉俗,或是自暴自弃。一但走上其中任何一条道路,常常为"士大夫"所不容,称之为士人中的败类或异端。所以,士大夫是在矛盾中生活,内心深处很痛苦。

三、中国传统思想文化的政治性与学理的非一贯性

中国传统知识分子士大夫化的特殊品格,导致了中国传统文化的两个鲜明特点。

第一个特点,政治文化是中国传统文化的主体。士大夫作为中国传统思想文化创造的主体,决定了中国思想文化不可能离开现实政治,决定了中国思想文化与政治文化具有不可分割的内在联系,决定政治思想构成了中国传统思想的重心。

中国传统的知识分子,只要他接受了士大夫这条路,他就逃不掉帝王设置的天网,他就要面对现实,皈依王权,为帝王服务,为帝王歌功颂德。翻开任何一位"士大夫"留下的文集,都缺不了这方面的内容。

从文献学角度看,中国的典籍分为经、史、子、集四大类。经书,讲的是伦理纲常,"君君、臣臣、父父、子子"。经书中没有一句话与这一主旨相悖;史书,讲的是"究天人之际,通古今之变",其落脚点是让统治者"以史为鉴",用梁启超的话说,二十四史乃"帝王家谱"。子部、集部中的典籍,大部分政治思想也十分突出。就学术地位而言,经、史是主要部,占支配地位。

就各种思想的最终归宿而言,几乎都归落到政治上。现代科学分类很细,如哲学、政治学、法学、经济学、伦理学、历史学、文学等等。但只要涉入中国传统文化,便很难用上述学科作精细的划分。中国哲学史,抽去其政治思想的内容,不知道会成为什么样子。在政治思想中,占主导地位的是王权主义。现在许多人说儒学是"人学"。我不赞成泛泛讲"人学"。中国古代社会历史中的"人"与儒家讲的"人",都是"等级人",儒学是"等级人学"。也正是在这个意义上说,儒学是维护帝王制度之学。

第二个特点,中国古代思想文化缺乏"学理"的一贯性和逻辑性。中国的传统知识分子具有强烈的使命感和忧患意识,他们有理想、有抱负。但他们的理想境界和归宿与现实政治分不开。中国的士大夫不超俗,他们不是皈依到宗庙寺院,不是寄希望于来世,而是寄希望于现世。中国士大夫的最高理想是

圣与王的统一,知识、道德与王权的统一。他们苦苦企盼着"有道之君"和"有道之世"。他们忧患的焦点,是上忧君,下忧民。中国古代虽有无君论,但那是支流末节。正是在这种心境之下,范仲淹抒发了士大夫们的耿耿情怀:"居庙堂之上则忧其民,处江湖之远则忧其君";杜甫则把士大夫的情结表述为"致君尧舜上,再使风俗淳"。这种忧患意识,显而易见是从属于王权主义的。儒家的"内圣外王"和"修身齐家治国平天下",把自己的命运与天下安危联在一起。但这里的问题是,修成什么样的身,平什么样的天下? 在王权支配社会的背景下,士大夫的忧患意识变形扭曲:当他们没有当官的时候,慷慨激昂,宣称救民于水火;一旦戴上了乌纱帽,摇身一变,便与从前判若两人。"三年清知府,十万雪花银。"因此,中国士大夫所创造的思想文化缺乏一以贯之的学理性和逻辑性。我把这种情况称之为中国士大夫思想文化"精神病"。从不同身份时期看,他们无一贯学理,前后矛盾;昨亦是,今亦是,堂而皇之曰:"彼一时也,此一时也","识时务者为俊杰"。从当官时期的情形看,他们多言行不一,阳奉阴违,口是心非。这是中国思想文化的一个重要现象。患上了这种"精神病"而不自知,或知而不悟,或悟而不改,是中华民族的悲剧。中华民族思想文化要走向现代化,一定要治疗这种"精神病"。因为,在我们这一代人中患有这种"精神病"的人还是很多、很多的。

原载《中国研究》,1996 年第 6 期

444

关于目前中国社会中知识贬值问题的研究报告 *

引言

目前多所议论的知识贬值现象是一个非常复杂的社会背景下的产物。所谓复杂,我们指的是整个社会经济文化背景的复杂。大家都知道,目前的中国既不是改革以前完全的计划经济体制, 也不是人们所追求的市场经济体制。改革为中国带来了巨大而又深刻的变化,但到目前为止,改革工程还远没有完成,尚不存在一个基本合理的经济体制,整个社会生活也并没有纳入稳定正常的发展轨道。新旧体制的并行引发出一系列的摩擦与矛盾,带来了不少的社会问题,而知识贬值现象正是诸多社会问题中的一个。

所谓知识贬值,实际上是知识分子收入问题的综合反映。没有证据能证明知识分子没有从改革中获得好处,而且实际上,十年来知识阶层无论在政治上还是在经济上,其生活都发生了重要的变化,当然这些变化大部分是好的方面的变化。但是,现实生活中存在的一些问题也是不能忽视的:比如分配领域的某些变化从短时期来看可能对部分知识分子来说是不公平的,诸如一定程度与范围的脑体收入倒挂,诸如拿手术刀的不如拿剃头刀的这种不合理的收入差距,等等。收入方面的变化对于社会的影响是不言而喻的,由于读书无钱而导致读书无用论的蔓延,进而对整个社会的道德文化素质都形成极为消极的影响,长期不改变这种状况,后果是非常严重的。

一、脑体收入倒挂与读书无用论的蔓延

1.脑体倒挂:知识贬值的焦点是知识分子收入问题。而在知识分子收入问题上,脑体收入倒挂是最突出的一个问题。脑体收入倒挂,其准确含义是:

---

* 此文完成于 1988—1989 年,与史继平合作。

在工资分配关系中,知识密集部门与劳动密集部门相比,前者平均工资不是高于,而是低于后者的水平,从而形成脑力劳动者的劳动报酬低于体力劳动者劳动报酬的不合理分配格局。国家统计局资料显示,1987年知识密集的科研、教育、卫生、文化美术、新闻出版等事业单位年平均货币工资收入1475元,与1985年相比增长21%,而企业职工平均工资为1572元,比1985年增长28.5%,事业单位和企业单位平均工资的差距,由1985年的41元扩大到1987年的97元。

单位:元

年份＼项目	绝对额			指数	
	企业	事业	差额	企业	事业
1985	1260	1219	41	100	100
1986	1428	1379	49	113.3	113.1
1987	1572	1475	97	124.8	121.1

另据北京市统计局1988年1月的调查,在16个行业中,知识密集的中小学人均月收入为132.6元,大学139.9元,卫生事业110.7元,均大大低于劳动密集型的饮食、建筑、服务、采掘等行业的平均水平。(见下表)

北京市各行业职工月人均收入情况

(1988年1月)单位:元

行业＼项目	月人均收入		月人均收入
机关	128.2	交通	158.9
中小学	132.6	商业	167.2
大学	139.9	制造业	183.1
金融	169.3	公用事业	187.0
卫生	110.7	邮电通讯	189.8
体育艺术	162.7	饮食	197.0
科研	190.7	建筑业	220.0
		服务业	220.1

(资料来源:财贸经济资料1989年6月)

1988 年全国职工工资水平的统计亦显示出知识密集的教育、文化卫生、国家机关、党政机关的工资水平低于建筑、工业、运输等劳动密集型行业的工资水平。

1988 年全国各行业职工收入情况

单位:元

行业	人均年收入	行业	人均年收入
教育	1747	交通、邮电	2008
文化艺术、广播电视	1947	建筑	1967
国家机关	1707	工业	1782
卫生、体育	1782	金融保险	1739
科技	1930	房地产、公用事业	1726
地质勘探	2298	商业、服务业	1564
		农、林、牧、渔、水利	1311

(资料来源:《中国统计年鉴-1989》)

以上材料初步显示了目前存在的脑体收入倒挂问题,我们说,这种情况主要是就全民所有制企事业单位而言的,一般而言,这种收入差距大致保持在 4%—10%。从目前的情况看,一方面由于我国全民所有制企事业单位总体收入水平较低,另一方面由于这些年来一直存在较高的通货膨胀率,我们可以说,在全民所有制的范围内,脑体收入大致是持平的。

事实上,人们对于知识贬值感受最深的并不是脑体收入倒挂,而是对于个体经营者、各种官倒、私倒的高收入感到难以接受。社会上广泛流传的诸如"造导弹的不如卖茶叶蛋的、拿手术刀的不如拿剃头刀的""十年寒窗苦,不如个体户"等等民间谚语,比较形象地提示出这样的事实:在现实的经济环境中,知识、技术、教育水平并不一定能够带来较高的收入。

北京市的一项调查显示了大学教授与个体雇工的收入对比,从中我们可以看到一些令人吃惊的数字。

职业\收入数目元/日\收入类别	北京大学			北京个体雇工		
	教授	副教授	讲师	饭馆大厨	百货售货员	伙计
平均工资	175	122	97	300	200	90
生活补助	7.5	7.5	7.5	70		50
总计	182.5	129.5	104.5	370	200	140

（资料来源：《反思公平》，中国妇女出版社，1989 年）

北京大学是中国最有名气的大学，北京大学的教授大致可以代表中国知识分子的最高水平。但我们从上表中已经看到，教授的工资仅仅高出个体雇工中伙计的水平，而副教授和讲师甚至连伙计的收入也无法相比。这里比较的是雇工，如果与雇主进行比较，那么差距就更大了，同期北京市的调查表明，老板的收入是雇工收入的 10 倍至 120 倍。北京市个体户年均收入为 7200 元，这样的数字，显然教授是无法相比的。①

1988 年《经济参考》报道了"张家口市关于高收入者的分布与结构"的调查。张家口市通过对四个区、四个系统及部分党政机关、企事业单位纯收入在万元以上的 458 名高收入者的结构、分布情况进行调查，结果表明：从单位性质看，党政机关为零；全民企业工人占总数的 0.4%，集体企业 18 人，占总数的 4%，个体经营 438 人，占总数的 96.5%。从劳动方式的分布看，脑力劳动者 39 人，占总数的 97%，体力劳动者 419 人，占总数 91%。从地域分布看，城市占 29%，农村占 71%。在这项调查中，体力劳动者占 91% 和个体经营者占 96.5% 的事实表明，在不同所有制之间的比较中，知识贬值的现象是更为突出的。

除去货币工资以外，住房、医疗保健等也可以视为收入的一部分。在这两方面，有关数据亦显示出知识分子的人均水平较低。

据《中国教育报》(1989.10.17)报道，截至 1988 年，全国 180 万中小学带眷教职工中，约有 59 万无房户、拥挤户，其比例达到 33%。城市人均居住面积

---

① 材料见雷弢：《反思公平》，中国妇女出版社，1989 年。

为5.09平方米,低于同期全国城市居民人均居住面积6.36平方米的8%。另据天津市的一项调查,天津市专业技术人员人均住房面积低于平均水平,拥挤户占30%,超过全市拥挤户比例。①

有关知识分子的健康状况,一直是引人注目的问题。多项调查显示,中国知识分子普遍存在体质差,患病率高、死亡率高的情况,表现最突出的是中年知识分子。据对29个省市近四万名科技人员抽样调查表明46—55年龄段科技人员患病率高达61.64%,而国家科委对2387名科技人员的调查则表明,中年知识分子患慢性病的人数高达70%—80%。天津市的调查显示出相似的情况,在调查的2500名专业技术人员中体质不好者占50%,患病率为31.4%,46—55年龄段患病率高达54.4%。统计数字显示,中高级知识分子的平均寿命比全国人均寿命短十年左右。②

2.读书无用论

由于脑体收入倒挂,知识分子收入偏低,因而读书无用论的盛行成为必然的后果。八十年代初期,曾经有过一段学文化、学科学、读书求知的高潮,但稍纵即逝,随着人们收入状况的逐步变化,读书的吸引力越来越下降,最终形成弥漫于整个社会的读书无用论。

由于读书无钱而至读书无用,人们的求学热情受到挫折,大中小学生弃学厌学越来越成为严重的社会问题。

据湖南省统计局对宁乡、攸县、湘潭等11个县、市的调查,1987年上述县市的农村7—15岁的少年儿童中,不在校者达到调查总数的15.6%,不在校者中,从未上过学者占29%,中途辍学者占71%。

福建省福州市的调查,该市1984年招收初中生共52000余名,到1987年只毕业41000名,巩固率只有78.4%,有21.6%的初中毕业生中途流失。

天津市1987年的调查表明,初中流失率达到3.6%,其中郊县的流失率则达到5.9%。

大连市1988年开学以来,农村初中生已辍学8500人,比上一个学年增加了1000余人,流失率达到6%。

沈阳市1988年已经有万余名初中生辍学,其数字是1986年的3倍,"而

---

① 参见《今晚报》1989年4月3日。
② 材料来源周孝正:《人口危机》,中国妇女出版社,1989年。

且还有继续上升的趋势"。①

各地类似上述的统计报告还有许多，在此很难一一列出。据统计，1980—1988 年，全国共有 4000 多万中小学生流失。仅 1988 年，中学生流失 287 万人，小学生流失 428 万人，大学生流失 6000 多人，研究生流失 2000 多人。研究生流失的增长速度 1988 年是 1985 年的 20 倍。

1987—1988 全国各类学校学生流失情况

	人数(万人)		流失率%	
	1987	1988	1987	1988
总计	563.2	757.7	3.0	4.1
研究生	0.16	0.22	1.4	1.8
大学生	0.34	0.62	0.18	0.32
中专生	1.78	0.28	1.01	0.15
农业、职业中专生	23.5	23.5	9.3	8.8
高中生	6.3	17.1	0.8	2.2
初中生	184.3	287.7	4.5	6.9
小学生	346.8	428.3	2.6	3.3

（资料来源：中国统计，1989.6）

辍学经商做工赚钱的现象遍布各地，尤其在沿海地区，童商童工屡见不鲜。据报道，有的县乡镇企业雇佣童工的数目，占到全县乡镇企业从业人数的百分之十，个别乡镇企业达到百分之二十，深圳有些农民的建筑队伍中，童工的比例竟达到四分之一。这种情况，尤以经济发达的广东、福建、江苏等沿海开放地区为甚。社会上流行这样的顺口溜：一字不识一天几十，学会数钱就会赚钱。大学生、研究生中，弃学经商者有之，退学从业者有之，甚至报考高级宾馆做服务员者亦有之。在这种风气弥漫下，在校学生厌学情绪亦日益高涨，上学变成混学、玩学，校园读书之风日渐淡泊。

在学生弃学厌学的同时，也出现了教师弃教的现象，神圣的讲坛失去了

---

① 参见章玖：《中国向何处去》，湖南人民出版社，1989 年，第 146—147 页。

以往的魅力,老师弃教严重。江西省仅 1986 年就有中学教师 999 人外流,小学教师流失 575 人。福建东部的宁德地区 853 名教师弃教,致使全区 148 所学校临时关闭,28000 多学生求学无门。青海某县因教师弃教无法开课,县委书记县长被迫前去教书代课。①

二、双重分配机制,知识贬值的直接诱因

脑体收入倒挂以及读书无用论的形成有许多复杂的原因。就读书无用论的蔓延来说,从某种意义上讲它是现实知识分子收入状况的一种折射反映,同时,我们也能够从现实存在的环境中找到一些原因。从知识分子收入现状来考虑个人教育收益率,上大学显然是一件不划算的事。对于在学学生来说,由于现实中存在不合理的工资制度以及不合理的分配制度,没有理由认定只要努力学习获得好成绩毕业以后就能获得较好的工作和较高的收入,所以,自然对学习就失去了劲头。相对这种环境而言,厌学乃至弃学从某种意义上是一种特定环境下的合理选择,虽然对于国家和社会来讲,这种选择是十分有害的。统计数字显示,中小学生流失率经济发达地区(沿海)高出不发达地区(内地),农村高于城市,学习差的学生高于学习好的学生,一方面表明社会风气影响到人们的求学热情,另一方面也是目前我国教育水平以及就业渠道多元化的必然。一方面由于我国(20 世纪 80 年代)教育水平较低,淘汰率较高,而且许多课程设置与现实需要脱节较大,这一点在农村表现更为突出,这样自然就会影响人们求学的兴趣和信心;另一方面,也是就业渠道多元化的必然结果,至少社会并不禁止没有基本学历资格的人进入劳动力市场,农村尤其如此。这一点,与我国目前的经济发展水平,尤其是农村的乡镇企业对较高素质的劳动力的需求并不迫切的现状是吻合的。对于城市而言,个体户的低素质与高收入,流通领域的富倒私倒,各种腐败现象的蔓延,无疑对整个社会都是一个强有力的刺激,为社会树立了一种新的样板,自然而然会使人感到读书是无用的。这种心理上的影响,不能不说也是读书无用论形成的一个重要原因。

---

① 材料分别参见章玖:《中国向何处去》,湖南人民出版社,1988 年;《中国劳动人事报》1988 年 3 月 9 日。

读书无用论的存在是对国与民都大有害处的一股不良的社会风气,校正起来需要花费大的气力。求本溯源,关键问题就在于扭转知识分子收入偏低的问题。本文的一个重要目的,就是想要考察目前知识分子收入状况的成因,以期能够找到问题的症结所在,进而提出相应的对策。

我们认为,目前存在的知识分子总体收入偏低,即脑体收入倒挂,主要是由于改革以来分配体制的变化带来的,当然不能说这就是问题的症结所在,但显然改革以来所推行的一系列有关收入的政策,成为知识贬值现象出现的直接诱因,当然也可以说由于政策上的调整使原本存在的不合理现象显得突出了。

改革前三十年受到各种因素的影响,知识分子收入有几次大的调整。新中国成立前我国脑体劳动者的工资收入高低悬殊。科技、教育、文化等部门知识分子工资是较高的。据统计,他们中最高工资与最低工人工资相比较,相差近 100 倍,一般的相差近 50 倍。当然,这种收入差距是否合理,有待评价。新中国成立以后,这种收入差别得到改变。由于一方面提了工人工资,另一方面降低知识分子收入,到 1952 年前后,北京市工业部门与科技、教育、文化、卫生等部门的平均工资都是 41 元左右,脑体收入大致持平。随着政策的调整,脑体收入差距又一次被拉开,脑力劳动者的工资比体力劳动者的工资增长幅度较大。1956 年与 1952 年相比,最高一级工资标准,教授增加 69.9%,研究员增加 81.6%,主任医师增加 78.3%,文艺人员增加 89.4%,而同期北京机械行业"级制工人最高工资标准只增加了 27%,从总的水平来看,脑力劳动者的平均工资超出体力劳动者 9%,差别在十元左右。从 1957 年以后一直到"文革"结束前的二十年间,主要由于"左"的路线干扰,在收入政策上推行绝对平均主义,不恰当地提出缩小体脑差别,因而知识分子工资被一降再降,1975年与 1957 年相比,知识分子平均工资下降了 18.7%,脑力劳动者与体力劳动者的平均月工资差别下降为 0.88 元。而且,由于这一阶段在政策上也采取了歧视知识分子的政策,大批知识分子被赶到农村、工厂,只能领取微薄的生活费,所以这一阶段的脑体实际收入差别是大大超过统计数字的差额的。

十一届三中全会以后,知识分子在政治上得到重新评价,获得了重新工作的权力,在收入上大部分都恢复了原来的工资水平。这一阶段知识分子工作热情高涨,整个社会也出现了学科学、学文化的热潮,无疑,这是由于采取了正确的知识分子政策的结果。但是,现在回过头来看,这段时期"知识升值"

只是一种释放效应的结果,也就是说,这段时期人们读书求知的热情只不过是刚刚从"文革"的禁锢中解放出来,释放出了被压抑了长久的能量,这一点似乎与农村改革初期农民表现出的巨大的劳动热情有相似之处。随着改革的进一步深入,政策的逐步调整,使得原本存在的收入分配的不合理的方面表露得越来越明显了。

在这里我们就需要对旧的分配方式(改革以前)进行一些分析。

按劳分配是我们一贯倡导并执行的分配方式,但是,几十年来,无论是在理论上还是在实践上,这个问题都没有真正搞清楚。以改革前的情况看,表现为典型的产品经济下的分配方式,主要特征为:第一,工资管理的行政控制,工资决定权集中在国家手里,统一定级、统一加薪,一切由最高行政机构决定;第二,在个人收入上,实行绝对平均主义的收入政策,抹杀劳动的异质性,无论水平高低、贡献大小、干多干少,一律领相近的工资。这些特征,在"文革"期间表现得尤为突出,具体情况前面我们已经有所论述,这里不再重复。由于这种分配方式抑制了劳动者的劳动积极性,因而导致了生产效率下降,所以改革一开始就提出要改变收入分配上的平均主义大锅饭现象。

改革导致了对按劳分配理论的重新认识,旧的分配方式在一定程度上得到改善,但是,在旧的分配方式改变的同时,又产生了一系列新的矛盾与问题。

中国近十年来变化的根源就在于在一定程度与范围内引进了自由市场制度。在体制上,由过去"纯正"的计划经济体制转变为有计划的商品经济。表现在分配领域,出现了由过去单一的分配主体(国家)向多元化分配主体的过渡(国家、企业、个人),个人收入的构成也发生了变化,由过去比较单一的工资收入逐步演化为包括工资收入、资金收入、财产收入、经营收入、雇工收入、知识转让收入,以及各种补贴、福利等多种收入并存的局面。在这种情况下,便出现了不同地区、行业、部门、企业、职业之间个人收入差距拉大的现象。这样,由于分配制度的改革,一定程度改变了过去分配上的绝对平均主义的做法,调动起了人们生产工作积极性,对于提高企业劳动生产率和增强社会经济活动中的整体经济效益起到了积极作用。但是,个人之间收入差距拉升之后,却又出现了许多令人担忧的变化趋向,表现为社会分配不公,其中最突出的莫过于知识分子收入的相对下降。

关于知识分子收入问题的横向比较见于本文前面的部分。我们认为,造成这种现象的直接原因就在于,在半计划半市场的状态下,存在着两种并行而又互相滋扰的分配机制,因而引起了一系列分配上的混乱现象。

在旧体制下,几乎所有的劳动者都被置于国家的直接控制之下,如前所述,在这种分配机制中,不同部门、职业、行业,乃至个人之间素质、能力、贡献以及教育水平等方面的差别难以在收入上体现出来。改革开始以来,这种情况已经有了较大的改革,变化的因素就在于一定程度与范围内市场制度的引入,也就是说,市场已经成为与计划并行的分配依据,即所谓收入分配的双轨制,重要表现在以下几个方面:

第一,在所有制方面,由过去单纯的公有制转向多种所有制并存的局面,个人、私营、集体、外资的比例逐年扩大,劳动者的"雇主"出现多种并存的局面;

第二,在个人收入的构成方面,由过去唯一的工资收入变化为包括工资收入、资金收入、财产收入、经营收入、风险收入、兼职收入、雇工收入等等多种收入并存的局面;

第三,在国营部门中,由于推行了个人收入与经济效益挂钩的政策,分配领域中国家直接控制的范围与程度有所减少和降低,尤其是体力劳动者占绝大部分的企业单位的职工个人收入已经基本上完全放开,正在形成市场收益决定个人收入的机制;

第四,国营部门中的事业单位,主要包括教育、科学、文化、卫生等部门的职工以及国家机关干部,这部分人的工资还完全统在国家手里,完全由国家决定,而在这些人当中,脑力劳动者又占绝大多数。

这样,政府对个人收入的调控手段就由过去高度集中,统收统分的直接控制向间接控制转化,但是,由于政府对收入分配的直接控制明显弱化,而新的宏观间接调控体系及手段尚未建立健全,原有分配问题上的问题并未完全解决,同时又引发了新的问题。

由于分配机制的变化带来了个人间收入的差距,到目前为止它所表现出来的特征是:

第一,私营部门中个人的收入高于公营部门,这一点从个体户与普通职工的收入差距上可以看得很明显,比如北京市个体户调查表明,其年收入平均为5000—10000元,显然已经大大超出了端铁饭碗的国家职工;另外,外资企业的收入亦超出国营企业较多,例如据《经济日报》1988年5月的报道了两位医生的收入对比，一位在合资饭店工作，平均月收入为 460—470 元，而相同水平的另一位医生，在医院工作，月收入却只有 180 元左右。

第二，能够直接从市场中取酬的部门的个人收入高于靠再分配维持的部门的报酬。这一点最明显的例证莫过于脑体收入倒挂。从倒挂的构成来看，形成脑体收入倒挂的部分并不是基本工资，而是收入中基本工资以外的部分，即奖金、津贴等，而这部分收入只能来自市场。数字显示，1986 年机关团体和事业单位的奖金津贴、计件工资占工资总收入的比例只有 31%，而体力劳动者密集的企业这一比例则达到 45%，这还不包括各种实物奖；北京市的调查亦显示，1988 年北京市企业职工人均月奖金为 54 元，而机关事业单位人均月奖为 21 元，前者是后者的 2.57 倍。[1]

第三，国营企事业单位内部分配上平均主义大锅饭现象不仅没有减少，反而有某种程度的增加。据国家统计局对 48 个城市的调查，自 1988 年与1985 年比较，科研单位实习研究员与研究员工资差距由 1:3 缩小为 1:2，医院医士与主任医师由 1:3 缩小到 1:2.2，大学助教与教授由 1:4.1 缩小为 1:2.1，国家机关办事员与司局长由 1:3.1 缩小为 1:1.6。奖金平均发放的比例也越来越高，目前不少企业奖金平均发放部分已经占到 50% 以上，有的甚至到 70%以上，而机关事业单位的奖金由基本上平均发放。[2]

第四，各种非货币收入以及非法收入呈泛滥趋势，表现为特权、贿赂、回扣、官倒、投机倒把、偷漏税等。据调查，个体工商户偷漏税的比例在 90% 左右，就是说，绝大部分个体户都有偷漏税的行为，至于各种投机倒把活动，官吏的腐败、权钱交易，乃至各种职业权力所形成的非法收入，其数量都是相当大的。

如果把上述特征概括来说就是，在目前双轨分配机制下，个人收入高低取决于其与市场结合的程度：私营部门是以个人方式直接参与市场的分配，因而可以获得市场收益中最大的份额；国营企业是大家捆在一起进入市场的，"有福同享"，虽然国家行政控制并没有完全减弱，但个人还是可以从市场收益中获得一部分收入；只有国营事业单位，因与市场基本无缘，因而只能获得一点市场的"残羹冷饭"（再分配）。

① 参见雷弢：《反思公平》，中国妇女出版社，1989 年。
② 参见江泽民：《认真消除分配不公现象》，《求是》，1989 年第 12 期。

以上我们用较多的文字论述了改革以来整个社会分配领域的变化情况，目的是为了考察在新的、已经变化了的收入格局中，广大的知识分子处在一个什么样的位置之上。探讨知识分子收入问题，就事论事显然无法把问题看清楚，所以把知识分子收入问题置入大的环境背景中去是有必要的。

我们认为，从知识分子工作的性质与方式来看，目前推行的分配政策对于大部分知识分子来说是不利的，可以这样说，目前知识分子总体收入较低的现状，主要是由于知识分子本身的工作环境与工作特点决定的。我们看到，到目前为止，已经出台的涉及收入分配领域的改革措施的基本精神是：在维持原有的大部分状况不变的基础上，推行个人收入与其可在部门直接经济效益挂钩的办法。显然这种情况对于无法创造"直接"经济效益的部门是极为不利的，比如教育部门、比如机关团体、比如从事基础研究工作的科研部门，等等。这些部门显然无法从这种分配方式中获得好处，而这些部门则正是知识分子密集的地方，目前出现的脑体收入挂钩正是这种分配政策直接造成的。前面已经说明，脑体收入挂钩主要是由于基本工资以外的那部分收入形成的，那么显然可以说明，大部分知识分子收入较低的原因就在于其工作本身没有提供机会或渠道获得这一部分收入。加之最近一些年来越来越高的通货膨胀率，使得脑力劳动者与体力劳动者之间在基本工资上的差额显得越来越微不足道(从工资标准来看，知识分子这部分工资是略高出普通体力劳动者的)，而奖金部分的差别却越来越大，因而加剧了脑体力劳动者之间的收入差距。

上面讲的这些有关知识分子收入偏低现象的政策因素是着眼于大部分人的情况以及总的倾向而言的。事实上，知识分子当中，也有相当数量的人得益于现行的收入分配政策，在他们身上，显示出知识"升值"的迹象。

首先，进入私营、民办、集体、合资、独资等部门的知识分子一般都能够获得较高的收入，而且，在这些部门之中，脑体收入倒挂现象基本上是不存在的。

其次，知识分子中的一部分人，依靠稿酬、技术转让、业余兼职等渠道，可以获得工薪以外的一部分收入，或多或少，因人而异。据国家科委公布的数字，全国约有专业技术人员 1003 万人，其中从事兼职活动的有 130 万人，约占总数的 13%，这是一个比较大的数字。从科技人员和教师兼职的情况看，只要是从事自己的本行(不包括经商)，他们从第二职业所得到的报酬往往要高于本职工资,如按国家规定,教授、副教授、讲师外出讲课的讲课费分别是每课时 4、5、6 元,但社会上现行标准却是教授、副教授 10—20 元,讲师 8—10元。值得一提的是,与现行工资体制中脑体倒挂的现象正相反,在第二职业中脑体收入差别却趋于正常,例如,一个饮食业帮工,每晚可得 5—8 元报酬,一个家庭教师每小时报酬是 3—6 元,以每晚三小时算,可得 9—18 元,民办夜校教师每课时 4—10 元,以每晚三小时计,可得 12—30 元。①

　　第三,由于国家政策的松动与鼓励,科研单位和高等院校中部分应用学科的知识分子,通过办班、咨询、技术服务、产品开发设计等方式进行创收活动,也可以获得相当收入,这种情况,因不同地区、专业,以及政策规定的差别而表现不一。有的专业,比如设计部门,据《光明日报》报道(1988.9.31),"部分设计单位职工除工资收入外,其他年收入一般可达到 1500—2000 元,其中有些人可高达 5000—10000 元"。1988 年《中国劳动人事报》报道了一个"成果多、效益高、福利好"的科研单位,在这里,奖金与工资的比例达到 1∶1,而且,"长期以来的住房问题得到了解决,高级工程师住上了四室一厅,工程师住上了三室一厅,青年职工一结婚即可有住房"。像这一方面的情况,目前还缺乏比较全面的统计数字,各单位的表现情况也多有不同,但像上述反映这方面情况的个案,调查还是比较多的。

　　上述情况表明,在知识分子当中,凡是能够使自己的工作与市场收益挂钩的,都不存在知识的贬值现象。遗憾的是,这种情况相对于整个知识分子队伍来说,人数过少,比例过低,短时期内难以形成较大的影响,更无法对旧的分配体制造成有效的冲击。首先,由于民办、集体、私营部门在投资和规模上都比较小,对于中、高级知识分子的需求较少,而外资的比例又太低,因而能够流动到这些部门的知识分子为数甚少。其二,虽然有一部分知识分子可以靠出卖知识获得收入,但是,由于缺乏可靠的法律保障,制度有待健全,而政策上的各种限制也比较多;另一方面,分布在教育、科学、文化、卫生等部门中大量从事教学以及从事基础研究的大量知识分子,客观上远离市场,难以使自己的劳动成果直接转化为商品,因此,对于知识分子总体来说,这种获取收入的"第二渠道"相对还是太狭窄了,能通过的只有少数人。

---

① 见雷弢:《反思公平》,中国妇女出版社,1989 年。

三、导致知识贬值现象的一些深层原因

前面一个部分我们比较集中地探讨了改革以来收入政策的变化对知识分子的影响。事实上,造成目前知识贬值现象的原因是多方面的,也是十分复杂的。综合起来看,目前妨碍知识分子提高待遇的因素大致有下面几个方面:

第一,我国经历了一个漫长的封建社会,近代工业起点低、发展慢,与大机器工业紧密相连的现代意义的知识分子人数少、力量小,始终没有形成一个相对独立的社会集团。新中国成立以后,知识分子队伍迅速扩大,在社会主义现代化建设中发挥着越来越重要的作用,因而得到了社会的尊重。但是,由于长时期在知识分子问题上执行"左"倾政策,知识分子受到不应有的歧视、排斥,甚至打击、迫害,视知识分子为一种政治上的"异己"力量,过分强调知识分子对直接从事物质生产的工人、农民的依附地位,忽视知识和知识分子对社会发展的重要作用。尤其是在"文革"期间,知识分子大都成为"革命对象",遭到空前的厄运,许许多多人被降职降级、下放劳动,甚至迫害致死,成为名副其实的"臭老九"。于是普遍形成了轻视知识、轻视知识分子,甚至丑化、鬼化知识分子的恶劣风气。在中国这样一个政治支配经济的社会里,政治上的评价必然会影响到工作、收入等各个方面,"文革"期间实际上存在着对知识分子的政治经济"双重歧视"。虽然十一届三中全会以后,知识分子的社会地位得到了重新评价,成为工人阶级的一部分,党中央也提出了"尊重知识、尊重人才"的口号。但是由于历史影响较深,且积弊日久,短时期内仍然余迹难消。

第二,国家对于知识分子包得过多,管得过死。所谓知识分子,目前在我国大致是指接受过高等教育,并且具备一方面专长的人。对于知识分子收入,国家采取了统统包下来的政策,无论是教师、工程师、科学家、记者、编辑,还是演员、作家,等等。在包下来的同时,又采取了过分僵硬的管理方式,统一定级,统一加薪。由于包得过多,必然是僧多粥少,而管理过死,又造成难以解决的平均主义现象,形成不同行业、地区、职业、部门乃至个人之间收入挂靠与攀比现象。这种管理方式对于知识分子来说是极为有害的。

目前,我国人才管理在观念上和体制上,都无法适应有计划的商品经济的需求。从观念上看,产品经济模式还束缚着人们的思想,如职业只能由组织

分配而不能自主选择，个人择业要受种种限制，等等。从管理体制上看，国家对知识分子的管理和使用统得过死，过分强调国家计划或领导意志，不大尊重知识分子个人的意愿和特长，逐渐形成了一种非常僵化的人才地区、部门、单位所有制。人才流动受到种种来自人为的和体制的限制，流动率极低，据统计，1984—1987年，科技人员的平均流动率仅为2%，远远低于苏联、匈牙利20%—30%的流动率。

由于长期以来对知识分子采取了养起来、管死了的政策，使知识分子本身形成了一种"等、靠、要"的依赖心理。在改善自身待遇的问题上，过多地企望国家，把一切希望都寄托在国家"落实知识分子政策"，不想也不愿意通过自身的努力来改变现状。有一位知名作家在接受记者采访时曾经讲过一段十分精彩的话"搞文艺的人失业是正常的，他们不应该被养起来，而是应该自己为自己的吃饭担心。中国的管理体制已经使中国的文化工作者习惯于被养起来，几乎经不起竞争的挫折，稍有挫折，便感大难临头"。其实，这位作家的话不仅适用于许多搞文艺的人，在其他行业与部门的知识分子中，这种现象也是十分突出的。鉴于这种现象，有人甚至把知识界对解决脑体收入倒挂的呼吁称之为"知识分子不适应商品经济的一种呻吟"，话虽稍为显得尖刻，但也说明了部分现实。从这个意义上讲，有时候正是知识分子自身充当着妨碍知识分子待遇提高的角色，这一点不可忽视。

第三，主要是受到来自身体制的制约，造成社会对于知识和人才的有效需求不足。

现在无论是做报告还是写文章，听广播还是看报纸，大家异口同声地说中国急需知识和人才，但在现实生活中，情况似乎并非如此。或者可以这样说，中国目前对于知识和人才的需求，更多的是表现为理论上或纸面上的需求，而在现实生活中，尚缺乏一个使人才迅速成长和有效发挥作用的环境，我们空喊需要知识和人才，但却没有为人才的生存与生长提供足够适宜的土壤。甚至我们可以说，在中国现行体制下，尚存在着相当程度的排斥知识与人才的趋向。

目前最能够说明中国"人才过剩"的证据就是大学生的求职难问题。过去采取大学毕业生统统由国家包下来的方法，结果造成许多用非所学的例子；现在采取了对大学生不包分配的政策，结果是许多人到处奔波，到处吃闭门羹。1988年全国新分配大学生被用人单位退回达数千人。四川大学历史学博士求职无门,做上了高中毕业就可以做的图书管理员的工作;新中国培养出来的第一位兽医学博士,因为没有单位愿意要,被迫摆起了烟摊,靠做小生意维持生活;1949 年以后我国第二个在西德获得哲学博士学位的博士,仅仅因为用人单位"编制满了",无处可去,投身报社。当然,中国是社会主义,不能允许大学生失业的现象发生,不管专业是否对口,个人是否满意,最后仍然会给每个人一碗饭吃。但是,有工作不一定就意味着有事情干。据国家科委的一项调查显示:目前在我国专业技术人员中,能力得到充分发挥的仅占 14.6%,照此推算,相当于全国约有 340 多万名宝贵的专业技术人员处于闲置状态。[①]上海的一项统计显示出这样的情况:由于各种原因,上海市 1987 年获得的 500 多项专利申请,至今仍有70%找不到买主。

天津市提供的一份调查表明,34%的专业技术人员潜能不能够得到应有发挥。对 2496 人调查,除一小部分人外,大量人才从事的是经验型和程序型工作,从而缺乏研究和开发新产品的机会和动力;科技活动所必须的物质条件不足,有的单位领导不提供或经常不提供工作的方便;专业不对口,人才流动难,一分配工作就不对口的占 42.7%,因组织调动不对口的占 30.7%,两项合计占73.4%。[②]

宁夏科技干部局对 1484 名科技人员的抽样调查表明,受到单位领导支持信任的只占 27.5%,而受到各种不公正对待和心情不舒畅的却占 29%;青海省则有 80%的科技人员不能完全发挥作用。[③]

从上述情况我们不难看出目前我国对于知识与人才的需求情况。从体制上看,出现这种现象的原因就在于我们的经济体制本身缺乏一种在微观的扩张冲动,只求安稳,不求发展,对知识和人才只满足于一种最低限度的需求。推行各种经营承包、经费包干的政策后,又造成企业的短期行为,厂长经理为达到其任期经济指标,拼人力、拼设备,采取掠夺式的经营方法,对于技术进步,对于知识和人才,则只看作是软任务、软需求,置于一个可有可无的位置。像这样一种体制上的弊端,是无法靠几句口号、几次讲演或几篇文章能够解决的。

---

① 参见《中国人力资源开发研究》,北京经济学院出版社,1989 年,第 73 页。
② 参见《今晚报》,1989 年 4 月 3 日。
③ 参见《劳动人事报》,1988 年 10 月 5 日。

第四，从我国人才的构成来看，也存在着相当多的问题。在知识分子当中，有不少人所从事的工作脱离现实，不能满足社会的需要，表现为重基础、轻应用；重书本、轻实践。长期以来我国已经形成了比较庞大的基础研究部门，比较优秀的人才多集中于高等院校和科学研究部门，而在这些部门之中，又大多从事着与现实需要关系不大的一些基础研究项目，相比之下，直接与生产、管理相关的部门中，一是知识分子人数比较少，另一个则是水平较低。

人才的培养也是一样，中国的教育发展带有一定程度的盲目性，同时造成结构上的不合理。其一，高校专业设置缺乏适应社会需要的灵活性，许多社会急需的专业人才高校无法或不愿培养，而许多专业的毕业生本来已经饱和，却还在源源不断地向社会输送。其二，人才的培养过多地重视高层次，而忽略中低层次。实际上，由于我国客观上经济发展水平较低，劳动力素质较差，社会上对于中、低层次的专业人才的需求可能更为迫切，而我国的现状恰恰不能满足这种需要。

四、关于对策的若干思考

知识贬值现象是目前困扰着整个社会的一个大问题，其不良影响不仅表现在现在，而且还会波及将来。在尽可能短的时间内将这一问题彻底解决，无疑将是对社会经济发展大有益处的事情。前文中我们已经对形成知识贬值现象的多种因素做了分析。下面，我们希望能够就解决这一问题的对策方面提出一些看法。条件所限，我们只能着眼于大的思路，而无法在具体的、操作的层面讲得过多。

知识分子收入偏低的问题至少改革初期就已经提出来了。十年来落实知识分子政策，提高知识分子待遇的各种要求、号召、呼吁等不绝于耳，虽然这些努力取得了很大的成绩，但实际发展却反映出，与知识分子在政治评价上的变化相比，知识分子在经济上的变化显得过于缓慢了，脑体收入倒挂的现象与改革初期相比较，甚至越来越严重了。这也充分显示出解决这一问题的复杂性与困难程度。

比较流行也最受欢迎的意见是由国家大幅度提高知识分子收入，由此改变脑体收入倒挂现象，使知识分子收入能够超出社会收入平均水平。这当然是一个良好的愿望，但十年来的发展差不多已经证明了这一思路几乎是难以做到的。一方面,目前国家经济有困难,能否拿得出钱来做这件事情是一个问题。另一方面,即使国家拿得出这笔钱来,事实上也做不到。在目前的体制下,很难消除收入攀比现象,如果单独为知识分子提高工资,那么势必要引起社会各阶层的同样要求,进而则有可能带来某种社会摩擦。再者,目前的体制也早已不是改革前高度集中的体制,由于权力下放以及集体、个体所有制的扩大,国家对于整个社会收入的控制能力早已不是六七十年代的水平。因此可以说,单独依靠国家来提高知识分子收入的思路其可行性是很小的。

另一种思路是通过进一步的改革措施来使知识分子改变原有的收入状况,即所谓"给政策",相对于由国家包办的思路,这一思路显然是积极的,因为它着眼于改变原本不合理的体制。但是,本文的分析已经说明,到目前为止,已经出台的改革政策只是改变了较少部分知识分子的经济状况,相反对于大部分知识分子来说,它反而加剧了脑体倒挂的程度。

原因何在呢? 我们认为,目前妨碍知识分子收入问题解决的因素不仅仅在于收入政策本身,更多的则是取决于整个经济体制,甚至可以说收入政策仅仅是经济体制的一部分。我们可以沿着这样的逻辑反推:知识分子收入问题取决于整个工资制度,而工资制度则是由经济体制所决定的。对于知识分子来说,根本问题就在于知识阶层在现代中国经济现实发展中扮演一个什么样的角色。

第一,是否存在一种经济运行机制,使社会对于人才的需求不是表现在宣传、号召、要求、呼吁或行政命令上,而是表现为经济发展的内在需求?

第二,是否存在必要的社会条件,使知识分子能够自由获得与其劳动付出相称的一份报酬?

我们认为,对于从根本上解决知识分子收入问题来说,上述两点应该是基本前提。如果整个社会在微观经济单位中对知识分子的需求并不迫切,那么显然就没有动力为知识分子提高收入;同样,如果知识分子对自身的进退取舍没有足够的决定权,那么也就失去了为自身争得较高收入的谈判能力。遗憾的是,到目前为止,这样的机遇远远未形成。我们可以这样说,知识分子收入问题的最终解决,在极大程度上要依赖于整个经济制度的变化趋向。一旦整个经济制度变了, 知识分子收入问题的解决只不过是水到渠成的事情;相反,在整个经济运行环境不发生根本性变化的情况下,单独谋求知识分子收入问题的总体改观,在相当程度上只能说是成效不大的努力,像我们可看到的,甚至有些措施反而使问题变得更加复杂。

当然,下这样的结论并不是说对于这一问题我们只能无可作为地等待外部环境的改观。实际上我们可以并且必须作出努力,即使我们无法从根本上获得问题的解决,我们也可以做到使问题朝解决的方向推进,至少我们还可以通过努力缓解一部分矛盾。

从目前的情况看,我们有必要多在舆论环境上做一些事情,应当鼓励和提倡奉献精神,对于广大知识分子对于社会发展可做的巨大贡献予以鼓励和宣传,进而形成整个社会尊重知识、尊重人才,读书上进的良好社会风气,与此同时,还应该在具体行动上做到以下几个方面:

第一,在现有的条件下,国家和社会应当尽可能地为改善知识分子生活待遇多做一些事情,包括在收入以及住房、医疗保健、子女教育等各方面,使知识分子能够感受到国家以及社会的重视,从而调动广大知识分子的工作热情,更好地为国家建设服务。

第二,涉及体制方面,要通过进一步深化改革,进一步为微观经济单位创造活力,从而加强和扩大对知识分子的有效需求;同时,还应当创造一切条件,使知识分子的才能得以发挥与实现,人才得到有效利用。

第三,在知识分子的管理上,应当进一步放松控制,鼓励知识分子的合理流动,逐渐培育并形成人才市场,使知识分子能够在流动中进一步发挥其能力并获得相应的报酬。

第四,国家应当改变对知识分子全包下来的政策。要鼓励知识分子努力向社会要饭吃,凡是有能力、有条件可以从社会直接取得报酬的知识分子的单位(需具体区分)和知识分子,就应当把他们推向社会,而不应该再由国家来照顾;相反,对于那些必须由国家包下来的知识分子,比如教师、国家公务人员等,则不应当鼓励他们去"创收",而是由国家给予解决。

第五,对于知识分子获得收入的方式与渠道应当放松限制,并且应当努力创造条件支持知识分子通过自身劳动获得较高收入。一方面要拓宽渠道,另一方面则需要一定的法律保障。对于知识分子的专利发明、业务兼职、技术服务等方面的收入要保护、鼓励而不是限制、取缔,大力培育、发展、健全不同层次的知识市场。

第六,对于广大知识分子自身来说,也要通过自身调整去适应社会的变化,不能够总是希望别人的照顾与安慰。广大知识分子更应当自觉地投身于商品经济的大潮之中,通过不断的自我调整与完善,在努力适应社会需要的同时,求得自身经济状况的改善。